改訂版

英美法

李相潤著

博英社

아름답고 순수한 꿈을 펴보지 못하고 세상을 떠난
나의 사랑하는 제자 노수석 군에게
이 책을 바친다.

개정판 머리말

금번 개정판에는 미국법의 새로운 변화를 반영하였습니다. 특히 미국의 사법제도 · 헌법 및 행정법 등 공법분야에서 최신 판례 및 법령을 수록하여 독자로 하여금 미국법의 신경향을 쉽게 파악할 수 있도록 하였습니다. 다음 개정판에서는 물권법 · 불법행위법 및 계약법 등의 사법분야를 대폭 반영할 예정입니다.

부디 독자 여러분이 영미법을 파악하는 데 조금이나마 도움이 되었으면 하는 간절한 바램입니다.

더운 여름에 연구실에서 탈고를 도와 준 허 균 조교에게 감사드립니다. 또한 박영사 안종만 회장님과 편집부 · 기획부 직원들에게도 감사를 보내는 바입니다.

2003년 8 월 1일

연세대학교 법과대학 연구실에서

李 相 潤

머 리 말

大陸法體系에 익숙한 법학도가 英美法을 공부하는 경우 처음부터 英美法만을 공부하여 온 법학도에 비하여 오히려 英美法의 이해속도가 늦다는 기이한 현상을 보여주고 있다. 이는 英美法體系가 大陸法體系와 여러 가지 측면에서 상이함에도 불구하고 자꾸만 大陸法體系의 관점에서 英美法을 파악·이해하려고 하는 데서 발생하는 시행착오에서 기인하는 것이다.

本書는 최근 英美法에 대한 관심이 증가됨에 따라 이를 공부하고자 하는 우리나라 법학도들을 위하여 쓰여진 것이며, 다음과 같은 점에 중점을 두었다.

첫째, 本書는 英美法體系 중에서 英美法規範에 중점을 두어 분석하였다. 한 국가의 법체계는 크게 法制度·法文化 및 法規範 등으로 구성되어 있다. 英美法體系도 예외는 아니다. 英美法體系는 法制度·法文化 및 法規範 중 어떤 측면에 중점을 두어 연구하더라도 훌륭한 연구대상이 될 수 있다. 그러나 英美法制度·英美法文化 또는 英美法史 등의 분야에 관하여는 이미 국내에도 훌륭한 교과서 및 연구서가 소개되고 있으므로 本書에서는 英美法規範에 중점을 두어 소개하였다. 따라서 英美法制度·英美法文化 및 英美法史의 분야는 英美法規範을 올바로 이해하기 위하여 간단히 소개하는 정도로 그치고, 대부분의 紙面에서는 英美法規範을 헌법·불법행위법 및 계약법 등 전통적인 普通法(Common Law)을 중심으로 하여 소개하고자 노력하였다.

둘째, 本書는 英美法規範의 기본적이고 본질적인 내용을 체계적인 골격을 형성하여 개론서의 수준에서 간단히 제시하였다. 英美法規範은 동일한 법분야에 관한 것일지라도 각 학자 또는 교과서마다 상이한 체계를 구성하고 있다. 예컨대 우리나라의 경우에는 헌법의 체계 및 대상 등이 학자 또는 교과서마다 대부분 유사하지만, 英美의 경우에는 학자 또는 교과서마다 접근방법에 따라서 그 기본체계 및 내용을 현저히 달리하고 있다. 따라서 英美法상의 法規範을 체계적으로 소개하는 것은 상이하고 다양한 법체계 및 방대한 자료를 연구·압축하여야 하므로 무척 어려운 작업이다. 本書에서는 대부분의 학자 또는 교과서가 공통적으로 다루고 있는 주제를 抽出하고 비교하여 이를 정리하였다. 이 과정에서 英美法의 내용상 특성을 손상시키지 아니하는 범위 안에서 大陸法體系에 익숙한 독자의 이해를 돕기 위하여 체계적으로는 大陸法的인 요소를 약간 가미하였다. 그러나 방대하고 복잡한 英美法規範을 빠짐없이 소개하는 것은 역부족이라고 느껴지며, 헌법·행정법·회사법 및 통상법 등 각 분야별로 이미 훌륭한 연구서가 국내에도 출간되고 있으므로, 더욱 깊은 공부가 필요한 독자는 이러한 문헌 등을 참조하여 주기 바란다.

셋째, 英美法은 大陸法과 서로 상이한 법체계를 가지고 있으므로 英美法상의 법률용어는 당연히 기존의 大陸法體系의 법률용어로서는 정확히 표현할 수 없는 부분이 많다. 이에 따라 英美法상의 법률용어를 번역하면서 나름대로의 새로운 용어를 많이 만들었다. 이러한 법률용어는 英美法律用語를 그대로 직역한 것도 있지만, 직역이 英美法律用語의 본질적 내용을 반영하지 못하고 있다고 판단되는 경우에는 과감히 의역을 하였다.

여러 모로 부족한 拙稿가 출간되기까지 도와 주신 많은 분들의 지도와 격려에 커다란 감사를 드린다. 英美法이라는 법체계에 처음으로 눈뜨게 하여 주신 서울대의 崔大權 교수님과 연세대의 朴吉俊 교수님, 그리고 Harvard Law School에서 우리나라 법을 강의하시는 등 英美法體系와 大陸法體系의 접목에 크게 공헌하신 宋相現 교수님에게 우선 감사드린다. 또한 이 책을 출판하여 주신 博英社의 安鍾萬 사장님과 편집부 직원들에게도 감사드리고, 이 책의 교정에 정성을 쏟은 연세대의 이희경 양, 목호규 군에게도 고마움을 표시하는 바이다. 끝으로 항상 불초를 염려하여 주시는 어머님의 은혜와 장기적인 집필에 내조를 아끼지 아니한 아내의 고마움도 잊을 수 없다.

1996년 6월 30일

연세대학교 법과대학 연구실에서

李 相 潤

차 례

제1편 總 論

제1장 總 說

제 2 장 英美法의 特徵

제 3 장 英美法의 法源

제 4 장 司 法 制 度

제 5 장　法學敎育 및 法曹人制度

제 2 편 各 論

제 1 장 憲 法

제 2 장 不法行爲法

제 3 장 契 約 法

제 4 장 財 產 法

제 5 장　刑　　法

제 6 장 商　法

제 8 장 民事訴訟法

제 9 장 刑事訴訟法

제10장 法의 抵觸

제11장 國際通商法

제12장 法과 經濟

附 錄

索 引

참 고 문 헌

[국내문헌]
김건식, 『미국증권법』, 1996
김 진, 『영미법』, 1963
서돈각 · 박길준 역, 『미국법개론』, 1982
서희원, 『영미법강의』, 1993
안경환 역, 『미국법역사』, 1988
안경환, 『미국법의 이론적 조명』, 1986
양승두 · 최양수 역, 『미국의 법원과 정치』, 1983
양창수 · 전원열, 『대륙법입문』, 1994
윤세창, 『영미행정법연구』, 1976
이상면 역, 『영미법개론』, 1988
임재연, 『미국회사법』, 1995
서원우 · 안경환 역, 『미국법입문』, 1987
최대권, 『영미법』, 1993
한국공법학회 편저, 『미국헌법과 한국헌법』, 1989
현승종, 『비교법입문』, 1974

[영미문헌]
Abel L., The Legal Profession in England and Wales(1988)
Abraham J., The Judicial Process: An Introductory Analysis of the Courts of the United States, England, and France(4th ed. 1980)
Abrams N., Federal Criminal Law and Its Enforcement(1986)
American Law Institute, Restatement(Third) of the Foreign Relations Law of the United States(1986)
Baker H., An Introduction to English Legal History(2nd ed. 1979)
Boyer R., Survey of the Law of Property(3d ed. 1981)
Bradley C., Criminal Procedure(2d ed. 1988)
Brown R., The Law of Personal Property(3d ed. 1975)
Calamari J. & Perillo J., The Law of Contracts(3d ed. 1987)
Chemerinsky E., Federal Jurisdiction(1989)
Chrimes B., English Constitutional History(4th ed. 1967)
Clark R., Corporate Law(1986)

Cohen M., Berring R. & Olson K., How to Find the Law(9th ed. 1989)
Cribbet J. & Johnson C., Principles of the Law of Property(3d ed. 1989)
Cunningham R., Stoebuck W. & Whitman D., The Law of Property(1984)
Currie D., The Constitution in the Supreme Court vol. 1(1985), vol. 2(1990)
Davis K., 1-5 Administrative Law Treatise(1978-1984, Supp. 1989)
Dicey V., An Introduction to the Study of the Law of the Constitution(10th ed. 1959)
Dressler J., Understanding Criminal Law(1987)
Eddey J., The English Legal System(1971)
Ehrenzweig A., A Treatise on the Conflict of Laws(1972)
Farnsworth E., An Introduction to the Legal System of the United States(2d ed. 1983)
Farnsworth E., Contracts(2d ed. 1990)
Fleming J., The American Tort Process(1988).
Friedenthal J., M. Kane & A Miller, Civil Procedure(1985)
Friedman L., A History of American Law(2d ed. 1985)
Friedman L., American Law(1984)
Garvey J. & Aleinikoff T., Modern Constitutional Theory, A Reader(2d ed. 1990)
Hall J., General Principles of Criminal Law(2d ed. 1960)
Hamiltion R., Corporations(4th ed. 1990)
Harding A., A Social History of English Law(1966)
Harper F., James F., Jr. & Gray O., The Law of Torts(2d ed. 1986)
Hay P., An Introduction to U.S. Law(2d ed. 1991)
Henn H. & Alexander J., Corporations(3d ed. 1983)
Hillman R., McDonnell J. & Nickles S., Common Law and Equity under the Uniform Commercial Code(1985)
Holmes O., Jr., The Common Law(1881)
Jacobstein J. & Mersky R., Fundamentals of Legal Research(5th ed. 1990)
James S., Introduction to English Law(9th ed. 1976)
Kunz C. et al., The Process of Legal Research: Successful Strategies(2d ed. 1989)
Kurland P. & Lerner R., 1-5 The Founders' Constitution(1987)
LaFave W. & Israel J., Criminal Procedure(1985)
LaFave W. & Scott A., Jr., Criminal Law(2d ed. 1987)
Mashaw J., Due Process in the Administrative State(1985)
Mehren A., Law in the United States: A General and Comparative View(1988)

Milsom C., Historical Foundations of the Common Law(1981)
Moynihan C. , Introduction to the Law of Real Property(2d ed. 1988)
Murray J., Jr., Murray on Contracts(3d ed. 1990)
Nadelmann K., Conflict of Laws: International and Interstate(1972)
Nowak J. & Rotunda R., Constitutional Law(4th ed. 1991)
Perkins R. & Boyce R., Criminal Law(3d ed. 1982)
Robinson P., 1-2 Criminal Law Defenses(1984)
Reuschlein H. & Gregory W., The Law of Agency and Partnership(2d ed. 1990)
Saltzburg S., American Criminal Procedure(3d ed. 1988)
Schwartz B., Administrative Law(3d ed. 1991)
Schwartz M., Lawyers and the Legal Profession: Cases and Materials(2d ed. 1985)
Scoles E. & Hay P., Conflict of Laws(2d ed. 1992)
Stevens R., Law School: Legal Education in America from the 1850s to the 1980s(1983)
Strauss P., An Introduction to Administrative Justice in the United States(1989)
Tribe L., American Constitutional Law(2d ed. 1988)
Tribe L. & Dorf M., On Reading the Constitution(1991)
White J. & Summers R., Uniform Commercial Code(3d ed. 1988)

제 1 편 總　　論

제 1 장 總　　說

제 1 절 法 體 系

1. 意　　義

세계의 모든 국가는 나름대로의 법을 제정하고 이를 해석·적용하고 있다. 그러나 한 국가의 법이 무엇인지를 제대로 정확하게 파악하기 위하여는 단순히 법률이나 판례 등의 실제적인 법만을 고찰하는 것으로서는 부족하며, 이러한 법을 제정·운용하는 전반적인 법제도를 종합적·체계적으로 파악하는 것이 필요하다. 그 이유는 한 국가의 법은 독립적으로 존재하는 것이 아니라 당해 국가의 사법제도, 법조인제도, 법학교육제도 및 입법제도 등과 함께 하나의 法體系(legal system)를 구성하고 있으며, 이들은 상호 영향을 주고 받으면서 기능하고 유지되고 있기 때문이다. 물론 法體系 역시 독립적으로 존재하는 것이 아니라 法體系의 외부에 존재하는 정치·경제·사회·문화 등의 환경과 서로 상호작용을 주고 받으면서 기능하고 유지된다. 따라서 법을 法體系로서 파악한다는 것은 우선 法體系와 環境 간의 상호관계 속에서 法體系가 차지하고 있는 위치를 명확히 하고 나아가 法體系 내부에서 여러 가지 구성요소간의 상호작용을 파악하는 것을 의미한다.

法體系 내부를 구성하고 있는 구성요소는 크게 세 가지로 분류하여 볼 수 있다.

첫째의 구성요소는 「法規範」이다. 법규범은 法體系의 구성요소 중 가장 중요하고 핵심적인 요소로서, 이에는 制定法·判例法·慣習法 및 條理 등이 포함된다.

둘째의 구성요소는 「法制度」이다. 법제도는 법규범을 제정 · 운용하는 국가의 공식적인 제도를 말하며, 이에는 사법제도, 입법제도, 법조인제도 및 법학교육제도 등이 포함된다. 어떠한 법적 문제에 대하여 法體系를 달리하는 국가간에도 그 문제를 해결하는 법적 결론은 상당 부분이 동일한 경우가 있다. 그러나 법적 결론이 동일한 경우에도 그 결론에 도달하는 과정은 法體系에 따라 상이한 것이 일반적이다. 이는 한 국가가 어느 法體系에 속하는가에 따라 각자의 법제도를 달리하기 때문이다.[1]

셋째의 구성요소는 「法文化」이다. 법문화는 法體系에 대한 사회구성원의 가치 · 신념 및 태도 등을 말한다. 예컨대, 개인간의 법적 문제에 대한 다툼이 생긴 경우, 미국에서는 이를 법원에 의한 소송에 의하여 해결하고자 하는 성향이 높음에 반하여 우리나라는 그대로 덮어두고 간과하는 경우가 일반적인바, 이는 「法文化」의 차이점을 보여주고 있는 것이다.

2. 世界의 主要 法體系

어느 한 나라의 法體系는 다른 나라의 法體系와 상호 영향을 미치며 형성 · 발전되고 있다. 따라서 여러 나라에 공통된 특색을 가진 하나의 法體系가 형성되는 수가 있다. 이와 같이 여러 나라 또는 여러 민족의 법이 하나의 法體系를 형성하는 경우 이를 「法系」라고 한다.[2] 즉, 세계 여러 나라의 法體系를 계통적으로 분류한 것을 法系라고 한다. 法系는 그 분류기준에 따라 여러 가지 형태가 존재하고 있다.[3] 대체로 大陸法系(Continental Law), 英美法系

1) 大陸法體系에서 법학을 연구하다가 英美法體系를 연구하고자 하는 경우에는 처음부터 英美法을 연구하여 온 경우에 비하여 오히려 英美法의 습득 또는 이해정도가 뒤떨어지는 경우가 있다. 그 이유는 英美法을 계속 大陸法體系의 관점에서 파악하고자 하기 때문이다. 대표적인 경우가 법원의 판례 중 최종판결문(holding)만을 法規範으로 파악하고 최종판결에 이르는 법원의 판결과정을 무시하는 태도이다. 이는 英美法上 判決過程은 「先例拘束의 原則」의 전제조건이 되고 있다는 점을 간과하고 있는 것이다.

2) 法系에 대한 상세한 내용은, 孫珠瓚, 『法學通論』(博英社); 洪性讚, 『法學槪論』(博英社); 李根植 外, 『法學槪論』(學硏社); 朴相基 外, 『法學槪論』(博英社) 참조.

3) 法系의 분류기준에 대해서는, 法源을 기준으로 하는 분류방법(대륙법계, 영미법계, 이슬람법계: Levy-Ullmann), 人種을 기준으로 하는 분류방법(인도유럽법계, 유대법계, 몽고법계, 비문명법계: Sauser-Hall), 法規範의 내용을 기준으로 하는 분류방법(독일법계, 프랑스법계, 스칸디나비아법계, 영국법계, 러시아법계, 이슬람법계, 힌두법계: Arminjon/Nolde/Wolff), 이데올로기와 법기술적 방법을 기준으로 하는 분류방법(로마 · 게르만법계, 보통법계, 사회주

(Anglo-American Law), 이슬람法系(Islamic Law) 및 社會主義法系(Socialist Law)로 나누는 것이 일반적이다.

가. 大陸法系

大陸法系(Continental Law)는 독일·프랑스를 중심으로 한 유럽대륙에서 발달한 法系이다.[4] 우리나라와 중국·일본의 法體系도 大陸法系에 속한다. 大陸法系는 英美法系의 不文法主義와는 달리 成文法 중심으로 되어 있어 이론성·논리성이 우수하고 公·私法이 구분되어 있다. 대륙법은 로마法系(Roman Law)와 게르만法系(Germanic Law)를 근간으로 형성되어 왔다.

로마法은 법조법·도시법·상인법적 요소가 강한 데 비하여 게르만法은 민중법·농어촌·농민법적 특색이 강하다. 게르만法은 법분화의 경향이 강하며 慣習法主義, 상징주의, 公·私法의 융합, 단체주의사상 등을 그 특색으로 하고 있고, 로마法은 成文法主義, 논리적 체계, 公·私法의 구분, 개인주의사상 등을 내용으로 하고 있다. 또한 大陸法系는 프랑스法系와 독일法系로 분류할 수 있다. 독일法系는 개인주의·자유주의를 나타내는 프랑스法系에 비하여 게르만法系의 요소가 다분히 포함된 단체주의적 사상을 나타내고 있다. 오늘날 프랑스法系에 속하는 국가는 프랑스를 비롯한 이탈리아·벨기에·룩셈부르크·스페인 및 포르투갈 기타 남미국가 등이며, 독일法系에 속하는 국가는 독일을 비롯한 스위스·네덜란드·스웨덴·노르웨이 및 덴마크 등의 국가이다. 중국·일본·우리나라도 독일法系에 속한다.

(1) 로마法系

로마法은 기원전 753년 도시국가의 형태로 시작한 로마의 초기부터 기원후 6세기 중엽에 유스티니아누스(Justinianus) 동로마황제가 大立法事業으로 『로마法大典』을 완성하기에 이르기까지의 1300년에 걸쳐 생성·발전되었다. 로마法도 초기에는 다른 사회규범과 혼합된 것이었으나, 기원후 약 200년 동안에 독립적이고 체계적인 法體系가 세워졌으며, 2세기 초부터 약 100년 동안에 찬란한 발전을 보았으니 이 시대를 法學隆盛時代라고 한다. 『로마法大典』은 학설법을 집대성한 『學說彙纂』, 법의 근본원칙을 기술한

의법계, 이슬람법계, 유대법계, 힌두법계, 극동법계: Rene David) 등이 있다.

4) John H. Merryman, 『The Civil Law Tradition』(1969).

『法學提要』, 勅法을 집대성한 『勅法彙纂』의 3부와 이러한 法典들을 만든 후 유스티니아누스 황제가 사망할 때까지 공포된 『勅法』을 수록한 『新勅法』의 4부로 되어 있다.

유스티니아누스 황제가 사망한 후에 동로마제국의 법은 별다른 발전을 보지 못하였으나 그 후 11·12세기에 이르러 이탈리아의 볼로냐(Bologna)에서 일어난 註釋學派(Glossatoren)에 의하여 로마法이 부활되었다. 그로부터 유럽 각지에서 로마法이 현행법으로 적용되어 중세 유럽 여러 나라의 법의 형성을 촉진시켰으며, 현대 유럽제국의 법으로 발전하는 기반을 만들어 준 것이다. 이리하여 이탈리아 · 프랑스 및 독일 등의 법은 로마法大典에 의하여 전하여진 로마法的 요소와 각국의 고유법의 요소가 융합되어 형성되었다.

특히 근세 독일에 있어서 로마法은 형식적으로는 독일 각 지방의 고유법을 보충하는 법으로 적용되었지만, 실질적으로는 오히려 로마法이 基本法이 되고 게르만 고유법이 보충적인 法이 되어버렸다.

이상과 같이 로마法은 처음에는 로마인들에게만 적용되었으나 점차 확산 보급되어 유럽 전체 法體系의 근간이 되었다.[5]

(2) 게르만法系

게르만法(Germanic Law, Germanisches Recht)이라고 하면 게르만 민족의 고유한 法을 가리킨다.

게르만인은 그 기원과 언어의 계통에 따라 북·동·서게르만人의 3종으로 구별되며, 게르만法도 이에 따라 북·동·서게르만法의 3종으로 나누어진다. 북게르만法은 북게르만 종족의 古法이며, 비교적 로마法과 그리스도교의 영향을 받지 아니하고, 그 전통을 후대까지 유지하였다. 동게르만法은 게르만 민족의 대이동을 계기로 하여 古典文化의 영향을 가장 크게 받았다. 서게르만法은 古典文化의 영향을 받는 동시에 게르만의 전통도 유지하면서 후대의 영국 · 독일 및 프랑스 등의 주요 국가가 채택한 法의 핵심이 되었다.

게르만法의 존재형식을 보면 초기에는 慣習法의 형태로서 도덕규범 등과 분화되지 못하였다. 13세기에 접어들어 慣習法을 바탕으로 한 법률문서가 편찬되기 시작하였고, 소수의 成文法令이 제정되었으나, 대체로 중세기 말까

5) 예링(Rudolf von Jhering: 1818-1892)은 로마는 무력과 종교와 법을 통하여 세 번 세계를 지배하였다고 한다. 로마법이 얼마나 광범하게 영향을 미쳤는가를 알 수가 있다.

지는 慣習法이 크게 지배하였다. 그 후 1495년부터는 로마法을 繼受함으로써 게르만법은 큰 변혁을 가져왔으며(外國法 繼受時代), 유럽 최초의 체계적인 法典인 1794년의 프로이센普通法典[6] 이나, 1804년의 프랑스民法典(나폴레옹法典)[7] 및 1896년의 도이치民法典 등도 모두 그 영향 밑에 제정된 것이다.

나. 英美法系

英美法體系는 영국·영연방 및 미국 등을 중심으토 하여 발달한 法系이다.[8] 英美法體系(Anglo-American Law)는 법질서의 조직화·일반화보다 구체적인 사실을 존중하고, 구체적인 사건의 판례에 의한 법의 형성·발전 등이 중심이 되어 있다.[9]

(1) 英 國 法

영국에서는 노르만왕조를 수립한 윌리엄 1세가 강력한 중앙집권적 봉건제도를 형성하기 위한 정책으로 법을 통일하기까지는 대륙의 屬人主義的인 게르만 부족법의 영향을 받았다. 이후 윌리엄 1세가 설치한 普通法法院(common law court)에서 내린 판결을 기초로 하여 보통법(common law)이 형성·발전되어 왔으며, 이러한 普通法은 오늘날에 이르기까지 영국법의 주요 法源이 되고 있다. 1225년-1535년간의 판례를 모은 大判例集인『年書』(Year Books)는 普通法의 중요한 法源으로 되어 있었다. 한편, 영국에서는 普通法의 엄격성 및 경직성을 道德律에 의하여 보완하였으며 그 결과 普通法法院과 대립하는 衡平法法院(Court of Chancery)이 생기게 되었다. 이 衡平

6) 프로이센(Allgemeines Landrecht für die Preussischen Staaten)은 公·私法을 망라하여 2편 약 17,000조항으로 구성되어 있으며, 실생활의 세부에까지 규정하여 재판관에게 재량을 인정하지 아니하였다. 이 법은 로마법체계에서 벗어난 최초의 체계적인 법전으로서 용어 사용에 있어서 민족적이었고 獨逸民法典이 제정될 때까지 시행되었다.

7) 프랑스法은 프랑스혁명의 산물인 1804년에 제정된 프랑스民法典(Code Civil)의 영향을 가장 강하게 받았다고 할 수 있다. 나폴레옹에 의하여 제정된 이 法은 봉건체제하의 법제도를 급진적으로 개혁한 民法典으로서 소유권과 계약자유의 원칙, 가족과 상속의 가치를 그 내용으로 규정하고 있다. 그러나 프랑스民法典은 로마法의 영향을 받아 프랑스 남부에서 발달한 'droit ecrit' 혹은 게르만·프랑크시대의 慣習法으로서 프랑스 북부에서 형성된 'droit coutumier'의 내용도 포함되어 있다. 프랑스民法典의 입법에 영향을 미친 법학자르는 Domat(1625-1696)와 Pothier(1699-1772)를 들 수 있다.

8) Theodore F. T. Plucknett,『A Concise History of the Common Law』(5th ed., 1956).

9) Holmes가 자신의 저서(『The Common Law』, 1881)에서 표현한 대로 "법의 생명은 논리가 아니라 경험에 있다"(The life of the law has not been logic; it has been experience)라는 사실은 이를 잘 반영하고 있다고 할 것이다.

法法院에서는 普通法의 지나친 법적 엄격성을 완화하고 법에 구애됨이 없이 도덕·윤리 또는 합리적인 상식에 따라 판결하였다. 이 衡平法法院이 수립한 법과 그로부터 발달한 법을 衡平法(equity)이라 하며, 普通法과 더불어 영국 法源의 중요한 부분을 차지하게 되었다.

이러한 衡平法法院은 자연히 普通法法院과 양립하게 되었으나, 1873년에 法院組織法(Judicature Acts)의 제정으로 인하여 法院이 통합되어 普通法과 衡平法은 동일한 法院에 의하여 적용되었다. 오늘날 영국에서는 상당수의 成文法이 제정되어 있으나, 아직도 普通法이 영국법의 주요 부분으로 되어 있다.

(2) 美 國 法

미국은 普通法 및 衡平法 등의 영국법을 많이 繼受하였으며, 특히 1750년부터 1776년의 독립선언에 이르는 동안에 普通法이 상당 부분 도입되었다.

독립전쟁 이후 남북전쟁(1861-1865)에 이르는 기간중에는 反英感情에서 영국법의 繼受에 대한 반발이 생겼으며, 특히 루이지애나州를 비롯한 많은 州에서는 미국의 독립을 지지한 프랑스의 법을 받아들이기 시작하였다. 이리하여 영국법을 근간으로 하여 왔던 미국에서 미국만의 독자적인 法體系의 창조가 시작되었는바, 이 기간을 미국법의 形成期라고도 한다. 그러나 美國法이 근본적으로 判例法體系의 국가라는 점에서는 영국법과 그 근본을 같이한다고 할 것이다.

한편 입법부 우위의 영국과 달리 사법부 우월주의를 채택하고 있는 미국에서는 判例法의 확립과 정비가 촉진되었다. 이와 같이 判例法을 중요시함에 따라 成文法에 대한 判例法 優位의 법사상이 생기게 되었으며, 법의 연구에 있어서도 이념적·관념적인 것보다 실질적·분석적인 방법이 취하여지게 되었다. 19세기에 들어와 美國 法院은 先例로서 영국의 판례를 인용하던 것을 지양하고 점차 미국 법원의 판례를 인용하기 시작하였으며, 현재는 아주 특수한 경우를 제외하고는 미국 법원의 판례만을 인용하고 있다.

다. 社會主義法系

社會主義法系는 마르크스주의(Marxiam)를 이념으로 하는 공산주의국가의 法系이다. 마르크스주의 법학은 마르크스이론을 기초로 하여 법의 이념적 근거로서 '法은 곧 實力이다'라는 實力說을 채택하고 法史觀으로는 唯物辨證法을 내용으로 하고 있다. 마르크스주의에 의하면 자본주의사회에 있어서의 국가는 계급사회에 있어서 지배계급이 타계급을 지배하기 위하여 만든 권력기관으로 보고, 법은 지배계급이 피지배계급을 억압하기 위하여 국가권력과 결합하여 규범화한 도구라는 것이다. 따라서 법의 제정은 물론 법의 해석도 지배계급의 계급적 이익을 위하여 이루어지는 것이라 한다. 社會主義法體系는 사회주의국가를 건설하는 데 필요한 수단으로서 법을 제정하고, 국가목표를 추구하기 위해서만 법을 활용하고 있다. 社會主義法系는 형식적으로는 大陸法系와 마찬가지로 成文憲法을 기본법으로 한 成文法體系를 가지고 있으나, 법의 이념은 마르크스주의에 맹종하고 있기 때문에 국가의 모든 활동에 대해서 엄격한 법적 통제를 내용으로 하고 있는 것이 특색이다.

라. 이슬람法系

이슬람法系의 특징은 法과 종교가 철저하게 혼합되어 분리될 수 없다는 것이 특징이다. 그 결과 이슬람教가 신봉하는 알라神의 뜻을 법의 효력 근거로 보기 때문에 현실세계에서 새로이 법을 제정할 수 없다. 물론 이슬람法이 처음부터 현재와 같이 완성된 형태는 아니었기 때문에 이슬람법학자들에 의하여 이슬람法의 구체적인 내용을 해석하거나 이를 法典化하는 작업이 필요하다. 그러나 이 경우에도 새로운 법의 창설이 아니라 이미 존재하는 알라神의 뜻을 확인하거나 구체화한다는 의미를 지닐 뿐이다.

이슬람法系에서 최상위의 法源은 서기 632년 모하메드가 사망한 후 몇 년이 지나서 편찬된 語錄인 코란이다. 코란에는 법적 의미를 담은 내용이 극히 적은 분량에 불과하다. 예를 들면 이슬람교 신자는 의지할 곳 없는 자와 약자를 돌보아야 하며, 거래에서는 신의를 지키고 성실하여야 하며, 법관은 뇌물을 받아서는 안 되며, 이자를 받거나 도박은 금지된다는 것 등이다. 이러한 것들을 위반한 경우의 법적 효과나 제재의 종류에 대해서는 언급되지 않고 있다.

이슬람法은 유명한 이슬람학자 아스사피(서기 820년 사망)가 주창한 네 가지의 근간(root, wurzel)으로 구성되어 있다. 첫째는 코란이며, 둘째는 예언자들의 靈的 生活을 기록한 순나(sunna)로서 코란을 해석하고 구체화하는 데 주요한 역할을 하고 있다. 세번째는 이그마(igma)로서 이슬람교의 의무론의 문제에 대한 전체 이슬람족의 합의를 의미한다. 마지막으로 네번째의 근간은 類推解釋이다. 즉 코란·순나 및 이그마에서 확립된 법규범을 토대로 유사한 事案에 대하여 類推解釋을 허용하는 것이다.

오늘날 이슬람法體系는 이슬람의 영향을 강하게 받아 成文化된 재산법과 成文化되지 아니한 이슬람의 가족법·상속법 등으로 구성되어 있다. 그러나 가족법과 상속법도 점차 成文化되는 경향으로 나아가고 있다.

제 2 절 英美法體系의 發展過程

英美法體系를 올바르게 이해하기 위하여는 英美法의 發展過程을 고찰하여 보는 것이 반드시 필요하다.[10)]

그 이유는 英美法體系의 경우 홈즈(Holmes)의 "법의 생명은 논리에 있는 것이 아니라 경험에 있다"는 격언처럼 英美法은 시대의 정치·경제·사회·문화적 경험을 충실히 반영하고 있으므로 法體系의 역사적 발전과정을 이해하는 것은 英美法의 본질적 실체를 파악하는 데에 사실상 필수불가결한 요소라고 할 수 있기 때문이다. 이하에서는 英美法體系의 발전과정을 시대별로 설명하여 보고자 한다.

1. 노르만征服 以前

英美法體系의 기원은 1066년 노르만디公 윌리엄 1세의 노르만정복(Norman Conquest)을 시점으로 잡는 것이 英美法學者들의 통설적인 견해이다. 물론 노르만정복 이전에도 영국의 고유한 법이 존재하고 있었으나, 이는 현재 英美法의 형성에 별다른 영향을 주지 못한 것으로 평가되고 있다.

영국은 B.C. 55년 시이저(Julius Caesar)에 의하여 점령된 이래 5세기 초까지 로마의 지배를 받았다. 로마의 지배를 받기 전 영국은 부족단위의 慣習法을 보유하고 있었으며, 이러한 慣習法은 문서화되지 못하고 口傳(gene-

10) 英美法體系의 발전과정에 관한 상세한 내용은, Mary A. Gledon, Michael W. Gordon, Christopher Osakwe, 『Comparative Legal Tradition』(1985); J. H. Baker, 『An Introduction to English Legal History』(1979); 崔大權, 『英美法』(1993) 참조.

rations by oral tradition)으로 전하여 왔다. 그 당시 로마는 成文化된 체계적인 로마法을 이미 보유하고 있었으나, 이는 영국에 전수되지 아니하였다. 그 이유는 로마法은 원칙적으로 로마인 사이에 적용되는 법으로서 영국인은 로마인이 아니라 피정복인이기 때문에 정복자로서의 로마가 로마法을 영국인에게 적용하지 아니하였기 때문이다. 다만, 통치조직 및 제도 등에 로마법적 요소가 간접적으로 적용되었을 뿐이다.

로마인이 5세기경 영국을 떠나자, 영국은 다시 앵글로색슨족에 의한 부족단위의 지방분권적 사회로 복귀되었다. 물론 국왕이 존재하였으나 그 권한이 미미하여 중앙집권적 국가는 형성되지 못하고 소위 부족장(sheriff, ealdorman, bishop)이 독자적으로 부족을 통치하였다. 이러한 지방분권적 통치에는 각 부족의 慣習法이 적용되었음은 물론이다. 알프레드 대왕(Alfred the Great: 871-900) 치하에서 일부 慣習法이 문서화되기도 하였으나 정형적인 法體系를 갖춘 것은 아니었다.

2. 노르만征服 以後

1066년 노르만디公 윌리엄(William) 1세는 헤이스팅스 전투(Battle of Hastings)에서 영국군을 격파하여 영국을 점령하고 영국의 국왕으로서 영국을 통치하였다. 윌리엄 1세는 소수의 노르만족이 다수의 영국인을 통치할 수 있도록 강력한 중앙집권체제를 수립하고 또한 자신에게 충성하는 신하를 지방영주로 임명하는 봉건제도를 채택하였다.[11] 윌리엄 1세는 적의 토지를 몰수하여 자신의 신하에게 분배하였고 1086년에는 토지대장(Domesday Book)을 작성하여 영국내 토지의 모든 보유상황을 등재시킴으로써 토지제도 및 조세제도의 새로운 기초를 마련하였다. 기존의 지방영주는 토지를 직접 소유하고 영주의 지위를 스스로 상속 또는 승계할 수 있었다. 그러나 윌리엄 1세의 봉건체제하에서는 국왕이 토지를 소유하고 영주는 토지의 用益

11) 본래 영국이라 함은 영국의 동남부인 잉글랜드(England) 지방만을 말한다. 스코틀랜드(Scotland)·웨일즈(Wales) 및 아일랜드(Ireland)는 그 당시 사실상 영국과는 무관한 독립국가라고 보아도 무방하다. 스코틀랜드 및 웨일즈와 잉글랜드 사이에 위치하는 팔라틴주(Palatine County)도 봉건제도 대상에서 제외되었는바, 그 이유는 팔라틴주가 소위 국경방위를 위한 완충지대로서 이에 대한 대가로 독립이 인정되었기 때문이다.

權만을 보유할 뿐이며 영주의 지위는 상속되는 것이 아니라 국왕에 의하여 임명될 뿐이었다.

윌리엄 1세는 새로운 중앙집권체제를 수립하였으나, 기존의 앵글로색슨족이 보유하고 있었던 부족사회의 慣習法을 완전히 배척한 것은 아니었다. 왕권(royal concern) 또는 중앙(central matters)에 관련된 법적 문제에 관하여는 왕이 직접 재판장(chief justiciar)으로 판결하였으나, 그 외의 법적 문제는 모두 지방의 慣習法에 의한 자치적인 재판을 인정하였다. 윌리엄 1세의 노르만정복을 영국 普通法의 시초로 보는 이유는 모든 부족에게 공통적으로 적용될 수 있는 중앙집권적 법률체제(highly centralized legal system)를 마련하였다는 데에 있다.

가. 普通法의 形成

(1) 王立法院의 設立

영국 국왕은 國王評議會(Curia Regis)의 顧問을 받으면서 입법·사법 및 행정의 모든 권한을 행사하였다. 그러나 이러한 國王評議會의 권한은 점차 독립된 기관에 분산되었는바, 司法權은 王立法院(Royal Court)으로 이관되었다. 王立法院에는 財務法院(Court of Exchequer), 民事法院(Court of Common Plea) 및 王座法院(Court of King's Bench)의 세 가지 형태의 법원이 설립되었다.[12)]

財務法院은 國王評議會에서 분리된 최초의 王立法院으로서 조세와 관련된 법률문제에 대한 판결을 담당하였다. 民事法院은 국왕과 상관이 없는 일반 私人間의 민사소송을 담당하는 법원으로서 주로 토지소유권, 채무관계 및 동산의 不法占有(detinue) 등을 다루었다. 王座法院은 공무원의 권한행사, 국왕의 권한남용방지 및 정치적 문제의 해결을 담당하는 법원이었다.

王立法院에서 채택한 소송절차와 판결내용이 바로 영국 普通法(common law)의 근원이 되었다. 王立法院이 설치되었다고 하여 각 지방의 기존 地方法院이 폐지되거나 기존의 慣習法이 부정되는 것은 아니며 王立法院은 제한된 재판관할권만 행사할 뿐이고 여타의 재판관할권은 地方法院이 그대로

---

12) 王立法院의 수립 이외에도 국왕은 소위 巡廻法官(justiciarii itinerantes; travelling justices)을 지방에 파견하여 국왕의 이름으로 地方法院을 대신하여 재판권을 행사하도록 하였다.

보유하고 있었다. 그러나 王立法院이 채택한 소송절차 및 판결내용은 地方法院의 그것과 비교하여 볼 때에 더욱 공정하고 합리적이었다. 따라서 王立法院과 地方法院이 동시에 재판관할권을 보유하고 있는 경우 일반국민은 王立法院에 의하여 재판받기를 선호하였고, 地方法院도 점차 王立法院의 소송절차 및 판결내용을 모방하여 이를 채택하기 시작하였다. 따라서 영국에서는 영국 각 지방에 공통적으로 적용되는 통일적인 普通法이 정립되기 시작하였다.[13]

⑵ 教會法院

王立法院의 발달로 인하여 地方法院은 점차 쇠퇴하기 시작하였으나, 소위 교회법원(Ecclesiastical Court)은 지속적으로 영향력을 행사하였다. 교회법원은 로마法에 근거한 교회법(canon law)을 적용하였다.

교회법원은 결혼 및 상속 등의 가사문제에 대한 민사관할권과 성직자(clergy)의 범죄에 대한 형사관할권을 행사하였다. 성직자에 대한 형사재판은 소위 「聖職者特例의 原則」(Benefit of Clergy)에 따라 세속적인 일반법원(temporal court)에서 교회법원으로 이관되어 교회법원이 전담하였다. 이러한 「聖職者特例의 原則」은 점차 확대 적용되어 교회와 조금이라도 관련된 者는 물론이고 심지어는 읽고 쓸 줄 아는 능력(literacy)만 있으면 모두 교회법원에 의한 재판을 받을 수 있게 되었다. 이러한 교회법원의 재판관할권 확장은 王立法院의 재판관할권과 충돌을 가져오게 되었는바[14] 後者가 승리하여 대부분 王立法院으로 다시 이관되었다. 그러나 교회법원의 가족 및 상속문제(family and succession issue)에 관한 재판관할권은 19세기 중반에 王立法院에 이관될 때까지 지속되었다. 王立法院이 가족 및 상속문제에 관한 재판을 하는 경우 여전히 교회법이 주요 法源으로서 적용되고 있다.

⑶ 星廳法院

星廳法院(Court of Star Chamber)은 튜더왕조(1485-1603)의 창시자인 헨리 7세(1485-1509)에 의하여 창설되었으며, 스튜어트왕조(1603-1714) 기

13) 프랑스에서는 16세기까지 전국적으로 공용되는 프랑스普通法(droit commun francais)이 성립되지 아니하였으며, 독일에서는 19세기에 이르기까지도 普通法(gemeines recht)이 존재하지 아니하였고 다만, 19세기의 소위 판덱텐 학자의 이론에서만 普通法이 존재하였다.

14) 1170년 캔터베리 대성당(Canterbury Cathedral)에서 발생한 토마스 대주교(Thomas a Becket)의 살해사건은 이러한 대립의 소산이다.

간중 1641년에 폐지될 때까지 약 200여년간 존속된 법원이다.[15] 星廳法院은 共謀罪(conspiracy), 文書僞造罪(forgery) 및 僞證罪(perjury) 등 형사사건을 전담하는 법원이다. 동 법원에서는 범죄사실 및 공범 등에 관한 자백을 강요하는 등 악명이 높았으나 그 당시의 형사관행으로서는 그다지 놀라운 일은 아니었다고 한다. 星廳法院에서는 영국의 옥스포드(Oxford)대학이나 캠브리지(Cambridge)대학에서 大陸法의 교육을 받은 법학자들이 판사로 재판을 수행하였다. 따라서 星廳法院의 판사들은 대륙의 르네상스·인문주의 사상 및 논리적이고 체계적인 大陸法에 심취되어 무질서하고 형식적인 普通法을 비판하면서 로마法 및 교회법을 대폭 적용하였다. 그러나 로마法은 英美法體系의 주류를 형성하지 못하였다. 그 이유는 대부분의 법조인들이 王立法院을 중심으로 하여 형성된 普通法體制에 영향을 받고 있었기 때문이다.[16]

(4) 商事特別法院

상사 및 해상에 관한 사건을 관할하는 商事特別法院이 주요 교역지에 설립되었다. 상사 및 해상에 관한 사건은 주로 국제법 또는 국제관습법이 적용되므로 영국의 국내법인 普通法이 적용되기에는 부적합하여 주로 로마法이 재판규범으로서 적용되었다. 이들 商事特別法院은 19세기에 普通法法院에 병합되어 결국 普通法體系로 흡수되었으나, 로마법적 요소가 오늘날에도 남아 있다.

---

15) 15세기경부터 普通法法院에 의한 재판에 불만을 품고 국왕과 國王評議會에 구제를 청원하여 오는 사례가 증가하게 되자 國王評議會와 그의 위임을 받은 大法官(Chancellor)이 민사·형사의 재판을 하게 되었다. 그 재판은 대체로 웨스트민스터 사원 안의 천장에 별이 그려져 있는 방에서 행하여졌으므로 이 法院을 星廳法院으로 부르게 된 것이다. 동 法院은 헨리 7세시대(1485-1509)에 나온 1487년法에 의하여 대법관, 재무대신 및 普通法法院의 재판관 등으로 구성하도록 하였고, 주로 귀족의 結社, 檢察官(sheriff)의 非行, 陪審들의 瀆職, 불법집회 등의 범죄사건에 대한 재판권이 부여되었다. 이 法院은 普通法法院과는 달리 행정부와 밀접한 관계를 가진 法院으로서 陪審에 의한 재판이 아니었으며 고문도 자행되었다. 결국 星廳法院은 국민들의 반감을 사게 되었으며 결국 1641년에 高等宗務法院, 그리고 星廳法院과 동일한 재판권을 행사하였던 北部地方評議會(Council of the North) 및 웨일즈地方評議會(Council of the Wales) 등과 함께 폐지되었다.

16) 가장 대표적인 普通法學者가 Edward Coke(1552-1634)이다. Coke는 民事法院(Court of Common Pleas) 및 王座法院(Court of King's Bench)의 수석법관을 지낸 바 있다. 그의 저서로서 1628년에 출간된 『Coke의 Littleton 註釋』(Coke upon Littleton)은 토지법에 관한 Littleton의 책(1481)에 대한 註釋書로서 오늘날에도 영국의 토지법에 관한 권위서로 남아 있다.

나. 普通法의 發展

普通法은 令狀制度(writ)의 채택 및 衡平法(equity)의 도입 등으로 점차 독특한 법적 체계를 갖추면서 발전하여 왔다.

(1) 令狀制度의 採擇

종래에 일반국민이 普通法法院(common law court)에서 민사소송을 제기하고자 하는 경우 이는 상급관리로부터 令狀(writ)을 취득하는 경우에만 이것이 허용되었다.[17]

令狀은 원고의 신청에 의하여 大法官(Chancellor)이 국왕의 이름으로 발부하는 법관에 대한 일종의 명령서로서 피고를 王立法院에 소환하여 양 당사자가 출석한 법정에서 당해 사건을 재판할 것을 명령하는 문서를 말한다.

債務(debt) 및 不法占有(detinue) 등 특정 분야에서 소송을 제기하고자 하는 경우 당해 분야에서만 사용되는 특정 형태의 令狀이 별도로 마련되어 있어 만일 다른 분야에서 사용되는 令狀을 사용하는 경우에는 소송이 却下되었다. 예컨대, 債務辨濟訴訟에서는 債務辨濟訴訟用 令狀을 사용하여야 하며 不法占有訴訟用 令狀을 사용하는 경우에는 소송이 却下된다. 어느 특정 소송분야에 사용되는 令狀은 정형화되어 동일한 양식을 지니게 되었는바, 이를 '訴訟樣式'(forms of action)이라고 부르기도 한다. 令狀의 형태는 令狀目錄集(Registers of Writs)에 정리되어 발간되었다.

12세기 말경에는 약 75개 종류의 令狀이 존재하였으며 점차 증가하기 시작하였다. 그러나 새로운 형태의 令狀의 증가는 곧 王立法院의 사법관할권의 확대를 의미하였으므로 地方法院과의 지속적인 갈등을 야기하였고, 새로운 令狀에는 새로운 소송절차가 수반되어 소송절차가 점차 복잡하게 되었다. 따라서, 새로운 형태의 令狀이 신설되는 것을 제한하고자 1285년의 웨스트민스터法(Statute of Westminster, 1285)이 제정되었다. 同法은 令狀의 발급이 허용되던 기존의 소송분야와 유사한 분야에만 令狀의 발급이 허용되고, 그러하지 아니한 경우에는 이를 의회에 제출하여 새로운 令狀의 발급 여부에 대한 승인을 받도록 규정하였다.

---

17) "Where there is no writ, there is no right."

令狀制度는 우회적인 방법을 통하여 본래의 소송분야와는 다른 소송분야에도 확장되었다. 예컨대, 「賃借人」의 不法逐出(wrongfully ejected leasehold tenant)에 관한 소송에 대하여만 令狀의 발급이 허용되는 경우 소유자(freehold)는 자신의 부동산을 「賃借人」이 아닌 「他人」이 不法占有하고 있는 때에는 令狀을 발급받을 수 없기 때문에 소송을 제기할 수 없는 것이 원칙이다. 이러한 경우 소유자 A가 가공의 賃借人 B(주로 'John Doe'라고 칭한다) 및 B를 부동산에서 不法逐出한 또 다른 가공의 제 3 자 C를 각기 설정하고 B로 하여금 C에 대하여 賃借人의 不法逐出訴訟을 제기하도록 한다. 법원은 B와 C간의 賃借人의 不法逐出訴訟을 판결하면서 부동산의 실제 소유자를 가려내는 절차를 밟아야 한다. 이 과정에서 A가 부동산의 실제 소유자임을 확인받을 수 있고, 결과적으로 부동산을 불법점유하고 있는 타인에 대한 자신의 권리를 주장할 수 있게 되는 것이다.

이러한 영국의 普通法上의 令狀制度는 로마法의 기본체계와 대단히 유사하다고 할 것이다. 로마法에서도 원고가 소송을 제기하기 위하여는 상급관리인 法務官(praetor)으로부터 일종의 令狀(formula)을 발급받는 것이 필요하다. 따라서 영국의 普通法과 로마의 로마法은 실체법상의 권리보다는 절차법상의 소송절차에 중점을 두고 있다는 점에서 공통점이 있다고 볼 수 있을 것이다.[18)]

(2) 衡平法의 導入

王立法院에서의 普通法에 의한 재판은 많은 문제점이 제기되었다. 令狀을 발급받지 못한 원고는 자신의 법익이 침해되었음에도 불구하고 소송을 제기할 수 없었고, 소송을 제기한 경우에도 피고의 증인매수, 증거조작 및 정치적 영향력 등으로 인하여 패소하는 경우가 빈번하게 발생하였다. 또한, 법을 교묘하게 악용하는 경우에도 법의 경직성으로 인하여 침해당한 법익을 제대로 구제받을 수 없었다.

이에 따라 기존의 普通法을 적용하지 아니하고 도덕과 양심(morality

---

18) 서구에서 註釋學派(Glossators)와 註解學派(Commentators)가 "로마법학자와 보통법학자 사이에는 로마法學者와 현대 大陸法系學者와의 사이에 있어서보다 더 큰 유사성이 있다고 하는 것은 상당히 타당성이 있다고 본다. 普通法學者와 로마法學者는 일반적인 논리적 체계를 구축하기보다는 개별 사례마다 알맞은 법규칙의 틀을 마련하는 일에 중점을 두고 있다"고 지적한 것은 이러한 관점에서 타당하다고 할 것이다.

and good conscience)에 의하여 재판을 하는 절차가 바로 衡平法에 의한 재판절차이다.

자신의 普通法上의 권익이 침해당하였으나 普通法法院에 의하여는 구제를 받을 방도가 없는 경우 원고는 衡平法法院(Court of Chancery)에 재판을 신청하게 된다. 大法官들은 衡平法法院에서 普通法法院과는 상이한 재판절차를 채택하는바, 주로 배심원 없이 대법관이 당사자를 심문(inquistorial fashion)하여 판결하는 방법을 사용하고 있다. 大法官들이 衡平法法院에서 도덕과 양심을 기준으로 하여 내린 판결은 普通法과는 별도의 소위 衡平法을 형성하게 되었다. 衡平法法院에서는 금전적 손해배상소송(monetary damage)은 허용되지 아니하며 금지명령(injunctive relief) 및 강제이행명령(specific performance)을 구하기 위한 소송만이 허용되는 것이 원칙이다.[19] 이와 같이 衡平法에 의한 소송은 普通法法院과 구별되는 별개의 衡平法法院에서 普通法이 아닌 衡平法을 적용하면서 수행되어 왔다. 그러나 1873년부터는 普通法法院에서 양자를 통합하여 관할하고 있다.[20]

英美法上의 信託制度(trust)는 普通法體系下에서는 허용되지 아니하였으나 衡平法體系下에서 발전된 대표적인 제도로서 이에 관하여는 후술하기로 한다.

3. 中世의 普通法

튜더왕조(1485-1603) 및 스튜어트왕조(1603-1714)는 절대왕정을 원하였던 국왕과 법치주의를 주장하는 의회 사이의 대투쟁이 전개되었던 시기이다. 의회는 「權利의 請願」(Petition of Right) 및 「權利의 章典」(Bill of Right) 등을 통하여 국왕의 권력행사를 제한하고 의회의 입법권을 확립하였다. 普通法 학자 및 판사는 의회의 승리에 결정적 역할을 하였고 의회는 普通法體系를 기반으로 하여 입법권을 행사하였으므로 普通法은 영국에서 최고의 法(supreme law of the land)으로서의 지위를 확고히 차지하게 되었다. 이후 普

19) 大陸法體系下에서는 금전적 손해배상은 물론 禁止命令 및 強制履行命令이 일반 民事法院의 관할이 되고 있다.

20) 미국에서는 연방법원은 1938년, 뉴욕 주법원은 1848년까지 별개의 衡平法法院이 존재하였다.

通法은 지속으로 발전되어 맨스필드 경(Mansfield: 1705-1793)[21] 및 블랙스톤(Blackstone: 1723-1780)[22] 등의 유명한 법률가를 배출하였다.

4. 近代의 普通法

19세기 영국 普通法은 커다란 사회적 입법개혁(social legislative reform)의 대상이 되었다. 대표적인 사회적 입법개혁으로서는 (i) 普通法의 法典化(codification), (ii) 법원제도의 개편작업 및 (iii) 普通法과 衡平法의 통합, (iv) 소송절차의 간소화 등을 들 수 있다.

가. 普通法의 法典化

普通法의 法典化(codification) 작업은 당시의 사회개혁자이며 법률가인 벤담(Jeremy Bentham: 1748-1832)에 의하여 주도되었다. 벤담은 전통과 선례에 구속되어 당시의 사회개혁에 필요한 법적 수요를 충족시키지 못하는 普通法을 통렬하게 비판하였다. 그는 不文法으로서의 普通法을 대체할 수 있는 체계적이고 포괄적인 成文法典의 마련을 주장하였다. 그러나 보수적인 普通法 학자 및 판사들은 이에 반대하였고, 의회 역시 普通法의 成文化 작업을 시도하지 아니하였다. 다만, 의회는 그 당시 영국 자본주의사회의 발전으로 야기된 도시빈민의 증가, 실업자의 발생, 빈부격차의 확대 및 노사갈등의 발생 등 수많은 사회적 문제를 해결하기 위한 개별 법률을 제정하였다. 예컨대, 의무교육의 확대, 경쟁을 통한 공무원채용, 빈민구제, 연소자근로의 제한, 도로의 건설 및 자유무역주의의 채택 등에 관한 법률 등이 대표적이다. 이러한 법률의 제정은 벤담이 주장한 바와 같이 普通法을 法典으로 成文化하는 것이 아니라, 새로운 사회문제를 해결하기 위한 실정법상의 방법론을 제시한 것에 불과한 것이다. 그러나 이러한 새로운 법률의 제정에 있어 벤담의 사회개혁

21) 맨스필드 경은 王座法院의 수석판사로서 30년 이상 재직하면서 普通法의 발전에 지대한 영향을 미친 바 있다. 그는 商事特別法院을 普通法法院으로 통합하여 그 당시 로마법 요소가 강하던 商事法 분야를 普通法體系로 흡수하였다.

22) 블랙스톤은 다른 普通法學者와 달리 판사로서의 경력을 갖추고 있지 아니하며, 法廷辯護士 및 옥스포드대학의 교수로서 재직하였다. 그의 저서인 『英國法註釋』(Commentaries on the Laws of England: 1765-1770)은 영국의 헌법, 형법, 민법 및 소송법 등 영국법 전체에 관한 체계적인 理論書로서 영국 普通法 理論의 기초를 마련하였다. 동 저서는 법률전문가는 물론 일반교양인도 이해할 수 있도록 저술되었으며 영국은 물론 외국에서도 널리 읽혀진 바 있다.

에 관한 이론이 커다란 영향을 미쳤음은 물론이다.

나. 法院組織의 改編

영국의 법원조직은 관할권이 중복되고 소송절차가 지나치게 복잡하여 국민의 권리구제에 비효율적이라는 비판이 제기되어 왔다.

이러한 법원조직의 구조적 문제점은 1873년의 法院組織法(Supreme Court of Judicature Act of 1873; 1875년 발효)을 제정하여 일대개혁을 이루었다. 이 법률은 현재도 영국 司法制度의 근간을 이루고 있다.

法院組織法은 上級法院(Supreme Court of Judicature)을 설립하고, 上級法院을 地方法院(High Court of Justice)과 高等法院(Court of Appeals)으로 구성하였다. 地方法院에는 크게 (女)王座部 · 衡平法部 및 家事部의 세 개의 部가 구성되어, 그 각 部가 자신의 전속관할권에 속해 있는 소송사건을 전문적으로 취급하게 되었다. 첫째, (女)王座部(Queen's Bench Division), 財務部(Exchequer Division) 및 民事部(Common Pleas Division) 등의 세 개의 部는 이전의 독립한 법원의 업무를 각각 담당하였다. 그러나 1881년 이래로 이들 세 개의 部는 (女)王座部에 통합되었다. 둘째, 종전까지 衡平法法院이 심리하던 법률사건은 衡平法部(Chancery Division)에 이관되었다. 셋째, 유언 및 혼인의 효력에 관한 사건 및 해상법 사건은, 전에는 각각 세 개의 상이한 법원이 관할하였으나, 遺言檢證 · 離婚 · 海事部(Probate, Divorce and Admiralty Division)라는 단일의 部에 통합되었다. 이들 法領域은 그 내용이 서로 공통점을 갖추고 있지 못하나 이를 하나의 部에 포함시키게 된 것은 상속법 · 혼인법 및 해상법규칙이 모두 다 로마法의 색채를 강하게 띠고 있다는 점에서 공통점이 있기 때문이다. 동 遺言檢證 · 離婚 · 海事部는 1970년의 法院行政法(Administration of Justice Act)에 의하여 家事部(Family Division)로 명칭을 바꾸어 오늘에 이르고 있다.

地方法院의 상위법원으로 高等法院을 두고 있다. 高等法院은 종전에 서로 독립하여 항소심으로 활동하고 있던 상이한 법원들을 하나의 高等法院으로 통합한 것이다.

1876년의 上訴管轄法(Appellate Jurisdiction Act)에 의하여 상급법원과는 별도의 최고법원으로서 貴族院(House of Lords)의 특별재판부가 부활되었다. 이 재판부는 대법관, 판사 및 특별재판부에서의 재판을 위하여 종신귀족의 지위에 오른 판사로 구성된다.

다. 普通法과 衡平法의 統合

法院組織法은 普通法과 衡平法을 통합(fusion of law and equity)하였다. 이에 따라 地方法院의 모든 部는 普通法과 衡平法을 모두 적용할 수 있게 되었다. 즉, 衡平法法院은 물론 여타의 법원도 衡平法에 의한 재판을 담당할 수 있게 된 것이다. 재판에서 普通法과 衡平法間에 충돌(conflict)이 생기는 경우에는 衡平法이 우선하게 된다(법원조직법 제25조 제11항). 그러나 普通法과 衡平法間의 통합에도 불구하고 복잡한 衡平法의 적용에 관한 사건은 대부분 衡平法法院이 그대로 담당하고 있다. 그 이유는 地方法院 내부에서 衡平法法院이 대부분의 衡平法에 관한 사건을 담당하도록 업무를 분장하고 있기 때문이다.

라. 訴訟節次의 簡素化

1873년 법원제도 개혁 중에는 소송절차에 관한 개혁이 포함되어 있다. 이중에 대표적인 것이 令狀制度의 개선이다. 종래에는 원고가 소송을 제기하고자 하는 경우 70-80여종에 이르는 令狀樣式(form of action) 중 자신이 제기하고자 하는 소송에 부합되는 어느 하나를 선택하여야만 하였다. 令狀樣式을 잘못 선택하면 소송이 却下되는 경우가 적지 아니하게 발생하였다. 1873년 法院組織法은 모든 소송양식을 정리하여 하나의 「召喚狀」(writ of summons)으로 통일하였다. 따라서, 원고가 소송을 제기하고자 하는 경우에는 소송의 종류에 상관없이 모두 동일한 「召喚狀」을 사용하게 되었다. 또한, 소송절차를 대폭 통일·간소화함으로써 재판은 소송의 절차적 문제점보다 실체적인 법적 문제에 중점을 둘 수 있게 되었다.

5. 現代의 普通法

19세기 말경에는 포괄적인 制定法이 다수 제정되었다. 물론 이는 普通法을 制定法으로 전환하는 英美法상의 일대개혁을 의미하는 것은 아니었다. 이러한 制定法들은 단지 普通法을 法典化한 것으로서 普通法法院이 발전시켜

온 기존의 普通法上의 원칙들을 정리한 것에 지나지 아니한다. 따라서 이 制定法상의 어느 條文의 내용이 의문시되는 경우에는 그 制定法이 시행되기 이전에 宣告된 普通法상의 판결에 의존하여 이를 적용하는 것이 허용되었다. 그러나 가족법이나 상속법, 계약법 혹은 불법행위법 등 전문적인 普通法의 분야에서는 포괄적인 法典이 현재까지도 존재하지 아니한다. 다만 이 분야에 대하여는 夫婦財產, 無遺言相續(intestate succession), 養子入養, 婚姻外의 親子關係(illegitimacy), 遺產管理(administration of estates), 割賦販賣(hire-purchase transactions)와 같은 특정의 법문제를 다룬 특별입법이 존재하고 있을 뿐이다. 이들 制定法 역시 法院에 의하여 발전해 온 普通法의 법원칙을 바탕으로 제정되었으므로 普通法을 배경으로 하여서만 이해될 수 있다.

20세기 들어 노동계급의 성장과 대중보통선거의 실시는 하원의원을 일반국민이 장악하게 되었다. 이들은 사회개혁을 위한 다수의 成文法을 제정하였다. 현대의 社會立法(social legislation) 분야에서는 독일이나 프랑스와 같은 大陸法體系國家와 마찬가지로 영국에서도 수많은 새로운 成文法이 제정되었다. 예컨대, 주택법·임대차보호법·노동법·사회보험법·도로교통 및 보험법, 부정경쟁 및 독점금지법 등 다수의 成文法이 이에 해당한다.

6. 普通法의 地域的 適用範圍

영국의 普通法은 영국 내에서만 적용되는 것이 원칙이다.

영국의 普通法 개념을 논할 때의 영국이라 함은 보통 잉글랜드와 웨일즈를 합한 지역만을 의미하고 스코틀랜드는 제외하는 것이 일반적이다.[23] 스코

23) 영국이라는 개념은 「England」, 「Great Britain」 및 「United Kingdom of Great Britain and Northern Ireland」 등 다양한 의미로 사용되고 있다. 이 중 대외적인 외교상의 공식명칭은 「United Kingdom of Great Britain and Northern Ireland」로 그 명칭대로 Great Britain과 Northern Ireland로 구성되어 있다. Great Britain은 England, Wales 및 Scotland로 구성되어 있다. 이 중 England는 United Kingdom 전체의 반 정도의 면적을 차지하고 있으나 인구로는 5분의 4를 차지하며, Wales까지 합하여 England로 부르는 것이 보통이다. 1931년 웨스터민스터法에 따라 英聯邦(British Commonwealth of Nations)은 英國本國, 獨立國, 自治領 및 그 植民地로 구성된다. 자치령(Dominions)에는 Dominion of Canada, Commonwealth of Australia, Union of South Africa, New Zealand, Pakistan 및 Ceylon 등이 있다. 인도는 완전히 독립된 공화국이지만 역사적인 이유로 지금도 영연방 구성국의 하나로 남아 있다. 이전에 자치령이었던 Irish Free State는 1949년에 완전독립하여 국호를 Republic of Ireland로 개명하고 영연방으로부터 탈퇴하였다. 그리고 자치령이었던 New Foundland는 1949년에 Canada의 한 개 주가 되었다.

틀랜드는 18세기까지도 잉글랜드와는 별개의 독립된 국가로서 普通法과는 다른 독자적인 法體系를 유지·발전시켜 왔다.

1292년에는 잉글랜드 국왕 에드워드 1세가 스코틀랜드를 정복하였으나, 수년 후 스코틀랜드인은 다시 독립을 쟁취하였다. 스코틀랜드는 잉글랜드로부터의 독립을 유지하기 위하여 잉글랜드와 적대국인 프랑스와 동맹관계를 맺고 상호 교류를 실시하였다. 이 과정에서 대륙의 로마法이 스코틀랜드로 繼受되었다. 따라서 스코틀랜드法은 잉글랜드의 普通法과는 달리 土着慣習法, 制定法, 로마法 및 自然法 理論이 통합된 독자적인 法體系를 형성하였다.[24]

1603년에 스코틀랜드의 제임스 6세가 영국의 엘리자베스 여왕을 계승하여 영국왕 제임스 1세가 됨으로써 영국 스튜어트왕조를 연 이래로 스코틀랜드 왕실과 잉글랜드 왕실 사이에는 人的 結合關係를 유지하였다. 1707년에 이르러 두 나라는 양국의 의회가 비준한 조약에 의하여 국내법적으로나 국제법적으로도 연합된 '大英聯合王國'(United Kingdom of Great Britain)을 형성하였던 것이다.

1707년의 조약은 公權·政策 및 政府에 관한 법은 연합왕국 전체에 걸쳐 단일한 法을 적용하나 私權에 관한 法은 스코틀랜드 내의 국민에게 명백히 유리한 경우를 제외하고는 스코틀랜드法을 그대로 적용한다고 규정하고 있다. 이리하여 스코틀랜드法은 두 나라 사이의 연합에도 불구하고 본질적으로는 그대로 존립할 수 있게 되었던 것이다. 그러나 19세기 초에 이르러 스코틀랜드法은 잉글랜드 普通法의 영향을 강하게 받게 되었다. 연합왕국의 의회가 민법·상법·경제법·행정법 및 사회법 등의 각 분야에 걸쳐 제정한 수많은 중요 법률들이 잉글랜드뿐 아니라 스코틀랜드에도 동일하게 적용되었다. 스코틀랜드의 변호사나 판사들이 실제로는 스코틀랜드法을 적용하여야 하는 경우에도 잉글랜드의 判例나 法書가 스코틀랜드의 그것에 비하여 훨씬 더 많기 때문에, 자연히 잉글랜드의 判例나 法書에 의존하는 일이 많게 되었다. 그러나 잉글랜드의 普通法이 미친 지대한 영향에도 불구하고, 私法의 핵심영역에서는 스코틀랜드法이 여전히 그 독자성을 오늘날까지도 유지하여

24) Scotland의 판사이며 정치가인 Stair 경(1648-1707)이 그의 저서 『스코틀랜드法提要』(Institutions of the Law of Scotland)를 1681년에 간행했는데, 이것은 로마法書를 모델로 하여 스코틀랜드法을 체계적으로 구성한 저서이며, 오늘날 스코틀랜드法에 관한 古典으로 되어 있다.

오고 있다.

현재에도 영국의 잉글랜드 · 웨일즈 · 스코틀랜드 및 북아일랜드는 상호 연방국가를 이루고 있다고는 할 수 있으나, 북아일랜드만은 독자적인 의회 등 독립적인 정부를 가지고 있는 점에서 상당히 지방분권적이다. 웨일즈와 스코틀랜드의 경우 독자의 의회를 가지고 있지 아니하고 런던의 영국 의회가 제정한 법률이 적용되나, 웨일즈 특히 스코틀랜드를 규율하는 법률은 따로 제정하는 등 특별한 조치를 취하며 영국의회의 制定法이 당연히 효력을 미친다는 방식을 취하지 아니한다.

제 3 절 美國法體系의 發展過程

美國法體系는 영국에서 발전한 普通法體系를 계승해 발전시켜 왔다. 일반적으로 普通法體系를 英美法體系로 부르는 것도 영국과 함께 미국이 普通法體系를 채택한 국가 중에서 가장 비중 있는 두 국가이기 때문이다.

그러나 미국의 普通法體系는 영국의 普通法體系와는 현저한 차이를 보이고 있다. 미국의 普通法體系는 (i) 英國普通法의 繼受 및 극복, (ii) 연방주의체제의 형성, (iii) 普通法과 制定法 간의 조화 및 (iv) 統一法의 추진이라는 특징을 갖는다.[25)]

1. 英國普通法의 繼受 및 克服

가. 英國普通法의 繼受

미국 버지니아州(Virginia)의 제임스타운(Jamestown)에 영국인에 의한 최초의 정착지가 개척됨으로써 미국의 식민지시대가 시작되었다.

물론, 영국인만이 미국땅에 정착한 것이 아니라 다양한 형태의 종교적·인종적 · 국가적 이질성을 가진 자들이 정착하였으므로 다양한 法體系가 존재하였을 것은 당연하다고 할 것이다. 예컨대, 프랑스 통치하에 있었던 루이

25) 미국법의 생성 및 발전에 관한 상세한 내용은, Lawrence M. Friedman, 『A History of American Law』(2nd ed., 1985) 참조.

지애나州는 大陸法의 영향을 받아 지금도 미국 내에서 大陸法體系下의 成文法主義를 채택하고 있는 유일한 州이다.

이러한 다양성에도 불구하고 미국 식민지가 繼受한 法體系는 전반적으로 영국의 普通法體系이었으며, 大陸法體系 등 다른 법체계가 미친 영향은 미미하였다.

영국은 미국 식민지에 대하여 입법권 및 사법권을 행사하였다. 영국 의회가 제정한 법률은 미국 식민지에 적용하는 것이 부적합하다고 인정되지 아니하는 한 미국 식민지에도 당연히 적용되는 것이 원칙이었다. 이러한 원칙은 법률에 明文으로 미국 식민지에도 적용된다는 규정을 두지 아니하는 한 법률은 영국 본토에만 적용되고 미국 식민지에는 적용되지 아니하는 원칙으로 점차 전환되었다.

미국 식민지에도 독자적인 입법기구가 설립되어 독자적인 입법권을 행사하였다. 그러나 미국 식민지의회가 제정한 법률이 영국의 법률에 위배되거나 상치되는 경우에는 영국 법원은 이러한 법률을 심사하여 그 효력을 부인할 수 있는 권한을 보유하고 있었다.

미국 식민지법원은 영국 법원의 판례를 선례로서 재판에 적용하였다. 미국 식민지법원의 판결에 대하여 이를 영국 법원에 上訴할 수 있었으며, 이 경우 영국 법원은 미국 식민지법원의 판결을 무효로 판결할 수 있는 권한을 보유하고 있었다.

미국 식민지에서의 영국 普通法의 영향은 상당히 보편화되었는바, 상당수의 법조인들이 영국의 변호사이었거나, 또는 영국에서 법학교육을 받은 者이었으며 영국의 법학서적도 폭넓게 읽혀졌다. 예컨대, 1765년과 1769년 사이에 최초로 간행된 윌리엄 블랙스톤[26]의 英國法註釋(Commentaries on the Laws of England)은 독립전쟁시까지 미국에서도 영국 내의 판매부수와 같은 부수가 팔렸다고 한다.

영국법의 繼受 내용은 개별 州마다 상이하나, 서부개척에 의하여 새로운 州가 미국에 편입됨에 따라 영국법의 전파도 점차 확대되었다. 한편, 미국의

26) 영국의 法廷辯護士인 윌리엄 블랙스톤(William Blackstone: 1723-1780)은 普通法에 관한 영국 최초의 대학강의를 1753년 옥스포드대학교에서 시작하였고, 1758년에는 옥스포드대학 초대 영국법 교수로 임명되었다. 그의 『英國法註釋』(Commentaries)은 8판이나 거듭 간행되었다.

독립 후에도 각 州가 헌법 또는 법률을 제정하거나 법원의 판결에 의하여 식민지시대에 적용되던 일부 영국법의 효력을 지속적으로 인정하는 경우도 있었다.

나. 獨自的인 美國法體系의 形成

미국 식민지의 형성 및 발전과정에 있어 영국의 普通法이 주된 法源으로 繼受되어 커다란 영향을 미쳤다는 점은 주지의 사실이다. 그러나 미국은 영국의 普通法을 그대로 模倣·繼受한 것이 아니라, 미국의 정치·경제·사회·문화적 배경에 적합하도록 영국의 普通法을 변형시켰으며 나아가 미국만의 독특한 普通法體系를 정립하였다. 미국에서 영국과 구별되는 다른 형태의 普通法體系가 발전하게 된 커다란 이유는 첫째, 식민지 이주자의 대부분이 영국의 정치·경제·종교 등 기존체제에 불만을 갖고 미국에 이주하여 왔으므로 기본적으로 영국의 법질서(English justice)에 반감을 갖고 있었고, 둘째, 미국의 정치적·경제적·사회적·문화적 상황에 비추어 볼 때에 영국의 普通法을 그대로 적용하는 것이 적합하지 아니하였다는 점을 들 수 있다.

미국 식민지시대의 초기인 17세기에는 미국 내에 법학교육을 제대로 받은 법조인의 수도 극소수이었고 법학서적도 희소하였다. 따라서 17세기중에 미국에서 실시된 재판의 경우 판사도 대부분 非法曹人으로서 법적 전문성이 결여되어 있었고, 재판규범도 실정법이 아니라 도덕·종교 및 自然法에 근거하는 경우도 상당수 존재하였다.

미국 식민지가 점차 안정되어감에 따라 18세기 초엽까지는 영국의 普通法이 대폭 繼受되어 영국의 普通法 교육을 받은 法曹人이 증가되었고 영국의 법학서적도 많이 보급되었다. 그러나 영국의 普通法은 미국에 그대로 적용된 것이 아니라 미국의 인종적·종교적·문화적 다양성이 반영되어 점차 변형되기 시작하였다. 예컨대, 영국에서는 가축이 타인의 건물이나 농경지 등의 소유지에 침입하여 재산상의 손해를 미친 경우 가축소유자가 손해에 대한 無過失責任을 부담하도록 되어 있으나, 미국에서는 목장이 지나치게 방대하여 가축소유자가 모든 가축을 관리할 수 있는 울타리를 치는 것이 불가능하므로 오히려 타인이 자신의 건물이나 농경지에 울타리를 쳐서 스스로 재산을 보호하도록 하는 의무를 부과시키고 있다. 또한, 영국에서는 봉건주의체제하에서

長子의 不動産相續制度(primogeniture)가 인정되었으나,[27] 미국에서는 평등사상의 발달과 재산의 공정한 분배요청에 따라 자녀간의 공평한 토지상속제도를 수립하였다.

미국의 英國普通法에 대한 의존도는 1776년의 독립을 계기로 급격히 감소하기 시작하였다. 우선 미국은 독립국가로서 독자적인 입법권과 사법권을 갖추게 되었으므로 미국 의회에서 제정한 법률이나 법원에서 행한 재판에 대한 영국으로부터의 간섭은 당연히 배제되었다. 또한 독립선언후에 영국 법원에서 내린 판결은 미국 州法院에서 인용하지 못하도록 하는 州法律도 제정되었다.[28]

한편, 1787년에 제정되고 1788년에 발효된 미국 연방헌법은 미국의 普通法體系를 영국의 普通法體系와 구별하는 분수령이 되었다. 미국의 연방헌법은 成文憲法으로서 영국의 不文憲法과 구별되고 있다. 미국의 연방국가체제하에서 개별 州는 독립적인 사법권 및 입법권을 행사할 수 있으므로 다양하고 상이한 州法을 형성·발전시킬 수 있으나 미국 연방헌법은 미국내의 모든 법규범의 상위에 위치하는 最高法規範으로서 다양하고 상이한 州法들에 대한 구심점을 제공하였다. 즉, 개별 州는 미국 연방헌법에 위배되지 아니하는 범위내에서 자신의 州의 고유하고 독특한 法體系를 형성·발전시킬 수 있는 것이다. 미국 연방헌법은 자유주의·민주주의 및 평등주의를 이념적 기반으로 하고 있는바, 개별 州議會는 이러한 이념의 州法을 제정하여 구현하였다. 예컨대, 토지법·가족법 및 상속법에서 영국 普通法上의 봉건적 요소를 제외하였고, 소송절차는 간소화하였으며, 채권자의 압류에 대한 극빈채무자의 보호를 강화하였고, 변호사업무 종사에 아무런 자격제한[29]도 두지 아니하였다.

27) 영국의 長子相續制度는 1926년 不動産管理法(Administration of Estates Act)에 의하여 폐지되었다.

28) 법률가들은 미국의 독립선언을 다음과 같이 축하하였다고 한다. "영국의 보통법! 우리의 미국법이 하루바삐 이러한 탄압의 도구를 미국에서 뿌리뽑도록"(The Common law of England! May wholesome statutes soon root out this engine of oppression from America). Warren, A History of the American Bar 227(1913).

29) 다수의 州에서는 明文의 규정으로써 州民은 누구나 특별한 자격요건을 갖추지 아니하여도 직접 변호사업무에 종사할 수 있게 하였다. 이런 규정이 Massachusetts에서는 1935년까지, Indiana에서는 1933년까지 존속하였다. Roscoe Pound(1870-1964)는 이를 법실무의 '非專門化'(deprofessionalization)로 불렀다.

미국 남북전쟁 이후 영국 普通法의 미국에서의 영향력은 거의 상실되었다. 즉, 미국의 법원은 종전의 영국 판례를 인용하던 관행을 지양하고 미국의 법원이 내린 기존의 판례를 인용하여 판결하기 시작하였으며, 영국 판례를 인용하는 경우는 극히 예외적인 경우에 한정하였다. 그러나 영국 普通法의 기본원리는 아직도 미국 普通法에 남아 있다. 가장 대표적인 것은 법원의 기존 판례는 制定法과 마찬가지의 동일한 법적 효력을 갖게 되어 법원은 이러한 先判例를 존중하여야 한다는 「先例拘束의 原則」이다.

2. 聯邦主義의 採擇 및 發展

1776년의 독립선언과 1781년에 종료된 獨立戰爭으로 영국으로부터 독립한 미국 각 州의 대표자들은 긴밀한 상호간의 정치적 유대관계의 형성을 위하여 國家聯合憲章(Articles of Confederation: 1781-1788)을 채택하였다.

이 憲章에 따라 설립된 國家聯合議會(Confederation Congress)는 각 州의 대표로 구성된다. 그러나 동 의회의 결정은 각 州를 구속하나 이를 강제하는 장치가 없는 등 실효성이 결여되었다. 이러한 결함을 보완하려는 노력하에 1787년에 美合中國憲法(The Constitution of the United State of America)을 제정하였다.

미국 연방헌법은 50개의 州로 구성된 연방주의를 전제로 하고 있다. 50개의 개별 州는 연방정부와 독립된 州政府를 갖추고 있고 각 州政府는 독자적인 입법부·사법부 및 행정부를 보유하고 있다. 연방주의하에서 연방정부와 주정부는 독립된 별개의 정부로서 연방정부는 엄밀한 의미에서 주정부에 대한 상급기관이라고 볼 수 없다. 연방정부는 미국 연방헌법이 부여하고 있는 일부 헌법적 권한만을 행사할 수 있는 제한적 권력기관임에 반하여, 주정부는 연방정부에 부여된 헌법적 권한 이외의 모든 권한을 행사할 수 있는 일반적 권력기관이다. 따라서, 개별 州가 독자적인 입법권 및 사법권을 행사하는 경우 미국에는 각 州마다 상이하고 다양한 형태의 制定法 및 判例法이 대두하게 되며, 이는 연방국가로서의 미국의 法體系에 무질서와 혼란을 야기할 우려가 있다. 이에 대하여 미국헌법상의 『最高法條項』(Supremacy Clause)은 개별 州의 입법권 및 사법권의 행사에 대한 통일적인 기준을 제시하고 있다.

즉, 미국 연방헌법 및 미국 연방의회가 제정한 연방법률은 미국의 最高法(supreme law of the land)으로서 州法은 이에 위배되어서는 아니 되며, 주법원의 판결에 대하여 연방법원이 재심사할 수 있다는 大原則이다.[30)]

이러한 헌법상의 원칙에 따라 개별 州는 미국 연방헌법에 위배되지 아니하는 범위내에서 각자의 고유한 입법체제와 사법체제를 보유할 수 있을 뿐이다. 이는 개별 州마다의 상이한 인종적·국가적·문화적 차이에 따른 법적 체계의 다양성을 인정하되, 연방국가로서의 통일성을 유지하기 위한 것이다.

3. 成文法의 制定運動

미국에서도 영국과 마찬가지로 普通法을 法典으로 편찬하려는 움직임이 대두되었다.[31)] 法典編纂化 運動을 주도하던 대표적인 학자에는 루이지애나州의 에드워드 리빙스톤(Edward Livingston: 1764-1826)과 뉴욕州의 데이비드 피일드(David Field: 1805-1894)가 있다.

리빙스톤은 刑法典을 기초하여 루이지애나 州議會에 제출하였으나 채택되지 못하였다. 그러나 리빙스톤이 만든 刑法典은 다른 州의 刑法典의 모델로 사용되었다.

피일드는 뉴욕에서 民事訴訟法典을 기초하였다. 피일드는 判例法主義를 고수하는 보수적인 법조인들과 法典編纂의 필요성에 대한 격렬한 논쟁을 전개하였다. 그 결과 피일드의 民事訴訟法典은 일부 수정되어 뉴욕州에서 채택되었으며, 그 후에 캘리포니아州, 北다코타州, 南다코타州, 몬태나州 및 아이다호州 등에서도 채택되는 등 현재는 미국 전체 州의 3분의 2 이상이 동 民事訴訟法典을 모델로 삼고 있다. 피일드의 民事訴訟法典은 영국의 1873년 法院組織法(The Supreme Court of Judicature Act of 1873)에 커다란 영향을 주었다.

---

30) 상세한 내용은, 제 2 편 제 1 장 「헌법」 부분을 참조하기 바란다.

31) 영국의 法典化 움직임을 주도했던 벤담(Jeremy Bentham: 1748-1832)은 미국의 Madison 대통령에게 편지를 보내 미국의 法典編纂의 중요성을 강조하고 이를 추진하겠다는 제의를 하였으나 거절당한 바 있다.

4. 統一法의 制定

19세기 말부터 미국에서는 개별 州의 법을 통일하려는 움직임이 전개되었다. 개별 州는 각자 상이하고 다양한 州法을 보유하고 있었는바, 교통·통신의 발달 및 상호 교류의 증가로 인하여 각 州間의 통일된 법의 필요성이 대두되었기 때문이다.

1892년에 統一州法制定委員會(National Conference of the Commissioners on Uniform State Law)가 설치되었다. 동 위원회는 각 州의 위원으로 구성되며 여러 법 분야에 관하여 統一州法의 모델을 작성하여 그 채택을 각 州의 의회에 권유하는 것을 목적으로 하고 있다. 즉 州議會로 하여금 동일한 내용의 制定法을 제정하도록 함으로써 각 州法을 통일하려는 것이다. 여기에서 작성된 법안 중 統一流通證券法(Uniform Negotiable Instruments Law)은 현재 거의 모든 州에서 채택하고 있다. 州法의 통일화를 위한 또 하나의 운동은 1923년에 설립된 美國法律協會(American Law Institute)의 「法再錄」運動이다. 미국에 있어서의 유력한 법관·변호사 및 법학교수로 구성된 同협회는 각 州의 현행법을 조문형식으로 체계적으로 재정리하고 여기에 해설과 주석 등을 가하여 모델법안으로서의 法再錄을 만들어낸 것이다. 현재 불법행위법·계약법·신탁법 및 국제사법 등을 위시하여 거의 전분야의 법에 걸쳐서 이미 완성되어 간행되었다. 물론 이것은 법적 구속력은 없는 것이지만 실제에 있어서 구속력이 있는 것이나 다름없는 권위적인 法源이다. 이 운동은 判例法 統一化運動의 일환에 불과한 것이며 法典化運動은 아니다. 同協會는 현행 判例法을 떠나서 이상적이라고 생각되는 법을 法再錄과 동일한 형식의 모델法典(model code)을 제정하고 있다. 한편 『統一商法典』(Uniform Commercial Code)은 거의 모든 州에 의하여 채택되고 있다.

제 2 장 英美法의 特徵

제 1 절 英美法의 概念

英美法體系의 국가라 함은 영국에서 발전 · 형성된 普通法(common law)을 法體系의 근간으로 채택한 국가를 의미한다. 따라서, 영국과 미국 이외에도 캐나다 · 호주 및 인도 등 다수의 국가가 이에 해당되지만 일반적으로 영국과 미국이 대표적이므로 英美法(Anglo-American Law)이라고 부른다.

英美法은 普通法이라고도 불리는바 普通法의 개념은 다음과 같이 다양하게 사용되고 있다.

첫째, 普通法은 英美法體系를 채택하고 있는 국가의 법이라는 개념으로 사용되며, 이는 大陸法(civil law)과 대비되는 개념이다.

둘째, 普通法은 영국에서 노르만정복 이후 王立法院을 중심으로 하여 형성되어 모든 지방에 공통적으로 적용되는 법을 의미하며, 이는 각 지방의 지방분권적인 自治慣習法(local customary law)과 구별되는 개념이다.

셋째, 普通法은 그 본질상 法院의 判例를 중심으로 하여 형성되었으므로 일반적으로 判例法을 지칭하는바, 이는 의회가 제정한 成文法(statute)과 대비되는 개념이다.

넷째, 普通法은 衡平法(equity)과 대비되는 개념으로도 사용된다. 衡平法도 본질적으로는 先例에 의하여 형성된 法體系이지만 普通法과 구별되는 소송제도를 지니고 있다.

다섯째, 普通法은 로마法의 영향을 받아 별개의 기원과 발달과정을 거친 教會法(ecclesiastical law), 海商法(maritime law), 商去來法(mercantile law)

과 대비하는 의미로도 쓰이고 있다.

제 2 절 英美法의 特徵

영국의 普通法은 영국 국내는 물론 영국인이 미개척지로 이주하거나 다른 국가를 점령하여 식민지형태로 통치하는 경우 이들 지역에도 적용되어 왔다. 영국 普通法을 대외적으로 적용하는 경우 이는 크게 두 가지 형태로 구분된다.

첫째는 이미 독자적인 法體系를 보유하고 있는 국가를 무력으로 정복(conquest)하거나, 그 영토의 일부를 할양(cession)받는 경우이다. 이러한 경우에는 피정복국가가 보유하고 있던 기존의 法體系를 그대로 적용하면서 통치하게 되는바, 이 경우 사실상 기존의 法體系와 영국의 普通法 간의 융합현상이 일어나는 것이 일반적이다. 예컨대, 현재 캐나다의 퀘백州에서는 프랑스 民法이 아직도 영국의 普通法과 함께 현행법으로 적용되고 있으며, 또한 남아프리카공화국이나 실론에도 네덜란드의 古法인 소위 Roman-Dutch法이 현행법으로 적용되고, 또한 미국에서도 루이지애나州에는 프랑스法이 그 주된 바탕을 이루고 있다.

둘째는 아직 독자적인 法體系를 갖추고 있지 못한 미개척지에 영국인이 정착(settlement)하는 경우이다. 이러한 경우에는 영국의 普通法이 그대로 적용되는 것이 원칙이나, 대체로 정착지의 특수한 고유실정에 적합하게 변형되어 적용되는 것이 일반적이다. 예컨대, 미국과 호주 등에서는 영국인이 이주하기 전에 이미 원주민이 살고 있었으나, 이들 원주민은 독자적인 法體系를 보유하고 있지 못하였으므로 영국 普通法이 그대로 적용되었고, 영국 普通法은 점차 미국과 호주 등의 현지 사정에 적합하게 변형되어 적용되어 왔다.

이와 같이 英美法體系는 이를 채택하고 있는 국가마다 상이하고 다양하게 형성·발전되어 왔으므로 과연 大陸法體系와 구별하여 볼 때에 그 특징이 무엇인가에 관한 의문이 제기될 수 있다. 이하에서는 英美法의 특징으로서 (i) 判例法主義, (ii) 法의 支配, (iii) 陪審裁判制度 및 (iv) 普通法과 衡平法의 竝

存의 네 가지를 제시하고자 한다.[1]

1. 判例法主義

「判例法主義」라 함은 法院이 내린 판결에 대하여 법적 구속력을 인정하고 이것을 제 1 차적인 法源으로 하는 法原則을 말한다.

判例法主義하에서는 장래 다른 同級 또는 下級法院이 이와 동일한 내용을 가진 사건을 재판할 경우에는 기존의 판결에 따라야 하는바, 이를 「先例拘束의 原則」(doctrine of stare decisis)이라고 부른다. 즉 先例拘束의 原則은 어떠한 사건에 대하여 法院이 판결을 내린 경우, 판사는 후에 발생한 사건에 대하여 양 사건의 구체적 사실을 비교·검토하여 양 사건의 주요 사실이 동일하다고 판단하는 경우에는 前事件의 판결을 적용하여 판결하여야 한다는 원칙을 말한다. 그러나 그 주요 사실이 상이한 경우에는 前事件의 판결에 구속되지 아니하며, 이 경우 판사는 그와 유사한 다른 事件에서 法院이 내린 판결을 類推하여 가장 타당하다고 판단되는 바에 따라서 판결을 하게 된다. 이렇게 함으로써 또 하나의 새로운 判例가 나오게 되며 장래 이와 동일한 내용을 가진 사건에 대하여 구속력을 가지게 되는 것이다. 이렇듯 判例法은 判例로부터 判例로 발전해 나간다.[2]

判例法主義國家에도 制定法이 있음은 물론이다. 그러나 制定法은 기존의 判例法을 보완하거나, 判例法이 적용되지 아니하였던 새로운 분야에 적용되고 있을 뿐이다. 그러므로 判例法의 적용범위로부터 벗어나는 制定法은 이를 좁게 해석하여야 하고, 의문의 여지없이 적용된다고 판단되는 경우에만 적용될 뿐이다. 그리고 制定法을 해석하는 과정에서도 또한 判例法이 생기게 되므로 判例法 이론을 이해하지 못하고서는 判例法主義國家의 制定法을 정확히 파악할 수가 없다.

1) 상세한 내용은, 徐希源, 『英美法講義』(博英社, 1994), pp. 6-129 참조. 崔大權 교수는 法支配의 原則, 歷史的 繼續性, 判例法主義 및 陪審制度를 英美法의 특징으로 들고 있다(崔大權, 『英美法』(博英社, 1993), pp. 29-57).

2) 大陸法體系國家의 制定法은 일반적으로 근대에 와서 혁명·독립·법전편찬 등에 의해서 制定된 것이기 때문에 과거의 법과는 繼續性이 단절되어 있다. 그러나 英美法體系國家의 判例法은 수세기에 걸쳐서 判例에서 判例로 서서히 발전해 온 법이기 때문에, 과거와 현재의 법은 서로 단절되지 아니하고 역사적으로 발전되어 왔다. 이를 歷史的 繼續性(historical continuity)이라고 부른다.

判例法主義에 대립되는 것은 制定法主義이며 大陸法體系國家에서는 대부분 制定法主義를 채용하고 있다. 制定法主義는 制定法을 가장 중요한 法源으로 삼는 주의이다. 制定法主義를 채용하는 大陸法體系國家에 있어서는 判例가 법적 구속력은 갖추고 있지 못하나, 사실상의 법적 구속력이 있는 것과 다름이 없을 정도로 권위를 가지고 있음은 물론이다. 그러나 大陸法體系國家에서는 判例가 사실상의 구속력으로서 권위를 인정받음에도 불구하고 그 자체로서 法源이 되는 것은 아니다.

2. 法의 支配

가. 意　　義

(1) 槪　　念

「法의 支配」의 原理(doctrine of rule of law)라 함은 법이 국가의 행정·입법 및 사법 등의 모든 권력보다 상위에 존재하며, 따라서 모든 국가권력이 법에 복종하여야 하는 원칙을 말한다. 이러한 관점에서 「法의 支配」의 原理를 「法의 最高性」의 原理(doctrine of supremacy of law)라고 부르기도 한다.

「法의 支配」의 原理下에서 법이라 함은 정의·도덕·이성 및 합리성 등 법이 실질적으로 갖추어야 할 제 요건을 갖춘 법을 의미한다.[3] 따라서, 법으로서의 형식적인 외형을 갖추고 있을지라도 법의 내용이 獨斷的이거나 恣意的인 경우 이는 「法의 支配」의 原理에 해당되지 아니하고, 「사람의 지배」 또는 「힘의 지배」에 불과하다.

英美法體系下에서는 의회는 물론 사법부도 입법기관이다. 즉, 의회는 成文法(statutory law)을, 사법부는 普通法(common law)을 제정하는 것이다. 따라서, 「法의 支配」의 原理下에서의 법의 범주에는 의회의 成文法과 사법부의 普通法이 모두 포함되므로 양자간에는 그 효력간에 충돌문제가 발생하는

3) 로스코 파운드(Roscoe Pound: 1870-1964)는 그의 저서 『普通法의 精神』(The Spirit of the Common Law: 1921)에서 「法의 支配」의 原理를 "主權者 및 정부기관 모두가 法原則에 따라 행동하여야 하며 專斷的 恣意에 따라서 행동하여서는 아니 된다. 즉 恣意를 따를 자유가 아니고 이성을 좇아야 할 의무가 있다"라고 하고 있다. 한편, 다이시(Albert V. Dicey: 1835-1992)는 그의 저서 『憲法入門論』(Introduction to the Study of the Law of the Constitution)에서 「法의 支配」의 原理로서 (i) 일반적인 法의 最高性(supremacy of regular law), (ii) 法앞에 平等(equality before the law) 및 (iii) 평범한 法原則에서 도출되는 헌법의 一般原理(general rules of constitution are result of ordinary law) 등을 들고 있다.

것이 필연적일 것이다. 이 경우 영국에서는 「議會主權」의 原則(doctrine of sovereignty of parliament)하에서 입법부의 우위가 확립되어 왔다. 이에 반하여 미국에서는 의회가 제정한 법률에 대한 사법부의 違憲法律審査權을 인정함으로써 「司法府 優位의 原理」(doctrine of judicial supremacy)가 확립되어 있다. 이는 영국과 미국의 「法의 支配」의 原理를 구분하는 가장 중요한 특징 중의 하나이다.

(2) 大陸法體系의 法治主義와의 區別

大陸法體系下에서도 「法治主義」가 발전되어 왔다. 「法治主義」의 원리란 정부가 국민의 자유와 권리에 관련된 사항을 규율하고자 하는 경우에는 반드시 의회가 제정한 법률에 따라서 행하여야 한다는 원리이다. 이러한 大陸法上의 「法治主義」의 개념은 다음과 같은 관점에서 英美法上의 「法의 支配」의 原理와 다르다고 할 것이다.

첫째, 「法의 支配」의 原理가 입법 · 사법 · 행정 등 모든 국가권력의 행위를 구속하는 原理임에 반하여, 「法治主義」의 原理는 원칙적으로 행정부의 대국민적 행위를 구속하는 原理이다.

둘째, 「法의 支配」의 原理가 법의 실질적 내용이 정의 · 도덕 · 이성 및 합리성 등을 갖출 것을 요구하고 있음에 반하여, 「法治主義」는 법의 실질적 내용을 문제삼지 아니하고 법으로서의 형식적인 외형만 갖추면 충분하다.

셋째, 행정부의 越權 또는 違法行爲 여부의 판단권한을 「法의 支配」의 原理下에서는 사법부가 행사하나, 「法治主義」의 原理下에서는 행정부 안에 설치한 행정재판소가 이를 행사하는 것이 일반적이다.

다만, 오늘날 「法治主義」의 原理는 英美法上의 「法의 支配」의 原理와 크게 다르지 아니한 것으로 발전하여 왔다. 법률의 실질적 내용을 문제로 삼지 아니하는 형식적 의미의 「法治主義」는 나치의 등장과 제 2 차세계대전의 참화를 겪고 난 후에 그 실질적 내용까지도 문제로 삼는 이른바 실질적 의미의 「法治主義」의 原理로 발전하였다. 그 이유는 行政裁判所에 의한 행정소송에 있어서도 소송대상의 列記主義로부터 概括主義로의 발달, 행정재판을 통한 시민의 자유나 권리보호의 효율성, 사법부에 의한 再審制度, 憲法裁判制度 등이 발달되어 왔기 때문이다.

나. 英國에서의 法의 支配

(1) 初期의 法의 支配

영국에 있어서의 「法의 支配」의 原理는 게르만法 사상을 배경으로 하여 발전되기 시작하였다. 고대 게르만 민족의 법은 「慣習法」이었다. 「慣習法」의 본질은 부족 안에서 전통적으로 계승되어 온 생활규범을 의미한다. 이러한 생활규범인 慣習法은 특정 개인이 이를 일시에 만들어내거나 폐지할 수 없으며, 부족의 모든 구성원이 지배자이든 피지배자이든 모두 구속을 받는 규범이었다. 이러한 게르만法 사상은 「法의 支配」의 原理를 확립하는 데 크게 기여하였는바, 단지 법의 형태가 「慣習法」에서 노르만정복 이후 普通法으로 전환되었다는 점이 다를 뿐이다. 그 후 기독교의 영향을 받아 법은 神에서 유래된 것이며 神 자신이 곧 법이라고 생각하게 되었다.[4)]

(2) 中世의 法의 支配

15세기 프랑스와의 백년전쟁(1327-1453)과 영국 국내에서 30년간의 장미전쟁(1455-1485)으로 인해 영국 국내질서는 대단히 혼란하였다. 이러한 혼란 속에서 성립한 튜더왕조(1488-1603)는 국내질서를 회복하기 위해 絶對政治·專制政治를 根幹으로 國王을 중심으로 하는 강력한 정치를 필요로 하였다.

튜더왕조는 國王의 大權(prerogative)에 기한 勅令(proclamation)에 따라 法院에 의하여 확립된 普通法上의 원칙에 위배되는 立法을 행하는 일이 많았다. 또한, 다른 한편으로는 행정부 내에 星廳法院(Court of Star Chamber) 및 기타 大權法院(Prerogative Court: 행정법원)[5)]을 설치하여 普通法法院에서 사용하는 재판절차와 다른 절차에 따라 普通法이 아닌 다른 法을 적용하여 재판을 하기도 하였다. 따라서 이러한 恣意的 재판은 普通法에 의한 「法의 支配」의 原理와 충돌하게 되었다. 그러나 당시 국내의 혼란한 정치상황은 오

4) 13세기에 브랙톤(Henry de Bracton: 1268-미상)은 "國王은 누구 밑에 있어서도 아니 되나 神과 法 밑에 있어야 한다. 왜냐하면 法이 國王을 만들어내기 때문이다"라고 표현하고 있다. 이는 中世的 게르만法思想을 가장 단적으로 잘 표현한 것이라고 할 수 있다.

5) 大權法院은 1559년의 國王最高權確定法(Act of Supremacy)의 성립과 함께 창설되었다. 영국 국왕이 종교관계에 있어서도 최고의 수장이 되자 처음에는 종교재판을 위하여 설치되었던 것이나, 후에 와서 이 재판소는 비단 종교적인 사건에 한정하지 아니하고 일반사건까지도 재판권을 행사하게 되었다. 동 재판소는 1641년에 星廳法院과 함께 폐지되고 말았다. 그 후 제임스 2세는 이 法院을 부활시키고자 많은 노력을 하였으나, 權利章典(Bill of Rights)은 최종적으로 이것을 違法이라고 규정하여 좌절되었다.

히려 國王의 강력한 全權行使를 필요로 하고 있었고 튜더왕조의 國王들은 정치적 수완도 지니고 있어서 의회의 지지를 받아 행동하였다. 그러므로 튜더왕조하에서는 國王의 지위와 중세적인「法의 支配」의 原理가 정면으로 충돌하는 일이 없었다.

그러나 1603년 엘리자베스 1세의 사망에 이어 왕위계승의 순위에 따라 스코틀랜드의 제임스 6세가 英國王(James 1세)이 되면서 시작된 스튜어트왕조(1603-1714)하에서는 국내질서가 회복되었음에도 불구하고 계속해서 絶對王政·專制政治를 행하였다. 통치의 이론적 근거로서 國王들은 王權神授說을 주장하였다. 王權神授說은 군주의 권력은 神으로부터 받은 것이고 군주는 神의 의사를 대표하여 통치를 행하는 까닭에 臣民은 절대적으로 이에 복종하지 아니하면 안 된다는 원칙을 말한다. 스튜어트왕조의 國王은 王權神授說 아래 勅令의 형식으로 자신의 독단적인 의사를 法으로서 선언할 뿐만 아니라, 星廳法院 및 大權法院을 이용하여 정치적 반대자를 엄벌에 처함으로써 자기의 독재를 강행하였다.

이러한 王權神授說은 기본적으로 國王이 法 위에 존재하는 것을 의미하였기 때문에「法의 支配」의 사상을 고수하는 普通法法院 및 의회는 國王에 크게 반발하였다. 스튜어트왕조하의 國王과 普通法法院과의 투쟁은 다음과 같이 普通法法院과 기타 법원 사이의 裁判管轄權 다툼의 문제에서 잘 나타나고 있다.

첫째, 普通法法院은 大權法院의 하나인 高等宗務法院[6](Court of High Commission)의 관할권과 관련하여 普通法의 우위를 확보하였다. 高等宗務法院의 캔터베리(Canterbury) 大僧正은 제임스 1세에게 高等宗務法院과 普通法法院 간의 관할권에 관한 분쟁을 해결하여 주도록 요청하였다. 高等宗務法院은 "판사도 다른 관리와 마찬가지로 國王의 신하에 불과하므로 國王은 원하는 경우 스스로 판사를 대신하여 재판을 할 수 있다"고 주장하였다. 이에 대하여 普通法法院의 하나인 民事法院(Court of Common Pleas)의 수석판사

6) 高等宗務法院이란 Henry 8세(1509-1547)의 종교개혁 후 그 때까지 로마법황이 가졌던 재판권을 대신 행사하기 위하여 설치한 법원이다. 그러나 이 高等宗務法院은 본래 普通法法院의 관할에 속하는 사건이더라도 교회에 다소나마 관계가 있는 사건에 대하여 재판권을 확대 행사하며 또한 교회를 비방하거나 종교문제에 관한 국왕의 大權을 비난한 자를 체포하여 재판하곤 했다. 이같은 경우에 普通法法院은 禁止令狀(writ of prohibition)을 발하여 高等宗務法院의 심리의 정지를 명하였으므로 高等宗務法院과 普通法法院 간에는 항상 재판관할권에 대한 다툼이 발생하였다.

이었던 코크 判事는 "어떠한 소송사건도 모두 영국법과 관습에 따라 법원에 의하여 재판받아야 하며, 國王이 친히 재판을 행하는 것은 허용되지 아니한다"고 말하면서 國王 스스로가 裁定하는 것에 반대하였다. 이에 대하여 國王은 "國王은 법 밑에 있다"는 코크 판사의 말은 大逆罪에 해당된다면서 격노하였다. 그러나 코크 判事는 브랙톤(Bracton)의 "國王은 누구의 밑에도 있지 않지만 그러나 神과 法 밑에 있다"고 한 말을 인용하면서 그 주장을 굽히지 아니하여 제임스 1세도 결국은 코크 判事의 주장을 승인하지 아니할 수 없게 되었다. 이같이 하여 교회법원에 대한 普通法 및 普通法法院의 우위가 확립되기에 이르렀다.[7)]

둘째, 코크 判事는 또 다른 大權法院의 하나인 衡平法法院에 대하여 普通法法院의 우위를 주장하였으나 실패하였다. 코크 判事를 싫어하는 國王이 衡平法法院의 우위를 인정하였기 때문이다.

셋째, 코크 判事는 의회에 대하여 普通法法院의 우위를 주장하였으나, 이와 같은 주장은 「議會主權의 原則」이라는 대원칙이 확립됨으로써 결국 부정되었다. 코크 判事는 본햄 醫師事件[8)]의 판결에서 "의회 制定法이 일반적 정의와 이성에 反하거나 또는 普通法에 위배되는 경우 普通法은 이러한 의회 制定法을 무효라고 판결할 수 있다"고 하면서 普通法의 의회에 대한 우위도 주장하였다. 즉 코크 判事는 國王뿐만이 아니고 의회에 대하여도 普通法의 原理에 반하는 것은 허용되지 아니한다는 생각을 가지고 있었다.

영국에서는 코크 判事의 이론이 「議會主權의 原則」의 확립에 따라 부인되었음에 반하여 미국에서는 코크 判事의 이론이 違憲法律審査制度로서 성립되었다.

(3) 近代의 法의 支配

의회는 1688년의 명예혁명을 문서화하였는바, 이것이 바로 1689년의 權利章典(Bill of Right) 또는 權利宣言(Declaration of Rights)이다.[9)] 權利章典은

7) 스튜어트왕조와의 투쟁에 있어서 의회는 普通法法院과 동맹관계이 있었으며 의회가 주된 역할을 담당하였다. 1640년에 Charles 1세(1625-1649)가 소집한 이른바 長期議會는 1641년에 국왕으로 하여금 星廳法院 및 高等宗務法院의 폐지를 수락하도록 하였다.

8) 본햄(Dr. Bonham)이라는 의사가 의사회의 허가 없이 개업하였다는 이유로 의사회가 감금하자 이에 대해 불법감금의 訴를 제기하여 온 사건이다(Dr. Bonham's case: 1610).

9) 1688년에 의회는 프랑스로 망명한 제임스 2세(재위 1685-1688)의 딸 메리와 그녀와 결혼한 윌리엄을 영국의 共同君主로 삼을 것을 의결하였다. 이것이 바로 名譽革命(glorious

國王은 의회의 동의 없이는 법률의 적용을 배제하거나 법률의 효력을 정지하는 권한이 없음을 선언함으로써 의회의 권한과 국민의 자유를 보장하고 있다.

이같은 國王과의 일련의 투쟁을 통한 의회의 승리에 의하여 「法의 支配」의 原理가 확립되었으며 이에 의하여 「議會主權의 原則」도 확고히 정립되었다. 「議會主權의 原則」하에서 재판은 사법부가 담당하나, 사법부는 의회의 制定法에 구속되어 이의 有效·無效 여부를 심사할 수 없으며, 의회制定法의 有效 또는 無效 여부는 차기 의회가 제정하는 법률에 의하여만 결정된다.

(4) 現代의 法의 支配

19세기 후반부터 20세기 초반에 이르러 국가는 국민의 권리와 자유의 형식적 보호보다는 이의 실질적 보호를 더욱 중요시하게 되었다. 이는 국가가 치안유지나 국방과 같은 임무에 중점을 두는 消極的 夜警國家에서 국민의 사회복지 및 공공복리를 중시하는 積極的 行政國家로의 전환을 의미한다. 積極的 行政國家의 대두는 결과적으로 이러한 업무를 직접 담당하는 행정부의 업무확대 및 권한강화를 가져오게 되었다. 이는 필연적으로 행정부에 대한 광범한 立法權의 委任과 行政審判機能의 부여를 의미한다.

「法의 支配」의 原理라 함은 의회가 제정한 制定法이나 법원의 普通法에 의한 지배를 의미하는 것이 원칙이다. 따라서 의회의 制定法이 아닌 행정부의 委任立法에 의한 지배나 또는 법원의 普通法에 의한 재판이 아닌 행정부의 행정심판제도는 모두 기존의 「法의 支配」의 原理에 위배되는 것이라고 볼 수 있을 것이다. 그러나 현대국가에 있어서 행정부 권한의 확대·강화는 국가의 정책을 수립·집행하는 데 있어 반드시 필요한 것이므로 行政委任立法이나 행정심판제도를 폐지하기보다는 이를 수정·보완하여 기존의 「法의 支配」의 原理에 위배되지 아니하도록 노력하고 있다.[10] 예컨대, 의회가 행정부

---

revolution)의 핵심적 부분이다. 윌리엄과 메리는 각각 윌리엄 3세와 메리 2세로 영국의 왕위에 취임함에 있어서 국회의 요구조건을 모두 수락하였는바, 이것을 문서화한 것이 1689년의 權利章典(Bill of Rights) 또는 權利宣言(Declaration of Rights)이다. 이로 인하여 王權神授說은 완전히 파기되고 왕권은 의회의 추천에 의하여 부여된다는 원칙이 정립되었다.

10) 1929년에 도노푸모아 卿(Lord Donoghmore)을 위원장으로 하는 「長官權限調查委員會」(Committee on Minister's Power)를 설치하여 行政委任立法의 증가 및 行政審判制度로 인하여 「議會主權의 原則」 및 「法의 支配」의 原理가 침해되고 있는지의 여부를 조사하고 이에 대한 보고서를 1932년에 제출한 바 있다. 동 보고서는 현행 行政委任立法制度 및 行政審判制度

에게 입법권을 委任하는 경우 委任의 한계와 범위를 구체적으로 정해 주어야 하고 行政委任立法에 대한 司法審査를 인정하며 행정심판의 절차를 간소화하고 행정심판기관은 행정부로부터 독립된 기관인 경우에는 「法의 支配」의 원리에 부합된다고 보고 있다.

종래 영국의 普通法에는 "國王은 不法行爲를 할 수 없다"(The King can do no wrong)는 원칙이 존재하여 왔다. 이는 국가공무원이 不法行爲(tort)를 한 경우에도 그 책임을 國王, 즉 국가에 물을 수 없다는 「國家免責의 原則」(doctrine of sovereign immunity)를 의미한다. 즉, 국가공무원이 국민에 대하여 不法行爲를 행한 경우에도 국민은 국가를 상대로 손해배상을 청구할 수 없으며, 공무원 개인에 대하여 손해배상을 청구하여야 하는 것이다. 그러나 최근에는 1947년 『國王訴訟節次法』(Crown Proceeding Act)을 제정하여 국가의 손해배상책임을 인정하고 있다.

다. 美國에서의 法의 支配

미국에 있어서의 「法의 支配」의 原理도 기본적으로는 영국의 「法의 支配」의 原理와 동일하다. 다만 양자의 차이점은 사법부가 의회가 제정한 법률을 심사할 수 있는지의 여부, 즉 普通法이 의회의 制定法보다 상위에 있는지의 여부에 있다. 영국에서는 「議會主權의 原則」이 확립됨으로써 사법부가 의회 制定法을 심사하는 것이 허용되지 아니한다. 이에 反하여 미국에서는 사법부의 違憲法律審査制度가 확립됨으로써 사법부는 의회가 제정한 법률이 미국의 성문헌법에 위반되는지의 여부를 심사할 수 있는 권한을 보유하고 있다.

이하에서는 미국에서의 「法의 支配」의 原理의 가장 대표적인 특색을 보여주고 있는 違憲法律審査制度에 관하여 설명하기로 한다.

(1) 違憲法律審査制度의 背景

미국에서 영국과 달리 違憲法律審査制度가 성립하게 된 배경으로는 크게 (i) 成文憲法의 존재 및 (ii) 영국 사법부의 미국법률에 대한 심사제도의 존재 등의 두 가지를 들 수 있다.

의 필요성을 부인할 수 없으므로 이의 결함을 보완하여 줄 것을 건의하고 있다.

첫째, 미국에서는 입법부가 제정한 법률보다 높은 단계의 법규범적 존재로서의 自然法을 인정하는 自然法思想이 충만하여 있었다.[11] 미국의 성문헌법은 이러한 自然法思想을 그대로 반영하고 있는 최고의 법으로서 이에 위배되는 의회의 制定法은 모두 무효라고 판단하였다.

둘째, 미국 식민지의회가 제정한 법률에 대하여는 영국의 樞密院(Privy Council)이 審査를 하여 그 승인을 얻은 경우에만 법률로서의 효력이 부여되었다.[12] 따라서 미국 식민지의회가 제정한 법률이 영국의 普通法이나 制定法에 위배되는 경우에는 이를 무효로 판정하였다. 이러한 제도는 미국 의회가 제정한 법률에 대하여 의회가 아닌 다른 기관이 심사할 수 있다는 가능성에 대한 사상적 · 제도적 근거를 마련하였다.

⑵ 違憲法律審査制度의 成立과 發展

미국에서는 成文憲法이 의회가 제정하는 법률보다 上位에 존재하는 법규범으로서 이에 위배되는 의회의 법률은 무효라는 원칙이 존재하여 왔다. 그러나 과연 누가 이를 심사할 수 있는 권한을 보유하고 있는가에 관하여는 미국헌법에서조차도 언급되고 있지 아니하다.

물론 대부분의 法曹人 및 연방헌법 기초자들은 연방법원이 違憲法律審査權限을 갖는다고 默示的으로 인정하고 있었으나,[13] 違憲法律審査權限을 연방대법원이 보유하고 있다는 원칙이 공식적으로 확립된 것은 1803년의 마아버리 對 매디슨사건[14]에서였다. 당시 연방대법원의 대법원장이었던 마샬 판

11) 미국의 獨立宣言書(1776) 가운데에는 "모든 인간은 조물주에 의해서 평등하게 창조되었고 조물주에 의하여 讓與할 수 없는 권리가 부여되었으며, 그 권리에는 생명과 자유 및 행복의 추구가 포함되어 있음은 自明한 진리라고 우리는 믿는다"라는 내용이 있는바, 이는 당시의 自然法思想을 단적으로 보여주고 있다.

12) 식민지의회의 입법에 대해서는 영국의 樞密院(Privy Council)이 심사하였는바, 이 심사에는 두 가지 종류가 있었다. 첫째는, 정치적 심사로서 식민지의회가 제정한 制定法에 대하여 樞密院이 승인하지 아니한 법률은 모두 무효가 되었다. 둘째는, 사법적 심사로서 樞密院은 식민지법원 판결에 대하여 상소관할권을 가지고 있었으며 이 상소관할권에 의하여 樞密院은 식민지 制定法이 英國法에 위반된 것이 아닌지의 여부를 심사하였다.

13) 연방헌법에 관한 고전적 논문집에 의하면 대부분의 연방헌법 기초자들은 연방의회 制定法의 연방헌법 위반 여부에 관하여 연방법원의 심사에 복종해야 한다고 생각하고 있었다. 또한 제 1 차 연방의회에서 제정된 1789년의 法院組織法(Judicial Act) 제25조에는 연방의회 制定法이 연방헌법에 위반되느냐에 관하여 주대법원이 내린 판결을 연방대법원이 再審할 수 있는 권한을 부여하고 있는바, 이는 연방대법원이 연방의회의 制定法을 심사할 수 있는 권한을 간접적으로 부여하고 있는 것이라고 볼 수 있다.

14) Marbury v. Madison, 5 U.S.(1 Cranch) 137(1803). 상세한 내용은 후술하기로 한다.

사(John Marshall: 1755-1835)는 "연방헌법은 미국 최고의 법규범으로서 이러한 헌법의 內在的 성질상 이에 위배되는 법률은 당연히 무효이다. 무엇이 法인가에 대한 최종적인 판정은 사법부의 의무이자 권한이며 특정 사건에 적용할 법에 대하여 헌법과 의회의 법률의 내용이 서로 상이한 경우에는 사법부는 의회의 법률을 무효로 하고 이의 적용을 거부할 수 있다"고 판시하였다. 이에 따라 연방대법원의 違憲法律審査制度가 확립되었다.

미국에서도 영국과 마찬가지로 19세기 말경부터 행정국가의 출현으로 말미암아 行政立法 및 行政審判이 증가하기 시작하여 「法의 支配」의 原理를 위협하기 시작하였다. 미국의 경우에도 行政委任立法을 인정하나, 의회로부터 행정부에 授權된 범위를 넘어서 제정되는 경우에는 위임의 범위를 逸脫한(ultra vires) 행정입법으로서 이를 무효로 하고 있다. 또한 행정심판의 경우 1946년 行政節次法(Administrative Procedure Act of 1946)을 제정하여 연방행정심판에 관한 절차를 규정하고 있고, 미국헌법상의 適法節次條項(due process of law)에 따라 행정심판절차가 공정하고 합리적인 것을 요구하고 있다.

3. 陪審裁判制度

가. 意 義

陪審裁判制度(Trial by Jury or Jury Trial)라 함은 판사와 보통 12인의 일반시민으로 구성된 陪審員(jury)에 의한 재판으로서 陪審員은 事實關係(question of fact), 판사는 法律關係(question of law)에 관한 판정을 내림으로써 상호 협조하여 판결을 내리는 재판절차를 말한다. 陪審裁判制度는 普通法의 발전과 밀접한 관련을 맺으며 역사적 계속성의 원칙하에 수세기에 걸쳐 형성된 제도로서 英美法體系의 고유한 특징을 보여주고 있다.[15)]

15) 大陸法體系下에서도 영국 및 미국의 영향을 받아 陪審裁判制度가 채택된 적이 있었다. 프랑스혁명 당시 유럽에서는 陪審裁判制度를 '시민에 의한 정부'(popular government)의 상징 또는 시민에 의한 사법에의 참여제도로 생각하여 프랑스는 물론 Napoleon이 점령하였던 여러 나라에 이 제도를 도입하였다. 그러나 19세기 중엽부터는 점차 陪審裁判制度가 폐지되기 시작하여 오늘날에는 거의 채택되지 아니하고 있다. 그 이유는 大陸法體系는 이성적·연역적으로 法規範을 형성하고 있으므로 일반시민의 常識(common sense)을 바탕으로 형성된 普通法體系와 그 성질을 달리하고 있기 때문이다.

나. 陪審裁判制度의 形成 및 發展

(1) 陪審裁判制度 以前의 裁判制度

영국에서 陪審裁判制度가 형성된 것은 대체로 13세기 중반으로 추정된다. 그 이전까지 영국의 法院은 게르만 고유의 재판방법을 사용하여 왔다. 게르만 고유의 재판방법은 소송의 당사자로 하여금 유죄 또는 무죄를 스스로 立證(burden of proof)하도록 하여, 이러한 입증의 성공·실패 여부에 따라 被告의 유죄 또는 무죄가 당연히 결정되는 방법이다. 이러한 입증방법으로는 대체로 宣誓(compurgation; wager of law), 神判(ordeal), 決鬪(battle), 證人(witness) 및 證書(record) 등이 인정되어 왔다.

첫째, 宣誓는 被告人이 宣誓를 하고 자신의 무죄를 입증하는 방법이다. 宣誓에는 당사자가 행하는 宣誓와 宣誓補助人(compurgator or oath helper)이 행하는 宣誓의 두 가지 종류가 있었다. 당사자가 행하는 宣誓는 당사자 자신이 진실을 이야기한다는 宣誓를 말하며, 宣誓補助人이 행하는 宣誓는 제 3 자인 宣誓補助人이 당사자가 진실을 이야기하고 있다고 말하는 宣誓를 말한다.

둘째, 神判은 초자연적인 신의 힘을 빌려 被告人의 유죄·무죄 여부를 입증하는 방법이다. 神判에는 熱鐵神判(ordeal of hot iron), 熱水神判(ordeal of hot water), 冷水神判(ordeal of cold water) 및 저주의 한입神判(cursed morsel) 등이 있다.[16] 이러한 神判은 1215년 제 4 차 라테란회의(The Fourth Lateran Council)에서 금지되었다.

셋째, 決鬪裁判은 재판의 당사자가 결투를 하여 승리한 자가 무죄임이 입증되는 재판을 말한다. 결투재판은 원래 노르만에서 영국으로 전래된 것으로서 영국의 원주민인 앵글스족과 색슨족 간에는 결투재판이 행하여지지 아니하였다. 결투재판은 1819년에 공식적으로 폐지되었다.

넷째, 證人 또는 證書에 의한 재판은 증인을 출두시키거나 또는 證書를 제출함으로써 유죄 또는 무죄를 입증하는 재판이다.

---

16) (i) 熱鐵神判은 피고로 하여금 시뻘겋게 달은 쇠붙이를 쥐고 9 보를 운반하게 한 후에 그 자의 손을 묶어 두었다가, 사흘만에 손에 아무런 흠이 없으면 이로써 무죄임을 증명받게 된다. (ii) 冷水神判은 피고인을 밧줄에 매달아 물웅덩이에 집어 넣어 만약 물이 피고인을 받아들여 물에 빠지게 되면 그가 무죄임이 증명되는 것이다. (iii) 저주의 한입神判(cursed morsel)은 피고로 하여금 새털을 넣은 마른 빵조각을 삼키게 하고 그가 질식하지 아니하면 무죄임을 증명받게 된다. 이같은 神判은 모두 교회의 의식중에 시행되었다.

(2) 陪審裁判制度의 成立

a. 陪審裁判制度의 起源 陪審裁判制度는 본래 게르만의 프랑크왕국에서 사용된 糾問方法 또는 審問節次(inquisitio; inquisition)가 노르만정복과 함께 영국에 繼受되어 王立法院의 普通法 재판절차에 채택되면서 성립·발전되었다.

① 糾問方法의 槪念 규문방법이란 그 지방의 덕망 있는 주민들의 宣誓에 의한 供述에 의해서 사건을 해결하는 방법이다. 즉 왕국의 재정적 권리에 관하여 그 지방주민들에 의해서 異議가 제기된 경우 또는 國王의 권리를 증명하기 위하여 국민을 소환하여 국왕의 권리를 입증하게 하였던 것이다. 이렇게 소환된 국민을 이른바 糾問證人이라고 한다. 糾問證人의 수는 대체로 6명 내지 12명이었다. 규문방법에도 증인을 따로 따로 宣誓시키는 방법과 증인 전원을 일단으로 하여 宣誓시키는 두 가지 방법이 있는바, 後者의 방법이 주로 채용되었다. 이러한 노르만의 규문방법은 노르만의 영국정복과 함께 영국에 繼受되었다. 영국의 정복왕 윌리엄 1세는 이 규문방법을 각종 행정목적을 위한 정보수집에 널리 이용하였다. 국세조사도 이 방법을 대규모적으로 이용한 것이었으며 저 유명한 토지대장(Domesday Book)도 이의 산물이었다.[17)]

② 裁判에 대한 糾問方法의 適用 영국에 전래된 게르만의 규문방법은 민사재판 및 형사재판에도 적용되었다. 그러나 이는 영국의 陪審裁判制度에 영향을 미친 것에 불과하고 직접적인 陪審裁判制度의 연원이 되는 것은 아니다.

㉠ 民事裁判에 대한 適用 부동산에 관한 민사소송에 대하여 아싸이즈(assize)와 주라타(jurata)라는 두 가지 형태의 규문방법이 적용되었다.

(i) 아싸이즈(assize) 민사재판에 규문방법을 적용한 것은 이미 윌리엄 1세 때부터 시작되었다. 이는 國王이 특별히 허용하는 경우에 한하여 적용되는 일종의 특혜부여에 해당되었다. 이것이 토지에 관한 일정한 종류의

---

17) Domesday Book은 윌리엄 1세(재위 1066-1087)의 명에 따라 1081년부터 1086년까지 5년 걸려서 작성한 2권으로 된 국세조사서이다. 이것은 주로 과세를 목적으로 토지를 조사하게 한 것이지만 당시의 사회적·경제적 상황에 관해서도 상세히 적혀 있어서 중세영국사를 연구하는 데 중요한 자료가 될 뿐만 아니라 영국 부동산법에 있어서의 귀중한 자료이기도 하다. Domesday Book이란 명칭이 붙게 된 것은 이것이 Domus Dei라고 하는 Westminster 사원의 밀실에 보관되어 있었기 때문이라고 한다.

소송에 있어서 국민이 권리로서 정식으로 이용할 수 있게 된 것은 헨리 2세(1154-1189) 때, 즉 12세기 후반부터이다. 이와 같이 재판에 이용할 수 있게 된 규문방법은 그 후 아싸이즈(assize)라는 명칭으로 불렸다. 규문방법에 참여하는 자는 재판에 계류된 사실에 대하여 잘 알고 있다고 생각되는 부락의 주민 12명이었다. 법원은 이들 부락민을 宣誓시킨 후 評決하게 하고 그 評決을 토대로 하여 判決을 했다.

(ii) 주라타(jurata)　　아싸이즈소송은 법률에 의하여 그 종류가 제한되고 있었고, 또한 아싸이즈소송에 있어서 陪審이 답변할 수 있는 것은 청구의 當否, 즉 소송의 승패 자체에 한정되고 있었기 때문에 그 밖의 사항에 관하여는 評決을 할 수가 없었다. 그리하여 被告가 재판청구의 전제가 되는 사실문제에 관하여 이의를 제기하여 당사자간에 분쟁이 발생한 경우에는 아싸이즈의 陪審은 이를 결정할 권한이 없었다. 따라서 사실문제의 결정에 관하여는 게르만 고유의 재판방법이 적용되어 왔는바, 소위 주라타(jurata)라고 불리는 12인의 인근 부락민이 사실문제를 결정하기 위하여 재판에 참여하였다. 처음에는 소송당사자간의 합의에 의하여 주라타제도를 사용하였으나 후에는 당사자간의 의사에 상관없이 강제로 사용되었다.

이 주라타가 현재의 陪審, 즉 주리(jury)의 어원이 되고 있다. 그러나 이러한 민사소송에 대한 규문방법의 적용은 16·17세기부터 쇠퇴하여 마침내 1833년 의회 制定法에 의하여 폐지되었다. 따라서 주라타제도는 현재의 陪審裁判制度의 語源은 제공하고 있으나, 실질적인 陪審裁判制度의 연원이 되고 있는 것은 아니다.

㉡ 刑事裁判에 대한 適用　　게르만의 규문방법은 형사재판에도 적용되었다. 종래에는 각 부락에서 나온 4인과 각 百人村(hundred)에서 나온 12인이 郡法廷에 나타나 자발적으로 어느 누가 무슨 범죄를 저질렀다는 것을 고발하여야만 하였다. 이 자발적인 고발절차는 1166년의 制定法이라 할 수 있는 Assize of Clarendon에 의하여 강제적인 절차로 되었고, 소환된 자들은 起訴陪審이라 부르게 되었다. 이것이 오늘날의 大陪審(Grand Jury)의 전신이 된 것이다.

b. 陪審裁判制度의 成立　　현대적 개념의 陪審裁判制度는 주라타제도를 모방한 刑事小陪審制度에서 공식적으로 채택되었고 이러한 제도가 民事

陪審에도 적용되게 되었다. 따라서, 주라타제도가 민사상의 제도라고 하여 이를 民事陪審裁判制度의 연원으로 잘못 이해하여서는 아니 된다.

① **刑事陪審裁判制度의 成立** 刑事陪審裁判制度는 被告의 유죄·무죄 여부를 陪審員에 의하여 결정하는 제도이다. 刑事陪審裁判制度에는 大陪審制度(grand jury)와 小陪審制度(petty jury)의 두 가지 형태가 있다. 大陪審制度는 기존의 게르만의 형사재판방법에 규문방법이 적용됨에 따라 이것이 발전되어 형성되었다. 이에 반하여 小陪審制度는 기존의 게르만의 형사재판방법이 그대로 발전하여 형성된 것이다.

㉠ **大陪審制度** 大陪審制度(grand jury)는 被疑者를 起訴할 것인가의 여부를 결정하는 소위 起訴陪審制度이다. 그 인원은 대개 12명 이상 23명 이하로 구성된다. 영국의 전통적인 起訴方式은 私人에 의한 私訴制度[18]와 公權力에 의한 公訴制度가 병존하여 왔다. 이 중 公訴의 방식은 大陪審에 의한 起訴였다. 國王은 중대한 범죄에 대해서는 國王의 평화를 해쳤다는 이유로 公訴하도록 하였으며 그 起訴도 규문방법을 이용하였던 것이다. 즉, 被疑者에게 중죄의 혐의가 있음을 부락의 인근 주민으로부터 선출된 일단의 인사들이 입증한 경우에만 王立法院은 그 자를 起訴하여 재판에 회부했던 것이다. 이것이 바로 오늘날의 大陪審이며 이것은 아싸이즈와 다찬가지로 헨리 2세(1154-1189) 때부터 채용되었다.

㉡ **小陪審制度** 大陪審에 의해서 起訴된 자는 앞에서 설명한 宣誓 또는 神判에 의해서 그의 무죄함을 입증해야 했다. 國王과는 결투를 할 수 없기 때문이다. 그러나 이러한 입증방법이 무죄의 입증방법으로는 불충분하다는 인식이 대두됨에 따라 13세기 중엽까지는 大陪審이 사건심리까지도 담당하였다. 그러나 그 후 大陪審과는 별도로 사건심리를 위한 小陪審이 새로 채택되었으며, 13세기 말기부터는 大陪審에 의하여 起訴된 경우 그 사건의 심리는 대부분 小陪審이 담당하게 되었다.

② **民事陪審裁判制度의 成立** 民事陪審裁判制度는 刑事陪審裁判制度로부터 발전·형성되었다.

---

18) 大陪審에 의한 起訴制度와 함께 재래의 私訴制度가 병존하고 있었다. 私訴制度는 원래 陪審裁判制度를 채택하지 아니하는 게르만 고유의 재판방법을 사용하였으나, 13세기 이후부터는 점차 小陪審制度를 채택하였다. 영국의 법원은 私訴制度를 금지하여 16세기 이후에는 거의 자취를 감추었으나 사실상 19세기 초까지 존재하였다.

刑事法院(King's Bench)은 왕권에 대한 불법침해소송(action of trepass) 등 형사재판권을 행사하여 왔으나 점차 법원의 관할권을 확대하여 民事裁判도 관할하게 되었다. 이와 같이 민사소송에까지 재판권을 확장해 나감에 따라 형사법원은 이러한 민사사건에 그 동안 형사재판에만 적용되었던 陪審裁判制度를 사용하였던 것이다.

한편 民事法院은 민사사건의 내용이 형사재판과 유사하게 被告人의 도덕심 등에 관한 판결을 하여야 하는 경우 刑事法院이 사용하였던 陪審裁判制度를 채택하였던 것이다.

이에 반하여 衡平法法源은 衡平法事件에 관하여 陪審裁判制度를 채택하지 아니하였다.

(3) 陪審裁判制度의 發展

a. 陪審의 役割 陪審의 역할은 처음에는 證人의 역할을 하였으나 점차 證人 겸 評決者의 역할을 병행하였고 현재는 評決者로서의 역할만을 수행하고 있다.

첫째, 최초의 영국에서의 법원은 당사자의 유죄·무죄를 입증하는 방법으로서 판결을 내렸는바, 陪審員은 이러한 유죄·무죄를 입증하는 증인으로서 사용되었다. 이 경우 陪審員은 자신의 개인적 지식 또는 경험에 근거하여 당사자의 유죄·무죄를 입증하였다.

둘째, 15·16세기에 들어서는 법적 분쟁이 복잡하여짐에 따라 陪審員의 개인적 지식이나 경험만으로 당사자의 유죄·무죄를 입증하기 어렵게 되자 陪審員은 증인 또는 당사자가 제출한 증거도 유죄·무죄의 입증자료로 사용하기 시작하였다. 陪審員 자신의 개인적 지식이나 경험으로 유죄·무죄를 입증하는 경우에는 증인으로서의 역할을 수행하나, 증인 또는 증거에 의하여 유죄·무죄를 판단하는 경우에는 評決者로서의 역할을 담당하게 되었다. 16세기에 이르러는 證人의 역할보다는 評決者로서의 역할이 더욱 중요시되었다.

셋째, 18세기 말경부터는 陪審員이 자신의 개인적 지식이나 경험에 의존하지 아니하고 전적으로 법정에 출두한 증인이나 제출된 증거에 의하여 유죄·무죄를 評決하게 되었다. 이는 陪審員이 證人으로서의 역할을 지양하고 評決

者로서의 역할만을 수행하는 것을 의미한다. 물론 陪審員의 보통인으로서의 상식이나 판단능력까지 評決過程에서 배제되는 것은 아니다.

b. 陪審裁判制度의 體系化

① 陪審裁判制度의 明確化　陪審裁判制度는 점차적으로 합리화되었으며 1352년 制定法은 大陪審이었던 者는 그 사건의 小陪審이 될 수 없다고 규정함으로써 小陪審의 「豫斷의 廢」를 방지하는 조치를 취하였다. 이는 大陪審으로서 被告를 유죄로 起訴하기로 결정한 者는 小陪審에서도 被告를 유죄로 보는 편견이 있을 것이므로 이를 방지하기 위한 것이다. 또한 14세기부터 15세기에 걸쳐서 재판과정을 법률문제(question of law)와 사실문제(question of fact)로 구별하고 법률전문가인 判事는 법률문제를, 그리고 법률문외한인 陪審員은 사실문제를 결정한다는 원칙이 확립되었다. 그리고 15세기 중기부터 증인이 채택되었다. 16세기 중기부터는 증인은 공개법정에서 宣誓한 후 직접심문과 반대심문을 통하여 증언을 하게 되었으며 陪審員은 법정에 제출된 증거만을 가지고서 評決을 해야 한다는 원칙이 확립되었다. 이에 따라 英美法體系下에서는 證據法(law of evidence)이 별도의 법분야로 발달되어 왔다.

② 陪審裁判制度의 公正性 確保　陪審裁判制度는 에드워드 3 세(1327-1377) 때부터 만장일치에 의한 評決을 원칙으로 하고 있다. 陪審員 중 누구라도 정치적 압력, 금전적 매수 또는 당사자에 대한 사적 감정이 개입되는 경우에는 만장일치를 얻기가 힘들므로 陪審員의 엄정한 공정성이 요구되었다. 陪審員의 공정성을 확보하기 위한 방안으로서 陪審僞證罪, 不正行爲處罰 및 再審制度 등이 발전되어 왔다.

첫째, 陪審僞證罪(attaint of jurors)를 적용하여 판사가 陪審의 評決이 잘못되었다고 판단되는 경우 판사는 24인의 陪審을 새로이 구성하여 前陪審의 위증 여부를 심사하도록 하였다. 그 결과 前陪審의 위증이 발견된 경우 前陪審의 評決은 취소되고 前陪審은 僞證罪로 처벌된다. 陪審員이 자신의 개인적인 지식이나 경험에 의존하여 입증을 하는 경우에 陪審員은 자신의 증언에 대하여 책임을 지고 있으므로 陪審僞證罪는 당연한 것으로 인정되었다. 그러나 陪審員이 제 3 자인 증인이나 증거에 의하여 입증을 하는 경우 陪審員이 증언이나 증거에 대하여 내린 가치판단에 대하여 이를 위증이라 하여 처벌하는 것은 타당하지 아니하다는 판단 아래 16세기경에는 陪審僞證罪制度를 적용하지 아니하게 되었다.

둘째, 陪審員이 재판중에 소송당사자와 비밀리에 私的 接觸을 하거나 뇌물을 받는 등 부정행위를 하는 경우에는 처벌을 받았다. 나아가 튜더왕조시대의 星廳法院은 陪審員이 증거가치에 반하여 評決을 잘못했다고 생각되는 경우에도 이것을 陪審員의 부정부패라 하여 이들을 처벌하였다. 특히 國王의 뜻에 반하여 被告人을 무죄로 評決한 陪審員은 가차없이 엄한 처벌을 받았으므로 자연 일반국민들로부터 많은 비난을 받게 되었다. 그러나 1660년의 왕정복고 이후에는 陪審員의 부정부패에 대하여만 처벌해야 하며 단순히 陪審員이 판사의 지시에 따르지 아니하였다든가 또는 증거가치에 부합되지 아니하는 評決을 했다는 이유만으로 처벌해서는 아니 된다는 원칙이 정립되었다. 이러한 원칙을 확립한 사건이 바로 1670년의 붓쉘事件(Bushell's Case)이다.[19] 즉 법원은 이 사건 판결에서 陪審員의 司法行爲에 관해서는 누구도 처벌할 수 없다고 제시하였던 것이다.

셋째, 판사는 당사자가 제시한 증거의 증거능력을 결정하고 陪審員의 판단을 그르치게 할 위험성이 있는 증거를 배척하였다. 또한 陪審員이 증거가치에 명백히 반하는 評決을 했을 경우에는 判事가 그 評決을 취소하고 새로운 陪審員을 다시 소집하여 再審(new trial)을 명하는 방법을 취하였다. 이 두 가지 방법은 오늘날까지도 존속되고 있다.

c. **陪審裁判制度의 影響** 수백년간의 역사적 계속성을 가지고 발전하여 온 陪審裁判制度는 普通法上의 실체법은 물론 절차법에도 지대한 영향을 미쳐왔다.

① **實體法에 미친 影響** 陪審裁判制度가 영미의 실체법에 미친 영향 가운데 가장 큰 것은 법을 일반상식(common sense)에 근거하여 해석·집행하도록 하였다는 점이다. 陪審裁判制度는 일반국민을 재판의 판결과정에 참여시킴으로써 한편으로는 국민의 법에 대한 존경심 및 친숙감을 불러일으켜 영미인을 준법정신이 강한 국민으로 만들었다. 또한 다른 한편으로는 陪審裁判制度는 법을 언제나 일반인의 실제생활과 접촉하게 하고 일반인이 상식적으

19) Bushell's Case(1670)에서 民事法院長 Vaughan(Chief Justice Vaughan: 1603-1674)은 陪審員이 판사의 說示를 따르기를 거부하였다고 하여 法廷冒瀆罪(Contempt of Court)로 처벌되지 아니한다고 판결하였다.

로 납득할 수 있는 것으로 만드는 작용을 하였다. 陪審裁判制度에 있어서 판사는 법을 법의 문외한인 陪審員이 이해할 수 있게 說示하여야 하기 때문에 판사는 가능한 한 普通法을 상식적 · 실제적인 것이 되게 노력한다. 예컨대, 不法行爲法(torts)에서 過失의 존재 여부를 결정함에 있어 合理的인 사람의 基準(the reasonable man's standards)을 채택하고 있는 것이 이에 해당된다.

② **訴訟法에 미친 影響** 英美法體系國家와 大陸法體系國家 간의 재판방법상의 중요한 차이점은 大陸法體系國家에서는 裁判이 단편적 · 비계속적으로 행하여지고 있는 데 반하여, 英美法體系國家에서는 裁判이 구두변론과 증인심문 등을 중심으로 계속적으로 행하여진다는 데 있다. 이와 같은 재판방법의 특징도 陪審裁判制度의 영향을 받은 것이라고 할 수 있다. 일반 생업에 종사하는 12명의 陪審員을 일반인과 접촉시키지 아니하고 재판이 진행되려면 公判을 계속적으로 행하는 수밖에 없다. 또 법률문외한인 陪審員들로 하여금 被告의 유·무죄를 판단하고 법을 이해시키기 위해서도 변론이나 증거는 가능한 한 당사자가 법정에서 직접 구두로 진술하게 하는 것이 효과적이었다.

英美法上의 형사소송에서 민사사건과 마찬가지로 검찰과 被告側 변호사가 서로 대등한 입장에서 被告人의 유죄 · 무죄를 입증하는 것과 같이 소위 當事者主義를 택하고 있는 것이라든가, 判事가 職權으로 被告人의 유죄 · 무죄를 심사하는 것과 같은 大陸法體系下에서의 職權主義와는 달리 判事의 職權介入이 적은 것이라든가, 또한 민사소송에 있어서 사실상 및 법률상의 쟁점(issue)을 명백히 해 놓고 陪審員들로 하여금 사실문제를 결정하도록 하는 것들도 모두 이 陪審裁判制度를 전제로 한 것이라고 할 수 있다.

이러한 陪審裁判制度가 절차법에 미친 영향 중에서 가장 대표적인 것 중의 하나가 證據法(law of evidence)의 발달이다. 영국과 미국은 모두 정교하고 상세한 證據法을 보유하고 있는바, 이는 대부분 陪審裁判制度의 채택과 관련되어 발전되어 온 것이다. 陪審員은 대부분 법에 대하여 전문지식을 갖추고 있지 못한 평범한 일반국민이다. 따라서, 陪審員에게 증인이나 증거 등에 대하여 그 증거능력의 인정 여부 및 평가 등을 아무런 기준 없이 판단하도록 맡긴다면 재판의 공정성과 타당성이 상실될 우려가 있다. 따라서, 법률문외한인 陪審員들의 증인 및 증거 등에 관한 판단기준을 확보하기 위하여 엄격하고 상세한 기준을 마련한 것이 바로 證據法이다. 「傳聞證據排除의 原則」(hearsay evidence rule)은 대표적인 예라고 할 것이다. 「傳聞證據排除의 原則」은 증인이 타인이 진술한 내용을 그대로 증언하는 경우, 예컨대 "갑돌이가 被告인 을순이가 물건을 훔치는 것을 보았다고 말하는 것을 들었다"라고 증언하는 경우 이를 증거로 채택하지 아니하는 원칙을 말한다.

다. 現代의 陪審裁判制度

(1) 槪 要

陪審裁判制度는 원래 普通法法院에서 사용되었던 재판방법이며 衡平法法院에서는 사용되지 아니하였다. 따라서 현재도 陪審裁判이 행하여지는 것은 종래 普通法法院에서 적용하고 있던 법, 즉 普通法에 관한 사건뿐이다. 혼인 · 이혼 · 유언 · 상속 및 해상 등에 관한 법은 普通法에도 속하지 아니하고 衡平法에도 속하지 아니하는 것으로서 종교법원 또는 海事法院에서 다루어졌던 사항이지만, 이혼사건과 유언검증사건은 陪審裁判에 의할 수 있는 것으로 되어 있다.

a. **陪審員**의 **選定** 陪審裁判에 있어서는 법원의 요청에 의해서 우선 일단의 陪審員이 선정되어야 한다.

陪審員으로서의 직무를 행하기 위하여 법정에 소집된 者는 보통 특정한 한 사건의 재판을 위한 것이 아니고 일정한 開廷期(term of court)에 행하여질 모든 재판에 관여하게 된다. 그리고 소송당사자인 原告나 被告는 陪審員이 적합하지 아니하다고 판단하는 경우 陪審員들에 대한 忌避權(right of challenge; right of impeachment)을 가지고 있다.[20)]

陪審員들은 평상시에 작성해 놓은 陪審員名單(jury penal list; initial list) 중에서 무작위로 선출된다. 陪審員으로서의 자격요건은 특별한 지위와 관직을 가지지 아니하고 일정한 재산을 가지고 평범한 시민생활을 하고 있는 일

20) 陪審員에 대한 忌避(challenge)에는 條件附忌避(challenge for cause)와 無條件忌避(peremptory challenge)의 2종이 있다. 條件附忌避는 忌避의 사유가 있는 경우에 한하여 陪審員을 忌避할 수 있는 제도이다. 예컨대 陪審員이 사건 당사자와의 혈연관계나 인척관계 등으로 인하여 편견을 가질 우려가 있다든가 또는 당사자에 대하여 편견(bias)을 갖고 있는 경우, 이러한 이유를 들어서 陪審員을 忌避하는 경우이다. 無條件忌避는 忌避事由를 제시하지 아니하고 무조건 忌避할 수 있는 기피이다. 無條件忌避는 사건의 경중에 따라 그 忌避할 수 있는 陪審員의 法定數가 다르다.

반 중류시민이면 된다. 이러한 자격요건은 영국의 경우 죠지 4 세(1820-1830) 때에 제정된 1825년 법에 의하여 정해진 것인데, 이 법에 규정된 남자, 중년, 대중적 사고, 중산층(male, middle-aged, middle-minded, middle calss)이라는 陪審員의 조건은 그 후 계속 변함없이 지켜져 왔다. 그러나 1919년부터 처음으로 여성이 陪審員으로 참가할 수 있게 되었으며, 21세 이상 60세까지로 되어 있던 요건도 65세까지로 연장되었다.

그러나 미국에 있어서는 陪審員의 자격이 영국보다 한층 민주적 성격을 띠고 있으며 미국 시민으로서 납세자이면 누구나 陪審員이 될 수 있는 것으로 규정하고 있는 州가 대부분이다.[21)]

b. 陪審員의 役割 陪審員은 양 당사자가 증거를 제출하고 이에 따른 변론이 종결되면 판사로부터 소위 說示(instruction; direction)를 받게 된다. 說示라 함은 判事가 법률문외한인 陪審員들에게 그 사건에 적용될 법률에 관하여 陪審員들이 이해할 수 있도록 평범한 말로 자세히 설명해 주는 것을 말한다. 判事의 說示가 끝나면 陪審員들은 별실로 가서 陪審員들만으로 비밀평의회를 갖고 거기서 評決을 하여 그 결과는 공개법정에서 判事에게 답신한다.

評決(verdict)에는 一般評決(general verdict)과 特別評決(special verdict)의 두 가지 종류의 評決이 있다. 一般評決이란 原告·被告의 승소·패소 또는 被告人의 유죄·무죄와 같이 재판의 최종결과와 관련된 評決을 의미한다. 이에 반하여 特別評決이란 주로 민사재판에서 판사가 특정의 사실문제를 적시해 주고 그 개별 사실에 대해서 陪審員으로 하여금 결정하게 하는 방법이다. 一般評決은 陪審裁判制度에 있어 반드시 필요한 것임에 반하여 特別評決은 예외적인 경우에 한하여 채택되고 있다.

陪審員과 판사는 그 직분이 뚜렷이 구별되어 있다. 즉, 陪審員은 사실문제(question of fact)만을 결정하고 법률문제(question of law)는 법률전문가인 判事의 직무에 속하는 것으로 되어 있다. 그러나 사실문제와 법률문제는 반드시 명확히 구별되는 것은 아니다.

21) 미국에서는 현역군인, 공무원, 성직자, 다른 사람으로 대체할 수 없는 직종에 종사하는 자, 유아를 가진 母나 생활궁핍자, 그 밖의 陪審員 직무를 하기 어려운 자 등은 陪審員 직무의무가 면제된다. 28 U.S.C. §1862(b)(6)은 ⓐ 군무에 종사하고 있는 자, ⓑ 경찰, 소방원, ⓒ 연방·주 또는 지방자치단체의 입법·행정·사법의 직에 있는 자는 陪審員 직무에서 면제된다고 규정하고, 어떠한 사유를 陪審員 직무면제사유로 할 것인가는 각 지방법원이 각각 정할 수 있다고 아울러 규정해 놓고 있다.

陪審員의 評決은 만장일치를 원칙으로 하므로 陪審員 중 한 명이라도 반대를 하면 評決은 有效하게 성립될 수 없다. 따라서 만장일치의 評決이 불가능한 경우에는 새로운 陪審員을 다시 소집하여 再審하여야 한다. 그러나 현재 영국은 형사사건의 陪審에 관하여서는 1967년의 刑事法(Criminal Justice Act)에 의하여 陪審員 12명 중 10명 이상이 의견을 같이하면 評決에 도달한 것으로 인정하고 있다. 미국도 일부 州에서는 10 대 2 또는 8 대 4 로 정하고 있다.

c. **陪審員 評決의 效力** 陪審員이 評決을 내렸을 경우에는 판사는 반드시 그 評決에 따라서 宣告를 해야 하며 再審을 명령할 수 없는 것이 원칙이다. 그러나 판사는 陪審員이 불합리한 評決을 내리지 아니하도록 감독하는 의무를 부담하고 있다. 예컨대, 정상적 · 합리적인 사람(ordinary reasonable person)이라면 누구나 이와 같이 인정할 것이라고 판단한 사항에 관하여는 陪審員에게 그들이 내려야 할 評決을 판사가 指示할 수 있는바, 이러한 評決을 指示評決(directed verdict)이라고 한다. 또한 陪審員들이 評決을 한 뒤라도 그 評決이 너무나 불합리하여 정상적 · 합리적 사람이라면 당연히 그와 반대되는 결론을 내렸을 것이라고 판단되는 경우에는 판사 자신이 陪審員의 評決을 무시하고 직접 사실인정을 하고 그것에 입각해서 판결을 할 수 있다. 이것을 評決飜覆判決(judgment not withstanding the verdict; judgement non obstante verdicto: J.N.O.V.)이라고 한다.

그리고 민사사건에 있어서의 손해배상액은 陪審員이 評決할 수 있지만, 형사사건에 있어서의 유죄 · 무죄의 판정은 陪審員이, 형량책정은 判事만이 할 수 있다.[22)]

⑵ 英國의 陪審裁判制度

a. **陪審裁判制度의 種類**

① **刑事陪審裁判制度** 刑事陪審裁判制度에는 大陪審制度(grand jury)와 小陪審制度(petty jury)의 두 가지 종류가 있다.

㉠ **大陪審制度** 大陪審制度는 중범죄를 저지른 형사피의자를 起訴할 것인지의 여부를 陪審員으로 하여금 결정하게 하는 제도이다.

---

22) 다만, 사형이 언도될 수 있는 재판에서 陪審員이 유죄판결을 내린 경우, 陪審員은 자신의 評決에 「善處의 부탁」(recommendation of mercy)을 첨부하는 것이 허용되고 있다.

大陪審은 12명 이상 23명 이하로 구성되며, 그 중 12명 이상이 범죄의 혐의가 있다고 인정하면 起訴가 된다. 그러나 영국에서는 大陪審制度가 많은 시간과 비용이 소요되고, 또한 범죄의 혐의 유무를 결정함에 있어 피의자와 변호사의 참석 없이 검사(原告)가 일방적으로 제시하는 증거에 의해서만 결정하게 되므로 피의자의 인권보호라는 측면에서도 그다지 실익이 없었다. 따라서 1948년의 刑事法(Criminal Justice Act)은 大陪審制度를 폐지하고, 大陪審制度의 기능은 예비심문절차(preliminary examination)로 이관하였다.

㉡ **小陪審制度** 小陪審制度는 일단 大陪審 또는 검사에 의하여 이미 起訴된 刑事被告人의 유·무죄를 결정하는 陪審裁判制度이다. 大陪審制度는 형사피의자의 起訴 여부를 결정하나, 小陪審制度는 이미 起訴된 刑事被告人의 유·무죄 여부를 결정한다는 점에서 양자는 구별된다. 현재는 1977년 刑法(Criminal Law Act)에 의하여 普通法을 위반한 형사사건에 있어서 두 가지 예외를 제외하고는 모든 피의자는 陪審裁判을 받을 권리가 있으며, 이 권리는 당사자의 동의 없이는 박탈하지 못하도록 되어 있다. 두 가지 예외란 즉결심판사건과 위반가액이 200파운드 이하인 사건을 말한다. 최근에는 陪審裁判을 받을 수 있음에도 불구하고 실제로는 피의자의 동의를 받아 陪審 없이 재판을 받는 것이 대부분이다.

② **民事陪審裁判制度** 민사사건에는 大陪審 및 小陪審의 구분 없이 한 가지 형태의 陪審, 즉 12명으로 구성된 事實審 陪審만이 존재하는바, 모든 권리침해소송은 陪審裁判이어야 한다는 것이 普通法法院의 규칙으로 확립되어 1854년까지 계속되었다. 1854년의 普通法節次法(Common Law Procedure Act)은 양 당사자가 동의하는 경우 陪審裁判을 배제하고 판사만에 의한 재판이 가능하도록 규정하였다. 1933년의 司法行政法 제 6 조(Administration of Justice(Miscellaneous Provisions Act of 1933))는 민사사건에서 당사자가 陪審裁判을 청구할 수 있는 경우를 다음과 같은 몇 가지의 경우로 제한하였다. 즉 명예훼손(defamation) · 무고(malicious prosecution) · 불법감금(false imprisonment) · 사기(fraud) 및 정조유린(violation of chastity)에 관한 민사소송에 있어서만 陪審裁判이 허용되고 있다. 그러나 陪審員에 의한 재판이 허용되는 소송이라 할지라도 복잡한 증거조사 또는 과학적인 감정의 필요로 인하여 陪審에 의한 재판이 적당하지 아니하다고 법원이 판단하는 경우에는

陪審裁判을 허용하지 아니할 수 있다. 이와 같이 영국에서는 陪審에 의한 민사재판은 법률관계에 도의적 · 감정적 요소가 중요하게 작용되는 사건으로서 일반사람들의 상식적 판단이 중요한 평가기준이 되는 사건, 즉 형사사건과 유사한 성격을 갖는 사건에 한해서 陪審裁判을 권리로서 인정하고 있다. 따라서, 영국에서는 민사사건에 관하여 陪審裁判을 제한하고 있으며 판사 단독에 의한 재판을 원칙으로 하고 있다.

b. 陪審의 構成 陪審員의 자격요건 및 陪審員의 선출방법에 따라 陪審裁判制度를 크게 特別陪審裁判制度(special jury)와 一般陪審裁判制度(common jury)로 나누어 볼 수 있다.

① 特別陪審裁判制度 特別陪審裁判制度는 반역이나 중범죄(treason or felony) 등이 아닌 형사 · 민사재판을 위하여 채택되는 陪審裁判制度로서 陪審員에게 특정한 자격을 요구하는 陪審裁判制度이다. 特別陪審은 시골귀족(esquire), 은행가, 상인 또는 일정 액수의 부동산을 가진 자산가 등으로 구성된다.

1949년의 陪審法(Juries Act)은 특정 상사사건에 관한 재판을 제외하고는 特別陪審裁判制度를 인정하지 아니하고 있으며, 1971년의 법원법(Courts Act)에 의하여 特別陪審裁判制度는 완전히 폐지되었다. 따라서 현재는 一般陪審裁判制度만이 존재하고 있다.

② 一般陪審裁判制度 一般陪審裁判制度는 일반국민에게는 누구에게나 陪審員의 자격을 부여하는 陪審裁判制度이다.

그러나 一般陪審裁判制度下에서도 어느 정도의 자격요건은 갖출 것을 요구하고 있다. 1972년의 刑事法은 陪審員이 되기 위하여는 우선 선거인명부에 등재되어 있고,[23] 또한 65세 미만이며 적어도 13세 이후 최소한 5년 이상 영국 내에 거주할 것이 요구되고 있다.

이러한 자격을 일응 갖추었더라도 판사와 소송에 연관된 者, 성직자와 정신이상자는 陪審員이 될 수 없고, 장기복역한 사람이나 지난 10년간 단기복역한 사람은 陪審 자격이 없으며, 상·하원의원, 군인, 의사 또는 변호사인 사람은 면제받을 수 있다.

23) 선거인이 되기 위하여는 1969년의 國民代表法(Representation of the People Act)에 따라 (i) 18세 이상의 영국인이거나 아일랜드 시민이어야 하고, (ii) 무능력자가 아닐 것과, (iii) 선거인명부 작성시기 현재 당해 선거구에 거주하는 者일 것을 요구하고 있다.

c. 陪審의 評決 陪審員의 評決은 만장일치로 하는 것이 원칙이다. 그러나 형사소송의 경우 1969년 刑事法이 다수결에 의한 評決制度를 도입하면서 만장일치의 원칙이 포기되었다. 민사소송의 경우에는 당사자의 동의 또는 1971년의 法院法(Courts Act)에 의하여 다수결에 의한 評決이 인정되고 있다.

(3) 美國의 陪審裁判制度[24]

a. 陪審裁判制度의 種類

① 刑事陪審裁判制度 刑事陪審裁判制度에는 大陪審制度(grand jury)와 小陪審制度(petty jury)의 두 가지 종류가 있다.

㉠ 大陪審制度 연방형사사건에 관하여 제 5 차 개정헌법에서는 "누구든지 大陪審에 의한 고발이나 起訴에 의하지 아니하고서는 사형 또는 자유형에 해당하는 범죄에 관해서 재판을 받지 아니한다"고 규정하고 있다. 이는 연방형사재판에 대하여 大陪審制度를 채택하고 있는 헌법규정이다. 그러나 州 형사재판에 대하여는 大陪審制度가 헌법상의 기본권으로 보장되고 있지 아니하며, 이의 채택 여부는 주정부의 재량에 달려 있다. 따라서, 州에 따라 大陪審制度를 채택한 州도 있고,[25] 이를 채택하지 아니한 州도 있다.

미국에서의 聯邦大陪審의 기능은 起訴[26](indictment)와 告發(presentment)이다.

첫째, 大陪審의 起訴(indictment)는 검사가 제출한 증거가 起訴(indictment)에 충분한지의 여부를 판단하는 陪審이다. 즉 刑事被告人의 유죄 여부가 아니고 刑事被疑者의 起訴 여부를 판단하는 陪審이다. 大陪審의 審理 결과 起訴에 충분한 증거를 발견하지 못하면 大陪審은 不起訴狀(ignoramus or no bill)을 발부한다. 起訴의 결정이 내리게 되면 起訴狀(true bill)을 발부한다.

둘째, 大陪審의 告發(presentment)은 大陪審이 직권으로 일종의 범죄조사를 행하여 타인의 범죄행위나 非行을 고발하는 기능을 말한다.[27] 이러한 고

---

24) Harry Kalven, Jr., and Hans zeisel, 『The American Jury』(1966).

25) 미국에서는 약 20여개의 州가 大陪審制度를 채택하고 있을 뿐이다.

26) 미국 형사소송법상 기소에는 두 가지 방법이 있는데, 그 하나가 대배심이 행하는 indictment이고, 또 하나는 검사가 행하는 information이다. 대배심제도가 폐지된 영국에서는 사적 소추 내지 information만 존재하고 있으며, 미국에서도 많은 주에서 information이 indictment보다 빈번히 채택되고 있다.

27) 기록상 나타난 최초의 大陪審員 고발(presentment)은 1683년에 영국에서 Macclesfield 백작을 포함한 Whig 당원들에게 대하여 불충성한 선동행위를 고발한 사건이다. 이에 대하여

발 자체는 起訴를 포함하고 있지 아니하지만 이것으로부터 起訴에 이를 수 있음은 물론이다. 연방형사재판절차에서 大陪審의 고발권한을 법률에 의하여 明文으로 인정하지 아니하는 경우 이는 인정되지 아니하는 것이 일반적이다.[28]

미국 聯邦大陪審은 선거인등록명부로부터 무작위로 추출하여 판사와 검사의 신문조사를 거쳐 확정한 23인의 陪審員으로 구성한다. 州의 大陪審의 경우에는 5 내지 7 人인 州(Virginia)로부터 23人인 州(Maryland, Massachusetts, New Hampshire 및 New Jersey)에 이르기까지 그 크기가 다양하다.

ⓛ **小陪審制度** 미국 제 6 차 개정헌법은 "모든 형사소추에 있어서 被告人은 범죄가 행하여진 州 및 법에 의하여 정해진 地區의 공평한 陪審에 의해서 신속한 공개재판을 받을 권리를 갖는다"라고 규정하고 있다. 연방대법원은 제 6 차 개정헌법이 제14차 개정헌법의 適法節次條項(Due Process of Law Clause)을 통하여 州에도 적용된다고 판시하였다.[29] 따라서, 小陪審에 의한 재판을 받을 권리는 연방정부에서뿐만 아니라 모든 주정부에 의하여도 明示的으로 보장되고 있는 권리이다.

연방법원에서는 당사자와 법원의 동의에 의하여 小陪審에 의한 陪審裁判을 포기할 수 있다. 그러나 다수의 州에서는 특히 형사사건에 있어서는 이 같은 포기를 허용하지 아니하고 있다.

② **民事陪審裁判制度** 미국 제 7 차 개정헌법은 연방법원에 제기된 民事普通法事件에 관하여 "普通法上의 소송에 있어서 소송가액이 20달러를 초과할 때에는 陪審에 의한 재판의 권리를 인정하여야 한다"라고 규정하고 있어 민사소송에 대한 陪審裁判을 헌법으로 보장하고 있다. 그러나 제 7 차 개정헌법은 제 6 차 개정헌법과는 달리 州에도 적용된다고 판시된 바 없다. 따라서 주정부는 민사소송에 있어 陪審裁判을 채택하여야 하는 헌법상의 의무를 부담하지 아니하고, 민사사건에 있어서의 陪審裁判制度의 인정 여부 및 그 절차 등을 재량으로 정하고 있다. 다만, 미국에서도 당사자가 陪審裁判의 권리를 포기할 수 있는 자유를 인정하고 있으므로 사실상 民事陪審은 점차

피고인들이 大陪審員을 상대로 명예훼손의 소송을 제기하였으나, 법원이 大陪審員에게 승소판결을 내림으로 大陪審員의 고발이 하나의 제도로서 성립하게 되었다 한다.

28) 1970년의 組織犯罪團束法(Organized Crime Control Act)은 大陪審은 그 직무기간을 종료하면서 任命職 공무원이 행한 일정한 종류의 범죄 이외의 非行에 관하여 고발(presentment)할 수 있는 권한을 가진다고 규정하고 있다.

29) Duncan v. Louisiana, 391 U.S. 145(1968).

감소되고 있다.

b. 陪審의 構成

① **特別陪審裁判制度** 特別陪審裁判制度라 함은 陪審員의 자격을 일반 국민에게 공평하게 부여하는 것이 아니라 특정 자격을 갖춘 者만을 陪審員으로 선정하는 제도를 말한다.[30] 예컨대, 陪審書記(jury clerk)가 그 지방의 유지에게 陪審員으로 자격이 있다고 생각되는 사람들의 명단을 제출하도록 의뢰하고 그들이 작성한 陪審員 명단 중에서 陪審員을 선발하는 소위 중심인물(key man)제도가 이에 해당된다.

연방법원에서는 特別陪審裁判制度의 채택이 1968년의 『陪審員 選定 및 職務에 관한 法律』(Jury Selection and Service Act of 1968)에 의하여 금지되어 있다.

주법원에서는 아직도 特別陪審裁判制度를 채택하고 있는 州가 현재도 상당수 있으나 점차 폐지되고 있다.[31] 特別陪審裁判制度는 불공평하고 비민주적이라고 볼 수도 있으나 그 자체로서 위헌은 아니다.

② **一般陪審裁判制度** 1968년에 제정된 陪審員 選定 및 職務에 관한 法律(Jury Selection and Service Act of 1968)에 의하여 연방법원의 大·小陪審員은 선거구의 선거인등록명부나 실제 투표자명부에서 법원의 陪審書記(jury clerk)가 추첨으로 선정한다.

聯邦陪審의 자격요건은, (i) 미국 시민일 것, (ii) 적어도 18세에 이르렀을 것, (iii) 그 지역에 1년 이상 거주하였을 것, (iv) 1년 이상의 구금형에 해당하는 유죄판결을 받은 바 없을 것, (v) 영어독해력이 있을 것, (vi) 효과적인 陪審職務를 어렵게 만드는 정신적 또는 신체적 장애가 없을 것 등이다. 州陪審의 경우에도 대체로 유사하다.

陪審員으로 선정된 경우에도 법원규칙이나 법령 또는 관습에 따라 그 직무가 면제될 수 있다. 대개 陪審職務義務를 면제받는 직업으로 법률가, 의사, 군인, 정부관리, 경찰관, 소방관, 성직자 및 교수 등을 들 수 있다. 또한, 바빠

30) 이를 'blue ribbon jury'라고 부르기도 한다.

31) 연방대법원에서는 보통 陪審이 될 수 있는 6만명 가운데서 노동자와 여자를 배제하고 나머지 적격자로 뽑힌 3,000여 명으로 特別陪審團(special jury panel)을 구성한 New York 特別陪審의 위헌성 여부가 제기되었다. 연방대법원은 노동자와 여자가 배제된 것은 제14차 개정헌법의 適法節次條項(Due Process of Law)과 平等條項(Equal Protection of Law)에 위반되지 아니하므로 합헌이라는 판결을 하였다. Fay v. New York, 332 U.S. 261(1947).

서 직장으로부터 도저히 결근할 수 없는 피용인 또는 젖먹이가 있다든지 돌볼 어린아이가 여럿인 주부도 이러한 사실의 진술서(affidavit)를 제출하여 職務를 회피할 수 있다. 이러한 사유 이외에도 陪審不適格事由를 밝힘으로써 직무의무를 면할 수 있다. 이러한 요인에는 (i) 당사자 일방에게 유리한 또는 불리한 편견을 가지고 있음을 밝힌다든지, (ii) 당사자 일방과 가까이 지낸다든지, (iii) 그 사건에 관련된 찬성 또는 반대 인생관의 개진 등을 들 수 있다.[32)]

c. **陪審의 評決**

① **聯邦大陪審** 大陪審의 起訴 여부의 결정은 만장일치일 필요가 없으며, 聯邦大陪審의 경우 16인을 定足數로 하고 12인이 찬성하면 起訴할 수 있다. 州의 경우에는 起訴에 4인(Virginia)으로부터 16인(Minnesota)까지의 찬성이 있으면 된다.

② **聯邦小陪審 및 民事陪審** 1960년대 및 1970년대에 나온 일련의 중요한 연방대법원 판결의 결과 聯邦陪審은 민사사건이나 刑事小陪審事件에서 모두 만장일치의 評決을 요하지만, 陪審員의 수는 민사사건에서는 전통적인 普通法上의 12인이 헌법적으로 요구되는 것은 아니다. 그러나 州法院에서는 오래 전부터 연방법상의 만장일치원칙의 적용을 받지 아니한다고 판단하여 민·형사사건에 결쳐 州마다 각기 상이한 評決定足數를 정하고 있다.[33)] 그리고 陪審員數에 있어서도 12인보다 적은 수의 州陪審 예컨대 Florida의 6인 陪審도 연방헌법상의 지지를 받고 있다. 그러나 6인보다 작은 수, 예컨대 Georgia의 5인 陪審은 위헌이라고 한다.

4. 普通法 및 衡平法의 竝存

衡平法이 普通法의 경직성 및 엄격성을 보완하기 위한 제도로서 형성·발전된 英美法상의 특이한 法體系라는 것은 이미 설명한 바와 같다. 이하에서는 衡平法의 본질 및 특징을 普通法과 비교하면서 파악하여 보고자 한다.

---

32) 1968년의 연방대법원 판결(Witherspoon v. Illinois, 391 U.S. 510)은 사형사건에서 사형제도에 대하여 양심상의 반대의견을 표명한다고 자동적으로 陪審員 직무로부터 벗어날 수 있는 것은 아니라고 판결하고 있다.

33) 연방대법원은 Oregon의 10 : 2의 유죄평결과 Louisiana의 9 : 3의 유죄평결을 1972년에 합헌이라고 판결하였다.

가. 英國의 衡平法

(1) 衡平法의 本質

a. 法　院　衡平法에 의한 재판은 衡平法法院(Court of Chancery)에서 전담한다. 衡平法法院은 普通法에 의하여 재판을 하는 普通法法院과 독립된 별개의 法院이다.[34] 그러나 1873년 法院組織法(Supreme Court Judicature Act of 1873)을 제정하여 普通法法院과 衡平法法院을 하나의 法院으로 통합시켰다.[35] 따라서, 통합된 법원은 통합 전의 법원이 행사하고 있었던 권한 일체를 승계받음으로써 普通法과 衡平法을 다같이 적용하여 재판할 수 있게 되었다.

b. 適用事件　최초에는 형사사건에 관한 衡平法의 適用은 星廳法院이, 민사사건에 관한 衡平法의 適用은 일반 衡平法法院(Court of Chancery)이 담당하여 왔다. 그러나 星廳法院이 국민의 권리·자유를 억압하여 비난이 높아지자 1641년에 이를 폐지하였다. 이에 따라 현재는 형사사건에 대하여는 衡平法이 적용되지 아니하며, 민사사건만이 衡平法法院의 관할로 남아 있다.

普通法法院에서 형사사건 및 민사사건 모두를 재판하고 있음은 물론이다.

c. 適 用 法　衡平法法院에서는 衡平法(equity law)을 적용한다. 衡平法은 普通法法院에서 적용되는 普通法(common law)과는 별개의 법이다. 초기에는 衡平法이라는 것이 독립된 법적 체계를 갖추어 존재한 것이 아니었다. 衡平法法院에 의한 구제는 문제된 사건에 대하여 엄격한 법을 적용하는 것이 아니라 단순히 특별한 은혜의 일환으로서 사건의 구체적 타당성에 비추어 승려인 大法官의 양심에 따라서 재판을 하였다. 衡平法法院이 良心法院(court of conscience)으로 불리는 것도 바로 이러한 이유에서 연유된 것이다. 그러나 衡平法法院에서도 결국 동일한 내용을 가진 사건에 대하여는 동일한 방법으로 구제를 해주게 되고 이것이 점차 선례가 되어 결국 衡平法이 성립하게 된 것이다. 이와 같이 先例에 따라야 한다는 경향은 튜더왕조 이후 大

34) 튜더왕조 및 스튜어트왕조 당시 刑事法에 관한 衡平法法院이었던 星廳法院이 국민의 권리와 자유를 탄압하여 결국 1641년에 폐지되었다. 民事法에 관한 衡平法法院도 함께 폐지하려는 시도가 있었으나 그대로 존속되었다.

35) 1688년 명예혁명 당시에도 普通法法院이 衡平法法院을 흡수·통합하고자 했으나 실패했다.

法官職이 승려가 아닌 普通法의 교육을 받은 법률가로 대체됨으로써 衡平法의 原理도 普通法과 같이 점차 법규화되고 체계화되었다.36)

衡平法이 점차 체계화되고 衡平法法院의 역할이 증대하게 되자 普通法法院과의 갈등이 야기되었다. 14세기경부터 衡平法法院이 날로 강력하여짐에 따라 普通法法院은 점차 위협감을 느끼기 시작하였으며 이에 대해서 반감을 가지게 되었다. 衡平法法院은 普通法法院이 판결한 普通法上의 권리를 勝訴者가 행사하는 것이 衡平法에 어긋난다고 생각하는 경우에는 이의 행사를 금지하는 금지명령(injunction)을 내리곤 하였다. 따라서, 결과적으로 普通法法院은 판결이나 집행을 강행할 수 없게 되었으며, 사실상 衡平法法院의 판결이 普通法法院의 판결보다도 오히려 우월한 것과 같은 결과를 가져왔다.

17세기에 와서 제임스 1세 시대에 普通法法院과 衡平法法院 사이의 갈등은 최고조에 달하였다. 이 시기에 普通法法院을 대표하는 王立法院의 首席判事인 코크 判事(Edward Coke: 1552-1634)와 衡平法法院을 대표하는 엘스미어 경(Lord Ellesmere: 1540-1617) 사이에 衡平法과 普通法 간의 우위성에 관하여 대논란이 전개되었다.37) 이에 대하여 國王 제임스 1세는 1615년의 Earl of Oxford 사건, Courtney v. Glanvil, 1615 사건에서 "衡平法法院인 大法官裁判所의 종래의 裁判慣例는 향후에도 지속적으로 인정된다"고 裁定함으로써 衡平法의 우위성을 인정하였다.

1873년의 法院組織法은 衡平法과 普通法의 충돌에 관하여 明文의 규정을 두고 있다. 즉 法院組織法 제25조는 "…그 밖의 모든 사항에 있어서 普通法과 衡平法 사이에 충돌 또는 차이가 있는 경우에는 후자가 우선한다"고 하는 일반적 규정을 두었다.

---

36) 衡平法의 체계화 과정에서 특히 중요한 역할을 한 유명한 大法官으로는 근대 衡平法의 아버지라고 불리는 Lord Nottingham(1621-1682, Chancellor: 1673-1682), 그것을 원리화하는데 공로가 많은 Lord Hardwicks(1690-1764, Chancellor: 1737-1757), 그리고 그것을 체계화한 Lord Eldon(1751-1838, Chancellor: 1801-1806, 1807-1827) 등이 있다.

37) 普通法法院의 Coke 判事는 衡平法法院이 普通法法院이 내린 판결의 집행이나 普通法法院에 제소하는 것을 금지하는 명령을 내리고, 동 명령에 위반하는 경우 法廷冒瀆罪를 적용하여 처벌하는 것은 위법이며, 또한 普通法法院이 판결한 사건에 대하여 衡平法法院이 재심하는 것은 普通法法院에 대한 모독이라고 주장하였다. 이에 반하여, Ellesmere 大法官은, 大法官은 국왕의 代行者로서 국왕과 국회에 대하여만 책임을 질 뿐 그 밖의 자에게는 아무런 책임도 지지 아니하며, 衡平法法院의 금지명령은 普通法法院의 관할권을 침해하는 것이 아니라 大法官은 모든 非行에 대하여 사람들의 양심을 바로잡아 주고 普通法의 엄격성을 완화할 의무가 있는바 이러한 의무를 이행하는 것이라고 주장하였다.

결론적으로 衡平法은 普通法을 보충·보완하는 것을 원칙으로 하나 양자간에 충돌이나 차이가 있을 때에는 普通法에 우선한다.

d. 訴訟節次 초기의 衡平法法院에서는 소송절차로서 糾問主義的 특색을 갖고 있었다. 그 이유는 衡平法法院의 大法官이 처음에는 교회의 승려이었으므로 규문주의를 채택하고 있는 교회법(canon law)상의 소송절차를 적용하였기 때문이었다. 衡平法法院에서는 소송절차에서 陪審裁判制度를 채택하고 있지 아니한 것이 특징이다. 이에 반하여 普通法法院에서는 게르만法의 영향을 받아 탄핵주의적 특색을 보이고 있다. 普通法法院에서는 陪審裁判이 허용되고 있다.

한편 1873년의 法院組織法은 衡平法法院과 普通法法院을 통합하면서 양 법원의 소송절차도 하나로 통합하였다. 이에 따라 普通法法院에서의 탄핵주의적 소송절차에 衡平法法院의 규문주의적 소송절차가 가미되었다. 예컨대, 普通法에서는 소송의 당사자가 법정 이외의 장소에서 상대방에게 자신의 증거·지식 또는 자료 등을 사전에 제시할 의무가 없었다. 그러나 衡平法의 영향을 받아 사전조사절차(discovery)가 도입되어 소송의 당사자는 상대방에게 문서로 관련 문서 및 증거 등의 소송자료를 공식적으로 요청할 수 있게 되었다.

e. 判決內容 衡平法에 의한 구제수단에는 禁止命令(injunction), 特定履行(specific performance) 및 部分履行의 法理(doctrine of part performance) 등이 있다.[38] 禁止命令은 특정 행위를 하지 말거나 중지할 것을 명령하는 것이고, 特定履行은 특정 행위를 할 것을 명령하는 것이다. 部分履行의 法理는 당사자간의 계약이 무효이거나 취소된 경우에도 당사자의 일방이 동 계약에 따라 자신의 지위를 실질적으로 변경한(has materially changed his position) 경우에는 타방에게 당해 계약의 이행을 청구할 수 있는 원칙을 말한다.

이에 반하여 普通法法院에서는 금전적 손해배상(damage)을 구제수단의 원칙으로 하고 있다. 따라서 衡平法에 의한 구제를 대인적 구제, 普通法에 의한 구제를 대물적 구제라고도 한다.

(2) 信託制度

衡平法分野에서 발전한 民事法上의 대표적 제도가 信託制度(Trust)이다.

38) 상세한 내용은, 제 2 편 제 3 장 「계약법(contract)」 부분을 참조하기 바란다.

a. 信託制度의 意義 信託에는 信託者(trustor)·受託者(trustee) 및 受惠者(beneficiary; cestui que trust)의 세 당사자와 信託財産(trust property; trust res)이 존재한다. 信託者가 信託行爲에 의해서 受託者에게 信託財産을 이전시키고 동시에 그 재산을 受惠者를 위하여 또는 특정한 목적을 수행하기 위하여 관리 내지 처분하도록 함으로써 성립되는 법률관계이다. 이 경우 受託者와 受惠者는 동일인이 될 수도 있다. 信託者와 受託者에게 信託財産을 귀속시키는 행위는 普通法上의 소유권 이전행위로서, 受託者는 信託財産에 대하여 普通法上의 所有權(common law title)을 보유하게 된다. 信託者는 信託財産을 受惠者를 위하여 관리·처분하는 것을 조건으로 受託者에게 귀속시키나, 受託者가 동 조건을 이행하지 아니하는 경우 普通法下에서는 信託財産의 소유자인 受託者에게 이를 강제이행할 수 있는 법적 수단이 없다.

그러나 衡平法下에서는 信託者와 受託者 간의 신뢰관계를 존중하여 受託者가 조건을 이행하지 아니하는 경우 受惠者에 대하여 衡平法上의 구제수단을 허용하고 있다. 즉, 受惠者에게 信託財産에 대한 衡平法上의 所有權(equitable ownership)을 인정함으로써 受託者가 신뢰관계에 위반하여 信託條件을 이행하지 아니하는 경우 衡平法에 근거한 소유권을 행사할 수 있도록 한 것이다. 즉 信託制度는 하나의 물건에 대하여 普通法上의 소유권과 衡平法上의 소유권을 동시에 인정하고 있는 특이한 제도인 것이다. 이는 大陸法體系下에서의 「一物一權主義」의 원칙과는 달리 英美法體系下에서는 「一物二權主義」를 채택하고 있는 것으로도 볼 수 있을 것이다.

信託의 예를 들자면 다음과 같다. 信託者 A가 受惠者 C를 위하여 B에게 토지를 신탁재산으로서 귀속시킨 경우를 보자.

B는 토지의 普通法上의 소유자(legal owner; common law owner)이지만 C를 위하여 토지를 사용 수익할 의무가 있다. 그러나 B가 이러한 의무를 위반하더라도 普通法法院은 C를 구제해 줄 하등의 법적 수단이 없었다. 그러나 良心法院인 衡平法法院은 C의 권리를 인정하였던 것이다. B는 법률상으로는 토지소유자임에 틀림이 없지만 B가 信託의 의무를 이행하지 아니한다는 것은 형평의 관념(equity)과 선량한 양심(good conscience)에도 어긋나는 것이다. 따라서 B는 信託義務를 준수할 의무가 있다 하여 衡平法法院은 B에게 의무의 이행을 명하고 만일 그 명령에 복종하지 아니할 경우에는 法廷

冒瀆罪로 처벌할 수 있다.

b. **英國의 信託制度** 信託制度의 기원은 영국 고유의 토지제도인 유스(use)제도에서 찾을 수 있다.[39]

유스제도는 토지소유자가 그의 토지소유권을 친구 · 친척 등 신뢰할 수 있는 자에게 양도하고 그 토지로부터 나오는 이익을 제 3 자인 受惠者로 하여금 향유하게 하는 信託的 讓渡이다. 이 경우 토지소유권이 친구 · 친척 등에게 완전히 이전되므로 본래의 토지소유자와 친구 · 친척간에는 확실한 신뢰관계가 요구되었다. 衡平法法院은 이러한 유스제도를 인정하여 受惠者에 대한 衡平法上의 소유권을 인정하였다.

그러나 유스제도는 주로 토지소유자들이 봉건영주 또는 國王에 대한 재정 · 조세적 부담을 회피하는 수단으로 사용되었다. 따라서 헨리 8 세는 자신의 재정수입을 확대하기 위하여 1535년에 유스법(Statute of Use)을 제정하여 유스제도를 폐지하였다. 그러나 유스제도는 다소 변형되어 信託制度(Trust)라는 명칭으로 衡平法法院에 의하여 다시 인정되기 시작하였다. 이에 따라 1925년 財產法(Law of Property Act) 제 1 조는 유스법을 폐지하였다.

나. 美國의 衡平法

미국에서는 일반적으로 普通法과 함께 衡平法도 영국으로부터 繼受되었으나, 衡平法의 繼受는 普通法에 비하여 그 정도가 늦은 편이었다. 그 이유는 미국의 최초의 정착민인 청교도는 명문의 법률에 의한 통치 이외에는 권력자의 자의적인 간섭을 혐오하였기 때문이다.[40] 또한, 개척자 사회인 미국에 있어서 衡平法은 그다지 필요하지 않았다.

최초에 미국에 衡平法이 도입되었을 때에는 普通法法院과 衡平法法院이 각각 普通法과 衡平法을 적용하여 왔다. 그러나 1848년에 뉴욕주에서 통일된 재판제도를 채택한 이래 현재 약 4 분의 3 에 해당하는 州는 현재의 영국

39) 유스를 처음으로 사용한 것은 13세기 초에 영국에 정확한 성 프란시스 교단승(St. Frunciscan frairs)이다. 그들은 淸貧主義를 교리로 삼고 있었기 때문에 자기들 자신은 토지를 소유하지 아니하고 제 3 자(대개는 지방자치단체였다)를 보통법상의 소유자로 하였으며 교단은 단지 그의 受益者가 되어 실질적인 토지의 수익만을 거두었다. 이러한 방법에 의하게 되면 토지에 대한 소위 封建的 負擔(feudal incidents)을 회피할 수가 있었다.

40) 영국에서도 청교도인 크롬웰(Oliver Cromwell: 1599-1658)이 청교도혁명 당시 衡平法을 폐지하고자 하였으나 실패하였다.

과 같은 제도, 즉 관할법원 및 소송절차에 있어 통합된 제도를 가지고 있다. 영국의 1873년의 法院組織法도 미국의 모델을 참고한 것이었다. 미국 연방법원도 1938년에 연방의회 制定法에 근거한 연방대법원규칙에 의하여 이와 동일한 유형을 채택하였다.

그러나 현재 미국에는 普通法法院과 衡平法法院이 독립하여 병존하고 있고 소송절차도 각각 별개의 것을 갖고 있는 州가 있다. 또한 법원은 普通法法院과 衡平法法院이 하나의 법원으로 통합되어 있으면서 普通法上의 소송절차와 衡平法上의 소송절차를 각각 달리하고 있는 州도 있다.

제 3 장 英美法의 法源

제 1 절 概　　說

英美法의 法源(source of law)은 크게 1次的 法源(primary source of law)과 2次的 法源(secondary source of law)으로 분류된다.

1次的 法源은 판사가 재판을 하는 경우 반드시 이를 적용하여야 하는 구속력(binding authority)을 갖는 法源으로서, 判例法 · 制定法 및 慣習法 등이 이에 포함된다. 2次的 法源은 판사가 재판을 하는 경우 이를 반드시 적용할 필요가 없으므로 구속력을 갖지 아니하나 설득적 권위(persuasive authority)를 갖고 있는 法源으로서, 학설 · 백과사전 · 논문집 · 교과서 및 기타 참고문헌 등이 이에 포함된다.

大陸法體系에서의 1次的 法源에는 判例法이 포함되지 아니하는 반면에 英美法體系에서는 判例法이 가장 중요한 1次的 法源이 되고 있다는 점에서 양자는 서로 구별된다. 判例法을 1次的 法源으로 하는 法體系를 判例法主義라고 하며 英美法體系의 가장 커다란 특징 중의 하나이다.

제 2 절 1次的 法源

1. 判 例 法

가. 意 義

(1) 先例拘束의 原則의 概念

判例法이라 함은 법원이 구체적 사건에 대한 재판에서 내린 판결로서, 재판에서의 판사를 구속하는 효력을 가진 법규범을 말한다.

상급법원이 내린 判例는 법규범으로서 당해 법원은 물론 다른 동급법원과 하급법원을 구속하는 효력을 갖는바, 이를 소위「先例拘束의 原則」(doctrine of precedent)이라고 부른다.[1] 즉, 英美法體系下에서는「先例拘束의 原則」에 의하여 법원은 상급법원 또는 동급법원이 먼저 내린 判例를 법규범의 하나로서 재판에 적용하여야 한다.

이러한「先例拘束의 原則」은「判決의 旣判力」(doctrine of res judicata)과 구분하여야 한다.「判決의 旣判力」은 특정 사건에 대하여 법원의 판결이 내려진 경우 당해 사건에 대하여 다른 법원에 소송을 다시 제기할 수 없다는 원칙을 말한다.「先例拘束의 原則」은 英美法體系의 특유한 제도이고 大陸法體系下에서는 이를 인정하지 아니하고 있다. 이에 反하여「判決의 旣判力」은 英美法體系는 물론 大陸法體系에서도 인정되는 원리이다.

(2) 先例拘束의 原則의 成立 및 發展

先例拘束의 原則은 법원의 관행으로 점차적으로 발전된 것이다.

영국에서는 13세기 말경부터 법원에서 판결하는 경우 先例를 인용하는 관행이 생겼으며, 15·16세기에 와서는 어떤 법적 문제에 관하여 같은 취지의 先例가 있으면 법원은 이를 따르는 관례가 성립되었다. 영국에서 가장 오랜 判例集은『年書』(Year Books)라고 하는 判例集인데, 이것은 에드워드 1세(1272-1307)시대부터 헨리 8세(1509-1547)시대, 즉 1536년까지의 判例集이다.

---

1) 이를「stare decisis」(先例에 따른다)라고도 표현한다. 이를「先例拘束의 原則」과 엄밀히 구별하는 견해도 있으나, 동일한 것으로 보아도 무방할 것이다.

18세기에 와서는 단 하나의 先例가 있어도 그것에 따라야만 한다는 원칙이 확립되기에 이르렀다. 18세기에 와서 「先例拘束의 原則」이 비로소 확립된 이유는 (i) 그 이전까지는 『年書』(Year Books) 이외의 체계적인 判例集이 존재하지 아니하였고 年書조차 그 내용이 불완전하였으며, (ii) 법원 중에 어느 법원이 상급법원인지 또는 동급법원인지의 상·하계체계가 정리되지 아니하여 어느 법원의 判例에 구속되는지의 여부가 확실하지 아니하였기 때문이다. 그러나 법원이 先例를 「원칙적으로」 따라야 한다는 것이 아니라, 先例를 「반드시」 따라야 한다는 원칙은 19세기 후반기 이후에야 확고히 정립되어 현재까지 유지되고 있다.

한편, 「先例拘束의 原則」은 원래 普通法法院에서 적용된 법리였다. 衡平法은 원래 大法官(Chancellor)의 재량에 의해서 적용되는 것이므로 「先例拘束의 原則」이라는 개념이 적용될 여지는 없었으나, 衡平法法院에서도 이 원칙을 점차 적용하기 시작하였다. 1660년의 왕정복고 이후부터는 衡平法法院도 先例를 존중하는 관념을 가지게 되었으며, 18세기에 와서는 일련의 동일한 취지의 判例가 있는 경우에는 이에 대하여 구속력을 인정하기 시작하였다. 그리고 1875년에 보통법법원과 형평법법원이 통합된 이후부터는 衡平法도 普通法과 마찬가지로 「先例拘束의 原則」이 적용되었다.

(3) 先例拘束의 原則의 法的 性質

「先例拘束의 原則」의 법적 성질에 대하여는 法宣言說, 法創造說 및 折衷說 등이 제기되고 있다.

a. **法宣言說**(law declaratory theory) 法宣言說이라 함은 判事는 판결로서 이미 존재하고 있는 기존의 법을 단순히 확인·선언하고 있다는 견해이다. 법원의 판결은 기존의 법의 최종적 증거이므로 나중의 법원은 이에 따르지 아니하면 아니 되는바, 이에 따라 「先例拘束의 原則」이 정립된다는 견해이다. 法宣言說은 블랙스톤(Sir William Blackstone: 1723-1780)이 그의 저서 『英國法註釋』에서 주장한 전통적인 견해이다.

b. **法創造說**(law creative theory) 法創造說은 법원의 판사는 실제에 있어 법을 창조하는 법의 제정자이며 判例는 기존에 존재하는 법을 단순히 확인하는 기능이 아니라 법을 제정하는 행위라는 견해이다. 判事制定法

(judge-made law)이란 용어도 이러한 견해를 반영하고 있다. 法創造說은 벤담(Jeremy Bentham: 1748-1832)에 의하여 제기된 바 있다.

c. 折衷說 折衷說은 법관이 법선언과 법제정의 두 가지 역할을 모두 담당하고 있다는 새로운 견해이다. 겔다아트(William Geldart: 1870-1922)에 의하여 주창된 이론이다.

(4) 判例의 內容과 先例拘束의 原則

判例는 크게 判決文(opinion of the court), 贊同意見(concurring opinion) 및 反對意見(dissenting opinion)으로 구성되어 있다.

a. 判 決 文

① 意 義 判決文은 법원의 재판에 대한 판사의 최종판결을 담고 있는 부분을 말한다. 判決文은 (i) 사건의 사실관계와 소송절차상의 경과를 요약하고, (ii) 判例法·制定法 및 慣習法 등의 사건에 적용될 법을 제시하면서, (iii) 판사 개인의 사건에 대한 附隨的 意見(obiter dictum)을 부가하기도 하며, (iv) 최종적으로 判決主文(ratio decidendi; holding)을 내린다.

② 判決文과 「先例拘束의 原則」 判決文에서 판사가 내리는 판결내용은 크게 判決主文과 附隨的 意見으로 구분할 수 있다. 이 중 判例가 「先例拘束의 原則」에 따라 구속력을 가지는 것은 判決主文뿐이다. 判決主文이라 함은 판결에 도달하는 데 필요불가결한 기초를 이룬 법원칙 및 최종 판결내용을 말한다.

판사의 판결내용 중 判決主文이라고 볼 수 없는 부분을 附隨的 意見이라고 한다. 附隨的 意見은 判決主文과 달리 「先例拘束의 原則」이 적용되지 아니하고 단지 설득적 권위(persuasive authority)만을 가질 뿐이다. 그러나 附隨的 意見은 법적 구속력은 없지만 사실상 장래사건의 판결에 지대한 영향을 주며 또한 先例가 없는 경우에는 그 附隨的 意見에 따라 판결하는 경우도 있다.

b. 贊同意見 및 反對意見 贊同意見(concurring opinion)은 하나의 재판에 2인 이상의 판사가 판결을 하는 복수심에서 어느 판사가 판결결과(decision)에는 동의하나, 판결이유(reasoning)에 동의하지 아니하는 경우 判決文에 자신의 독자적인 판결이유를 밝혀서 이에 첨부하는 의견을 말한다. 예컨대, 소송당사자 A와 B간의 사건을 재판하는 연방대법원의 판결에서 대법원 판사 5 : 4의 판결로 A가 승소한 경우, A의 승소로 판결한 5인의 대

법원 판사 중에서 대법원이 공식적으로 내린 A의 승소이유에 찬동하지 아니하는 판사는 자신의 판결이유를 별도로 判決文에 첨부할 수 있다. 이에 반하여 反對意見(dissenting opinion)은 어느 판사가 판결의 결과에 반대하는 경우 그의 반대이유를 밝혀서 이에 첨부하는 의견을 말한다.

贊同意見과 反對意見에는 모두 「先例拘束의 原則」이 적용되지 아니한다. 그러나 사실상 판결에 적지 아니한 영향을 주고 있다. 특히 미국에서는 20세기에 와서 연방대법원은 先例라 할지라도 이를 바꿀 수 있다는 관례가 정립되어 있기 때문에 연방대법원의 유력한 判事의 反對意見은 매우 존중된다.[2] 판사가 만장일치로 별다른 反對意見 없이 판결한 경우에는 법원이 기명 없이 간략하게 판사전원일치 판결문(opinion per curiam by the court)을 작성하는 것이 보통이다.

나. 英國의 判例法

(1) 各級法院과 先例拘束의 原則

영국에서 상급법원의 判例는 동급법원 및 하급법원을 구속한다. 그러나 하급법원의 判例는 상급법원을 구속하지 아니한다.

a. **貴族院**(House of Lords)[3] 영국에서는 貴族院이 민·형사사건의 최고법원으로서의 역할을 담당한다. 따라서 최고법원으로서의 貴族院의 판결은 모든 법원을 구속한다. 貴族院의 판결은 1966년까지는 모든 하급법원뿐만 아니라 자신에 대하여도 계속 구속력을 가지는 것으로 엄격하게 적용되었다. 그러나 1966년에 貴族院 판사들은 공식적인 慣行宣言(Practice Statement)을 발표하여 자신들은 향후 先例에 무조건 구속되는 것이 아니라 사회 · 시대적 요청에 부응하여 탄력적으로 구속된다고 선언하였다.[4]

---

2) 보수적 재판관이 많았던 시절에 진보적 성향으로 인하여 주로 소수의견을 제시하였던 올리버 웬델 홈스(Oliver Wendell Homes: 1841-1935, 재임: 1902-1932)와 같은 판사의 反對意見은 후에 多數意見으로 채택된 例가 적지 아니하다.

3) A. Sampson, 『The Changing Anatomy of Britain』(1982), p. 15 이하 참조.

4) 慣行宣言은 다음과 같다. "貴族院 判事는 「先例拘束의 原則」을 법이 무엇인지, 그리고 구체적 사건에 대한 법을 적용하는 데에 있어서 불가결한 기초로 간주한다. 그러나 본 귀족원 판사는 지나치게 융통성 없이 先例에 집착하면 구체적인 사건에 따라서는 不正義이 이를 수도 있으며 필요한 法의 발전을 부당하게 제약할 수도 있음을 인식하고 있다. 그러므로 본 귀족원 판사는 貴族院의 종전의 先例에 대하여 원칙적으로는 구속력을 인정하지만 종전의 先例로부터 벗어나는 것이 옳다고 판단하는 경우에는 이로부터 벗어날 것을 제안하는 바이다."

다만, 이러한 선언에도 불구하고 先例를 바꾸는 일은 거의 없다. 이와 비교하여 미국 법원의 태도는 「先例拘束의 原則」에 대하여 훨씬 융통성이 부여되고 있다. 즉 先例로부터 벗어나는 것이 필요하다고 판단할 만한 합리적이고 충분한 근거가 있는 경우에는 先例를 破棄하고(overrule) 새로운 판결을 행한다.

b. **高等法院**(Court of Appeals)　　고등법원 민사부(Civil Division of the Court of Appeals)가 내린 판결은 상급법원인 貴族院을 제외하고 모든 법원을 구속한다. 민사사건에서 고등법원의 판결은 스스로를 구속한다.[5] 이에 반하여 고등법원 형사부(Criminal Division of the Court of Appeals)는 자신의 판결에 반드시 구속되지 아니한다. 따라서 고등법원은 그 판결을 번복(overrule)할 수 있다.[6]

c. **地方法院**(High Court)　　지방법원 3 개 부의 단독심 판사의 판결은 郡法院 판사를 구속하나 다른 지방법원 판사는 구속하지 못한다. 다만, 지방법원 합의부(Divisional Court)가 내린 판결은 같은 부의 단독심 판사에 대하여 구속력을 가진다.

d. **郡法院**(County Court)　　郡法院 판사의 판결은 구속력을 가지지 아니한다.

⑵ 判 例 集

「先例拘束의 原則」이 존재하기 위하여는 현존하는 判例의 내용을 파악하는 것이 필수적이다. 그러므로 英國法體系에는 수세기에 걸쳐 집약된 방대한 判例集이 존재한다. 그러나 에드워드 1 세 치하(1272-1307) 때까지는 공식적인 判例集이 존재하지 아니하였다. 단지 일부 判例가 여러 법서에 언급되어 있거나 口傳으로 전해져 내려왔을 뿐이다. 최초의 判例集은 에드워드 1 세 때 작성되어 그 후 3 세기간 지속된 『年書』(Year Books)라고 할 수 있다. 다만, 年書는 判例集이라기보다는 특정사건에서 문제된 쟁점에 관하여 판사와 변호사가 논쟁한 것을 수기로 기록한 것에 불과하다.

인쇄술의 발달과 함께 법조인들을 위하여 민간인이 비공식적인 判例集을 발간하는 일이 16세기부터 19세기에 걸쳐 통상적인 관행이 되었다. 즉

5) Young v. Bristol Aeroplane Co.(1944).
6) R. v. Taylor(1950).

1865년에 「Law Society」 및 「Inns of Court」의 대표들로 구성되고 1870년에는 「Incorporated Council of Law Reporting」으로 법인격을 부여받은 한 위원회(Council)가 설립되어 『Law Reports』를 발간하고 있다. 이 判例集은 판결이 내려진 후 상당한 기간이 지나 출판되지만, 현지 영국의 공식적인 判例集으로 인정되고 있다. 또한 동 위원회는 『Weekly Law Reports』(W.L.R.)도 발간하고 있으며, 기타 민간 법률출판회사가 출간하는 『All England Law Reports』(All E.L.R.)라고 부르는 判例集도 있다.

다. 美國의 判例法

(1) 意 義

「先例拘束의 原則」은 미국에서도 가장 중요한 법원칙 중의 하나이다. 그러나 미국에서 「先例拘束의 原則」은 영국과 비교하여 볼 때에 엄격하게 적용되지 아니하고 있다. 그 이유는 연방 및 50개의 州에서 나오는 방대한 양의 판결이 서로 상충되는 경우 이의 조화·균형을 도모할 필요가 있고, 미국은 영국에 비하여 짧은 역사를 갖고 있으므로 그만큼 전통을 존중하는 사회규범이 약하기 때문이다.

(2) 判 例 集

미국에서는 방대한 수량의 判例가 判例法을 찾아내는 데에 커다란 장애가 되고 있다.

미국 연방대법원의 판결 및 대부분의 州의 최고법원의 판결에 대하여 연방정부와 주정부는 각각 公式判例集을 발간하고 있다. 연방대법원의 公式判例集은 『United States Report』이고, 주법원의 公式判例集은 州마다 그 명칭을 달리하고 있다.

1889년부터 오늘날까지의 연방법원 및 주법원의 判決文은 非公式判例集인 『National Reporter System』을 가지고 찾아볼 수 있다. 동 判例集은 州判例에 대하여는 미국을 7개 지역으로 나누어 각각 한 편씩으로, 그리고 캘리포니아, 일리노이 및 뉴욕州는 州마다 각각 한 편으로 하여 출판하고 있다. 연방법원판결은 다섯 편으로 나누어 출판되는데, 대법원과 고등법원에 각각 한 편씩 할애하고, 지방법원을 위하여는 선별한 判例에 대하여만 한 편을 할

애하고 있으며, 파산사건과 연방소송절차법사건을 위하여 각각 한 편씩을 할애하고 있다.

또 하나의 非公式判例集은 『American Law Reports』인데, 보고된 모든 判例 가운데에서도 특히 중요하다고 판단되는 적은 양의 判例만을 발간하며 관련된 判例를 거론하여 인용하고 있는 광범위한 주석을 달고 있다.

판례를 언급하는 경우 종래에는 公式判例集과 非公式判例集의 양자를 인용하였으나, 최근에는 公式判例集만을 인용하는 것이 일반적이다. 예컨대, Flanagan v. United States, 456 U.S. 259(1987)라는 연방대법원의 판례를 보자. 「Flanagan」은 원고, 「United States」는 피고를 말하며, 「v.」는 'versus'의 약자로서 원고 '對' 피고, 즉 '對'를 의미한다. 「U.S.」는 연방판례를 수록한 公式判例集인 『United States Report』를 말하며 동 판례집 제456권의 제259페이지에 당해 판례가 수록되어 있음을 나타낸다. 「(1987)」은 동 판례가 내려진 연도를 말한다.

『Shepard's Citations』는 일종의 判例變遷要約集이라고 할 수 있다. 이는 어느 특정 判例에 대하여 이와 관련되어 있는 判例를 나열하고 있는바, 특히 다른 법원에서 당해 判例를 인용(citation), 동의(concur) 또는 破棄(overrule) 등을 하였는지의 여부를 파악하는 데 무척 중요하다.

최근에는 컴퓨터기술이 개발되어 判例를 찾아내는 데에도 이용되고 있는바, 이에는 현재 「Lexis」와 「West Law」라고 불리는 두 가지 컴퓨터시스템이 있다. 이러한 컴퓨터시스템은 연방법원 및 주법원의 판례는 물론 연방법률 및 주법률을 체계적으로 검색할 수 있다.

2. 制 定 法

가. 意 義

英美法體系下에서는 判例法이 가장 중요한 法源을 이루고 있으나, 制定法 역시 주요한 法源으로서 적용되고 있다.

制定法은 특정 분야의 判例法을 바꾼다든지 判例法에 의하여 규율되지 아니하는 새로운 부분의 법분야를 형성하기 위하여 제정되는 것이 보통이다. 즉 判例法이 불명확한 경우, 통일성을 상실한 경우, 시대적 변화로 인하여 적용하는 것이 불합리한 경우 또는 새로운 분야의 법규범이 필요한 경우에 이것을 개선하기 위해서 制定法을 마련하게 된다.

나. 英國의 制定法

(1) 意 義

영국에서의 制定法은 대부분 의회입법(Act of Parliament)에 의하여 成文法의 형식으로 만들어진다.「議會主權의 原則」에 따라, 의회가 입법의 형식으로 통과한 것은 법으로서의 효력을 가지며 법원에 의하여 적용된다.

미국에서는 의회의 制定法이 헌법에 위배되는 경우에 법원이 그 적용을 거부할 수 있는 違憲法律審査權을 가지고 있어서 의회에 대한 사법부의 우위를 인정하고 있다. 이에 반하여, 영국에는 의회의 制定法보다 높은 효력을 갖는 별도의 성문헌법이 없으며, 따라서 영국의 법원은 이같은 의회입법에 대한 違憲法律審査權을 가지고 있지 아니하다. 따라서 영국의 법원의 역할은 구체적인 사건에 적용할 수 있도록 制定法의 규정을 해석(interpret)하는 일에 불과하다.

(2) 立法機關의 構成 및 節次

a. 立法機關의 構成 영국의 의회는 國王, 貴族院(House of Lords) 및 庶民院(House of Commons)으로 구성되어 있다.7)

① 議會에 있어서의 國王 의회에 있어서의 國王(The King or Queen in Parliament)의 지위는 형식적·의례적이다. 國王이 의회의 절차에 참가하는 경우는 우선 貴族院에서 열리는 회기 開院式에 등원하여 '國王의 연설'(speech from the Throne)이라고 불리는 공식연설문을 낭독할 때이다. 동 연설문조차도 수상이 작성한 정부의 정책을 단순히 낭독하는 것에 불과하다.

國王이 관여하는 또 하나의 절차는 의회의 制定法에 법적 효력을 부여하기 위하여 國王으로서 동의(the Royal Assent)하는 절차이다. 貴族院 및 庶民院이 송부한 法案에 대하여 한때 國王이 거부권을 행사하였던 적도 있었으나, 앤(Anne) 여왕의 치세인 1707년 이래 國王이 동의를 거부한 적은 없다. 따라서, 동의는 하나의 의례적이고 형식적인 절차에 지나지 아니한다. 의회

7) A. Sampson,『The Changing Anatomy of Britain』(1982), p. 15 이하 참조.

에 대한 國王의 동의를 통보하는 방법 등은 『國王同意法』(Royal Assent Act of 1967)에 규정되어 있다.

② **貴族院** 貴族院은 세습귀족과 평생귀족으로 구성되어 있다. 貴族院은 원래 庶民院이 제출한 法案(bill)에 대한 거부권을 행사하고 있다. 그러나 1911년 및 1949년의 『議會法』(Parliament Acts)에 의하여 貴族院이 가지고 있었던 입법에 대한 거부권은 公共法案(public bills)에 대한 1년간 그 시행을 늦출 수 있는 지연권으로 바뀌었고 財政法案에 대하여는 지연권조차 가지지 못하게 되었다. 貴族院은 비교적 논쟁의 여지가 없는 法案을 스스로 제안하기도 한다.

③ **庶民院** 국민에 의하여 선출된 630명의 하원으로 구성되는 庶民院은 시초에는 의회의 형식적 · 의례적인 구성부분이었으나, 현재는 의회에서 가장 중요한 역할을 담당하고 있다. 행정부의 수반인 수상은 언제나 庶民院으로부터 선출되며 정부각료의 대부분도 庶民院의 하원의원이다. 庶民院은 대부분의 法案을 立案 · 提出하는 권한을 보유하고 있다. 귀족원의 입법에 관한 권한은 지연의 권한에 불과하고 國王의 거부권은 형식적이라는 점을 고려하여 볼 때에 庶民院은 거의 독자적인 입법권을 행사하고 있다고 보아도 무방할 것이다.

b. **立法節次** 法案이 의회의 제정법이 되기까지는 다음과 같은 입법절차를 밟는다.

첫째, 일반적으로 재무부(the Treasury)에 소속되어 있는 의회입법전문위원(Parliamentary Counsel to the Treasury)이 法案(bill)을 작성한다. 작성된 法案은 庶民院에 제출되나 경우에 따라서는 貴族院에 상정될 수도 있다.

둘째, 의회에 제출된 法案은 각 院에서 다음과 같은 다섯 단계의 과정을 거친다. 즉 하나의 형식에 불과한 第1檢討會議, 法案의 일반원칙에 관한 토론을 행하는 第2檢討會議, 법안의 모든 규정을 상세히 검토하는 委員會段階, 위원회단계에서 일어난 법안의 변경된 내용을 보고하는 報告段階, 구두의 변경만을 허용하는 第3檢討會議가 그것이다.

셋째, 法案이 일단 庶民院 및 貴族院을 통과하더라도 법률로서 효력을 갖기 위하여는 國王의 同意를 필요로 한다. 대부분의 法案은 국왕으로부터 명시적으로 입법에 관한 권한을 위임받은 국무위원을 통하여 국왕의 동의를 얻는다. 법률은 법률의 규정으로 달리 정하고 있지 아니하는 한 국왕이 동의하는 때에 바로 효력을 발생한다.

⑶ 制定法의 種類

制定法에는 의회가 제정한 법률과 행정부 또는 지방자치단체가 제정한 委任立法이 있다.

a. 議會法律

① **意 義** 議會의 法律(Acts of Parliament)은 國王과 兩院과의 협력에 의해서 제정되는 법이다. 영국에서는 「議會主權의 原則」(Sovereignty of Parliament)이 公法上의 가장 중요한 原理 중의 하나로 되어 있다. 따라서, 의회의 법률은 항상 유효하며, 법원도 그 효력을 부정하거나 그 적용을 거부할 수 없다. 영국은 입헌정치의 발상지이면서도 일반법률보다 우위를 점하는 법의 형식 즉, 헌법이 사실상 존재하지 아니하기 때문에 미국과 같이 違憲法律審査라는 문제는 발생하지 아니한다.

② **議會法律의 形式** 의회법률의 형식은 대부분 明文의 법률에 의하여 규정되어 있다.

㉠ **法名縮小法** 예전의 制定法은 긴 법명과 긴 서문을 지닌 것이 많았으나, 1896년의 『法名縮小法』(the Short Title Act)을 제정한 이래 의회의 법률은 짧은 法名을 가지게 되었다.

㉡ **議會立法番號 및 引用法** 의회의 법률을 인용하는 방법은 1962년의 『議會立法番號 및 引用法』(The Acts of Parliament Numbering and Citation Act)에 의하여 규정되고 있다. 동법에 의하면 의회의 법률마다 國王의 승인을 획득한 연도를 붙이고 章數를 이어 붙이게 되어 있다.[8] 즉, 현재의 방법에 의하면 짧은 法名에 제정된 연도와 그 해의 몇 번째 章인가 하는 章數를 이어 붙이게 되어 있다. 예컨대, 『The Supreme Court of Judicature Act, 1873. c. 3』이 이에 해당된다.

㉢ **法律整理節次法** 英美法體系에서는 法律이 파일식(filing)으로 제·개정되고 있다. 즉, 大陸法體系下에서는 법을 개정하는 경우 최종의 新法 1개만 존재하게 되나, 英美法體系下에서는 舊法도 新法도 각기 별개의 법률로

---

8) 同法의 制定 以前에는 國王의 즉위연도부터 계산한 議會會期番號를 붙여 왔다.

서 존재하게 된다. 따라서 특정 법률의 改正이 수차례 진행되면, 과연 법률의 최종내용이 무엇인가에 대하여 혼란이 야기될 우려가 있다. 따라서 법률의 최종내용을 정리할 필요성이 인식되어 왔다.

여러 개의 법률의 규정들을 실체를 변경함이 없이 통합하여 하나의 법률로 만드는 절차가 있는데, 이것을 法律整理(consolidation)라고 한다. 이같이 법률을 정리하기 위하여 의회가 1949년에 제정한 『法律整理節次法』(Consolidation of Enactments(Procedure) Act)이 있다. 예를 들어 회사에 관한 다수의 주요 입법이 『會社法』(Company Act, 1985)으로 통합 · 정리되었다.

㉣ 法律委員會法　1965년의 法律委員會法(Law Commissions Act)에 따라 법의 체계적 발달과 개혁을 목적으로 하여 법을 전반적으로 검토하는 것을 임무로 하는 법률위원회(Law Commission)가 설립되어 있다. 법률위원회는 예컨대 계약법과 같은 특정 분야의 法典化를 목표로 하여 관련법 등을 검토하고 있다.

③ 議會法律의 內容

㉠ 議會法律의 種類

(i) 公共法案과 個別法案　法案에는 公共法案(public bills)과 個別法案(private bills)이 있다. 公共法案이란 국민일반에게 효력을 미치고 영국과 웨일즈 전반에 적용되는 법안이다. 個別法案이란 일정지역에 한하여 적용되거나, 또는 특정계층에 속하는 사람에게만 효력이 미치는 법안으로 각각 地域法案(local bills) 및 個人的 法案(personal bills)이라 부른다. 각료가 아닌 의원(backbench member of parliament)이 제출한 公共法案을 議員法案(private member's bill)이라고 부른다.

(ii) 議員立法과 行政立法　議員立法이라 함은 의회의 의원이 제출하는 法案이다. 이에 반하여 行政立法이라 함은 행정부에서 의회에 제출하는 法案이다.

내각책임제의 정부형태를 가지고 있는 영국에서는 의회의 다수당이 내각을 구성하고 있으므로 행정입법은 자연스럽게 허용되고 있다. 이러한 점은 대통령제 정부형태를 가지고 있어서 정부가 헌법상 法案提出權을 가지지 아니하는 미국과는 구별된다 할 것이다.

㉡ 主要 法律 制·改正　19세기에 제정된 주요 법률 중의 하나는 普通

法法院·衡平法法院 및 그 밖의 法院들을 통합하고 소송절차를 근대화한 1873년 및 1875년 法院組織法(Supreme Court of Judicature Acts of 1873 and 1875)이다. 또한 1920년대에 와서는 財産法(Law of Property Act of 1925)을 중심으로 하는 9개의 制定法이 제정되어 부동산 관련 법에 일대 개혁이 이루어졌다. 또한 1939년에는 법률개정위원회(Law Revision Committee)가 설치되었으며, 동 위원회가 제안한 법률개정의견에 따라 다수 법률이 국회에서 입법화되었다. 동 위원회는 1952년에 법률개혁위원회(Law Reform Committee)로 대체되었으며, 1965년에는 법률위원회(Law Commission)를 신설함으로써 制定法에 의한 判例法의 개혁을 시도하고 있다.

한편, 判例法이 英美普通法體系의 가장 중요한 法源을 형성하고 있음은 주지의 사실이다. 그러나 判例가 判例集의 여러 곳에 무질서하게 산재하여 있어 필요한 判例를 찾고 적용하는 것이 용이하지 아니한 경우가 있다. 따라서 散在하여 있는 판례를 체계적으로 정리하여 실정법적으로 法典化하고자 하는 법이 『判例法典化法』(Codifying Act)이다. 이러한 『判例法典化法』은 기존 判例의 실체적 내용은 변경하지 아니하고, 그 존재형식만 체계적으로 정리하는 것이 원칙이다. 이러한 法典化는 특히 商事法 분야에서 흔히 볼 수 있는데, 영국의 환어음법(Bills of Exchange Act of 1882) 또는 動産賣買法(Sale of Goods Act of 1893) 등은 그 좋은 예라 하겠다.

b. 委任立法 制定法에는 의회가 제정하는 법률 이외에도 委任立法이 존재하고 있다. 委任立法이라 함은 의회가 아닌 정부기관이 의회로부터 입법권을 위임받아 하위법령을 제정하는 것을 말한다.[9]

委任立法에는 樞密院令(Orders in Council), 각 행정관청이 제정하는 규칙·명령(Statutory Rules and Orders), 法院의 소송절차를 규정하고 있는 法院規則(Rules of Court), 기타 지방자치단체의 자치적 입법인 條例(By-Laws) 등이 있다.

의회의 制定法은 「議會主權의 原則」에 의하여 법원이 이를 심사할 수 없다. 그러나 委任立法은 의회로부터 위임받은 범위 내에서 제정되어야 하는 것이므로 그 위임의 범위를 逸脫(ultra vires)하였는지의 여부에 대하여 법원

9) 委任立法은 이미 14세기의 Tudor왕조하에서 특히 Henry 8세의 布告令法(Statute of Proclamation, 1539)에 의해 많이 행해졌다. 동법은 國王에게 議會立法의 효력을 가지는 布告令을 발할 수 있는 권한을 부여하고 있다.

은 이를 심사할 수 있다.

委任立法은 일반적으로 다음과 같은 형태를 취한다.

① **樞密院令**(Orders in Council) 國王이 樞密院의 권고에 따라 의회의 위임 없이도 발할 수 있는 칙령으로, 입법권이 國王의 대권에 속했던 시대의 잔재이다. 오늘날 國王의 勅令은 그 존재의미를 상실하고 있으나, 단지 새로운 영토를 정복하거나 할양받은 경우에 한하여 예외적으로 적용되고 있다.[10)]

勅令은 의회의 授權에 따라 委任立法의 한 형태로도 행사되고 있다. 즉 의회는 勅令의 방법으로 입법하는 권한을 행정부에게 부여하는 때가 있다. 예컨대 1920년의 『非常大權法』(Emergency Powers Acts)에 따라 國王은 법이 정한 사태시에는 勅令으로 비상사태를 선포할 수 있다.

② **委任命令**(Statutory Instruments) 委任立法의 가장 대표적이고 일반적인 형태는 행정부가 의회의 수권범위 안에서 의회법률의 하위법령을 제정하는 것이다. 이러한 하위법령을 위임명령(a statutory instrument)이라고 한다.

③ **條 例**(By-Laws) 의회는 지방자치단체 및 기타 특정한 공공단체에 대하여 그들의 권한행사를 위한 자치입법권을 부여하여 왔다. 지방자치단체는 관할지역의 통치를 위하여 條例를 제정할 수 있는 광범한 권한을 가지고 있다.

(4) 議會法律의 解釋

법원은 의회가 제정한 법률의 위헌심사를 할 수는 없으나 법률을 해석할 수 있는 권한을 보유하고 있다. 의회는 판사가 법률을 해석하는 기준을 정하기 위하여 『法律解釋法』(Interpretation Act of 1889)을 제정하였으며, 또 개개의 법률에 해석조항을 마련해 두는 경우도 있다. 그러나 법률의 해석방법에 대하여 의회가 아무런 법적 기준도 제시하고 있지 아니한 경우 법률의 해석방법은 전적으로 법원의 자유재량에 달려 있다. 이에 따라 법원은 일정한 법해석의 원칙을 발전시켜 왔다. 법해석에 있어서 가장 중요한 기본원칙(rules for statutory interpretation)은 「文理解釋의 原則」이다.

10) 영국 國王은 중세 이래 國王의 大權이라는 국왕 고유의 입법권을 가지고 있다. 식민지의 통치조직을 정한다든가, 또는 전시에 있어서 통상에 관한 규칙을 정한다든가 하는 것 등은 모두 이 권한에 속한다. 이러한 법률들은 國會의 委任이 없어도 유효하다. 그러나 이러한 사항에 대해서도 국회 제정법이 제정되면 이와 저촉되는 勅令은 효력을 상실하게 된다.

a. 文理解釋의 原則 法律을 해석하는 경우 가장 기본적인 원칙이 「文理解釋의 原則」(literal rule)이다. 文理解釋이라 함은 판사는 法文을 "통상의 평이하고 자연적인 의미"(ordinary, plain and natural meaning)에 따라 해석하여야 한다는 것을 의미한다.

文理解釋을 하는 경우 판사는 법률을 되도록 좁게 해석하여야 하는바 이를 「嚴格解釋의 原則」이라고 한다. 즉 制定法은 判例法主義 國家에 있어서는 예외적인 법이므로 이를 엄격히 해석해야 한다는 것이다. 따라서 英美法體系國家는 制定法을 만들 때에는 大陸法體系國家의 법률과 같이 추상적인 법률용어를 사용하지 아니하고 구체적으로 동일 또는 유사한 용어들을 되풀이해서 사용함으로써 法律이 恣意的으로 해석되는 것을 방지하고자 하고 있다.

b. 文理解釋의 例外 文理解釋을 하는 경우 법률의 제정목적을 달성하기 곤란하거나 法律에 흠결이 있는 경우에는 文理解釋을 하기가 용이하지 아니하다. 이러한 경우에는 文理解釋이 아닌 예외적 해석방법을 채택하고 있다.

① **黃金律의 原則** 「黃金律」(golden rule)이라 함은 文理解釋을 하는 경우 법률의 적용이 불합리하거나 모순되는 결과를 가져온다면 文理解釋을 따를 필요가 없다는 원칙을 말한다.

② **欠缺治癒의 原則** 「欠缺治癒의 原則」(mischief rule)이라 함은 법률이 判例法의 흠결을 보완·치유하고자 제정된 경우 당해 법률이 判例法의 흠결을 완전하게 보완·치유하고 있지 못한다면 관련 判例法 및 制定法의 흠결을 보완·치유하는 해석을 내릴 수 있는 해석을 말한다.

③ **類推解釋의 原則** 「類推解釋의 原則」이라 함은 법률을 해석함에 있어서 적용할 명문규정이 없는 경우에는 법의 기본원칙이 당연히 적용된다는 것으로 추정해야 한다는 원칙을 말한다.

다. 美國의 制定法

(1) 意 義

미국법에서 制定法이 차지하는 위치는 영국법의 制定法과 대동소이하다. 다만, 미국에서는 연방헌법이 制定法의 한 형태로서 존재하며, 동 연방헌법은 미국의 모든 법 중에서 최고의 효력을 갖고 있다. 따라서 미국의 制定法을 설명하기 위하여는 연방헌법을 올바로 이해하는 것이 필요하다. 미국 연방대법원은 의회의 制定法이 연방헌법에 위배되는지의 여부를 심사할 수 있는 권한, 즉 違憲法律審査權을 보유하고 있다. 연방대법원이 違憲法律審査를 하면서 축적된 判例는 법원의 不文憲法을 형성하게 되고, 이는 연방의회의 制定法보다도 상위의 법적 효력을 갖게 된다. 즉, 미국에서는 연방법원의 判例가 불문헌법을 형성함으로써 연방의회의 制定法을 구속하게 된다. 이에 반하여 영국에서는 의회의 制定法이 법원의 판결을 구속한다.

(2) 議會의 構成 및 節次

a. 聯邦議會

① 聯邦議會의 構成 연방의회는 하원(House of Representatives)과 상원(Senate)으로 구성된 양원제 입법기관이다.

하원은 각 州別로 설치된 의원선거구(Congressional Districts)에서 당해 선거구의 투표권자들이 2년 임기로 선출한 435명의 하원의원으로 구성되어 있다. 각 州로부터 선출되는 하원의원의 수는 각 州의 주민수를 기초로 하여 연방법률로 정한다.

이에 반하여 상원은 각 州마다 주민수에 상관없이 획일적으로 2인씩 선출하도록 규정되어 있다. 따라서, 상원의원은 전부 100명이 된다. 상원의원은 6년의 임기로 선출되나 2년마다 실시되는 상원선거에서 전체 상원의원 수의 3분의 1씩만을 선출하도록 규정되어 있다.

② 立法節次

㉠ 法案의 發議 연방입법은 의회법률(Act of Congress)의 형식을 취하며, 법률은 法案(bill)의 형식으로 제안된다. 반드시 하원에서만 발의되어야 하는 財政法案을 제외하면, 法案은 양원 가운데 어느 원에서 발의되어도 무방하나, 다만 상원의원은 상원에, 그리고 하원의원은 하원에 法案을 제출하여야 한다. 각 院에는 제출된 法案의 조문작성을 도와주는 입법자문실(Office of Legislative Counsel)이 설치되어 있어서 법안조문의 작성을 도와주고 있다.

㉡ 常任委員會의 審議 의회에 제출된 法案은 당해 法案과 관련된 상임위원회에 회부된다. 상임위원회에 회부된 法案은 상임위원회 소속의 전문위원으로 하여금 검토하게 하거나 정부관계부처에 대하여 의견서의 제출

을 요구하기도 하고, 이해관계인을 불러 청문회(public hearings)를 개최하기도 하여 이를 심사한다. 그리고 최종적으로 상임위원회의 표결에 의하여 그 法案의 본회의 상정 여부를 결정한다. 즉 상임위원회는 자체의 수정안을 첨부하거나 修正案 없이 法案을 통과시키기도 하며, 또한 심의의 유보를 결정한다.

㉢ **本 會 議** 상임위원회가 法案을 통과시킨 경우에는 法案에 상임위원회의 의견서(recommendation)를 첨부하여 본회의에 회부한다. 본회의에서 과반수의 표결로 法案이 통과되면 그 法案은 他院에 이송되어 타원에서 상임위원회 회부 및 본회의에서의 표결 등 원래 法案이 제출된 院에서 행하여진 절차와 동일한 절차를 거치게 된다. 양원을 통과한 法案의 내용이 동일하면 대통령의 서명을 받기 위하여 대통령에게 송부된다. 양원을 통과한 法案 사이에 경미한 차이가 있는 경우에는 그 法案이 처음 제출된 院의 표결에 부쳐 他院이 통과시킨 法案을 最終法案으로 수용할 수 있다. 그러나 양원을 통과한 각 法案 사이에 중대한 차이가 있는 경우에는 양원의 의원으로 구성된 합동위원회(a conference committee)에서 2개의 法案을 조정하고 조정된 法案은 각 院의 과반수의 표결에 부쳐진다. 이렇게 의회를 통과한 法案은 대통령에게 送付된다.

㉣ **大統領의 署名** 대통령이 送付된 法案에 대하여 10일 이내에 서명을 하는 경우 法案은 법률로서 확정된다. 대통령이 서명하지 아니한 채 10일이 경과하는 경우에는 그 法案은 대통령의 서명 없이도 자동적으로 법률로서 확정된다. 만약 대통령이 그 法案을 거부하기로 결정하는 경우에는 거부이유서를 첨가하여 최초로 발의된 院에 이를 환송한다. 이를 대통령의 거부권 행사(presidential veto)라고 한다. 이 경우 각 院의 3분의 2의 재의결로 대통령의 거부권 행사를 번복하여(override) 당해 法案을 법률로서 확정할 수 있다.

b. **州議會**(State Legislatures) 50개의 州에는 「Legislature」라고 부르거나 「General Assembly」라고 부르는 각자의 입법기관이 설립되어 있다. 주의회만이 단원제를 채택하고 있으며, 나머지 모든 주의회는 양원제 입법기관이다.

주의회 의원의 임기는 대부분 2년 또는 4년인바, 주상원의원의 임기는 4년인 경우가 더 많고(38주), 주하원의원의 임기는 2년인 경우가 일반적이다(45주).

주의회에서의 州法 제정절차는 연방의회에서의 연방법률 제정절차와 대동소이하다. 일반적으로 주지사는 의회를 통과한 法案에 관하여 거부권을 가지며, 주지사가 거부권을 행사한 法案이라도 각 院의 3분의 2의 재의결로 이를 法으로 확정할 수 있다. 연방의 법률과 마찬가지로 州法도 司法審査의 대상이 됨은 물론이다.

(3) **制定法의 種類**

a. **美合衆國憲法**(The Constitution of the United States of America) 연방헌법인 미합중국헌법은 '국가의 최고법'으로서 다른 모든 制定法의 상위에 선다.

b. **條　約**　미국이 다른 나라와 체결한 조약은 연방법률과 동등한 효력을 가지나, 헌법에 대하여는 그 하위에 선다. 조약과 연방법률이 서로 충돌하는 경우에는 「新法優先의 原則」 및 「特別法優先의 原則」이 적용된다. 조약은 대통령이 체결하나, 상원의원 3분의 2 이상의 批准을 얻는 경우에만 유효한 조약으로서 발효된다. 대통령은 또한 의회의 批准을 거치지 아니하고 외국과 행정협정을 체결할 수 있는 권한을 가지고 있다.

c. **聯邦法律**　연방의회가 제정한 법률은 조약과 마찬가지로 연방헌법에 대하여만 그 하위에 선다. 연방법률은 연방헌법 및 조약과 함께 미국의 최고법(supreme law of the land)을 구성한다. 따라서, 州法은 연방법률에 위배되어서는 아니 된다.

d. **聯邦行政命令 및 行政法規・規則**(Federal Executive Orders and Administrative Rules and Regulations)　연방헌법은 대통령에게 행정명령을 발할 수 있는 제한된 권한을 부여하고 있다. 연방행정부는 연방의회가 委任하는 범위 안에서 입법으로서의 성질을 가지는 하위법령을 제정할 수 있는 권한을 갖는다.

e. **州憲法**(State constitutions)　미국 연방을 구성하고 있는 50개 州는 각기 주헌법을 가지고 있다. 주헌법은 연방헌법, 조약 및 연방법률에 대하여는 그 하위에 서나, 당해 州 안에서는 최고의 법이다.

f. **州法**(State statutes)　州法은 연방법률과 주헌법에 저촉되지 아니

하는 범위 안에서 주입법부가 제정하는 법률이다. 州法은 당해 州 안에서만 법적 효력이 인정되는 것이 원칙이며, 각 州는 다른 州와 다른 내용의 법률을 임의로 제정할 수 있다. 예컨대, 네바다州는 광대한 사막에 약간의 광산 및 가축 등이 생존의 전부이므로, 同州는 다른 州에서 불법으로 금지하고 있는 도박을 합법화시키고, 결혼과 이혼을 아주 간편한 절차로 허용하여 이를 州의 생존수단으로 삼고 있다.[11]

g. **條例**(by-laws)　미국의 각 州에는 다양한 형태의 지방자치단체가 존재하는바, 이러한 지방자치단체는 條例 및 規則 등을 제정할 수 있는 자치입법권을 보유하고 있다.

(4) 制定法의 存在形態

a. **聯邦法律**　『美合衆國法典』(United States Code: U.S.C.)은 연방법률을 50개의 주제하에 수록한 공식법전이다. 美合衆國法典은 연방제정법의 법규정만을 포함하고 있다. 그러나 민간출판사들은 연방제정법의 법규정 이외에도 관련된 判例, 학설, 법무장관의 유권해석 및 법률의 연혁 등을 첨부한 非公式法典을 출간하고 있다. 예컨대, 『美合衆國法典註釋』(United States Code Annotated: U.S.C.A.) 및 『美合衆國法典서비스』(United States Code Services: U.S.C.S) 등이 대표적인 경우이다. 연방법률을 引用하는 경우에는 法名 및 수록된 公式法典을 열거하는 것이 일반적이다. 예컨대, 『National Environmental Policy Act of 1969 §102, 42 U.S.C. §4332(1988)』를 보자. 이는 同法의 명칭이 『National Environmental Policy Act of 1969』이고 제102조이며, 동법은 1988년도에 출간된 美合衆國法典 제42권의 제4332조에 수록되어 있음을 나타내고 있다.

연방의회의 會期法律은 『United States Statutes at Large』에 각 회기별로 통과순서에 따라 수록되어 있다.

연방행정기관의 법령·규칙과 대통령의 행정명령 등 연방하위법령은 聯邦官報(Federal Register)에 싣는다. 그리고 일반적이고 영속적이면서 현재도 유효한 하위법령은 체계적으로 수집·분류하여 『Code of Federal Regulations』에 수록하고 있다.

---

11) Lawrence M. Fridman, 『A History of American Law』(1973), p. 439.

b. 州 法 公式法典을 출판하는 州와 그러하지 아니한 州가 있다. 公式法典을 출판하지 아니하는 州에서도 민간출판사에서 非公式法典을 출판하고 있다.

c. **法典編纂運動**

① **背 景** 영국에서 법전편찬운동을 전개하였던 벤담과 거의 같은 시대에 미국에서 법전편찬화운동을 시도한 사람은 루이지애나州의 에드워드 리빙스톤(Edward Livingston: 1764-1826)이었다. 그는 루이지애나州 의회에 刑法典을 제출하였다. 이는 채택되지 못하였으나 나중에 각 州의 刑法典의 모델로 사용되었다. 법전편찬화를 강력하게 주장한 또 하나의 사람은 뉴욕州의 데이빗 필드(David Dudley Field: 1805-1894)이다. 뉴욕州에서는 그가 입안한 民事訴訟法典을 일부 수정하여 채택하였고 캘리포니아, 남·북다코타, 몬태나 및 아이다호州에서는 광범위한 私法典이 채택되었다. 그의 民事訴訟法典 초안은 현재 약 3분의 2의 州에서 적용되고 있는 법전의 모델이 되었으며, 刑事訴訟法典案 역시 다수의 州에서 독립된 법전으로 혹은 刑法典의 일부로 채택되었다.

② **統一州法**(Uniform State Law) 19세기 말부터 미국에서는 각 州의 法을 통일하자는 운동이 시작되었다. 이에 따라 1892년에 통일주법제정위원회(National Conference of the Commissioners on Uniform State Law)가 설립되었다. 이 제정위원회는 각 州를 대표하는 위원으로 구성되며, 여러 법분야에 관해서 統一州法案을 마련해서 각 주의회에 이를 채택하도록 권유하고 있다. 즉 각 주의회로 하여금 동일한 내용의 制定法을 제정하게 함으로써 각 州法을 통일하려는 것이다.

③ **法再錄**(Restatement) 州法의 통일화를 위한 또 다른 움직임은 1923년에 설립된 미국법률협회(American Law Institute)에서 法再錄(Restatement)을 제정하는 사업이다. 미국의 저명한 판사 · 변호사 및 법학교수들로 구성된 동 협회에서는 법률 각 분야마다 각 州의 현행법 중 가장 잘 되어 있다고 판단되는 州法을 선택하고 이것을 모델로 하여 여기에 해설 · 이론 및 비판 등을 첨부해서 司法에 도움을 주고자 만들어낸 것이 法再錄이다. 현재 不法行爲法(Torts), 契約法(Contract), 信託法(Trust), 法의 抵觸(Conflict of Laws), 代理(Agency), 刑法(Criminal Law), 國際關係法(Foreign Relations

Law) 등을 위시하여 법률 전 분야에 걸쳐서 法再錄이 나와 있다.

法再錄은 법적 구속력은 없는 것이지만 실제에 있어서 커다란 영향력을 행사하고 있다.

3. 慣 習 法

가. 意 義

慣習法이라 함은 어느 사회에서 형성·발전되어 온 관습이 법적 확신을 얻어 법적 효력을 갖게 되는 것을 말한다.

慣習法은 普通法이나 制定法 등과 같이 공식적인 법규범이 아니므로, 이에 대하여 법적 효력이 부여되기 위하여는 일정한 요건을 갖추어야 한다.[12] 대체로 (i) 관습이 기억하지 못할 만큼의 아주 오래 전부터(from time immemorial) 존재하고 있어야 하고, (ii) 관습의 적용지역 및 적용대상 등이 명확하며, 그 적용이 강제적이고, (iii) 관습은 기존의 普通法 또는 制定法에 위배되지 아니하는 경우에 한하여 慣習法으로 인정되고 있다.

나. 主要 形態

慣習法의 주요한 형태로서는 해상교역상의 상관습(mercantile custom)이나 지방의 토지에 관한 지방관습(local custom) 등이 있다. 해상교역의 경우에는 다양한 국적의 상인들이 관계되므로 특정 국가의 국내법이 적용되기보다는 상인간의 해상교역에 적용되는 慣習法이 발전되어 왔다. 조한 토지에 관하여는 통일적인 단일법이 적용되기보다는 토지의 소재지의 개별 특성이 반영된 慣習法이 적용되어 왔다.

일단 慣習法이 법원의 判例에 의하여 법적 효력이 인정되거나 制定法으로 채택되는 경우 慣習法은 더 이상 존재하지 아니하고 普通法 또는 制定法의 형태로서 존재하게 된다. 大陸法體系下에서는 법원이 慣習法의 존재를 인정하는 경우에도 慣習法은 일반법으로 전환되는 것이 아니라 慣習法의 형태로 그대로 존속하게 된다. 그 이유는 大陸法體系下에서의 법원의 판결은 법

12) 大陸法體系下에서는 '관습의 존재'와 '관습에 대한 法的 確信'의 두 가지 요건이 충족되는 경우에 한하여 慣習法을 인정하고 있다.

규범적 구속력을 갖고 있지 아니하기 때문이다.

제 3 절 2次的 法源

1. 意 義

「2次的 法源」(secondary authority)이라 함은 判例法이나 制定法과 같은 「1次的 法源」(primary authority)을 연구하고 해석하는 논문 · 법률잡지 · 백과사전 · 기타 보조물 등을 말한다.

2次的 法源은 구속적 효력(binding authority)을 갖는 1次的 法源과 달리 설득적 효력(persuasive authority)을 가질 뿐이다. 어떠한 판사도 2次的 法源에 구속되지 아니하나, 실제에 있어서는 판사들이 그들의 판결에서 2次的 法源을 자주 인용하고 있다.

2. 英國의 2次的 法源

영국에는 오래된 전통에 따라 1次的인 法源으로 간주되고 있는 옛 法書들이 있다. 그러나 대부분의 法書는 2次的 法源으로 취급될 뿐이다.

1次的 法源으로 간주되는 옛 法書로서는 (i) 12세기의 토지법 및 형법에 관한 글랜빌(Glanvill)의 『De Legisbus et Consuetudinibus Angliae, c. 1189』, (ii) 소송의 형식에 관한 브랙톤(Bracton)의 『De Legisbus et Consuetudinibus Angliae, c. 1251』, (iii) 토지법 연구서인 리틀톤(Littleton)의 『Tenures, c. 1841』, (iv) 영장목록(the register of writs)에 관한 주석서인 피즈헤버트(Fitzherbert)의 『Natura Brevium, c. 1534』, (v) 영국법 전체를 4부로 나누어 설명하려고 한 코크(Coke) 判事의 『Institutes of the Laws of England, 1628』, (vi) 최초의 형법역사인 헤일(Hale)의 『History of the Pleas of the Crown, 1736』, (vii) 형법 및 형사절차 개관서인 호킨스(Hawkins)의 『Pleas of the Crown, 1716』, (viii) 형법에 관한 권위서인 포스터(Foster)의 『Crown Cases, 1762』, (ix) 학생용으로 18세기 중반의 영국법원칙의 개관서

인 블랙스톤(Blackstone)의 『Commentaries on the Laws of England, 1765』 등이 있다. 이 이후에 나온 법서들은 대체로 2次的 法源으로 간주되고 있다.

3. 美國의 2次的 法源

가. 辭典(dictionaries)

미국의 전통적인 법률사전으로는 3권으로 된 부비아법률사전 및 간이백과사전(Bouvier's Law Dictionary and Concise Encyclopedia)이 있다. 단권으로 된 일반법률사전으로는 블랙법률사전(Black's Law Dictionary)이 있다.

나. 百科辭典(encyclopedias)

일반적으로 2次的 法源으로 사용되는 대표적인 법률백과사전으로는 미국법률전서(American Jurisprudence)가 있다.

다. 論述書와 敎科書(treatises and textbooks)

論述書(treaties)는 특정 분야 또는 기초법 분야 등에 대한 判例의 분석, 새로운 학설의 제시 및 입법의 방향 등을 집필한 책이다. 교과서(textbook)는 법과대학에서 학생들의 강의교재로 사용되는 책이다.

라. 判例集(casebooks)

判例集은 주로 학생용의 수업도구이나 연구저술로서도 중요한 교과서의 일종이다. 대부분의 判例集에는 判例와 함께 주요 논문에 관한 풍부한 註解와 참조문이 실려 있다.

마. 法律雜誌(Legal Periodicals)

미국에서 가장 권위 있는 법률잡지는 대학법학지(Law Review)이며, 대부분의 상위 법과대학은 법학지를 발간하고 있다. 전통적으로 이들 법학지의 편집은 특별히 선발된 법과대학생이 담당하며, 교수·변호사 또는 판사의 중요한 논문 및 서평과 함께 학생의 주석과 논평도 게재된다.

대학법학지를 제외하고는 변호사회와 각종 전문단체가 발행하는 다양한 법률잡지가 있다. 예컨대, 미국변호사회지(American Bar Association Journal), 법학교육지(Journal of Legal Education), 미국국제법논집(American Journal of International Law), 미국비교법논집(American Journal of Comparative Law) 등이 이에 해당된다.

각 분야에 걸친 법률잡지는 뉴욕대학교 법과대학에서 매년 발행하는 『美國法年例通覽』(Annual Survey of American Law)에 의하여 요약되고 있다. 미국과 기타 지역에서 발간되는 대부분의 영문법률잡지에 실린 저술은 『法律雜誌目錄集』(Index to Legal Periodicals)에 색인화되어 실린다. 그리고 주요 서적과 논문의 목록은 하버드법과대학 도서관의 『年例法律圖書目錄』(Annual Legal Bibliography)으로 매년 발행된다.

바. 法再錄(Restatement of the Law)

미국의 2次的 法源 중 가장 중요한 것 중의 하나는 法再錄(Restatement of the Law)이다. 법재록에 관하여는 이미 설명한 바와 같다.

제 4 장 司法制度

제 1 절 英國의 司法制度

1. 意 義

영국의 법원조직은 1873년 및 1875년 『法院組織法』(Supreme Court of Judicature Act, 1873 & 1875)에 근거를 두고 있다.[1] 동법은 1925년 『法院組織(統合)法』(Supreme Court of Judicature(Consolidation) Act of 1925)에 의해서 개정된 이래 1970년의 『司法行政法』(Administration of Justice Act of 1970), 1971년의 『法院法』(Court Act of 1971), 1981년의 『最高法院法』(Supreme Court Act of 1981), 1982년의 『司法行政法』(Administration of Justice Act of 1982) 등과 같은 일련의 입법에 의하여 개정되었다. 이 중 1981년의 『最高法院法』은 1925년의 『法院組織(統合)法』 이후의 법원조직에 관한 관련 법들을 통합정리한 것이다.

2. 民事法院(Civil Court)

가. 郡法院(County Court)

郡法院은 소액사건처리를 위해서 1846년에 제정된 『郡法院法』(County Courts Act of 1846)에 의하여 설치된 법원이다.

1) 자세한 내용은, R. M. Jackson, 『The Machinery of Justice in England』(7th ed., 1977) 참조.

郡法院은 大法官 명령에 의해서 잉글랜드와 웨일즈를 약 340지구(districts)로 나누어 각 지구마다 1개의 郡法院을 설치하고 적어도 월 1회 개정하도록 되어 있다. 郡法院의 재판은 巡廻判事(circuit judge)와 非常勤인 기록관(recorder), 그리고 사건에 따라서는 등록관(registrar)이라고 하는 補助判事에 의해서 행하여진다. 법원이라고는 되어 있지만 그 관할구역은 행정구역으로서의 郡(county)과는 반드시 일치하는 것은 아니다. 郡法院은 소송가액이 일정액 이하의 소액 민사사건만을 다룰 수 있다.[2)]

郡法院의 판결에 대해서는 고등법원 민사부(Civil Division of Court of Appeals)로 上訴할 수 있다. 다만 경미한 사건의 경우에는 郡法院의 判事의 허가가 있어야 한다. 그러나 파산사건과 子의 後見에 관한 사건판결에 대한 上訴는 지방법원(High Court)으로 하여야 한다.[3)]

나. 治安判事法院(Magistrate's Court)

治安判事法院은 치안판사(Justice of the Peace; Magistrate)로 구성되는 法院이다. 치안판사는 원래 國王의 특사 또는 비법률가인 시장·촌장 및 장로의원 등이 겸직하는 무급의 명예직이었다. 이러한 전통에 따라 오늘날에 있어서도 치안판사는 일부 대도시에 있어서의 유급치안판사를 제외하고는 모두가 無給이다. 지방의 치안판사는 전문적 법률지식을 갖추고 있지 아니하므로 5년 이상의 변호사 경력을 가진 배리스터 또는 쏠리시터 중에서 선임된 서기(clerk)의 조언을 얻어 업무를 처리한다.

대도시에서는 7년 이상의 변호사경력을 가진 배리스터 또는 쏠리시터 중에서 大法官(Chancellor)의 추천에 의해서 國王이 임명하는 有給의 專任治安判事(Stipendiary Magistrates)를 배치하고 있다.

治安判事法院의 판결에 대해서 불복할 때에는 지방법원 가사부(Family Division)로 上訴하게 된다. 治安判事法院은 민사사건뿐 아니라 형사사건도 담당하게 된다.

2) County Court Jurisdiction Order, 1981, S. I. 1981, No. 1123, 현재의 근거법은 County Courts Act, 1984(c. 28), SS. 15, 145.

3) Bankruptcy Act, 1914(4 & 5 Geo. 5 c. 59), S. 108(2); Guardianship of Minors Act, 1971(c. 3), S. 16(2).

다. 地方法院(High Court of Justice)

지방법원은 고등법원과 함께 최고법원(Supreme Court of Judicature)을 구성하며, 제 1 심법원이다. 잉글랜드와 웨일즈를 통하여 런던에 하나가 설치되어 있을 뿐이다.

지방법원은 1970년의 司法行政法(Administration of Justice Act of 1970)에 의해 종래의 遺言檢證(Probate)·이혼(Divorce) 및 해사재판부(Admiralty Division)를 없애고 이를 대체하여 家事部(Family Division)를 창설했으므로 현재의 지방법원은 (女)王座部(Queen's Bench Division), 衡平法部(Chancery Division), 家事部(Family Division)의 3 부로 구성되어 있다.

(1) (女)王座部

(女)王座部(Queen's Bench Division)라는 이름은 초기의 國王의 판사들이 웨스트민스터궁의 법정(bench)에서 재판하였다는 사실에서 유래하고 있다. (女)王座部는 모든 普通法事件의 관할권을 갖고 있으며 민사와 형사사건에 걸쳐 광범위한 제 1 심 및 上訴審 관할권을 행사한다. 지방법원의 각 部 가운데 가장 많은 수의 판사와 사건을 배당받고 있다.

민사사건에 있어서는 계약과 불법행위를 중심으로 하는 사건의 제 1 심 법원이 된다. 한편 형사사건에 대하여는 上訴審 관할이며, 이를 위하여 보통 3 인의 판사로 구성된 연합부(Divisional Court)를 두고 있다.

(女)王座部는 또한 하급법원(inferior courts)들이 관할권을 일탈하는 것을 방지하기 위해서 拘束適否審令狀(writ of habeas corpus), 禁止令狀(writ of prohibition), 節次再審令狀(writ of certiorari), 職務執行命令令狀(writ of mandamus) 등의 발급업무를 관장하고 있다.

(2) 衡平法部(Chancery Division)

大法官의 衡平法 관할권을 계승한 衡平法部는 信託의 집행, 저당권의 상환 및 행사, 조합소송, 유산의 관리, 토지문서의 정정 및 취소, 토지의 양도 또는 임대계약의 특수이행, 회사청산, 파산사건 등 衡平法 문제에 대한 제 1 심 관할권을 갖는다. 또한, 衡平法部는 파산사건에 관한 郡法院으로부터의 上訴事件 등의 경우에 上訴審 관할권도 갖는다.

衡平法部에 제기되는 사건의 대부분은 분쟁사건이라기보다는 사법적 승인을 요하는 非訟事件이라 할 수 있다. 衡平法部는 大法官(Lord Chancellor), 副大法官(Vice Chancellor) 및 최소한 4인의 陪席判事(Puisne Judge)로 구성된다.

(3) 家事部(Family Division)

家事部는 유언집행 및 관리인에 대한 적격 여부, 이혼 및 혼인관계사건의 심리, 사망의 추정, 인지, 입양, 후견, 부부간의 재산분쟁 등 家事事件에 대해 관할권을 갖는다.

家事部는 부장(President)과 3인 이상의 陪席判事(Puisne Judge)로 구성되어 있다.

라. 高等法院 民事部(Court of Appeals Civil Division)

지방법원과 함께 최고법원을 구성하며 극히 한정된 예외의 경우를 제외하고 上訴事件만을 다루는 중간 上訴法院이다. 잉글랜드와 웨일즈를 통해서 1개가 있으며 그 소재지는 런던이다.

고등법원은 본래 민사사건만을 전담하는 제2심법원이었으나 1966년의 刑事上訴法(Criminal Appeal Act of 1966)에 의하여 이전의 형사고등법원(Court of Criminal Appeal)이 폐지되고 고등법원 내에 형사부(Criminal Division)가 신설되어 민사관할권은 민사부(Civil Division)가, 그리고 형사관할권은 형사부(Criminal Division)가 각각 담당하게 되었다.

고등법원은 보통 3명의 判事로 합의체를 구성한다.[4] 고등법원의 長은 大法官이지만 실제로 大法官은 재판에 간여하지 아니하며 사실상의 長은 기록장관(Master of the Rolls)이다. 判事는 8명 이상 18명 이하의 上訴判事(Lords Justices of Appeal), (女)王座部와 家事部의 長으로 구성된다. 형사부에서는 (女)王座部의 陪席判事도 재판에 참여한다. 고등법원의 판결에 대해서는 貴族院 재판부로 상고하게 되는데 고등법원 또는 貴族院이 당해 사건에는 중요한 법률문제가 담겨져 있다는 이유로 上訴의 허가가 주어지지 아니하

4) 합의체구성에 관해서 1981년의 최고재판소법 제54조 및 제55조(Supreme Court Act, 1981, §§ 54, 55)는 3명 이상의 재판관으로 구성한다고 규정하고 있는바, 5명의 재판관으로 합의체가 구성된 경우도 있다. 예외적으로 2명의 재판관으로 법정을 구성하는 경우도 있다.

면 上訴는 허용되지 아니한다.[5)]

마. 貴族院(House of Lords)

a. 構成과 節次 貴族院은 영국의회의 상원이자 법원의 역할을 수행하고 있다. 즉, 영국의회의 사법적 기능을 貴族院이 수행하고 있다.

19세기까지만 해도 貴族院의 의원은 누구나 재판에 참가하여 표결할 수 있었다. 그러나 1876년의 『抗訴管轄權法』(Appellate Jurisdiction Act)에 의하여 상고심에는 大法官(Lord Chancellor), 常任抗訴貴族(Lords of Appeal in Ordinary)[6)] 그리고 현직·전직 사법고관인 귀족만이 재판에 참여하도록 되어 있다. 그러나 실제로 대부분의 상고심 사건의 심리는 보통 5인의 常任抗訴貴族에 의하여 행하여지고 있다. 다만 貴族院은 스스로 '판결'을 하는 권한을 갖고 있는 것이 아니라 貴族院은 단지 의견을 첨부하여 사건을 事實審判事에게 이송할 수 있을 뿐이다. 사건을 이송받은 事實審判事는 貴族院의 의견을 반영하여 판결에 반영한다.

b. 管 轄 權

① **初審管轄權** 貴族院은 庶民院과 함께 의회모욕(Contempt of the House), 의회 각 院 내에서의 非行(wrongs) 등과 같은 의회 내에서의 사건에 관하여 초심관할권을 갖는다.

② **再審管轄權** 貴族院은 민사사건의 경우 고등법원(Court of Appeals)으로부터의 上告事件을 심의하는바, 이 때에는 반드시 고등법원이나 貴族院 상고위원회의 허가가 있어야 한다. 한편 1969년의 『司法行政法』(Administration of Justice Act of 1969)에 의거하여 초심법원으로부터의 비약상고(leapfrog)가 허용되고 있다. 비약상고는 당해 사건의 쟁점이 일반적 중요성을 가진 법률문제로서 양 당사자가 동의하고 초심판사가 이를 증명하며 貴族院이 허가하여야 가능하다. 형사사건의 경우 1907년의 『刑事抗訴法』(Criminal Appeal Act of 1907)에 의하여 형사사건에서의 일반적인 上告權이 인정되었으며, 1960년에는 (女)王座部로부터의 飛躍上告도 허용되었다.

---

5) Administration of Justice(Appeals) Act, 1934, §1. 실제에 있어서 上訴許可(leave)의 대부분은 고등법원에 의하여 부여되고 있는바, 上訴許可가 나는 경우가 극히 드물다. 따라서 대부분의 경우 고등법원판결이 종심이라고 해도 무방하다.

6) 일명 Law Lord, 즉 法卿이라 하며 7인 이상 11인 이내로 구성된다

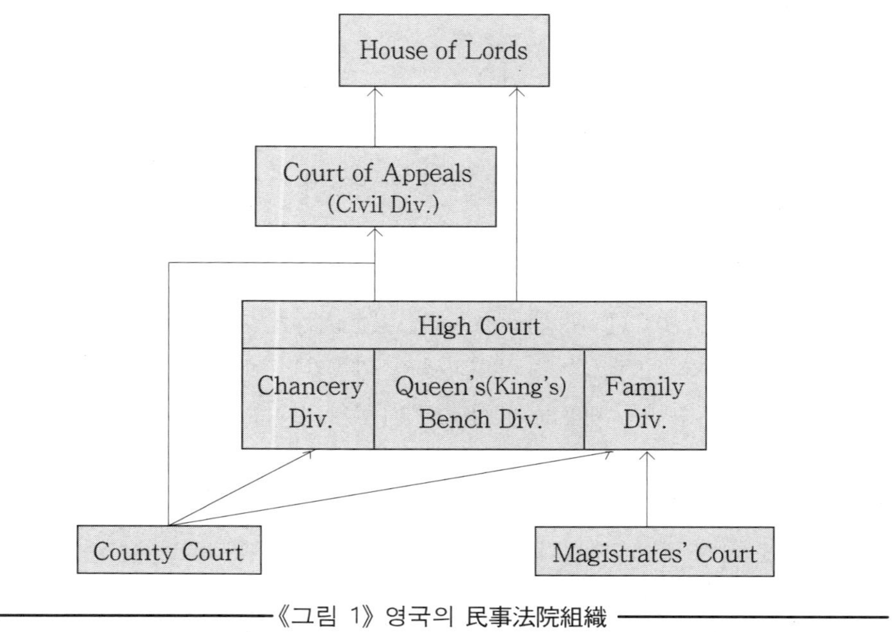

《그림 1》 영국의 民事法院組織

3. 刑事法院(Criminal Court)

영국의 형사법원은 略式起訴에 의해서 심리하는 略式起訴犯罪(non-indictable offences)와 正式起訴에 의해서 심리하는 正式起訴犯罪(indictable offences)에 따라서 달라진다.[7)]

가. 刑事法院(Crown Court)

1971년 法院法(Courts Act of 1971)에 의해서 신설된 형사법원(Crown Court)은[8)] 오늘의 영국 刑事法院制度의 중심을 이루는 法院이다.

7) non-indictable offences와 indictable offences와의 구별은 매우 복잡하나 명확하지 아니하다. 그러나 양자의 차이점은 正式起訴犯罪는 略式起訴犯罪보다 重犯에 해당되고 반드시 陪審裁判에 의하지 아니하면 안 된다는 점이다. 원칙적으로는 正式起訴犯罪의 범주에 들어가지만 피고인이 同意하고 법원이 적당하다고 인정할 때에는 略式起訴裁判에 의할 수 있다.

8) 1971년 法院法이 제정되기 이전에는 起訴事件은 四季法院(Quarter Session)이나 巡廻法院(Assize Court)이 관할하고 있었다. 그런데 이들 법원은 모두 지방적 관할권만을 가지고 있고 그 조직도 지방단위로 이루어져 행정이나 조직방법이 지방에 따라 상이하였다. 1971년 法院法은 모든 巡廻法院과 四季法院을 폐지하고 그 자리에 刑事法院(Crown Court)이라는 명칭의 단일법원을 설치하고 종래 양 법원이 가지고 있던 모든 관할권을 행사하도록 했다.

형사법원은 런던에 하나가 설치되어 있으나, 법정은 大法官(Chancellor)이 정하는 바에 따라 잉글랜드와 웨일즈의 약 100여 가소에서 열리고 있다.

형사법원의 재판은 고등법원의 判事와 巡廻判事(Circuit Judge) 그리고 非常任判事인 기록관(Recorder)에 의해서 행하여진다. 형사법원의 심리는 單獨判事에 의해서 행하여지는 것이 원칙이지만, 上訴審으로서 재판할 때에는 여기에 2 명 내지 4 명의 치안판사(Justice of the Peace)가 참가하여 法廷을 구성하게 된다.

나. 略式起訴犯罪(summary offences)의 審理

略式起訴犯罪의 제 1 심법원은 치안판사법원(Magistrate's Court)이다. 치안판사법원의 審理는 유급의 치안판사(Stipendiary Magistrate)가 심리할 때에는 단독으로 행하나, 통상의 無給 치안판사(Justice of the Peace)가 심리할 때에는 2 명 내지 7 명으로 법정이 구성된다. 이 법정의 심리는 극히 신속하고, 또한 공소제기로부터 審理까지의 기간이 매우 짧다는 것이 특징이다.

치안판사법원(Magistrate's Courts)의 유죄판결에 대해서 불복할 때에는 형사법원(Crown Court)으로 上訴할 수 있다. 그러나 유죄답변(plea of guilty)을 한 자는 上訴할 수 없다. 그리고 형사법원의 판결에 대해서는 지방법원의 (女)王座部로 직접 上訴할 수 있으나, 이 경우에는 법률문제(question of law)에 관해서만 다툴 수 있다.

다. 正式起訴犯罪(indictable offences)의 審理

正式起訴犯罪는 正式起訴에 의해서 심리되는 중대한 범죄이며, 주요 범죄는 거의가 正式起訴犯罪이다.

正式起訴犯罪에 관하여는 우선 먼저 起訴를 뒷받침할 만한 충분한 증거가 있는지를 심사하게 된다. 이것을 예비심문(preliminary examination)이라고 한다. 예비심문은 보통 치안판사법원(Magistrate's Court)에 의해서 행하여지지만 사망이유를 판단하도록 되어 있는 검시관법원(Coroner's Court)이[9]

9) 검시관의 주임무는 사망한 者의 死因이 의심스러운 경우에 행하는 死因 규명의 심문조사를 행하는 일이다. 이를 위하여 7 인 내지 11인의 陪審을 소환할 수 있으며 증인이 출두하여 증언을 행하게 된다. 그리고 그 審問調査의 절차는 규문적이며 검시관이 절차를 주도한다. 검시관은 5 년 이상의 경력을 가진 변호사나 등록개업의 가운데서 임명하게 되어 있다.

중살인(murder)이나 경살인(manslaughter)이라고 판단하였을 때에는 치안판사법원의 관여없이 피의자에 대해서 公訴가 제기된다.

正式起訴犯罪의 제 1 심법원은 형사법원(Crown Court)이며 陪審에 의해서 심리된다. 형사법원의 유죄판결에 대하여 불복할 경우에는 보통 3 인으로 구성되는 고등법원 형사부(Criminal Division of Court of Appeals)로 上訴할 수 있다. 그러나 무죄판결에 대해서는 上訴가 인정되지 아니한다.[10)]

고등법원 형사부의 판결에 대해서는 貴族院으로 上訴할 수 있다. 이 경우 고등법원이 그 판결은 일반적인 중요성을 지니고 있음을 증명하고, 또한 고등법원 또는 貴族院이 당해 사건은 貴族院이 審理할 만한 가치가 있는 것으로 인정하여 上訴許可(leave)를 부여한 경우에 한하여 허용된다.

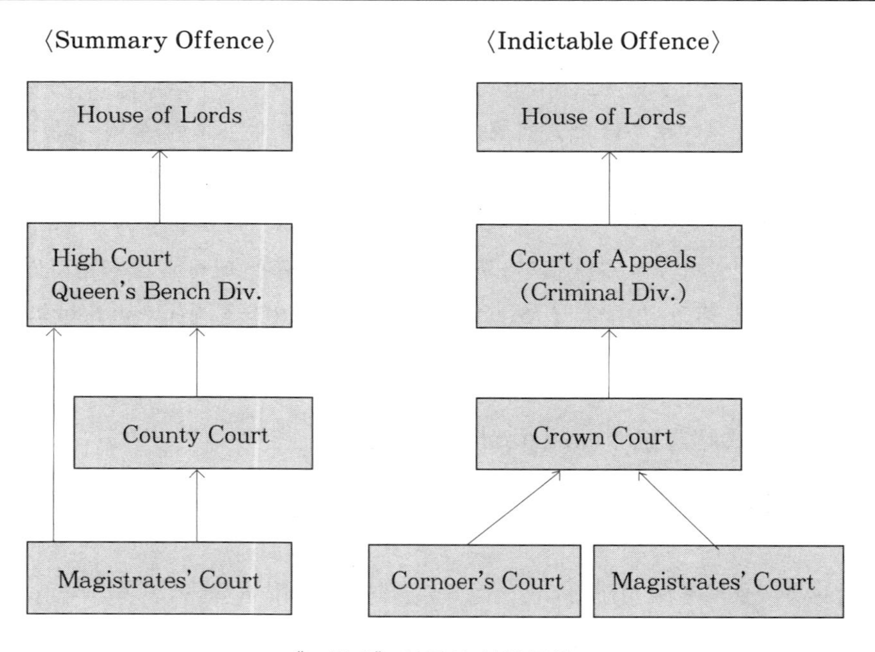

《그림 2》 영국의 法院組織

10) 법률문제(question of law)에 관해서는 당연히 上訴할 수 있으나 사실문제(question of fact)에 관해서는 고등법원의 許可(leave) 또는 原審의 證明(certificate)이 있을 경우에 한해서 上訴가 가능하다. 量刑에 대한 上訴는 고등법원의 허가가 있을 때만 인정된다.

4. 其他의 法院

가. 行政裁判所(Administrative Tribunals)

19세기까지만 해도 모든 국민은 통상의 법원, 즉 普通法法院에서 통상의 법인 普通法(common law)에 따라 재판을 받는다는 영국 公法上의 대원칙인 「法의 支配」의 원칙(rule of law)이 지배적이었다.

그러나 20세기에 들어와서 행정부가 경제성장과 사회복지의 실현을 위해서 수많은 경제입법과 사회입법을 하게 되자, 이와 관련된 많은 분쟁이 발생하게 되었다. 이러한 분쟁들은 대개가 기술적이고 전문적인 지식을 요하고 또한 신속히 해결되어야 함에도 불구하고 일반법원은 이에 적합하지 아니하였다.

그리하여 영국에서도 대륙의 여러 나라에 있어서처럼 단일의 行政裁判所는 설치하지 아니하였지만 각 분야별로 특별한 색채를 띤 약 60여종의 行政裁判所를 설치하였다.

나. 樞密院司法委員會(Judicial Committee of the Privy Council)

貴族院은 영국(United Kingdom) 전체에 대한 최고법원이지만 런던에는 이와 더불어 영연방(영국국가연합제국; British Commonwealth of Nations)의 일부 및 해외의 영국령의 최고법원으로부터의 上訴事件을 최종적으로 심리하는 최고법원으로서 樞密院司法委員會라는 것이 있다.[11)]

樞密院司法委員會는 大法官(Lord Chancellor), 樞密院의 長(Lord President of the Council) 및 과거에 그 지위에 있었던 者, 常任上訴貴族(Lords of Appeal in Ordinary) 및 현재 사법 고위직에 있거나 또는 과거에 그러한 자리에 있었던 樞密院顧問官, 그 밖의 顧問官으로서 國王이 지명한 者 2명 등에 의해서 구성된다. 樞密院에 上告하는 데 있어서도 원심법원의 허가 또는 추밀원의 특별허가가 필요하다.

---

11) 1931년의 웨스트민스터法(Statute of Westminster, 1931)에 의하여서 영연방 구성국은 각자의 법률로써 樞密院司法委員會로의 上訴를 금할 수 있게 되어 구성국 중의 많은 나라들이 자체입법으로 上訴를 금하고 있다.

다. 유럽 法院(European Court)

(1) 意　　義

1973년 1월 1일 영국이 유럽공동체(The European Communities)에 가입함에 따라 유럽 법원(The Court of Justice of the European Communities)의 관할대상이 되었다. 유럽 법원은 영국인간에 발생하는 내국적 분쟁에 대해서는 그 관할권을 행사할 수 없다. 유럽 법원이 관할권을 갖는 주요 사항은 유럽공동체 회원국간의 분쟁위원회가 제기한 사건과 유럽의회 및 위원회 활동의 적법성에 관한 사건들이다.

(2) 構成과 節次

유럽 법원은 9명의 판사와 4명의 「Advocate-General」로 구성되어 있다. 이들은 유럽공동체 회원국간의 합의에 따라 각국에서 최고의 법관직에 종사하거나 이에 상응한 자격을 지닌 법률가 중에서 선발된다. 이들의 임기는 6년이며 재임될 수 있다. 임기 3년의 법원장은 판사들 중에서 선출된다. 법원은 스스로 소송절차를 채택할 권한이 있으며, 이 절차는 유럽의회에 제출된다.

라. 雇傭抗訴法院(Employment Appeal Tribunal)

1971년에 설치된 전국노사관계법원이 노조의 강력한 반발을 받게 되자 1975년 雇傭保護法(Employment Protection Act of 1975)에 따라 전국노사관계법원 대신 雇傭抗訴法院이 설치되었다. 이 법원은 지방법원과 고등법원의 판사 중 선발된 판사와 노사문제에 대한 전문지식을 지니고 사용자 또는 근로자를 대표하는 일반인으로 구성되어 있다.

雇傭抗訴法院은 雇傭保護法(Employment Protection Act of 1978), 平等賃金法(Equal Pay Act of 1970) 및 性差別禁止法(Sex Discrimination Act of 1975) 등의 制定法에 따라 노사관계심판원(Industrial Tribunals)이 내린 제1심판결에 대한 抗訴事件을 심리한다.

마. 其他 特別法院

일반법원과는 별도로 다음과 같은 법원들이 설치되어 있다.

⑴ 軍法會議(Courts-Martial)

군법회의는 군인에 대한 관할권을 행사하고 있다. 제 2 심법원으로 抗訴軍法會議(Courts-Martial Appeal Court)가 있고, 또한 貴族院으로 上告할 수 있다.

⑵ 敎會法院(Ecclesiastical Court)

교회법원은, Henry 8 세(1509-1547) 이래로 國王의 통제를 받게 되었고 교회 외부의 일반인에 대한 관할권이 배제되는 것이 원칙이며, 교회 내부의 종교문제에 관한 관할권을 행사할 뿐이다.

⑶ 海軍法院(Naval Court)

海軍法院은 외국에 있는 국왕의 선박을 지휘하는 지휘관이 승무원이 제기한 고발에 따라 조사의 필요가 있다고 인정한 경우, 영국의 선박이 좌초·파선 또는 실종된 경우, 영국의 선박 또는 화물의 소유자의 이익이 관련된 경우에 소집된다. 海軍法院은 해군장교로 구성되며 징역, 벌금, 몰수 및 자격박탈 등의 형을 과할 수 있다. 抗訴는 (女)王座部(Queen's Bench Division)에 제기하고, 허가를 받은 경우 최종적으로 고등법원에 최종 再審을 요구할 수 있다.

⑷ 競爭制限行爲法院(Restrictive Practices Court)

1956년의 商去來制限行爲法(Restrictive Trade Practices Act; 1976년의 Restrictive Practices Act 및 1976년의 Restrictive Trade Practices Act에 의하여 대체됨)에 의하여 창설된 법원이다. 이 법원의 역할은 재화나 용역의 공급과 관련된 경쟁을 제한하는 것을 내용으로 하는 합의나 정보공여계약을 심리하는 것이다. 공정거래담당관(Director General of Fair Trading)이나 이같은 합의내용을 보고할 명령을 받은 당사자가 사건을 이 법원에 제기한다. 이 법원으로부터의 上訴事件은 고등법원이 다룬다.

⑸ 保護法院(Court of Protection)

普通法下에서 國王은 심신박약자의 간호 및 그 재산을 보호하는 책임을 맡아 왔었다. 현재는 大法官과 지방법원 衡平法部의 판사가 이 임무를 보호법원에서 수행하고 있다.

제 2 절 美國의 司法制度

미국은 연방제도를 택하고 있기 때문에 연방정부와 주정부가 있는 것처럼 법원도 연방법원(federal courts)과 주법원(state courts)으로 나누어진다. 양자는 서로 독립되어 있으며 상하관계에 있는 것은 아니다. 그러나 주대법원의 판결을 연방대법원이 심사할 수 있으므로 사실상의 상하관계가 성립되어 있다고 볼 수 있을 것이다.

1. 聯邦法院(Federal Courts)

가. 法的 根據

미국 연방헌법본문 제 3 조 제 1 항은 "미합중국의 사법권은 하나의 최고법원(Supreme Court)과 연방의회가 수시로 제정하고 설치하는 하급법원(Inferior Courts)에 속한다"라고 규정하고 있다.

즉, 연방대법원은 그 설치가 헌법에 의하여 강제되는 헌법상의 기관임에 반하여, 기타의 연방법원은 연방의회가 관련 법률의 제정으로 임의로 설치하는 법률상의 기관이다. 연방의회는 헌법의 동 규정에 따라 1789년 법원조직법(Judiciary Act)을 제정하였으며, 이 법률에 의해서 연방법원이 체계적으로 조직되었다. 현재 연방법원은 94개의 연방지방법원(U.S. District Courts)과 12개의 연방고등법원(U.S. Courts of Appeals) 및 하나의 연방대법원(U.S. Supreme Court)으로 구성되어 있다. 이 이외에도 1984년 4 월부터 연방의 하급법원(inferior court)으로 연방파산법원(U.S. Bankruptcy Court)이 새로 설치되었다.

나. 聯邦法院의 管轄權

연방헌법하에서 연방정부는 헌법상 부여된 명시적인 권한만을 행사할 수 있으므로 연방법원의 관할권은 연방헌법에 명시된 것에 국한되는 것이 원칙이다. 연방헌법이 규정하고 있는 연방법원의 관할권은 (i) 연방정부가 당사자인 사건이나 대사나 영사 등이 관련되어 있는 사건, (ii) 州間의 분쟁, 상이

한 州의 주민간의 분쟁, 동일한 주민간에 他州에 있는 토지에 대해 다투는 분쟁 등 소위 「주간분쟁사건」(diversity), (iii) 미국헌법, 연방의회가 제정한 연방법률, 조약 기타 연방의회의 권한하에 제정된 制定法이 적용되는 분쟁 등 소위 「연방문제」(federal question)이다.

다만, 「주간분쟁사건」 및 「연방문제」에 관한 司法管轄權의 경우, 주법원도 경합적으로 司法管轄權을 가지는 경우가 있는바, 연방의회는 연방형법 위반사건, 일정한 해사사건, 파산절차, 특허 및 저작권사건 등에 대하여 배타적 관할권을 인정하고 있다. 연방법원은 어떠한 경우에도 순수한 州法 문제에는 관여하지 아니한다. 왜냐하면 주대법원이 州法의 최고판단자이기 때문이다.

다. 聯邦法院의 種類

(1) 聯邦地方法院(U.S. District Courts)

연방지방법원은 賠償請求法院(Claims Court)·국제거래법원(Court of International Trade) 및 파산법원(Bankruptcy Court) 등 전속관할권을 행사하는 특수법원을 제외하고는 聯邦司法管轄權에 속하는 모든 민·형사사건을 다루는 제 1 심법원이다. 연방지방법원은 해상사건(admiralty)에 대하여 1심관할권(original jurisdiction)을 갖는다.

연방지방법원은 각 州에 1 개 내지 4 개가 설치되어 있으며, 이 밖에도 워싱턴 D.C. 관할지역 및 푸에르토 리코 등에도 설치되어 있다.[12]

연방지방법원의 審理는 單獨判事에 의하여 행하여지는 것이 일반적이나 예외적으로 3 명의 判事로 법정을 구성해야 할 경우가 있다.[13]

연방지방법원의 판결에 대해서 불복할 때에는 그 지방이 속하는 순회구(circuit)의 연방고등법원(Court of Appeals)에 上訴할 수 있다. 그러나 일정한 경우에는 연방대법원으로 직접 上訴할 수 있다.

---

12) 미국 全體 州에 89개가 있고 워싱턴 D.C. 특별지구 및 푸에르토 리코에 각각 1 개씩 해서 모두 91개가 있다. 이 밖에도 파나마운하지대, 괌, 북마리아나제도, 버지니아, 아일랜드 등지에도 지방법원이 1 개씩 있으나 이것들은 통상의 지방법원과는 구별해서 다루어지고 있다.

13) 이러한 경우는 주로 연방 또는 주입법부의 선거구획의 합헌성 여부를 가지고 다투는 소송들이다(28 U.S.C. A. § 2284).

(2) 聯邦高等法院(U.S. Court of Appeals)

연방고등법원은 연방의 제 2 심법원이다.

전국을 11개의 순회구(circuit)로 나누어 각 순회구에 각각 하나의 연방고등법원을 두고 있는데, District of Columbia Circuit에 있는 것을 합하면 모두 12개가 되며 1982년에 연방순회고등법원(Court of Appeals for the Federal Circuit)이 새로이 설치되었으므로 현재는 13개의 연방고등법원이 설치되어 있다.

연방순회고등법원의 재판은 3 명의 判事로 法廷을 구성하는 것이 보통이다.[14] 그러나 判事의 과반수가 찬성할 경우에는 全員法廷(court in banc)이 열린다. 연방고등법원의 판결에 대해서 불복할 경우에는 연방대법원으로 上告하게 된다.

(3) 聯邦大法院(U.S. Supreme Court)

a. **構成과 管轄** 연방대법원은 1 명의 대법원장과 8 명의 대법원판사로 구성된다. 연방대법원판사는 대통령이 상원의 조언과 동의를 얻어 임명하도록 되어 있으며, 그 임기는 종신직으로 되어 있다. 연방대법원은 수도인 워싱턴 D.C.에 자리잡고 있다.

연방대법원은 초심관할권(original jurisdiction)과 재심관할권(appellate jurisdiction)을 가지고 있다. 즉 미국헌법 제 3 조 제 2 항은 "대사 기타의 외교사절 및 영사에 관한 사건과 주가 당사자인 모든 사건에 관해서 초심관할권을 갖는다"라고 규정하고 있다. 그러나 현재 연방대법원이 전속적 초심관할권을 가지는 경우는 2 개 州 이상의 州間의 쟁송 및 주와 다른 주의 주민간의 쟁송뿐이다.[15] 예컨대, 콜로라도 강의 用水權에 대하여 애리조나州와 캘리포니아州間의 오래된 쟁송은 대표적인 예이다.[16] 그 밖의 경우, 즉 (i) 외국의 대사 · 공사 또는 영사를 일방 당사자로 하는 소송, (ii) 연방정부와 州政府間의 쟁송, (iii) 어느 州가 다른 州의 시민에 대해서 제기한 소송 등에 관해서는 대법원의 초심관할권은 비전속적인 것으로 되어 있다.[17] 그러므로 연방

14) 연방고등법원은 3 명 이하의 판사로 法廷을 구성하도록 되어 있으나 2 명의 판사로 法廷이 구성되는 경우는 거의 볼 수 없다(28 U.S.C. § 46).
15) 28 U.S.C. § 1251(a).
16) Arizona v. California, 373 U.S. 546(1963).
17) 28 U.S.C. § 1251(b).

대법원은 대부분의 경우 연방고등법원과 주대법원으로부터의 上告事件을 주로 다룬다.

b. 上 訴 연방대법원으로의 上告는 주로 上訴(appeals)와 節次再審命令(certiorari)[18]의 두 가지 방법에 의해서 행하여진다. 上訴는 법정의 上訴要件을 갖추고 있으면 上訴를 반드시 인정하여야 하나 節次再審命令은 이를 허용할 것인가의 결정이 전적으로 대법원의 재량에 맡겨져 있다.

연방대법원의 재심관할권에 관해서는 연방법원으로부터의 上訴의 경우와 주법원으로부터의 上訴의 경우로 나누어서 고찰해야 한다.

① **聯邦法院으로부터의 上訴** 연방지방법원으로부터 연방대법원으로 직접 上訴할 수 있는 경우는 (i) 지방법원이 3명의 判事로 법정을 구성해서 행한 재판, (ii) 연방정부 또는 그 기관 또는 공무원을 당사자로 하는 민사사건에 국한된다. 연방지방법원이 연방법률을 위헌이라고 판정하였을 경우에는 당사자는 연방대법원에 上訴(appeals)할 수 있다.

연방고등법원의 재판의 경우에는 上訴(appeals)는 물론 節次再審命令(certiorari)의 신청이 가능하다.[19] 어떠한 경우에 節次再審命令의 신청을 인정하느냐에 관해서 연방대법원규칙(Rules of the Supreme Court of the United States, 1970)은 '특별히 중요한 이유'가 있을 때에만 인정하는 것으로 되어 있다.[20]

---

18) Certiorari란 영어로 말한다면 "to be more fully informed"라는 말인데, 흔히 사건의 節次再審命令이라고 번역되고 있다. 원래 writ of certiorari는 영국의 고등법원 여왕좌부 또는 형평법원이 하급법원판사 또는 그 밖의 기관의 사법권 행사가 관할권의 범위를 벗어나거나 공정성을 상실하지 아니하였는가를 심사하기 위해서 국왕의 이름으로 정식기록을 제출할 것을 명하는 영장이었다. 그래서 흔히 節次再審命令令狀이라고 번역하고 있다. writ of certiorari 제도는 신속하고도 정확한 재판을 위해서 마련된 제도로서 (i) 기록상 명백한 관할권의 결여, 또는 사기 또는 착오를 이유로 판결을 취소하기 위해서, (ii) 판결에 대한 上訴를 쉽게 하기 위해서, (iii) 형사사건에 있어서 더욱 공정한 재판을 받기 위하여 한 법원에서 다른 법원으로 이송하기 위해서 이용된다. 上訴(appeals)는 법률이 인정하는 경우에 한하여 가능하나 certiorari는 명문으로 금지하고 있는 경우를 제외하고 청구할 수 있다. 영국에서는 1938년 사법행정(제규정)법(Administrative of Justice(Miscellaneous Provisions) Act, 1938)에 의하여 영장에서 명령으로 명칭이 바뀌어 지금은 Order of Certiorari로 되었다. 그러나 미국에서는 일반적으로 Writ of Certiorari라고 하나 州에 따라서는 Writ of Review라고 하는 데도 있다.

19) 28 U.S.C. §1254(1).

20) '특별히 중요한 이유'로 연방대법원은 다음과 같이 규정하고 있다. (i) 연방고등법원간의 판례의 충돌이 생겼을 경우, (ii) 州法上의 중요한 문제에 관해서 판단을 잘못하였을 경우, (iii) 연방법상의 문제에 대해서 판단이 내려진 경우에 그 문제에 관한 先例가 없고 또한 이 기회에 올바른 판단을 해두는 것이 바람직하다고 생각되는 경우, (iv) 연방법상의 문제에 대한 판단이 대법원판례와 다른 경우, (v) 고등법원이 통상의 재판절차를 스스로 위반하였거나 또는 저판절

그리고 上訴(appeals)에 의하는 경우는 연방고등법원이 州法에 대하여 미합중국의 헌법, 조약 또는 법률에 위반하는 것을 이유로 무효판결을 내린 경우에 한한다.[21]

② **州法院으로부터의 上訴** 1988년 법개정에 의하여 연방대법원은 절차재심명령에 따라 자유재량으로 주법원의 판결을 심사할 수 있다.[22]

다음과 같은 주대법원의 판결에 대하여는 연방대법원에 節次再審命令(certiorari)을 청구할 수 있다. 즉,

(i) 합중국의 조약 또는 법률의 효력이 문제가 되었거나,

(ii) 합중국의 헌법·조약 또는 법률에 반한다는 이유로 주법의 효력이 문제가 되었거나, 또는

(iii) 어떤 권한 · 권리 · 특권 또는 면제가 합중국의 헌법 · 조약 · 법률 또는 합중국에 의한 권한부여에 의한 것이라는 것을 청구하였을 경우.

(4) 特別法院

연방법원조직에는 제 1 심법원으로서 연방지방법원과 동급에 있는 수개의 특수법원이 있다. 동 법원들은 연방헌법 본문 제 1 조에 따라 설립되었다.

일반적으로 연방헌법 제 3 조에 따라 설립되는 일반법원을 헌법법원(Constitutional Court), 제 1 조에 따라 설립되는 특수법원을 입법법원(Legislative Court)이라고 부른다.

조세사건을 다루는 연방조세법원(Tax Court), 연방정부에 대한 각종 배상청구사건을 다루는 聯邦賠償請求法院(Claims Court), 관세 · 무역사건을 다루는 연방국제통상법원(Court of International Trade), 연방영토법원(Territorial Court) 및 D.C.법원(District of Columbia Court) 등이 그것이다. 연방조세법원으로부터의 上訴事件은 연방고등법원이 관할하고, 聯邦賠償請求法院과 연방국제통상법원으로부터의 上訴事件은 연방순회고등법원이 관할한다.

a. **聯邦賠償請求法院**(Claims Court) 연방정부에 대한 청구권에 관한 사건들을 다루는 法院으로서 聯邦賠償請求法院이라는 것이 있다. 이 法院은

차를 어긴 하급심의 판결을 인정하였을 경우에 대법원이 판단을 내려 주는 것이 적당하다고 생각되는 경우 등.

21) 28 U.S.C. §1254(2).

22) 28 U.S.C. §1257.

수도 워싱턴에 있으며, 判事의 수는 모두 16명이고 임기는 15년으로 되어 있다. 이 법원의 재판은 원칙적으로 단독심제이다. 聯邦賠償請求法院의 판결에 대해서는 연방순회고등법원(Court of Appeals for the Federal Circuit)으로 上訴할 수 있다.

b. **聯邦國際通商法院**(Court of International Trade) 관세 및 무역과 관련해서 발생한 사건들을 다루는 法院으로서 국제통상법원이라는 聯邦法院이 있다. 이 聯邦國際通商法院은 뉴욕시에 설치되어 있지만 무역항이면 어디에서나 法廷을 열 수 있도록 되어 있다. 동 법원의 判事의 수는 9명이며 임기는 종신직으로 되어 있다. 동 법원에 있어서의 재판은 단독심이 원칙이지만 헌법문제, 그 밖의 중요한 법률문제가 포함된 사건은 3명으로 구성되는 합의심에서 재판하도록 되어 있다.

이 법원판결에 대해 불복할 경우에는 연방순회고등법원(Court of Appeals for the Federal Circuit)으로 上訴하게 된다.

c. **聯邦租稅法院**(Tax Court) 연방조세법원은 조세에 관한 사건을 다

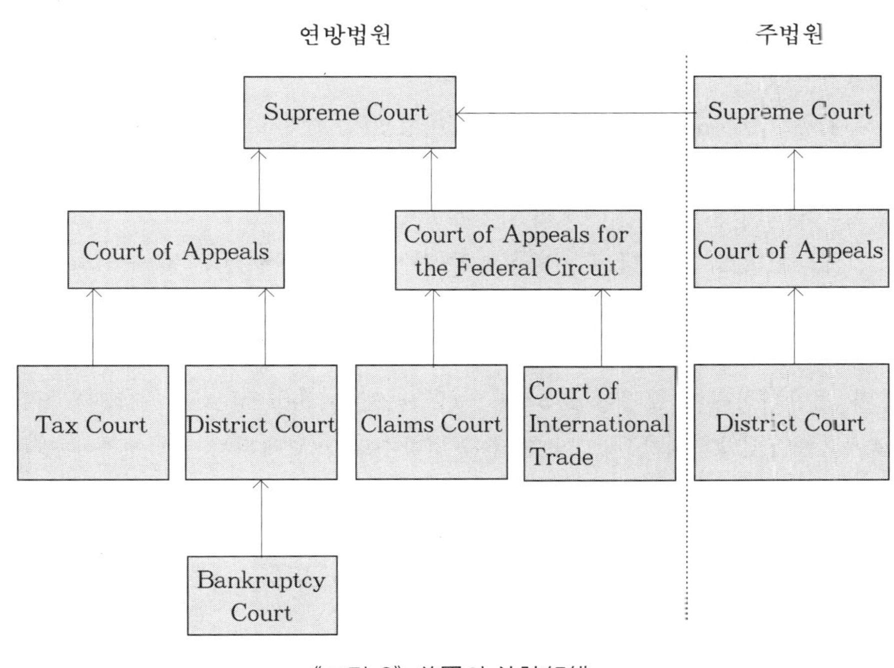

《그림 3》 美國의 法院組織

루는 法院으로서 司法法院이라기보다는 행정적 색채가 짙은 行政裁判所이다. 연방조세법원의 판결에 대하여 불복하는 경우에는 연방고등법원(Court of Appeals)에 上訴하게 된다.

d. **聯邦領土法院**(Territorial Court) 연방영토법원은 미국의 영토에 관한 사항을 관장하는 법원이다. 연방대법원은 동 법원설치의 합헌성을 인정한 바 있다.[23]

e. **D.C.法院**(District of Columbia Court) D.C.법원은 워싱톤 D.C.에 관한 사항을 관할하는 법원이다. 1970년 법원재조직법(The Court Reorganization Act of 1970)에 의하여 재정비되었다. 동법은 연방대법원에 의하여 합헌성을 인정받은 바 있다.[24]

미국 법원조직의 개괄을 도표로 보면 앞과 같다.

라. 司法審査制度

(1) 意 義

연방의회가 제정한 연방법률 또는 주의회가 제정한 주법률이 미국헌법에 위반되는지의 여부를 심사하는 제도를 司法審査制度 또는 違憲法律審査制度라고 한다.

최종적인 司法審査權은 미국 연방대법원이 보유하고 있다. 그러나 과연 연방대법원이 어떠한 법적 근거하에 司法審査權을 보유하게 되었는지에 대하여 미국헌법은 아무런 明文의 규정도 두고 있지 않다.

연방헌법의 제정 당시 연방헌법의 기초자들은 연방의회 및 주의회의 制定法이 당연히 연방법원에 의한 司法審査의 대상이 된다고 판단하고 있었으나 이는 연방헌법에 명문의 규정으로 반영되지 아니하였던 것이다. 한편, 제1차 연방의회에서 제정한 1789년『法院組織法』(Judicial Act of 1789) 제25조에서는 "연방의회가 제정한 법률이 연방헌법에 위배되는지의 여부에 관하여 주대법원이 내린 판결을 연방대법원이 재심할 수 있다"고 규정하고 있다. 그러나 연방대법원의 사법관할은 연방헌법에 의하여 부여되는 것으로서 이를 연방의회가 법률로서 정할 수 있는지는 의문시된다고 할 것이다.

---

23) American Insurance Co. v. Canter, 26 U.S. (1 Pet.) 511(1828).
24) Palmore v. United States, 411 U.S. 389(1973).

연방대법원의 司法審査權은 1803년의 마아뷰리 對 매디슨(Marbury v. Madison) 사건[25]에서 연방대법원이 내린 판결에 의하여 확립되었다. 연방대법원의 司法審査權이 확립된 이래 연방대법원은 동 권한을 행사하여 미국의 정치·경제·사회·문화의 모든 분야에 커다란 영향을 미쳐 왔다. 이 경우 연방대법원이 헌법상의 삼권분립의 원칙에 따라 미국 연방의회가 저정한 법률의 취지를 존중하여 주는 경우 이를 「司法府 消極主義」(judicial abstention)라고 한다. 이와 반대로 연방대법원이 연방의회의 입법취지에 상관없이 독자적으로 헌법을 해석하여 이에 위배되는 연방법률은 가차없이 위헌으로 판결하는 경우 이를 「司法府 積極主義」(judicial activism)라고 한다.

(2) **司法審査制度의 確立**

연방대법원의 司法審査制度는 마아뷰리 對 매디슨 사건의 대법원판결에 의하여 확립되었다.

a. **背　景**　1800년 11월에 실시된 총선거에서 독립 이래 정권을 장악해 왔던 연방당(Federalists)은 연방대통령선거 및 연방상·하원선거에서도 공화당(Republican)에게 패배하였다. 그러나 선거 후에도 다음 해 3월 3일까지는[26] 대통령 및 의회의 임기가 지속되므로 연방당은 그 동안에 사법부를 自派의 사람들로 임명하려고 하였다. 마아뷰리 사건을 맡았던 연방대법원의 대법원장 존 마샬(John Marshall: 1755-1835, Chief Justice: 1801-1835)도 이러한 정책의 일환으로 국무장관직에 있으면서 1801년 2월에 대법원장으로 임명되었던 것이다. 그 후 곧이어 연방법원조직에 관한 2개의 법률이 제정되었는데, 이 법에 의해서 대통령에게 광범한 법관임명권이 부여되었다. 그리하여 연방당의 아담스 대통령(재직: 1797-1801)은 14일 남짓한 짧은 재직기간중에 다수의 判事를 임명하였다.

동 사건의 原告인 마아뷰리도 워싱톤 D.C.의 치안판사로 임명된 42명 중의 한 사람이었다. 3월 2일 대통령에 의해서 지명되고 3일 밤 자정까지 상원의 同意를 얻어 임명장까지 작성해서 대통령의 서명을 받고 마샬 국무장관이 날인까지 했으나 그것을 交付하기 전에 이미 4일이 되어 공화당

25) Marbury v. Madison, 5 U.S.(1 Cranch) 137(1803).

26) 1934년 이후부터는 대통령은 다음해 1월 20일까지, 의원은 다음해 1월 30일까지 임기가 지속된다.

(Republicans)의 제퍼슨 대통령(Jefferson, 재직: 1801-1809)의 임기가 시작되었던 것이다. 새 대통령 제퍼슨은 신임국무장관 매디슨(Madison: 4대 대통령, 재직: 1809-1817)에게 위의 42개의 임명장 중 25개만 교부하고 나머지는 모두 보류하라고 지시했다. 임명장 없이는 직무를 수행할 수 없었기 때문에 임명장을 받지 못한 사람 중 마아뷰리 외 3 인은 국무장관 매디슨을 상대로 임명장 교부를 강제하는 이른바 職務執行命令令狀(writ of mandamus)[27]의 발급을 구하는 소송을 연방대법원에 제기하였다.

b. 判決內容 연방대법원의 대법원장으로 취임한 마샬 재판장은 다음과 같이 판결하였다.

첫째, 原告에 대한 임명행위는 상원의 승인, 대통령의 서명 그리고 국무장관의 날인에 의해서 완료되었으며, 다만 交付라고 하는 재량의 여지가 없는 단순한 사실적 절차만이 남아 있다. 따라서 原告의 임명장을 보류하는 것은 합법적인 행위가 아니라 기득권의 침해이므로 原告는 법원에 職務執行命令令狀의 발급을 청구할 수 있는 법적 권리가 있다.

둘째, 原告는 1789년 『法院組織法』(Judiciary Act of 1789) 제13조에 규정된 소송관할권에 의거하여 연방대법원에 소송을 제기하였다. 연방헌법 제 3 조 제 2 항은 연방법원의 초심관할권(original jurisdiction)에 속하는 사건을 제한적으로 열거하고 있으며, 그 밖의 사건에 관해서는 재심관할권(appellate jurisdiction)만을 인정하고 있다. 그러나 위의 사법부법 제13조는 연방헌법이 인정하지도 아니한 초심관할권을 연방대법원에 부여하고 있으므로 연방헌법 제 3 조 제 2 항에 위반되었음이 명백하다. 따라서 이 법은 위헌무효라고 판시하여 영장의 발급을 거부하고 原告의 청구를 기각한다.

위와 같은 판결을 하면서 마샬 대법원장은 "특정사건에 적용할 법에 관하여 연방헌법과 의회의 법률이 서로 다른 경우에는 법원은 연방헌법에 모순

27) mandamus라는 말은 '우리들은 명령한다'라는 뜻의 라틴어로서 「職務執行命令令狀」이다. 원래 영국의 상급법원(superior courts)이 발급하는 영국 국왕의 大權令狀(prerogative writ)의 하나로서 개인 · 법인 · 공무원 · 하급법원 등에 대해서 특정 사항의 이행을 명하는 제도이었다. 영국에서는 고등법원 (女)王座部(Queen's Bench Division)가 국왕의 이름으로 발급한다. 주로 공적 목적을 위해서 공적 직무의 집행을 명하는 것이지만 私權의 보호를 위해서도 널리 이용된다. 「職務執行命令令狀」에는 어떠한 직무를 행하거나, 또는 직무를 행하지 아니할 경우 그 사유를 밝힐 것을 명하는 소위 選擇的 職務執行命令令狀(alternative writ of mandamus)과 어떤 행위를 절대적으로 이행할 것을 명하는 이른바 義務的 職務執行命令令狀(peremptory writ of mandamus)의 2 種으로 나누어진다.

되는 의회의 법률을 무효로 하고 그 적용을 거부할 권한이 있다"고 판결하였다. 이렇게 하여 연방법원의 違憲法律審査制度는 연방헌법의 규정에 의하여 연방법원에게 그 권한이 부여된 것이 아니라 연방법원 자체의 판결에 의하여 확립되었다는 점이 특이하다.

(3) 司法審査制度의 發展

마아뷰리 사건을 계기로 違憲法律審査制度가 확립됨에 따라, 연방대법원은 국민의 기본권 보호 및 실질적인 「法의 支配」의 原則 정립에 커다란 영향을 미쳐 왔다. 판례법주의국가인 미국에서 연방대법원이 違憲法律審査權限을 보유하고 있다는 사실은 연방대법원에게 연방헌법의 최종적인 해석·적용권한을 부여하는 것이었기 때문이다.[28] 그러나 연방대법원의 違憲法律審査制度는 행정부와 입법부의 입장에서 볼 때에 국가정책수행에 반드시 필요한 경제·사회적 정책의 결정 및 추진에 많은 장애가 되었다. 19세기 중반 이후 국가의 역할이 소극적인 자유방임주의국가에서 적극적인 행정복지국가로 점차 바뀜에 따라 빈민자 및 근로자의 보호, 흑인 등 소수인종의 기본권 보장 등 다수의 경제·사회적 입법이 절실히 필요하게 되었다. 그러나 연방대법원은 개인주의·자유주의에 바탕을 둔 시민법사상을 고수하여 이러한 경제·사회적 입법을 대부분 위헌으로 판결하였던 것이다.[29] 따라서, 제퍼슨(Jefferson), 잭슨(Jackson) 및 링컨(Lincoln) 등의 대통령을 비롯한 다수의 정치가 및 학자들이 違憲法律審査制度를 비판하였다. 예컨대, 링컨은 대통령 취임연설에서 "만일 전체 국민에 관계된 중요한 정부정책이 대법원의 판결에 의하여 최종적으로 확정되어야 한다면, 국민들은 그만큼 자기의 정치권력을 법원에 양도한 것이 되어 지위를 상실하게 될 것이다"라고 말하였다. 또한, 違憲法律審査制度는 국민이 선출하고 국민을 대표하는 의회가 제

---

28) Charles E. Hughes 연방대법원장은 "헌법이란 판사가 헌법이라고 말하는 그것이다"라고 극단적으로 표현한 바 있다. Hughes 대법원장은 Herbert Hoover 대통령에 의하여 대법원장(1930-1941)에 임명되었으며, 다수의 개혁입법에 대한 司法的 지원을 하였다. 著書로는 『The Supreme Court of the United States』(1928)가 있다.

29) 1905년에는 연방대법원이 제빵 근로자의 1일 10시간, 주당 60시간 이상의 근로를 금하는 New York州 법률을 違憲으로 判示하였다. 대법원의 다수의견에 의하면 이 법률이 기업가 및 근로자간의 제14차 헌법개정조항에서 보장하는 適法節次(Due Process of Law)에 위반하여 근로계약체결의 자유를 박탈하였다는 것이다(Lochner v. State of New York, 198 U.S. 45, (1905)). 1918년에도 연방대법원은 14세 미만의 연소자를 고용하여 생산한 상품의 州間 수송을 금지한 연방법은 무효라고 판결하였다(Hammer v. Dagenhart, 247 U.S. 251(1918)).

정한 법률을 국민의 대표기관도 아닌 소수의 법관이 이를 판단한다는 점에서 민주주의원칙 및 삼권분립원칙에 위배된다는 이론적 비판도 강하게 제기되었다.[30]

연방대법원의 違憲法律審査制度에 대한 이러한 행정부와 의회의 불만은 루스벨트(Roosevelt) 대통령이 1930년대의 세계적으로 극심한 경제공황을 타개하고자 추진한 일련의 뉴딜(New Deal)입법이 연방대법원에 의하여 잇달아 위헌으로 판결되자 최고조에 달하였다. 불과 1934년과 1936년의 2년 사이에 전부 16개에 달하는 뉴딜입법이 위헌판결을 받았다. 이에 1936년의 대통령선거에서 압도적인 승리로 재선된 루스벨트 대통령은 1937년에『司法府改革法案』(Court-Packing Bill)을 의회에 제출하였다.『司法府改革法案』은 종신직 임명을 받은 大法官이 70세에 도달하였으나 퇴임하지 아니하는 경우에는[31] 언제나 大法官 1인을 추가로, 대법원의 전체 숫자가 15명에 이르기까지 임명할 수 있는 권한을 대통령에게 부여하는 法案이다.『司法府改革法案』의 궁극적 목적은 뉴딜입법에 반대하는 고령의 보수적 판사 대신에 이에 찬성하는 새로운 진보적 판사를 대법원에 충원하고자 하는 것이었다. 同『司法府改革法案』은 의회의 최종 표결 직전에 보류되었다. 그 이유는 9인의 대법원판사 중 2인이 기존의 보수적 태도를 바꾸어 2개의 뉴딜입법에 찬성함으로써 합헌판결을 내렸으며, 그 후 수년 내에 일부 고령의 보수파 판사들이 종신적인 대법원 판사직을 스스로 사임하였기 때문이었다. 즉, 루스벨트 대통령의『司法府改革法案』제출은 그 당시 권위와 명망을 누려온 대법원 판사들에게는 체면이 손상되는 커다란 충격이었다. 따라서, 대법원 판사들은『司法府改革法案』의 통과라는 외압에 의하여서보다는 스스로 개혁하는 것이 자신의 권위 및 체면유지에 도움이 된다고 판단하였고, 행정부 및 의회도 이에 묵시적으로 동조하여『司法府改革法案』의 표결을 강행하지 아니하였던 것이다.

(4) 司法府 消極主義 및 積極主義

1940년 이후 미국의 연방대법원은 법률의 위헌 여부를 심사함에 있어

30) John B. McArthur, "Abandoning the Constitution: The New Wave in Constitutional Theory," 59 Tulane Law Review 284(1984).

31) 그 당시 70세 이상의 대법원 판사는 6명이었다.

그 위헌성이 명백하고 중대한 것이 아니면 위헌판결을 내리지 아니할 뿐만 아니라, 부분적으로 위헌임이 드러나는 경우에도 법률의 위헌성을 선언하는 데에 자제와 신중을 기해 왔다고 하겠다.

이러한 연방대법원의 태도를 사법부 소극주의(judicial positivism) 또는 사법부 자제주의(judicial abstention)라고 한다. 사법부 소극주의는 헌법상 삼권분립의 원칙을 준수하고 국민대표기관인 의회의 의사를 존중한다는 기본원리를 바탕으로 하고 있다. 사법부 소극주의는 사법부 적극주의(judicial activism)에 반대되는 개념이다. 사법부 적극주의는 의회의 입법적 판단이 과연 합리적이고 타당한 것인지의 여부를 법원이 이에 개입하여 적극적으로 판단하여야 한다는 사법부의 태도를 말한다.

점차적으로 1950년대를 전후하여 미국 연방대법원은 위헌심사에 대한 두 가지 기준을 적용하여 왔다. 즉, 경제정책이나 사회복지 등 국민의 경제적·사회적 권리와 관련된 분야에서는 심사기준을 완화하여 되도록 연방의회의 법률에 대한 합헌성을 인정하여 주었고, 이와 반면에 참정권, 평등권 및 자유권 등 국민의 본질적 기본권(furdamental right)에 관하여는 심사기준을 엄격히하여 위헌판결을 주저하지 아니하였다.[32] 그러나 피임·낙태제도, 사형제도, 동성애문제 및 프라이버시문제 등 다양한 분야가 국민의 본질적 기본권의 범위에 포함되므로 사법부의 사회참여는 그 폭이 대단히 넓다고 할 것이다.

사법부 소극주의와 사법부 적극주의 중에서 어느 것이 연방대법원에게 바람직한 태도인지의 여부에 대하여 아직도 많은 논의가 진행되고 있다.

2. 州法院(State Courts)

미국은 현재 50개 州로 구성되어 있는바, 각 州는 각자의 필요와 전통에 따라 다양한 법원제도를 채택하고 있다. 예컨대, 뉴욕州에서는 제 1 심법원이 최고법원(Supreme Court)이고, 최종 대법원은 항소법원(Court of Appeals)이라고 부른다.

32) 이러한 二重基準은 U.S. v. Carolene Product Co. 사건의 판결문 각주 4 에 적절히 표현되고 있다.

가. 法院의 種類

(1) 第 1 審法院

지방법원에 해당되는 法院이다. 미국의 약 3분의 1의 州에서는 순회법원(circuit court), 약 3분의 1의 州에서는 지방법원(district court), 그리고 약 3분의 1의 州에서는 상급법원(superior court)이라는 이름으로 되어 있으며, 뉴욕州에서는 Supreme Court라는 명칭으로 되어 있다. 미국의 4개 州에서는 衡平法 사건을 다루는 衡平法法院(chancery court)을 普通法法院(common law court)과 별도로 따로 설치하고 있다.[33]

(2) 高等法院

아이다호州 및 로드아일랜드州 등 인구가 적은 州에서는 대체로 고등법원을 두고 있지 아니하고 있다. 고등법원이 없어도 사법제도가 원활하게 운용되고 있는 것은 대법원 내에 小法廷이 설치되어, 이러한 小法廷이 고등법원의 역할을 하도록 하고 있기 때문이다. 고등법원은 대부분의 州가 Court of Appeals라는 명칭으로 불리고 있지만, 뉴욕州에서는 Appellate Division of the Supreme Court라고도 한다.

(3) 大 法 院

대법원은 대부분의 州가 Supreme Court라고 부르고 있으나 뉴욕州에서는 대법원을 Court of Appeals, 매사추세츠州에서는 Supreme Judicial Courts, 그리고 버지니아州에서는 Supreme Court of Appeals라고 하는 등 州에 따라 그 명칭이 다양하다.

(4) 特別法院

각 州에는 사법관할에 관하여 소송객체에 따라 제한을 받는 특별법원(court of limited jurisdiction)이 있으며, 대부분 제 1 심법원이다. 특별법원의 대부분은 치안판사법원(Court of Justice of the Peace; Magistrate's Court)이다. 미국의 이러한 치안판사법원은 영국의 그것과는 달리 경미한 형사사건이나 가사사건뿐만 아니라 소송가액이 200달러 미만의 일반 민사사건까지도

33) 아칸소州, 델라웨어州, 미시시피州, 테네시州의 4개 州. 버지니아州는 1973년에 형평법법원을 폐지하였다.

다룰 수 있게 하고 있는 州가 적지 아니하다.[34] 또한, 일부 州에서는 시 인구수의 대소에 따라 郡法院(Municipal Court) 또는 市法院(City Court)을 두고 있다. 이 밖에도 교통법원(Traffic Court), 야간법원(Night Court) 및 경찰법원(Police Court) 등과 같은 명칭의 다양한 法院들을 볼 수 있다. 또한 많은 州에서는 遺言檢證事件과 상속사건들을 다루는 遺言檢證法院(Court of Probate)을 설치해 놓고 있다.

나. 다른 州에서 내려진 判決의 承認

州는 다른 州의 법원이 내린 판결이 적법한 司法管轄權(jursidiction)을 갖고 내린 판결인 경우에는 그 효력을 승인하지 아니하면 아니 된다. 이것은 미국헌법본문 제 4 조 제 1 항의 소위 '믿음과 신뢰조항'(Full Faith and Credit Clause)에 근거한 것이다. 예컨대, A 주법원에서 이혼판결을 받은 경우에도 A 주법원이 司法管轄權을 가진 적법한 法院이라는 것이 인정되면 B 州에서는 이혼의 효력을 인정해 주어야 한다.

3. 聯邦法院과 州法院과의 司法管轄權關係

연방법원과 주법원은 서로가 독립해 있기 때문에 어떤 사건이 누구의 관할에 속하는가의 문제가 생긴다.

연방법원의 사법권은 미국헌법본문 제 3 조에서 다음과 같은 제 사건과 쟁송에 미친다고 규정하고 있다. (i) 이 헌법, 합중국의 법률 및 합중국의 권한에 의해서 체결된 또는 장차 체결될 조약에 기하여 발생하는 普通法 및 衡平法上의 모든 사건, (ii) 대사, 기타의 외교사절 및 영사에 관한 모든 사건, (iii) 해사 및 해상관할에 관한 모든 사건, (iv) 합중국이 당사자의 일방이 된 쟁송(controversies), (v) 2 州 또는 그 이상의 州間의 쟁송, (vi) 어느 州와 다른 州의 州民間에 생긴 쟁송, (vii) 다른 州의 州民間의 쟁송, (viii) 같은 州의 州民間에 다른 州로부터 주어진 토지에 관한 권리에 관해서 발생한 쟁

34) Maureen Mileski는 1970년을 전후하여 중소규모의 어느 동부도시의 하급형사법원의 실태를 조사한 바 있는데, 동 법원 판결의 70% 이상이 1 분 이내에 결정되었다. Maureen Mileski, "Courtroom Encounters: An Observation Study of a Lower Criminal Court," 5 Law & Society Review 473(1971).

송, (ix) 어떤 州 또는 州民과 외국 또는 그 시민 또는 국민과의 사이에 발생한 쟁송.

위에 열거한 사항 중 (ii)와 (v)에 관해서는 연방대법원이 初審司法管轄權(original jurisdiction)을 가지며, (vi)과 (ix)에 관해서는 제11차 헌법개정조항에 의하여 연방의 사법권이 미치지 아니하는 것으로 되어 있다.

그 밖의 모든 사건에 관해서는 연방대법원은 연방의회가 정하는 규칙에 따라서 법률문제와 사실문제에 대하여 再審司法管轄權(appellate jurisdiction)을 행사한다. 이 경우 대부분의 경우는 연방법원은 주법원과 경합적으로 재판권을 행사하게 된다. 연방법원과 주법원이 경합적으로 재판권을 가지는 경우에는 어느 쪽 法院에 訴를 제기할 것인가의 선택권은 原告에게 있다. 따라서 原告가 연방법원을 택한다면 그것이 법률에 反한 것이 아닌 한 사건은 연방법원에 확정적으로 계속된다. 그러나 原告가 州法院을 택하였을 경우에는 소송 제기 후 일정기간 내에 被告는 사건을 연방법원으로 移送해 줄 것을 연방법원에 신청할 수 있다.[35]

신청을 받은 법원은 당해 사건이 연방법원의 司法管轄權에 속하지 아니하는 것으로 판단되거나 또는 移送을 인정하는 것이 적절하지 못하다고 생각되는 경우에는 종국판결 이전이면 언제라도 原告의 신청에 의해서 또는 職權으로 사건을 주법원으로 환송할 수 있다.[36] 原告가 州法院에 訴를 제기하였을 경우에 移送要件을 갖추지 아니하였거나 또는 被告가 법정기간 내에 移送申請을 하지 아니하였을 경우에는 확정적으로 주법원에 계류된다.

---

35) 28 U.S.C. §1446.
36) 28 U.S.C. §1447(c).

제 5 장 法學教育 및 法曹人制度

제 1 절 英國의 法學敎育 및 法曹人制度

1. 法學教育制度

원래 영국에서는 법과대학에서 법학교육이 행하여진 것이 아니라 법조인단체가 전통적으로 실무 중심의 도제식으로 법조인 양성을 담당하였었다.

종래의 대학에서 행하여진 법학강의는 영국법이 아니라 大陸法, 특히 로마法을 강의하였으며, 이것도 전문교육과목이 아니고 이론적인 교양법학 강의였었다. 대학에의 영국법에 관한 강좌가 처음 개설된 것은 18세기 중반에 블랙스톤(Blackstone)이 옥스포드(Oxford)대학에서 普通法 강의를 시작한 것이 그 시초이었다. 그 후 영국법 강좌가 캠브리지(Cambridge)와 런던(London)의 University College 및 King's College에도 개설되었다. 다만, 대학에서의 영국법 강의는 로마法 강의처럼 여전히 교양법학의 수준에 머물러 있었다.

오늘날 영국 대학의 법학사과정은 3 년간의 대학학부과정이다.[1] 법학사과정에서 제공되고 있는 교과목은 대체로 1 학년에서는 필수과목으로 영국법입문, 공법, 형법, 불법행위법 및 재산법입문 등을, 2 학년에서는 필수과목으로 계약법, 법학(jurisprudence), 토지법, 그리고 선택과목으로 행정법, 형사정책, 가족법, 국제법, 법사 및 로마法 등을, 그리고 3 학년에서는 선택과목으로 행정법, 회사법, 법의 저촉, 증거법, 노동법, 세법 및 상속법 등이 제공되

1) M. Zander, 『Legal Services for the Community』(1978), p. 144 이하 참조.

고 있다. 강의의 실제를 보면 미국과 비교하여 볼 때에 전문성이 약하고 교양법학으로서의 성격이 강하다.

법과대학을 졸업하게 되면 법학사(LL. B.)학위를 받게 된다.

영국에서는 법학사학위는 물론 일반대학의 학사학위조차 없는 사람도 배리스터(barrister)나 쏠리시터(solicitor) 등의 변호사가 될 수 있다. 다만, 법과대학에서 헌법, 행정법, 계약법, 불법행위법, 형법, 토지법 및 信託 등의 특정과목을 이수한 졸업생에게는 변호사자격시험 과목의 일부를 면제하여 주고 있다.

영국대학에서의 법학강의 교재는 미국에서처럼 判例集(casebook)이 아니다. 법학사과정이 설치되어 있는 대학에는 석사과정(LL. M.) 및 박사과정(LL. D.)이 설치되어 있는 것이 일반적이다.

2. 法曹人制度[2)]

가. 辯 護 士

(1) 辯護士의 種類

영국의 변호사는 배리스터(barrister)라는 法廷辯護士와 쏠리시터(solicitor)라는 事務辯護士의 2종의 변호사로 나누어진다.

배리스터는 쏠리시터보다 사회적 지위는 높지만 양자는 직접 상하관계에 있는 것은 아니며 각각 그 업무의 성격도 다르다. 배리스터는 주로 상급법원(superior courts)에서 변론만을 하며 소송의뢰인(client)과 직접 접촉하는 것은 허용되지 아니한다.

배리스터에 대한 보수는 임의적 謝禮(honorarium)로 되어 있기 때문에 배리스터는 소송의뢰인이 謝禮를 하지 아니하는 경우에도 소송에 의해서 이를 청구할 수 없으며 그 대신 배리스터가 그 직무수행에 있어서 설사 과실이 있었다고 하더라도 그에 대한 배상책임을 물을 수 없다.

쏠리시터는 소송사건을 맡아 사실조사 등을 하여 소송준비서류(brief)를 작성하여 배리스터에게 보내는 사무적인 일을 주로 담당한다. 쏠리시터도 법정에서 변론을 담당할 수 있음은 물론이다. 그러나 쏠리시터가 법정에서 변

2) M. Zander, 『Legal Services for the Community』(1978) 참조.

론할 수 있는 곳은 (i) 고등법원에서의 파산사건, 형사사건(Crown Court)에서의 치안판사법원으로부터의 上訴事件, 그리고 大法官이 지정한 도시에서의 변론,[3] (ii) 郡法院, (iii) 치안판사법원, (iv) 각종의 행정재판소(tribunals) 등으로 한정되어 있다. 영국에 있어서의 변론권이 배리스터에 의해서 독점되고 있다고 하는 말은 判例法을 형성하는 상급법원(superior courts)에 있어서의 변론권의 독점을 말한다.

쏠리시터의 보수등급은 制定法으로 고정되어 있으며, 이들의 징계절차는 制定法으로 설립된 독립기관인 쏠리시터 징계원(Solicitors Disciplinary Tribunal)이 담당한다.

(2) 辯護士의 養成制度

영국 변호사의 양성제도는 배리스터와 쏠리시터라는 2종의 변호사로 나누어 설명할 수 있다.[4]

a. 배리스터(barrister)　배리스터는 14세기경부터 런던시 근교에 자리잡고 있는 「Lincoln's Inn」, 「Inner Temple」, 「Middle Temple」 및 「Gray's Inn」의 4개의 학원(Inn)으로 구성된 법조학원(Inns of Court)에서 양성되어 왔다. 배리스터가 되기 위해서는 위의 4개 법조학원 중 하나에 입학해야 하며 이수연한은 2-3년이다. 졸업할 때까지 법조학원으로부터의 위촉에 의하여 법학교육평의회(Council of Legal Education)가 출제하는 두 차례의 시험이 있으며, 이 시험에 합격하면 배리스터 자격증을 받게 된다. 이 중간에 8개월 동안 법조학원 법학부(Inn of Court School of Law)에 들어가서 실무교육을 받게 된다. 그 후, 다시 1년간 배리스터 실무사무실에서 수습을 받고 반년이 경과되면 자기 이름으로 사건담당이 허용된다. 법과대학에서의 법학사 자격은 법조학원에 입학할 때에 일부 시험과목의 면제를 받게 될 뿐 배리스터의 자격요건은 아니다.

b. 쏠리시터(solicitor)　쏠리시터의 양성은 쏠리시터 협회(Law Society)를 중심으로 하여 행하여진다. 즉 쏠리시터가 되려면 쏠리시터협회가 주관하는 두 차례의 시험에 합격하고 쏠리시터 사무소에서 일정기간의 수습을 받아야 한다. 실무수습기간은 5년이 원칙이지만 대학졸업자에게는 2년으로 단축된다.

3) Courts Act, 1971(c. 23), S. 12.

4) A. Sampson, 『The Changing Anatomy of Britain』(1982), p. 150.

나. 判　　事[5)]

영국과 미국에서는 法曹一元制를 채택하고 있기 때문에 판사는 대부분 변호사 등의 법조인 경력을 가진 者 중에서 임명된다. 그리고 영미에는 판사직에 승진제가 없다는 것이 하나의 특징이다. 따라서, 영미에서는 어떤 특정 지위의 判事로 한번 임명이 되면 상급지위에 적합한 능력과 경력 등이 인정되지 아니하는 한 원칙적으로 그 職에 계속 머물게 된다.

영국의 직업적 判事는 다년간의 배리스터 경력을 가진 변호사 중에서 법률지식이 해박하고 덕망이 높은 者를 國王이 임명한다.

郡法院의 判事는 적어도 7년간의 실무경험이 있는 배리스터 중에서 임용된다.[6)] 判事의 임명은 大法官(Chancellor)의 추천에 의해서 國王이 임명하도록 되어 있다.

지방법원은 大法官, 지방법원의 首席判事, 가사부의 부장판사 및 지방법원 각 부의 一般判事에 의해서 구성되며, 一般判事는 10년 이상의 배리스터 경력을 가진 者 중에서 임명된다.

고등법원은 當然職 判事(ex-officio judges)와 一般判事(ordinary judges)로 구성된다. 當然職 判事란 大法官(Chancellor), 大法官職에 있었던 者, 常任上訴貴族(Lord of Appeal in Ordinary), 지방법원의 首席判事, 기록장관(Master of the Rolls) 등을 말한다. 15년 이상의 배리스터 경력을 가진 者나 또는 지방법원의 판사는 고등법원 판사(Lord Justice of Appeal)에 임명될 수 있는 자격이 있다.

大法官(정식명칭은 Lord High Chancellor of Great Britain이다)은 중세에 있어서는 모든 대신 중에서 최고직위의 대신이었다. 현재는 수상(Prime Minister)의 존재로 인하여 그 지위가 명확하지 아니하나 공식 서열상으로는 지금도 최상위의 대신으로 되어 있다. 大法官은 정권과 함께 취임하고 내각의 사직과 함께 자리를 물러나도록 되어 있다.

위에 열거된 판사 이외에 영국에서는 법률전문가가 아닌 判事가 중요한 사법적 기능을 담당하고 있다. 치안판사법원의 判事가 이에 해당된다. 치안

---

5) M. Berlins and C. Dyer, 『The Law Machine』(1982), p. 62 이하.
6) County Courts Act, 1959, S. 5(1).

판사(Justice of the Peace)는 에드워드 1세시대(1272-1307) 이래 행정과 사법 양면에 걸쳐서 중요한 역할을 해 왔다. 치안판사는 원래 國王이 임명하거나 또는 비법률가인 시장·촌장 및 장로의원 등이 겸직하는 無給의 명예직이었다. 치안판사는 법률문제에 관해서는 법률전문가인 서기(clerk)의 조언을 받아 직무를 처리한다. 그러나 대도시에는 법률전문가인 유급의 치안판사가 임명되고 있다. 즉 몇몇 대도시에서는 치안판사가 7년 이상의 경험을 가진 배리스터 또는 쏠리시터 중에서 大法官의 추천에 의하여 國王이 임명하고 있다.

위의 判事 중에서 大法官을 제외한 지방법원과 고등법원의 모든 判事는 '충실히 근무하는 동안'(during good behaviour)은 그 신분이 보장된다.[7] 예전에는 판사에게 정년제라는 것이 없었으나 현재는 常任上訴貴族, 지방법원판사, 고등법원판사, 郡法院判事, 치안판사 및 법원판사 등은 制定法上의 정년이 있다. 郡法院判事와 치안판사, 법원판사는 非行(misconduct)을 이유로, 또는 어떤 경우에는 不適格(incompetence)을 이유로 大法官의 發議에 의해서 國王이 파면하는 경우가 있다.

다. 檢 事

영국에서는 전통적으로 私人이 起訴할 수 있는 私的 起訴(private prosecution)의 권리를 보유하고 있다. 시민은 법무장관(Attorney General)의 통제하에 자유로이 起訴節次를 취할 수 있다.

그러나 경찰에 고발해서 경찰이 起訴하는 절차를 따르는 것이 일반적이다. 이 경우 당해 사건을 담당하는 경찰관이 起訴를 하는바, 당해 경찰관은 직무에 입각해서 행동하는 것이 아니라 법과 질서유지에 관심을 가진 한 시민의 지위에서 起訴하는 것이다. 起訴가 제출되는 경우 재관준비는 쏠리시터와 배리스터에 의해서 행하여진다. 쏠리시터는 공판을 위한 사건준비를 하며, 배리스터는 법정에서 변론을 담당한다. 그러나 私人에 의한 起訴에 있어서도 國王의 이름으로 제출되며, 그 경우 國王을 대신하여 起訴를 하는 者는 법무장관이다.

---

7) Supreme Court of Judicature Act, 1925, S. 12(1).

라. 法曹人團

(1) 배리스터團

영국에서 일반적으로 「Bar」라고 할 때에는 배리스터團을 의미한다. 이 배리스터團의 기관으로 다음과 같은 것을 들 수 있다.

a. **法學院**(Inns of Court) 4개의 법학원은 배리스터들을 훈련시켜 양성하는 기관이다. 이들 법학원은 각기 벤처(benchers)라고 부르는 원로 배리스터들이 관리·운영한다.

b. **法學院全體評議會**(Senate of the Inns of Court and the Bar) 1966년에 4개 법학원의 결의로 설립한 법학원평의회(Senate of the Inns of Court)가 1977년에 법조학원전체평의회로 개편되었다. 법조학원전체평의회는 법무장관(Attorney-General), 법무차관(Solicitor-General), 법학교육위원회위원장(Chairman of the Council of Legal Education), 각 법학원에서 6인씩 도합 24명의 Bench Representative, 각 법학원에서 3인씩 도합 12명의 Hall Representative, the Bar가 선출한 39명의 Bar Representative, 기타 12명(이내) 등 90명에 이르는 구성원으로 구성되어 있다. 동 평의회는 배리스터團 전체를 대표해서, 학생의 입학 및 학습훈련과정이 끝난 者의 배리스터로서의 업무수행에 관한 규칙, 법학교육, 그리고 구성원에 대한 징계권행사 등에 관하여 결정하며 이를 규율할 수 있는 권한을 가진다.

c. **배리스터團評議會**(Bar Council) 배리스터단평의회는 1894년에 구성되었으며 배리스터團의 자격, 명예와 독립의 유지, 서비스 및 기능의 증진 개선, 일반적으로 배리스터團의 대표기능을 담당하며, 배리스터團 전체의 연례총회를 소집하고 법조학원전체평의회가 만든 규칙에 反하지 아니하는 한 독자적인 규칙 등을 제정할 수 있는 권한을 보유하고 있다.

d. **法學敎育委員會**(Council of Legal Education) 법학교육위원회는 1852년에 설치되어 법학원 학생의 입학시험 및 훈련 등의 업무를 담당하는 바 20명의 벤처(benchers)로 구성된다.

(2) 쏠리시터團

쏠리시터를 규율하는 조직은 원래 1845년의 國王의 憲章에 의하여 구성된 法律協會(Law Society)이다. 법률협회는 매년 선출되는 회장, 부회장 및 70명 이내의 評議會(Council)에 의하여 운영되고 있으며, 평의회위원은 5년 임기로 선출된다. 1845년의 憲章에 明示된 법률협회의 목표로서 '전문직개선의 증진과 법률지식습득의 조장'(promoting professional improvement and facilitation the acquisition of legal knowledge)을 들고 있다. 법률협회는 일반 시민에게 영향을 미치는 일정한 사항에 관하여는 모든 쏠리시터를 구속하는 권한을 가지고 있는데, 이러한 권한은 1974년의 『쏠리시터法』(Solicitors Act)에 주된 근거를 두고 있다.

1974년의 쏠리시터法에 따라 법률협회는 大法官(Lord Chancellor), 지방법원 왕좌부 수석판사(Lord Chief Justice) 및 기록장관(Master of the Rolls)의 동의를 얻어 쏠리시터가 되고자 하는 者의 교육 및 훈련에 관한 규칙을 제정할 수 있다. 쏠리시터를 지원하는 者가 훈련과정을 이수하고, 쏠리시터가 되기에 충분한 인격을 갖추고 있음을 인정하는 법률협회의 증명서를 취득하여야 비로소 쏠리시터가 된다. 법률협회는 쏠리시터 명부를 보관하며, 쏠리시터로서 개업하려면 그 이름이 名簿에 등재되어야 하고, 유효한 개업증서를 가지고 있어야 한다.

마. 法律救助와 法律相談

當事者主義 소송구조가 일찍 확립되었던 英美에서는 당사자가 소송을 수행하는 경우 법전문가인 변호사의 조력을 받는다는 것은 재판의 공정성을 증진 · 담보한다는 점에서도 대단히 큰 의미를 지닌다. 그러므로 英美에서는 자력이 없는 당사자에게 변호인의 조력을 제공하는 제도가 일찍부터 등장하였다.

이에 대하여 민사소송에 있어서는 1949년 『法律救助 및 相談法』(Legal Aid and Advice Act of 1940)에 의하여, 형사소송에 있어서는 1967년 『刑事正義法』(Criminal Justice Act of 1967)에 의하여 극빈자에 대한 변호사의 조력을 규정하여 왔다.

1972년 『法律諮問 및 支援法』(Legal Advice and Assistance Act of 1972)은 민·형사사건 양자에 걸쳐 법률상담 및 조력을 누구에게나 널리 제공할 수 있게 하는 효율적인 방안을 마련하고 있는데, 이 방안은 綠色書方案

(Green Form Scheme)으로 널리 알려져 있다.

1974년『法律救助法』(Legal Aid Act of 1974)은 민사소송과 관련된 법률구조 및 소송과 관계없는 사항에 관한 법률구조 및 법률상담은 大法官(Lord Chancellor)의 지휘하에 배리스터의 대표기관인 배리스터단평의회(Bar Council)와 상의하여 쏠리시터의 단체인 법률협회(Legal Society)가 담당·운영하도록 규정하고 있다.

1979년의『法律助力法』(Legal Aid Act of 1979)은 '소송대리로서의 조력'(assistance by way of representation)도 새로이 규정하고 있다. 소송대리로서의 助力이란 법원이나 행정재판소(tribunal)에서의 소송절차 또는 制定法上의 법률절차와 관련하여, 이에 필요한 조치를 본인을 대리하여 행하는 것을 말한다. 이에 따라 행하는 법률서비스는 보통 일반적인 권고, 문서작성, 재산처분이나 분쟁해결의 협상과 같은 사항을 포함하며, '소송대리로서의 조력'의 경우를 제외하면 소송상의 조치를 취하는 것은 포함하지 아니한다.

제 2 절 美國의 法學敎育 및 法曹人制度

역사적으로 미국법은 영국법에 기원을 두고 있지만 미국의 법학교육 및 법조인에 관하여는 영국과 구별되는 독자적인 제도를 발전시켜 왔다.

1. 沿 革

19세기 중엽 이후까지 미국의 법학교육은 주로 변호사에 의한 실무교육이 주된 것이었다. 따라서 변호사가 되기 위한 법학공부는 일반적으로 '법률을 읽는 것'(reading law)이었다. 이는 대개 블랙스톤(Blackstone)의 英國法註釋(Commentaries)을 강독하거나, 개업변호사의 사무실에서 법률실무의 처리를 주내용으로 하는 견습수업을 의미하였다.

물론 일부 대학에서는 정규과목으로서 법학과목을 가르치기도 하였으나 일반화된 것은 아니었다.[8] 예컨대, 1779년 버지니아州의 윌리엄·매리대학

8) 윌리엄 블랙스톤(William Blackstone)은 1753년 영국 옥스포드대학교에서 普通法(Com-

(William and Marry College)에 법률강좌가 설정되었으며, 1793년에는 제임스 캔트(James Kent)가 콜럼비아대학(Columbia College)에서 법학을 강의하였다. 한편, 법학만을 전문적으로 가르치는 법학단과대학이 설립되었는바, 그 가운데 가장 유명한 것은 1784년부터 1833년까지 코네티컷州 리치필드市에 존속한 리치필드 법률학교(Litchfield Law School)이었다.[9)]

그러나 미국 법과대학의 현대적 형태는 하버드 법과대학(Harvard Law School)이 설립된 후 12년만인 1829년에 조셉 스토리(Joseph Story) 大法官이 체계적인 골격을 수립한 때부터 시작되었다. 초기대학의 법학교육 담당자들은 법학을 교양과목(liberal education)의 일부로 생각하였다. 그러나 스토리 大法官에 의하여 법학교육과 교양교육은 분리되었으며, 학생은 법과대학 입학 전에 교양과목에 관한 충분한 지식을 갖추고 있음을 전제로 하여 법학을 가르쳤다. 그러나 이들 학교에는 입학허가를 위한 실질적인 학력조건을 두고 있지는 아니하였다.

1870년경부터 남북전쟁에 뒤따른 산업화와 사회 · 경제생활의 확대는 당시의 더욱 복잡한 법조실무를 담당할 법률가 교육의 필요성을 절실히 느끼게 되었다. 미국변호사협회(American Bar Association: ABA)가 1878년에 구성되어 조직화된 변호사단의 중요성을 강조하였으며 미국법과대학협회(Association of American Law Schools: AALS)가 법학교육의 개선을 목적으로 1900년에 설립되었다.

2. 法學敎育制度

가. 法科大學의 種類

미국에서는 전국적으로 법과대학의 수가 많을 뿐만 아니라 법학교육을 연방차원에서 규제하는 법적 제도가 없는 까닭에 다른 나라에 비하여 훨씬 다양한 법학교육제도를 보여주고 있다.[10)]

mon law)에 관한 영국 최초의 대학강좌를 시작하였고, 18세기에 접어들기 전에 소수의 미국 대학교가 이 先例를 따랐다.

9) 리치필드 법률학교는 교사도 전형적인 시골 국민학교와 마찬가지였고 입학자격도 졸업요건도 없었다. 1 년 남짓한 전과정에서 변호사의 강의를 필기하고 매주 간단한 시험이 실시되었을 뿐이다.

10) Robert B. Steven, 『Law School: Legal Education in America from the 1850s to the 1980s』(1983).

(1) 公認大學과 非公認大學

대학에서의 법학교육으로의 발달에 있어서 미국변호사협회와 미국법과대학협회 등의 개혁노력이 크게 작용하여 왔다. 미국변호사협회는 1921년에 법과대학이 갖추어야 할 일정한 기준으로서 (i) 법과대학 입학요건으로서 2년의 학부교육, (ii) 3년의 법과대학과정, (iii) 충실한 법학도서관, (iv) 전임교수의 확보 등을 설정하고 이 기준에 맞는 법과대학을 졸업한 者에 한하여 변호사자격을 부여한다는 결의를 하고, 이 기준을 충족시키는 법과대학의 명단을 공표하여 왔다. 이와 같은 기준을 충족시키는 법과대학을 소위 미국변호사협회가 공인한 법과대학(approved law school)이라 한다. 이렇게 공인된 법과대학의 수가 해마다 증가하여 최근에는 약 170여개에 달하고 있다.[11] 미국법과대학협회에 가입하기 위하여는 미국변호사협회의 기준보다 약간 높은 수준의 교육여건을 갖추어야 한다.

(2) 私立大學과 州立大學

대다수의 법과대학은 종합대학(university)의 한 단과대학이다. 그러나 이 종합대학은 「Harvard」, 「Yale」, 「Columbia」 및 「Stanford」 등과 같이 주정부와 관련없는 사립대학일 수도 있고, 「California」, 「Chicago」, 「Virginia」 및 「Wisconsin」 등과 같이 주정부에 의하여 설립·지원되는 주립대학일 수도 있다.

나. 法科大學의 學制

법과대학의 학제는 법과대학 학생은 이미 대학학부 교육을 통한 기본적 교양 및 지식의 습득이 갖추어졌다는 것을 전제로 하여 대학원 수준의 전문적인 법학을 강의하고 있다. 따라서, 법과대학은 4년제 정규대학을 졸업한 학사들이 3년간의 법과대학과정을 다니게 된다.[12]

미국의 법과대학은 대부분 「law school」 또는 「school of law」라고 불리고 있다. 이는 법률가·의사·전문경영인 및 전문사서와 같은 전문직업인을

11) 미국 내 240여개의 law school 중 1995년 현재 ABA가 공인한 law School은 177개이다.

12) 법률가에 비견되는 다른 전문직업인(professional), 예컨대 의사, 전문경영인 및 專門司書의 양성도 대단히 유사한 방법에 의존하고 있다. 즉 의사는 8년(학부 4년, 의과대학 4년)의, 전문경영인은 6년(학부 4년, 경영대학원 2년)의, 전문사서는 6년(학부 4년, 도서관학대학원 2년)의 교육과정을 필요로 한다.

전문적으로 양성하는 학교를 종합대학 내의 다른 교육기관 명칭인 「department」나 「college」 등과 구별하여 「school」로 부르는 것이 일반적이기 때문이다. 그러나 미국의 법과대학이 전문직업인 양성학교(professional school)라고 하여, 법조인을 법학교수 등 법학자 및 판·검사 및 변호사 등의 법실무가로 양분하고 법과대학은 後者를 양성하는 학교로 오인하여서는 아니 된다. 英美法體系下에서는 普通法의 성격상 학문이 실무이고, 실무가 학문에 해당되므로 이를 학문과 실무로 구분하는 것은 거의 불가능하다고 할 것이다. 미국 법과대학이 전문직업인 양성학교로 구분되는 이유는 법학이라는 학문이 일반학문과 달리 고도의 전문지식에 해당되는 것이어서 법과대학에서의 교육을 받지 아니한 者는 법률분야에 관한 전문가로서의 자격을 갖출 수 없고, 따라서 이에 관련된 직업에 종사할 수 없다는 점을 의미하고 있는 것이다.

다. 法科大學의 運營

법과대학의 운영은 크게 「law school」과 「graduate school」로 나누어 볼 수 있다.

(1) Law School

a. 入　學　법과대학의 지원자는 4년제 정규대학의 졸업자를 원칙으로 한다. 그러나 학부에서 무엇을 전공하였는지의 여부에 대하여는 제한을 두지 아니하고 있다. 입학결정은 지원자의 학부성적과 전국적으로 실시되는 법과대학입학시험(Law School Admissions Test: LSAT)의 성적을 기준으로 하여 판단한다. 또한, 학부성적과 LSAT 이외에도 추천서(recommendation), 자기소개서(personal statement) 등이 주요한 입학기준으르 작용하고 있다.

법과대학에의 입학은 대부분 백인들이 차지하고 흑인 등 소수인종은 소수에 불과하다.[13] 이는 인종에 따른 차별대우 없이 모든 자에게 평등한 법과대학 입학자격을 부여함에도 불구하고 결과적으로 백인이 법과대학생의 압도적인 다수를 차지하고 있는 것이다. 따라서 일부 법과대학에서는 전체 입학정원의 일정 비율을 소수인종에게 강제 배정하는 등 특혜프로그램(affirmative action program: benign discrimination)을 채택하는 경우도 있다.

13) 최근 흑인을 포함한 소수인종은 입학정원의 약 5% 정도이다.

20세기 중반까지도 주정부 및 법과대학은 흑인의 법과대학입학에 대하여 부정적인 편견을 갖고 있었으며, 이러한 태도는 연방대법원에 의하여 지지되었었다. 예컨대, 1930년대 중반까지 대부분의 州에서는 법과대학에서 흑인들의 입학을 허용하지 아니하거나, 흑인전용의 법과대학[14]을 백인전용의 법과대학과 별도로 설립하여 흑인은 흑인전용의 법과대학만을 다닐 수 있도록 하고 있다.[15]

이러한 흑인차별은 점차 완화되어 흑인전용 법과대학이 설립되어 있는 경우에도 흑인전용 법과대학의 시설, 도서관 및 교수진 등이 백인전용 법과대학에 비하여 훨씬 열등한 경우에는 예외적으로 백인전용 법과대학에의 입학이 허용되었다.[16]

최근에는 물론 흑인 등 소수민족이 학업의 의사와 능력만 갖추고 있으면 어느 법과대학이든지 자유로이 입학할 수 있음은 물론이다.[17]

b. **敎科科目** 1학년 학생의 교과과목은 거의 전부 필수과목으로 되어 있고, 2·3학년 과목은 거의 선택과목으로 되어 있다. 1학년에서는 판례·법률조사방법(Legal Method), 헌법(Constitution), 계약법(Contract), 재산법(Property), 불법행위법(Tort), 형법(Criminal Law), 민사소송법(Civil Proce-

---

14) 최초의 흑인전용 법과대학은 남북전쟁 후 1869년에 워싱톤 D.C.에 설립된 Howard 법과대학이다.

15) 예컨데, 그 당시 미주리(Missouri)州에서는 州法을 제정하여 백인과 흑인은 별도의 분리된 학교에서 교육을 받아야 하며, 흑인이 특정 학문을 교육받고 싶으나 미주리州 안에서 당해 과목을 가르치는 흑인학교가 설립되어 있지 않은 경우에는 다른 州에 설립된 흑인학교에 다닐 수 있으며 이에 필요한 수업료 등의 경비는 주정부가 부담한다고 규정하고 있었다. 미주리州에 사는 어떤 흑인이 미주리 법과대학에 입학을 지원하였으나 미주리 법과대학은 백인전용이었으므로 州法에 따라 입학을 거절당하자, 주법원에 위헌소송을 제기하였다. 이에 대하여 미주리 주법원은 州法에 따라 다른 州의 흑인전용 법과대학에서 공부하는 데 소요되는 경비를 신청하는 것이 타당하며, 백인전용 법과대학에 입학을 허가하는 것은 위법이라고 판결하였다. 그러나 연방대법원은 미주리州의 州法이 흑인의 교육기회를 제한하므로 위헌이라고 판결하였다. 이에 따라 미주리州는 흑인전용 법과대학을 설립하였다(Missouri ex rel. Gains v. Canada, 305 U.S. 337(1938)). 州 안에 흑인전용 법과대학을 설립하기만 하면 흑인은 비록 백인전용 법과대학에의 입학이 허용되지 아니할지라도 흑인에 대한 차별이 아닌 것으로 연방대법원은 판결하였다(Sipuel v. Board of Regents, 332 U.S. 631(1948)).

16) Sweatt v. Painter, 339 U.S. 629(1950). 그러나 흑인이 백인전용 법과대학에 입학이 허용되는 경우에도 흑인은 수업과정에서 혹독한 차별대우를 감수하여야 했었다. Sweatt 판결과 동일한 날에 내려진 연방대법원 판결(McLaurin v. OKlahoma State Regents, 339 U.S. 637(1950))에서 연방대법원은 흑인이 오클라호마州의 백인전용 교육대학원에 입학할 수 있으나, 흑인으로 하여금 백인과 식당에서 같이 식사할 수 없고, 도서관 및 강의실에서는 지정석 이외에 다른 자리를 사용할 수 없도록 하는 것은 무방하다고 판결하였다.

17) Brown v. Board of Education of Topeka, 347 U.S. 483(1954).

dure) 및 형사소송법(Criminal Procedure) 등의 주제를 필수과목으로서 수업받게 된다. 「판례·법률조사방법」과목은 미국은 방대한 양의 判例法과 실정법이 있으므로 필요한 判例와 법률에 관한 현행 규정 및 연혁 등을 각종 문헌·判例集 및 컴퓨터 등을 통하여 찾는 방법을 가르치는 과목으로서 법학공부에서 가장 중요하고도 기초적인 과목이다. 헌법·계약법·재산법·불법행위법·형법·민사소송법 및 형사소송법 등은 전통적으로 普通法(Common law)의 영향하에 발전하여 온 법분야로서 이에 대한 기초지식을 갖추지 아니하고는 미국법을 올바르게 이해할 수 없다.

2·3학년에서는 세법(Tax), 국제통상법(International Business Transaction), 가족법(Family Law), 보험법(Insurance), 노동법(Labor Law), 회사법(Corporation), 상거래법(Commercial Law), 법철학(Legal Philosophy), 법의 저촉(Conflict of Law), 증거법(Evidence), 행정법(Administrative law) 및 법과 경제(Law and Economics) 등의 주제를 선택과목으로서 수업받게 된다.

법과대학에서의 이수과목은 정규교과과목에 국한되는 것은 아니다. 우선 臨床科目(Field Study)이라고 하는 과목이 있다. 임상과목은 대체로 담당교수의 감독하에 빈민자에 대한 법률상담 및 무료변론제공 등 법률구조 등을 행하는 단체와 협력하여 법률실무를 실제 경험하여 보는 과목이다. 또한, 모의재판(Moot Court)활동도 있어서 학생들이 교수진, 변호사 및 판사 등과 함께 모의사건을 가지고 上訴審의 변호인으로서 변론에 참가하는 과목도 있다.

미국의 주요 법과대학들은 「대학법학지」(law review)를 발간하고 있다. 일반적으로 법과대학 1학년 때의 성적을 바탕으로 해서 엄격히 선발된 2·3학년 법과대학생들이 그 편집 등을 담당하고 있다. 미국의 법학은 유수의 법과대학에서 발행하는 대학법학지에 실린 논문과 유명 判例에 의하여 집대성되고 있다고 해도 과언이 아니다. 법과대학생으로 대학법학지의 편집인(editor)이라고 하면 가장 우수한 법과대학생의 대명사 같이 되어 있다.

경제학·사회학·정치학·행정학 및 역사학 등과 같은 비법률과목은 법과대학의 교과과정에서 제외되고 있는데, 그것은 법과대학생들이 이같은 과목들을 이미 터득했다는 가정 위에 법학교육을 시행하는 까닭이다. 다만, 법과대학은 경제학 및 경영학 등의 다른 학문과 연계하여 공동학위(joint degree)를 부여하는 경우도 있다.

c. **講義方法** 대부분의 법학강의는 「判例硏究」(case method)라는 미국 특유의 법학교육방법에 따라 이루어진다.[18] 또한, 법학교수들은 判例敎材를 강의교재로 쓰기 시작하면서 교수가 학생에게 일방적으로 강의하는 전통적인 강의식 방법을 지양하고 교수와 학생간의 「대화식 방법」(Socratic method)을 채택하였다. 대화식 방법은 교수가 학생들이 강의 전에 예습하여 온 判例에 대하여 교수의 주도하에 학생들과 함께 토론하는 방법을 말한다. 1920년 무렵에 이르러서는 이같은 교육방법이 전국의 법과대학에 일반적으로 채택되었다. 判例硏究는 학생들로 하여금 구체적인 사실관계를 기술·분석하고 상호 비교하여, 법률가의 입장에서 법률자료를 활용하여 법학에 특유한 기술과 방식을 개발시키고 분석력·사유력 및 표현력을 강화시켜준다는 이유에서 중요시되고 있다.[19] 또한, 세미나(seminar)식으로 강의가 진행되기도 한다. 세미나는 일반강의보다 소수의 학생들로 구성되므로 교수와 학생간의 대화 및 토론이 휠씬 활발하며 대개 보고서(report)를 제출하여 공부한 것을 평가받게 된다.

미국 법과대학 강의의 궁극적인 목적은 「단기간 내에 농축되고 심도 있는 학습」을 통하여 장래의 법조인들로 하여금 어떠한 긴박한 상황에서도 냉철하고 합리적인 판단을 내릴 수 있는 능력을 배양하는 데 있다. 다른 대학의 석사과정이 2 년에 20-30학점을 이수하도록 요구하고 있는 데 반하여 법과대학에서는 1 년에 평균 30학점 정도를 이수할 것을 요구하고 있는 것에서도 알 수 있듯이 법과대학의 공부는 그 양 및 난이도에 있어서 다른 대학의 추종을 불허하며, 이 점은 미국에서 자타가 공인하는 바이다.

d. **卒業學位** 법학대학을 졸업하면 법학박사(Juris Doctor: J.D.; Doctor of Law)학위를 받는다.[20] 졸업학위는 졸업논문 없이 대체로 90학점 정도의

---

18) Case method는 Harvard 법과대학의 Christopher Columbus Langdell 교수(1826-1906: 1870년에 Harvard 법과대학장으로 임명)가 학생의 교재용으로 契約法에 관한 교재로서 상급법원판례를 사용한 때부터 시작되었다.

19) Morgan, The Case Method, 4 J. Legal Ed. 379(1952); Patterson, The Case Method in Americal Legal Education: Its Origins and Objectives, 4 J. Legal Ed. 1(1951).

20) J.D.제도가 정립되기 전에는 LL. B.가 수여되었다. LL. B.는 법학사로서 이는 다른 학사자격이 없이도 1-3년의 대학과정만 이수하면 법과대학에의 입학이 허용되었던 시기에 부여되는 학위이다. 1952년부터는 학사자격을 갖춘 자에 한하여 입학자격을 부여하도록 한 미국변호인협회의 권고를 미국법과대학협회가 수용함으로써 학사자격이 있는 경우에만 법과대학의 입학이 허용되고 있으므로 LL. B.라는 칭호는 적합하지 않다.

학점만 취득하면 부여되는 것이 일반적이며, 졸업논문의 제출을 요구하는 법과대학도 있으나 이는 박사학위논문과는 성격을 달리하는 일종의 보고서(report) 정도에 불과하다. 이와 같이 법과대학에서는 다른 대학과 달리 논문을 제출하지 아니하고도 J.D.가 부여되므로 J.D.의 성질에 대하여 의문점이 제기될 수 있다. J.D.는 Ph. D.(Doctor of Philosophy) 및 M.D.(Medical Doctor)와 함께 미국대학에서 부여되는 대표적인 공인박사학위로서 대학졸업식장에서도 박사학위수여에 따른 예우를 받는다. J.D. 과정에서 박사학위논문을 요구하지 아니하는 것은 학문과 실무가 명확히 구분되지 아니하는 미국 法體系의 특성에서 기인한다.

大陸法體系下에서의 박사(Doctor of Philosophy)학위논문이 학문의 완성이 아니라 독자적인 학문수행의 능력을 인정하는 하나의 기준인 것처럼 미국 법과대학에서의 J.D.과정도 법과대학 학생들로 하여금 법조인으로서의 능력을 갖출 수 있도록 하나의 준비과정을 제공하는 것이다. 미국에서는 J.D.라는 학위의 보유 여부 또는 박사 해당 여부의 획일적 판단 자체보다는 법조인으로서 어느 정도의 능력과 자질을 갖추고 있는지를 중요시하고 있다.

한편, 복수전공을 마친 학생에게는 「법학박사 및 경제학박사」(J.D. & Ph.D. in Economics), 「법학박사 및 경영학박사」(J.D. & M.B.A.) 또는 「법학박사 및 의학박사」(J.D. & M.D.) 등의 복수학위가 부여되고 있다.

(2) Graduate School

미국의 대학원은 일반적으로 일반대학원(Graduate School), 법과대학(Law School) 및 의과대학(Medical School)으로 구분되며, 각자 독자적인 행정운영체제를 따로 보유하고 있다. 법과대학에서의 Graduate School이라 함은 법과대학 내에서 자체적으로 운영되는 Graduate Shool을 말하며 일반대학원과정을 의미하는 것은 아니다. 법과대학에서의 Graduate School 과정에는 LL. M.(Master of Law), M.C.L.(Master of Comparative Law) 및 S.J.D. 또는 J.S.D.(Doctor of Judicial Science) 과정 등이 있다. 일반적으로 J.D.를 이수한 후에 LL. M. 또는 M.C.L. 과정에 들어가고 LL. M. 또는 M.C.L. 과정을 이수한 후에 S.J.D. 과정에의 입학이 허용되므로 LL. M. 및 S.J.D. 등은 J.D.

보다 상위개념의 학위라고 할 수 있다.21) LL.M. 및 S.J.D. 과정에서는 J.D. 과정과는 달리 졸업논문을 제출하여야 하며, 이 경우 LL.M. 과정은 대체로 세미나를 듣고 보고서(report)를 제출하는 것으로서 LL.M. 논문요건이 충족되나, S.J.D. 과정의 졸업논문은 일반대학의 박사논문과 마찬가지로 그 요건이 엄격하다.

J.D. 과정과 LL.M. 및 S.J.D. 등의 Graduate School 과정간의 관계는 무척 미묘하다. 법과대학에서의 J.D., LL.M. 및 S.J.D. 과정이 다른 대학에서의 학사, 석사 및 박사과정에 각각 대응하는 것은 아니나,22) LL.M. 및 S.J.D.가 J.D.보다 상위 등급의 학위라는 점도 부인할 수 없다. 이러한 미묘한 관계는 미국만의 독특한 학위제도를 우리나라 학위제도의 측면에서 해석·이해하고자 하는 그릇된 관점에서 비롯되는 것으로 보인다.

3. 法曹人制度

가. 辯 護 士

(1) 資格要件

식민지 이민의 초기에는 공권력에 의한 통치를 원하지 아니하였고 주로 교회의 신앙에 의하여 사회질서를 유지하였으므로 공권력의 대명사인 변호사를 혐오하여 왔다.23) 18세기 이후에 식민지 사회가 분화되고 복잡하여지자 점차 변호사의 필요성이 증대되었다. 19세기의 전반기까지는 누구나 일정한 자격요건을 갖추지 아니하고도 변호사개업을 할 수 있는 권리를 가지고 있다는 생각이 만연된 시대였다.24) 당시에는 평등주의적인 분위기가 특히 고조되어 있었으며, 미국의 법조업무는 결코 전문적인 법학지식을 요구하는 직무영

---

21) 외국학생들에 대한 LL.M. 과정 입학자격으로서 미국의 J.D. 과정과 동등한 수준의 법학학위(the law degree equivolent to J.D.)를 요구하고 있으며, 이 경우 외국의 법학사자격은 이러한 요건을 충족시키는 것으로 받아들이고 있다.

22) 법과대학 졸업식에서 J.D. 과정 졸업생이 박사예우를 받으므로 J.D.보다 높은 학위인 LL.M.이나 S.J.D.도 당연히 박사예우를 받는다. 그러나 LL.M. 과정이 우리나라에서는 석사학위로 간주되고 있으므로 미국의 법과대학학위의 미묘하고도 복잡한 관계를 잘 나타내 주고 있다.

23) 17세기에 Plymouth 식민지에서 최초의 변호사인 Thomas Morton을 인디언과의 거래 및 과음 등의 경범죄를 이유로 추방한 것은 대표적인 예이다. Anton Hermann Chroust, 『The Rise of the Legal Profession in America』(1965), p. 72.

24) 예컨대 1851년으로부터 1933년까지의 인디애나州 헌법은 "투표권이 있는 자로서 선량한 덕성을 갖춘 사람은 모든 법원에서 변호사 개업허가를 받을 수 있는 자격이 있다"고 규정하였다.

역이 아니었다. 심지어 1800년대 초기에 존재하던 예비학습이나 학교수업 등의 법조인이 되기 위한 일반요건까지도 폐기되었다.[25]

그러나 최근 들어와서는 변호사가 되기 위하여는 엄격한 자격요건을 갖추어야 한다. 법조직업에 대한 규제는 州의 고유권한에 속하는 사항으로서 각 州는 독자적인 변호사 자격요건을 설정하고 있다. 대부분의 州에서는 변호사시험을 부과하고 있는바, 미국변호사협회에서 승인한 법과대학에서 교육과정 3년을 마치고 J.D.학위를 수여받은 者에 한하여 변호사시험(Bar Examination)을 응시할 수 있는 자격이 부여되는 것이 원칙이다.[26]

변호사시험은 모든 州의 변호사시험에 공통적으로 출제되는 객관식 시험(Multistate Bar Exam)과 개별 州에서 독자적으로 출제하는 주관식 논술시험(Essay)의 두 가지 부분으로 구성되어 있다. 변호사시험에 응시한 者 중 약 50% 정도가 합격하는 것이 보통이다.

합격자들은 각자의 주변호사회(State Bar Association)에 가입하게 된다. 변호사는 그가 변호사회 입회허가를 받은 州에서 3년 또는 5년의 기간 동안 변호사업무에 종사한 후에는 별도의 변호사시험을 거치지 아니하고 다른 州에서도 개업허가를 받는 것이 보통이다. 일반적으로 州의 최고법원에서 변호사업무를 수행할 자격이 있는 者는 간단한 형식상의 절차를 밟고 연방법원 변호사업무허가를 받을 수 있다.

(2) 活　動

변호사는 변호사 개업허가를 받은 州 안에서만 개업이 인정되기 때문에 변호사업무는 보통 그의 지역사회에 국한되고 있다. 다른 州의 사법관할(jurisdiction)사항에 대하여는 그 州의 변호사에게 의뢰하여야 한다. 변호사는 판사, 검사, 정부관리, 사기업체의 법률고문 또는 법학교수가 되는 경우에도 변호사협회의 회원으로 남아 있는 것이 일반적이다.

---

25) Salmon P. Chase는 간단한 구술시험으로 치루는 변호사시험에서 떨어지자 시험관인 크랜치 판사에게 "다른 州의 변호사로 활동하기 위하여 가재도구를 처분하는 등 이사준비를 끝냈다"고 애원하여 1829년에 워싱톤 D.C.의 변호사로 합격되었다. 그는 그 후 링컨 대통령에 의하여 1864년에 연방대법원장으로 임명되었다.

26) 다만, California州는 독자적인 변호사기준을 설정하고 있으므로 미국변호사협회에서 공인받지 못한 법과대학의 졸업생도 변호사시험에 응시할 수 있다. 이에 따라 대부분의 ABA비공인 법과대학은 California州에 설립되어 있으며, 이들 대학은 영리목적을 위하여 법학을 강의하고 있다.

변호사가 직능에 따라 형식적으로 분류되는 일은 없다. 미국에서는 변호사가 영국에서 찾아볼 수 있는 法廷辯護士(barristers)와 事務辯護士(solicitors)로 구별되지 아니한다.[27] 미국 변호사의 활동영역에는 변호업무, 법률상담 및 법률문서의 작성 등이 포함된다.

(3) 種　　類

a. **開業辯護士**　　법과대학을 졸업하고 변호사자격을 취득한 경우 가장 보편적인 직업이 개업변호사이다. 변호사가 개업을 하는 경우 혼자서 단독개업을 하는 경우와 여러 명의 변호사가 조합을 결성하여 소위 합동법률사무소(law firm)를 설립하는 경우가 있다.

단독변호사는 혼자서 변호사업무를 수행한다. 따라서, 세법 · 독점금지법 · 가족법 · 회사법 및 통상법 등의 모든 법률분야에 관한 변호사업무를 혼자서 담당하는 경우도 있으나, 법률분야 중에서 특정 분야만을 전문적으로 담당하는 경우도 있다.[28]

합동법률사무소(law firm)는 數人의 변호사들이 종합적인 법률서비스를 제공하기 위하여 조직한 일종의 조합이다. 즉 조합을 결성하여 변호사업무를 수행하고 있는 것이다.[29] 미국법은 복잡하고 그 양이 방대할 뿐만 아니라, 사회가 점차 전문화 · 세분화됨에 따라 변호사 개인이 혼자서 모든 법률서비스를 제공하는 것이 무척 힘들게 되었다. 이에 따라 數人의 변호사가 법률분야를 세분하여 특정 분야를 각기 전담함으로써 법률서비스 제공의 전문성 · 신속성 · 종합성을 제고하기 위하여 설립된 것이 바로 합동법률사무소이다.[30]

합동법률사무소에 소속된 변호사는 조합원변호사(partner)와 보조변호사(associate)로 크게 나뉜다. 조합원변호사는 합동법률사무소의 사실상 소유

27) 미국에서도 New York, New Jersey, Massachusetts, Virginia 등의 州에서는 法廷辯護士와 事務辯護士의 구별을 두었으나 19세기 중반 이후에는 단순한 변호사로 통합되었다.

28) 교통사고 전문의 악덕변호사를 「구급차 추적자」(Amblunance Chaser)라고 비꼬아 부르기도 한다. Lewis F. Powell 판사(1971-1987)가 Ohralik v. Ohio State Bar Association, 436 U.S. 447(1978) 판결에서 사용한 이래 상용어가 되었다.

29) 이러한 합동법률사무소에서도 인종적으로 배타적이어서 1950년대까지는 소위 「WASP」(White Anglo-Saxon Protestant)만을 조합원으로 받아들였으며, 흑인 등 유색인종은 물론 유태인이나 가톨릭교도 조합원이 될 수 없었다.

30) 합동법률사무소는 대형화되어 「Baker and Mckenzie」는 미국 내에 10여개의 지점을 두고 500여명 이상의 변호사를 고용하고 있으며, 점차 세계 각국에도 지점을 확장하고 있다. James B. Stewart, Jr., 『Inside the World's Largest Law Firm』, American Lawyer(Jan. 1980), p. 21.

주로서 합동법률사무소의 운영결과 이윤이 발생한 경우 이를 서로 분배함은 물론, 자신이 법률서비스를 직접 제공한 경우에는 이에 대한 급료도 받는다.

보조변호사는 조합원변호사에게 고용된 피용변호사로서 합동법률사무소의 이윤배분에는 참여하지 못하며, 단지 자신이 제공한 법률서비스에 대하여 급료만을 받는다. 보조변호사는 처음에는 사건개요보고서(case brief)를 작성하거나 법률에 관한 조사·연구업무를 수행하나, 점차 소송업무·법률자문업무를 직접 맡게 된다. 보조변호사로서 수년이 경과하게 되면 조합원변호사들은 보조변호사의 업무수행능력, 성실성, 인품 및 조합에의 기여도 등을 판단하여 조합원변호사의 일원으로 받아들일 것인지의 여부를 결정한다.

합동법률사무소의 조합원변호사는 형사·민사법, 세법, 독점금지법, 통상법 및 보험법 등으로 전담하는 법률분야가 특화되어 있으며, 이들 업무를 보조변호사들이 각각 보조하게 된다.

b. **會社法律顧問** 변호사 중의 일부는 회사의 법률고문으로서 재직하게 된다. 즉 일반회사·금융회사 및 무역회사 등의 私企業體에 고용되어 급료를 받는 회사원변호사이다. 회사업무의 복잡성 및 세분화 등으로 인하여 일반상식만으로 회사를 운영하는 것이 불가능하게 되고, 정부의 기업에 대한 규제강화, 소비자의 기업에 대한 불법행위소송의 증가 등으로 법률에 정통한 변호사의 채용이 불가피하게 되었다. 개업변호사로부터 법률서비스를 제공받을 수도 있으나, 회사에서 전담변호사를 법률고문으로서 고용하는 이유는 회사고용변호사가 회사일만을 전담하여 회사업무에 정통할 수 있고 신속하고 저렴한 법률서비스를 제공받을 수 있기 때문이다.

회사고용변호사는 회사에 대한 법률고문으로서 대개 회사의 임원이 되며, 회사의 중요한 정책결정과정에까지 참여할 수 있다. 회사고용변호사는 회사업무에 관한 자문·조언 및 계약작성 등에 참여하며, 또한 필요한 경우 법정에 출정하여 회사를 변호하기도 한다.

c. **政府辯護士** 변호사 중 일부는 사법부를 제외한 연방·주·군·시의 행정부에서 공무원으로서 종사하고 있다. 公職을 지원하는 변호사들은 대부분이 법과대학을 졸업하고 법조인으로서 최초의 경력을 쌓기 시작하는 사람으로서 정부가 제공하는 보수가 비록 변호사에 비하여 낮지만, 그 수준도 만족하다고 여기거나, 또한 장차 변호사로서 개업하는 경우에 대한 준비단계

로서 훈련과 경험을 축적하려는 것이다.

정부재직변호사로서 가장 대표적인 것은 검사(public prosecutor)이다. 일반적으로 검사는 검사로서의 명성을 얻은 후 연방의회 의원으로 출마하는 등 정치적 야망을 가진 변호사들이 선호하고 있다. 연방정부 검사(attorneys)와 그 보좌관(assistant)인 연방검사는 대통령에 의하여 임명되고 미합중국 법무장관(Attorney General)의 지휘 · 명령을 받는다.

미합중국 법무장관은 법무부의 장관으로 대통령이 임명한다. 법무장관은 정부를 당사자로 하는 모든 사건에서 정부를 대표하여 대법원에 출두하며, 대통령과 타부처장의 질의가 있는 경우에 대통령과 그 부처장에게 법률자문을 행한다. 법무차관(Solicitor General)은 법무장관의 최고위 보좌관으로 법무장관이 부재중이거나 직무수행이 불가능한 경우에 법무장관의 직무를 수행한다.

변호사는 대체로 연방상원의원의 3분의 2, 연방하원의원의 2분의 1, 주지사의 2분의 1 내지 3분의 2를 차지하고 있다.[31]

(4) 報 酬

변호사는 보수를 받고 법률서비스를 제공하는 것이 원칙이나, 때로는 무료로 법률서비스를 제공하기도 한다.

변호사 보수는 변호사와 사건의뢰인 간에 임의로 결정되는 것이 일반적이나, 일부 州에서는 적정기준으로서의 보수일람표를 채택하기도 한다. 성공사례금(contingent fee)은 비도덕적이라고 하여 이를 허용하고 있지 아니하는 유럽대륙과는 달리 미국에서는 일반적으로 허용되고 있다. 성공사례금은 사건의뢰인의 승소금액(recovery)에 대한 일정비율로 결정된다. 승소하는 경우에는 승소금액에 비례하는 액수만큼의 성공사례금이 지급되나, 패소하는 경우에는 보수를 받지 아니하는 것이 원칙이다.

민사사건 또는 형사사건의 당사자가 극빈자이어서 소송비용을 부담할 능력이 없는 경우, 이를 위한 여러 가지의 제도적 장치가 강구되고 있다. 민사사건에 있어서의 극빈자에 대한 법적 조력은 법률구조협회가 무상 또는 명

31) 1980년에 사상 최초로 변호사의원의 비율이 50% 이하로 떨어졌다. 그 이유는 의원직의 수행이 과거보다 훨씬 많은 시간과 노력이 소요되므로 변호사와의 겸직이 불가능하기 때문이다. Stephen Barlas, 『Where Have All the Lawyers Gone?』, National Law Journal(Jan. 19. 1981). p. 13.

목비용만으로 제공한다. 이들 법률구조협회는 「전국법률구조 및 변호인협회」(National Legal Aid and Defender Association)에 의하여 전국적으로 결성되어 있다. 그 사무소의 일부는 주변호사협회가 직접 운영하며, 미국변호사협회는 전국법률구조 및 변호인협회를 적극적으로 협조하고 지원한다. 또한, 대부분의 민사사건에 있어서는 소송비용이 최소한도로 소요되며, 변호사가 불필요한 약식소송절차(informal procedure)에 의하여 진행되는 少額賠償請求法院(Small Claims Court)이 설치되어 있다. 형사소송에 있어서는 극빈자에게 변호사를 선정해 주기 위하여 여러 가지 제도가 활용되고 있다. 즉 법원이 무보수로 변호사를 지정하는 제도, 법원이 변호사를 지정하고 공공기금에 의하여 변호사보수를 지급하는 제도, 변호인을 공무원으로 채용하여 전담변호인으로 이용하는 공공변호인제도(public defender system), 또는 자원적 사적 변호인제도(voluntary or private defender system)나 법률구조제도에 의하여 변호사를 선정하는 방법 등이 있다.

나. 判 事

(1) 槪 要

변호사 중의 일부는 연방, 주, 군 또는 시법원의 판사로 재직한다. 판사는 일반적으로 변호사자격을 갖추고 있어야 하나 판사 재직중에는 변호사개업을 하지 아니한다. 판사의 자격요건, 판사의 선출방법 및 판사의 신분 등에 관한 사항은 개별 州마다 그 특징을 달리하고 있다.

(2) 資 格

판사는 변호사자격을 갖춘 者로서 변호사·정부관리나 교수 중에서 선출되나 정형화된 자격요건은 존재하지 아니한다. 물론 아무런 법조경력이 없는 者도 판사로 재직할 수 있음은 물론이다. 또한 상급법원에 공석이 생긴 경우 하급법원의 판사로 보충하는 일도 있으나, 대부분은 공석이 된 지위에 적합한 자격을 갖춘 판사를 외부로부터 새로이 뽑는 것이 일반적이다. 판사의 선출방법에는 크게 투표제, 임명제 및 이들을 절충한 절충제의 세 가지 형태가 있다.

a. **投 票 制** 3분의 2 이상의 州에서 판사는 일반투표(popular vote)

에 의하여 선출되고 있다. 이 일반투표제도는 일반국민이 판사후보자가 판사로서의 능력과 자질을 갖추고 있는지를 정확히 파악할 수 없으므로, 선거결과가 정당지도자에 의하여 좌우될 수 있다는 단점이 있다. 따라서 미국변호사협회(American Bar Association) 등은 판사의 선거제도에 대하여 많은 비판을 제기하였다. 그 결과 다수의 지방변호사협회가 판사후보자의 자질을 평가하고 그 결과에 따라 후보자를 지지 또는 반대하기 시작한 뒤 판사선거제도의 단점은 어느 정도 개선되었다.

b. 任命制 소수의 州에서는 입법부의 동의를 조건으로 주지사가 판사를 임명한다. 또한, 연방정부에서도 미국대통령은 연방상원의 동의를 조건으로 연방판사를 임명한다.[32] 연방법원의 판사후보자명단은 미국변호사협회의 한 위원회에 제출되고 그 승인을 받아야만 임명되는 것이 통례이다.

法院長(Chief Judge; Chief Justice)의 職도 대개 다른 법관직과 같은 방법으로 선출되는 것이 통례이나 州에 따라서는 법원판사 중에서 윤번제 또는 선임순에 의하거나 판사 상호간의 투표에 의하여 선출하는 경우도 있다. 미국의 연방대법원장은 대통령이 임명하고 연방상원의 동의를 받아야 한다.

c. 折衷制 판사임명제와 선거제의 절충안으로서 소위 캘리포니아 방식(California Plan)과 미주리 방식(Missouri Plan)이 제시되어 일부의 州가 이를 따르고 있다.

1934년에 채택된 캘리포니아 방식에 의하면, 주지사가 주대법원장, 관계 지방고등법원장 및 검찰총장으로 구성되는 판사임명위원회에 대하여 판사후보를 지명하고 판사임명위원회가 이를 승인하면 판사후보는 1년간만 판사로 임명된다. 1년 후에 판사의 신임 여부를 주민의 선거에 회부하여 이 선거에서 승인받으면 12년간의 임기를 가지게 된다.[33]

1938년에 채택된 미주리 방식에 의하면 대법원장 또는 법원장, 주변호사회로 구성된 판사지명위원회(Missouri Appellate Commissions)에서 판사후

32) 연방지방법원 판사의 임명은 上院儀禮規則(Rule of Senatorial Courtesy)에 속하는 사항으로서 대통령 소속 정당의 연방상원의원이 자기 州내 판사임명을 반드시 승인하여야 한다. 실제적으로 판사임용동의를 거부하는 일은 거의 없다. 최초의 여성 연방대법원판사는 1981년 레이건 대통령에 의하여 임명된 Sandra Day O'Connor이다.

33) 판사가 신임선거에서 낙선하는 경우는 극히 드물다. 그러나 캘리포니아에서는 Rose Bird 주대법원장(1935-, 재직: 1977-1986)이 낙선된 바 있다. Rose Bird는 캘리포니아州 최초의 여성대법관이자 대법원장이다. 그녀는 反企業·反官僚 司法哲學을 펼치는 등 초진보적 판결을 내리곤 하였으나 보수주의자들의 축출운동으로 1986년 11월 선거에서 재신임을 받지 못하였다.

보 3 인을 지명하고 주지사는 이 중에서 1 인을 1 년간 임명하며 1 년 후에 12년간(고등법원) 또는 6 년간(지방법원)의 임기로 경쟁자 없이 일반선거에 부쳐진다. 이 방식은 1937년 이래로 미국변호사협회에 의하여 지지 되어 왔다.

(3) 任 期

연방헌법 제 3 조에 따라 임명된 연방법원의 판사는 '충실히 근무하는 동안'(during good behavior) 종신직(for life)이다. 연방헌법 제 1 조에 근거하여 연방의회가 창설한 법원의 판사의 경우에는 종신제인 경우도 있고 4 년에서 15 년 사이의 임기제인 것도 있다. 연방법원판사의 파면은 탄핵 또는 유죄판결의 확정에 의하여서만 가능하다. 탄핵은 반역 · 수뢰죄, 또는 기타의 중죄와 경죄(treason, bribery, or other high crimes and misdemeanors)의 경우에 하원의 소추와 상원의 심판으로 이루어진다.

주법원의 판사는 일부 州에서는 종신직으로, 다른 州에서는 임기직(term of years)으로 근무하고 있다. 일반관할권을 가진 주지방법원에 있어서는 4 년 또는 6 년의 임기, 그리고 上訴法院에서는 6 년 또는 8 년의 임기가 전형적이다. 다수의 州에서는 연방과 마찬가지로 탄핵이나 유죄판결의 확정에 의하여서만 판사를 파면할 수 있도록 되어 있다. 그러나 1970년대 초반부터 대부분의 州에서는 「판사자격심사위원회」(Commission on Judicial Qualifications) 또는 「판사직무평가위원회」(Commision on Judicial Performance), 혹은 「판사결격판정위원회」(Commision on Judicial Disability and Tenure) 등의 법관과 일반인으로 구성되는 위원회를 두어 판사의 능력과 자질을 심사하게 하되 최종적인 파면권 자체는 그 州의 최고법원이 보유하고 있는 제도를 마련하고 있다. 앨라배마를 위시한 소수 州에서는 이러한 위원회에서 심판뿐만 아니라 파면권까지 행사하도록 하고 있으며, 서부의 일부 州에서는 주민소환제도(recall)를 채택하고 있다.

이같은 공식적인 절차에 의하여서만 현직판사의 파면을 가능하게 하는 것은 사법부 독립을 보장하는 제도적 장치이다.

다. 法學敎授

미국의 법학교수는 판사 또는 개업변호사 등 다양한 실무경력을 갖춘 법조인 중에서 선발되는 것이 일반적이다. 법학교수가 되기 위한 요건으로서 변호사자격은 필요하지 아니하다.

미국의 법학교수는 大陸法體系의 국가와는 달리 대부분 2-3개의 전공과목을 강의하는바, 이는 다수의 과목이 普通法이라는 공통적인 法原理에 바탕을 두고 있기 때문에 가능한 것으로 판단된다.

라. 法曹人團

(1) 辯護士協會

변호사협회에는 전국적인 미국변호사협회, 각 州別로 설립되어 있는 주변호사협회 및 각 시, 카운티별로 설립된 지방변호사협회 등이 있다. 근대적 형태의 법조인 단체는 1870년에 설립된 뉴욕市 변호사협회(Association of the Bar of the City of New York)가 최초이다. 뉴욕시 변호사협회는 지방정부의 부패와 대항하여 투쟁할 것을 목표로 설립되었으며, 오늘날까지도 가장 유력하고 활발한 법조단체의 하나로 존속하고 있다.

1878년에 전국적 규모의 단체로서 최초이며 가장 중요한 미국변호사협회(American Bar Association)가 뉴욕市 변호사협회를 모델로 하여 설립되었다. 미국변호사협회에는 변호사가 이에 가입할 의무가 없으나, 약 반수 이상의 개업변호사가 이에 가입하여 회비를 납부하고 있다.[34)]

미국변호사협회의 목적 중의 하나는 주변호사협회 등 미국 전역에 설립되어 있는 다양한 법조단체의 활동을 조정하고 체계화시키려는 데 있다. 그러나 미국변호사협회는 州 또는 지방법조기구의 단순한 연합체가 아니라 이들과 독립적인 조직체이다. 미국변호사협회는 법의 개정과 통일, 재판절차의 개선, 법학교육의 진흥, 법조인의 자질향상, 회원에 대한 계속적인 법학교육의 실시, 법조업무의 활용도 증대, 문헌시설의 제공 등을 그 목적으로 하고 있다.

각 州에서는 주변호사협회(State Bar Association)가 조직되어 있다. 미국변호사협회 및 미국사법협회(American Judicature Society)가 제시한 모델

34) 1912년 ABA는 백인만이 가입할 수 있다는 不文律이 있음에도 불구하고 실수로 3명의 흑인을 가입시켰다. 이에 따라 ABA는 3명의 흑인변호사의 ABA 회원자격을 인정하되 앞으로의 가입신청자는 신청서에 인종을 밝힐 것을 의무화하였다. Jerold S. Auerbach, 『Unequal Justice: Lawyers and Social Change in Modern America』(1976), pp. 65-66.

법에 따라 주의회가 법률을 제정하여 공식적인 주변호사협회를 설립하고 각 변호사가 주변호사협회에 등록하여 회비납부회원(dues-paying member)이 될 것을 요구하는 경우 이를 「통합된」(integrated) 변호사협회라 한다. 현재 거의 모든 州가 통합된 변호사협회를 가지고 있다. 대부분의 州에서는 미국변호사협회가 공포한 모델에 따른 공식법조윤리강령(Official Canons of Professional Ethics)을 채택하고 있으며, 이를 위반한 변호사는 징계의 대상이 된다. 통합된 변호사협회를 채택하고 있는 州에서는 변호사협회가 징계절차상의 심사권을 보유하고 있고, 그 중 다수는 판결권까지 허용하고 있으며, 법원에는 변호사협회의 판결에 대한 재심사권(review)만을 부여하는 경우도 있다.

(2) 美國法律協會 및 美國司法協會

미국변호사협회 및 주변호사협회 이외에도 일반적인 법조기구로서 미국법률협회(American Law Institute) 및 미국사법협회(American Judicature Society) 등이 있다.

a. **美國法律協會** 미국법률협회는 미국법의 불확실성과 복잡성을 극복하기 위하여 1923년에 창립되었다. 동 협회는 약 1천 5백명의 변호사와 판사 그리고 법학교수로 구성된 법조기구로서 法再錄(Restatement of the Law)의 제정·공포, 통일법 및 모델법(uniform and model laws)의 제정·공포, 그리고 법조인 교육에 대한 계획 및 실시 등을 추진하고 있다.

b. **美國司法協會** 미국사법협회는 司法行政의 능률화를 촉진하기 위하여 1913년에 설립되었다. 동 협회는 司法行政分野에 관한 모델법을 제정·공포하고 변호사협회의 통합을 위하여 노력하고 있다.

(3) 辯護士 再敎育機構

최근에는 법조인의 재교육의 필요성이 증대되고 있다. 1947년 이래 미국법률협회와 미국변호사협회가 협력하여 하나의 합동위원회를 설립하고 이 합동위원회로 하여금 전국에 걸쳐 자격증을 획득한 지 오래된 변호사를 대상으로 하여 재교육프로그램을 작성·시행하고 있다.

제2편 各　　論

제 1 장 憲　　法

제 1 절 槪　　說

1. 憲法의 槪念

헌법은 국민의 기본권 보장과 통치구조를 규정한 국가의 기본법이라고 할 수 있다. 이러한 의미에서 모든 국가는 헌법을 보유하고 있으며, 미국 역시 예외는 아니다.

미국에서 헌법이라 함은 成文憲法으로서의 憲法典과 不文憲法으로서의 判例法을 포함하는 소위 憲法律(Constitutional law)을 의미한다.

미국은 연방정부와 주정부로 구성된 연방국가이므로 연방헌법 이외에도 각 州는 개별적인 주헌법을 각자 보유하고 있다.

가. 成文憲法과 不文憲法

(1) 成文憲法

미국의 成文憲法은 1787년에 채택되고 1788년에 발효된『美合中國憲法典』(The Constitution of the United States of America)을 말한다.

a. **構　　成**　『美合中國憲法典』은 前文, 총 7개조의 本文과 총 26개의 改正條文(Amendment to the Constitution)으로 구성되어 있다.

개정조문은『美合中國憲法典』의 본문을 다른 내용으로 改正하거나 또는 본문의 내용은 그대로 유지한 채 새로운 헌법조항을 追加·增補하고 있다.[1)]

1)『美合中國憲法典』의 改正條項을「修正憲法」또는「修正條項」으로 번역·사용하는 경우도

b. **沿　革**　1776년에 독립선언을 하고 1781년에 영국과의 독립전쟁을 승리한 미국 각 州의 대표자들은 『聯邦憲章』(Articles of Confederation, 1781-1788)을 채택하였다. 聯邦憲章은 각 州의 대표로 구성되는 聯邦議會(Confederation Congress)를 설치하는 등 州 상호간의 정치적 유대관계를 강화하기 위하여 제정하였다. 그러나 聯邦憲章은 憲章의 내용을 州 상호간에 강제할 수 있는 구속력이 결여되어 있는 등 연방의 결속을 위하여 많은 결함이 드러났다. 이에 따라 13개 州 중 로드 아일랜드(Rhode Island)를 제외한 12개 州의 대표가 1787년 필라델피아회의에서 『美合中國憲法典』을 채택하였고, 이는 1788년에 발효되었다. 1791년에 10개 헌법개정조항이 한꺼번에 채택되었고, 그 이후 1971년까지 16차례에 걸쳐 16개 헌법개정조항이 각각 채택되었다.

c. **基本體系**　미국 憲法典은 크게 헌법의 기본원리, 통치구조 및 기본권 보호로 구성되어 있다.

첫째, 미국헌법의 기본원리는 '자유와 평등'의 보호 및 연방주의로 집약될 수 있으며, 憲法前文 및 기본권 보호조항에서 이를 찾아볼 수 있다.

둘째, 통치구조는 연방주의하에서 연방정부와 주정부의 2元的 體系를 유지함과 동시에 연방정부 내에 삼권분립제도를 채택하고 있다. 헌법본문은 대부분 통치구조에 관하여 규정하고 있다.

셋째, 기본권 보호에 관하여 미국헌법은 연방정부, 주정부 또는 개인이 국민의 자유와 평등에 관한 권리를 제한·침해하지 못하도록 보호하고 있다. 헌법개정조항은 대부분 국민의 기본권 보호에 관하여 규정하고 있다.

(2) 不文憲法

不文憲法이라 함은 미국의 법원이 헌법에 관한 해석과 판결을 통하여 정립한 判例上의 헌법원칙을 말한다.

미국의 법원은 헌법의 해석을 통하여 美合中國憲法典에 명문으로 규정되지 아니한 통치구조 및 기본권에 관한 憲法律을 무수히 창조하여 왔다. 예컨대, 연방대법원의 違憲法律審查權限, 결사의 자유, 근로자의 근로삼권 및 私生活의 보호 등이 대표적인 경우이다.

있으나, 「修正」이라는 용어는 공식적인 법률용어가 아니므로 이하에서는 「改正」이라는 용어를 사용하기로 한다.

미국의 헌법에서 不文憲法이 차지하고 있는 위치는 상당히 중요하며, 미국에서 成文憲法典은 상징적 · 형식적인 존재에 불과하다. 「판사가 헌법이라고 말하는 것이 바로 헌법이다」라는 표현은[2] 미국헌법에서 법원의 판례가 차지하고 있는 중요성을 단적으로 보여주고 있는 것이다.

나. 聯邦憲法과 州憲法

미국에는 연방 차원의 『美合中國憲法典』 이외에도 50개의 개별 州에서 각각 자신의 주헌법을 채택하고 있다. 주헌법은 주정부의 통치구조 및 州民의 기본권 보장을 규정하고 있는 법규범이다.

헌법본문 제 6 조는 소위 「最高法條項」(Supremacy Clause)으로서 연방헌법 및 연방법률을 미국의 최고법(supreme law of the land)으로 규정하고, 州의 헌법이나 법률이 연방헌법 또는 연방법률에 위배되는 경우 주법원은 연방헌법 또는 연방법률을 적용하도록 의무화하고 있다. 따라서 주정부의 헌법은 연방헌법은 물론 연방법률에도 위배되어서는 아니 되는 하위규범이라고 볼 수 있을 것이다. 最高法條項은 미국의 연방체제를 유지하는 데에 근간이 되는 헌법조항으로 알려져 있다.

2. 다른 나라 憲法과의 區別

미국의 헌법은 成文憲法과 不文憲法을 동시에 갖고 있다는 점에서 成文憲法만을 갖고 있는 大陸法體系下의 헌법과 구별되며 또한 不文憲法만을 갖고 있는 영국의 헌법과 구별된다.

大陸法體系國家는 법원의 판례를 1次的 法源으로서 인정하고 있지 아니하므로 법원의 판례로서 형성되는 不文憲法이 존재하지 아니함은 당연한 법리적 귀결이라고 할 것이다.

영국에서는 成文憲法이 존재하지 아니하며, 헌법은 의회의 제정법, 법원의 판례 및 헌법관행으로 구성되어 있다. 영국에서는 「議會主權의 原則」(Sovereignty of Parliament)에 따라 의회는 어떠한 내용의 법률도 제정할 수

2) Charles E. Hughes. William Taft 대통령에 의해 연방대법원 판사(1910-1916)에, Herbert Hoover 대통령에 의해 연방대법원장(1930-1941)에 임명되어 당시 개혁입법을 적극 지지하였던 진보적인 판사이다.

있는 권한을 갖고 있다. 따라서 의회가 통치구조 또는 국민의 기본권 보호에 관한 사항을 법률로 규정하는 경우에는 당해 법률이 실질적인 헌법이 되는 것이다. 예컨대 영국에서 헌법에 해당하는 制定法은 대체로 大憲章(Magna Carta, 1215), 權利章典(Bill of Rights, 1688), 王位承繼法(Act of Settlement, 1701), 議會法(Parliament Acts, 1911 및 1949)과 같은 것이 있다. 또한 국민의 기본권에 관한 부분은 주로 판례법으로 되어 있다. 영국에서는 憲法慣行(Constitutional Convention)도 헌법의 한 부분을 구성하고 있다. 憲法慣行이란 오래된 관습(customs), 관례(usages) 및 관행(practices) 등에서 나온 규범으로서 제정법으로 규정되었거나 법원의 판결이라는 것을 이유로 하여 강제될 수 있는 것이 아니라 정치적인 先例나 傳統에 대한 존중심 때문에 지켜지는 것이다. 예컨대 영국의 내각은 憲法慣行에 의하여 성립되고 있으며, 국왕이 내각회의에 참석하지 아니하는 것이나 또한 하원에서 다수의석을 차지하는 정당의 당수를 수상으로 지명하여 내각을 구성하는 것도 모두 헌법관행에 의한 것이다.

제2절 憲法의 基本原理

미국헌법의 기본원리는 일반적으로 자유와 평등의 실현을 통한 기본권의 보호, 권력의 균형 및 견제를 통한 삼권분립제도 및 연방제도의 채택 등을 들 수 있다. 기본권의 보호, 삼권분립제도 및 연방제도에 관한 상세한 내용은 제3절 및 제4절에서 각각 후술하기로 하고, 이하에서는 미국헌법의 기본원리를 明文으로 규정하고 있는 憲法前文 및 憲法改正節次 등에 관하여 간단히 설명하기로 한다.

1. 憲法前文

미국헌법전문은 미국헌법의 제정목적을 규정하여 미국헌법의 기본원리를 천명하고 있다.

미국헌법의 제정목적으로서는 (i) 완전한 미합중국연방의 형성, (ii) 정의의 구현, (iii) 국내평안의 확보, (iv) 공동방위체제의 구축, (v) 국민복지의 증진 및 (vi) 자유의 보장 등을 들고 있다.

2. 憲法改正節次

미국헌법의 개정절차는 '發議節次'와 '批准節次'로 나누어진다(헌법본문 제5조).

헌법개정안의 發議方法에는 두 가지 형태가 있는바, 첫째는 연방의회의 상원 및 하원의 양원에서 각 3분의 2 이상의 의결이 있는 경우에 연방의회가 헌법개정안을 發議하는 경우이고, 둘째는 미국 50개 州의 입법부의 3분의 2 이상의 의결이 있는 경우에 연방의회가 憲法會議를 소집하여 헌법개정안을 發議하는 경우이다.

헌법개정안의 批准은 (i) 미국 50개 州의 입법부의 4분의 3 이상이 찬성하는 방법 및 (ii) 미국 50개 州의 憲法會議의 4분의 3 이상이 찬성하는 방법 중에서 연방의회가 제안하는 방법에 의하여 행하여진다.[3]

어떠한 州도 그의 동의 없이는 연방의회의 상원에서의 균등한 투표권을 박탈당하지 아니한다.

3. 共和政體의 採擇

미국헌법본문 제4조 제4항은 "연방정부는 각 州가 共和政體(Republican Form of Government)를 채택하는 것을 보장하여야 한다"고 규정하고 있다. 미국헌법은 국가권력의 소재가 국민에게 있는 공화정체를 채택하고 있는 것이다.

그러나 과연 연방정부가 어떠한 방법에 의하여 주의 공화정치채택을 보장하여야 하는지에 관하여서는 아무런 규정도 아니 두고 있다. 연방의회가 어느 州에서 선출된 연방상원의원 및 연방하원의원을 인정하게 되면 이것이 곧 연방정부가 당해 州의 정부를 共和政體로 인정한다는 것을 의미한다.

---

3) 연방의회는 약 7,000여개의 헌법개정안을 심의하였으나, 그 중 33개 개정안을 통과시켜서 각 州에 회부하였다. 그 중에서 26개 개정안만이 批准되었다. 제21차 헌법개정조항만이 州 憲法會議에 의하여 批准되었으며, 나머지 개정안은 입법부에 의하여 批准되었다.

4. 美國憲法의 遵守義務

연방정부 및 주정부에 소속된 입법부 · 행정부 및 사법부의 모든 공무원은 미국헌법을 준수하여야 한다(헌법본문 제6조 제5항).

제3절 統治構造

미국헌법은 미국의 통치구조에 관하여 규정하고 있다.

미국의 통치구조에 관한 미국헌법상의 가장 큰 특색은 「연방주의」와 「삼권분립제도」의 채택이다. 연방주의가 지역적 · 지리적 관계에 바탕을 둔 연방정부와 주정부간의 통치구조라고 한다면, 삼권분립제도는 입법부 · 사법부 및 행정부간의 기능적 관계에 바탕을 둔 통치구조라고 할 수 있을 것이다.

1. 聯邦主義

미국은 50개의 개별 州로 구성되어 있는 연방국가이다. 그러므로 미국에는 중앙의 연방정부와 50개의 주정부가 존재하고 있다. 주정부는 연방정부의 하부행정단위로서 존재하는 것이 아니라, 연방정부와 주정부에게는 상호 독립적인 정치적 · 법적 주체로서의 동등한 지위가 인정되고 있다. 따라서 미국의 연방주의를 고찰하기 위하여는 미국헌법상 연방정부 및 주정부간의 상호관계 및 주정부 상호간의 관계를 파악하는 것이 필요하다.

가. 州의 聯邦政府構成에 대한 參與

(1) 州의 聯邦加入節次

새로운 州가 연방에 새로이 가입하고자 하는 경우에는 연방의회의 승인을 얻어야 한다(헌법본문 제4조 제3항).

다만, 기존의 다른 州의 관할구역 내에 새로운 州를 신설할 수 없으며, 관련 주입법부와 연방의회의 동의 없이는 2개 이상의 州 또는 1개 州의 일

부분을 병합하여 새로운 州를 신설할 수 없다(헌법본문 제4조 제3항).[4)]

⑵ 聯邦公務員의 選出

각 州의 주민은 미합중국 대통령과 연방정부의 상원의원 및 하원의원을 선출하는 권리를 보유하고 있다.

미국 대통령은 각 州의 인구에 비례하여 구성되는 選擧人團에 의하여 간접적으로 선출된다(헌법본문 제2조 제1항 및 제12차 헌법개정조항). 연방의회의 상원의원(헌법본문 제1조 제3항 및 제17차 헌법개정조항)은 각 州에서 2명씩, 하원의원(헌법본문 제1조 제2항)은 각 州의 인구에 비례하는 숫자만큼 주민의 직접선거에 의하여 선출된다.

연방헌법 「의원자격조항」(Qualification Clauses)[5)]은 (i) 연방하원의원의 경우 ㉠ 25세 이상, ㉡ 미국 시민권(citizenship) 보유기간 7년 이상, ㉢ 주거주자(resident)일 것, (ii) 연방상원의원의 경우 ㉠ 30세 이상, ㉡ 미국 시민권 보유기간 9년 이상, ㉢ 주 거주자일 것의 자격요건을 부과하고 있다.

「의원자격조항」에서 규정하고 있는 연방상원의원·하원의원의 자격요건이 최저기준으로서 연방의회 또는 주의회가 새로운 요건을 추가할 수 있는지의 여부에 관하여 의문시되어 왔다. 이에 관하여 연방대법원은 (i) 연방의회는 상원의원 또는 하원의원에 대하여 「의원자격조항」에 규정된 자격조건 이외에 다른 자격요건을 추가할 수 없으며,[6)] (ii) 주의회[7)]도 개별 주마다 서로 다른 의원자격규정을 둔다면 연방국가로서의 통일성(uniformity and the national character)을 해치게 되므로 「의원자격조항」에 규정된 자격조건 이외에 다른 자격조건을 추가할 수 없다고 판결하였다.

나. 聯邦과 州 相互間 및 州 相互間의 權利·義務關係

⑴ 聯邦과 州 相互間의 權利·義務關係

연방정부는 각 州가 共和政體를 채택하는 것을 보장하여야 한다(헌법본문 제4조 제4항). 연방정부는 외적의 침입으로부터 각 州를 보호하고 각 州의 입법부(입법부가

4) 남북전쟁중(1861-1865)에 버지니아(Virginia)州는 분열되어 서부는 북부연방을, 버지니아를 대표하는 동부는 남부연맹을 지지하였다. 전쟁 후 버지니아州 서부가 분리하여 新州를 결성하였는바, 연방의회는 버지니아州가 북부연방에 반역하였다는 이유로 西버지니아(West Virginia)州의 신설을 승인하였다.

5) 미국헌법 본문 제1조 제2항.

6) Powell v. McCormack 395 U.S. 486(1969).

7) U.S. Term Limits, Inc. v. Thornton, 514 U.S. 779(1995).

없는 경우에는 행정부)가 요청하는 경우 州 안에서 일어난 내란을 진압하여야 하는 의무를 부담한다(헌법본문 제4조 제4항). 50개의 주입법부의 3분의 2 이상이 동의하는 경우 연방헌법의 개정안을 發議할 수 있다(헌법본문 제5조).

어떠한 州도 개인이 美合中國 市民으로서 향유하는 특권과 면책권을 박탈하는 법률을 제정하거나 이를 집행하여서는 아니 된다(제14차 헌법개정조항).

「美合中國 市民으로서 향유하는 특권과 면책권」이라 함은 '연방정부와 개인으로서의 시민간의 관계에서 도출되는 권리'(arise out of the relationship of the individual and the national government)를 의미한다.8) 예컨대 (i) 州와 州 사이를 자유로이 이동할 수 있는 권리, (ii) 연방의회에 대한 청원권, (iii) 연방공무원 선거권, (iv) 집회의 자유 등이 이에 해당된다.

주정부는 연방정부에 대하여 조세를 부과할 수 없으며,9) 연방정부는 주정부의 고유기능을 저해하는 조세를 부과해서는 아니 된다.10)

(2) 州와 州 相互間의 權利·義務關係

각 州는 다른 州의 公的 行爲, 기록 및 사법절차에 대하여 자신의 州에서 부여하는 것과 동일한 수준의 법적 효력(full faith and credit)을 부여하여야 한다(헌법본문 제4조 제1항).

각 州民은 다른 州의 주민이 향유하는 모든 특권과 면책권을 다른 州에 가서도 향유할 수 있는 권리를 보유한다(헌법본문 제4조 제2항). 이 경우 "주민"이라 함은 미국 시민권자로서 주의 거주자(resident)를 의미하며, 외국인 또는 법인은 이에 해당하지 아니한다. 또는 "특권과 면책권은"은 국가적 통일성에 근본적인(fundamental to national unity) 권리로서 예컨대 고용, 직업종사 및 사업수행 등이 이에 포함된다. 그러나, 레크레이션 활동 등은 이에 포함되지 아니한다.11) 특정 주정부가 자신의 州民과 다른 州의 州民을 차별대우하는 이러한 차별대우가 당해 주정부의 목적달성을 위하여 필요불가결한 경우에는 예외적으로 허용된다.12)

8) Twining v. New Jersey, 211 U.S. 78(1908).
9) McCulloch v. Maryland, 17 U.S.(4 wheat) 316(1819).
10) New York v. U.S., 326 U.S. 572(1946).
11) Baldwin v. Mantana Fish and Game Comm'n, 436 U.S. 371(1978).
12) Hicklin v. Orbeck, 437 U.S. 518(1978). "The discrimination is closely or substantially related to a substantial state purpose."인 경우에는 허용된다.

Hicklin v. Orbeck, 437 U.S. 518(1978)

알라스카 주정부는 석유파이프라인공사를 하면서 알라스카 주민을 다른 주의 주민보다 우선적으로 채용하는 법률을 제정하였다. 연방대법원은 고용은 국가적 통일에 근본적인 권리로서 다른 주 주민을 차별화하는 것을 특권 및 면책적 보장조항에 위배되어 위헌이라고 판결하였다.

다. 聯邦政府와 州政府間의 權限配分

연방정부와 주정부는 상호 독립된 정부로서 각기 통치권한을 행사할 수 있으므로, 연방정부의 통치권한과 주정부의 통치권한과의 관계가 문제시 된다.13)

(1) 意 義

a. 憲法規程 제10차 헌법개정조항은 "헌법의 규정에 의하여 연방정부에 부여되지 아니한 권한 및 주정부에 부여되는 것을 금지한 권한을 제외한 모든 권한은 주정부 및 국민에게 歸屬된다"고 규정하고 있다.14)

b. 聯邦政府와 州政府間의 憲法上 權限配分 연방정부는 미국헌법에 의하여 구체적으로 부여된 권한만 행사할 수 있는바, 이는 헌법에 연방정부의 권한으로서 명문으로 열거된 권한만이 연방정부의 통치권한에 해당됨을 말한다. 예컨대 외교 · 국방 · 통화 및 통상에 관한 권한 등이 연방정부의 통치권한에 해당된다. 이에 반하여 주정부는 연방정부에 부여된 권한 이외의 모든 통치권한을 행사할 수 있다. 예컨대 주민의 안전 · 공공복리 · 치안 · 교육 · 교통 등 모든 분야에서 州를 통치할 수 있는 권한을 갖고 있는바, 이는 다른 국가의 정부가 보유하고 있는 통치권한과 동일한 것이다.

이러한 관점에서 볼 때에 연방정부는 '제한적 · 열거적' 권한을 보유한 정부(government of enumerated powers)이며, 주정부는 '포괄적 · 잔여적' 권

13) Nowak, Rotunda 및 Young, Handbook on Constitutional Law, 3rd Ed.(West Pub., 1986).

14) 제10차 개정헌법조항은 "The powers not delegated to the United States by the Constitution, nor prohibited by it to the States, are reserved to the States respectively, or to the people."이라고 규정하고 있다.

한을 가진 정부(government of residual powers)라고 할 수 있을 것이다.[15)]

그러나 연방정부의 권한이라고 하여 이를 연방정부가 반드시 독점적으로 행사하는 것은 아니다. 연방정부의 권한은 「연방정부만이 행사할 수 있는 배타적 권한」과 「연방정부와 주정부가 중복적으로 행사할 수 있는 권한」으로 나누어 볼 수 있다. 後者의 경우 연방정부의 권한과 주정부의 권한간의 충돌문제가 야기될 우려가 있다.

(2) 聯邦政府의 排他的 權限

연방정부에 귀속되는 헌법상의 배타적 권한은 (i) 헌법이 明文의 규정으로 연방정부 권한의 배타성을 認定하는 경우, (ii) 헌법이 연방정부에 부여한 권한의 성질(nature of power)에서 類推하는 경우, (iii) 헌법이 明文의 규정으로 주정부의 권한행사를 禁止하는 경우의 세 가지로 구분하여 볼 수 있다.

a. 憲法이 明文의 규정으로 排他性을 認定하는 경우 헌법이 '排他的'(exclusive)이라는 용어 또는 이와 유사한 용어를 사용하여 연방정부의 배타적 권한을 인정하는 경우이다. 예컨대 헌법본문 제 1 조 제 8 항 제17호는 "연방의회는 워싱톤 D.C.와 관련된 모든 사항에 대하여 「배타적」인 법률제정권을 갖는다"고 규정하고 있다.[16)]

b. 聯邦政府 權限의 性質에서 類推하는 경우 헌법에서 '排他的'이라는 용어를 사용하지 아니한 경우에도 연방정부에 부여된 권한의 성질상 당연히 '排他的' 성격이 인정되는 경우이다. 대표적인 경우로는 국방·통상 및 외교에 관한 권한이다. 전쟁선포·강화에 관한 권한 및 외교관계의 수립에 관한 권한 등은 연방정부의 배타적 권한으로서 주정부는 그 성질상 이를 절대로 행사할 수 없는 권한이다.[17)] 외국과의 통상에 관한 권한도 그 성질상 연방정부의 배타적 권한에 속한다.[18)]

c. 州政府의 權限行使를 禁止하는 경우 헌법이 明文의 규정으로 주정부가 특정 권한을 행사하는 것을 금지하고 있는 경우 연방정부가 당해 권한

15) Kansas v. Colorado, 206 U.S. 46(1907). 캐나다·인도 등의 연방국가에서는 오히려 중앙정부가 포괄적·잔여적 통치권한을 보유하고 있다.

16) 미국헌법본문 제 1 조 제 8 항 제17호는 Congress has the Power "to exercise exclusive Legislation in all cases whatsoever, over the District."라고 규정하고 있다.

17) United States v. Curtiss-Wright Export Corp., 299 U.S. 304(1936); Zschernig v. Miller, 389 U.S. 429(1968).

18) Michelin Tire Corp. v. Wages, 423 U.S. 276(1976).

을 배타적으로 행사할 수 있다. 예컨대 헌법본문 제 1 조 제10항은 "주정부는 조약체결, 화폐주조, 수출 · 입관세부과, 선박톤세부과 및 평화시의 군대유지 등을 하여서는 아니 된다"고 규정하고 있다.[19] 또한 제14차 헌법개정조항은 "어떠한 州도 미국인으로서의 특권 및 면책권을 축소하는 내용의 법률을 제정하거나 집행하여서는 아니 된다"고 규정하고 있다.[20]

(3) 聯邦政府와 州政府間의 重複的인 權限

연방정부의 排他的 권한에 속하지 아니하는 사항에 대하여 연방정부는 물론 주정부도 권한을 행사할 수 있다. 동일한 사항에 대하여 연방정부와 주정부가 동시에 권한을 행사하는 경우, 권한의 충돌문제가 발생하게 되는바, 이러한 경우를 크게 입법권, 사법권 및 행정권의 충돌로 나누어 볼 수 있다.

a. 立法權의 行使

① 聯邦議會가 法律을 制定한 경우

㉠ 聯邦議會가 州政府의 權限行使를 制限 · 禁止하는 경우 연방의회가 明文의 법률을 제정하여 특정 분야에 관한 주정부의 권한행사를 제한 또는 금지하는 경우, 주정부는 연방의회의 법률에 위배되는 내용의 법률 또는 정책을 제정 · 집행하여서는 아니 된다. 그 이유는「最高法條項」(Supremacy Clause)이라고 불리는 헌법본문 제 6 조 제 2 항에 의하여 연방헌법 및 연방법률은 미국에서의 최고법(supreme law of the land)으로서의 효력을 갖고 있기 때문이다.[21] 예컨대 연방의회는 헌법본문 제 1 조 제 8 항 제 3 호의「商去來規制條項」(Commerce Clause)에 의하여 州 상호간의 상거래를 규제할 수 있는 권한을 보유하고 있는바, 이러한 상거래규제권한은 주정부도 이를 행사할 수 있으나 연방의회가 특정 상거래에 관한 주정부의 권한행사를 금지하는 내용의 연방법률을 제정한 경우 주정부가 이러한 권한을 행사하여서는 아니 된다.[22]

19) 미국헌법본문 제 1 조 제10항은 "No state shall enter into any treaty…coin money…lay any duty on Tonnage, keep Troops or ships of war in time of peace…"라고 규정하고 있다.
20) 미국헌법본문 제14조는 "No state shall make or enforce any law which shall abridge the privileges or immunities of citizens of the United States."라고 규정하고 있다.
21) 미국헌법본문 제 6 조 제 2 항은 "The Constitution and the law of the United States which shall be the supreme law of the land…"라고 규정하고 있다.
22) Metropolitan Life Insurance Co. v. Ward, 470 U.S. 869(1985).

㉡ **聯邦議會가 州政府의 權限行使를 制限·禁止하지 아니하는 경우**

연방의회가 州 상호간의 상거래를 규제하는 내용의 법률을 제정하였으나 주정부의 권한행사에 대하여 아무런 明文의 규정도 두고 있지 아니한 경우, 주정부가 동일한 사항을 규제하는 내용의 州法을 제정한다면 聯邦法과 州法간의 충돌문제가 발생한다.

첫째, 연방의회의 聯邦法과 州法의 내용이 명백하게 상치되는 경우에는 연방법이 적용된다. 그 이유는 「最高法條項」에 의하여 연방법이 州法에 대하여 우선적 효력을 갖기 때문이다.

따라서 연방헌법은 물론 연방의회가 제정한 법률과 상치되는 내용의 州法은 무효이다. 즉 연방의회가 제정한 법률의 목적달성에 방해가 되거나, 또한 이를 제한 또는 침해하는 내용의 州法은 「最高法條項」에 의하여 무효가 된다. 둘째, 연방의회의 聯邦法과 州法이 동일한 대상을 규제하고 있으나, 그 내용이 명백하게 상치되지 아니하는 경우에는 소위 「先取의 原則」(preemption doctrine)이 적용된다. 「先取의 原則」이라 함은 연방법과 州法의 내용이 명백하게 상치되지 아니하는 경우 연방법의 제정유래 및 목적 등을 검토하여 연방의회가 규제대상에 관한 모든 분야(entire field)를 통일적·획일적으로 규제하는 것을 목적으로 하고 있다고 판단된다면, 연방법에 대하여 우선적 효력을 부여하는 원칙을 말한다.[23]

즉, 연방법이 특정 분야에 대하여 규제를 하고 있는 경우에는 州法은 비록 연방법의 내용과 명백히 상치되지 아니한다 할지라도 연방법이 규제하는 분야와 동일한 분야에 대하여 규제하여서는 아니 된다는 것을 의미한다.

Hines v. Davidowitz, 312 U.S. 52(1941)

『聯邦外國人登錄法』(Alien Registration Act)이 단순히 외국인의 등록의무를 규정하고 있는 경우, 어느 주정부가 외국인에게 1년에 1번씩 주정부 공무원에게 外國人登錄證을 제시하고 재등록하도록 의무화하는 내용의 州法을 제정할 수 없다. 그 이유는 외국인에 관한 사항은 연방정부가 미국 전체에 걸쳐 통일적이고 동일하게 규제하여야 하기 때문이다.

23) Campbell v. Hussey, 368 U.S. 297(1961).

② 聯邦議會가 法律을 制定하지 아니한 경우　연방의회가 특정 분야에 관한 연방법을 제정하지 아니한 경우 주정부는 당해 분야를 규제하는 권한을 행사할 수 있다.[24)]

③ 聯邦議會의 立法權에 대한 制限　연방의회의 입법권은 상거리규제조항 및 최고법조항에 의하여 사실상 주의회의 입법권을 커다랗게 제약하여 왔다. 연방대법원도 최저임금 및 최저근로시간을 규정한 연방법을 위헌무효로 판정한 Carter v. Carter Coal Co.[25)] 사건 이래 40여 년 간 연방의회의 입법권을 위헌무효로 판정한 경우는 거의 없었다.

그러나, 1976년 연방대법원은 National League of Cities v. Usery 사건에서 제10차 헌법개정조항을 적용하여 최저임금 및 연장근로시간을 규정한 연방공정근로기준법(the Fair Labor Stand Act)은 개별주의 개인근로자에게는 적용되지만 개별주의 규정 또는 지방자치단체 소속의 근로자에게는 적용되지 아니한다고 판결하였다.

National League of Cities v. Usery, 426 U.S. 833(1976)

연방대법원은 연방의회가 최저임금 및 연장근로를 규정한 연방공정근로기준법이 개별주의 개인근로자에게는 적용되지만 주정부 및 지방자치단체 소속 근로자에게는 적용되지 않는다고 판결하였다. 연방의회는 상거래규제조항에 근거하여 당연히 연방공정근로기준법을 제정할 수 있는 권한을 보유하고 있으나, 제10차 헌법개정조항에 의하여 주정부의 일체성(integrity) 또는 연방체제하에서의 효율적인 정부운영을 침해하여서는 안 된다는 것을 논거로 하고 있다.

1976년 National League of Cities v. Usery 판결은 1985년 Garcia 사건[26)]에서 번복(overruled)되었다.

연방대법원은 Garcia 사건에서 연방공정근로기준법이 주정부 및 지방자치단체 소속 근로자에게도 적용된다고 판결하여 다시 연방의회의 상거래규제권한을 원상태로 회복시켰다.

24) Sturges v. Crowninshield, 17 U.S.(4 Wheat) 122(1819).
25) Carter v. Carter Coal Co. 298 U.S. 238(1936).
26) Garcia v. San Antonio Metropolitan Transit Authority, 469 U.S. 528(1985).

b. 司法權의 行使 연방문제(federal question)에 대하여 연방대법원과 주법원은 모두 사법관할권을 보유하고 있다. 연방문제라 함은 일반적으로 (i) 주법원에서 연방법을 적용하여 판결하거나, (ii) 주법원의 판결 또는 주입법부의 법률이 연방헌법, 연방법률 및 조약 등에 위반되는지의 여부에 관한 문제를 말한다. 주법원이 '연방문제'에 대하여 판결을 내린 경우, 연방대법원은 이에 대한 재심관할권을 보유하나, 순수한 주법(State Law)에 관한 사항일 경우에는 연방대법원은 재심관할권을 갖지 않는다. 주법원의 판결에 대하여 연방대법원에 재심을 청구하기 위하여는 (i) 州의 적법한(properly and timely) 소송절차를 따라야 하고, (ii) 주법원에서 연방문제에 대한 판결을 실제로 내려야 하며, (iii) 州의 모든 소송절차를 완료하여 주법원의 최종판정이 내려져야 한다.[27]

Martin v. Hunter's Lessee, Wheat. 304(1816)

버어지니아 주법이 연방법에 위배되는지의 여부에 대하여 버어지니아 주법원은 "일단 주법원에 소송이 제기된 경우 주법이 연방법에 위배되는지의 여부는 주법원이 최종적으로 사법심사한다"고 판결하였다. 이에 대하여 연방대법원은 연방제도 하에서 헌법해석에 대한 통일성(uniformity)이 필요하고, 개별주의 주권(sovereignty)은 필요한 경우 연방헌법에 근거하여 제한될 수 있다는 논거 하에 "연방대법원은 주 최고법원의 판결에 대한 위헌성 여부를 최종적으로 사법심사할 수 있는 권한을 보유하고 있다"고 판결하였다.

c. 行政權의 行使 행정권의 행사는 사실상 연방의회가 제정한 법률을 집행하는 것에 불과하므로 앞에서 설명한 입법권의 행사의 경우와 거의 동일하다고 하여도 과언이 아니다. 따라서 이하에서는 연방정부와 주정부간의 課稅權의 衝突에 관하여만 간단히 설명하여 보고자 한다.

① 聯邦議會가 法律을 制定한 경우 연방의회는 연방법률을 제정하여 주정부가 연방정부의 활동 및 재산 등에 대하여 조세를 부과하는 권한의 행

27) (i) NAACP v. Alabama, 357 U.S. 449(1958), (ii) Herb v. Pitcairn, 324 U.S. 117(1945), (iii) Cox Broadcasting Corp. v. Cohn, 420 U.S. 469(1975).

사를 허용 · 제한 또는 금지할 수 있다.

또한 연방의회가 연방행정부에게 주정부의 활동 및 재산에 관하여 조세를 부과할 수 있는 권한을 부여하는 내용의 연방법을 제정하는 경우, 이러한 연방법이 '치명적인 결함'(extraordinary defect)을 갖고 있지 아니하는 한 동 연방법은 합헌이다. 예컨대 주정부가 광천수를 판매하는 경우, 연방정부는 이에 대하여 연방소비세(general federal excise tax)를 부과할 수 있다.[28]

② **聯邦議會가 法律을 制定하지 아니한 경우** 연방의회가 아무런 연방법률도 제정하지 아니한 경우에도 주정부는 연방정부 및 연방청(federal agencies)의 활동 및 재산 등에 대하여 조세를 부과할 수 없는 것이 원칙이다.[29] 이는 「最高法條項」의 내재적 효력에 기인하는 것이다. 다만, (i) 연방공무원의 봉급에 대하여 주소득세(state income tax)를 부과하는 경우,[30] (ii) 연방정부와 물품공급계약 또는 건축계약을 맺고 있는 사업자의 구매행위에 대하여 주소비세(state sales tax)를 부과하는 경우[31] 등은 모두 허용된다. 이러한 경우에도 주정부의 주소득세 또는 주소비세 등의 부과가 연방정부의 재산 또는 활동 등을 차별대우하거나, 연방정부의 목적달성을 방해하거나(unduly interfere) 또는 중대한 부담(substantial burden)이 되어서는 아니 된다.

(4) 聯邦政府의 權限行使에 대한 制限

연방정부가 주정부의 고유한 입법 · 사법 · 행정권을 침해하는 경우 제10차 헌법개정조항에 위배된다.

예컨대, 연방의회가 주정부로 하여금 특정 법률을 제정하거나 집행하도록 강제하는 경우[32] 또는 연방정부의 행정업무를 주정부가 수행하도록 강제하는 경우[33]는 모두 위헌무효이다.

---

28) New York v. United States, 326 U.S. 572(1946).
29) McCulloch v. Maryland, 17 U.S.(4 Wheat) 316(1819).
30) Graves v. New York ex rel. O'Keefe, 306 U.S. 466(1939).
31) Alabama v. King & Boozer, 314 U.S. 1(1941). 사업자가 연방정부와 소위 '비용추가계약'(Cost-plus Contract)을 맺어 사업자의 사업수행에 필요한 구매비용을 연방정부가 부담하는 경우에도 동 구매에 대하여 주정부는 주소비세를 부과할 수 있다.
32) New York v. U.S., 505 U.S. 144(1992).
33) Printz v. U.S., 117 S.ct, 2365(1997).

New York v. U.S., 505 U.S. 144(1992)

연방의회는 주정부가 쓰레기를 처리하도록 의무화하고, 이를 이행하지 아니하는 경우 쓰레기를 주정부의 소유물로 간주하여 쓰레기로 인하여 발생하는 모든 민사책임을 부담하도록 하는 The Low-Level Radioactive Waste Policy Amendment Act of 1985를 제정하였다. 이에 New York주는 연방정부를 상대로 동 법률의 위헌무효 소송을 제기하였다. 연방대법원은 동 법률이 주정부로 하여금 연방규제업무를 입법화 또는 집행토록 강제함으로써 주정부의 입법절차를 연방정부가 통할하는 결과를 가져오기 때문에 제10차 헌법개정조항을 위반하여 무효라고 판결하였다.

2. 三權分立制度

연방정부의 통치구조는 사법부, 입법부 및 행정부의 세 기관으로 나누어지고 각 기관은 삼권분립의 원칙에 따라 헌법에 의하여 부여된 권한을 각기 행사하고 있다. 원칙적으로 사법권은 연방법원에, 입법권은 연방의회에, 행정권은 대통령에 부여되며, 이들 세 기관은 상호 견제와 균형의 원리하에 헌법상 부여된 권한을 각각 행사하고 있다.

주정부도 연방정부와 마찬가지로 삼권분립제도를 채택하고 있으나 이는 주헌법에 근거를 두고 있는 것이며, 연방헌법은 주정부의 통치구조에 대하여 아무런 규정도 두고 있지 않다.

가. 司 法 府

(1) 司法權의 根據 및 範圍

a. 司法權의 根據 미국헌법본문 제3조 제1항은 "연방정부의 사법권은 하나의 연방대법원 및 연방의회가 임의로 설치하는 연방하급법원에 속한다"고 규정하고 있다.[34]

34) 미국헌법본문 제3조 제1항은 "The judicial power of the United States, shall be vested in one Supreme Court, and in such inferior courts as the Congress may from time to time ordain and establish."라고 규정하고 있다.

즉 연방대법원은 연방헌법에 의하여 의무적으로 설치되나, 연방고등법원 및 연방지방법원은 연방의회가 헌법본문 제 1 조 제 8 항 제 9 호에 의하여 그 설치 여부를 자유로이 결정할 수 있다.[35] 따라서 연방의회는 연방하급법원을 반드시 설치할 필요가 없으며, 설치하는 경우에도 헌법에 규정된 사법관할권을 모두 부여하지 아니하여도 무방하다.[36]

b. **司法權의 範圍** 미국헌법본문 제 3 조 제 2 항은 연방사법권의 범위를 (i) 연방헌법, 연방법률 및 연방조약의 해석에 관한 소송사건, (ii) 미국의 대사, 외교사절 또는 영사와 관련된 소송사건, (iii) 해군 또는 해상에 관한 소송사건, (iv) 연방정부 또는 주정부가 당사자인 소송사건, (v) 서르 다른 주간의 소송사건, (vi) 서로 다른 州에 거주하는 주민간의 소송사건 등의 경으로 한정하고 있다.[37]

이러한 연방사법권의 범위는 네번째의 "연방정부 또는 주정부가 당사자인 소송사건"에 관하여 다음과 같이 제한되고 있다.

첫째, 「國家免責理論」(Sovereign Immunity Doctrine)에 의하여 연방정부가 原告는 될 수 있으나, 연방정부의 승낙 없이 被告는 되지 아니한다.[38] 다만, 연방정부의 공무원이 그 권한을 남용·일탈하여 행사한 경우에는 개인적으로 피고가 될 수 있음은 물론이다.[39]

둘째, 제11차 헌법개정조항은 주정부가 자신의 동의 없이 다른 州의 州民에 의하여 피고가 되는 것을 금지하고 있다. 즉 州民은 다른 州의 정부가

35) 미국헌법본문 제 1 조 제 8 항 제 9 호는 "연방의회가 'Tribunals inferior to the Supreme Court'를 설립할 수 있는 권한을 보유한다"고 규정하고 있다.

36) Sheldon v. Sill, 49 U.S. 441(1850).

37) 미국헌법본문 제 3 조 제 2 항 제 1 호는 연방법원의 司法權의 범위를 "The judicial power shall extend to all cases, in law and equity, arising under this Constitution, the laws of the United States, and treaties made, or which shall be made, under their authority; — to all cases affecting ambassadors, other public ministers and consuls; — to all cases of admiralty and maritime jurisdiction; — to controversies to which the United states shall be a party; — to controversies between two or more states; — between a state and citizens of another state; — between citizens of different states; — between citizens of the same state claiming lands under grants of different states, and between a state, or the citizens thereof, and foreign states, citizens of subjects."로 규정하고 있다. 이중 어느 州의 州民과 다른 州의 정부간의 분쟁(controversies between a state and citizens of another state)은 제11차 헌법개정조항에 의하여 제외되었다. 따라서 어느 州의 州民이 연방법원에서 다른 州의 정부의 동의 없이 이를 상대로 소송을 제기할 수 없다.

38) United States v. McLemore, 45 U.S. 286(1846).

39) Malone v. Bowdoin, 369 U.S. 643(1962).

동의하지 아니하는 경우, 이를 상대로 연방법원에 소송을 제기할 수 없다.[40] 그러나 제11차 헌법개정조항은 (i) 연방정부가 주정부를 상대로 소송을 제기하는 경우,[41] (ii) 주정부에 의하여 제소당한 개인이 연방대법원에 상고하는 경우, (iii) 개인이 주정부 산하의 지방자치단체를 상대로 소송을 제기하는 경우,[42] (iv) 연방의회가 법률을 제정하여 주정부에 대한 개인의 소송을 허용하는 경우,[43] (v) 주정부가 연방법원이 아닌 주법원에서 제소당하는 경우[44] 등을 배제하는 것은 아니다.

(2) 司法權의 管轄

초심관할은 헌법본문에서 명문으로 연방대법원의 고유권한으로 규정하고 있으나, 재심관할은 연방의회가 법률로 정하는 바에 따른다.

a. 聯邦大法院의 司法權管轄 　연방대법원의 사법권관할은 '초심관할'(original jurisdiction) 및 '재심관할'(appellate jurisdiction)로 나누어진다.

① 初審管轄 　헌법본문 제 3 조 제 2 항은 "연방대법원이 '미국의 대사, 외교사절 및 영사에 관한 사건, 또한 주정부가 당사자가 되는 사건'에 관한 초심법원(trial court)이 된다"고 규정하고 있다.[45] 현재 연방대법원의 초심사건 중 대부분의 사건은 '州間의 紛爭'에 관한 사건이다.[46]

② 再審管轄 　헌법본문 제 3 조 제 2 항은 "연방대법원이 앞에서 언급한 연방법원의 사법권의 범위에 관하여 재심관할권을 가지며, 다만 이러한 재심관할권은 연방의회가 이에 대한 예외를 두는 등 법률로써 규정하는 바에 따른다"라고 규정하고 있다.[47] 이에 따라 연방대법원은 헌법 및 연방의회가 제정한 연방법률에 의하여 하급심의 판결에 대한 재심판결을 할 수 있는 권

40) Hans v. Louisiana, 134 U.S. 1(1890).
41) United States v. Texas, 143 U.S. 621(1892).
42) Lincoln County v. Luning, 133 U.S. 529(1890).
43) Pennsylvania v. Union Gas Co., 109 S. Ct. 2273(1989); Patrick v. Bitzer, 427 U.S. 445 (1976).
44) Nevada v. Hall, 440 U.S. 410(1979).
45) 미국헌법본문 제 3 조 제 2 항은 연방대법원이 "in all cases affecting Ambassadors, other public Ministers and Consuls, and those in which a state shall be a party."에 관하여 초심관할권을 갖는다고 규정하고 있다.
46) 28. U.S.C. § 1251(1988).
47) 미국헌법본문 제 3 조 제 2 항은 "in all the other cases before mentioned, the Supreme court shall have appellate jurisdiction, both as to law and fact, with such exceptions, and under such regulations as the Congress shall make."라고 규정하고 있다.

한을 부여받고 있다.

Ex parte McCardle, 74 U.S. 506(1869)

McCardle은 남북전쟁 후 군사정권에 의하여 재건법(the Reconstruction Act) 위반으로 구금되었다. 이에 McCardle은 상고(habeas Corpus)를 허용하고 있는 1867년 연방법에 근거하여 재건법의 위헌심사를 대법원에 요청하였다. 연방의회는 재건법이 위헌판결을 받을 것을 우려하여 1867년 연방법에서 상고(재심)규정을 삭제하였다. 연방대법원은 특정사안에 대한 상고(재심)은 연방의회가 제정한 법률에 따르게 되어 있는 바, 연방의회가 관련 규정을 삭제하였으므로 McCardle은 상고(재심)할 수 있는 법적 권리가 없다고 판결하였다.

한편 헌법에 明文으로 규정되고 있지 아니하나, 대법원은 스스로의 판결에 의하여 (i) 다른 연방정부기관의 행위, 즉 행정부의 법률집행 및 연방의회가 제정한 법률에 대한 위헌심사,[48] (ii) 州의 법률에 대한 위헌심사,[49] (iii) 주법원이 연방사법권의 범위에 속하는 사건에 관하여 내린 판결에 대한 심사[50]에 관한 사항을 연방대법원의 재심관할 범위에 포함시키고 있다.

Marbury v. Madison, 5 U.S. 137(1803)

무엇이 법인가를 규명하는 것은 사법부의 판단영역이자 의무이다. 따라서 연방의회가 아니라 사법부가 연방의회의 제정법이 연방헌법에 위배되는지의 여부를 심사하는 권한을 지닌다. 사법부는 위헌심사결과 연방의회의 제정법이 위헌인 경우, 이의 위헌을 선언하고 그 적용을 거부할 수 있다.

현재는 연방대법원의 再審이 반드시 의무화되고 있는 「上訴」(appeal)와 그 再審이 대법원의 재량에 달려 있는 「節次再審」(certiorari)의 두 종류가 인정되고 있다. 1988년 이후 연방의회는 대법원의 상소(appeal) 관할을 대부분 삭제함으로써 현재는 절차재심이 주류를 이루고 있다. 「節次再審」制度라

48) Marbury v. Madison, 5 U.S. 137(1803).
49) Flecher v. Peck, 10 U.S. 87(1810).
50) Martin v. Hunter's Lessee, 14 U.S. 304(1816).

함은 본래 상급법원이 하급법원이 행한 재판절차의 적격성 여부(irregularities)를 검사하기 위하여 관련 자료를 상급법원으로 이송하라는 내용의 영장을 발급하는 보통법상의 영장제도이다.

연방의회는 현재 「節次再審」의 종류로서 (i) 주최고법원이 연방법률 및 조약의 위헌 여부 및 州法의 위헌 여부에 관하여 내린 결정 또는 명령에 대한 再審請願(petition for certiorari for review of final judgements or decrees)[51] 및 (ii) 연방고등법원이 내린 모든 결정 또는 명령에 대한 再審請願(petition for certiorari from a Federal Court of Appeals)[52]의 두 가지를 인정하고 있다. 연방대법원은 '아주 특별하고 중요한 경우'(only when there are special and important reasons)에만 「節次再審」을 인정하는바,[53] (i) 연방고등법원간의 상치, (ii) 서로 다른 주최고법원 간의 상치, (iii) 연방고등법원과 주최고법원 간의 상치 등 하급법원간의 결정이 일치하지 아니하거나 여태까지 다루어지지 아니하였던 중요한 연방문제(federal question)가 제기된 경우가 이에 해당된다.

b. 聯邦下級法院의 司法權管轄　연방하급법원의 설치 및 사법권관할은 헌법본문 제 3 조 제 1 항의 규정에 따라 연방의회가 정하는 바에 의한다. 따라서 연방의회는 연방지방법원이나 연방고등법원의 전부 또는 일부를 설치하지 아니할 수 있으며, 또한 연방지방법원 또는 연방고등법원을 설치하는 경우에도 이들 법원에 헌법이 부여한 사법권의 관할을 임의로 제한할 수 있다.[54]

나. 立 法 府

헌법본문 제 1 조는 입법부에게 입법권을 비롯하여 商去來規制權限, 세입 및 세출에 관한 권한, 전쟁·군대에 관한 권한 및 외교에 관한 권한 등 다양한 헌법상의 권한을 부여하고 있다.

(1) 立 法 權

a. 憲法規程　헌법본문 제 1 조 제 1 항은 "모든 입법권(legislative power)은 연방의회에 부여된다"라고 규정하고 있다.[55] 또한 헌법본문 제 1

51) 28 U.S.C. § 1257(1988).
52) 28 U.S.C. § 1254(1988).
53) U.S. Supreme Court R.17.
54) Sheldon v. Sill, 49 U.S. 441(1850).
55) 미국헌법본문 제 1 조 제 1 항은 "All legislative powers herein granted shall be vested in a Congress of the United States…"라고 규정하고 있다.

조 제 8 항 제18호는 "연방의회는 미국헌법에서 연방의회에 부여한 권한 및 헌법에 의하여 연방정부, 기타 정부기관 및 소속 공무원에 부여된 권한을 행사하기 위하여 '필요하고 적절한' 법률을 제정할 수 있다"고 규정하고 있는 바, 동 조항을 「必要 · 適切手段條項」이라고 한다.[56)]

b. 主要 內容

① 立法節次　연방의회에서의 입법절차는 헌법본문 제 1 조 제 7 항에 규정되어 있다. 法案은 상원 또는 하원에 제출된다. 다만, 세입징수를 포함하는 法案은 반드시 하원에 먼저 제출되어야 한다.

상원 및 하원에서 각각의 심의를 거쳐 兩院을 통과한 法案은 대통령에게 送付된다. 대통령이 法案을 승인하는 경우에는 이에 서명하고, 승인하지 아니하는 경우에는 이의서를 첨부하여 法案을 發議한 상원 또는 하원에 還付하여야 한다. 還付된 法案이 兩院에서 각각 재적의원 3 분의 2 이상의 찬성으로 재결된 경우 당해 法案은 법률로서 성립한다. 만일 法案이 대통령에게 送付된 후 일요일을 제외한 10일 이내에 대통령이 이를 還付하지 아니하는 경우에는 당해 法案은 법률로서 성립된다.

② 立法權의 範圍　연방정부는 헌법에서 明文으로 부여한 권한 이외의 다른 권한을 행사할 수 없는 것이 원칙이므로 연방의회도 헌법에 규정된 권한만 행사할 수 있을 뿐이다.[57)]

따라서, 미국헌법본문 제 1 조 제 8 항 제18호의 「必要 · 適切手段條項」(Necessary and Proper Clause)은 원칙적으로 헌법이 연방정부에 부여한 권한을 행사하기 위한 수단으로서의 입법권을 부여하고 있는 것에 불과하다. 즉, 연방의회는 헌법이 자신에게 부여한 권한뿐 아니라 연방행정부 및 연방사법부에 부여한 권한의 행사에 필요한 수단을 「必要 · 適切手段條項」에 의하여 법률로서 제정할 수 있다.

그러나 「必要 · 適切手段條項」은 실제로는 연방의회가 헌법에 규정된 권한 이외에도 다양한 권한을 묵시적으로 행사할 수 있는 헌법적 근거를

56) 미국헌법본문 제 1 조 제 8 항 제18호는 Congress has the Power "[t]o make all laws which shall be necessary and proper for carrying into execution the foregoing powers, and all other powers vested by this Constitution in the Government of the United States, or in any Department or Officer thereof."라고 규정하고 있다.

57) 이를 "doctrine of enumerated powers"라고 한다.

제공하고 있다. 그 이유는 과연 무엇이 「必要 · 適切手段」인가를 판단하는 데 있어서 연방대법원은 연방의회의 결정 및 판단을 될 수 있는 한 존중하고 있으므로 연방의회는 헌법에 규정된 권한을 행사하는 데 필요하다고 판단되는 어떤 수단(any appropriate means)도 임의로 채택할 수 있기 때문이다. 이러한 연방의회의 권한을 「내재적 권한이론」(doctrine of implied powers)이라 한다.[58]

McCulloch v. Maryland, 17 U.S.(4 Wheat) 316(1819)

연방정부가 설립한 은행에 대하여 주정부는 조세를 부과하였다. 이에 대하여 연방대법원은 연방정부의 은행설립권이 헌법에 명문으로 규정되어 있지 아니하나, 「必要 · 適切手段條項」에 의하여 연방의회는 은행을 설립하는 권한을 갖고 있다고 판시하였다. 따라서 연방의회의 은행설립에 관한 법률은 「最高法條項」에 의하여 州法에 우선되므로 주정부의 연방은행에 대한 조세부과는 위헌이라고 판결하였다.

c. **立法權의 委任**　연방의회는 입법권을 연방행정부 또는 연방법원에 委任할 수 있다.

연방의회가 입법권을 연방행정부에 委任하는 경우에는 그 委任의 범위를 구체적으로 한정할 수 있는 일정한 기준(standard)을 설정하는 것이 필요하다. 입법권의 委任範圍가 지나치게 광범위한 경우 "입법권은 연방의회가 행사한다"는 헌법규정에 위배되는 것이므로 이러한 委任은 원칙적으로 무효이다.[59] 그러나 최근에는 연방의회가 '공익'(public interest) 또는 '필요성'(necessity) 등의 광범위하고 추상적인 내용을 委任의 기준으로 설정하여도 이러한 委任을 유효한 것으로 보고 있다. 한편, 연방의회가 입법권을 연방행정부에 委任하면서 행정부가 委任立法을 제정하는 경우 연방의회의 동의나 승인을 받는 것을 委任의 조건으로 하는 경우가 있다. 이러한 연방의회의 동의나 승인을 「연방의회의 拒否權」(congressional veto)이라고 하는바, 이러한

58) McCulloch v. Maryland, 17 U.S.(4 Wheat) 316(1819).
59) Panama Refining Co. v. Ryan, 293 U.S. 388(1935).

「연방의회의 拒否權」을 조건으로 하는 委任은 위헌이라는 것이 연방대법원의 판례이다.[60]

연방의회는 연방법원에 規則制定權(rule making authority)을 委任할 수 있다.[61]

(2) 商去來規制에 관한 權限

a. 憲法規程 헌법본문 제 1 조 제 8 항 제 3 호는 연방의회에게 "외국과의 통상 및 미국 주 상호간의 상거래"에 관하여 규제할 수 있는 권한을 부여하고 있다.[62] 동 조항을 일반적으로 「商去來規制條項」(Commerce Clause), 연방의회의 이러한 권한을 「商去來規制權限」(Commerce Power)이라고 부른다.

b. 主要 內容 연방의회가 갖는 商去來規制權限(Commerce Power)은 크게 '외국과의 통상'에 대한 규제권한과 '州 상호간의 상거래'에 관한 규제권한으로 나누어 볼 수 있다.

첫째, 연방의회는 미국과 외국간의 통상을 규제할 수 있는 배타적 권한을 갖는다.[63] 연방행정부는 연방의회로부터 통상에 관한 권한을 委任받아 외국과의 통상에 관한 협상을 하거나 협정을 체결할 수 있다.[64]

둘째, 연방의회는 州 상호간의 상거래를 규제할 수 있는 권한을 갖는다. 다만, 州 상호간의 상거래에 관한 규제권한은 연방의회의 배타적 권한이 아니라 주정부도 이를 규제할 수 있는 권한을 갖고 있으므로 연방의회와 주정부간의 商去來規制權限에 관한 衝突問題가 발생한다. 이 경우 헌법본문 제 1 조 제 8 항 제 3 호는 연방의회에게 「미국 州 相互間」의 상거래에 관한 규제권한을 부여하고 있으므로 상거래가 2 개 이상의 州에 관련되는 때에는 연방의회의 상거래규제대상에 속하는 것이 원칙이다. 반면에 상거래가 특정 1 개 州의 순수한 내부거래에 속하는 경우에는 주정부의 상거래규제대상에 속하게 된다.

---

60) Immigration and Naturalization Service v. Chada, 462 U.S. 919(1983).

61) Mistretta v. United States, 488 U.S. 361(1989).

62) 미국헌법본문 제 1 조 제 8 항 제 3 호는 Congress has the power to "regulate commerce with foreign Nations, and among the several states…"라고 규정하고 있다.

63) Michelin Tire Corp. v. Wages, 423 U.S. 276(1976).

64) 상세한 내용은, 제 2 편 제11장 미국의「국제통상법」부분을 참조하기 바란다.

Gibbons v. Ogden, 22 U.S.(9 Wheat) 1(1824)

New York주는 주법에 의하여 Ogden에게 증기선을 사용하는 여객운송업에 대한 독점사업권을 부여하였다. 한편 Gibbons는 New York주와 New Jersey 주 간의 여객운송업을 임의로 개시하였는바, Ogden은 Gibbons를 자신의 독점사업권 침해로 제소하였다. 이에 대하여 연방대법원은 New York주의 주법은 독점을 금지하고 있는 연방의 독점금지법에 명백히 위배되므로 이는 무효라고 판결하였다. 이 경우 연방대법원은 증기선운항이 New York주를 출발하여 New Jersey주를 항해하는 복수주간의 상거래에 해당되므로 연방의회의 상거래규제권한의 적용대상이 된다고 판결하였다.

특정 상거래가 2개 州 이상의 미국경제에 영향을 미치기 때문에 연방의회의 규제대상이 되는 예로서는 (i) 다른 州에서 판매·유통되는 상품을 생산하는 공장에 대한 규제, (ii) 다른 州에서 원료를 구입하여 상품을 생산하는 공장에 대한 규제 등 다양하다.[65] 즉, 연방의회는 특정 유통경로·유통시설이 州 相互間의 상거래에 사용되거나, 특정 상거래가 2개 州 이상의 미국경제에 영향을 미치는 경우에는 당해 유통경로·유통시설 또는 당해 상거래를 규제할 수 있는 권한을 보유한다.

특정 유통경로·시설이 州 상호간의 상거래에 사용되기 때문에 연방의회의 규제대상이 되는 예로서는 상품 자체, 교통수단, 도로, 식당, 숙박업소 및 유통시설 등 다양하다.

최근에는 2개 이상의 주에 관련되어야 한다는 조건이 완화되어 상거래 '행위'가 1개의 州에서 발생한 경우에도 그 (i) 당해 상거래행위에 사용되는 '유통경로(channel) 수단(instrumentalities) 및 유통시설(facilities)'도 규제의 대상이 되고, (ii) 당해 상거래가 2개 州 이상의 미국경제에 영향(national economic effect)을 미친 경우 등은 상거래규제에 포함된다.

특정 상거래가 절대적으로 1개 州 안에서만 이루어지는 경우를 제외하고는[66] 대부분의 상거래가 다른 州에도 조금씩은 영향을 미치게 되는바, 연

65) NLRB v. Jones & Laughlin Steel Corp., 301 U.S. 1(1937).
66) Gibbons v. Ogden, 22 U.S. 1(1824).

방대법원은 특정 상거래가 다른 州에 미미하나마 경제적 영향을 미친다고 판단되는 경우에는 소위 누적효과이론(cumulative effect theory)을 적용하여 연방의회의 규제대상에 포함되는 것으로 인정하고 있다.

Wickard v. Filburn, 317 U.S. 111(1942)

자급자족을 위하여 소량의 곡물을 생산하는 농부도 당해 가내소비가 전체적으로 누적된다면, 미국 전체의 곡물 수요 및 공급에 영향을 미치게 되므로 연방의회의 商去來規制對象에 속하게 된다.

나아가 연방대법원은 특정 상거래가 州 상호간의 상거래에 해당되는지의 판단 여부에 대하여 연방의회의 결정을 상당히 존중하고 있다.[67]

이 경우 연방의회의 규제권한은 반드시 상거래에 관련된 사항에만 행사되는 것이 아니라 근로삼권보호 및 평등권보호 등 인권보호 등 연방의회의 여러 가지 목적달성을 위하여 다양하게 행사될 수 있다.[68]

Heart of Atlanta Motel, Inc. v. United States, 379 U.S. 241(1964)

고속도로변의 숙박업소는 비록 1개 州 안에서만 영업을 하고 있지만 이는 2개 이상의 州를 왕복하는 운송업자들이 사용하므로 州 상호간의 상거래에 사용되는 것이고, 따라서 연방의회의 규제대상에 속하는바, 연방의회는 이러한 숙박업소가 흑인에게 숙소를 제공하지 아니하는 등 인종차별을 하는 경우 당해 숙박업소를 규제할 수 있다. 따라서, 1964년 인권법(Civil Right Act)은 연방의회에 상거래규제권한에 따른 합헌적 입법이다.

67) Hodel v. Indiana, 452 U.S. 314 (1981).
68) U.S. v. Darby, 312 U.S. 100(1941) : 최저임금보호, NLRB v. Jones & Laughlin Steel Corp., 301 U.S. 1(1937) : 근로3권보호.

Katzenbach v. McLung, 379 U.S. 294(1964)

州間 고속도로에서 상당거리가 떨어진 위치에 소재하고 있는 식당이어서 다른 州의 주민이나 여행객이 거의 이용하지 아니하고 주로 지역 住民을 상대로 하는 소규모 식당임에도 불구하고, 당해 식당에서 전년도에 다른 州에서 생산된 육류를 구매한 적이 있는바, 이는 연방의회의 商去來規制權限의 대상범위에 포함된다. 따라서 연방의회는 당해 식당에서 고객에 대한 인종차별을 하는 것을 금지하는 民權法(Civil Right Act)을 적용시킬 수 있다.

한편, 상거래규제조항은 범죄에 사용되는 사람 또는 물품의 복수주간 운송을 금지함으로써 연방형법의 적용에 사용되고 있다. 예컨대, 비도덕적 목적에 사용하기 위하여 여성을 복수주간에 운송하는 것을 금지하는 the Dyer Act 등이 대표적이다.

Perez v. U.S., 402 U.S. 146(1971)

비록 Prez가 한 주에서만 고리대금업(loansharking)(특히 범죄단체가 개입된)을 하였을지라도 이는 전체 복수주간 상거래에 영향을 미치고 있으며 전국적 조직의 범죄단체는 각 개별주의 지부조직의 고리대금업을 통하여 전국적으로 자금조달을 받고 있기 때문에 이는 연방의회의 상거래규제 대상에 포함된다. 따라서 고리대금업을 금지하고 있는 소비자신용보호법(the Consumer Credit Protection Act)은 상거래국제조항에 따라 합헌이다.

c. 商去來規制權限에 대한 制限 연방의회의 상거래규제권한은 연방의회가 제정한 법률이 상거래규제와 무관한 경우(little connection to commerce) 또는 상당한 영향(substantial effect)이 없는 경우에는 위헌무효가 된다. 예컨대, 학교구역 내에서 무기의 소지를 금지하는 법은 상거래규제와 무관하므로 위헌이다.[69]

69) U.S. v. Ropez, 514 U.S. 549(1995). 동 판결은 60여 년만에 연방대법원이 연방의회의 상거래규제권한에 따른 연방법을 위헌판결한 획기적 판결이다.

U.S. v. Ropez, 514 U.S. 549(1995))

연방의회는 학교구역 내에서 무기를 소지하는 것을 연방범죄로 규정하는 the Gun-Free School Zones Act of 1990을 제정하였다. 이에 대하여 연방대법원은 학교 내에서의 무기소지는 그 자체 상거래에 해당되지 아니하고, 상거래에 상당한 영향(substantial effect)을 미치고 있지 아니하므로 연방의회의 상거래규제권한에 해당되지 않고, 따라서 동법은 위헌무효라고 판결하였다.

대체로, 교육문제, 가정문제 및 일반범죄 등 전통적으로 개별 주차원의 문제에 해당하는 경우에는 대체로 상거래규제대상의 범주에서 제외되고 있다.

U.S. v. Morrison, 529 U.S. 598(2000)

연방의회는 개별주의 사법체계가 여성폭력에 대한 여성보호에 미흡하다고 판단하고 여성폭력발생시 이를 연방법원에 제소할 수 있도록 the Violence Against Women Act of 1994를 제정하였다. 한 여자학생이 성폭행을 당한 후 동법에 근거하여 연방법원에 소송을 제기하였다. 연방대법원은 여성폭력은 상거래규제와 무관하고 또한 이는 일반범죄로서 연방적 차원보다는 주차원의 문제이므로(distinction between local and national activities), 이는 상거래규제대상에 해당되지 아니하고 따라서 동법은 위헌무효라고 판결하였다.

d. **州政府의 商去來規制** 주정부의 규제가 복수주간의 상거래에 영향을 줄 수 있다. 그러나 연방헌법에 상거래규제조항이 존재한다는 이유만으로 주정부는 복수주간의 상거래에 대하여 차별적 조치를 하거나 부당한 제한(discriminating against or unduly burdening)을 가하여서는 아니 된다.

이러한 원칙을 "Dormant Commerce Clause"라 한다. 즉, 상거래규제조항은 (i) 적극적인 측면에서 연방의회가 복수주간의 상거래를 규제할 수 있으며, (ii) 소극적인 측면에서 주정부는 복수주간의 상거래에 부정적 영향을 주는 규제를 할 수 없다는 양면적 성질을 갖고 있다.

주정부의 상거래규제가 Dormant Commerce Clause에 위배되지 않기 위해서는 (i) 규제가 합법적 목적을 추구하여야 하고, (ii) 규제와 목적 간에 합리적 연관성(rationally related)이 존재하여야 하며, (iii) 규제로 인하여 복수주간 상거래에 발생하는 손해보다 커야 한다.[70]

예컨대, 매립지용도로 사용되는 폐기물을 다른 주에서 반입하여 들어오는 것을 금지하는 법률은 그 목적이 보호주의 조치(protectionist measure)적 성격을 갖는 것으로서 복수주간의 상거래에 차별적 대우를 하고 있으므로 위헌무효이다.[71] 또한, 동일한 주 안에서 서로 다른 지방자치단체간에 매립지용도로 사용되는 폐기물의 반입을 금지하는 것도 상거래에 차별적 대우를 하고 있으므로 위헌무효이다.[72]

(3) **稅入 및 支出에 관한 權限**

a. **憲法規程** 헌법본문 제1조 제8항 제1호는 "연방의회는 조세를 부과하고 징수하는 권한을 보유하며, 또한 미국의 채무를 변제하고 국방 및 공공복리를 위하여 지출하는 권한을 보유한다"고 규정하고 있다.[73]

b. **主要 內容** 연방의회의 세입에 관한 권한과 지출에 관한 권한은 상호 독립된 권한이다.

① **稅入에 관한 權限** 연방의회의 조세부과 목적은 일반적으로 '세입증대'(revenue-raising)를 위한 목적과 '규제'(regulation)를 위한 목적으로 크게 나누어 볼 수 있다.

연방의회가 '세입증대'를 위하여 조세를 부과하는 경우에는 헌법상 明文의 근거가 있으므로 전혀 문제가 되지 아니하나, '규제'의 수단으로서 조세를 부과하는 경우에는 과연 연방의회가 이러한 성격의 조세부과를 할 수 있는 권한이 있는지의 여부에 대한 의문점이 제기되고 있다. 이에 관한 문제는 조세의 부과대상이 되는 조세객체에 대하여 연방의회가 규제를 할 수 있는 헌법상의 권한이 있는지의 여부에 따라 구별하여 고찰할 수 있다.

---

70) Dean Milk Co. v. City of Madison, 340 U.S. 349(1951); Pike v. Bruce Church Inc., 397 U.S. 137(1970).

71) City of Philadelphia v. New Jersey, 437 U.S. 617(1978).

72) Fort Gratiot Sanitory Landfiel, Inc. v. Michigan Dept. of Natural Resources, 504 U.S. 353(1992).

73) 미국헌법본문 제1조 제8항 제1호는 "The Congress shall have power to lay and collect taxes, … to pay the debts and provide for the common defence and general welfare of the United States."라고 규정하고 있다.

첫째, 연방의회가 조세객체를 규제할 수 있는 헌법상의 권한이 있는 경우 연방의회가 조세객체를 규제할 목적으로 조세를 부과하는 것은 두방하다. 왜냐하면, 연방의회는 헌법상의 「必要 · 適切手段條項」에 따라 자신의 권한 행사를 위하여 「必要 · 適切手段」을 채택할 수 있는 권한을 또한 보유하고 있는바, 이 경우 조세의 부과는 「必要 · 適切手段」에 해당되기 때문이다.

Veazie Bank v. Fenno, 75 U.S.(8 wall.) 533(1869)

주 은행에서 발행하는 은행어음(bank note)에 대하여 연방의회가 세금을 부과하는 것은 연방의회의 통화관리권한을 행사하기 위한 「必要 · 適切手段」에 속하는 것이므로 당해 세금부과가 '세입증대' 목적보다는 '규제' 목적을 갖고 있다 할지라도 이는 연방의회의 합헌적인 조세부과행위이다.

앞에서 보았듯이 연방의회는 광범위한 商去來規制權限을 보유하고 있는바, 商去來規制權限의 행사를 위한 「必要 · 適切手段」으로서 '조세부과'라는 방법을 채택하는 경우, 연방의회는 헌법본문 제 1 조 제 8 항 제 1 호에서 부여한 조세부과권한을 사용하지 아니하고도 헌법본문 제 1 조 제 8 항 제18호상의 「必要 · 適切手段條項」에 의하여 광범위하게 조세를 부과할 수 있다.

둘째, 연방의회가 조세객체를 규제할 수 있는 권한이 없는 경우 연방의회가 조세객체를 규제할 목적으로 조세를 부과하는 것은 원칙적으로 허용되지 아니한다. 즉, 연방의회는 조세를 헌법상의 「必要 · 適切手段條項」에 근거하여 부과할 수 없다. 따라서 연방의회는 「租稅賦課條項」에서 조세부과의 근거를 찾아야 하는바, 「租稅賦課條項」은 원칙적으로 '세입증대' 목적을 위하여만 조세의 부과를 허용하고 있다. 그러나 연방대법원은 연방의회의 조세부과 목적이 사실상 조세객체를 규제하는 데 있음에도 불구하고, 조세부과의 결과 '세입증대'의 효과가 다소간이라도 있는 경우에는 이를 「租稅賦課條項」상의 정당한 조세부과로 인정하고 있다.[74]

---

74) 무기거래상인에 대한 과세: Sonzinsky v. United States, 300 U.S. 506(1937) 등.

McCary v. United States, 195 U.S. 27(1904)

연방의회는 특정 작물의 재배를 규제할 수 있는 헌법상의 권한을 보유하고 있지 아니하다. 그러나 특정 작물의 재배를 제한하기 위하여 연방의회가 중과세를 하는 경우에도 과세결과 세입증대가 이루어진다면 이는 연방의회의 과세권 행사로서 합헌적인 과세이다.

② **支出에 관한 權限**　연방의회가 미국의 채무를 辨濟하고 국방 및 공공복리[75]를 위하여 예산을 지출하는 경우에는 헌법본문 제1조 제8항 제1호에 규정된 헌법상의 지출권한을 행사하는 것이므로 전혀 문제가 되지 아니한다.

그러나 이러한 목적 이외에 특정 대상을 규제하기 위한 목적으로 예산을 지출하는 경우에는 과연 이러한 예산지출이 합헌적인 권한행사인지의 여부에 대한 의문점이 제기되고 있다. 이에 관한 문제는 앞에서 본 조세부과의 경우와 마찬가지로 지출객체에 대하여 연방의회가 규제를 할 수 있는 권한이 있는지의 여부에 따라 구별하여 고찰할 수 있다.

첫째, 연방의회가 지출객체를 규제할 수 있는 헌법상의 권한이 있는 경우 연방의회가 지출객체를 규제할 목적으로 예산을 지출하는 것은 합헌적이다. 그 이유는 앞의 조세객체를 규제할 목적으로 조세를 부과하는 경우와 마찬가지로 예산의 지출이 지출객체를 규제하는 「必要·適切手段」이 되기 때문이다.

둘째, 연방의회가 지출객체를 규제할 수 있는 헌법상의 권한이 없는 경우에는 헌법상의 '지출에 관한 조항' 자체에 근거하여 지출객체를 규제하여야 한다. 연방정부가 일반 공공복리문제(general welfare)에 대하여 직접적으로 주정부를 규제하는 경우에는 위헌이 되나, 주정부가 자발적으로 협조하는 경우 연방예산을 지원하는 등 간접적으로 규제하는 경우에는 연방대법원은 이러한 규제목적의 지출 역시 대부분 합헌적인 것으로 판결하고 있다. 예컨대, 연방의회가 주정부로 하여금 失業補償制度(Unemployment Compensation Program)를 채택할 것을 강제할 권한이 없음에도 불구하고, 실업자를

75) 무엇이 공공복리의 개념에 해당하는가에 대한 결정은 연방의회의 권한에 속한다. Helvering v. Davis, 301 U.S. 619(1937).

보호하기 위하여 이러한 실업보상제도를 채택한 州에만 연방예산지원을 하는 것은 합헌이다.[76]

South Dakota v. Dole, 107 S. Ct. 2793(1987)

연방의회는 미성년자 금주(minimum drinking age)를 규제할 수 있는 헌법상의 권한이 없다. 그러나 미성년자의 금주를 규제하기 위하여 미성년자 금주제도를 채택하는 州에만 연방고속도로관리비용(federal highway funds)을 지원하여 주는 것은 合憲이다.

(4) 戰爭 및 軍隊에 관한 權限

a. **憲法規程** 헌법본문 제 1 조 제 8 항 제11호 내지 제16호는 "연방의회가 「전쟁선포권한, 군대의 설립 · 유지 · 지원 및 규율에 관한 권한 및 民兵(militia)의 소집 · 조직 · 무장 및 훈련에 관한 권한」 등의 전쟁 및 군대에 관한 권한을 갖고 있다"고 규정하고 있다.

b. **主要 內容** 연방의회는 헌법에서 부여한 '전쟁 및 군대'에 관한 권한에 따라 이에 관한 광범위한 권한을 행사하고 있다. 전쟁 및 군대에 관한 권한에는 (i) 전쟁선포권한, (ii) 육군의 설립 · 유지, (iii) 해군의 설립 · 유지, (iv) 육 · 해군의 통수 및 기율에 관한 규칙제정, (v) 民兵의 소집에 관한 규칙제정, (vi) 民兵의 조직 · 무장 및 훈련에 관한 규칙제정에 관한 권한 등이 포함된다. 이러한 권한에는 헌법에 明文으로 열거된 전쟁 및 군대에 관한 권한뿐 아니라 국내경제 등 전쟁 및 군대와 직접적인 관련이 없는 사항일지라도 이와 간접적으로 관련되어 있는 경우에는 이를 규제할 수 있는 권한도 포함되어 있다.

Woods v. Cloyd W. Miller Co., 333 U.S. 138(1948)

연방의회는 전쟁이 종료된 후에도 주택공급의 부족이 전쟁으로 야기되었다는 것을 이유로 헌법상 전쟁 및 군대에 관한 권한을 근거로 하여 주택의 임대료(rent)를 규제할 수 있다.

76) Steward Machine Co. v. Davis, 301 U.S. 548(1937).

이에 반하여 대통령령은 국군통수권(Commander-in-chief)을 보유한다.

(5) 外交에 관한 權限

a. **憲法規程** 헌법본문 제2조 제2항 제2호는 "연방의회가 대통령이 체결한 조약에 대한 批准同意權 및 대통령의 대사임명에 대한 同意權(confirmation)을 갖는다"고 규정하고 있다.

b. **主要 內容** 상원은 대통령이 체결한 조약(treaty)에 대하여 재적 3분의 2의 찬성에 의한 批准同意權(with the advice and consent of two-thirds of the Senate)을 보유하고 있다. 따라서, 대통령이 외국과 조약을 이미 체결한 경우에도, 상원이 이에 대한 批准同意를 하지 아니하는 경우에는 조약은 미국 내에서 효력을 발생하지 아니한다. 다만, 연방의회는 대통령이 체결하는 행정협정(executive agreement)에 대하여는 批准同意權을 행사할 수 없으며, 따라서 대통령은 독자적으로 행정협정을 체결할 수 있다. 상원에 의하여 批准同意를 받은 조약은 헌법본문 제6조 제2항의 「最高法條項」(Supremacy Clause)에 의하여 미국의 연방법률과 동일한 효력을 갖는 최고법률(the supreme law of the land)이 된다.

Missouri v. Holland, 252 U.S. 416(1920)

연방의회는 미국 내의 철새수렵을 규제하는 연방법을 제정하였으나, 동 법률을 제정할 권한이 없다는 이유로 무효화되었다. 이에 연방의회는 영국과 철새 수렵을 규제하는 조약을 체결하고 이를 비준하였다. 미주리주는 동 조약이 제10차 헌법개정조항에 위배된다고 위헌무효를 주장하였으나, 연방대법원은 연방의회의 조약비준권(Treaty Power)을 인정하여 동 조약의 합헌을 인정하였다.

조약과 연방법 간에 효력상의 상충문제가 발생한 경우에는 (i) 조약과 연방헌법 간의 경우 연방헌법이 우선적 효력을 가지고,[77] (ii) 조약과 연방법률 간의 경우 「新法優先의 原則」 등 일반법원리에 의하여 해결되며,[78] 연방법률이 조약내용의 전부 또는 일부를 明示的 또는 默示的으로 폐지한 경우에

77) Reid v. Covert, 354 U.S. 1(1957).
78) Chae Chan Ping v. United States, 130 U.S. 581(1889).

는 당해 조약은 효력을 상실하나, 미국은 조약회원국에 대하여 조약을 이행할 의무를 부담한다.[79]

상원은 대통령이 대사를 임명하는 경우, 이에 대한 임명동의권을 보유하고 있다.

(6) 國籍 및 歸化에 관한 權限

a. 憲法規程 제14차 헌법개정조항 제 1 항은 "美合中國 영토 내에서 출생하거나 귀화한 자는 미국시민이 된다"고 규정하고 있다.[80] 또한 헌법본문 제 1 조 제 8 항 제 4 호는 "연방의회가 「귀화에 관한 통일된 규칙(uniform rule of naturalization)을 제정하는 권한」을 보유한다"고 규정하고 있다.[81]

b. 主要 內容 미국시민이 될 수 있는 자격요건으로서 제14차 헌법개정조항 제 1 항은 미국 영토 내에서 출생하거나 歸化할 것을 명문으로 의무화하고 있다. 그러나 헌법본문 제 1 조 제 8 항 제 4 호는 이 중 歸化에 관한 사항을 규제할 수 있는 권한만을 연방의회에 부여하고 있을 뿐, 출생에 관한 사항에 관하여는 아무런 규정도 두지 아니하고 있다. 이는 다음과 같이 설명된다.

첫째, 연방의회는 歸化에 의한 국적취득에 관한 통일된 規則을 제정할 수 있는 권한을 보유한다. 귀화에 관한 사항을 정할 수 있는 권한은 연방의회의 배타적 권한이다.[82]

둘째, 연방의회는 出生에 의한 국적취득에 관하여 이를 규지할 수 있는 아무런 권한도 갖고 있지 아니하다. 따라서 연방의회는 출생에 의한 국적취득을 제한 · 금지하는 내용의 법률을 제정할 수 없다.

일단 국적을 취득한 경우에는 그 국적취득의 원인이 歸化에 의한 것이든 또는 出生에 의한 것이든 간에 양자는 동일한 권리 · 의무의 주체가 되며, 따라서 양자를 차별대우하는 내용의 법률은 위헌이다.

79) Clark v. Allen, 331 U.S. 503(1947).

80) 제14차 헌법개정조항 제 1 항은 "All persons born or naturalized in the United States, and subject to the jurisdiction thereof, are citizens of the United States…"라고 규정하고 있다.

81) 미국헌법본문 제 1 조 제 8 항 제 4 호는 연방의회가 "to establish an uniform rule of naturalization" 권한을 갖는다고 규정하고 있다.

82) Holmgren v. United States, 217 U.S. 509(1910).

Schneider v. Rusk, 377 U.S. 163(1964)

歸化에 의하여 미국적을 취득한 者가 외국에서 住所(residence)를 갖는 경우 미국적을 박탈하지만, 출생에 의하여 미국적을 취득한 者에 대하여 그러하지 아니하는 법률은 양자를 차별하므로 違憲이다.

연방의회는 미국적을 박탈할 수 있는 권한을 보유하고 있지 아니하며, 누구도 본인이 미국적을 자진하여 포기하거나, 불법 또는 허위로(unlawfully or by fraud) 미국적을 취득한 경우를 제외하고는 미국적을 박탈할 수 없다. 예컨대, (i) 미국인이 외국에서 선거권을 행사한 것을 이유로 미국적을 박탈하는 내용의 법률은 위헌이며,[83] (ii) 불법 또는 허위로 미국적을 취득한 경우 이를 무효로 하는 내용의 법률은 합헌이다.[84]

(7) 財産에 관한 權限

a. 憲法規程 헌법본문 제 4 조 제 3 항 제 2 호는 "연방의회가 「연방정부가 소유하는 영토 기타 재산(territory or other property)에 관하여 필요한 모든 규칙(rules and regulations)을 제정할 수 있는 권한 및 이를 처분(dispose of)할 수 있는 권한」을 보유한다"고 규정하고 있다.[85]

b. 主要 內容 연방의회는 연방정부가 소유하는 재산의 사용·수익·처분 등 연방재산에 관하여 필요한 모든 사항을 규제할 수 있는 권한을 보유한다. 연방재산에 관하여 필요한 사항이 과연 무엇인가에 대하여 연방의회는 어떠한 제한도 받지 아니하고(without limitation) 이를 정할 수 있다.[86]

(8) 免責特權 및 不逮捕特權

a. 憲法規程 헌법본문 제 1 조 제 6 항 제 1 호는 "상원의원 및 하원의원은 반역죄, 중범죄 또는 평화질서문란죄를 범한 경우를 제외하고는 어떠한 경우에도 연방의회의 회의에 출석중이거나 또는 회의출석을 위한 왕복도중

83) Afroyim v. Rusk, 387 U.S. 253(1967).
84) Schneiderman v. United States, 320 U.S. 118(1945).
85) 미국헌법본문 제 4 조 제 3 항 제 2 호는 The Congress shall have power "to dispose of and make all needful rules and regulations respecting the territory or other property belonging to the United States."라고 규정하고 있다.
86) Klepp v. New Mexico, 426 U.S. 529(1976).

에 체포되지 아니한다. 또한 상원의원 및 하원의원은 연방의회에서 행한 발언과 토론(speech or debate)에 관하여 연방의회 밖에서 어떠한 책임도 지지 아니한다"고 규정하고 있다.87)

b. **主要 內容** 연방 상원의원 및 하원의원은 반역죄, 중범죄 또는 평화질서파괴죄를 범한 경우를 제외하고는 어떠한 경우에도 연방의회의 회의에 출석중이거나 회의출석을 위한 왕복도중에 체포되지 아니하는 불체포특권을 향유하고 있다.

상원의원 및 하원의원은 연방의회에서 행한 발언과 토론에 대하여 형사상 및 민사상의 免責特權을 향유하고 있다.88) 免責特權은 연방 상원의원 및 하원의원은 물론 이들의 補助者(aids)에게까지 확대적용되는 경우도 있으나,89) 주 상원의원 및 하원의원에게는 적용되지 아니한다.90)

연방의회에서 행한 발언과 토론에는 입법과 관련된 발언 및 토론은 물론 각종 표결권의 행사, 청문회의 개최 및 각종 보고서의 작성·준비 등이 모두 포함된다. 그러나 연방의회 위원회 보고서의 대외배포는 비록 배포행위 자체가 법률에 의하여 허용된다 할지라도 그 내용에 관하여 免責特權이 부여되지 아니하고,91) 연방의회 내부에서 행한 발언과 토론을 대외적으로 공개하거나 배포하는 경우 역시 免責特權이 인정되지 아니한다.92)

다. 行 政 府

헌법본문 제 2 조 제 1 항은 행정에 관한 모든 권한을 대통령에게 부여하고 있다.93) 주요한 내용은 다음과 같다.

---

87) 미국헌법본문 제 1 조 제 6 항 제 1 호는 The Senators and Representatives "shall in all Cases, except Treason, Felony and Breach of the Peace, be privileged from Arrest during their Attendance at the Session of their respective Houses, and in going to and returning from the same; and for any Speech or Debate in either House, they shall not be questioned in any other place."라고 규정하고 있다.

88) United States v. Johnson, 383 U.S. 169(1966).

89) Gravel v. United States, 408 U.S. 606(1972). 보조자가 행한 행위를 상원의원 또는 하원의원이 행하였던 경우 면책특권이 인정된다면, 당해 보조자에게도 면책특권의 혜택이 부여된다.

90) United States v. Gillock, 445 U.S. 360(1980).

91) Doe v. McMillan, 412 U.S. 306(1973).

92) Hutchinson v. Proxmire, 443 U.S. 111(1979).

93) 미국헌법본문 제 2 조 제 1 항은 "The executive power shall be vested in a President of the United States of America."라고 규정하고 있다.

(1) 公務員의 任命에 관한 權限

a. **憲法規程** 헌법본문 제 2 조 제 2 항은 "대통령은 헌법에 달리 규정된 경우를 제외하고는 상원의 임명동의를 얻어 대사, 외교사절, 영사, 연방대법원판사 및 기타 연방공무원을 임명하는 권한을 보유한다. 다만, 하급공무원(inferior officer)의 임명에 관하여는 연방의회가 대통령, 연방법원 또는 각 부처의 長에게 각기 그 임명권을 부여할 수 있다"고 규정하고 있다.[94]

b. **主要 內容** 대통령은 소위 주요 공직자(principal officers)에 관한 배타적 임명권한을 보유하나, 이는 상원의 임명동의를 받아야 한다. 그러나 하급공직자(inferior officers)의 임명권한은 연방의회가 정하는 바에 따라 대통령, 연방법원 및 각 부처의 長 등에게 부여된다. 이 경우 주요 공직자와 하급공직자 간의 구분이 문제시되는바 헌법은 이에 관하여 아무런 규정도 두고 있지 아니하다. 따라서 이의 구분은 법원의 판례에 의존할 수밖에 없다. 예컨대, 獨立檢事(independent prosecutor)는 임기 및 권한이 제한적인 하급공무원이므로 연방법원에 의하여 임명될 수 있다고 한다.[95]

헌법은 대통령의 공무원 해임에 관한 권한에 대하여 아무런 규정도 두고 있지 아니하다. 이에 대하여 대통령에게 임명권한이 부여되어 있는 공무원에 대하여는 대통령이 해임권한도 보유하고 있다는 것이 연방대법원의 판례이다.[96] 그러나 임명과 해임의 사유가 헌법 또는 법률에 의하여 明文으로 규정된 경우 대통령은 이에 따라야 한다. 예컨대, 연방법원의 판사는 종신직[97]이므로 대통령은 자신이 임명하는 권한을 가졌다 할지라도 이들을 해임할 수 있는 권한이 없다.

(2) 赦免에 관한 權限

a. **憲法規程** 헌법본문 제 2 조 제 2 항은 대통령에게 "탄핵소추를 당

---

94) 미국헌법본문 제 2 조 제 2 항은 The President "by and with the advice and consent of the Senate, shall appoint ambassadors, other public Ministers and consuls, judges of the Supreme Court, and all other officers of the United States, whose appointments are not herein otherwise provided for, … but the congress may by law vest the appointment of such inferior officers, as they think proper, in the President alone, in the courts of law, or in the heads of Departments."라고 규정하고 있다.

95) Morrison v. Olson, 108 S. Ct 2597(1988).

96) Myers v. United States, 272 U.S. 52(1926). 연방의회는 대통령이 우정청장을 해임하는 것을 제한할 수 없다.

97) 연방법원의 판사는 미국헌법본문 제 3 조 제 1 항에 의하여 종신직(remain in office during

하는 것이 아닌 경우 美合中國에 대한 범죄(offenses)에 대한 형의 집행을 정지 또는 사면(reprieves and pardons)할 수 있는 권한"을 부여하고 있다.98)

b. **主要 內容** 대통령의 赦免權은 대통령에게 전속된 권한이므로 연방의회는 법률로서 이를 제한할 수 없다. 대통령은 刑의 赦免 및 猶豫는 물론 刑을 조건부로 감형99)할 수도 있다.

(3) 立法 및 聯邦議會에 관한 權限

a. **憲法規程** 헌법본문 제 1 조 제 7 항은 대통령에게 연방의회가 제정한 법률에 대한 拒否權(presidential veto)을 인정하고 있다. 헌법본문 제 2 조 제 3 항은 대통령에게 "연방의회에 대한 주요 정책 심의 · 권고권한, 연방의회의 소집권한 및 연방의회의 停會權限"을 부여하고 있다. 헌법본문 제 1 조 제 3 항 제 4 호는 "美合中國 부통령은 연방상원의 의장이 된다"고 규정하고 있다.

b. **主要 內容**

① **立 法 權** 입법에 관한 권한은 원칙적으로 연방의회의 고유권한이므로 헌법에서 대통령의 입법권에 관하여 법률거부권 이외에 아무런 규정도 두고 있지 아니한 것은 당연한 일이다. 다만, 대통령은 연방의회가 입법에 관한 권한을 대통령에게 委任한 경우에 그 委任의 범위 내에서 관련 하위법령을 제정할 수 있을 뿐이다.100) 연방의회로부터 委任을 받지 아니하거나, 또는 委任의 범위를 일탈하여 하위법령을 제정하는 경우 이는 위헌입법이 된다.101)

Youngstown Sheet & Tube Co. v. Sawyer, 343 U.S. 579(1952)

한국의 6·25동란중에 미국 내의 제철소를 군사용으로 수용하려는 대통령의 행정명령(executive order)은 연방의회의 委任을 받지 아니한 입법권의 행사이므로 이는 위헌이다.

---

good behavior)이다.

98) 미국헌법본문 제 2 조 제 2 항은 The President "shall have Power to grant Reprieves and Pardons for Offences against the United States, except in Cases of Impeachment."라고 규정하고 있다.

99) Schick v. Reed, 419 U.S. 256(1974).

100) National Cable Television Association v. United States, 415 U.S. 336(1974).

101) 연방의회가 대통령에게 입법권을 위임하면서 대통령이 하위법률을 제정하는 경우, 연방의회의 승인 또는 동의를 받도록 하는 소위 「연방의회의 拒否權」(congressional veto)은 위헌이다.

한편, 연방의회가 대통령의 입법권행사를 묵시적으로 동의한 경우(implied acquiescence) 이는 합헌이다.[102]

Dames & Moore v. Regan, 453 U.S. 654(1981)

카터 대통령은 미국인이 포로로 억류되어 있는 이란 인질사태를 해결하기 위한 방편으로서 법원에 계류중인 모든 대이란 계약불이행소송을 정지시키는 조치를 취하였다. 동 소송은 나중에 국제재판소의 중재를 받게 되었다. 이에 대하여 연방대법원은 대통령의 조치는 연방의회로부터 명시적 위임을 받지 아니하였으나, 역대대통령의 유사한 조치를 감안하여 볼 때에 연방의회로부터 묵시적 동의를 받은 것으로 판단되므로 합헌이라고 판결하였다.

대통령은 연방의회에서 제정한 법률의 구체적 집행을 위한 경우에는 별도의 委任규정이 없는 경우에도 관련 법령(소위 집행명령)을 제정할 수 있다.

② **拒 否 權** 대통령은 연방의회가 법률을 통과시켜 대통령에게 送付한 경우 이에 대하여 拒否權을 행사할 수 있으며, 대통령이 拒否權을 행사한 경우에는 상·하 양원의 각각 3분의 2 이상의 찬성이 있는 경우에만 법률로서 효력을 발생할 수 있다.

㉠ 포켓拒否權 대통령이 거부권을 행사하려 할 때에 의회가 휴회 등인 경우에는 사실상 대통령은 절대적인 거부권을 행사할 수 있다. 이를 "포켓거부권"(pocket veto)이라고 한다.

㉡ 一部拒否權 법률 전체를 거부하는 것이 아니라 법률의 내용 중 일부 조항만을 거부하는 것을 "일부거부권"(line item veto)이라고 한다. 일부거부권의 행사는 위헌이다.[103]

③ **기타 事項** 대통령은 연방의 전반적인 상황에 관하여 연방의회에 수시로 보고하여야 한다. 또한 대통령이 필요하고 적절하다고 판단되는 조치의 심의를 연방의회에 권고할 수 있다. 대통령은 비상사태(extraordinary occasions)의 경우 연방의회의 兩院 또는 一院을 소집할 수 있다. 停會의 시기에 관하여 兩院間의 의견이 일치하지 아니하는 경우 대통령은 적당하다고 판

102) Dames & Moore v. Regan, 453 U.S. 654(1981).
103) Clinton v. City of New York, 524 U.S. 417(1998).

단되는 시기까지 兩院에 停會를 명할 수 있다. 부통령은 연방상원의 議長이 된다.

Clinton v. City of New York, 524 U.S. 417(1998)

연방의회는 1997년에 "일부거부권법률"(The Line Item Veto Act)을 제정하여 클린턴대통령에게 (i) 일단 법률안 전체에 서명하고, (ii) 발효 후 5일 이내에 법률내용 중 대통령이 반대하는 일부조항을 폐지(cancel)할 수 있는 권한을 부여하였다. 이에 대하여 연방대법원은 (i) 연방헌법에 따르면 대통령이 법률에 서명하지 않고 의회에 이송하여 거부권을 행사하여야 함에도 불구하고, 동 법률은 대통령이 법률에 서명한 후에 거부권을 행사하도록 규정하고 있으며, (ii) 연방헌법은 법률 전체에 대하여 서명하거나 거부권을 행사하는 양자택일을 규정하고 있으나 동 법률은 일부조항에 대하여 거부권을 행사할 수 있도록 규정하고 있다는 점에서 위헌이라고 판결하였다.

(4) 國防 및 外交에 관한 權限

a. **憲法規程** 헌법본문 제 2 조 제 2 항 제 1 호는 대통령이 '최고군대통수권자'(Commander-in-Chief of the Military)임을 규정하고 있다. 또한 헌법본문 제 2 조 제 2 항 및 제 3 항은 "대통령이 「조약을 체결하는 권한, 외국대사를 신임·접수하는 권한 및 미국대사를 임명하는 권한」을 보유하고 있다"고 규정하고 있다.

b. **主要 內容** 대통령은 최고군대통수권자이다. 대통령은 내란이 발발하거나 외국의 군대가 침입하는 경우 연방의회의 전쟁선포를 기다리지 아니하고 전쟁을 개시할 수 있다.[104]

대통령은 조약을 체결하는 권한을 보유하나 조약을 批准하는 권한은 연방의회가 보유한다. 연방의회가 대통령이 체결한 조약을 批准하지 아니하는 경우 조약은 미국에서 효력을 발생하지 아니한다. 대통령의 행정협정체결권한에 관하여 헌법은 아무런 규정도 두고 있지 아니하나, 연방대법원은 대통령이 행정협정을 체결하는 권한을 보유한다고 판결하고 있다.[105]

104) Prize Cases, 67 U.S.(2 Black) 635(1863).
105) United States v. Belmont, 301 U.S. 324(1937).

연방의회의 批准同意를 받아야 하는 조약과 批准同意를 받지 아니하여도 되는 행정협정의 구분은 명확하지 아니하다. 행정협정은 州法에 대하여 우선적 효력을 보유한다.[106]

⑸ 行政上의 免責特權

헌법에 明文의 규정은 없으나 대통령은 헌법상의 권한 행사에 부수되는 기록 및 대화 등의 「의사전달내용」(communication)에 관하여 이를 공개하지 아니할 수 있는 非公開特權(privilege)을 인정받고 있다.[107]

대통령의 「의사전달내용」이 '군사, 외교 또는 국가안보'에 관련된 경우 이러한 특권은 거의 절대적이나, 이 이외의 경우 특권은 절대적으로 보장받는 것은 아니다. 형사사건에서 관련 「의사전달내용」이 중대한 증거로 작용하는 경우 대통령은 이러한 비공개 특권을 절대적으로 주장할 수 없으며 이를 법원에 증거로 제출하여야 한다. 이 경우, 법원은 이러한 내용이 법정 밖으로 공개되지 아니하도록 필요한 조치를 취하여야 한다.[108]

대통령은 재직기간중에 형사상의 訴追를 받음에 반하여, 헌법상 그에게 부여된 권한을 행사하는 경우 어떠한 경우에도 민사상 책임을 부담하지 아니한다. 즉 헌법에 明文의 규정은 없으나 대통령은 재직기간중 絶對的인 民事責任의 免除(absolute immunity from private suits for damages)를 받는다.[109]

제 4 절　基本權의 保障

1. 基本權의 種類

미국에서 보장되는 헌법상의 기본권은 크게 成文憲法上의 기본권과 不文憲法上의 기본권으로 나누어 볼 수 있다.

---

106) United States v. Pink, 315 U.S. 203(1942).
107) United States v. Nixon, 418 U.S. 683(1974).
108) United States v. Nixon, 418 U.S. 683(1974).
109) Nixon v. Fitzgerald, 457 U.S. 731(1982).

가. 成文憲法上의 基本權

美合中國憲法典은 明文으로 국민의 기본권을 보장하고 있다. 예컨대, 종교의 자유, 언론 · 출판 · 집회의 자유 및 請願의 자유(제1차 헌법개정조항), 부당한 수색 및 체포의 금지(제4차 헌법개정조항), 형사절차에서의 피의자의 권리 및 適法節次의 원리(제5차 헌법개정조항), 공정하고 신속한 재판을 받을 권리(제6차 헌법개정조항), 민사배심재판의 권리(제7차 헌법개정조항), 과다한 형벌의 금지(제8차 헌법개정조항), 노예제도의 폐지(제13차 헌법개정조항), 연방기본권의 보호, 適法節次의 원리 및 평등권의 보호(제14차 헌법개정조항), 투표의 권리보호(제15차, 제19차, 제26차 헌법개정조항) 등이다.

제 9 차 헌법개정조항은 "국민의 권리는 이 헌법에 열거되지 아니한 것을 이유로 부인되거나 경시되는 것으로 해석되어서는 아니 된다"고 규정하고 있다.[110] 이는 미국헌법에 明文으로 열거된 기본권은 例示的인 것에 불과하고 헌법에 규정되지 아니한 여타의 헌법상의 기본권이 존재하고 있음을 규정하고 있는 것이다.

나. 不文憲法上의 基本權

미국에서는 美合中國憲法典에 明文으로 규정된 成文憲法上의 기본권뿐 아니라 연방대법원의 판례에 의하여 정립된 기본권도 헌법상의 기본권으로서 보호를 받고 있다. 연방대법원의 판례에 의하여 정립된 기본권을 不文憲法上의 기본권이라고 한다. 不文憲法上의 기본권은 그 효력면에 있어서 成文憲法上의 기본권과 동일한 수준의 헌법적 보호를 받으며, 결코 成文憲法上의 기본권에 비해 낮은 수준의 것이 아니다.

연방대법원은 成文憲法上의 기본권을 해석하는 과정에서 不文憲法上의 기본권을 도출하기도 하고, 일반국민과 연방정부와의 관계에서 그 성질상 당연히 인정되어야 할 권리를 헌법상의 새로운 기본권으로 정립하기도 한다. 예컨대 결사의 자유 및 私生活의 보호 등은 前者의 대표적인 예이고, 여행의 자유 등은 後者의 대표적인 예이다. 구체적인 예를 들어보면 다음과 같다.

a. **私生活의 保護**(right of privacy) 私生活의 보호는 미국의 成文憲法에 明文으로 규정되어 있지 아니한 기본권이다. 그러나 연방대법원은 私生

110) 제 9 차 헌법개정조항은 "The enumeration of certain rights shall not be construed to deny or disparage others retained by the people."라고 규정하고 있다.

活의 보호는 제9차 헌법개정조항 또는 다른 기본권들(Bill of Rights)에 포함된(penumbras or emanations) 개념이라거나,[111] 제14차 헌법개정조항의 자유(liberty)의 개념에 포함된다고 판결하고 있다.[112]

이러한 私生活의 보호에 포함되는 기본권으로서는 (i) 결혼(marriage)의 자유,[113] (ii) 생식(procreation)의 자유,[114] (iii) 피임(contraception)의 자유,[115] (iv) 낙태(abortion)의 자유,[116] (v) 사립학교(private school)선택의 자유[117] 및 (vi) 친족(related person)과의 동거의 자유[118] 등이 있다.

헌법에서 보호되는 私生活의 자유의 개념은 '私生活의 秘密'이라기보다는 위에서 보듯이 성(sex), 결혼(marriage) 및 가족(family) 등과 관련된 개인의 자율성(personal autonomy)을 보호하는 기본권으로 파악하는 것이 더욱 정확할 것이다. 그러나 동성연애, 경찰의 두발 길이 자율화 및 간통 등은 私生活의 자유에 의하여 보호되지 아니한다.

b. **國內旅行의 自由**(right to interstate travel) 국내여행의 자유는 헌법에 의하여 보호되는 기본권으로서 絶對的 基本權(virtually unqualified right)이다.[119] 국내여행의 자유의 헌법적 근거에 대하여는 여러 가지 견해가 제시되고 있으나 최근에는 특정 헌법조항을 근거로 제시하기보다는 단순히 헌법에 의하여 보장되는 권리라고만 판시하고 있다.[120]

Jones v. Helms, 452 U.S. 280(1981)

범죄인이 범죄를 저지른 州를 떠나 다른 州로 이동하는 것을 금지하고, 이동하는 경우 이에 대하여 加重刑을 부과하는 내용의 법률은 국내여행의 자유를 침해하는 것이 아니다.

111) Griswold v. Connecticut, 381 U.S. 479(1965).
112) Roe v. Wade, 410 U.S. 113(1973).
113) Loving v. Virginia, 388 U.S. 1(1967).
114) Skinner v. Oklahoma, 316 U.S. 535(1942).
115) Griswold v. Connecticut, 381 U.S. 479(1965).
116) Roe v. Wade, 410 U.S. 113(1973). 다만 태아의 성장정도와 산모의 건강상태에 따라 낙태의 자유는 제한될 수 있다.
117) Pierce v. Society of Sisters, 268 U.S. 510(1925).
118) Moore v. City of East Cleveland, 431 U.S. 494(1977).
119) United States v. Guest, 383 U.S. 745(1966).
120) Shapiro v. Thompson, 394 U.S. 618(1969).

c. **海外旅行의 自由**(right to international travel) 해외여행의 자유는 제14차 헌법개정조항의 實體的 適法節次에 의하여 보호되는 자유(liberty)의 개념에 포함되는 기본권이다.[121] 그러나 해외여행의 자유는 絶對的 基本權이 아니라, 필요한 경우 제한될 수 있는 相對的 基本權이다. 따라서, (i) 해외거주자에 대한 사회복지혜택의 배제,[122] (ii) 해외에서 국가안전보장 및 외교정책에 중대한 위협을 주는 자에 대한 여권의 취소,[123] (iii) 쿠바 등 위험지역에의 여행제한[124] 등은 모두 實體的 適法節次에 위반되지 아니하는 합헌적 규제이다.

d. **其他의 本質的 基本權** 기타 헌법상 보장되는 본질적 기본권에는 선거의 권리(right to vote),[125] 근로삼권,[126] 직업선택 및 종사의 자유(right to occupation)[127] 등이 있다. 또한, 정신병자(mentally ill)가 자신이나 타인에게 위험한(dangerous) 존재이거나, 혼자서 생존의 가능성이 없는 경우가 아니면 정신병원에 보낼 수 없다는 것도 정신병자의 헌법상 본질적 기본권[128]이다.

2. 基本權의 效力

가. 意 義

미국헌법상 기본권의 효력은 對聯邦政府的 效力, 對州政府的 效力 및 對私人的 效力으로 구분된다. 독일 · 일본 및 우리나라 등 大陸法體系國家에서 헌법의 효력을 對國家的 效力과 對私人的 效力으로 구분하는 것과 유사하다. 다만, 미국에서는 연방정부와 주정부가 서로 독립하여 존재하므로 對國家的 效力이 對聯邦政府的 效力과 對州政府的 效力으로 분류되고 있다.

미국헌법상의 기본권조항은 明文의 규정으로 對聯邦政府的 效力, 對州政

121) Kent v. Dulles, 357 U.S. 116(1958).
122) Califano v. Aznavorian, 439 U.S. 170(1978).
123) Haig v. Agee, 453 U.S. 280(1981).
124) Zemel v. Rusk, 381 U.S. 1(1965).
125) Dunn v. Blumstein, 405 U.S. 330(1972).
126) NLRB v. Jones & Laughlin Steel Corp., 301 U.S. 1(1937).
127) Schware v. Board of Bar Examiners of New Mexico, 353 U.S. 232(1957). 법원은 과거에 공산당원이었다는 것을 이유로 변호사 업무에 종사하는 것을 금지할 수 없다고 판시하였다.
128) O'Connor v. Donaldson, 422 U.S. 563(1975).

府的 效力 및 對私人的 效力을 나누어 규정하고 있다.

대부분의 기본권조항은 對聯邦政府的 效力을 규정하고 있다. 제 6 차 및 제14차 헌법개정조항은 對州政府的 效力을 갖고 있는 기본권을 규정하고 있으며, 제13차 헌법개정조항은 對私人的 效力을 갖고 있는 기본권을 규정하고 있다.

나. 對聯邦政府的 效力

제 1 차 내지 제 8 차 헌법개정조항에 규정된 기본권(소위 Bill of Rights: 權利章典)을 비롯한 기본권은 모두 연방정부가 일반개인의 기본권을 제한·침해하는 것을 방지하기 위한 목적으로 제정되었다. 즉, 연방정부만이 헌법상의 기본권을 보호할 의무를 부담하고 있었으며, 주정부는 아무런 의무도 갖고 있지 아니하였다. 따라서, 주정부가 일반개인의 헌법상의 기본권을 제한·침해하는 경우에도 헌법상 기본권의 효력이 적용되지 아니하므로 일반개인은 구제를 받을 수 없었다.[129]

다. 對州政府的 效力

기본권의 對州政府的 效力에 관하여는 제14차 및 제 6 차 헌법개정조항이 각각 이를 규정하고 있다.

(1) 第14次 憲法改正條項

1868년 채택된 제14차 헌법개정조항 제 1 항의 적법절차(due process of law) 조항은 "주정부는 연방시민[130]이 향유하는 특권이나 면책권을 침해하는 법을 제정하거나 집행하여서는 아니 된다"고 규정하고 있다.[131]

동 조항은 주정부가 연방시민이 향유하는 「특권이나 면책권」을 보호하도록 규정하고 있다. 동 조항의 효력에 대하여 처음에는 제 1 차 내지 제 8 차

129) Barron v. The Mayor and City of Council of Baltimore, 32 U.S.(7 Pet) 243(1833).

130) 미국헌법에서 기본권의 주체로서의 일반개인은 크게 「聯邦市民」과 「州民」으로 나누어 볼 수 있다. 미국에서 일반개인은 聯邦市民으로서의 지위와 州民으로서의 지위를 동시에 보유하고 있다. 연방정부와 주정부간의 권한배분에 따라 연방정부는 聯邦市民으로서의 일반개인만을 관할하고, 주정부는 州民으로서의 일반개인만을 관할하는 것이 원칙이다. 미국헌법에서 보장하고 있는 기본권의 주체는 聯邦市民에 국한되고 州民은 기본권의 주체가 될 수 없는 것이 원칙이다. 그 이유는 미국헌법은 기본권의 보호의무를 연방정부에만 부과하고 있기 때문이다.

131) 同條는 "No State shall make or enforce any law which shall abridge the privileges or immunities of citizens of the United States."라고 규정하고 있다.

헌법개정조항에 규정된 기본권의 보호와 아무런 관련이 없는 것으로 해석되었으나, 점차 이를 인정하는 방향으로 해석되고 있다.

a. 對州政府的 效力을 否定하는 見解 제14차 헌법개정조항이 채택된 이래 초기에는 주정부가 제 1 차 내지 제 8 차 헌법개정조항에 구정된 기본권을 보호할 의무가 없었으므로 동 기본권의 對州政府的 效力이 인정되지 아니하였다. 그 이유는 제14차 헌법개정조항에서 주정부가 보호하여야 할 의무대상인 연방시민의 「특권과 면책권」에 제 1 차 내지 제 8 차 헌법개정조항에서 보호받는 기본권은 포함되지 아니하는 것으로 해석하였기 때문이다.[132]

b. 對州政府的 效力을 認定하는 見解 최근에는 제14차 헌법개정조항에서 주정부가 보호하여야 하는 「특권 및 면책권」에 헌법상 기본권도 포함되어 기본권의 對聯邦政府的 效力이 對州政府的 效力으로 轉換(incorporation)된다고 해석함으로써 기본권의 對州政府的 效力을 인정하고 있다. 이에는 헌법상 기본권의 전부가 주정부의 보호대상이 된다고 하는 「全部轉換說」(total incorporation)과 일부분만이 주정부의 보호대상이 된다고 하는 「選別轉換說」(selective incorporation)이 있으며, 현재는 「選別轉換說」이 다수설이다.

① **全部轉換說** 全部轉換說은 헌법상의 모든 기본권이 제14차 헌법개정조항의 규정을 통하여 주정부로부터 보호된다는 견해이다. 현재 이러한 견해는 소수 판례에 의하여 주장되고 있을 뿐이다.[133]

② **選別轉換說** 選別轉換說은 헌법상의 모든 기본권이 제14차 헌법개정조항의 규정을 통하여 주정부로부터 보호되는 것이 아니라, 이 중 「본질적 기본권」(fundamental right)만이 보호된다는 견해이다.[134] 따라서 選別轉換說은 「본질적 기본권설」(fundamental rights approach)이라고도 하며, 현재 대부분의 미국 판례에서 채택되고 있다.

選別轉換說과 관련하여 몇 가지 의문점이 제기되고 있다.

첫째, 기본권 중 어떠한 기본권이 과연 본질적 기본권에 해당되고, 어떠한 것은 해당되지 아니한지에 대한 구분기준이 명확하지 아니하다는 점이다.

對聯邦政府的 效力과 對州政府的 效力을 동시에 갖는 본질적 기본권에

---

132) Slaughterhouse Cases, 83 U.S.(16 Wall.) 36(1873).
133) 대표적 판례로서는, Adamson v. California, 332 U.S. 46(1947) 참조.
134) Palko v. Connecticut, 302 U.S. 319(1937).

해당되기 위한 기준으로 「自由權 內在說」(implicit in the concept of ordered liberty)[135] 및 「미국 정의의 본질적 요소설」(fundamental to the American scheme of justice)[136] 등이 있으나, 後者가 더욱 많이 援用되고 있다.

현재에는 選別轉換說을 택하는 경우에도 실질적으로 대부분의 기본권이 본질적 기본권으로 분류되고 있다. 다만, 제 5 차 헌법개정조항의 규정에 의한 형사소송에서의 大陪審員制度의 채택[137] 및 제 7 차 헌법개정조항의 규정에 의한 민사소송에서의 陪審員制度의 채택[138]만이 본질적 기본권으로 분류되고 있지 아니할 뿐이다. 따라서 選別轉換說에 따르는 경우에도 대부분의 기본권이 본질적 기본권으로서 對州政府的 效力을 갖게 되므로 결과적으로 全部轉換說과 그 效力면에 있어 대동소이하다.[139]

둘째, 본질적 기본권에 해당되어 연방정부 및 주정부에 의하여 동시에 보호받는 경우에도 모든 면에 있어(all aspects and elements) 연방정부가 부여하는 보호와 동일한 수준의 보호를 주정부도 부여하여야 하는가의 문제이다.

다수설은 주정부도 연방정부가 헌법상 기본권을 보호하는 정도와 동일한 수준의 보호를 하여야 한다는 견해를 취하고 있다.[140]

이에 반하여 소수설은 주정부는 연방정부가 보호하는 기본권을 보호할 의무 자체는 있으나, 반드시 연방정부가 보호하는 정도와 동일한 수준의 보호를 할 필요는 없다는 견해를 취하고 있다.[141]

Johnson v. Louisiana, 406 U.S. 356(1972)

연방형사소송사건에는 陪審員이 「만장일치」로 피의자의 유·무죄를 결정하여야 하나, 주형사소송사건에서는 반드시 만장일치가 아니여도 무방하다.

---

135) Palko v. Connecticut, 302 U.S. 318(1947).
136) Duncan v. Louisiana, 391 U.S. 145(1968).
137) Hurtado v. California, 110 U.S. 516(1884).
138) Walker v. Sauvinet, 92 U.S. 90(1876).
139) In re Winship, 397 U.S. 358(1970).
140) Malloy v. Hogan, 378 U.S. 1(1964); Crist v. Bretz, 437 U.S. 28(1978). 소수설은 다수설을 'jot and jot approach', 혹은 'bag and baggage approach'라고 부르고 있다.
141) Johnson v. Louisiana, 406 U.S. 356(1972); Apodaca v. Oregon, 406 U.S. 404(1972).

⑵ 第 6 次 憲法改正條項

제14차 헌법개정조항이 「연방시민」의 특권과 면책권을 주정부로 하여금 보호하도록 규정하고 있는 반면, 제 6 차 헌법개정조항은 「다른 州의 州民」의 특권과 면책권을 주정부로 하여금 보호하도록 규정하고 있다. 제 6 차 헌법개정조항은 특정 州의 시민이 향유하는 「중요한 권리」(important state right)에 한하여 당해 주정부가 다른 州의 州民을 동등하게 대우하여 줄 것을 의무화하고 있다. 다만, 주정부의 목적달성을 위하여 필요불가결한 경우에는 차별대우가 예외적으로 허용된다.142)

라. 對私人的 效力

⑴ 明文의 規程으로 認定하는 경우

기본권의 對私人的 效力을 明文으로 규정하고 있는 조항은 제13차 헌법개정조항의 노예제도 폐지조항뿐이다. 동조는 "노예 또는 강제노역은 유죄판결에 대한 처벌의 경우를 제외하고는 미합중국 또는 그 관할 내의 어느 곳에서도 허용되지 않는다"고 규정하고 있다.143)

⑵ 明文의 規程으로 認定하고 있지 아니한 경우

대부분의 기본권이 연방정부에 의하여 보호됨은 물론 제14차 헌법개정조항의 규정에 따라 주정부에 의하여도 보호되고 있다. 그러나 다수의 기본권이 일반개인에 의하여도 침해되고 있음을 볼 때에 이러한 침해를 헌법적 차원에서 방지·구제하여야 할 필요성이 대두되었다. 그러나 미국헌법은 제13차 헌법개정조항의 노예제의 경우에만 對私人的 效力을 明文으로 부여하고 있으므로 다른 기본권에 대하여는 私人의 행위는 기본권침해로 구제받을 수 없는 것이 원칙이다. 따라서, 私人에 의한 기본권침해의 경우에는 개인의 기본권침해 행위를 일정한 경우에 연방정부 또는 주정부의 기본권 침해행위로 간주함으로써, 개인간의 기본권침해를 방지 · 구제하여 왔다.

이는 大陸法體系에서 기본권의 對私人的 效力을 인정하고 있는 것과 동일한바, 미국에서는 大陸法體系에서의 기본권의 對私人的 效力 중 間接的 效力을 判例로 정립하고 있다고 볼 수 있을 것이다. 법원의 판례에 의하여 정

142) Hicklin v. Orbeck, 437 U.S. 518(1978).
143) Civil Right Cases, 109 U.S. 3(1883).

립된 기본권의 對私人的 效力은 다음과 같다.

a. **政府機能遂行의 理論** 정부기능 수행이론은 개인이 전통적으로 정부의 기능(government function)으로 알려진 기능을 수행하면서 타인의 기본권을 침해한 경우 이러한 침해행위는 정부의 기본권침해로 간주된다는 이론이다. 예컨대, 공직선거의 후보선정과정에서의 흑백차별,[144] 공원에서 백인만 입장시키는 행위[145] 및 개인기업이 소유한 마을로서 일반마을과 그 성격이 동일한 마을(company town)에서의 외부인축출[146] 등은 대표적인 경우이다. 그러나 쇼핑센터는 company town이 아니므로 정부기능수행이론이 적용되지 아니한다.[147]

또한, 주정부와 민간인이 합작하는(joint participation) 경우 이를 정부기능수행으로 볼 수 도 있다.[148]

Brentwood Academy v. Tenn. Secondary School Athletic Assoc., 531 U.S. 288(2001)

테네시주의 어느 민간단체에서 운영되는 고등학교간체육회(interschoolatic athletics)는 비록 사설단체이기는 하나, 구성원의 84%가 공립고등학교이고, 동 공립고등학교의 선생님들이 동 체육회행사에 참여하는 경우에는 공무를 수행하는 것으로 볼 수 있으므로 정부기능수행이론이 적용된다.

b. **司法的 執行(judicial enforcement)의 理論** 사법적 집행이론은 어느 개인이 다른 개인의 기본권을 침해하는 행위를 하여 당사자간에 소송이 발생한 경우, 이러한 침해행위에 대하여 법원이 합헌이라는 판결을 내리면, 법원의 판결이 개인의 기본권을 침해하는 정부행위에 해당된다는 이론이다.

---

144) Smith v. Allright, 321 U.S. 649(1944).
145) Evans v. Newton, 382 U.S. 296(1966).
146) Morsh v. Alabama, 326 U.S. 501(1946).
147) Hudgens v. NLRB, 424 U.S. 507(1976).
148) Brentwood Academy v. Tenn. Secondary School Athletic Assoc., 531 U.S. 288 (2001).

Shelly v. Kraemer, 334 U.S. 1(1948)

백인거주지역에서 백인들이 흑인들에게는 주택을 팔지 아니하겠다는 制限契約(restrictive covenant)을 체결하였으나 어느 백인이 동 계약을 위반하여 흑인과 주택매매계약을 체결하자 다른 백인들이 흑인과의 주택매매계약은 본래의 제한계약을 위반한 것이므로 無效라는 소송을 법원에 제기하였다. 이 경우 하급법원이 制限契約의 합헌성을 인정하여 흑인과의 주택매매 계약체결을 무효로 하는 판결을 내렸는바 연방대법원은 하급법원의 판결이 백인의 흑인에 대한 평등권침해를 법원이 인정하는 것이므로 곧 정부가 흑인의 평등권을 침해하는 결과를 가져온다고 판결하였다.

c. **政府規制企業**(state regulatory agency)의 **理論**　정부는 특정 기업에 대중교통, 전기·수도 등의 공공사업을 일종의 특권으로서 허용하고, 당해 기업이 정부의 일정한 규제하에 동 사업을 수행하도록 하는 경우가 있다.

정부규제기업이론은 이러한 기업이 개인의 기본권을 침해하는 행위를 하는 경우 이를 정부의 私人에 대한 기본권침해로 간주한다는 이론이다.149)

d. **政府支援**(governmental support)의 **理論**　정부지원의 이론은 국가재산을 賃借하여 사용하거나, 정부로부터 재정적 원조 또는 조세면제를 받는 등 국가의 지원을 받는 자가 그 지원의 범위 내에서 개인의 기본권을 침해하였을 때에는 정부가 私人의 기본권을 침해하는 것으로 간주한다는 이론이다.

Burton v. Wilmington Parking Authority, 365 U.S. 715(1961)

정부소유의 토지를 임차하여 그 토지를 식당의 주차장으로 사용하고 있는 식당주인이 흑인에게 식사제공을 거부한 경우 식당주인의 행위는 정부의 행위로 간주되어 흑인의 평등권침해가 된다.

149) Public Utilities Commission v. Pollak, 343 U.S. 451(1952); CBS v. Democratic National Committee, 412 U.S. 94(1973).

3. 基本權의 具體化

美合中國憲法典에 明文으로 규정된 기본권의 내용은 지극히 추상적이고 불명확하다. 따라서 이러한 기본권의 내용을 구체화하고 명확하게 하는 것이 필요한바,[150] 英美法體系를 따르고 있는 미국에서는 不文法으로서의 判例法 및 成文法으로서의 制定法이 모두 이러한 기능을 수행할 수 있음은 물론이다.

법원이 판례로서 成文憲法上의 기본권을 구체화하는 것은 물론 不文憲法 자체도 제정할 수 있음은 이미 살펴본 바와 같으므로 이하에서는 연방의회의 成文法 제정을 통한 기본권의 구체화 과정만을 설명하여 보기로 한다. 연방의회가 기본권의 내용을 구체화하는 경우 美合中國憲法에 의하여 明文으로 委任을 받은 경우와 그러하지 아니한 경우로 구분하여 볼 수 있다.

가. 憲法에 의하여 委任을 받은 경우

제13차, 제14차, 제15차, 제19차, 제24차 및 제26차 헌법개정조항은 明文의 규정으로 동조에 규정된 기본권의 실현을 위하여 연방의회의 법률로서 그 구체적인 내용을 정하도록 委任하고 있다.[151]

(1) 第13次 憲法改正條項

제13차 헌법개정조항 제1항은 개인에 의한 노예제도를 폐지하고 있는바, 동조 제2항은 이에 따라 연방의회가 노예제도 폐지를 위한 법률을 제정할 수 있도록 규정하고 있다.

법원은 이러한 연방의회의 입법권을 넓게 해석하여 반드시 노예제도 폐지에 국한되지 아니하고, 동산·부동산의 매매,[152] 사립학교 입학[153] 및 언론·출판·집회 및 결사 등[154]에 있어서의 인종차별을 금지하는 법률을 제정하는 권한을 널리 인정하고 있다.

150) 大陸法體系에서 헌법상의 기본권의 내용을 具體化하는 기능을 "기본권의 構成要件理論" 또는 "기본권의 概念形成理論"이라고 한다.

151) 이러한 조항을 일반적으로 許容條項(enabling clause)이라고 부른다. 大陸法體系下에서의 「法律留保」개념과 유사한 개념이라고 볼 수 있다.

152) Jones v. Alfred H. Mayer Co., 392 U.S. 409(1968).

153) Runyon v. McCray, 427 U.S. 160(1976).

154) Griffin v. Breckenridge, 403 U.S. 88(1971).

(2) 第14次 憲法改正條項

제14차 헌법개정조항은 「適法節次」(due process of law) 및 평등권(equal protection)을 보호하고 있는바, 동조 제 5 항은 연방의회가 이의 보호를 위한 법률을 제정할 수 있도록 규정하고 있다.

Katzenbach v. Morgan, 384 U.S. 641(1966)

연방의회는 주정부가 주민에게 선거권을 부여하기 위한 자격요건으로서 문맹여부를 테스트하기 위한 영어시험(English Literacy Test)을 치루도록 하는 제도를 폐지하는 법률을 제정할 수 있다. 그 이유는 문맹을 테스트하는 시험 자체는 위헌이 아닐 수도 있으나, 일반적으로 흑인들이 백인에 비하여 문맹률이 높기 때문에 흑인들이 선거권을 보다 많이 상실하여 평등권이 침해될 우려가 있다는 것이다.

(3) 第15次, 第19次, 第24次 및 第26次 憲法改正條項

제15차 헌법개정조항은 개인이 선거권을 행사하는 경우 인종·피부색 또는 과거의 신분 등으로 인하여 차별대우를 받지 아니함을 규정하고 있는바, 동조 제 2 항은 이를 위하여 연방의회가 법률을 제정할 수 있는 권한을 부여하고 있다. 이에 따라 연방의회는 흑인의 선거권을 제한·침해하는 주정부의 입법을 금지하거나,[155] 이미 제한·침해된 선거권을 회복하는 내용[156]의 법률을 제정할 수 있다.

제19차 헌법개정조항은 여성의 선거권을, 제24차는 납세미납을 이유로 한 선거권 제한의 금지를, 제26차는 연령 18세 이상인 자의 선거권 부여를 보호하고 있는바, 연방의회는 이의 구체화를 위하여 법률을 제정할 수 있다.

나. 憲法에 의하여 委任을 받지 아니한 경우

美合中國憲法典에서 明文으로 法律委任을 규정하고 있지 아니한 경우에도 연방의회는 「必要·適切手段條項」(Necessary and Proper Clause), 「商去

155) South Carolina v. Katzenbach, 383 U.S. 301(1966).
156) City of Rome v. United States, 446 U.S. 156(1980).

來規制條項」(Commerce Clause) 및 「稅入 및 支出條項」(Taxing and Spending Clause) 등에 의하여 헌법상 기본권 보호를 위한 법률을 제정할 수 있다.

(1) 必要·適切手段條項

美合中國憲法典에 규정된 기본권의 보호를 위하여 헌법에서 법률위임규정을 두고 있지 아니한 경우에도 연방의회는 「必要·適切手段條項」에 의하여 필요한 법률을 제정할 수 있다. 이에 따라 연방의회는 연방선거권을 행사할 수 있는 개인에 대한 연령제한을 두는 법률[157] 및 請願權을 행사하기 위하여 집회할 수 있는 권리를 부여하는 법률[158] 등을 제정한 바 있다.

한편, 美合中國憲法典에 明文으로 규정되어 있지 아니할지라도 不文憲法上의 헌법적 효력을 갖는 기본권(Constitutional rights of national citizenship)이 존재한다. 연방의회는 이러한 不文憲法上의 기본권보호를 위하여도 「必要·適切手段條項」에 근거하여 법률을 제정할 수 있는 권한을 갖는다.[159] 예컨대, 연방의회는 州와 州間의 여행자유(right to travel Interstate)를 보호하기 위하여 이러한 기본권을 침해하는 행위에 대한 민사구제(civil remedy)를 허용하는 법률을 제정하거나,[160] 연방선거에서 투표할 수 있는 권리를 주거주자(resident)에 한정하는 州法을 금지하는 법률을 제정[161]할 수 있다.

(2) 商去來規制條項

연방의회는 「商去來規制條項」(Commerce Clause)에 근거하여 헌법상의 기본권을 보호하는 법률을 제정할 수 있다. 예컨대, 州와 州間의 상거래에 사용되는 운송·숙박 및 식당시설에서 인종차별을 금지하는 내용의 1964년 『民權法』(Civil Right Act of 1964)을 제정하였다.[162]

(3) 稅入 및 支出條項

연방의회는 「稅入 및 支出條項」(Taxing and Spending Clause)에 근거하여 헌법상의 기본권을 보호하는 법률을 제정할 수 있다. 예컨대, 연방정부와

157) United States v. Classic, 313 U.S. 299(1941).
158) United States v. Cruikshank, 92 U.S. 542(1876).
159) United States v. Williams, 341 U.S. 70(1951).
160) Griffin v. Breckenridge, 403 U.S. 88(1971).
161) Oregon v. Mitchell, 400 U.S. 112(1970).
162) Heart of Atlanta Motel, Inc. v. United States, 379 U.S. 241(1964).

물품공급계약을 체결하고자 하는 자에게 고용상의 차별금지 등을 조건으로 하여 계약을 체결할 수 있다.[163]

4. 基本權의 制限 및 限界

가. 適法節次

(1) 意 義

미국 제 5 차 및 제14차 헌법개정조항은 "適法節次(Due Process of Law)에 의하지 아니한 생명·자유 및 재산의 침해"를 금지하여 '適法節次'를 미국헌법상의 기본권 보호의 한 측면으로 파악하고 있다.[164] 이 중 제 5 차 헌법개정조항은 연방의회에 의한 適法節次를, 제14차 헌법개정조항은 주입법부에 의한 適法節次를 규정하고 있다.

미국헌법상 適法節次는 實體的 適法節次(substantial due process of law)와 節次的 適法節次(procedural due process of law)로 구분된다.

(2) 實體的 適法節次(Substantive Due Process)

實體的 適法節次라 함은 연방의회 또는 주입법부가 제정한 법률의 실체적 내용(substance)이 제 5 차 및 제14차 헌법개정조항에서 보호하고 있는 개인의 「자유 및 재산」을 침해하여서는 아니 된다는 헌법상의 원칙을 말한다.

미국 법원은 實體的 適法節次原則을 적용함에 있어 의회가 제정한 법률이 경제적·사회적 규제(ecomomic or social regulation)에 해당하는가 또는 비경제적·비사회적 규제(non-economic or non-social regulation)에 해당하는가에 따라 實體的 適法節次의 적용기준을 다르게 설정하여 왔다.

a. 經濟的·社會的 規制 의회가 경제적·사회적 규제의 성격을 갖는 법률을 제정하는 경우 당해 법률이 實體的 適法節次를 충족시키고 있는지의 여부에 대하여 법원이 설정한 판단기준은 크게 1930년 중반을 전후로 하여 두 시기로 분류하여 볼 수 있다.

① 1930年代 中半 以前 1930년대 중반 이전 연방대법원은 의회의 법

163) Fullilove v. Klutznick, 448 U.S. 448(1980).

164) 미국헌법에서의 適法節次(due process of law) 문제는 大陸法體系國家에서의 기본권의 制限 및 限界 문제와 유사하다.

률이 추구하고자 하는 목적과 그 수단이 합리적으로 연관되어 있는 경우(reasonable relation between the ends and the means)에만 당해 법률이 미국 헌법상의 實體的 適法節次를 충족하고, 그러하지 아니한 경우에는 實體的 適法節次를 충족하지 못하므로 위헌이라는 판결을 하여 왔다.[165]

Lochner v. New York, 198 U.S. 45(1905)

New York 주입법부는 제과점 점원의 근무시간을 1일 10시간, 1주 60시간으로 제한하는 내용의 州法을 제정하였는바, 미국연방대법원은 근무시간의 제한이라는 수단(means)이 공공복리의 증진이라는 목적(ends)과 합리적으로 연관되어 있지 아니하고, 오히려 제과점 점원과 주인간의 계약의 자유(right to contract)를 침해한다고 하여 同 州法을 위헌이라고 판결한 바 있다.

② **1930年代 中半 以後** 1930년 중반 이후 연방대법원은 종래의 實體的 適法節次의 기준인「목적과 수단간의 합리적 연관성」기준을 점차 포기하여 왔다. 그 이유는 미국 루스벨트 대통령이 취임한 이래 뉴딜(New Deal) 정책 등 각종 경제적·사회적 정책을 추진하여 왔는바, 이러한 정책을 뒷받침할 수 있는 법률의 합헌성이 요구되었기 때문이었다.

따라서 Nebbia 사건[166] 이래, 연방대법원은 의회의 법률이 추구하고자 하는 목적과 채택된 수단이「최소한도의 합리적 연관성」(minimally rational relation)[167]을 갖추고 있거나,「恣意的 또는 非合理的」(arbitrary and irrational)[168]이지 아니한 경우에는 당해 법률의 合憲性을 推定(presumption of constitutionality)하고 있다. 이는 연방대법원이 경제적·사회적 규제에 관한 의회의 정책적 결정을 존중하고 이에 되도록 간여하지 아니하겠다는 사법적 태도를 반영하고 있는 것이다. 이렇게 연방대법원의 實體的 適法節次 적용에

165) Allgeyer v. Louisiana, 165 U.S. 578(1897) 판결 이래 1899년부터 1937년 사이의 약 40년 동안 연방대법원은 159개의 법률을 平等條項과 適法節次條項 위반으로, 25개의 법률을 헌법상의 다른 基本權條項과 適法節次條項 위반으로 違憲判決을 내린 바 있다.

166) Nebbia v. New York, 291 U.S. 502(1934).

167) West Coast Hotel Co. v. Parrish, 300 U.S. 379(1937); United States v. Carolene Product, 304 U.S. 144(1938).

168) Duke Power Co. v. Carolina Environmental Study Group, Inc., 438 U.S. 59(1978).

관한 기준이 변화됨에 따라 (i) 우유가격의 통제,[169] (ii) 임금 및 근로시간 규제,[170] (iii) 노동조합의 조합원과 비조합원의 차별규제[171] 및 (iv) 원자력산업의 피해보상액 상한설정[172] 등 각종 경제적 · 사회적 규제를 내용으로 하는 법률이 實體的 適法節次를 충족하는 합헌법률로 판결되었다.

b. 非經濟的 · 非社會的 規制 연방대법원에서 특정 법률이 헌법상의 實體的 適法節次를 충족하는지의 여부를 판결하는 경우 경제적 · 사회적 규제를 내용으로 하는 법률에 대하여는 의회의 정책적 결정을 되도록 존중하여 합헌결정을 내리고 있다. 이에 반하여, 非經濟的 · 非社會的 規制를 내용으로 하는 법률에 대하여는 보다 엄격한 기준을 적용하고 있다. 그 이유는 非經濟的 · 非社會的 規制는 헌법상의 본질적 기본권(fundamental right)을 침해할 우려가 있기 때문이다.

의회의 非經濟的 · 非社會的 規制를 내용으로 하는 법률이 국민의 본질적 기본권을 제한 · 침해하는 경우, 연방대법원은 이러한 법률이 헌법상의 實體的 適法節次를 충족시키는지의 여부를 판단하기 위하여 (i) 법률의 제정이 정부의 정책적 목적달성에 절실(compelling)하여야 하며, (ii) 선택된 수단이 목적달성에 필요불가결(necessary)한 것이어야 한다는 엄격한 기준(Strict Scrutiny)을 설정하였다. 즉, 의회의 법률은 정부의 절실한 정책적 목적달성에 필요불가결한 경우가 아니면 헌법상 實體的 適法節次의 기준을 충족시키지 못하므로 위헌이 된다.[173]

Griswold v. Connecticut, 381 U.S. 479(1965)

커네티컷주 법률은 피임기구의 사용을 행사상의 범죄로 규정하였다. 동법에 의거하여 부부의 피임을 상담하고 도와 준 병원의 의사가 기소되었다. 연방대법원은 커네티컷주 법률이 헌법상 Bill of Right에 의하여 보호되고 있는 사생활의 자유를 침해하고 있으므로 위헌이라고 판결하였다.

169) Nebbia v. New York, 291 U.S. 502(1934).
170) West Coast Hotel Co. v. Parrish, 300 U.S. 379(1937).
171) Lincoln Federal Labor Union v. Northwestern Iron & Metal Co., 335 U.S. 525(1949).
172) Duke Power Co. v. Carolina Environmental Study Group, Inc., 438 U.S. 59(1978).
173) The statute is unconstitutional unless found to be necessary to a compelling government interest.

예컨대, (i) 피임 자체를 불법으로 규정하는 법률,[174] (ii) 결혼한 부부에 한하여 피임도구를 등록된 병원 등에 의하여 처방되도록 하는 법률,[175] 또는 (iii) 낙태를 전면적으로 금지·제한하는 법률[176] 등은 위헌이다. 다만 산모의 생명·건강보호, 미성년자의 낙태제한 등 일정한 조건 하에 낙태를 제한하는 것은 합헌이다.[177]

식물인간인 환자의 인공생명연장장치를 중단하여 환자가 죽도록 하는 권리[178] 또는 불치의 병에 걸린 환자가 자살을 하거나 이를 의사 등이 돕는 행위[179] 등은 모두 실체적 적법절차에 의하여 보호되는 권리가 아니다.

그러나 의회의 법률이 非經濟的·非社會的 規制를 내용으로 하는 경우에도 국민의 본질적 기본권을 제한·침해하지 아니하는 경우에는, 경제적·사회적 규제를 내용으로 하는 법률에 적용되는 實體的 適法節次 기준과 동일한 기준이 적용된다.

(3) 節次的 適法節次(Procedural Due Process)

제5차 및 제14차 헌법개정조항에서 보호하고 있는 국민의 「자유와 재산」(liberty or property)을 제한·침해하는 내용의 법률을 제정하는 경우 동 법률은 節次的 適法節次의 기준을 충족시키는 경우에 한하여 합헌법률이 된다. 節次的 適法節次라 함은 정부의 행위가 국민의 자유와 재산을 제한·침해하는 경우 이를 사전에 통지하고 청문기회를 부여하는 등 사전절차가 반드시 제공되어야 한다는 것을 의미한다. 예컨대, 의회의 법률이 국민의 「자유 또는 재산」을 제한·침해하고 있음에도 불구하고 節次的 適法節次를 제공하지 아니하고 있는 경우에는 위헌법률이 된다.

연방대법원은 節次的 適法節次의 기준으로서 두 가지를 제시하고 있는바, (i) 우선 의회의 법률에 의하여 국민의 「자유 또는 재산」이 침해되었는지의 여부 및 (ii) 이것이 침해된 경우 과연 필요한 節次的 適法節次를 취하였는

---

174) Griswold v. Connecticut, 381 U.S. 479(1965).

175) Garey v. Population Services Int'l, U.S. 678(1977).

176) Roe v. Wade, 410 U.S. 113(1973).

177) Planned Parenthood of Missouri v. Danforth, 428 U.S. 52(1976); Planned Parenthood of Southeastern Pennsylvania v. Casey, 505 U.S. 833(1992).

178) Cruzan v. Missouri Department of Health, 497 U.S. 261(1990).

179) Washington v. Glucksberg, 117 S. Ct 2258(1997); Vacco v. Quill, 117 S. Ct 2293 (1997).

지의 여부를 판단하게 된다.

Board of Regents v. Roth, 408 U.S. 564(1972)

1년간 계약직교수로 위스콘신 주립대학에 재직하고 있는 원고는 재계약이 체결되지 아니하자 재계약여부 검토에 필요한 절차가 미비되었다는 것을 이유로 헌법상 "절차적 적법절차" 조항위반이라고 주장하였다. 이에 대하여 연방대법원은 재계약 여부는 대학의 일방적 결정에 따르게 되어 있는 한 이는 헌법에서 보호하고 있는 「자유 또는 재산」에 해당되지 아니하므로 헌법상 절차적 적법절차에 의하여 보호되지 않는다고 판결하였다.

헌법상 節次的 適法節次는 비단 형사상 被疑者의 권리에만 적용되는 것이 아니라, (i) 사회복지혜택의 중단,[180] (ii) 학교의 정학처분,[181] (iii) 자격증의 정지처분,[182] (iv) 인공생명연장의 중단,[183] 및 (v) 임금의 압류 등[184]에도 광범위하게 적용된다.

나. 司法審査의 基準

사법부가 행정부의 기본권침해 행위의 위헌성 여부를 심사하는 경우 (i) 합리성기준(rationality test), (ii) 상당성기준(middle-level standard), 및 (iii) 엄격성기준(strict scrutiny test)이 적용된다.

(1) 合理性基準

「合理性基準」이라 함은 연방의회가 제정한 법률이 추구하고자 하는 목적이 "합법적"이고(legitimate objective), 동 목적과 수단 간에 합리적인 연관성(reasonable relation between the ends and the means)만 존재하면, 당해 법률의 합헌성이 인정된다는 원칙을 말한다. 연방대법원은 법률이 恣意的(arbitrary)이거나 일관성이 결여(capricious)되지 아니한 경우에는 이러한 합

180) Goldberg v. Kelly, 397 U.S. 254(1970).
181) Goss v. Lopez, 419 U.S. 565(1975).
182) Barry v. Barchi, 443 U.S. 55(1979).
183) Cruzan v. Missouri Department of Health, 497 U.S. 261(1990).
184) Sniadach v. Family Finance Corp., 395 U.S. 337(1969).

리성기준을 대부분 충족시키고 있는 것으로 보고 있다.

합리성기준은 대체로 (i) 상거래규제조항 적용의 위헌성 여부, (ii) 기본권(fundamental right)의 침해에 해당되지 아니하는 정부규제 · 행정행위 등의 위헌성 · 합법성 여부, (iii) 비불평등협의 그룹(nonsuspect group)에 대한 평등권침해 여부 등의 판단기준으로 적용된다.

(2) 嚴格性基準

엄격성기준이라 함은 연방의회가 제정한 법률이 추구하고자 하는 목적이 "절실"하여야 하고(compelling), 동 목적과 수단 간에 "필요불가결성"(necessary means)이 인정되는 경우에 한하여 당해 법률의 합헌성이 인정된다는 원칙을 말한다.

엄격성기준은 (i) 기본권(fundamental right)의 침해에 관한 사항, (ii) 불평등협의 그룹(nonsuspect group)에 대한 평등권침해 여부, (iii) 언론 · 출판 · 집회 · 결사의 자유의 침해 여부, 및 (iv) 종교의 자유침해 여부 등의 판단기준으로 적용된다.

(3) 相當性基準

상당성기준은 연방의회가 제정한 법률이 추구하고자 하는 목적이 중요하고(important; legitimate와 compelling의 중간수준), 동 목적과 수단 간에 상당연관성(substantially related; rationally related와 necessary의 중간수준)이 인정되는 경우에 한하여 당해 법률의 합헌성이 인정된다는 원칙을 말한다.

상당성기준은 (i) 준불평등협의 그룹(quasi suspect group)에 대한 평등권침해 여부, 및 (ii) 계약의무조항(Obligation of Contracts)의 적용 등의 판단기준으로 적용된다.

5. 主要 基本權

가. 平等權(Equal Protection)

(1) 憲法規程

a. 州 政 府　　제14차 헌법개정조항은 "어떠한 州도 주민의 평등권 보

호를 침해하는 법률을 제정하거나 집행하여서는 아니 된다"[185]라고 규정하고 있다.

b. **聯邦政府** 연방정부에 대하여는 제14차 헌법개정조항과 같이 주정부에 적용되는 평등권조항이 규정되어 있지 아니하다. 그러나 연방대법원 판례는 제 5 차 헌법개정조항이 연방정부에 적용되는 평등권의 근거조항이라고 해석하고 있다.[186]

(2) 平等權의 主要 內容

연방대법원은 연방의회 또는 주입법부가 제정한 법률이 개인의 평등권을 제한 · 침해하는 경우 이를 위헌법률로서 판결하고 있다.

특정 법률이 개인의 평등권을 제한 또는 침해하고 있는지의 여부에 대한 판단기준으로서 연방대법원은 (i) 법률에 의하여 차별대우를 받고 있는 개인이 어느 그룹에 소속되는지의 여부, 또는 (ii) 법률에 의하여 차별적으로 적용되는 기본권이 본질적 기본권(fundamental right)에 해당되는지의 여부에 따라 상이한 기준을 적용하고 있다.

a. **所屬 그룹別 平等權保護** 연방의회가 제정하는 법률이 어느 개인을 다른 개인과 차별대우하는 경우, 법원은 차별대우받는 개인이 불평등혐의(suspect) 그룹, 준불평등혐의(quasi-suspect) 그룹 및 비불평등혐의(non-suspect) 그룹 중 어느 그룹에 속하는지를 우선적으로 분류(classification)한다. 그리고 당해 개인이 불평등혐의그룹에 속하는 경우에는 「嚴格性基準」(Strict Scrutiny test)을 적용하나, 준불평등혐의그룹에 속하는 경우에는 「相當性基準」을 적용하고 비불평등혐의그룹에 속하는 경우에는 전통적 기준(traditional test)으로서의 「合理性基準」(rationality test)을 적용한다.

이 경우 엄격성기준, 상당성기준 및 합리성기준의 개념은 앞에서 설명한 바와 같다.

① **不平等嫌疑그룹** 미국사회에서 전통적으로 불평등대우를 받아 온 그룹을 불평등혐의그룹이라고 한다. 이러한 불평등혐의그룹에 대하여 법률이 차별대우를 하는 경우, 이러한 법률의 합헌성 여부의 판단에는 「嚴格性基準」

185) 제14차 헌법개정조항은 "No State shall make or enforce any law which shall… deny to any person within its jurisdiction the equal protection of the laws."라고 규정하고 있다.
186) Bolling v. Sharpe, 347 U.S. 497(1954).

이 적용된다. 불평등혐의그룹에는 「인종」(race)과 「고유국적」(national origin)으로 분류되는 두 가지 그룹이 일반적으로 해당된다.

㉠ 人 種 개인이 미국 국적을 보유하고 있음에도 불구하고 단지 흑인 등 특수인종에 속한다는 것을 이유로 연방의회의 법률이 이들을 차별대우하는 경우 「嚴格性 基準」을 충족하지 못하는 때에는 위헌법률이 된다.

(i) 少數人種 分離 및 差別(racial segregation) 특정의 소수인종을 고의로 분리·차별하는 법률 또는 정책은 평등권 위반으로 위헌이다. 예컨대, 공립학교(public school)에서 특정 인종에게만 입학을 허가하거나, 입학을 허가하지 아니하는 경우에는 평등권에 위반되므로 위헌이다.[187)]

Palmore v. Sidoti, 466 U.S. 429(1984)

이혼한 백인 생모에게 어린아이의 양육권을 부여할지의 여부를 결정하는 경우, 당해 생모의 재혼 여부와 재혼상대방의 인종이 무엇인지를 고려 대상으로 하는 것은 평등권 위반이 된다.

또한 인종을 중요한 근거(fredominant)로 선거구지역을 획정하는 것은 위헌이다.[188)]

그러나 교도소 내의 인종간의 갈등 및 폭동의 방지 등 치안유지를 위하여 죄인을 인종별로 다른 감옥소에 분리수용하는 경우,[189)] 또한 주정부에서 사회정책적 목적으로 인종별로 이혼기록을 정리하는 것[190)] 역시 평등권위반에 해당되지 아니한다.

연방대법원은 인종차별이 헌법상의 평등권 침해라는 판결을 내렸음에도 불구하고 주정부가 이의 시정을 주저하자, 연방지방법원(Federal District Court)의 책임하에 시정조치를 취할 것을 명하였다.[191)] 이러한 시정조치가

187) Brown v. Board of Education of Topeka, 347 U.S. 483(1954).

188) Miller v. Johnson, 515 U.S. 900(1995); Bush v. Vera, 517 U.S. 952(1996); Shaw v. Hunt, 517 U.S. 899(1996).

189) Lee v. Washington, 390 U.S. 333(1968).

190) Tancil v. Woolls, 379 U.S. 19(1964).

191) Brown v. Board of Education, 349 U.S. 294(1955). 이 판례를 「Brown Ⅱ Case」라고 칭하기도 한다.

연방지방법원의 책임하에 진행되도록 한 이유는 연방지방법원이 각기 소재하고 있는 지방의 고유사정에 보다 정통하고(proximity to local conditions) 원상회복조치로 인한 추가소송의 제기가 예상되었기 때문이었으나, 연방대법원은 연방지방법원이 어떠한 방법으로 원상회복조치를 취할 것인지에 대하여는 아무런 기준도 제시하지 아니하였다.

그러나 점차 연방대법원은 원상회복조치에 관한 기준을 정립하여 나아갔다. 예컨대, (i) 어느 학교에서 소수인종인 학생을 다수인종이 될 수 있는 다른 학교로 옮길 수 있도록 허용하는 조치(minority-to-majority transfer plans)는 인종분리를 심화시킴으로써 위헌이고,[192] (ii) 인종차별이 시행되는 공립학교에 대하여 주정부가 원상회복조치를 취하기보다는 당해 공립학교를 폐지하고, 백인에게만 입학이 허용되는 사립학교를 재정지원하는 조치는 위헌이며,[193] (iii) 학교에서의 인종차별을 금지하기 위하여 필요한 경우 법원은 원상회복조치를 명령할 수 있다는 것[194] 등이다.

Swann v. Charlotte-Mecklenburg Board of Education, 402 U.S. 1(1971)

동 판례는 원상회복조치에 대한 가장 일반적이고 명존한 기준을 제시하고 있는바, (i) 백인학생과 흑인학생의 數的 비율(racial ratio)을 인종차별 여부의 판단에 사용하고, (ii) 특정 학교가 모두 동일한 인종의 학생으로 구성되어 있는 경우 그 합리적인 사유를 제시하여야 하며, (iii) 기존의 학교를 폐지하고 새로운 학교를 설립하는 경우 이것이 인종차별 목적으로 사용되어서는 아니 되고, (iv) 어느 학교에서 다수인종인 학생이 자신이 소수인종이 될 수 있는 다른 학교로 옮기는 것(majority-to-minority transfer plan)은 무방하고, (v) 학군재편(rezoning)이나 버스통학(busing)을 통한 원상회복조치는 허용된다는 것 등이다.

(ii) 少數人種優待(Benign Discrimination) 특정의 소수인종을 우대하는 법률 또는 정책(benign discrimination or affirmative action)에 대하여는 소수

192) Goss v. Board of Education, 373 U.S. 683(1963).
193) Griffin v. County School Board, 377 U.S. 218(1964).
194) Wright v. Council of Emporia, 407 U.S. 451(1972).

인종을 차별대우하는 법률 또는 정책과 마찬가지로 「嚴格性 基準」이 적용된다.[195]

즉, 특정 소수인종이 과거에 차별대우를 받아온 것에 대하여 이를 치유하기 위한 조치로서 정부가 당해 소수인종을 우대하는 법률 또는 정책을 채택하는 경우, 이러한 법률 또는 정책은 법원의 「嚴格性 基準」을 충족하는 경우에만 합헌이 된다. 예컨대, 대학과정에서 학생들의 다양성을 확보하기 위하여 입학허가시 인종이나 민족을 고려하는 것은 백인에게 지나치게 편중된 학생비율을 바로잡고자 하는 것이므로 평등권의 침해가 아니다.[196]

City of Richmond v. J. A. Croson Co., 488 U.S. 469(1989)

정부가 건설 공사를 발주하는 경우 특정 소수인종이 경영하는 건설회사에 전체 공사의 일정 부분을 발주하도록 하는 정책(minority set-aside program)은 특정 소수인종에 대한 과거의 차별대우를 치유하고자 하는 정부의 목적달성에 절실히 필요한 것이 아니므로 위헌이다.

그러나, 도심내의 흑백공학학교를 회피하여 백인들이 교외로 이주한 후 교외소재의 학교를 다니자 이를 방지하기 위하여 도심내의 흑백공학학교에 주정부로 하여금 예산지원을 강화하도록 하는 법원의 판결은 위헌이다.[197]

㉡ **固有國籍** 현재는 미국 국적을 갖고 있으나 자신 또는 先代祖上이 외국인이었다는 것을 이유로 연방의회의 법률이 다른 미국인과 차별대우하는 경우 법원의 「嚴格性基準」을 충족하지 못하는 때에는 위헌법률이 된다. 예컨대, 조상이 中國人인 者에게는 세탁소영업을 허가하지 아니하는 법률이나,[198] 조상이 멕시코人인 者에게는 陪審員 자격을 부여하지 아니하는 법률은[199] 「嚴格性基準」을 충족하지 못하여 위헌이 된다.

그러나 선대조상이 외국인이었다는 것을 이유로 다른 미국인과 차별하

195) City of Richmond v. J. A. Croson Co., 488 U.S. 469(1989).
196) Regents of University of California v. Bakke, 438 U.S. 265(1978).
197) Missouri v. Jenkins, 515 U.S. 70(1995).
198) Yick Wo v. Hopkins, 118 U.S. 356(1886).
199) Hernandez v. Texas, 347 U.S. 475(1954).

는 경우에도 「嚴格性基準」을 충족하는 경우에는 합헌이 된다.

Korematsu v. U.S., 323 U.S. 214 (1944)

제 2 차세계대전중 태평양연안에 거주하고 있는 일본계 미국인에게 다른 지역의 수용소로 강제이주하도록 하는 연방정부의 명령(curfer orders and forced relocation)은 국가안전의 유지에 절실히 필요한(compelling need) 조치로서 「嚴格性 基準」을 충족하므로 합헌이다.

② **準不平等嫌疑그룹** 불평등혐의그룹보다는 그 정도가 약하나, 전통적으로 차별대우를 받아왔거나 받을 우려가 있는 그룹을 「준불평등혐의그룹」이라고 한다. 대표적인 준불평등혐의그룹에는 여성(women) 및 婚姻外의 子(illegitimate children) 등이 포함된다. 이러한 준불평등혐의그룹에 대하여 법률 또는 정책이 차별대우를 하는 경우 정부의 목적추구와 상당히 연관되어 있는지((substantially related to government objectives)를 판단하는 「相當性基準」이 적용된다. 「相當性基準」은 「嚴格性基準」보다는 엄격하지 아니하나, 전통적인 「合理性基準」보다는 엄격한 기준이다.

㉠ 性 差 別 성차별은 여성에 대한 성차별과 남성에 대한 성차별로 나뉘어 고찰할 수 있다. 여성에 대한 성차별의 경우, (i) 맥주를 손님에게 나르는 일을 18세 이상의 여성과 21세 이상의 남성에게만 허용하는 법률은 성차별로서 위헌이고,[200] 주정부가 운영하는 군사학교에 남성만을 입학시키는 것은 위헌이고,[201] (ii) 부동산관리에 있어 동일한 자격을 갖추고 있음에도 불구하고 남성을 선호하는 법률은 위헌이다.[202] 이와 반대로 남성에 대한 성차별의 경우, (i) 부부가 이혼한 경우 남자에 대하여만 여자에게 이혼·별거수당을 지급하도록 하는 법률은 위헌이고,[203] (ii) 남성을 주립간호대학의 입학허가대상에서 배제하는 것은 위헌이나,[204] (iii) 군대징집등록의 대상을 남성

200) Craig v. Boren, 429 U.S. 190(1976).
201) U.S. v. Virginia, 518 U.S. 515(1996).
202) Reed v. Reed, 404 U.S. 71(1972).
203) Orr v. Orr, 440 U.S. 268(1979).
204) Mississippi University for Women v. Hogan, 458 U.S. 718(1982).

에 한정하고 여성은 제외시키는 것은 위헌이 아니며,[205] ⅳ 과부에게만 재산세 부과면제의 혜택을 주고 홀아비에게는 혜택을 주지 아니하는 것은 일반적인 남성에 비하여 여성이 경제력이 약하여 이를 치유하고자 하는 것이므로 위헌이 아니다.[206]

㉡ **婚姻外의 子** 婚姻外의 子를 婚姻에 의한 子(legitimate children)와 차별하는 법률 또는 정책에 대하여는「相當性 基準」이 적용된다.[207]

주정부가 남녀간의 혼인외의 부정한 관계를 방지하려는 목적을 설정하고 이를 '婚姻外의 子'와 '婚姻에 의한 子' 간의 차별을 통하여 달성하고자 하는 것은「相當性 基準」을 충족하지 못한다. 예컨대, 婚姻에 의한 子에게는 유산상속을 허용하나, 婚姻外의 子에게 유산상속을 금지하는 주상속법은 위헌이다.[208]

Weber v. Aetna Casualty & Surety Co., 406 U.S. 164(1972)

부친의 사망에 의해 자식들이 근로자사망보상금(Worker's Compensation Death Benefits)을 받는 경우 婚姻外의 子와 婚姻에 의한 子를 차별하는 법률은 위헌이다.

연방의회가 미국시민이 외국인과의 국제결혼을 통하여 혼인 외의 자를 낳은 경우 (i) 미국인이 엄마인 경우에는 당연히 자녀가 미국시민권을 취득하나, (ii) 미국인이 아버지인 경우에는 자녀가 18세가 된 후에도 부자관계가 법적으로 인정되는 경우에만 자녀가 미국시민권을 취득하는 것은 합헌이다.[209]

③ **非不平等嫌疑그룹** 불평등혐의그룹이나 준불평등혐의그룹에 비해 전통적으로 차별대우를 받을 우려가 작은 그룹을 비불평등혐의그룹이라고 한다. 이러한 비불평등혐의그룹에 대해 정부의 법률 또는 정책이 차별대우를 하는 경우 이러한 법률 또는 정책의 합헌성 여부의 판단에는 전통적 기준인「合理性 基準」이 적용된다. 비불평등혐의그룹에는 일반적으로 빈민자(poor), 노령자(elderly), 비거주자(non-residents) 및 정신병자(mentally retarded)

205) Rostker v. Goldberg, 453 U.S. 57(1981).
206) Kahn v. Shevin, 416 U.S. 351(1974).
207) Clark v. Jeter, 108 S. Ct. 1910(1988).
208) Trimble v. Gordon, 430 U.S. 762(1977).
209) Nguyen v. INS, 533 U.S. 53(2001).

등이 포함된다.

㉠ **貧 民 者** 빈민자는 그가 가난하다는 富의 基準(wealth standard)만으로 불평등혐의그룹 또는 준불평등혐의그룹으로 구분되지 아니한다. 다만, 정부의 법률이나 정책이 정부가 추구하고자 하는 목적과 「합리적 연관성」이 있는 경우에는 빈민자에게 차별대우를 하여 다른 사람에 비하여 이익 또는 불이익을 부과할 수 있다. 예컨대, (i) 빈민자를 위한 저가임대아파트를 건설하고자 하는 경우 당해 지역주민 전체의 찬반투표 실시를 필요조건으로 하는 법률은 위헌이 아니며,210) (ii) 정부의 사회복지 수혜혜택 거부에 대한 재심신청절차에 있어서 빈민자에게 신청비를 부과하는 것은 위헌이 아니나,211) 이혼소송에 있어서 빈민자에게 소송비를 부과하는 것은 위헌이고,212) (iii) 빈민자에 대한 형사소송에 있어 抗訴의 경우에는 주정부가 무료국선변호인을 선임하여 줄 의무가 있으나,213) 上告의 경우에는 이러한 의무가 없다.214)

㉡ **老 齡 者** 노령자를 차별대우하는 정부의 법률 또는 정책이 정부가 추구하는 목적과 「합리적 연관성」이 있는 경우에는 노령자를 차별대우하여 다른 사람에 비하여 이익 또는 불이익을 줄 수 있다. 이는 노령자그룹이 미국사회에서 전통적으로 차별대우를 받아온 그룹이 아니기 때문이다.215) 예컨대, 만 50세가 되면 경찰직에서 강제로 은퇴하도록 규정하고 있는 내용의 법률은 위헌이 아니다.216)

㉢ **非居住者 및 精神病者** 다른 州에 거주하는 비거주자 또는 정신병자를 차별대우하는 정부의 법률 또는 정책이 정부가 추구하는 목적과 「합리적 연관성」이 있는 경우 비거주자 또는 정신병자를 차별대우하여 다른 사람에 비해 이익 또는 불이익을 줄 수 있다. 예컨대, (i) 주정부는 다른 州에서 부모와 함께 거주하면서도 당해 州에 와서 공립학교에 다니는 학

210) Harris v. McRae, 448 U.S. 297(1980).
211) Ortwein v. Schwab, 410 U.S. 656(1973). 이는 사회복지수혜가 헌법상의 본질적 기본권에 해당하지 아니하는 것을 논리적 기초로 한다.
212) Boddie v. Connecticut, 401 U.S. 371(1971). 이는 이혼의 자유가 헌법상의 본질적 기본권에 해당하는 것을 논리적 기초로 한다.
213) Douglas v. California, 372 U.S. 353(1963).
214) Ross v. Moffit, 417 U.S. 600(1974).
215) Johnson v. Robinson, 415 U.S. 361(1974).
216) Massachusetts Board of Retirement v. Murgia, 427 U.S. 307(1976).

생에게 수업료를 부과해도 위헌이 아니며,[217] (ii) 다른 용도의 주택건설에는 사전허가를 요구하지 아니하나 정신병자를 위한 주택건설에만 사전허가를 요구하는 것은 위헌이다.[218]

㉣ **同性戀愛者** 동성연애자는 비불평등협의그룹에 속하므로 합리성 기준이 적용된다. 예컨대, 동성연애자에 대한 정부의 차별대우입법은 사실상 동성연애자들에 대한 혐오감을 입법화한 것으로 합리성이 결여되어 있으므로 위헌이다.[219]

Rower v. Evans, 517 U.S. 620(1996)

콜로라도주는 주헌법을 개정하여 "주정부 및 지방자치단체는 동성연애 성향, 행동, 관습 및 관계 등이 동성연애자들로 하여금 소수자그룹(minority status), 할당혜택(quota preferences), 보호조치(protected status) 또는 차별금지혜택(claim of discrimination) 등의 혜택을 누리거나 주장할 수 있는 내용의 어떠한 법률, 규칙 및 정책 등을 제정하거나 집행하여서는 아니 된다."는 내용을 신설하였다. 이에 대하여 연방대법원은 동성애자그룹에 대한 혐오감을 반영한 차별적 입법으로서 목적 및 주장이 정당하지 못하므로 위헌이라는 판결을 내렸다.

④ **其他의 그룹: 外國人**(aliens) 외국인에 대하여는 경우에 따라 「嚴格性基準」, 「相當性基準」 및 「合理性基準」이 事案에 따라 각기 적용된다.

㉠ **聯邦政府에 의한 差別** 연방의회는 외국인의 출입국에 대해 전속적인 권한(plenary authority)을 보유하고 있으므로, 연방의회가 제정한 법률이 외국인과 내국인을 차별대우하는 내용을 규정하는 경우 동 법률의 규정이 연방의회가 추구하고자 하는 목적과 「합리적 연관성」만 충족되면 동 법률은 합헌이다.

즉, 법원이 연방의회가 제정한 외국인을 내국인과 차별하는 내용의 법률이 합헌인지의 여부를 판단하는 경우, 「合理性基準」을 적용하게 된다.

217) Martinez v. Bynum, 461 U.S. 321(1983).
218) Cleburne v. Cleburne Living Center, Inc., 470 U.S. 1002(1985).
219) Rower v. Evans, 517 U.S. 620(1996).

Mathews v. Diaz, 426 U.S. 67(1976)

외국인이 연방정부가 제공하는 의료보험 수혜를 받고자 하는 경우, (i) 당해 외국인이 미국 영주권자이고, (ii) 영주권을 받은 지 5년이 경과하여야 한다는 제한을 부과하는 내용의 연방법률은 합헌이다.

㉡ 州政府에 의한 差別 일단 외국인이 미국에 합법적으로 입국한 경우, 주정부는 원칙적으로 당해 외국인을 내국인과 차별대우하여서는 아니 된다.[220] 따라서, 주정부가 외국인을 내국인과 차별대우하는 법령을 제정하거나 정책을 집행하고자 하는 경우, 당해 법령이나 정책의 합헌성 여부의 판단에는 「嚴格性 基準」이 적용된다. 예컨대, (i) 영주권자도 주정부에 세금을 내는바, 이러한 영주권자에게 사회복지혜택을 부여하지 아니하는 것은 위헌이고,[221] (ii) 외국인에게 변호사자격(bar admissions), 기술자자격(engineer's license) 또는 공증인(public notaries)자격을 부여하지 아니하는 것은 위헌이며,[222] (iii) 외국인이 미국인이 될 수 있는 자격을 갖추고 있지 못한 경우에도 상업적인 어업허가권을 주지 아니하는 것은 위헌이다.[223]

그러나 외국인에 대한 주정부의 차별금지원칙에는 몇 가지 중요한 예외가 있는바, 대표적인 경우가 외국인의 공직취임과 불법입국 외국인에 대한 차별이다.

첫째, 외국인이 입법부 · 사법부 및 행정부의 공직에 취임하는 것을 주정부가 법률 또는 정책에 의하여 제한하고자 하는 경우, 주정부는 전통적으로 당해 州의 민주적 · 정치적 기구에 외국인이 참여하는 것을 배제하는 권한을 보유하고 있으므로 동 법률 또는 정책의 합헌성 여부 판단에는 「合理性 基準」이 적용된다.[224] 따라서, 경찰관,[225] 보호감찰관(probation officer),[226]

220) 이는 평등권위반은 물론이거니와 헌법상의 最高法條項(Supremacy Clause)에 의한 연방의회의 권한을 침해한 것이 된다. Toll v. Moreno, 458 U.S. 1(1982).
221) Graham v. Richardson, 403 U.S. 365(1971).
222) 변호사: In re Griffiths, 413 U.S. 717(1973); 기술자: Examining Board of Engineers v. De Otero, 426 U.S. 572(1976); 공증인: Bernal v. Fainter, 467 U.S. 216(1984).
223) Takahashi v. Fish & Game Commission, 334 U.S. 410(1948).
224) Sugarman v. Dougall, 413 U.S. 634(1973).
225) Foley v. Connelie, 435 U.S. 291(1978).
226) Cabell v. Chavez-Salido, 454 U.S. 432(1982).

초·중·고교 교사[227] 등의 공직에 외국인이 취임하는 것을 제한하는 내용의 법률은 「合理性基準」을 충족하는 한 합헌이다.

둘째, 주정부가 불법입국자인 외국인을 차별대우하는 내용의 법률 또는 정책의 합헌성 여부 판단에는 「相當性基準」이 적용된다.

Plyer v. Doe, 457 U.S. 202(1982)

부모가 불법입국자일지라도 이들의 자식에게 무료의무교육을 거부하는 것은 불법입국을 방지하려는 주정부의 목적과 불법입국자의 자식에게 무료의무교육을 거부하는 수단간에 「상당연관성」이 없으므로 위헌이다.

b. **基本權別 平等權 保護** 정부의 법률 또는 정책이 개인의 기본권 중 본질적 기본권(fundamental right)의 행사에 대하여 차별대우를 하는 경우에는 「嚴格性基準」이 적용되나, 비본질적 기본권(non-fundamental right)에 대하여는 「合理性基準」이 적용된다.

① **本質的 基本權** 미국헌법에 의하여 보장되는 본질적 기본권의 행사에 대하여 정부의 법률 또는 정책이 차별대우를 하는 때에는 이러한 차별대우가 정부의 절실한 목적의 달성에 필요불가결한 경우(necessary to a compelling state interest) 즉, 「嚴格性 基準」을 충족시키는 경우에 한하여 합헌이 된다.[228]

Williams v. Rhodes, 393 U.S. 23(1968)

기존 정당에는 아무런 제한도 두고 있지 아니하나 새로운 정당이 선거의 입후보자를 선정하는 과정에는 일정한 제한을 두는 경우, 이러한 제한이 주정부의 절실한 목적달성에 필요불가결한 것이 아닌 경우에는 「嚴格性 基準」을 충족하지 못하므로 헌법상 결사의 자유(freedom of association)를 침해하여 위헌이다.

---

227) Ambach v. Norwick, 441 U.S. 68(1979). 초·중·고교 교사에 외국인을 제한하는 것은 초·중·고교 교사가 공직이라는 성질보다는 이들이 정부 및 국가에 대한 학생들의 태도, 건전한 시민으로서 학생들의 자세를 형성하는 데 영향을 미칠 수 있다는 점에 기인한다.

228) San Antonio Independent School District v. Rodriguez, 411 U.S. 1(1973).

예컨대, (i) 일정한 거주기간이 경과한 州民에 한하여 주정부가 사회복지 혜택, 의료보험혜택 및 선거권 등을 부여하는 것은 헌법상 국내여행의 자유(right to travel interstate)를 침해하여 위헌이며,[229] (ii) 어린이를 부양하지 아니하는 경우 결혼을 금지하는 법원의 명령은 헌법상 私生活의 비밀보호(right to privacy)를 침해하여 위헌이고,[230] (iii) 학교에서의 쟁의행위중의 피켓팅(picketing)은 허용되나, 그 이외의 피켓팅은 학교 부근에서 허용되지 아니하는 정부조치는 헌법상 언론의 자유(freedom of speech)를 침해하여 위헌이며,[231] (iv) 특정 州에 주둔하는 군대에 소속된 군인에게 州의 州民資格을 부여하지 아니함으로써 주선거에 참여하는 자격을 제한하는 것은 헌법상 선거의 자유(right to vote)를 침해하여 위헌이다.[232]

② **非本質的 基本權** 헌법상 본질적 기본권에 해당되지 아니하는 권리의 행사에 대하여 주정부가 법률 또는 정책에 의하여 차별대우하는 경우에는 이러한 차별대우가 정부의 목적과 합리적 연관성(rational relation)을 가지는 경우, 즉 「合理性基準」을 충족시키는 경우에 한하여 합헌이 된다.

Dandridge v. Williams, 397 U.S. 471(1970)

주정부가 州民 각 가구별 가족수에 상관없이 각 가구별로 받을 수 있는 사회복지혜택의 상한선을 동일하게 정하는 경우 이는 가족이 많은 가구를 가족이 적은 가구에 비하여 차별대우하는 것이다. 그러나 사회복지혜택을 받는 권리는 본질적 기본권에 해당되지 아니하므로 따라서 이러한 차별대우는 주정부의 예산균형이라는 목적달성과 합리적 연관성을 갖추고 있는 한 합헌이다.

예컨대, 친척이 아니나 가족의 일원으로 동거하고 있는 세대에 대하여 식권표(food stamp)를 배급하지 아니하는 법률은 「合理性基準」을 충족하지 못하므로 위헌이다.[233]

---

229) 사회복지혜택: Shapiro v. Thompson, 394 U.S. 618(1969); 의료보험혜택: Memorial Hospital v. Maricopa County, 415 U.S. 250(1974); 선거권: Dunn v. Blumstein, 405 U.S. 330(1972).
230) Zablocki v. Redhail, 434 U.S. 374(1978).
231) Chicago Police Department v. Mosley, 408 U.S. 92(1972).
232) Carrington v. Rash, 380 U.S. 89(1965).
233) United States Department of Agriculture v. Moreno, 413 U.S. 528(1973).

나. 言論·出版·集會·結社의 自由

(1) 意 義

a. **憲法規程** 미국 제1차 헌법개정조항은 언론(speech)·출판(press)·집회(assemble) 및 請願(petition)의 자유를 明文의 규정으로 보장하고 있다.[234] 결사(association)의 자유는 明文의 헌법규정으로 보장되고 있지 아니하나 법원의 판례에 의하여 국민의 헌법상 기본권으로 인정되고 있다.

b. **概 要** 언론·출판·집회·결사의 자유는 원하는 경우 이러한 권리를 적극적으로 행사할 수 있는 자유와 원하지 아니하는 경우 이러한 권리를 소극적으로 행사하지 아니할 수 있는 자유[235]를 포함한다.

미국에서의 언론·출판·집회·결사의 자유의 내용 및 범위는 다른 기본권의 경우와 마찬가지로 정부의 법률 또는 정책에 의한 제한·금지가 헌법으로 보장되는 개인의 언론·출판·집회·결사의 자유를 침해하는지의 문제로 귀결된다. 이에 대한 연방대법원의 판결은 크게 두 가지 측면에서 고찰하여 볼 수 있는바, 첫째는 違憲法律審査의 요건 충족 여부의 측면이고, 둘째는 정부가 언론·출판·집회·결사의 자유를 직접적으로 제한하는지 혹은 간접적으로 제한하는지의 여부에 관한 측면이다. 前者의 경우에는 언론·출판·집회·결사의 자유를 제한하는 법률이 '廣義'(overbreadth)이기 때문에 위헌무효의 원칙 또는 '漠然'(vagueness)하기 때문에 위헌무효의 원칙이 적용되는바, 이에는 抽象的 違憲法律審査가 허용된다.

後者의 경우 (i) 정부가 언론·출판·집회·결사의 자유를 직접적으로 제한한다는 것은 정부의 법률 및 정책이 언론·출판·집회·결사의 자유를 직접적인 규제대상으로 하는 것을 의미하며, (ii) 간접적으로 제한한다는 것은 정부의 법률 또는 정책이 언론·출판·집회·결사의 자유의 제한 자체를 직접적인 목적으로 하는 것이 아니라, 별개의 다른 정부목적을 달성하기 위한 과정에서 언론·출판·집회·결사의 자유가 간접적·부수적으로 제한되는 것을 의미한다.[236] 언

234) 미국 제1차 헌법개정조항은 "Congress shall make no law … abridging the freedom of speech, or of the press; or the right of the people peaceably to assemble, and to petition the Government for a redress of grievance."라고 규정하고 있다.

235) 적극적 언론의 자유: Wooley v. Maynard, 430 U.S. 705(1977); 소극적 결사의 자유: Abood v. Detroit Board of Education, 431 U.S. 209(1977).

236) 이러한 구분에 대하여는 Lawrence Tribe, American Constitutional Law 2nd ed.(Foun-

론 · 출판 · 집회 · 결사의 자유를 직접적으로 규제하는 경우에는 간접적으로 규제하는 경우보다 더욱 엄격한 수준의 요건을 충족하여야 한다.

(2) '廣義' 또는 '漠然'으로 인한 違憲法律審査

언론 · 출판 · 집회 · 결사의 자유를 제한 또는 금지하는 법률의 내용이 廣義(overbreadth)이거나 漠然(vagueness)한 경우 법원은 당해 법률이 헌법상 기본권으로서 보장되는 언론 · 출판 · 집회 · 결사의 자유를 침해하는지 여부에 대한 抽象的 違憲法律審査를 할 수 있다. 抽象的 違憲法律審査라 함은 법률의 위헌 여부가 특정 사건의 구체적인 전제가 되지 아니하는 경우에도 법률의 순수한 내용(on the face)만으로 당해 법률의 위헌성 여부를 심사하는 것을 의미한다. 이러한 抽象的 違憲法律審査制度는 具體的 違憲法律審査를 원칙으로 하는 미국의 違憲法律審査制度에 대한 일종의 예외로서 인정되고 있다. 언론 · 출판 · 집회 · 결사의 자유에 대하여 추상적 위헌심사제도를 인정하는 이유는 단지 '廣義'이거나 '漠然'한 법률이 존재한다는 그 사실 자체가 국민의 언론 · 출판 · 집회 · 결사의 자유를 위축시키는 효과(chilling effect)를 가져오기 때문이며,[237] 또한 당해 법률이 특정인이나 특정 사건에만 선별적으로 적용(selective enforcement)되는 것을 회피하기 위함이다.

a. 廣義인 法律 법률이 '廣義'라 함은 법률의 규제범위가 지나치게 넓어서 헌법에 의해 당연히 보호되고 있는 언론 · 출판 · 집회 · 결사의 자유를 제한 · 금지하고 있는 경우를 말한다.[238] 언론 · 출판 · 집회 · 결사의 자유를 제한 · 금지하는 법률의 내용이 지나치게 넓은 경우 당해 법률은 위헌무효이다.

Houston v. Hill, 107 S. Ct. 2502(1987)

자기 친구를 체포하는 경찰관에 대하여 가벼운 욕설을 한 者에게 법령상 경찰관의 공무상 업무집행방해죄를 적용하는 것은 법령이 경찰관의 '공무'의 개념 및 '방해'의 개념을 너무 광범위하게 규정하고 있으므로 당해 법령은 위헌이다.

dation Press, 1988), pp. 791 이하 참조. 前者의 경우를 '內容指向的'(content-oriented), 後者의 경우를 '內容中立的'(content-neutral) 制限이라고도 한다.

237) Broadrick v. Oklahoma, 413 U.S. 601(1973); Arnett v. Kennedy, 416 U.S. 134(1974).

238) Thornhill v. Alabama, 310 U.S. 88(1940).

b. **漠然한 法律** 언론·출판·집회·결사의 자유를 제한·금지하는 법률의 개념이 명확하지 아니하고 막연한 경우에는 위헌무효이다. 법률의 규제범위가 '漠然'하다 함은 법률의 내용에 대한 개념 및 정의가 명확하지 아니하여 보통의 상식을 가진 자가 당해 법률의 의미를 파악하기 위하여는 반드시 추측(guess)을 하여야 하거나, 이들간에 당해 법률의 적용범위에 관하여 일치하지 아니하는 경우를 말한다.[239]

Stromberg v. California, 238 U.S. 359(1931)

국민이 정부에 대한 반대의 표시로써 붉은 깃발을 외부에 게양하는 것을 막기 위하여 모든 붉은 깃발의 게양을 금지하는 법률은 국민들이 붉은 깃발을 게양하는 이유가 반드시 정부에 대한 반대에 있는 것이 아니므로 그 내용이 막연하여 위헌이다.

⑶ 言論·出版·集會·結社의 自由에 대한 直接的 制限

a. 不法行爲를 讚揚·庇護하는 表現

① **概　要** 불법행위를 찬양하거나 비호하는 표현(advocacy of unlawful action or illegal conduct)을 하는 개인에 대하여 형사처벌을 부과하는 경우, 과연 당해 표현에 대한 형사처벌이 가능한 것인지 아니면 당해 표현은 헌법에 의하여 보호되는 권리이므로 형사처벌의 대상이 되지 아니하는지에 대하여 의문점이 제기되고 있다.

개인이 불법행위를 찬양하거나 비호하는 표현을 한 경우 당해 표현이 비록 '비애국적'(unpatriotic)이거나 '체제도전'(defiant) 등의 과격한 내용을 담고 있을지라도 다른 者로 하여금 불법행위에 가담할 것을 선동하지 아니하는 때에는 헌법에 의하여 보호를 받는 것이 일반적이다. 예컨대, (i) "내가 총을 갖게 되면 첫번째 목표는 대통령이다,"[240] (ii) "미국 성조기에 대한 저주를 하지 아니할 이유가 없다"[241]라는 단순한 표현은 헌법상 언론의 자유로서 보호된다.

---

239) Connally v. General Construction Co., 269 U.S. 385(1926).
240) Watts v. United states, 394 U.S. 705(1969).
241) Street v. New York, 394 U.S. 576(1969).

② **刑事處罰의 基準** 불법행위를 찬양하거나 비호하는 표현을 하는 개인에 대하여 형사처벌을 하는 경우 이의 합헌성 여부를 판단하는 기준으로서 「명백하고 현존하는 위험의 원칙」 또는 「브랜덴버그 기준」 등이 제시되고 있다.

㉠ **明白하고 現存하는 危險의 原則** 「명백하고 현존하는 위험(clear and present danger)의 원칙」이라 함은 불법행위를 찬양·비호하는 표현이 '명백하고 현존하는 위험'을 야기시키는 경우 그 위험의 실제 발생 여부에 상관없이 당해 표현은 헌법에 의하여 보호되지 아니하고 따라서 그 표현을 한 개인을 형사처벌할 수 있는 원칙을 말한다.

Schenck v. United States, 249 U.S. 47(1919)

제 1 차세계대전중 군인 징병에 반대하고자 徵兵法(Conscription Act) 폐지의 청원을 부추기는 내용의 문서를 징병대상자에게 발송하는 행위는 연방의회가 보호하고자 하는 국익에 「명백하고 현존하는 위험」을 가져오므로 이에 대한 형사처벌은 합헌이다.

「명백하고 현존하는 위험의 원칙」은 그 기준이 명료하지 못하여 국민의 언론·출판·집회·결사의 자유 보호에 커다란 역할을 수행하지 못한다는 비판이 있어 왔으나, 약 50여년간 미국 법원에 의하여 적용되어 왔다.

㉡ **現在의 基準: 브랜덴버그 기준** 최근에는 「명백하고 현존하는 위험의 원칙」을 대신하여 「브랜덴버그 기준」(Brandenburg Test)이 법원에 의하여 적용되고 있다. 「브랜덴버그 기준」은 (i) 특정 개인의 표현이 目前의 불법행위를 자극하거나 유발할 우려가 있고, 또한 (ii) 이러한 표현이 불법행위를 자극하거나 유발할 목적으로 행하여진 경우(directed to inciting or producing imminent lawless action and is likely to incite or produce such action)에만 당해 개인의 표현이 헌법상 보호를 받지 못하고 따라서 형사처벌을 받는다는 원칙이다.[242]

「브랜덴버그 기준」의 첫번째 요건을 개인의 표현이 目前의 불법행위를

---

242) Brandenburg v. Ohio, 395 U.S. 444(1969).

자극하거나 유발할 것을 요구한다는 측면에서 볼 때에는 기존의 「명백하고 현존하는 위험의 원칙」을 그대로 수용하고 있다. 그러나 「브랜덴버그 기준」의 두번째 요건은 당해 개인의 표현이 불법행위의 구체적인 자극 또는 유발을 목적으로 하고 있을 것을 요구함으로써 「명백하고 현존하는 위험의 원칙」보다 더욱 엄격한 기준을 설정하고 있다. 따라서, 「브랜덴버그 기준」하에서는 「명백하고 현존하는 위험」의 원칙이 적용되는 경우보다 국민의 언론·출판 · 집회 · 결사의 자유가 더욱 강하게 보장되는 것이다.

NAACP v. Claiborne Hardware Co., 458 U.S. 886(1982)

흑인 지도자가 인종차별에 항의하여 백인상점에서의 불매운동을 전개하고, 이에 호응하지 아니하는 흑인은 다른 흑인에 의하여 응징(disciplined)을 받게 될 것이라는 연설을 한 사건에서 연방대법원은 흑인 지도자의 연설내용이 강한 어조(strong language)를 사용하기는 하였으나, 이러한 표현은 불법행위를 구체적으로 자극(incite)하지 아니하므로 헌법에 의하여 보호받는다는 판결을 내린 바 있다.

b. 結社의 自由

① **意 義** 미국 제1차 헌법개정조항은 '결사의 자유'(freedom of association)를 明文으로 규정하고 있지 아니하나, '결사의 자유'는 제1차 헌법개정조항에서 明文으로 규정하고 있는 '언론 · 출판 · 집회 및 청원의 자유'에 포함되는 것으로 연방대법원에 의하여 해석됨으로써 헌법상 보호를 받고 있다.

그러나 결사의 자유는 모든 형태의 결사를 헌법적으로 보호하는 것이 아니라 제1차 헌법개정조항에서 보장하는 언론 · 출판 · 집회 · 청원의 자유 및 종교의 자유 등 헌법에서 보장하고 있는 기본권을 행사하기 위한 목적을 갖고 있는 결사만을 보호하고 있다. 단순한 사교적 모임(social association) 등은 헌법상 보호대상에서 제외된다.

Dallas v. Stanglin, 109 S. Ct. 1591(1989)

사설 무도장(dance hall)에서 춤을 추기 위하여 사람들이 모이는 것은 단순한 사교적 모임(social association)으로서 이는 헌법에서 보장되는 결사의 자유에 해당되지 아니하므로 정부가 무도장에 출입할 수 있는 者의 연령을 제한하는 것은 위헌이 아니다.

또한, 로터리클럽(Rotary Club)은 헌법상 결사의 자유에 의하여 보장되지 아니하고, 클럽 회원간의 관계도 헌법상 私生活의 자유에 의하여 보장될 정도로 친밀하고 私的인 관계(intimate and private relation)에 해당되지 아니하므로, 정부가 로터리클럽의 회원자격을 여성에게도 개방하도록 의무화하는 것은 위헌이 아니라고 한다.[243)]

이러한 결사의 자유가 적극적으로 결사하는 자유는 물론 소극적으로 결사하지 아니하는 자유를 포함하고 있음은 물론이다. 예컨대, 근로자는 노동조합에 가입하지 아니할 권리가 있다.[244)]

② **不法團體에의 加入行爲** 개인이 단체에 가입하는 것은 헌법상 결사의 자유에 의하여 당연히 보장되는 권리이다. 그러나 불법단체에 가입하는 경우에는 형사상 처벌대상이 될 수도 있는바, 첫째, 개인이 가입한 단체가 헌법상 보호되지 아니하는 불법행위에 간여하고 있고, 둘째, 당해 개인이 (i) 단체가 불법행위에 간여한다는 사실을 알고 있으며(knowledge), (ii) 이러한 불법행위가 행하여지기를 구체적으로 의도하는(specific intent) 경우가 이에 해당된다.[245)] 예컨대 불법단체의 가입회원 중에는 불법단체의 불법행위를 중단시키고자 가입하는 者도 있는바, 이러한 者는 위의 요건을 충족하지 아니하므로 형사처벌의 대상이 되지 아니한다.[246)]

③ **團體會員의 公開** 특정 개인으로 하여금 그가 가입하고 있는 단체를 공개하거나, 특정 단체로 하여금 소속 회원의 명단을 공개하도록 정부가

243) Board of Directors of Rotary International v. Rotary Club of Duarte, 107 S. Ct. 1940 (1987).
244) Abood v. Detroit Board of Education, 431 U.S. 209(1977).
245) Scales v. United States, 367 U.S. 203(1961).
246) Elfbrandt v. Russell, 384 U.S. 11(1966).

의무화하는 경우가 있다. 이러한 정부의 요구는 가입단체 또는 소속회원의 공개가 정부의 중대한 목적달성(substantial government interest)에 반드시 필요한 경우에만 허용되며, 따라서 「嚴格性 基準」(strict scrutiny standard)이 적용된다.[247] 예컨대 (i) 주정부가 특정 단체 소속 회원들 중에서 당해 州 안에서 영업활동을 하는 회원들의 명단 및 주소를 제출하도록 요구하는 것은 위헌이고,[248] (ii) 무력으로 정부전복을 기도하는 공산당의 당원 명단을 제출하도록 하는 것은 합헌이다.[249]

c. 政府의 公務執行과 表現의 自由 정부가 공무집행을 하는 경우 개인의 표현의 자유에 대한 제한문제가 대두되고 있다.

① 公職就任과 特定 團體加入 개인이 공직에 취임하고자 하는 경우 당해 개인이 특정 단체에 가입 또는 소속되어 있는 것을 이유로 그 취임이 거부되는 경우가 있다.

종래의 연방대법원 판례는 권리(right)와 特典(privilege)을 명확히 구분하여 공직취임은 헌법상의 권리가 아니라 일반적인 特典에 불과하므로 정부가 개인의 공직취임에 대한 전제조건으로서 특정 단체에 가입하지 아니할 것을 요구하는 것은 당해 개인의 헌법상의 권리를 침해하지 아니한다고 하였다.[250]

그러나 최근에는 이러한 구분이 더 이상 적용되지 아니하며, 개인의 단체가입이 헌법상 결사의 자유에 의하여 보호받고 있는 경우에는 당해 단체에의 가입을 이유로 공직취임을 거부할 수 없도록 되어 있다.

Elfbrandt v. Russell, 384 U.S. 11(1966)

州法이 불법단체에 가입한 者에 대하여 공직취임을 금지하고 있는 경우 불법단체 가입 자체가 당연히 헌법상 결사의 자유에 의하여 보장받지 아니하는 것은 아니므로 당해 州法은 위헌이다.

247) Buckley v. Valeo, 424 U.S. 1(1976).
248) NAACP v. Alabama, 357 U.S. 449(1958).
249) Communist Party v. Subversive Activities Control Board, 367 U.S. 1(1967).
250) McAuliffe v. Mayor of New Bedford, 29 N.E. 517(Mass. 1982).

현재 특정 단체에 가입 또는 소속된 것을 이유로 공직취임이 거부되는 경우는 헌법상 결사의 자유에 의하여 보장되지 아니하는 공산당 등의 반란단체나 또는 정치단체에 가입한 경우 등에 국한되고 있다. 예컨대 행정부의 일반직 공무원의 정당활동을 금지하거나,[251] 고위직 공무원이 정당에 직접 가입하지 아니하더라도 정당과 관련(party affiliation)되어 있는 경우에는 고용 및 해고시에 이를 반영하는 것은 합헌이다.[252] 또한, 특정 단체에의 가입이 공직자의 업무수행과 정면으로 상치되는 경우, 이의 가입을 제한하여도 공직자의 헌법상 결사의 자유를 침해하는 것은 아니다.[253]

② **公職就任과 忠誠誓約** 개인이 공직에 취임하고자 하는 경우 충성서약(loyalty oath)을 의무화하는 경우가 있다. 충성서약의 내용이 개인의 헌법상 권리를 침해하지 아니하는 경우에 한하여 충성서약은 합헌으로 인정되고 있다.

예컨대, (i) 연방헌법의 준수, (ii) 폭력·불법행위를 사용한 정부전복행위에의 반대 등을 내용으로 하는 충성서약은 합헌이나, (i) 특정 정치적 신조의 배제 강요,[254] (ii) 국기에 대한 경례의무[255] 등을 내용으로 하는 충성서약은 위헌이다.

③ **聯邦議會의 調査權** 연방의회는 헌법에 의한 조사권을 보유하고 있는바, 이러한 조사권은 증인에 대한 심문권을 포함하고 있다. 연방의회가 증인을 심문하는 경우 증인의 「언론의 자유」와 연방의회의 「조사권」 간의 충돌문제가 제기되고 있다.

일반적으로 연방의회의 증인에 대한 조사는 형식적 요건과 실질적 요건의 두 가지 요건을 충족시켜야 하는바, ㉠ 형식적 요건으로서는 (i) 연방의회의 조사범위가 명확히 한정되어야 하고,[256] (ii) 適法節次의 原理(Due Frocess of Law)에 따라 조사절차 및 증언거부에 대한 제재절차가 행하여져야 되며,[257]

---

251) CSC v. Letter Carriers, 413 U.S. 548(1973).
252) Branti v. Finkel, 445 U.S. 507(1980).
253) 공무원의 근로삼권 중 노동조합을 결성하는 단결권의 행사는 공무원의 업무수행과 상치되는 것이 아니며, 헌법상 결사의 자유로 보호되고 있다.
254) Bond v. Floyd, 385 U.S. 116(1966).
255) Baggett v. Bullitt, 377 U.S. 360(1964). 국기에 대한 경례의무는 헌법상 종교의 자유를 침해할 우려가 있다.
256) Sweezy v. New Hampshire, 354 U.S. 234(1975).
257) Watkins v. United States, 354 U.S. 178(1957).

㉡ 실질적 요건으로서는 「嚴格性 基準」하에서 증인의 증언이 정부의 절실한 목적달성에 반드시 필요한 경우에만[258] 허용된다고 할 것이다.

④ **法院의 裁判進行** 법정 안에서 재판진행중에 소란을 피우거나 법정을 모독하는 발언을 하는 경우 법원은 이를 法廷冒瀆罪(Contempt of Court)로 처벌할 수 있다. 법정 밖에서 현재 진행되고 있는 재판절차에 대하여 비판적인 발언을 한 경우 이는 재판진행(administration of Justice)에 대하여 「명백하고 현존하는 간섭의 위험」(clear and present danger of serious interference)이 있는 경우에만 형사처벌의 대상이 된다.[259]

d. 淫亂 및 猥褻

① **意 義** 「외설」 또는 「외설적 표현」(obscenity, or obscene expression)은 제1차 헌법개정조항에 의하여 보호되지 아니한다. 따라서 외설은 형사제제 등의 처벌을 받을 수도 있다. 과연 어떠한 표현이 외설에 해당되는가의 문제에 대하여 연방대법원은 다음과 같은 기준을 정립하고 있다.[260]

첫째, 특정 표현이 현재의 사회통념[261](contemporary community standard)에 비추어 판단하여 볼 때에 전반적으로(taken as a whole) 보통사람(average person)의 동물적 성충동(prurient interest)을 자극하여야 한다. 둘째, 특정 표현이 명확하고 적극적인 방법(patently offensive way)을 사용하여 성적 행위(sexual conduct)[262]를 묘사하여야 한다. 셋째, 특정 표현이 중대한 문학적·예술적·정치적 또는 과학적 가치[263](serious literary, artistic, political or scientific value)가 결여되어야 한다.[264]

258) Gibson v. Florida Legislative Comm., 372 U.S. 539(1963).

259) Bridges v. California, 314 U.S. 252(1941).

260) Miller v. California, 413 U.S. 15(1973). 이러한 기준은 Roth v. United States, 354 U.S. 476(1957) 사건에서 최초로 정립된 외설의 기준을 일부 수정한 것이다.

261) 사회통념은 국가 또는 州 전체의 기준에서도 본 통념일 필요는 없으며, 조그마한 마을이나 도시의 기준에서도 판단될 수 있다. Jenkins v. Georgia, 418 U.S. 87(1974).

262) 특정 성적 행위를 묘사하는 것이 아니라 간통(adultery) 또는 동성연애(homo-sex) 등의 특정 성적 관계를 묘사하는 것은 외설이 아니라 사상의 표현(expression of ideas)으로서 이는 제1차 헌법개정조항에 의하여 보호를 받는다. Kingsley International Pictures Corp. v. Regents, 360 U.S. 684(1959).

263) 가치의 크기에 동 기준이 적용되는 특정 집단이나 사회를 기준으로 판단되는 것이 아니라 합리적 인간(reasonable person)을 기준으로 하여 판단된다. Pope v. Illinois, 107 S. Ct. 1918 (1987).

264) 특정 표현이 사회적 가치를 다소(some) 갖고 있다 하여도 외설에서 당연히 제외되는 것은 아니다. Miller v. California, 413 U.S. 15(1973).

② **猥褻物의 流通 등**　(i) 외설물을 개인 집에서 보유하고 있는 것 자체는 헌법상 私生活의 자유에 의하여 보호받으나,[265] (ii) 외설물을 비록 상대방의 동의가 있는 경우에도 이들에게 배포하거나 공공장소에서 관람시키는 것,[266] (iii) 외설물을 수입 또는 운반하는 것[267]은 모두 정부가 규제하여도 위헌이 아니다.

③ **猥褻과 未成年者 및 女性**　미성년자는 성년자에 비하여 외설물로 인한 피해에 더욱 민감하므로, 미성년자를 외설물로 보호하기 위한 다양한 헌법적 기준이 제시되고 있다. 예컨대, (i) 성년자에게는 특정한 누드잡지 등이 음란물에 해당되지 아니한 경우에도 미성년자에게는 음란물이 될 수 있으며,[268] (ii) 성인이 성적 행위를 하는 묘사의 경우에는 비록 법적으로 음란영화 또는 음란잡지에 해당되지 아니한다 할지라도 미성년자에게는 이러한 성적 행위를 하는 영화 또는 잡지 등에 출연 또는 게재시킬 수 없다.[269] 그러나 미성년자에게 성적으로 민감한 내용을 담고 있는 표현물의 접촉을 규제하고자 하는 경우 성인의 이러한 권리를 함께 제한하여서는 아니 된다.

Cable Communications v. FCC, 109 S. Ct. 2829(1989)

성적 내용을 제공하고 있는 상업적인 성전화(Dial-a-Porn)를 미성년자가 사용하는 것을 제한하기 위하여, 이러한 상업적인 성전화의 사용 자체를 모든 사람에게 금지하는 것은 성년자가 이러한 전화를 이용할 수 있는 헌법적 권리를 침해하기 때문에 위헌이다.

한편, 성인잡지 및 영화 등의 출연 또는 게재대상은 대부분 여성인바, 여성을 성적으로 차별화 또는 종속화(discriminate or subordinate)하는 표현물을 금지하는 州法이 제정된 바 있으나, 이러한 州法은 표현의 자유를 침해하는 위헌법률이라는 판결이 내려진 바 있다.[270]

265) Stanley v. Georgia, 394 U.S. 557(1969).
266) Paris Adult Theatre I v. Slaton, 413 U.S. 49(1973).
267) United States v. Orito, 413 U.S. 139(1973).
268) Ginsberg v. New York, 390 U.S. 629(1968).
269) New York v. Ferber, 458 U.S. 747(1982).
270) American Booksellers Assoc., Inc. v. Hudnut, 106 S. Ct. 1172(1986).

e. **暴力誘發言語 및 名譽毁損 등**

① **暴力誘發言語** 폭력유발언어(fighting words)라 함은 상대방을 모욕함으로써 상대방의 폭력적 행동을 유발하는 언어를 말한다. 이러한 폭력유발언어가 제1차 헌법개정조항에 의하여 보호받지 못함은 물론이다.[271)]

폭력유발언어는 상대방인 청중을 단순히 분노하게(angry)하는 것으로는 그 요건을 충족할 수 없으며 반드시 폭력을 유발(incitement to violence)하여야 한다.[272)]

Cohen v. California, 403 U.S. 15(1971)

징병제도에 대한 욕설을 인쇄한 티셔츠를 법원복도에서 입고 다닌 경우, 이는 단순히 공격적 언어(offensive words)에 불과하며 폭력유발언어(fighting words)에 해당되지 아니하므로 제1차 헌법개정조항에 의한 보호를 받는다.

다만, 발언이 폭력유발언어에 해당되지 아니하는 경우에도 발언의 상대방이 발언자에 敵對的 感情을 갖고 있는 청중(hostile audience)인 경우 당해 발언이 청중의 무분별한 폭력행사를 유발할 긴박한 상황에 처한 때에는 당해 발언의 중지 또는 제한을 할 수 있다.[273)]

R.A.V. v. City of St. Paul, 505 U.S. 377(1992)

피고는 한밤중에 흑인거주 주택의 정원 내에 있는 십자가를 태워버렸다. 피고는 St. Paul시의 규칙(Bias-Motivated Crime Oridance) 위반으로 기소되었다. 동 규칙은 "누구든지 어느 장소에서 십자가 또는 나찌 마크를 불사르는 등 민족, 피부, 종족, 종교 또는 성별을 근거로 분노, 놀람 또는 불쾌감을 자극하는 행위를 하는 자는 경범죄에 처한다."고 규정하고 있었다. 대법원은 동 규칙이 민족, 피부, 종족, 종교 또는 성별 등 특정 영역을 대상으로 하고 있고, 정치성향, 노조원 여부, 동성연애 등 다른 영역은 배제하고 있어 규제내용이 중립적(content neutral)이지 못하므로 위헌이라고 판결하였다.

271) Chaplinsky v. New Hampshire, 315 U.S. 568(1942).
272) Terminiello v. Chicago, 337 U.S. 1(1949).
273) Feiner v. New York, 340 U.S. 315(1951).

② **名譽毁損** 타인을 비방하는 내용의 언론 또는 출판은 일반적으로 제 1 차 헌법개정조항에 의한 보호를 받지 못하며, 따라서 형사상 또는 민사상 제제대상이 된다.[274]

언론 또는 출판이 공무원의 「공무수행」(official ccnduct)에 대하여 비판을 행한 경우 동 비판이 악의적(malice)이고 허위로 행하여졌다는 것이 「명백하고 신뢰할 수 있는 증거」(clear and convincing evidence)에 의하여 입증되지 아니하는 한 명예훼손으로 인한 민사상의 책임을 부담하지 아니하며,[275] 또한 형사상의 책임도 부담하지 아니한다.[276]

이러한 원칙은 비단 공무원뿐 아니라 유명인사(public figure)에게도 동일하게 적용된다. 유명인사에는 유명가수 · 배우 등의 연예인은 물론 (i) 전직 미식축구코치,[277] (ii) 전역한 군인장성 및 정치평론가[278] 등이 포함되나, (i) 이혼소송을 제기한 者,[279] (ii) 범죄피의자[280] 또는 (iii) 화제대상이 되는 소송의 변호인[281] 등은 유명인사에 포함되지 아니한다.

f. 言論機關과 言論 · 出版의 自由

① **意 義** 제 1 차 헌법개정조항은 국민의 언론 · 출판 · 집회 · 결사의 자유를 보장하고 있는바, 이 중 전문적인 언론인 또는 방송인에게 보장되고 있는 권리가 방송인의 자유(right of press)이다.

② **事前制限 · 禁止制度** 언론 및 출판에 대한 사전제한 또는 금지조치는 원칙적으로 위헌이다.[282] 따라서 신문 · 잡지 및 방송 등에 대한 사전검열제도, 출판 · 방송 등의 사전제한 · 금지제도는 허용되지 아니한다.

그러나 (i) 국가의 안전보장,[283] (ii) 공정한 형사재판절차 확보를 위한 보도제한,[284] (iii) 영화에 대한 사전검열제도,[285] (iv) 음란서적의 사전압수[286]

274) Beauharnais v. Illinois, 343 U.S. 250(1952).
275) New York Times v. Sullivan, 376 U.S. 254(1964).
276) Garrison v. Louisiana, 379 U.S. 64(1964).
277) Curtis Publishing Co. v. Butts, 388 U.S. 130(1967).
278) Associated Press v. Walker, 388 U.S. 130(1967).
279) Time, Inc. v. Firestone, 424 U.S. 448(1976).
280) Wolston v. Reader's Digest Association, 443 U.S. 157(1979).
281) Getz v. Robert Welch, Inc., 418 U.S. 323(1974).
282) Near v. Minnesota, 283 U.S. 697(1931); New York Times Co. v. United States, 403 U.S. 713(1971).
283) United States v. Progressive, Inc., 467 F.Supp. 990(W. D. Wis. 1979).
284) Nebraska Press Association v. Stuart, 427 U.S. 539(1976). 다만, (i) 재판절차의 보도가 공정한 재판을 침해하는 명백하고 현존하는 위험이 존재할 것, (ii) 보도제한조치 이외에 다른

등은 예외적으로 허용되고 있다. 물론, 언론 및 출판에 대한 사전제한 또는 금지조치를 하는 경우에도 사전통지 및 청문회 등의 일정한 사전절차를 밟아야 함은 물론이다.

③ **政府保有情報에 대한 取材** 언론 및 방송사에서 정부가 보유하고 있는 정보를 취재하는 경우, 이러한 언론 및 방송사에 일반국민보다 더 많은 정보를 취재할 수 있는 헌법상의 권리가 부여되는 것은 아니다. 언론 및 방송사는 정부가 보유하고 있는 정보에 관하여 일반국민과 동일한 수준의 헌법상 권리를 향유하고 있을 뿐이다. 따라서, 언론 및 방송사는 일반국민과 마찬가지로 (i) 감옥의 죄수를 자유로이 취재할 수 있는 헌법상의 권리를 보유하고 있지 아니하고,[287] (ii) 일정한 경우에 事前裁判節次(pretrial hearing)에서의 취재가 허용되지 아니한다.[288]

④ **政府의 言論·放送에 대한 規制** 정부는 언론사 및 방송사에서 합법적으로 취득한 진실한 정보(truthful information obtained lawfully)를 공개·발표하는 것을 제한하여서는 아니 된다. 예컨대, (i) 미성년범죄자의 명단을 발표하는 것을 형사처벌하는 법률,[289] (ii) 공개법정에서 취득한 강간피해자의 성명을 공개하는 것에 민사책임을 부과하는 법률 등은 모두 위헌이다.[290]

그러나 언론사 또는 출판사에서 불법행위가 행하여진 경우 수색영장을 발부받아 언론사 또는 출판사를 수색할 수 있으며, 이러한 수색이 제 1 차 헌법개정조항상의 언론·출판의 권리를 침해하는 것은 아니다.[291]

라디오·TV 등의 방송사는 신문사·잡지사 등의 언론기관보다 더 많은 책임을 부담한다. 그 이유는 라디오·TV가 대중에게 보다 직접적으로 밀착되어 있어 더욱 커다란 영향력을 행사할 수 있기 때문이다. 따라서, (i) 신문·잡지는 기사의 대상이 된 독자가 당해 기사에 대하여 의견이 있는 경우

구제수단이 존재하지 아니할 것, (iii) 보도제한조치가 피고인을 효과적으로 보호할 수 있을 것의 요건을 충족하여야 한다.

285) Freedman v. Maryland, 380 U.S. 51(1965). 영화는 언론·방송 등과 달리 시간적으로 긴급히 공개 또는 발표할 필요가 없으므로 헌법에 의하여 보호되지 아니하는 내용의 영화를 사전검열하는 것은 제 1 차 헌법개정조항을 침해하는 것이 아니라고 한다.

286) Quantity of Books v. Kansas, 378 U.S. 205(1964).

287) Houchins v. KQED, 438 U.S. 1(1978).

288) Gannett Co. v. DePasquale, 443 U.S. 368(1979).

289) Smith v. Daily Mail Publishing Co., 443 U.S. 97(1979).

290) Landmark Communications, Inc. v. Virginia, 435 U.S. 829(1978).

291) Zurcher v. Stanford Daily, 436 U.S. 547(1978).

이를 게재하여 줄 의무가 없음에 반하여[292] 라디오 · TV는 그러한 의무가 있고,[293] (ii) 라디오 · TV의 경우에는 외설적 표현에 이르지는 아니하더라도 점잖지 아니한 표현인 경우 이의 사용을 규제할 수 있다.[294]

(4) 言論 · 出版 · 集會 · 結社의 自由에 대한 間接的 制限

a. **意 義** 언론 · 출판 · 집회 · 결사의 자유를 제한 · 금지하는 규제 조치는 (i) 언론 · 출판 · 집회 · 결사의 내용을 직접적으로 규제하는 경우와 (ii) 정부의 특정 목적을 달성하기 위하여 언론 · 출판 · 집회 · 결사의 내용과는 상관없이(content-neutral), 그 권리행사의 「시간 · 장소 및 방법」 등(time, place and manner)을 제한 · 금지함으로써 권리행사의 기회를 간접적으로 규제하는 경우가 있다. 後者의 언론 · 출판 · 집회 · 결사에 대한 간접적 규제가 헌법적 보호를 받는지의 여부에 대하여는 이를 규제장소에 따라 공공장소(public forum), 준공공장소(quasi-public forum) 및 비공공장소(non-public forum)의 경우로 나누어 설명할 수 있다.

b. **公共場所의 경우** 공공장소라 함은 도로(streets), 공원(parks) 및 인도(sidewalks) 등 전통적으로 집회 · 결사의 장소로 사용되는 곳[295]과 시립극장 등 공공의 회합(public communication)을 주된 설치목적으로 하고 있는 장소[296]를 말한다.

공공장소에서 행하여지는 언론 · 출판 · 집회 · 결사의 「시간 · 장소 및 방법」을 제한하고자 할 때에는 다음과 같은 세 가지 요건을 충족하여야 한다.[297]

첫째, 제한조치는 표현하고자 하는 내용을 제한하려고 하여서는 아니 되며 표현의 내용과는 무관(content-neutral)하여야 하고, 둘째, 제한조치는 정부의 중대한 목적달성(significant government interest)에 반드시 필요한 경우에 한하여, 필요한 최소한 수준(narrowly tailored)에 그쳐야 하며, 셋째, 규제대상이 되는 표현이 대체적인 다른 장소(alternative forums)에서 행하여질 수 있어야 한다.[298]

292) Miami Herald Publishing Co. v. Tornillo, 418 U.S. 241(1974).
293) Red Lion Broadcasting Co. v. FCC, 395 U.S. 367(1969).
294) FCC v. Pacifica Foundation, 438 U.S. 726(1978).
295) Hague v. C.I.O., 307 U.S. 496(1939).
296) Southeastern Promotions, Ltd. v. Conrad, 420 U.S. 167(1976).
297) Heffron v. International Society for Krishna Consciousness, 452 U.S. 640(1981).
298) Thomas v. Windy City Hemp Devel. Bd v. Chicago Park Dist., 70 U.S.L.W. 4091(Jan.

Burson v. Freeman, 504 U.S. 191(1922)

투표장소입구로부터 30m(100feet) 이내에서 투표권유 및 선거유인물의 배포·전시 등을 금지하는 내용의 법률은 언론의 자유를 침해하지 아니하므로 합헌이다.

c. **準公共場所 및 非公共場所의 경우** 준공공장소라 함은 공공의 회합을 주된 목적으로 제공·설치된 공공장소는 아니지만 도서관 및 학교 등 공공의 회합과 밀접하게 관련되어 있는 장소를 말한다. 준공공장소에서 집회·결사를 하는 경우 이의 시간·장소 및 방법 등이 동 장소의 일상적 운영(normal activity)에 적합하지 아니하면(incompatibility) 이를 제한할 수 있다.[299]

비공공장소라 함은 장소의 제공·설치의 목적이 공공의 회합과 상관이 없는 장소를 말하며, 감옥소·군부대·사설우편함·법원·정부청사·대중교통수단 등이 이에 해당된다. 비공공장소에서의 표현행위는 당해 표현이 비공공장소의 정상적 운영에 지장을 초래하는 경우 이를 언제든지 금지할 수 있으며, 또한 정부는 표현의 주체·시간·장소 및 내용을 한정하여 이를 허용할 수 있다.[300]

다. 宗教의 自由

a. **憲法規程** 미국 제 1 차 헌법개정조항은 "연방의회는 종교설립에 관한 법률이나 종교행사를 금지하는 법률을 제정하여서는 아니 된다"고 규정하고 있고,[301] 헌법본문 제 6 조는 "공직취임의 전제조건으로 종교적 심사를 하여서는 아니 된다"고 규정하고 있다.[302] 미국 제 1 차 헌법개정조항은 크게 종교설립자유에 관한 규정(Establishment Clause)과 종교활동의 자유(Free Exercise Clause)로 나누어 볼 수 있다.

15, 2002).

299) Grayned v. Rockford, 408 U.S. 104(1972).

300) Cornelious v. NAACP Legal Defense and Educational Fund, Inc., 473 U.S. 788(1985).

301) 미국 제 1 차 헌법개정조항은 "Congress shall make no law respecting an establishment of religion, or prohibiting the free exercise thereof."라고 규정하고 있다.

302) 미국헌법본문 제 6 조는 "no religious test shall ever be required as a qualification to any office or public trust under the United States."라고 규정하고 있다.

b. **宗敎設立의 自由** 종교설립의 자유라 함은 (i) 정부가 종교를 설립·지원·운영하는 등 종교활동에 직·간접적으로 간여하거나, (ii) 특정 종교를 다른 종교에 비하여 우대·차별하는 것을 금지하는 것을 말한다. 종교설립의 자유에 관한 헌법상 규정은 정부가 적극적으로 특정 종교를 지원하는 것을 제한·금지하는 규정으로서, 정부가 종교에 대하여 '友好的 中立'(benevolent neutrality)을 유지하도록 하는 의미를 부과하고 있다.[303]

정부가 종교단체에 대하여 지원을 하는 경우, 이러한 지원이 제 1 차 헌법개정조항에 위반되지 아니하기 위하여는 다음과 같은 조건을 충족하여야 한다.[304] 첫째, 정부지원은 세속적 목적(secular purpose)을 위한 것이어야 하고, 둘째 정부지원이 기본적으로 종교활동을 조장하거나 제한하는(advance or inhibit) 효과를 가져와서는 아니 되며, 셋째, 정부와 종교와의 관계를 지나치게 밀접하게 발전시켜서는 아니 된다는 것이 바로 그것이다.

예컨대, (i) 종교학교에 다니는 학생들에게 다른 학교에 다니는 학생들과 마찬가지로 통학버스요금, 교과서 또는 체육시설을 지원·제공하는 것,[305] (ii) 종교단체에 부속된 병원 또는 대학에 재정지원을 하는 것,[306] (iii) 종교단체 재산에 대하여 조세감면을 하는 것[307] 등은 위의 세 가지 조건을 충족시키고 있으므로 위헌이 아니다. 그러나 (i) 국·공립학교에서의 특정 종교교육, (ii) 특정 종교학교에 대한 재정적 지원은 위헌이다.[308]

c. **宗敎活動의 自由** 종교활동의 자유는 크게 내면적 신앙(belief)의 자유와 외면적 종교행사(conduct)의 자유로 구분된다.

내면적 신앙의 자유는 절대적 자유로서 정부는 특정 종교를 믿거나 믿지 말 것을 강요하는 등 이를 제한할 수 없다.[309] 정부가 개인의 외면적 종교행

303) Walz v. Tax Commission, 397 U.S. 664(1970).

304) Lemon v. Kurtzman, 403 U.S. 602(1971). 조건은 The Governmental action must: (i) have a secular purpose, (ii) have a principal or primary effect that neither advance or inhibits religion, and (iii) not foster excessive governmental entanglement with religion이다.

305) 통학버스요금지원: Everson v. Board of Education, 330 U.S. 1(1947); 교과서지원: Board of Education v. Allen, 433 U.S. 229(1977); 체육시설제공: Lemon v. Kurtzman 403 U.S. 602(1971).

306) 병원: Brandfield v. Roberts, 175 U.S. 291(1899); 대학: Tilton v. Richardson 403 U.S. 672(1971).

307) Mueller v. Allen, 463 U.S. 388(1983).

308) Engel v. Vitale, 370 U.S. 421(1962).

309) Cantwell v. Connecticut, 310 U.S. 296(1940).

위를 제한하는 경우에는 정부의 절실한 목적(compelling state objective) 달성을 위하여 꼭 필요한 최소한의 조치(least restrictive means)인 경우에 한하여 허용된다.[310] 예컨대, (i) 종교적 신념에 따라 국기에 대한 경례를 거부하는 행위를 규제하는 조치, (ii) 종교적 신념에 따라 주말에 근무하지 아니하는 자에 대하여 勤勞者補償法(Worker's Compensation Act)에 의한 보상을 거부하는 조치, (iii) 종교적 신념에 따라 의무교육을 거부하는 자를 제재하는 조치, (iv) 특정 종교의식에서 동물을 살해하는 것을 금지하는 조치 등은 모두 위헌이다.[311]

그러나 (i) 종교적 신념에 따른 群婚(polygamy)에 대한 규제조치, (ii) 종교적 신념에 대한 군대징병거부에 대한 제제조치 등은 합헌이다.[312]

라. 其他의 基本權

(1) 財 産 權

a. 憲法規程 제5차 헌법개정조항은 "개인의 재산(private property)은 정당한 보상(just compensation) 없이 공공목적을 위하여(public use) 이를 공공수용(taking)하여서는 아니 된다"고 규정하고 있다.[313]

b. 主要 內容 미국 제5차 헌법개정조항은 개인의 재산권에 대한 정부의 일반적인 收用權을 보장하고 있는 것이 아니라, 특정 헌법규정에 의하여 정부가 개인의 재산권을 收用할 필요가 있는 경우 반드시 정당한 보상을 하여 줄 것을 의무화하고 있는 규정이다. 즉, 제5차 헌법개정조항은 개인 재산의 공공수용에 대한 일반 근거규정이 아니다.

① 公共收用 公共收用의 개념은 명확하지 아니하지만, 대체로 '정의와 공정'(justice and fairness)의 기준에 비추어 볼 때에 정부의 收用으로 야

---

310) Sherbert v. Verner, 374 U.S. 398(1963).

311) 국기경례거부: West Virginia State Board of Ed. v. Barnette, 319 U.S. 624(1943); 근로자보상제외: Sherbert v. Verner, 374 U.S. 398(1963), Thomas v. Review Board of Indiana Employment Security Division, 450 U.S. 707(1981); 의무교육거부: Wisconsin v. Yoder, 406 U.S. 205(1972); 종교의식에서의 동물상해금리: Church of the Lukumi Babalu Aye, Inc. v. Hialeah, 508 U.S. 520(1993).

312) 군혼: Reynolds v. United States, 98 U.S. 145(1878); 징병거부: Gillette v. United States, 401 U.S. 437(1971).

313) 미국 제5차 헌법개정조항은 "…nor shall private property be taken for public use, without just compensation."라고 규정하고 있다.

기되는 개인의 경제적 손실을 정부가 부담하여야 하는 정부조치를 말한다.[314)]

公共收用은 일반적으로 개인 재산권에 대한 영구적인 물티적 침해(permanent physical invasion)를 의미하는바, (i) 재산 상속권의 제한, (ii) 私有地에 타인을 위한 지역권의 강제설정, (iii) 사유지 상공의 비행기 통과로 인한 토지사용불능, (iv) 댐건설로 인한 사유지 수몰 등은 모두 公共收用의 개념에 해당된다.[315)]

Lucas v. South Carolina Coastal Council, 505 U.S. 1003(1992)

사우스캐롤라이나 주정부는 침식위험이 큰 해안지역을 보호하기 위하여 동 지역에 영구건물의 건축을 금지하는 법률을 제정하였다. 원고는 동 지역을 건축허가를 받은 상태에서 매입하였는바, 상기 법률이 제 5 차 헌법개정조항의 공공수용에 해당되므로 정당한 보상을 요구하였다. 이에 대하여 연방대법원은 비록 건축금지가 주민의 보건 및 안전을 위한 합법적 조치에 해당되나 재산권의 경제적 가치를 거의 박탈하고 있으므로 공공수용에 해당된다고 판결하였다.

그러나 (i) 화재확산방지를 위한 소방대원의 사유가옥의 파괴, (ii) 범죄에 사용된 재산의 몰수, (iii) 폭도진압중 군대가 일시적으로 사유재산을 점유한 것, (iv) 조경권 등은 公共收用의 개념에서 제외된다.[316)]

일시적으로 사용권을 제한하는 경우에는 모든 정황을 참작하여 공공수용 여부를 판단하여야 한다.[317)]

② **公共目的** 공공목적의 개념은 명확하지 아니하나, 대체로 정부의 수용권행사가 공공이익에 부합되는 것으로 해석되고 있다. 예컨대 도시계획

314) Penn Central Transportation Co. v. New York City, 438 U.S. 104(1978). 공공수용은 정부의 경찰권(police power)하에서 아무런 보상 없이 개인의 재산권을 침해하는 조치와 구분된다.

315) 재산상속권제한: Hodel v. Irving, 481 U.S. 704(1987); 지역권설정: Nollan v. California Coastal Commission, 107 S. Ct. 3141(1987); 사유지영공통과: Griggs v. Allegheny County, 369 U.S. 84(1962); 댐건설: United States v. Cress, 243 U.S. 316(1917).

316) 화재확산방지: United States v. Caltex, Inc., 344 U.S. 149(1952); 범죄사용재산몰수: Calero-Toledo v. Pearson Yacht Leasing Co., 416 U.S. 663(1974); 군대일시주둔: National Board of Y.M.C.A. v. United States, 395 U.S. 85(1969); 조경권: Penn Central Transportation Co. v. New York City, 438 U.S. 104(1978).

317) Tahoe-Sierra Preservation Council, Inc. v. Tahoe Regional Planning Agency, 70 U.S. L.W. 4260(April 23, 2002).

(urban renewal)[318] 또는 토지재분배[319] 등은 공공목적에 부합된다.

Hawaii Housing Authority v. Midkiff, 467 U.S. 229(1984)

하와이주는 22명의 소유자가 전체 사유지의 75.5%를 소유하고 있었다. 하와이 주정부는 동 사유지를 공공수용하여 소작농 및 인근주민에게 배분하였다. 연방대법원은 동 조치가 공공목적을 위한 합헌조치라고 판결하였다.

③ **正當補償** 정부가 公共收用을 하는 경우에는 正當한 보상(just compensation)을 하여야 하는바 正當한 보상이라 함은 收用된 재산의 公正市場價格(fair market value)을 보상하는 것을 말한다. 특별한 사유가 없는 한 재산권 소유자의 재산에 대한 각별한 필요성(unique need)이나 정부가 收用으로 취득한 이익(gain)은 정당한 보상에 포함되지 아니한다.[320]

(2) **強制勞動의 禁止**

a. **憲法規程** 미국 제13차 헌법개정조항은 "노예제도나 강제노역은 형사처벌의 경우가 아닌 한 美合中國 또는 그 관할 내의 어떠한 곳에서도 허용되지 아니한다"고 규정하고 있다.[321]

b. **主要 內容** 강제노동의 금지는 노예제도는 물론 타인에 대한 부채를 청산하는 수단으로서 노무를 제공하는 것의 금지를 포함한다.

Pollock v. Williams, 322 U.S. 4(1944)

노무제공계약을 체결하고 선수금을 받은 者가 노무를 제공하지 아니하는 경우, 이러한 者에게 노무의 제공을 강제하는 것은 위헌이다.

미국에서의 인종차별은 근대사회에 있어 그 유례를 찾아볼 수 없을 정도

318) Berman v. Parker, 348 U.S. 26(1954).
319) Hawaii Housing Authority v. Midkiff, 467 U.S. 229(1984).
320) United States v. 564.54 Acres of Land, 441 U.S. 506(1979).
321) 미국 제13차 헌법개정조항은 "Neither slavery nor involuntary servitude, except as a punishment for crime whereof the party shall have been duly convinted, shall exist within the United States, or any place subject to their jurisdiction."라고 규정하고 있다.

로 부끄럽고 치욕스러운 역사이다. 1777년의 버몬트(Vermont) 주헌법을 효시로 하여 북부의 모든 州는 1800년까지 노예제도를 폐지하였으나, 남부의 州는 법적으로 노예제도를 계속 인정하였다. 1854년의 북캐롤라이나(North Carolina) 州法에 따르면 노예는 私法上의 動産으로서 주인은 노예의 생명·신체를 자유로이 처분할 수 있는 권리를 보유하고 있었다. 또한 1849년 버지니아(Virginia) 州法에 의하면 노예제도폐지를 주장하는 者는 범죄행위로 처벌하였다. 북부에서도 법적으로는 노예제도가 폐지되었지만 흑인은 인간대우를 받지 못하였다. 1857년의 대법원판결(The Dred Scott Case)[322]은 흑인은 합중국 시민이 아니므로 법원에 소송을 제기할 수 없다고 판결하였다.

1860년의 남북전쟁이 북부의 승리로 종료되자 연방정부는 제13차, 제14차, 제15차 헌법개정을 통하여 흑인의 권리를 보장하였다. 제13차 헌법개정조항은 노예제도를 폐지하였고, 제14차 헌법개정조항은 미국에서 출생·귀화한 자는 합중국시민이 될 수 있다고 규정함으로써 Dred Scott 판결을 번복하여 흑인에게도 미합중국 시민권을 부여하였으며, 제15차 헌법개정조항은 인종, 피부색 또는 종래의 신분에 의하여 투표권에 대한 차별대우를 받지 아니한다고 규정하였다. 그러나 헌법개정에 의한 흑인의 보호는 형식적·명목적이었고 흑인에 대한 백인의 차별대우 및 혐오는 여전히 지속되었다.[323] 미국의 기본권이론의 역사는 흑백갈등을 해소하기 위한 평등권 보호의 역사라고 하여도 과언이 아니다.

(3) 刑事上의 權利

a. 辯護人의 助力을 받을 權利 미국 제 6 차 헌법개정조항은 "모든 형사소송의 피의자는 변호인의 조력을 받을 권리를 갖는다"고 규정하고 있다.[324] 만일 피의자가 변호사를 고용할 의사가 있음에도 불구하고 경제적 능력이 없는 경우에는 법원은 國選辯護人을 제공하여야 한다.[325]

322) Dred Scott v. Sandford, 19 How. 393(1857).

323) 대표적인 경우가 남북전쟁 후에 조직된 K.K.K.(Ku Klux Klan)團이다. K.K.K.단은 백인우월주의자들에 의하여 조직되어 주정부의 방관하에 흑인을 비롯한 유색인종에게 대한 무차별 폭행·방화·사살 등을 자행하였다. 더구나 1890년대에는 소위 私刑法(Lynch law)에 의하여 남부의 수많은 흑인이 백인들에 의하여 교수형을 당하거나 집단학살을 당하였다. 이러한 행위가 흑인에게는 물론 중국인이나 인디언 등의 유색인종에게도 저질러졌음은 물론이다.

324) 미국 제 6 차 헌법개정조항은 "In all criminal prosecutions, the accused shall enjoy the right … to have the assistance of counsel for his defense."라고 규정하고 있다.

325) Johnson v. Zerbt, 304 U.S. 458(1938).

Argersinger v. Hamlin, 407 U.S. 25(1972)

國選辯護人은 被疑者가 실제로 형무소에서 복역할 가능성이 있는 범죄에 한하여 제공되면 충분하고, 그보다 경미한 범죄에 대하여는 國選辯護人을 제공하지 아니하여도 합헌이다.

b. **強制自白 및 不利한 陳述의 禁止**　미국 제5차 헌법개정조항은 "누구도 형사소송에서 자신에게 불리한 증인(witness)이 될 것을 강요당하지 아니한다"라고 규정하고 있다.[326] 제5차 헌법개정조항에서는 강제자백금지의 원칙과 불리한 진술강요금지의 원칙이 도출되고 있다.

비자발적으로 또는 강요에 의하여 자백한 경우, 이러한 자백은 법정에서 증거로 채택되지 아니한다.[327] 비록 자백이 임의적으로 행하여진 경우라 할지라도 경찰이 피의자에게 (i) 피의자는 묵비권을 행사할 수 있고, (ii) 피의자의 모든 발언이 법정에서 불리하게 작용할 수 있으며, (iii) 피의자는 변호인의 조력을 받을 수 있는 권리가 있다는 사실을 통지하지 아니한 경우, 이러한 자백은 법정에서 증거로 채택되지 아니한다.[328] 이를 「미란다原則」(Miranda Principle)이라고 부른다.

형사소송 또는 민사소송에서 피고인 또는 증인은 자신에게 불리한 진술을 강요당하지 아니한다. 자신에게 불리한 증언을 거부하는 것이 자신의 형사상 또는 민사상 책임을 인정하는 것이 절대로 아님은 당연한 일이므로 검사 또는 陪審員은 이를 증인에게 불리한 방향으로 해석하여서는 아니 된다.[329]

c. **不法搜索 및 監禁으로 取得한 證據의 排除**

① **憲法規程**　미국 제4차 헌법개정조항은 "부당한 수색 · 체포 · 압수로부터 신체, 가택, 서류 및 동산의 안전을 보장받는 개인의 권리는 이를 침해할 수 없다. 체포 · 수색 · 압수의 영장은 발급의 충분한 이유가 있고, 선서 또는 확약에 의하여 뒷받침되며, 수색될 장소, 체포될 사람 또는 압수될 물품

326) 미국 제5차 헌법개정조항은 "No person … shall be compelled in any criminal case to be a witness against himself…."라고 규정하고 있다.
327) Bram v. United States, 168 U.S. 532(1897).
328) Miranda v. Arizona, 384 U.S. 436(1966).
329) Griffin v. California, 380 U.S. 609(1965).

을 기재한 경우에 한하여 발급된다"고 규정하고 있다.330)

② **主要 內容**　제 4 차 헌법개정조항에 위반하여 불법수색 및 불법감금 등으로 취득한 증인 또는 서류 등의 증거는 그 증거의 내용이 실체적 진실과 부합된다 할지라도 형사소송에서 증거로 채택되지 아니한다.331) 이를 「證據能力排除의 原則」(exclusionary rule)이라고 한다. 우편검열 · 도청 및 주택감시 등을 통하여 취득한 증거도 모두 불법수색 및 불법감금으로 취득한 증거에 포함된다.

d. **陪審員에 의한 裁判**

① **憲法規程**　제 6 차 헌법개정조항은 "모든 형사소송에서 被疑者는 陪審員에 의하여 신속하고 공개된 재판을 받을 권리를 갖는다"고 규정하고 있다.332)

② **主要 內容**　모든 형사소송에서 被疑者는 陪審員에 의한 신속한 재판을 받을 권리를 보유한다. 다만, 모든 형사소송에서 陪審員에 의한 재판이 요구되는 것은 아니며, 중범죄인 경우에만 요구되고 경범죄인 경우에는 요구되지 아니한다.333) 대체로 최대예상형량이 6 개월 이상인 경우에는 중범죄로 분류된다.334)

陪審員의 숫자는 범죄가 발생한 지역사회의 적절한 집단 의식구조(adequate group deliberation) 및 지역사회의 대표적 구성원(representative cross section)을 충분히 반영할 수 있어야 한다.335) 따라서 陪審員은 범죄가 발생한 사회 전반에서 골고루 선정되어야 하므로 특정 집단에 속하여 있는 者를 陪審員에서 배제하여서는 아니 된다.336) 또한, 被疑者 또는 당해 사건

330) 미국 제 4 차 헌법개정조항은 "The right of the people to be secure in their persons, houses, papers, and effects, against unreasonable searches and seizures, shall not be violated, and no warrants shall issue, but upon probable cause, supported by oath or affirmation, and particularly describing the place to be searched, and the persons or things to be seized."라고 규정하고 있다.

331) Boyd v. United States, 116 U.S. 616(1886); United States v. Leon, 468 U.S. 897(1984).

332) 미국 제 6 차 헌법개정조항은 "In all criminal prosecutions, the accused shall enjoy the right to a speedy and public trial, by an impartial jury of the State and district wherein the crime shall have been committed…."라고 규정하고 있다.

333) Duncan v. Louisiana, 391 U.S. 145(1968).

334) Baldwin v. New York, 399 U.S. 66(1970).

335) Ballew v. Georgia, 435 U.S. 223(1978).

336) 특정 집단에 속하여 있는 자가 배제된 경우로서, 흑인: Patton v. Mississippi, 332, U.S. 463 (1947); 멕시코인: Hernandez v. Texas, 347 U.S. 475(1954); 여성: Taylor v. Louisiana, 419

에 대하여 편견(prejudice)을 갖고 있는 者를 陪審員으로 선정하여서는 아니 된다.[337] 배심원의 구체적인 숫자는 헌법이 아니라 법률로 정한다.[338] 따라서, 6명 이상의 陪審員은 합헌이나,[339] 5명 이하의 陪審員은 위헌이다.[340]

연방법원에서는 陪審員 전원의 만장일치 評決(unanimous verdict)이 있어야 하나,[341] 주법원에서는 만장일치 評決이 요구되지 아니하고 다수(substantial majority)에 의한 評決이면 충분하다.[342]

e. **公開裁判 및 公正裁判** 피의자는 제6차 헌법개정조항에 의하여 공개재판을 받을 권리가 있으며, 제5차 및 제14차 헌법개정조항에 의하여 공정한 재판을 받을 권리가 있다.

U.S. 522(1975) 등의 예가 있는바, 모두 위헌이다.

337) Turner v. Louisiana, 379 U.S. 466(1965).

338) Williams v. Florida, 399 U.S. 78(1970).

339) Williams v. Florida, 399 U.S. 78(1970).

340) Ballew v. Georgia, 435 U.S. 223(1978).

341) Apodaca v. Oregon, 406 U.S. 404(1972).

342) Johnson v. Louisiana, 406 U.S. 356(1972). 약 75% 이상의 찬성이 있는 경우 이는 위헌이 아니라고 한다.

제2장 不法行爲法

제1절 概　　說

『불법행위법』(Tort)은 어느 개인이 故意·過失 또는 無過失로 타인에게 신체적·재산적 또는 정신적 손해를 입힌 경우 이에 대하여 민사상의 책임을 부과하는 법분야이다. 즉, 민사상의 불법행위로 인한 손해배상제도이다.

불법행위법은 英美法의 특징인 普通法(common law) 중 가장 대표적인 법분야로서 대부분의 법체계가 法院에서 내린 판례에 의하여 형성되어 있다. 최근 들어 전통적으로 普通法에 의하여 규율되어 왔던 블법행위법 분야에 다수의 實定法(statutory law)이 제정·편입되어 普通法과 實定法이 혼재되어 규율하는 경향이 나타나고 있으나,[1] 불법행위법 분야는 아직도 普通法의 성향이 매우 강하다. 불법행위 분야를 규율하는 일반법으로서의 聯邦制定法은 존재하지 아니하며, 루이지애나州(Louisiana)를 제외한 대부분의 州는 成文法보다 普通法에 그 법적 근거를 두고 있다.

이하에서는 총론으로서 첫째, 불법행위를 加害者의 책임(liability)정도에 따라 「故意責任」(intentional liability), 「過失責任」(negligence liability) 및 「無過失責任」(strict liability)의 세 가지 형태로 구분하여 설명하고, 둘째, 불법행위책임의 유형을 종류별로 고찰한 후, 이러한 총론적 배경하에 각론

1) 1980년대 중반부터 불법행위 분야에 대한 實定法의 제정 움직임이 활발히 대두되기 시작하였는바, 그 주요 내용은 대체로 非經濟的 損害(noneconomic damages)에 대한 손해배상금액의 제한, 손해배상의 분할지급(periodic payment)의 허용, 懲罰的 손해배상(punitive damage)의 금액제한, 입증책임의 강화 및 二重賠償(collateral resource rule)의 제한 등에 관한 내용이 대부분이다. 이러한 부분은 대부분 普通法上의 불법행위법에서 이루어지지 아니한 새로운 분야이거나 또는 普通法의 내용이 지나치게 복잡하여 이의 통일성이 필요시되는 분야이다.

으로서 불법행위의 대표적 분야인 제조물책임(product liability), 불법폐해(nuisance) 및 명예훼손(defamation) 등에 관하여 고찰하여 보기로 한다.

제 2 절 不法行爲의 責任別 類型

불법행위는 그 책임의 정도에 따라 故意에 의한 불법행위, 過失에 의한 불법행위 및 無過失에 의한 불법행위의 세 가지 형태로 분류하여 볼 수 있다.

1. 故意에 의한 不法行爲

故意에 의한 불법행위라 함은 加害者가 故意로 被害者에게 불법행위를 행하는 경우를 말한다.

가. 成立要件

故意에 의한 불법행위가 성립하기 위하여는 (i) 加害者의 행위(act by defendant), (ii) 故意(intent), (iii) 구타(battery) 또는 폭행(assault) 등 加害者 행위의 불법성, (iv) 因果關係(causation) 등의 요건을 충족하여야 한다.

이 경우 過失에 의한 불법행위의 경우에는 被害者에게 손해(damage)가 발생하는 경우에 한하여 불법행위가 성립하나, 故意에 의한 불법행위의 경우에는 被害者의 손해발생이 필요한 요건이 아님을 注意하여야 할 것이다.

(1) 加害者의 行爲

故意에 의한 불법행위가 성립하기 위하여는 우선 加害者의 행위가 존재하여야 한다. 加害者의 행위라 함은 「의식적인 신체동작」(volitional movement of some part of body)을 말한다. 「暴言」도 일정한 경우에는 加害者의 행위의 범주에 포함된다.[2) 예컨대, 채권자의 채무자에 대한 지나친 모욕 및 위협 등은 정신적 피해(emotional distress)에 의한 손해배상의 요건이 된다.

그러나 수면중의 행동 또는 약물의 영향하에 취하여진 행동 등의 무의식적인 행동(unconscious act)이나 反射的 행동(reflex action)은 불법행위상 加

2) Sherman v. Field Clinic, 392 N.E. 2d 154(Ill. 1979).

害者의 행위의 범주에 포함되지 아니한다.[3] 미성년자(minor) 등 일부 무능력자의 행동은 加害者의 행위의 범주에 포함된다.[4]

(2) 故意의 存在

加害者는 「故意」로 행동을 하여야 한다. 故意라 함은 加害者가 행동의 결과의 발생을 원하는 경우 또는 결과의 발생가능성을 충분히 예견한 경우(believed that the result was substantially certain to occur)를 말한다. 따라서 加害者가 자신의 행동으로 인하여 타인이 피해를 입는 것을 원하는 경우는 물론, 타인이 피해를 입는 것을 비록 원하지 아니하는 경우에도 자신의 행동으로 인하여 타인이 피해를 입을 가능성이 상당히 크다는 사실을 豫見한 경우에는 故意가 성립하게 된다.[5]

Garratt v. Dailey, 279 P. 2d 1091(Wash. 1955)

被害者가 의자에 앉으려고 하자 加害者가 갑자기 의자를 치워 被害者가 땅바닥에 떨어지면서 신체상의 부상을 입은 경우, 加害者는 被害者가 땅바닥에 떨어질 것을 충분히 예견할 수 있었으므로 故意에 의한 불법행위가 성립한다.

故意의 개념은 「動機」(motive) 및 「惡意」(malice)의 개념과 구별된다. 動機는 행동을 취하게 된 이유로서 불법행위의 성립요건과 무관하다. 즉, 動機가 선한 경우에도 故意가 있는 경우에는 불법행위가 성립되며, 動機가 악한 경우에도 행위가 불법하지 아니한 경우에는 불법행위가 성립되지 아니한다.

惡意는 행동을 취하게 된 주관적 動機(motive)의 한 형태로서 나쁜 動機를 의미한다. 惡意는 불법행위의 성립요건과 무관하나 被害者가 惡意를 가지고 불법행위를 행한 경우에는 불법행위의 구제수단으로서 懲罰的 損害賠償(punitive damages)을 인정할 수 있다.

(3) 行爲의 不法性

加害者의 행위는 불법적인 행위이어야 한다. 불법행위의 구체적인 유형

3) Lobert v. Pack, 9 A. 2d 365(Pa. 1939).
4) Goff v. Taylor, 708 S.W. 2d 113(Ky. 1986).
5) Baldinger v. Banks, 26 Misc. 2d 1086(1960).

으로는 不法侵害行爲(trepass), 不法弊害(nuisance), 名譽毁損(defamation) 및 私生活侵害(invasion of privacy) 등이 존재한다.

故意에 의한 불법행위의 대표적인 유형으로서 전통적으로 알려진 것은 불법침해행위이다.

불법침해행위는 對人的 侵害行爲(trespass to person)와 對物的 侵害行爲(trespass to property)로 크게 분류되며, 前者에는 폭행(battery), 폭행위협(assault), 불법감금(false imprisonment) 및 정신적 피해(emotional distress)가, 後者에는 부동산에 대한 침해행위(trespass to land) 및 동산에 대한 침해행위(trespass to chattels) 등이 해당된다. 상세한 내용은 후술하기로 한다.

(4) 因果關係

加害者의 행위와 발생한 결과간에 因果關係(causation)가 존재하여야 한다. 즉, 加害者의 행위가 구타·폭행 및 불법감금 등의 대인적 침해행위 또는 부동산에의 무단침입 및 동산의 탈취 등의 대물적 침해행위라는 결과를 가져와야 한다. 故意에 의한 불법행위의 경우 加害者의 행위가 직접적 또는 간접적으로 불법행위의 결과를 야기시킨 것으로 족하며 실질적인 손해발생은 필요하지 아니하다.[6]

나. 免責事由

(1) 對人的 侵害行爲에 대한 免責事由

加害者가 타인에게 대인적 침해행위를 행한 경우에도 免責事由(defense)가 존재하는 때에는 불법행위로 인한 책임을 부담하지 아니한다. 이러한 免責事由에는 (i) 被害者의 同意, (ii) 正當防衛, (iii) 緊急避難 및 (iv) 自救行爲 등이 있다.

(2) 對物的 侵害行爲에 대한 免責事由

대인적 침해행위의 경우와 마찬가지로 대물적 침해행위의 경우에도 免責事由가 존재하는 때에는 불법행위로 인한 책임을 부담하지 아니한다. 이러한 免責事由에는 (i) 被害者의 同意, (ii) 자신의 동산을 꺼내기 위하여 타인의 부동산에 침입하는 경우, (iii) 타인의 재산을 보호하기 위하여 타인의 부동산

6) 過失에 의한 불법행위의 경우, 실질적인 손해가 발생하는 경우에 한해 불법행위가 성립된다.

에 무단으로 들어온 동산을 축출하는 경우, (iv) 公共必要(public necessity)에 의하여 타인의 부동산에 침입하는 경우, (v) 자신의 사망 또는 중대한 신체적 상해를 방지하거나 재산의 치명적 파손을 방지하기 위하여 타인의 부동산에 침입하는 경우 등이 있다.

2. 過失에 의한 不法行爲

過失에 의한 불법행위는 英美法上의 불법행위법론에 있어서 중추적 위치를 차지하고 있다.

가. 成立要件

過失에 의한 불법행위가 성립하기 위하여는 (i) 加害者의 행위(act or actionable ommission), (ii) 注意義務(duty of due care)의 존재 및 注意義務의 위반(breach of duty of due care)으로 인한 過失, (iii) 因果關係(causation)의 존재 및 (iv) 손해(damage)의 발생의 요건 등을 충족하여야 한다.

(1) 加害者의 行爲

過失에 의한 불법행위가 성립하기 위하여는 우선 加害者의 행위가 존재하여야 한다. 加害者의 행위에는 作爲는 물론 不作爲도 포함된다. 過失에 의한 불법행위의 유형은 加害者에게 부과된 의무를 완전히 이행하지 아니하는 것이 대부분이므로 加害者의 행위에 不作爲가 포함되는 것은 당연하다고 할 것이다. 加害者가 不作爲에 의한 불법행위를 하는 경우 이는 '故意'에 의한 불법행위에 속하며 '過失'에 의한 불법행위는 성립되지 아니한다.[7)]

(2) 過失의 存在

a. 注意義務의 存在 過失로 인한 불법행위가 성립하기 위하여는 加害者가 注意를 기울어야 할 의무, 즉 注意義務가 존재하여야 한다. 이러한 注意義務는 일반적 상황에서 일반인에게 적용되는 一般的 注意義務(general duty)와 특수한 상황에서 특수한 자에게만 적용되는 特殊的 注意義務(special duty)로 크게 구분된다.

---

7) L.S. Ayres & Co. v. Hicks, 40 N.E. 2d 334(Ind. 1942).

① **一般的 注意義務** 일반적 注意義務라 함은 어느 일정한 상황(under the same or similar circumstances)에서 합리적인 사람(reasonable person)에게 일반적으로 기대되는 注意義務를 말한다.[8)]

일반적 注意義務는 일정한 상황에 처해 있는 특정 개인의 주관적 지식·경험·능력 등을 감안하여 구체적·개별적으로 결정되는 것이 아니라, 일정한 상황에서 합리적인 보통인이 어떠한 注意를 기울여야 하는가를 감안하여 객관적으로 결정된다.[9)] 예컨대, 어느 운전자가 보행자를 친 교통사고를 낸 경우, 당해 운전자가 지켜야 할 注意義務의 수준은 교통사고가 발생한 당시 상황에서 합리적인 보통인으로서의 운전자가 보행자에게 注意를 기울일 의무가 존재하는지에 따라 결정되는 것이며, 사고 운전자의 주관적인 심리상태, 운전경험 및 도로상황의 숙지정도 등에 따라 결정되는 것은 아니다.

Cordas v. Peerless Transporation Co., 27 N.Y.S. 2d 198(1994)

택시강도가 택시기사를 권총으로 위협하자, 택시기사가 이를 피하고자 달리는 택시에서 뛰어내린 경우 이로 인하여 운전석이 비어 있는 택시가 지나가는 행인을 치었다면, 이는 불법행위에 해당되지 아니한다. 그 이유는 당시 상황에서 평범한 택시기사라면 당연히 택시에서 뛰어내리는 행위를 하는 것이 예견될 수 있기 때문이다.

다만, 합리적인 보통인의 注意義務를 결정하는 경우 그 기준으로서 연령, 직업 및 정신·육체적 능력 등이 다음과 같이 고려된다.

첫째, 미성년자의 경우는 미성년자로서의 합리적인 보통인으로서의 注意義務가 요구되는 것이 일반적이다.[10)] 즉, 미성년자에게는 성년자에게 요구되는 注意義務와 동일한 수준의 注意義務가 요구되는 것이 아니라, 당해 미성년자와 동일한 연령의 합리적인 보통인에게 요구되는 수준의 注意義務가 요구되

---

8) Brown v. Kendall, 60 Mass. 292(1850).

9) 前者를 '主觀的 基準'(subjective test), 後者를 '客觀的 基準'(objective test)이라고 하는바, 過失로 인한 불법행위에서는 '客觀的 基準'이 채택되고 있다. Vaughan v. Menlove, 132 Eng. Rep. 490(1837).

10) Peterson v. Taylor, 316 N.W. 2d 869(Iowa 1982). 그러나 일부 소수 판결은 7세 미만의 미성년자에게는 過失責任을 부인하고 있다(Dunn v. Teti, 421 A. 2d 782(Pa. 1980)).

는 것이다. 예컨대, 10세인 미성년자가 過失에 의한 불법행위를 행한 경우, 당해 미성년자에게 요구되는 注意義務의 수준은 10세인 합리적인 보통인으로서의 미성년자에게 요구되는 注意義務이다. 그러나 미성년자가 일반적으로 성년자가 행하는 불법행위를 행한 경우에는 합리적인 보통인으로서의 성년자에게 요구되는 注意義務가 예외적으로 요구된다.[11] 예컨대, 미성년자가 모터보트의 운전, 골프연습 또는 자동차의 운전 등을 하는 경우가 이에 해당된다.[12]

둘째, 신체적 장애(physical disabilities)를 갖고 있는 者의 경우에는 신체장애인으로서의 합리적 보통인이 갖고 있는 注意義務가 요구되나, 정신적 장애(mental deficiency)를 갖고 있는 者의 경우에는 일반적인 합리적 보통인으로서의 注意義務가 요구되는 것이 일반적이다.

이는 신체적 장애자의 경우 注意義務의 존재를 결정하는 데 있어 신체적 결함을 하나의 기준으로 반영하는 데 반하여,[13] 정신적 장애자의 경우에는 이들을 일반 보통인과 동일하게 취급하는 것을 의미한다.[14] 그러나 신체적 장애자가 자신의 신체적 장애를 알고 있음에도 불구하고 합리적 보통인으로서의 신체적 장애인이라면 시도하지 아니할 행위를 한 경우에는 注意義務의 위반 즉, 過失이 인정됨을 유의하여야 한다.

Roberts v. Ring, 173 N.W. 437(Minn. 1919)

시력이 아주 나쁜 자가 운전을 하는 경우 일반인이 운전을 하는 것보다 더욱 높은 수준의 注意義務가 요구된다.

정신적 장애자에게 보통 일반인에게 요구하는 注意義務와 동일한 수준의 注意義務를 요구하는 것은 불법행위로 인한 피해구제를 용이하게 하여 불법행위책임체계의 혼란을 방지하기 위한 것이다.[15]

11) Robinson v. Lindsay, 598 P. 2d 392(Wash. 1979).
12) 모터보트: Dellwo v. Pearson, 107 N.W. 2d 859(Minn. 1961); 골프: Neumann v. Shlansky, 312 N.Y.S. 2d 957(N.Y. 1970); 자동차: Allen v. Ellis, 380 P. 2d 408(Kan. 1963).
13) Hill v. Glenwood, 100 N.W. 522(Iowa 1904).
14) Breunig v. American Family Insurance Co., 173 N.W. 2d 619(Wis. 1970).
15) 이러한 관점에서 刑罰의 부과를 목적으로 하는 刑法에서는 정신적 장애자에게 刑事免責이 인정되고 있는 점과 구별된다고 할 것이다.

Breunig v. American Family Insurance Co., 173 N.W. 2d 619(Wis. 1970)

정신장애자가 운전을 하면서 神이 대신 운전을 하여 주고 있으므로 다른 차와 충돌하는 경우 영화 속의 배트맨(Batman)과 같이 하늘로 자동차가 날 수 있다고 믿었다. 정신장애자가 앞에서 달리는 트럭을 보고서 가속 페달을 밟아 충돌한 경우 정신장애자는 교통사고로 인하여 발생한 손해에 대하여 정신병자라는 것을 이유로 免責되지 아니한다.

셋째, 특정한 지식 또는 능력(knowledge and skills)을 갖추고 있는 者의 경우에는 이러한 지식 또는 능력을 갖추고 있는 者로서의 합리적 보통인에게 요구되는 수준의 注意義務가 요구된다. 즉, 의사 · 변호사 · 교수 · 고물상 및 전기공 등 특정 지식 또는 능력을 갖추고 있는 者들의 注意義務 수준을 결정하는 경우, 이러한 者로서 합리적 보통인에게 요구되는 지식 및 능력을 감안하여 결정하게 된다.[16] 이를 「同一 또는 類似 社會 基準」(same or similar community standard)이라고 한다.

예컨대, 의사가 수술도중 過失로 환자의 수술부위와 무관한 부위를 손상시킨 경우, 의사에게 요구되는 注意義務 수준은 의사로서의 합리적 보통인에게 요구되는 注意義務 수준이며, 당해 의사가 실제로 의사로서의 지식이나 능력을 갖추고 있는지의 여부는 문제시되지 아니한다고 할 것이다.[17]

② 特殊的 注意義務 특수적 注意義務라 함은 특수한 상황에서 특수한 者에게만 요구되는 注意義務를 말한다. 특수적 注意義務는 앞에서 설명한 일반적 注意義務보다 우선적으로 적용된다. 특수적 注意義務에는 대체로 다음과 같은 것이 있다.

㉠ 緊急狀況에서의 救助義務 누구도 긴급상황에 처한 타인을 구조하여야 할 의무(duty to aid others in emergency)를 부담하지 아니하는 것이 원칙이다. 그 이유는 단순한 도덕적 의무의 위반은 불법행위가 성립되지 아니하기 때문이다.[18]

16) Heath v. Swift Wings, Inc., 252 S.E. 2d 256(N.C. 1979).
17) Tallball v. Whitney, 564 P. 2d 162(Mont. 1977).
18) Bishop v. Chicago, 257 N.E. 2d 152(Ill. 1970).

그러나 (i) 가족관계, 고용관계, 주인 · 손님관계, 간수 · 죄수관계 등 당사자간에 특정 관계가 존재하는 경우, 당해 一方은 긴급상황에 처한 他方을 구조하여야 할 의무를 부담하여야 하고,[19] (ii) 피고가 원고의 긴급상황이 발생한 것에 대하여 책임이 있는 경우 역시 피고가 원고를 구조하여야 할 의무를 부담하여야 하며, (iii) 피고가 원고에게 긴급상황을 야기한 자와 특정 관계(special relationship)에 있는 경우에도 피고가 원고를 구제하여야 할 의무를 부담하여야 하는 경우가 있다.

다만, 피고가 아무런 구조의무도 부담하지 아니함에도 불구하고, 일단 도의상 긴급상황에 처한 타인의 구조를 시작한 경우에는 이러한 구조과정에 있어서 합리적 보통인으로서의 注意를 기울일 의무(duty of reasonable care)를 부담하며, 그러하지 아니하는 경우에는 불법행위책임을 진다. 이러한 의무를 「선량한 사마리아인의 의무」(good Samaritan obligation)라고 부른다.[20]

예컨대, 특정인이 교통사고를 당한 행인을 발견하고 이를 방치하여도 불법행위에 해당되지 아니하나, 일단 사고를 당한 행인을 병원에 옮겨주기로 하는 경우, 당해 특정인은 이 과정에서 합리적 보통인으로서의 注意를 기울여야 하며, 그러하지 아니하는 경우에는 불법행위의 책임을 진다.

㉡ 約束履行의 義務

(i) 恩惠的 約束의 경우 은혜적 약속(gratuitous promises)의 일방 당사자가 약속의 이행의무를 이행하지 아니하는 경우, 당해 당사자는 아무런 불법행위상의 책임도 부담하지 아니한다.[21]

Brown v. Lyford, 69 A. 544(Me. 1907)

피고가 원고의 빌딩에 화재보험을 아무런 이유 없이 들어주기로 약속하고, 이를 이행하지 아니한 경우 원고의 빌딩에 화재가 발생하였을지라도 원고는 피고에게 불법행위로 인한 손해배상을 청구할 수 없다.

19) Carey v. Davis, 180 N.W. 889(Iowa 1921).
20) Zelenko v. Gimbel, 158 Misc. 904(1935).
21) Thorne v. Deas, 4 Johns. 84(1809).

(ii) 契約的 約束의 경우 계약적 약속(contractual promises)의 경우 약속이행의 개시 전에는 일방 당사자가 약속의무를 이행하지 아니하더라도 당해 당사자는 아무런 불법행위상의 책임을 부담하지 아니한다.[22]

그러나 일단 약속의 이행을 개시한 경우에는 이를 합리적으로 이행할 의무(duty of reasonable care)를 부담하게 된다.

즉 약속을 이행하기 전의 약속불이행(nonfeasance)의 경우에는 아무런 불법행위책임도 부담하지 아니하고 단지 계약불이행에 대한 계약법상의 책임만을 부담하는 반면에 일단 약속을 이행하기 시작한 후의 약속 부적합이행(misfeasance)의 경우에는 불법행위책임을 부담하게 된다. 예컨대, 자선단체에서 노약자에게 무료급식을 제공하기로 약속하고 이를 이행하지 아니하는 경우 아무런 불법행위상의 책임도 부담하지 아니하나, 일단 무료급식을 개시한 경우 상한 음식이 제공되어 노약자에게 배탈을 가져왔다면 불법행위상의 책임을 부담하게 된다.

㉢ **大衆運送手段 運轉者의 義務** 일반적으로 대중운송수단(common carrier)의 운전자에게 요구되는 注意義務는 다른 경우에 요구되는 注意義務와 비교하여 볼 때 최고수준의 注意義務(highest degree of care)가 요구된다.[23] 즉, 대중운송수단의 운전자는 승객의 안전을 위하여 최고수준의 注意義務를 기울여야 하며, 그러하지 아니하여 승객의 안전이 침해된 경우에는 불법행위로 인한 책임을 부담하게 된다.

Lopez v. Southern California Rapid Transit District, 40 Cal. 3d 780(1985)

대중운송수단의 운전자는 승객이 아프거나 버스강도를 당한 경우, 승객을 보호하여야 할 확고한 의무를 부담한다.

---

22) Louisville & Nashville Railroad v. Spinks, 30 S.E. 968(Ga. 1898).

23) 이를 대중운송수단의 운전자로서의 합리적인 보통인에게 요구되는 주의 수준으로서 '一般的 注意義務'로 구분하는 견해와 이를 '一般的 注意義務'와 구별하여 '特殊的 注意義務'로 구분하는 견해가 있으나, 어떠한 경우에도 최고수준의 注意義務가 요구된다고 할 것이다. Acosta v. Southern California Rapid Transit, 2 Cal. 3d 19(1970).

이와는 달리 자가용 등의 개인운송수단(private automobile)의 운전자에게는 「최고수준의 注意義務」가 요구되는 것이 아니라 「합리적 注意義務」(duty of reasonable care)만이 요구된다. 즉 개인운송수단의 운전자는 당해 자동차의 기계적 결함에 대하여 동승자에게 사전고지를 하고, 자동차를 합리적인 注意를 기울여 운전하는 등 합리적 수준의 注意를 기울이는 경우 자동차사고가 발생하는 경우에도 동승자에게 아무런 불법행위상의 책임도 부담하지 아니한다.[24] 최근에는 개인운송수단의 운전자가 重過失(wanton or gross negligence)의 경우에 한하여 동승자에 대한 불법행위책임을 인정하는 판례가 대두되고 있다. 또한 동승자가 운전자의 초청인(guest)인지, 또는 단순동행자(passenger)인지의 여부에 따라, 초청인인 경우에는 더욱 높은 수준의 注意義務를 요구하는 판례도 있다.

㉣ **第 3 者의 統制義務** 피고가 피고의 통제권한에 복종할 의무가 있는 제 3 자에 대한 합리적인 통제를 하지 아니하여 원고에게 손해를 미친 경우 이에 대한 불법행위책임을 진다. 즉, 피고인은 다음과 같이 통제의무를 부담한다.

첫째, 動産의 寄託者(bailor)가 受託者(bailee)에게 動産의 사용을 허용하는 경우 動産의 寄託者는 受託者가 불법적으로 動産을 사용하는 것을 방지하기 위하여 적정한 注意(due care)를 기울여야 한다.[25]

예컨대, 자동차 주인이 운전을 타인에게 맡기고 그 옆에 동승한 후 운전자의 과속운전을 방치하여 교통사고가 발생한 경우 자동차주인은 불법행위책임을 부담하게 된다.

Kahlenberg v. Goldstein, 431 A. 2d 76(Md. 1981)

자동차의 주인이 무면허운전자 또는 상습음주운전자에게 자동차를 맡기고 운전을 허용하는 경우 이들 무면허운전자 또는 상습음주운전자가 발생한 교통사고에 대하여 자동차주인은 불법행위책임을 부담하게 된다.

---

24) Higgins v. Mason, 255 N.Y. 104(1930).

25) 이러한 것을 '過失寄託의 原則'(neglinent entrustment doctrine)이라고 한다.

둘째, 고용인은 적정한 피고용인을 채용하고 고용인의 면전에서 피고용인이 불법행위를 행하는 것을 방지하기 위하여 적절한 注意義務를 기울여야 한다. 피고용인이 고용인의 면전에서 불법행위를 행한 경우 고용인은 피고용인의 불법행위에 대한 책임을 부담한다.[26)]

Dicosala v. Key, 450 A. 2d 508(N.J. 1982)

상습폭행 전과자를 호텔의 경비원으로 채용하여 동 경비원이 투숙객을 폭행한 경우, 고용인은 투숙객에 대하여 불법행위책임을 부담하게 된다.

셋째, 부모는 자녀가 행한 불법행위에 대하여 아무런 불법행위책임도 부담하지 아니하는 것이 普通法上의 원칙이다. 그러나 (i) 부모의 面前에서 자녀가 불법행위를 행한 경우, (ii) 자녀의 특정한 불법행위 성향을 알고서도 이의 재발을 방지하지 못하거나, 피해자에게 경고하지 못한 경우 등에는 부모도 자녀의 불법행위에 대하여 공동책임을 부담하게 된다.

최근 들어 부모에게도 자녀의 불법행위에 대하여 특정한 경우 공동책임을 부과하는 입법례가 대두되고 있다.[27)]

㉡ **土地占有者의 義務** 토지의 占有者(land occupiers)는 토지의 상태(condition)나 움직임(activity) 등으로 인하여 타인이 피해를 입지 아니하도록 注意義務를 부담하며 이러한 注意義務를 기울이지 아니하는 경우에는 불법행위책임을 부담하게 된다.

土地占有者가 기울여야 하는 注意義務의 정도는 토지에 관련된 타인의 지위에 따라 달라지게 된다. 타인은 크게 토지 밖에 있는 者와 토지 안에 있는 者로 구분할 수 있으며, 토지 안에 있는 者는 다시 「일반무단침입자」(ordinary trespassers), 「일정구역에 대한 상시무단침입자」(constant trespas-

26) Hogle v. Franklin Manufacturing Co., 199 N.Y. 388(1910). 이러한 고용인의 책임은 피고용인의 업무의 수행과정에서 행한 불법행위에 대하여 피고용인과 고용인이 동시에 책임을 부담하게 되는 共同責任(Vicarious Liability)과 구별하여야 한다. 共同責任의 경우 (i) 불법행위가 반드시 업무의 수행상 행하여져야 한다는 점, (ii) 고용인의 面前에서 행하여질 필요가 없다는 점에서 앞에서 말한 고용인의 책임과 구분된다. 불법행위론상 雇傭人責任의 法理를 「上級者 責任의 原則」(doctrine of respondeat superior)이라고 한다.

27) 예컨대, California주에서는 자녀의 「惡意的인 非行」(wilful misconduct) 등에 대하여 부모의 共同責任을 州法으로 규정하고 있다. Cal. Civ. Code § 1714. 1.

sers upon a limited area: CTULA), 「어린이 무단침입자」(child trespassers), 「출입허용자」(licensees), 「피초청자」(invitees) 및 「공무출입자」(public entrants) 등으로 분류될 수 있다.

첫째, 토지 밖에 있는 者에 대하여 土地占有者는 아무런 注意義務도 부담하지 아니하는 것이 원칙이다. 다만, 토지 내의 자연적(natural)·인공적(artificial) 상태가 토지 밖에 있는 者에게 위해를 주지 아니하도록 이를 방지할 注意義務를 부담한다.

Sprecher v. Adamson Cos., 30 Cal. 3d 358(1981)

土地占有者는 토지 내의 나무가 크게 자라 토지 밖으로 뻗쳐나가서 지나가는 행인을 다치지 아니하도록 적절한 注意를 기울여야 한다.

둘째, 일반무단침입자(ordinary trespassers)에 대하여 土地占有者는 토지 내에 존재하고 있는 자연적·인공적 위험상태로부터 이들을 보호할 아무런 의무도 부담하지 아니하는 것이 원칙이다.[28] 일반무단침입자라 함은 土地占有者로부터 아무런 명시적·묵시적 허락을 받지 아니하거나, 법적인 권리도 없이 무단으로 타인의 토지에 침입하는 者를 말한다.

셋째, 일정구역에 대한 상시무단침입자(constant trespassers upon a limited area)에 대하여 土地占有者는 토지 내에 존재하는 생명 및 신체에 대한 중대한 위험(risk of death or serious bodily harm)에 대하여 이를 고지하거나 이러한 위험을 제거할 의무를 부담한다.[29] 일정구역에 대한 상시무단침입자라 함은 타인의 토지를 지름길로 가로질러 출퇴근하는 者와 같이 타인의 토지의 일정지역을 土地占有者의 허락 없이 수시로 무단침입하는 者로서 그 존재를 土地占有者가 알고 있는 者를 말한다. 이러한 상시무단침입자에 대하여 土地占有者의 보호의무를 부과하는 이유는 土地占有者가 상시무단침입자가 있다는 사실을 알고서도 이를 방치하는 것은 무단침입에 대한 묵시적 동의(implied consent)를 한 것과 동일하다는 점에 근거하고 있기 때문이다. 土地

28) Amblo's Administratrix v. Vermont Associated Petroleum Corp., 144 A. 460(Vt. 1929).
29) Louisville & Nashville Railway v. Spoonamore's Administrator, 129 S.W. 2d 175(Ky. 1939).

占有者가 '무단출입금지'라는 팻말을 부착한 경우, 이를 무시한 상시무단침입자는 일반무단침입자로 간주된다.

넷째, 어린이무단침입자(child trespassers)에 대하여 土地占有者는 토지 내에 존재하는 생명 및 신체에 대한 중대한 위험에 대하여 이를 고지하거나, 어린이를 이러한 위험으로부터 보호할 의무를 부담한다. 어린이무단침입자라 함은 토지 내에 존재하고 있는 위험을 인지하지 못할 정도로 미성숙한 어린아이가 土地占有者의 허락 없이 타인의 토지에 무단침입하는 것을 말하는바, 일반적으로 14세 이하의 어린아이가 이에 해당된다.[30]

土地占有者는 어린아이가 토지 내에 무단침입하였는지의 사실 여부에 대하여 일부러 확인할 의무를 부담하지 아니한다. 그러나 어린아이가 토지 내에 무단침입한 사실을 일단 인지한 경우에는 어린아이의 흥미를 유발하지만 어린아이가 미성숙하여 그 위험성을 알지 못하는 위험물(attractive nuisance)로부터 어린아이를 보호할 의무를 부담하게 된다. 이러한 의무를 「매력적 위험의 원칙」(attractive nuisance doctrine)이라고 한다. 이러한 위험물에는 예컨대, 농기구 · 전기톱 · 각종 기계 및 폭발물 등이 이에 해당된다.

그러나 土地占有者는 유사한 나이의 어린아이가 일반적으로 알고 있는 위험에 대하여는 어린아이를 보호할 의무를 부담하지 아니한다.[31]

다섯째, 출입허용자(licensees)에 대해 土地占有者는 그가 이미 알고 있는 토지 내에 존재하고 있는 모든 위험에 관하여 이를 告知하거나, 이들로부터 출입허용자를 안전하게 보호할 의무를 부담한다. 출입허용자라 함은 자신의 목적을 달성하기 위해 土地占有者의 명시적 또는 묵시적 동의하에 토지를 출입하는 者를 말하며, 이에는 외판원 및 방문중인 친척 등이 이에 해당된다.[32]

여섯째, 피초청자(invitees)에 대하여 土地占有者는 토지 내에 있는 모든 위험을 사전에 조사하고 발견할 의무를 부담하며, 또한 이를 피초청자에게 告知하거나 이러한 위험으로부터 피초청자를 보호하여야 할 의무를 부담한다. 피초청자라 함은 土地占有者의 업무에 관한 활동이나 이익을 위하여 土地占有者의 명시적 · 묵시적 허락을 받고 토지에 출입하는 者를 말한다. 이에

30) Pierce v. United Gas & Electric Co., 161 Cal. 176(1911).
31) Holland v. Baltimore & Ohio Railroad, 431 A. 2d 597(D.C. 1981).
32) Hall v. Duke, 513 S.W. 2d 776(Tenn. 1974).

는 공공도서관, 극장, 호텔 및 공항 등에 출입하는 者 등이 이에 해당된다.[33)]

일곱째, 공무출입자(public entrants)에 대하여 土地占有者는 일정한 注意義務를 부담하게 된다. 공무출입자라 함은 土地占有者의 명시적 · 묵시적 허락 없이 법률에 의한 공무수행을 위하여 토지에 출입하는 者를 말한다. 공무출입자는 계량기 점검자, 우편배달부, 세금징수인 등 土地占有者의 활동 · 이익과 관련이 있는 者와, 도둑을 쫓고 있는 경찰 등과 같이 土地占有者의 활동 · 이익과 무관한 者로 나누어 볼 수 있다. 토지점유자는 공무출입의 목적이 土地占有者의 활동 · 이익과 관련이 있는 경우에는 피초청자에게 요구되는 의무를, 공무출입의 목적이 이와 관련이 없는 경우에는 출입허용자에게 요구되는 의무를 부담하게 된다.

ⓑ **法律의 遵守義務** 법률에서 특정한 의무를 부과하고 있는 경우, 동 법률상의 의무가 불법행위법상의 注意義務와 동일시될 수 있는가의 문제가 발생한다. 즉, 어느 개인이 법률상의 의무를 위반한 경우 이것이 곧 불법행위법상의 注意義務 위반이 되어 민사상의 불법행위를 구성하는가의 문제이다. 예컨대, 건축법이 건축물 내의 내력벽을 허물지 못하도록 법적 의무를 부과하고 있음에도 불구하고 피고인이 건물 내부면적의 확장을 위하여 내력벽을 제거함으로써 건물이 붕괴되어 사상자가 발생한 경우, 피고인의 건축법상의 의무위반이 곧 불법행위법상의 注意義務 위반과 동일시되어 건축법상에서 부과한 책임 이외에 사상자에 대한 불법행위책임도 부담하는가의 문제이다.

우선, 加害者가 법률에서 부과한 의무를 위반하여 제 3 자가 피해를 본 경우 피해자에게 불법행위로 인한 손해배상청구권을 법률에서 明文으로 인정하고 있는 때에는 被害者는 당연히 법률에 근거하여 손해배상을 청구할 수 있다. 앞에서 든 예의 경우 건축법에서 건축물의 하자로 인하여 타인의 생명 · 신체에 손해를 입힌 경우 이에 대한 민사상의 손해배상청구권을 인정하고 있다면, 손해를 입은 피해자는 건축법에 근거하여 손해배상을 청구할 수 있다.

이에 반하여 법률에서 부과한 의무를 위반하여 제 3 자에게 손해를 입힌 경우 이에 대한 손해배상청구권을 明文의 규정으로 인정하고 있지 아니한 때에 과연 법률상의 의무위반을 곧 불법행위법상의 過失로 볼 수 있는가에 대한 문제가 발생한다.

---

33) Dickau v. Rafala, 104 A. 2d 214(Conn. 1954).

이에 대하여는 (i) 법률상의 의무위반은 전형적인 불법행위법상의 過失이 된다(negligent per se)는 견해,[34] (ii) 법률상의 의무위반은 불법행위법상의 過失을 推定(rebuttable presumption)할 수 있다는 견해,[35] (iii) 법률상의 의무위반은 불법행위법상의 過失을 입증하기 위한 하나의 사실적 증거(evidence)에 불과하다는 견해[36] 등이 있다. 첫번째 견해가 다수설이다.

Osborne v. McMasters, 41 N.W. 543(Minn. 1889)

독약은 반드시 약병에 「독약」이라는 표지를 붙일 것을 법률로 의무화하고 있음에도 불구하고, 약국의 약사가 약병에 표지를 붙이지 아니하고 독약을 판매하여, 제 3 자가 이 독약을 모르고 복용하고서 사망하였다. 약사는 법률상의 의무를 이행하지 아니하였으므로 過失에 의한 불법행위에 해당되어 사망한 者에 대한 손해행위책임을 부담한다.

여기서 注意할 점은 법률에서 규정한 의무를 위반하는 것은 불법행위법상의 過失을 구성하지만(다수설에 의한 경우), 거꾸로 법률에서 규정한 의무를 준수하는 것이 곧 불법행위법상의 過失이 없음을 입증하는 것이 아니라는 점이다.[37] 법률상의 의무는 준수되어야 할 최소한의 의무이므로, 법률상 의무의 준수사실은 피고의 합리적 보통인으로서의 注意義務를 판단하는 데에 필요한 하나의 증거에 불과하다.

Stromsodt v. Parke-Davis & Co., 257 F. Supp. 991(D.N.D. 1966)

어느 제약회사가 법률에서 정한 기준에 부합되게 약품을 제조하였다 할지라도 동 약품의 복용으로 인하여 부작용을 가져온 경우, 당해 제약회사가 법률에서 정한 기준을 충족하였다고 하여 過失로 인한 불법행위책임이 면제되는 것은 아니다.

34) Martin v. Herzog, 228 N.Y. 164(1920).
35) Sattrlee v. Orange Glenn School District, 29 Cal. 2d 581(1947).
36) Guinan v. Famous Players, 167 N.E. 235(Mass. 1929).
37) Clinkscales v. Carver, 22 Cal. 2d 72(1943).

㉦ **慣習의 遵守義務** 관습에 의하여 특정한 의무가 부과되고 있는 경우 이러한 관습상의 의무위반이 불법행위법상의 過失의 성립 여부와 어떠한 관계에 있는지가 문제시되고 있다. 즉, 어느 개인이 관습상의 의무를 위반한 경우 이것이 곧 불법행위법상의 의무위반이 되어 過失에 의한 불법행위가 성립되는지의 문제이다.

일반적으로 관습상 의무의 이행 여부는 불법행위법상의 過失 여부를 결정하는 하나의 증거(evidence)로 채택될 수 있을 뿐이다.[38)]

The T.J. Hooper, 60 F. 2d 737(2d Cir. 1932)

라디오수신기기를 갖추지 아니하고 있는 화물선이 화물을 운송하는 도중에 폭풍예보방송을 수신하지 못함으로써 폭풍으로 인하여 모든 화물을 잃어버렸다. 화물선의 주인은 대부분의 화물선이 라디오수신기기를 갖추지 못하고 있다는 사실상의 관습을 들어 過失에 의한 불법행위가 성립하지 아니한다고 주장하였으나 법원은 이러한 관습은 過失 여부를 결정하는 하나의 증거에 불과하고 몇 척의 화물선은 이미 라디오수신기기를 갖추고 있으므로 동 사건의 화물선 주인은 過失에 의한 불법행위를 행한 것으로 판결하였다.

b. **注意義務의 違反** 過失로 인한 불법행위가 성립하기 위한 또 다른 요건으로서 注意義務의 위반이 필요하다. 앞에서 설명한 注意義務의 존재와 함께 注意義務의 위반은 「過失」을 구성한다.

① **注意義務 違反의 立證** 注意義務의 위반을 입증하기 위하여는 (i) 증거를 통한 객관적 사실관계의 확정 및 (ii) 확정된 사실관계를 바탕으로 한 피고인 행위의 합리성(reasonableness) 여부를 판단하는 것이 필요하다.

첫째, 객관적 사실관계를 확정하기 위하여는 관련 증거를 확보하여야 한다. 증거에는 直接證據(direct evidence)와 情況證據(circumstantial evidence)의 두 가지 종류가 있다.

둘째, 피고행위의 합리성 여부를 판단하는 방법에는 여러 가지 방법이 있으나 일반적으로 「衡平性基準」(balancing test)이 적용되고 있다. 「衡平性

38) Texas & Pacific Railway v. Bdhymer, 189 U.S. 468(1903).

基準」은 (i) 피고의 행위로 인하여 발생할 수 있는 위험의 크기(magnitude of the risk)와 (ii) 피고가 위험을 방지하는 데 소요되는 시간 및 비용 등의 노력 즉, 注意 수준을 비교하여, 前者가 後者보다 큰 경우에는 피고인의 過失이 성립되고 前者가 後者보다 작은 경우에는 피고인의 過失이 성립되지 아니하는 원칙을 말한다.[39]

이는 피고가 조그만 注意를 기울이기만 하였더라면 커다란 위험을 방지할 수 있었음에도 불구하고 이러한 注意를 하지 아니한 경우에 이에 대한 過失을 인정하는 원칙으로서 일종의 비용 · 편익 분석방법이다. 그러나 과연 이러한 산술적 비교가 가능한지에 관하여 의문이 제기될 수 있다.

② **過失自證의 原則** 「過失自證의 原則」(res ipsa loquitur; the act speaks for itself)은 원고의 손해발생이 피고의 過失 없이는 도저히 일어날 수 없는 경우 피고의 반증이 없는 한, 원고에게 손해가 발생하였다는 사실 자체만으로 피고의 注意義務의 위반을 입증할 수 있는 普通法上의 원칙을 말한다.[40]

過失自證의 原則은 원고가 손해를 입은 것은 확실하지만 피고의 過失을 입증하기 곤란한 경우에 피고에게 過失이 없다는 입증책임을 부담시키는 원칙이다. 예컨대, 강하류에서 강물을 식수로 사용하는 者가 화학폐기물로 오염된 강물을 마시고 괴질에 걸렸다면, 이는 강 상류에서 당해 화학폐기물을 취급하던 者가 注意義務를 위반하여 화학폐기물을 강물에 무단방류하여 발생한 결과로 간주된다는 것이다.

過失自證의 原則이 성립되기 위하여서는 첫째, 원고에 대한 손해의 발생이 어느 누군가의 過失에 의하지 아니하고는 일반적으로 발생하지 아니할 것(normally does not occur), 둘째, 피고에게 손해가 발생되지 아니하도록 하는 注意義務가 부과되어 있을 것(within the scope of duty) 즉, 손해를 준 행위 또는 사물이 피고의 관리하에 있을 것, 셋째, 원고의 손해발생에 대하여 원고는 물론 피고 이외의 제 3 자가 그 원인을 제공하지 아니

39) United States v. Carroll Towing, 159 F. 2d 169(2d Cir. 1947). 위험의 크기는 위험의 발생확률(P: probability)과 위험의 정도(L: Liability)를 곱하여 위험의 크기를 산출하고, 이를 피고가 위험을 방지하는 데 소요되는 注意水準(B: Burden)과 비교한다. 간단히 말하면 과실이 성립하기 위한 조건은 $B<L\times P$이다. 이는 Learned Hand 판사가 정립한 공식이다.

40) Kolakowski v. Voris, 415 N.E. 2d 397(Ill. 1981).

할 것(contributed to or caused plaintiff's injuries)의 세 가지 요건을 충족하여야 한다.41)

Ybarra v. Spangard, 25 Cal. 2d 486(1944)

환자가 수술을 마친 직후 수술부위와 관련이 없는 신체 내부에서 내출혈을 일으킨 경우, 이는 대체로 손해자증의 원칙의 요건을 충족하게 되므로 환자의 내출혈은 환자를 수술한 의사들의 過失에 기인하는 것으로 간주된다. 이 경우 환자를 수술한 의사가 다수이어서 구체적으로 어느 의사의 過失인지를 입증하지 못하는 때에도, 수술에 참여한 전체의사의 공동책임은 일단 인정하되, 의사간의 개별적 책임부담정도는 의사 상호간의 내부문제로 귀착되게 된다.

(3) 因果關係의 存在

過失로 인한 불법행위가 성립하기 위하여는 過失行爲와 발생된 결과간에 因果關係(causation)가 존재하여야 한다. 因果關係에는 사실적 因果關係(cause in fact)와 법률적 因果關係(legal cause; proximate cause)의 두 가지 형태가 있는바, 이 두 가지를 모두 충족하여야 한다.

a. 事實的 因果關係 사실적 因果關係는 加害者의 過失行爲가 被害者의 손해에 대한 직접적 또는 간접적 원인이 되었는지의 여부에 관한 문제이다.

① 事實的 因果關係의 立證 사실적 因果關係의 존재를 입증하기 위하여 여러 가지 원칙이 제시되고 있으나, 일반적으로 「必要的 因果關係說」(but for rule)이 채택되고 있다. 必要的 因果關係說은 피고의 過失行爲가 없었더라면 원고에게 손해가 발생하지 아니하였을 경우 피고의 過失行爲와 원고의 손해간에 因果關係가 존재한다고 보는 견해이다.42)

② 因果關係의 重複 因果關係의 중복이라 함은 하나의 손해발생에 대하여 수개의 因果關係가 존재하거나, 數人이 함께 하나의 過失行爲를 하는

41) Brannon v. Wood, 444 P. 2d 558(Or. 1968); Hull v. L. & A. Montagnard Social Club, Inc., 498 A. 2d 597(Me. 1985).

42) Chaney v. Smithkline Beckman Corp., 764 F. 2d 527(8th Cir. 1985). "If the plaintiff would have not been injured 「but for」 the defendant's negligent act, such act is the cause in fact of the injury."

경우를 말한다. 이러한 경우에 因果關係를 입증하기 위하여 다음과 같은 다양한 원칙이 제시되고 있다.

첫째, 동시불법행위의 원칙(rule of concurrent liability)이라 함은 數人의 加害者의 독립된 過失行爲의 동시결합이 없이는(but for the concurrence) 被害者에게 손해가 발생하지 아니하였을 경우 過失行爲를 행한 數人의 加害者가 모두 불법행위책임을 부담한다는 원칙이다.[43] 예컨대, 두 개의 공장이 서로 다른 성분의 폐수를 무단 방류하였는바, 두 가지 폐수가 상호 화학작용을 일으켜 그 폐수를 식수로 사용한 被害者의 인체에 치명적인 위해를 가져온 경우 두 개의 공장은 모두 불법행위책임을 부담하게 된다.

둘째, 공동불법행위의 원칙(rule of jointly engaged tortfeasors)이라 함은 하나의 동일한 過失行爲에 수인의 加害者가 공동으로 참여한 경우 수인 중 일부만이 실제로 원고에게 손해를 가져왔을지라도 過失行爲에 참여한 수의 加害者 전체가 불법행위책임을 부담하는 원칙을 말한다. 예컨대, 도심의 도로에서 여러 대의 자동차가 경주를 벌인 결과 그 중의 한 자동차가 횡단보도에서 길을 건너던 행인을 친 경우, 경주에 참여한 모든 자동차가 불법행위책임을 부담하게 된다.[44]

셋째, 중대불법행위의 원칙(substantial factor rule)이라 함은 수개의 독립된 過失行爲가 被害者에게 하나의 손해를 야기한 경우 각각의 過失行爲 중 被害者의 손해발생에 중대한 원인(substantial factor)이 된 불법행위는 모두 불법행위책임을 부담한다는 원칙이다. 예컨대, 자동차가 말 앞으로 갑자기 지나감과 동시에 다른 자동차를 타고 있던 자가 말 뒤에서 총을 발사하여 말이 놀라서 달아나버린 경우 자동차 운전자와 총을 발사한 者는 모두 불법행위책임을 지게 된다.[45]

넷째, 대체불법행위의 원칙(rule of alternative liability)이라 함은 被害者의 손해가 수인의 가해자에 의하여 발생한 것은 확실하나, 數人의 加害者 중 누구의 過失行爲에 의한 것인지가 명확하지 아니한 경우에 일단 數人의 加害者 모두에게 過失에 의한 불법행위책임을 부과하고, 數人의 加害者 상호간에

43) Hill v. Edmonds, 26 App. Div. 2d 554(1966).
44) Bierczynski v. Rogers, 239 A. 2d 218(Del. 1968).
45) Anderson v. Minneapolis, St. Paul & Sault Ste. Marie Railroad, 179 N.W. 45(Minn. 1920).

過失責任의 소재 및 정도를 결정하는 원칙을 말한다.[46]

Sindell v. Abbott Laboratories, 449 U.S. 912(1980)

약 200여 개의 제약회사에서 동일한 약품을 생산하고 약품을 임신중에 복용한 산모가 암에 걸린 아이를 출산한 경우, 당해 약품을 복용하고 암에 걸린 것은 확실하나, 과연 어느 제약회사가 생산한 약품을 복용하고 암에 걸린 것인지의 여부가 명확하지 아니한 때에는 약품을 생산한 전체 제약회사에게 過失로 인한 불법행위책임을 일단 부과하고, 제약회사 상호간에 불법행위책임의 존부 및 그 책임의 정도를 가려내야 한다. 이 경우 제약회사의 市場占有率에 비례하여 손해배상책임을 부과할 수 있다.

b. 法律的 因果關係 사실적 因果關係가 성립된다고 하여 過失行爲와 손해발생 간의 因果關係를 곧바로 인정하는 것은 아니다. 그 이유는 사실적 因果關係는 그 범위가 너무 넓어서 이를 모두 過失行爲의 성립요건으로 인정하는 경우 過失責任의 소재가 명확하지 아니하기 때문이다. 성립된 사실적 因果關係 중 과연 어떠한 범위까지를 過失로 인한 불법행위가 성립하기 위한 因果關係로 인정할 것인가의 문제가 바로 「法律的 因果關係」(legal causation or proximate causation)의 문제이다.

법률적 因果關係를 결정하는 원칙에는 여러 가지가 있으나, 대부분의 판례는 「豫見可能性」(foreseeability)을 기준으로 삼고 있다. 즉, 加害者의 過失行爲로 인하여 被害者에게 손해가 발생한 경우에도, 즉 사실상의 因果關係가 성립한 경우에도 加害者가 자신의 過失行爲로 인한 손해발생의 경로(manner), 결과(result) 또는 被害者(plaintiff)를 예견가능할 수 없었던 경우에는 법률적 因果關係가 성립되지 아니한다.

첫째, 손해가 발생한 경우에도 그 손해발생의 경로가 예견가능하지 아니한 경우에는 加害者의 過失로 인한 불법행위가 성립되지 아니한다. 예컨대, 피고가 공원에서 가볍게 공을 차고 있을 때에 마침 지나가던 자동차가 공을 터뜨리고 이에 놀란 말이 흥분하여 마구 달리자 말을 타고 있던 者가 갈에서

46) Summers v. Tice, 33 Cal. 2d 80(1948).

떨어져 다친 경우, 피고는 그 결과의 발생경로에 대한 예견가능성이 없으므로 피고의 過失로 인한 불법행위가 성립되지 아니한다.

둘째, 손해발생의 결과가 예견가능하지 아니한 경우에는 대체로 피고의 過失行爲와 손해발생 간의 법률적 因果關係를 인정하지 아니하고 있다. 예컨대, 앞의 예에서 보듯이 공을 찬 행위가 말에서의 낙상이라는 결과를 가져올 것이라는 것은 예측가능성이 없으므로 加害者의 過失로 인한 불법행위가 성립되지 아니한다.[47]

셋째, 加害者는 過失行爲 당시 그 過失行爲로 인하여 손해를 입을 가능성이 있다고 합리적인 보통인이 판단하는 자에 대하여만 손해배상책임을 부담한다.[48] 즉, 被害者는 「위험지역」(zone of danger)에 있는 「예견가능한 원고」(foreseeable plaintiff)이어야 한다.

Palsgraf v. Long Island Railroad, 248 N.Y. 339(1928)

달리는 열차에 승객이 승차하는 것을 승무원 A가 도와주는 도중에 우연히 이를 구경하던 다른 승객의 가방을 쳐서 떨어뜨렸다. 이 가방에는 폭발물이 들어 있었는바, 떨어지는 충격으로 폭발하여 기차역 구조물의 일부분을 파괴함으로써 기차역에 서 있던 승객 B를 다치게 하였다. 승무원 A는 승객 B가 다칠 것을 예견가능할 수 없었으므로 過失責任을 부담하지 아니한다.

⑷ 損害의 發生

過失로 인한 불법행위가 성립하기 위해서는 加害者의 過失行爲로 인하여 被害者에게 손해가 발생되어야 한다. 被害者에게 실질적인 손해가 발생되어야 한다는 점에서 손해의 발생을 필요로 하지 아니하는 故意에 의

47) 이에 대한 예외로서 소위 「先在條件理論」(preexisting condition theory; egg-shell theory; thin-skulled plaintiff)이 있다. 이는 피해자에게 가해자가 알지 못하고 있던 先在條件이 존재하고 있었던바, 가해자의 過失行爲에 이러한 先在條件이 가세하여 예견불가능한 결과가 발생하는 경우, 가해자에게 모든 불법행위책임을 부과하는 이론을 말한다. McCahill v. New York Transportation Co., 201 N.Y. 221(1912). 예컨대, 다리골절부상을 입은 者를 그 부상을 모르고 발로 차서 다리불구로 만든 경우, 피해자가 정상인인 경우에는 발로 차더라도 다리불구가 되지 아니할 것임에도 불구하고 가해자는 다리불구에 대한 모든 불법행위책임을 부담하게 된다.

48) Palsgraf v. Long Island Railroad, 248 N.Y. 339(1928). 「예견가능한 원고」의 문제는 인과관계의 문제가 아니라, 과연 가해자가 누구에게 주의의무를 부담하는가의 「過失」問題로도 접근하는 판례도 있음을 주의하여야 한다.

한 불법행위와 구별된다.

나. 免責事由

다음과 같은 경우에는 過失로 인한 불법행위책임이 경감된다.

(1) 寄與過失

寄與過失(contributory negligence)이라 함은 被害者에게 발생한 손해의 원인(cause)이 加害者는 물론 被害者의 過失에도 일부 기인하는 경우를 말한다. 被害者의 寄與過失이 존재하는 경우 加害者와 被害者간의 責任輕重에 상관없이 加害者는 아무런 불법행위책임도 부담하지 아니한다.[49] 다만, 被害者는 속수무책이나 加害者에게는 위험의 발생을 최종적으로 예방할 수 있는 기회가 있었음에도 불구하고 過失로 이를 예방하지 못한 경우 加害者는 모든 불법행위책임을 부담하게 되는바, 이를 「最終免責機會의 原則」(last clear chance doctrine)이라고 한다.[50]

Davies v. Mann, 152 Eng, Rep. 588(1842)

당나귀의 주인이 대로상에 당나귀를 매어 놓았는바 마차 주인이 당나귀를 치어서 당나귀가 죽자 당나귀 주인이 마차 주인을 상대로 불법행위로 인한 손해배상소송을 제기하였다. 법원은 당나귀 주인도 過失이 있는 것은 사실이나(寄與過失의 存在), 마차 주인이 당나귀를 치기 전에 피할 수 있는 기회가 있음에도 불구하고 당나귀를 그대로 치었으므로 마차 주인은 모든 불법행위책임을 부담한다고 판결하였다.

寄與過失을 이유로 한 免責은 過失로 인한 불법행위의 경우에만 해당되며, 故意에 의한 불법행위의 경우에는 이를 免責事由로 제기할 수 없다.

(2) 比較過失

比較過失(comparative negligence)이라 함은 被害者에게 발생한 손해의 원인이 加害者는 물론 被害者의 過失에도 일부 기인하는 경우 加害者 및 被

49) Solgaard v. Guy F. Atkinson Co., 6 Cal. 3d 361(1971).
50) Bence v. Teddy's Taxi, 112 Cal. App. 636(1931).

害者間의 過失의 정도에 비례하여 그 책임을 부과하는 것을 말한다.[51)]

比較過失은 寄與過失制度가 加害者가 불법행위를 하였음에도 불구하고 아무런 불법행위책임도 부담하지 아니한다는 점을 보완하기 위하여 대두된 원칙으로서 현재 대부분의 州에서는 比較過失制度를 채택하고 있다. 예컨대, 被害者가 약 100만원 가량의 손해를 입은 경우, 加害者와 被害者間의 過失程度를 형량하여 加害者의 過失이 80%, 被害者의 過失이 20%라면, 加害者에게 80만원의 불법행위책임을 부담하도록 한다.

比較過失制度에는 純粹比較過失制度(pure comparative negligence)와 部分比較過失制度(partial comparative negligence)의 두 종류가 있다. 純粹比較過失制度의 경우에는 加害者와 被害者間의 過失程度를 형량하여 加害者에게 언제나 過失程度에 비례하는 불법행위책임을 부과하나, 部分比較過失制度의 경우에는 被害者의 過失이 일정 수준을 초과하는 때에는[52)] 加害者에게 불법행위책임을 조금도 부과하지 아니하고 있다. 部分比較過失制度는 比較過失制度와 寄與過失制度의 혼합형으로서 대부분의 州가 이를 채택하고 있다.

(3) 危險의 自招

被害者가 위험을 自招(assumption of risk)한 경우 加害者는 아무런 불법행위책임도 부담하지 아니한다. 被害者가 위험을 自招하는 경우라 함은 被害者가 손해발생의 위험을 감수하기로 加害者와 명시적 · 묵시적으로 동의하는 경우를 말한다.

被害者가 위험을 自招하는 경우에는 피해자가 (i) 위험을 認知하고 이해(recognize and understand)하고 있어야 하고, (ii) 자발적으로 위험의 감수에 同意(voluntarily choose)하여야 한다.

England v. Tasker, 529 A. 2d 938(N.H. 1987)

소방수가 화재를 진압하다가 신체상의 손해를 입은 경우 당해 소방수는 화재를 야기한 사람을 상대로 손해배상을 청구할 수 없다. 그 이유는 소방수는 업무의 성질상 위험을 자초하여 업무를 수행하기 때문이다.

51) Li v. Yellow Cab Co., 13 Cal. 3d 804(1975).

52) 대체로 피해자의 過失程度가 가해자의 過失程度를 초과하는 경우가 이에 해당된다.

3. 無過失에 의한 不法行爲

無過失에 의한 불법행위라 함은 加害者에게 아무런 故意나 過失 등의 귀책사유가 없음에도 불구하고 불법행위책임을 부과하는 제도를 말한다.

가. 成立要件

(1) 意　　義

無過失에 의한 불법행위가 성립하기 위하여는 (i) 加害者의 행위, (ii) 안전확보의무(duty to make safe)의 존재 및 안전확보의무의 위반으로 인한 無過失責任, (iii) 因果關係의 존재 및 (iv) 손해의 발생의 요건을 충족하여야 한다. 無過失에 의한 불법행위의 요건은 두번째의 「無過失責任」을 제외하고는 過失에 의한 불법행위의 요건과 대동소이하므로 이하에서는 「無過失責任」에 관하여만 설명하기로 한다.

(2) 無過失責任의 類型

無過失에 의한 불법행위책임은 故意 또는 過失에 의한 불법행위의 경우와 달리 (i) 동물에 의한 손해발생, (ii) 비정상적으로 위험한 활동에 의한 손해발생, (iii) 제조물책임에 의한 손해발생 등 극히 제한된 분야에 한정하여 이를 인정하고 있다. 그 이유는 無過失에 의한 불법행위책임은 加害者에게 故意나 過失 등의 귀책사유가 없음에도 불구하고 불법행위책임을 부과하는 것이므로 극히 제한적으로 인정되어야 하기 때문이다.

a. 動物로 인한 損害　특정인이 동물을 사육하는 경우, 사육자는 동물이 다른 사람을 무는 등 해를 끼치지 아니하도록 하여야 할 안전확보의무를 부담한다. 이러한 안전확보의무를 이행하지 아니하는 경우에는 불법행위책임을 부담하는바, 그 책임은 동물의 종류와 손해발생의 장소에 따라 결정된다.

① 動物의 種類　첫째, 타인의 토지에 무단침입한 가축(trespassing livestock)의 소유자는 가축이 야기하는 모든 손해에 대하여 被害者에게 無過失責任을 부담하는 것이 원칙이다.

둘째, 위험성향이 알려진 가축(domestic animals with known dangerous

prospensities)의 소유자는 당해 가축의 위험성향을 직접 원인으로 하여 야기된 모든 손해에 대하여 被害者에게 無過失責任을 부담한다. 예컨대, 뒷발로 사람을 자주 차는 성향이 있는 말이 타인을 뒷발로 차서 상처를 입힌 경우 당해 말의 소유자는 無過失責任을 부담하나, 말이 사람을 깨물어서 상처를 입힌 경우에는 過失責任만이 문제될 뿐이다.

셋째, 위험성향이 알려져 있지 아니한 가축(domestic animals with unknown dangerous prosponsities)의 소유자는 당해 가축이 야기한 손해에 대하여 無過失責任을 부담하지 아니하며, 단지 過失責任만이 문제시된다. 예컨대, 사람을 한번도 할퀸 적이 없는 온순한 고양이가 다른 사람을 처음으로 할퀸 경우, 당해 고양이의 소유자는 過失責任만을 부담하고 無過失責任을 부담하지 아니하나, 그 다음부터는 위험성향이 알려져 있으므로 無過失責任을 부담한다.[53]

다만, 개의 경우에는 위험성향이 알려져 있지 아니한 경우에도 개로 야기된 모든 손해에 대하여 無過失責任을 인정하는 입법례가 최근에 대두되고 있다.[54]

넷째, 야생동물(wild animals)의 개인적 소유자는 당해 야생동물의 일반적 위험성향(normal dangerous prospensities)을 직접 원인으로 하여 야기된 모든 손해에 대하여 被害者에게 無過失責任을 부담하는 것이 원칙이다. 다만, 동물원의 야생동물과 같이 公的 義務(public duty)로 인하여 사육되거나 운반되는 도중에 손해를 야기한 경우에는 過失責任만이 문제된다.[55]

② **損害發生의 場所**　동물로 인한 손해가 공공장소(public place)에서 발생한 경우에는 위에서 설명한 無過失責任이 그대로 적용되나, 私的 場所(private place)에서 발생한 경우에는 被害者의 성질에 따라 다음과 같이 책임이 나누어진다.

첫째, 被害者가 피초청자(invitees) 또는 출입허용자(licensees)인 경우에는 위에서 설명한 無過失責任의 원칙이 그대로 적용된다.[56]

---

53) 이를 「one free bite rule」이라고 부른다.

54) 예컨대, California: Cal. Civ. Code § 3342. 이러한 입법을 「dog bite statute」라고 통칭하고 있다.

55) Cowden v. Bear County, Inc., 382 F. Supp. 1321(D.S.D. 1974).

56) McLane v. Northwest Gas Co., 467 P. 2d 635(Or. 1970).

둘째, 被害者가 무단침입자(trespessers)인 경우, 동물의 소유자가 무단침입의 사실을 모르고 있는 때에는 아무런 불법행위책임도 부담하지 아니하나, 무단침입의 사실을 알고 있는 때에는 過失責任을 부담하는 것이 원칙이다.

b. **非正常的으로 危險한 活動에 의한 損害** 자신의 토지 안에 비정상적으로 위험한 「상황 또는 설비」(condition or structure)를 설치·유지하고 있거나, 타인의 재산 또는 신체에 비정상적인 위험을 줄 수도 있는 활동(activity)을 하고 있는 者는 비록 손해의 발생을 방지하기 위한 합리적인 注意를 기울인다 할지라도 발생된 손해에 대하여 無過失責任을 부담한다.[57]

비정상적으로 위험한 활동에는 (i) 비행기 운행,[58] (ii) 지극히 위험한 물질의 운송,[59] (iii) 폭발물 제조[60] 등이 포함된다. 그러나 불·자동차·총기 및 보일러 등의 사용[61]은 이에 포함되지 아니한다.

c. **製造物責任에 의한 損害** 결함이 있는 제조물을 제조·공급한 제조업자 또는 공급업자에게 당해 제조물의 결함으로 인하여 소비자에게 발생한 손해에 대하여 無過失責任을 부담하도록 하는 경우가 있다.[62]

이러한 제조물책임을 인정하는 이유는 (i) 제조자 또는 공급업자가 제조물에 內在하고 있는 위험의 발생을 소비자보다 더욱 효율적으로 예방할 수 있는 위치에 있으며, (ii) 제조물의 결함으로 인하여 손해가 발생한 경우 過失責任은 이를 立證하기가 용이하지 아니하고, (iii) 제조자로 하여금 더욱 더 안전한 제품을 생산하도록 자극하기 위한 것이다. 그러나 소비자는 (i) 제조품에 존재하는 결함이 제조자 또는 공급자측의 잘못에 起因하는(attributable) 것이고, (ii) 당해 결함이 손해발생의 원인이 되었다는 점을 입증하는 경우에만 無過失責任을 주장할 수 있다.[63]

57) Rylands v. Fletcher, L.R. 3 H.L. 330(1868).
58) Johnson v. Central Aviation, 103 Cal. App. 2d 102(1951).
59) National Steel Service Center v. Gibbons, 319 N.W. 2d 269(Iowa 1982).
60) Luthringer v. Moore, 31 Cal. 2d 489(1948).
61) Beck v. Bel Air, 134 Cal. App. 2d 834(1955).
62) Greenman v. Yuba Power Products, 59 Cal. 2d 57(1963).
63) Kerr v. Corning Glass, 169 N.W. 2d 587(Minn. 1969).

나. 免責事由

(1) 寄與過失

加害者는 被害者의 寄與過失을 이유로 無過失責任의 免責을 주장할 수 없는 것이 원칙이다. 다만, 被害者가 위험발생가능성을 사전에 알고 있었고, 被害者의 過失이 손해발생의 직접 원인(very cause)이 된 경우에 한하여 加害者는 無過失責任이 免責될 수 있다.

Burke v. Fischer, 182 S.W. 2d 638(Ky. 1944)

승용차가 폭발물을 적재한 트럭을 무리하게 추월하다가, 트럭을 들이받아 폭발물이 폭발하여 승용차의 탑승자가 다친 경우 승용차의 탑승자는 트럭운전자에 대한 無過失責任을 주장할 수 없다.

(2) 比較過失

被害者의 過失與否에 상관없이 加害者에 대한 불법행위책임을 부과하는 것이 無過失責任制度의 기본원리이다. 그러나 比較過失制度를 채택하고 있는 州 중 일부는 被害者의 過失이 있는 경우 加害者의 無過失責任을 다소간 경감하여 주고 있다.[64]

(3) 危險의 自招

被害者가 자발적으로(voluntarily) 위험을 감수하고 행위를 한 결과 손해가 발생한 경우에는 加害者에게 無過失責任을 주장할 수 없다.

Lehnhard v. Robertson's Administratrix, 195 S.W. 441(Ky. 1917)

표범에게 다가가 표범을 약오르게 하여 이에 물린 경우, 피해자는 표범의 소유자에게 無過失責任을 주장할 수 없다.

---

64) Daly v. General Motos Corp., 20 Cal. 3d 725(1978).

제 3 절 不法行爲에 대한 救濟方法

1. 意 義

불법행위에 대한 구제방법에는 크게 「自力救濟」(self remedies)와 「재판에 의한 구제」(judicial remedies)의 두 가지 방법이 있다.

自力救濟는 타인이 자신의 신체 및 재산 등을 불법적으로 침해하는 경우 이를 被害者가 스스로 배제·예방하는 구제수단이다. 예컨다, 옆집의 소음·햇빛차단 등의 不法弊害(nuisance)를 스스로 제거하고, 불법으로 박탈당한 동산을 다시 재탈환하거나, 불법으로 토지에 두단침입한 者를 내쫓는 행위 등이 이에 해당된다. 自力救濟는 예외적인 경우에 허용되는 구제방법이다.

불법행위에 대한 구제방법으로서는 일반적으로 재판에 의한 구제방법이 사용되고 있다. 재판에 의한 구제방법은 크게 普通法上의 손해배상제도(damage)와 衡平法上의 금지명령제도(injunction)의 두 가지 방법으로 분류하여 볼 수 있다. 이하에서는 재판에 의한 구제방법에 관하여 설명하고자 한다.

2. 裁判에 의한 救濟方法

가. 損害賠償制度

加害者의 불법행위에 의하여 손해를 입은 被害者는 加害者로부터 불법행위에 기한 손해배상을 청구할 수 있다. 이 경우 故意에 의한 불법행위에 대하여는 실질적인 재산 또는 신체상의 손해가 발생하지 아니하더라도 손해배상을 청구할 수 있으나, 過失 또는 無過失에 의한 불법행위에 대하여는 실질적인 손해가 발생한 경우에 한하여 손해배상을 청구할 수 있다.

최근에는 불법행위에 의한 손해배상제도와 계약불이행에 의한 손해배상제도가 상호 중복되는 영역이 점차 대두되고 있다. 예컨대, 상인이 고의로 상대방에게 손해를 입히고자 계약을 불이행하는 경우가 이에 해당된다.

(1) 損害賠償의 種類

a. 懲罰的 損害賠償 懲罰的 損害賠償(punitive damages)이라 함은 加害者가 被害者에게 「惡意을 가지고」 또는 「무분별하게」 재산 또는 신체상의 피해를 입힐 목적으로 불법행위를 행한 경우에 加害者에게 일종의 懲罰의 수단으로서 부과되는 손해배상의 한 형태이다. 즉, 被害者가 입은 손해에 대하여 손해배상책임을 인정하는 것이 아니라, 加害者의 비도덕적이고 무분별한 불법행위에 대하여 일종의 제재를 부과하는 손해배상제도이다.

Taylor v. Superior Court, 24 Cal. 3d 890(1979)

음주를 하고서 자발적으로 자동차를 운전하는 것은 무분별한(reckless) 불법행위에 해당하고, 이로 인하여 교통사고가 발생하였다면 懲罰的 損害賠償을 부과할 수 있다.

懲罰的 손해배상은 그 성질상 故意에 의한 불법행위에만 적용되며 過失 또는 無過失에 의한 불법행위의 경우에는 허용되지 아니한다.

b. 補償的 損害賠償 補償的 損害賠償(compensatory damages)이라 함은 被害者가 입은 재산 또는 신체상의 「손해에 대한 보상」의 수단으로서 부과되는 손해배상의 한 형태이다. 補償的 損害賠償에는 名目的 損害賠償(nominal damages)과 實質的 損害賠償(real damages)의 두 가지 형태가 있다.

① 名目的 損害賠償 名目的 損害賠償(nominal damages)은 加害者의 불법행위는 성립되지만 被害者에게 손해가 발생하지 아니하였거나, 손해가 발생한 경우에도 그 손해를 입증하기 곤란한 경우에 인정되는 손해배상제도이다.

名目的 損害賠償의 경우 加害者가 불법행위를 하였다는 사실 자체는 법적으로 인정하되 이에 대한 손해배상의 액수는 지극히 의례적 · 형식적이며 대체로 1 달러가 부과되는 것이 일반적이다. 故意에 의한 불법행위의 경우에는 손해가 실제로 발생하지 아니하더라도 불법행위가 성립되므로 이 경우에는 名目的 損害賠償이 인정된다.

② **實質的 損害賠償** 實質的 損害賠償(real damages)에는 일반손해배상(general damages)과 특별손해배상(special damages)의 두 가지 종류가 있다.

㉠ **一般損害賠償** 일반손해배상(general damages)은 加害者의 불법행위에 의하여 被害者가 직접적으로 입은 손실(inherent in the injury)에 대한 손해배상을 말한다. 일반손해배상에는 불법행위로 인한 고통, 신체장애, 불구 및 재산손실에 대한 모든 손해배상이 해당된다. 또한 일반손해배상에는 사고 직전의 공포,[65] 사고 후 죽기 전의 신체적 고통[66] 및 즐거운 인생의 상실[67] 등에 대한 손해배상이 포함된다.

㉡ **特別損害賠償** 특별손해배상(special damages)은 加害者의 불법행위에 의하여 被害者가 직접적으로 입은 손실에 부수되는 간접적 손해에 대한 손해배상을 말한다. 특별손해배상에는 임금의 상실 등 장래 소득의 감소 및 의료비용 등이 이에 해당된다.

(2) 其他의 考慮事項

a. **損害最小化義務** 被害者는 加害者의 불법행위로 인하여 발생한 손해를 최소화하도록 노력할 의무(duty to mitigate damages)를 부담하고 있다.[68] 이러한 원칙을 「損害最小化의 原則」(avoidable consequence rule)이라고 부르기도 한다.

被害者가 손해를 최소화할 수 있었음에도 불구하고 故意 또는 過失로 이를 최소화하지 아니한 경우에는 최소화하지 못한 만큼의 손해배상을 받지 못한다. 예컨대, 被害者가 신체상의 상해를 입은 후 병원에 가서 조속히 진료를 받았다면 전치 2주의 상해에 그칠 수 있었으나, 그러하지 아니하여 전치 2달의 상해로 되었다면, 被害者는 전치 2주의 상해에 해당하는 손해배상밖에 청구할 수 없다.

b. **二重賠償의 問題** 被害者가 加害者로부터 일단 손해배상을 받는 경우에도 被害者가 보험에 가입하여 보험금을 수령할 수 있다면 被害者는 손해배상은 물론 보험금도 모두 수령할 수 있는 것이 普通法上의 기본원칙이다.

65) Haley v. Pan American World Airways, Inc., 746 F. 2d 311(5th Cir. 1984).
66) Pregeant v. Pan American World Airways, Inc., 762 F. 2d 1245(5th Cir. 1985)
67) Rufino v. United States, 829 F. 2d 354(2d Cir. 1987).
68) Zimmerman v. Ausland, 513 P. 2d 1167(Or. 1973).

이를「二重賠償의 原則」(collateral sources rule)이라고 부른다.

이러한 二重賠償의 原則을 인정하는 이유는 被害者의 합리적이고 사려깊은 보험가입사실로 인하여 加害者의 故意·過失에 의한 불법행위책임이 감소되는 것이 형평상 맞지 아니하기 때문이다.[69]

그러나 최근에는 被害者가 加害者로부터 손해배상을 받는 경우, 손해배상액수만큼의 금액을 被害者가 수령할 보험금으로부터 공제하는 내용을 보험법 또는 보험약관에 규정하는 경우가 점차 증가하고 있다. 이는 소위 二重賠償(double recovery)을 방지하고자 하는 정책적 의도이다.

나. 禁止命令制度

금지명령은 加害者가 불법행위를 지속하는 것을 장래에 중단하도록 하는 법원의 명령이다. 금지명령은 과거의 불법행위에 대한 금전적 손해배상과 함께 병과될 수 있다.

Valasek v. Baer, 401 N.W. 2d 33(Iowa 1987)

加害者는 자신의 농장에 강한 제초제를 살포하여 왔는바 제초제가 독성이 강하여 이웃 주민의 건강에 해를 끼치므로 앞으로 동 제초제의 살포를 금지하며, 동시에 그 동안 이웃 주민이 입은 손해에 대하여 금전적 손해배상을 하여야 한다.

법원의 금지명령을 이행하지 아니하는 경우 法廷冒瀆罪(contempt of count)로 처벌받는다.

제 4 절 不法行爲의 具體的 類型

불법행위는 다양한 형태가 존재하는바, 이하에서는 대표적 유형으로서의 불법침해행위(trespass), 제조물책임(product liability), 불법폐해(nuisance),

69) Helfend v. Southern California Rapid Transit, 2 Cal. 3d 1(1970).

명예훼손(defamation) 및 사생활침해(invasion of privacy)에 대하여 간단히 설명하고자 한다.

1. 不法侵害行爲

불법침해행위는 故意에 의한 불법행위의 대표적 유형이다. 불법침해행위는 대인적 침해행위(trepass to person)와 대물적 침해행위(trepass to property)로 크게 나누고, 前者는 폭행(battery), 폭행위협(assault), 불법감금(false imprisonment) 및 정신적 피해(emotional distress)로, 後者는 부동산에 대한 침해행위(trespass to land) 및 동산에 대한 침해행위(trepass to chattels)로 분류하는 것이 전통적인 普通法상의 태도이다.

가. 對人的 侵害行爲

a. 暴 行 폭행(battery)은 加害者가 他人에 대하여 아무리 경미하더라도 「해롭거나 공격적인 접촉」(harmful or offensive touching)을 야기하는 행위를 말한다. 「해로운」(harmful) 접촉은 타인의 신체에 직접적인 고통·상처·변형 및 손상 등의 신체적 피해를 가져오는 행위를 말하며, 「공격적」(offensive) 접촉은 「해로운」 접촉에는 미치지 아니하나, 타인의 인격적 존엄성(personal dignity)을 침해하는 행동을 말한다.

Mohr v. Williams, 104 N.W. 12(Minn. 1905)

환자가 의사에게 오른쪽 귀의 치료를 부탁하였으나, 의사가 오른쪽 귀를 수술하는 도중에 환자의 왼쪽 귀에도 이상이 있음을 발견하고 환자의 승낙 없이 수술을 한 경우 이는 폭행에 의한 불법행위에 해당된다.

加害者는 자신이 被害者를 폭행하고 있다는 사실을 인지하고 있을 필요가 없다. 타인에 대한 접촉은 타인의 신체에 대한 직접적 접촉은 물론 타인과 밀접하게 연관되어 있는(closely associated) 물건으로서 당해 물건에 대한 접촉이 신체에 대한 접촉과 동일시될 수 있는 경우를 포함한다.

Fisher v. Carrousel Motors Hotel, Inc., 424 S.W. 2d 627(Tex. 1967)

흑인 고객의 손에 있는 접시를 백인 웨이터가 잡아 빼앗는 것은 흑인 고객의 신체에 아무런 접촉이 일어나지 아니하였다 할지라도 타인에 대한 폭행이다.

b. **暴行威脅** 폭행위협(assault)이라 함은 加害者가 폭행행위(battery)를 할 것처럼 위협하여 被害者가 불안(apprehension)을 느끼도록 하는 행위를 말한다.

즉, 폭행위협에 의한 불법행위는 加害者의 행위가 被害者로 하여금 加害者로부터 「당장의」(imminent) 구타를 당한다는 「불안감」을 갖게 하는 행위를 말한다.[70] 예컨대, 주먹으로 당장 때릴 것 같은 자세를 취한다든가 또는 타인 근처의 허공으로 주먹을 휘두르는 행위가 이에 해당된다.

폭행위협은 「당장의」 폭행에 대한 불안감만을 의미한다. 따라서 "다음에 만나는 경우에는 흠씬 두들겨 줄테야"라는 표현을 하면서 구타의 시늉만 내는 것은 폭행위협의 개념에 해당되지 아니한다. 또한, 단순히 말로 위협하는 것은 폭행위협에 해당되지 아니한다. 被害者는 단순히 구타에 대한 「불안감」(apprehension)만 가지고 있으면 되며, 공포감(frightened)을 가질 필요는 없다.

c. **不法監禁** 불법감금(false imprisonment)이라 함은 加害者가 타인의 신체의 자유를 일정한 장소에서 일정기간 동안 제한하는 행위를 말한다.

이 경우 감금으로부터 탈출할 수 있는 합리적 방법이 존재하고, 감금을 당한 타인이 당해 탈출방법을 알고 있는 경우에는 불법감금이 성립되지 아니한다.[71] 예컨대, 모든 출입문을 모두 잠갔으나 사람이 출입할 수 있는 창문을 열어 둔 경우 등은 불법감금에 해당되지 아니한다.

불법감금의 방법으로서는 반드시 밀폐된 실내에 감금되어야 하는 것은 아니다. 대로상에서도 위협 등으로 타인을 움직이지 못하게 하는 경우에는

70) Proffitt v. Ricci, 463 A. 2d 514(R.I. 1983).
71) Davis & Allcott Co. v. Boozer, 110 So. 28(Ala. 1926).

모두 불법감금에 해당된다. 즉, 감금행위의 방법으로서는 (i) 물리적 강제력, 또는 위협·협박에 의한 신체의 제한·구속, (ii) 밀폐된 실내에의 감금, (iii) 경찰관을 사칭한 체포 등이 모두 이에 해당된다.

Martin v. Houck, 54 S.E. 291(1906)

A州에 있는 절도피의자에게 사법관할권이 없는 B州의 경찰관이 "너는 체포되었다. 내일 아침에 나와 같이 B州로 가야 한다"고 외친 경우, 절도피의자가 경찰의 말에 따라 그 다음날 아침까지 자신의 집 안에서 밖으로 나가지 못하고 대기하였다면, 이는 불법감금으로 인한 불법행위에 해당된다.

d. **精神的 被害** 정신적 피해(emotional distress)라 함은 加害者의 행위가 극단적이고 지독하여(extreme and outrageous), 타인에게 보통사람으로서는 참을 수 없는 혹독한(severe) 정신적 고통을 야기하는 것을 말한다. 이 경우 단순한 당황·모욕·수치 및 고뇌 등은 정신적 피해에 해당되지 아니한다.[72]

종래에는 정신적 피해에 대하여 불법행위로 인한 손해배상을 청구하기 위하여는 加害者의 행위로 인하여 반드시 신체적·재산적 피해가 발생하는 것이 전제조건이었다. 즉, 신체적·재산적 피해가 발생한 경우에 이에 대한 손해배상청구에 부수하여 정신적 피해에 따른 손해배상을 병합하는 것이 원칙이었다.[73]

그러나 근래에는 加害者의 행위로 인하여 被害者에게 아무런 신체적·재산적 피해가 발생하지 아니한 경우에도 정신적 피해가 발생하였다면, 정신적 피해만을 이유로 불법행위로 인한 손해배상청구를 허용하는 경우가 있다.[74] 예컨대, 아들이 교통사고를 당하는 것을 면전에서 목격한 부모가 정신적 충격을 받은 경우, 교통사고를 낸 가해자는 부모가 아무런 신체적 상해나 재산적 손해를 받지 아니한 경우에도 정신적 충격에 대한 손해배상의 책임을 부담한다.

72) Harris v. Jones, 380 A. 2d 611(Md. 1977).
73) Clark v. Associated Retail Credit Men, 105 F. 2d 62(D.C. Cir. 1939).
74) State Rubbish Collectors v. Siliznoff, 38 Cal. 2d 330(1952).

Sherman v. Field Clinic, 392 N.E. 2d 154(Ill. 1979)

채무수령대행업자(bill collector)가 집주인으로부터 밀린 집세를 받아달라는 부탁을 받고 대로상에서 세입자에게 욕설을 퍼붓고, 세입자의 애완견을 죽인 행위는「극단적이고 지독한 행위」로서 세입자에게 혹독한 정신적 충격을 가져왔으므로 불법행위를 구성한다.

나. 對物的 侵害行爲

a. 不動產에 대한 侵害行爲 부동산에 대한 침해행위(trespass to land)라 함은 加害者인 본인 스스로가 또는 제 3 자 · 물건[75](third party or thing)을 이용하여 (i) 타인의 토지 및 건물 등의 부동산에 주인의 승낙 없이 침입하거나, (ii) 타인의 승낙을 얻어 부동산에 들어온 경우 승낙기한이 종료되었음에도 불구하고 부동산에서 퇴거하지 아니하는 경우를 말한다.

United States v. Causby, 382 U.S. 256(1946)

비행기가 상공을 날고 있는 경우 대부분 타인의 토지 위를 경유하여야 하는바, 이것이 부동산에의 무단침입으로 인한 불법행위가 성립하는가의 문제가 발생한다. 비행기가 정상적인 고도(normal flight altitude) 이상으로 비행하는 경우에는 불법행위가 성립하지 아니하며, 그 이하로 비행하는 경우에는 동 비행이 타인의 토지이용을 제한 · 방해하는 경우에 한하여 불법행위가 성립한다.

부동산에 대한 침해행위가 있는 경우 被害者는 이를 占有權의 再占有(re-entry)를 통한 自力救濟의 방법이나, 不動產占有回復(ejectment)의 소송을 제기하여 권리를 구제받을 수 있다. 이 경우 被害者는 당해 부동산을 직접 占有하고 있거나, 즉시 占有할 수 있는 권리(actual possession or the right to immediate possession)를 보유하고 있는 자이어야 한다.

75) 하천의 수로를 변경하여, 타인의 토지로 하천이 흘러가게 하는 경우 등이 이에 해당한다.

b. **動産에 대한 侵害行爲** 동산에 대한 침해행위(trespass to chattels)라 함은 (i) 加害者가 무단으로 타인의 동산의 占有를 이전(dispossession)하거나, (ii) 동산의 占有는 그대로 타인에게 둔 채 타인이 동산상의 이익을 향유하는 것을 방해(intermeddling)하는 행위를 말한다.

加害者가 무단으로 타인의 동산의 占有를 이전하는 경우로서는 동산의 절도 · 횡령 및 무단사용 등이 이에 해당한다. 또한, 반드시 물리적 접촉이 없더라도 타인의 가축을 위협하여 목장 밖으로 쫓아내는 것도 타인의 占有를 이전하는 침해행위에 해당된다.

Murrell v. Trio Towing Service, Inc., 294 So. 2d 331(Fla. 1974)

자동차견인회사에서 불법주차한 자동차를 견인한 경우, 자동차 주인이 견인료를 모두 지불하였음에도 불구하고 당해 자동차를 주인에게 인도하지 아니하는 것은 動産占有의 不法移轉行爲로서 불법행위를 구성한다.

加害者가 타인이 동산상의 이익을 향유하는 것을 방해하는 경우로서는 남의 자동차에 돌을 던지는 행위 또는 남의 애완동물을 때리는 행위 등이 이에 해당한다.

양자를 구별하는 실익은 前者의 경우 실질적인 손해의 발생 여부에 상관없이 불법행위로 인한 손해배상의 청구가 가능함에 반하여, 後者의 경우에는 실질적인 손해가 발생한 경우에만 그 청구가 가능하다는 점이다. 타인은 당해 동산을 직접 占有하고 있거나, 즉시 占有할 수 있는 권리를 보유하고 있는 者이어야 한다.

2. 製造物責任

가. 意　　義

제조물에 대한 불법행위책임(product liability)이라 함은 결함이 있는 제조물을 제조 또는 공급한 者에게 당해 제조물의 결함으로 인하여 손해를 입은 被害者가 손해배상책임을 부과하는 것을 말한다. 예컨대, 제동장치(brake)에 결함이 있는 자동차를 구입하여 운전하다가 제동장치가 작동되지 아니하여 앞의 자동차를 들이받아 사고를 낸 경우, 被害者는 당해 자동차의 제조자에게 손해배상을 청구할 수 있다.

나. 損害賠償責任의 範圍

제조물책임은 제조업자 또는 판매업자의 故意·過失이 있는 경우에만 인정되었으나 최근에는 無過失의 경우에도 책임을 인정하고 있다.

(1) 故意責任

제조업자 또는 판매업자가 제조물의 결함으로 인하여 당해 제조물의 구매자 또는 제 3 자가 손해를 입을 것을 거의 확신(substantially certain)하는 경우에는 故意에 의한 손해배상책임이 인정된다.[76]

(2) 過失責任

합리적 인간(reasonable person)이 판단하여 볼 때 제조물의 결함으로 인하여 제조물의 구매자 또는 제 3 자가 손해를 입을 것을 예견할 수(foreseeable) 있다면, 당해 제조물의 제조자 또는 판매자가 이러한 손해발생의 방지를 위하여 필요한 注意(due care)를 기울이지 아니한 경우에는 過失에 의한 손해배상책임이 인정된다.[77] 제조물책임에 대하여 미국의 다수의 州에서 채택하고 있는 원칙이다.

(3) 無過失責任

결함이 있는 제조물의 제조자 또는 판매자는 비록 過失이 없는 경우에도 제조물의 결함으로 인하여 손해가 발생한 경우에 無過失責任을 부담한다.[78] 예컨대, 임산부가 임신중에 특정 약품을 복용하여 유산하거나 기형아를 출산한 경우에 제약회사는 아무런 과실이 없는 경우에도 이에 대한 손해배상책임을 부담하게 된다.

---

76) Huset v. J. I. Case, 120 F. 865(8th Cir. 1903).

77) MacPherson v. Buick, 217 N.Y. 382(1916).

78) Greenman v. Yuba Power Products, 59 Cal. 2d 57(1963).

Escala v. Coca Cola Bottling Co., 24 Cal. 2d 453(1944)

제품의 생산업자인 대기업은 보험에 가입함으로써 위험을 분담시킬 수 있고, 보험료를 제품가격에 포함시켜 소비자에게 부담시킬 수도 있으며, 또한 제품에 내재하고 있는 위험을 소비자보다 정확히 파악·방지할 수 있는 등 소비자에 비하여 손해를 부담하기에 더욱 적합한(better position) 지위에 있다. 따라서, 제품생산업자는 無過失責任을 부담한다.

제조물책임에 대하여 無過失責任을 인정하고 있는 일부의 州에서는 대체로 식품 및 약품의 제조업자에 한하여 이를 인정하고 있다. 그러나 최근에는 無過失責任을 식품 및 약품 등에 국한하지 아니하고 이를 일반제품의 제조·판매에도 점차 확대적용하고 있다.

다. 損害賠償請求權者의 範圍

종래에는 결함이 있는 제조물의 제조·판매로 인하여 입은 손해에 대하여 제조물의 구입계약의 당사자(privity of contract)에게만 그 손해배상이 인정되었다.79)

예컨대, 제동장치에 결함이 있는 자동차를 언덕에 주차하였으나, 제동장치가 저절로 풀려서 지나가던 행인을 다치게 한 경우에도 당해 행인은 자동차 매매계약의 당사자, 즉 구매자가 아니므로 자동차제조회사에 대하여 손해배상을 청구할 수 없다.

그러나 被害者가 구입계약의 당사자인 경우에 한하여 손해배상을 인정하는 원칙이 점차 포기되어감에 따라 최근에는 구입계약의 당사자는 물론 제3자도 손해배상의 범위에 포함되었다. 그 이유는 과실로 인한 피해자의 범위가 예견가능(foreseeable)한 경우에도 피해자를 구매자로 한정할 이유가 없기 때문이다.

---

79) Winterbottom v. Wright, 10 M. & W. 109(1842).

McPherson v. Buick Motor Co., 217 N.Y. 382(1916)

타이어의 결함으로 인하여 자동차사고가 난 사건에서 법원은, 타이어는 반드시 이를 직접 구매한 者뿐 아니라 다른 제3자에 의하여도 사용될 수 있는 것이므로 제조업자는 구매자와의 계약관계의 존부 여부와 상관없이 제품의 모든 사용자에 대하여 손해배상책임을 진다고 판결하였다.

라. 不法行爲法과 契約法上의 損害賠償責任

제조물책임에 관하여는 불법행위법상의 故意·過失 및 無過失責任을 부과할 수도 있으나 계약법(contract)상의 보증책임(warranty)을 주장할 수도 있다. 즉, 제조물을 구매하는 때에 제조물에 내재하는 결함 또는 하자로 인하여 발생하는 손해에 대한 보상을 계약서에 명문(express warranty)으로 규정하고 있는 경우에는 이에 근거한 손해배상책임이 인정된다. 또한 明文의 보증책임계약이 없다 할지라도 제조물의 일상적 사용(normal use)에 대한 默示的 保證責任(implied warranty)이 인정되고 있다.[80]

이러한 계약법상의 보증책임을 불법행위법상의 無過失責任主義에 바탕을 둔 보증책임으로 보는 판례도 있다.[81] 이러한 경우 제조물책임에 대한 보증책임의 인정은 계약법의 원리와 불법행위법의 원리가 교차하는 분야라고 할 수 있을 것이다.

3. 不法弊害

不法弊害에는 私的 不法弊害(private nuisance)와 公的 不法弊害(public nuisance)의 두 가지 형태가 있다.

가. 私的 不法弊害

私的 不法弊害(private nuisance)라 함은 어느 개인이 향유 또는 행사하고 있는 재산권을 타인이 무단침입이 아닌 방법으로 침해(nontrespassory

80) U.C.C. §2-314, 315.
81) Nichols v. Nold, 174 Kan. 613(1953).

invasion)하는 것을 말한다. 예컨대, 야밤에 소음을 내는 행위, 악취를 풍기는 행위 및 광선을 비추는 행위 등으로 이웃집에 폐해를 주는 경우가 모두 불법 폐해에 해당된다.[82]

私的 不法弊害에 대한 구제방법에는 자력구제, 손해배상책임 및 금지명령 등이 있다. 자력구제는 일반적으로 허용되지 아니한다. 손해배상책임제도는 보통법상의 구제제도이고, 금지명령제도는 형평법상의 구제저도이다.

나. 公的 不法弊害

公的 不法弊害(public nuisance)라 함은 加害者가 어느 개인의 재산권을 침해하는 것이 아니라 공공장소·공기·물 등과 같이 공공재산(common property)을 침해하는 것을 말한다.

公的 不法弊害에 대한 구제방법에는 형사상 책임 및 침해금지명령 등이 있다.[83] 公的 不法弊害의 경우 일반 개인은 불법행위에 의한 손해배상을 청구할 수 없는 것이 원칙이며, 당해 개인이 公的 不法弊害로 인하여 특정 손해(injury peculiar in kind)를 입은 경우에만 손해배상청구를 제기할 수 있다.[84]

4. 名譽毁損

가. 意 義

명예훼손(defamation)에 의한 손해배상이라 함은 加害者가 故意 또는 過失로 被害者의 명예를 훼손하는 사실을 被害者가 아닌 제 3 자에게 공개(publish)한 경우 이에 대하여 손해배상책임을 부과하는 것을 말한다. 명예훼손이라 함은 被害者의 명예를 실추시켜 제 3 자로 하여금 被害者와 교제 접촉하는 것을 자제하도록 하는 행위를 말한다. 加害者가 被害者에게만 명예를 훼손하는 발언을 한 경우에는 명예훼손이 되지 아니한다.

82) Wilson v. Interlake Steel Co., 32 Cal. 3d 229(1982).
83) Armory Park Neighborhood Association v. Episcopal Communities Services, 712 P. 2d 914(Ariz. 1985).
84) Burgess v. M/V Tamano, 370 F. Supp. 247(D. Me. 1973).

나. 名譽毁損의 種類

명예훼손에 의한 손해배상은 명예훼손의 방법에 따라 다음과 같이 구별된다.

(1) 文書에 의한 名譽毁損

문서에 의한 명예훼손(libel)의 경우에는 被害者가 당연히 일반손해(general damage)를 받은 것으로 추정된다.[85] 문서에 의한 명예훼손에는 신문·편지·사진·그림·조각·영화 등 명예훼손의 내용을 영구적·물리적으로 형상화(permanent and physical embodiment)한 것이 모두 포함된다. 일반손해라 함은 被害者의 명예가 훼손되는 손해를 말한다. 따라서, 被害者는 일반손해에 대한 손해배상을 당연히 받을 수 있다. 또한 被害者가 명예훼손으로 인하여 부수적으로 직장상실 및 사업도산 등의 특별피해(special damage)를 입은 경우에는 이에 대한 손해배상도 청구할 수 있음은 물론이다. 문서에 의한 명예훼손의 경우 일반손해가 발생함이 없이 특별손해만이 발생한 경우에도 손해배상이 허용된다.

(2) 口頭에 의한 名譽毁損

口頭에 의한 명예훼손(slander)의 경우에는 被害者에게 특별피해가 발생한 경우에만 손해배상이 허용되고, 일반피해의 발생만으로는 손해배상이 허용되지 아니하는 것이 원칙이다.

口頭에 의한 명예훼손은 언어, 단순한 동작 등 문서에 의한 명예훼손에 비하여 그 내용이 영구적·물리적으로 형상화되지 아니한 것을 말한다. 다만, 명예훼손의 내용이 (i) 被害者가 중죄 또는 도덕적으로 파렴치한 범죄를 저질렀거나 이러한 범죄로 감옥에 갔다는 사실, (ii) 被害者가 현재 심한 전염병에 감염되어 있다는 사실, (iii) 被害者의 언행 및 인품이 被害者의 사업영위나 현재의 직업에 부적합하다는 사실 및 (iv) 女性 被害者의 사생활이 문란하다는 사실의 네 가지 중 하나를 적시한 경우에는 被害者에게 특별피해가 발생하지 아니하더라도 손해배상을 당연히 청구(actionable per se)할 수 있다.

---

85) Whitby v. Associates Discount Corp., 207 N.E. 2d 482(Ill. 1965).

다. 免責事由

다음과 같은 경우에는 명예훼손으로 인한 불법행위가 성립되지 아니한다.

(1) 同 意

타인이 자신의 명예를 훼손하는 것에 대하여 被害者가 동의를 한 경우에는 불법행위가 성립하지 아니한다. 이는 故意的 불법행위에 대한 免責事由 등에서 被害者가 손해를 自招하는 경우에 해당된다.

(2) 眞 實

명예훼손의 내용이 진실(truth)에 부합되는 경우에는 불법행위가 성립하지 아니한다는 것이 일반적인 판례의 태도이다.[86]

(3) 免責特權

a. **絶對的 免責特權**(absolute privilege) 絶對的 免責特權이라 함은 어떠한 경우에도 자신의 발언에 대하여 명예훼손에 의한 불법행위책임을 부담하지 아니하는 권리를 말한다. 대체로 입법부의 의원, 사법부의 판사 및 행정부의 고위관리들이 자신의 업무수행과 관련되어 행한 발언이 이에 해당된다.

b. **相對的 免責特權**(conditional privilege) 相對的 免責特權이라 함은 자신의 발언이 공정하고 정확하거나, 타인에 대하여 악의 없이 행한 경우 이러한 발언이 특정한 경우에 한하여 명예훼손에 의한 불법행위책임을 부담하지 아니하는 권리를 말한다. 대체로 (i) 하급공무원들이 업무수행과 관련하여 행한 발언, (ii) 입법 · 사법 · 행정절차 기록의 공개(record libel) 등이 이에 해당된다.

5. 私生活侵害

사생활침해(invasion of privacy)로 인한 손해배상이라 함은 加害者가 故意 또는 過失로 被害者의 사적 생활영역을 고도로 침범(highly offensive

86) Craig v. Wright, 76 P. 2d 248(Okla. 1938).

intrusion)하는 경우, 이에 대한 손해배상을 부과하는 것을 말한다. 예컨대, (i) 타인의 집안을 도청하는 것,[87] (ii) 타인의 집안에 무단침입하는 것,[88] (iii) 야밤에 타인에게 지속적으로 전화를 거는 것, (iv) 고감도 망원경으로 타인의 집안을 관찰하는 것, (v) 타인의 집안을 촬영하는 것 등은 모두 사생활침해에 해당된다.

그러나 (i) 채무변제 독촉을 위하여 수차례 전화를 거는 것, (ii) 보험사의 직원이 상해보험금의 지급을 위하여 공공장소에서 상해자의 사진을 촬영하는 것 등은 사생활침해에 해당되지 아니한다.

87) Hamberger v. Eastman, 206 A. 2d 239(N.H. 1964).

88) 모든 무단침입이 私生活侵害가 되는 것은 아니다. 토지소유자의 생활과는 전혀 무관한 토지에 무단침입하는 것은 무단침입으로 인한 불법행위는 성립될 수 있으나 私生活侵害로 인한 불법행위는 성립되지 아니한다. McClain v. Boise Cascade Corp., 533 P. 2d 343(Or. 1975).

제 3 장 契 約 法

제 1 절 概 說

1. 意 義

英美法上『계약법』(Contract)은 당사자간의 채권·채무관계의 성립·변경 및 소멸에 관한 법률관계를 규율로 하는 법이다. 大陸法體系下에서의 民法 중의 債權法에 해당하는 법이다.

英美法上 계약법은 법원의 判例法에 의하여 정립된 普通法이 그 주된 체계를 이루고 있다. 의회가 제정한 成文法은 普通法上의 계약법 내용이 명확하지 아니한 부분을 명료하게 규정하거나, 그 동안 普通法으로 규율되지 아니하였던 새로운 부분을 규율하는 등 普通法上의 계약법을 보완하기 위하여 제정되는 것이 일반적이다.

계약법 분야에서의 대표적인 成文法으로서는 『統一商法典』(Uniform Commercial Code)을 들 수 있다. 統一商法典은 특정 상품에 대한 商法上 계약을 규율하는 제정법으로서 계약법에 대한 특별법으로서의 성격을 갖는다.[1]

2. 契約의 種類

계약이란 당사자간의 채권·채무관계를 성립·변경 또는 소멸하게 하는 합의를 말한다.

---

1) 統一商法典에 관한 상세한 내용은, 제 2 편 제 6 장,「상법」, 부분을 참조하기 바란다.

이러한 계약은 다음과 같이 분류될 수 있다.

가. 明示的 契約과 默示的 契約

(1) 明示的 契約

明示的 契約(express contract)은 계약의 내용에 대하여 당사자들이 明示的으로 문서 또는 구두에 의하여 합의하는 계약을 말한다. 가장 일반적인 계약의 유형이다.

(2) 默示的 契約

默示的 契約(implied contract)은 당사자가 계약의 내용에 대하여 明示的으로 합의하지 아니하였으나 默示的으로 합의한 것으로 간주되어 유효하게 성립되는 계약을 말한다. 默示的 계약에는 「事實上 默示的 契約」(implied-in-fact contract)과 「法的 默示的 契約」(implied-in-law contract)의 두 가지 형태가 있다.

a. 事實上 默示的 契約 「事實上 默示的 契約」(implied-in-fact contract)은 당사자가 구두 또는 문서에 의하여 明示的으로 합의하지 아니하였으나 당사자의 행동 등에서 합의가 이루어진 것으로 推論되는 유효한 계약을 말한다. 사실상 默示的 계약은 明示的 계약과 그 효력면에서 동일하게 취급된다. 예컨대, A가 가전제품 수리업자 B에게 "고장난 TV를 고쳐주시오"라고 부탁한 경우, A가 비록 TV를 수선하면 그 대가를 지급하겠다는 약속은 明示的으로 하지 아니하였다 할지라도, A의 부탁에는 당연히 그 대가를 지급하겠다는 약속이 내포된 것으로 보아 사실상의 유효한 계약이 성립된 것으로 본다.

b. 法的 默示的 契約 「法的 默示的 契約」(implied-in-law contract)이라 함은 일방 당사자가 타방 당사자에게 자신이 타방으로부터 얻은 不當利得(unjust enrichment)을 반환하는 의무를 부담하는 계약을 말한다. 예컨대, 의사 A가 교통사고를 당하여 의식불명인 자 B를 치료하여 준 경우 A와 B 사이에는 아무런 계약도 성립되지 아니하였지만 B는 A에게 치료비를 지불할 의무를 부담한다. 또한, 계약이 유효하게 성립되지 아니한 경우에도 채무자가 유효하게 성립된 것으로 誤認하여 채무를 이행한 경우에도 채권자는 자

신이 받은 不當利得을 채무자에게 반환할 의무를 부담한다. 法的 默示的 契約은 소위 準契約(quasi-contract)이라고도 하며 事實上 默示的 契約과는 달리 당사자간의 「계약」이 성립되는 것이 아니라, 일방으로 하여금 타방에 대하여 不當利得을 반환하도록 하는 의무를 부과하는 것에 불과하다. 準契約이 성립하기 위하여는 (i) A가 B의 이익을 위하여 금전을 지출하거나 서비스를 제공하였을 것, (ii) A는 B로부터 보상을 받을 수 있을 것이라는 예상하에 상기 행동을 취하였을 것, (iii) A는 상기 행동을 B에게 자발적으로 제의하거나 중개하지 아니하였을 것, (iv) B가 A에게 보상을 하여 주지 아니하는 경우 B는 A의 희생 아래 자신의 不當利得(unjust enrichment)을 누리는 결과를 가져 올 것 등의 요건을 충족하여야 한다.

나. 雙方契約과 一方契約

쌍방계약(bilateral contract)은 당사자 쌍방의 합의가 있는 경우에 한하여 성립되는 계약을 말한다. 이에 반하여, 일방계약(unilateral contract)은 당사자간의 별도의 합의 없이 일방 당사자의 이행으로 성립되는 계약을 말한다. 쌍방계약과 일방계약의 예는 후술한다.

제 2 절 契約의 成立

유효한 계약이 성립하기 위하여는 「請約」(offer) 및 「承諾」(acceptance)을 내용으로 하는 「相互合意」(mutual assent)와 「相互對價交換」(consideration)의 요건을 충족하여야 한다.

1. 相互合意

계약이 유효하게 성립하기 위하여는 계약 당사자 일방이 請約을 하고 타방이 이를 承諾함으로써 당사자간의 相互合意가 형성되어야 한다.

당사자간에 相互合意가 형성되었는지의 여부를 판단하는 기준으로서는 「객관적 계약이론」(objective theory of contract)이 적용된다. 객관적 계약이론이라 함은 계약의 請約 및 承諾의 내용을 합리적인 者(reasonable person)의 입장에서 객관적으로 파악하여 당사자간의 相互合意가 형성되었는지를 판단하는 이론이다. 이 경우 당사자가 실제로 의도하였던 주관적인 내부의사는 相互合意의 형성 여부에 아무런 영향도 미치지 아니하는 것이 원칙이다. 객관적 계약이론은 거래의 안정 및 확정(security and certainty in business transaction)을 중요시하는 이론이다.

Lucy v. Zehmer, 84 S.E. 2d 516(Va. 1954)

A와 B가 토지매매계약을 문서로 작성하였으나, B는 동 계약을 장난삼아 재미로 체결하였다며 계약의 무효를 주장하였다. 법원은 B의 주관적인 내부의사는 유효한 계약의 성립 여부에 아무런 영향도 미치지 아니하고, 합리적인 者의 입장에서 볼 때에 당해 토지매매계약은 정당하게 성립된 것으로 판단되므로 유효한 계약으로 성립된다고 판결하였다.

다만, 계약의 양 당사자의 주관적 내부의사가 일치하는 경우에는 그 주관적 내부의사를 따른다. 예컨대, 앞의 판례에서 B는 물론 A도 계약이 장난삼아 재미로 체결된 것으로 주장하는 경우에는 당해 계약은 무효이다. 당사자간의 相互合意가 형성되기 위하여는 유효한 請約(offer)과 承諾(acceptance)이 충족되어야 한다.

가. 請 約

請約(offer)이라 함은 請約者의 계약체결의사(present willingness to enter into a bargain)의 외부적 표시행위를 말한다.

(1) 請約의 成立

請約이 유효하게 성립하기 위하여는 (i) 請約者의 계약체결의사(intent)가 존재하여야 하고, (ii) 請約의 내용이 「확정적이고 명확」(certainty and definiteness)하여야 한다.

a. 成立要件

① **契約締結意思의 存在** 계약체결의사의 존재라 함은 합리적인 者의

입장에서 볼 때에 請約者의 언어 또는 행동(words or conduct)에 계약을 체결하고자 하는 의사가 있어야 함을 말한다. 계약체결의사의 존재 여부는 請約者의 언어 또는 행동을 일차적으로 판단하여 결정하는 것이 원칙이나 기타 주변상황(surrounding circumstances), 請約의 상대방(to whom made), 請約의 문서화 여부 등을 참조하여 결정하게 된다.

請約者가 '請約'(offer), '매매'(buy or sell) 또는 '경매'(bid) 등의 용어를 사용하는 경우에는 대부분 請約으로 간주되는 것이 일반적이다. 그러나 이러한 용어를 사용하지 아니하였다고 하여 請約에 해당되지 않는 것은 반드시 아니다.

Southworth v. Oliver, 587 P. 2d 994(Ore. 1978)

A 와 B 간에 부동산매매에 대한 사전협의가 있던 중에 부동산의 소유자인 A 가 부동산의 매매가격, 면적, 위치 및 계약조건 등을 기재한 정보(information)를 B 를 포함한 여러 이웃에게 배달하였다. B 는 정보를 받아보고 이를 請約으로 간주하여 A 에게 부동산을 구매하기로 承諾의 의사표시를 전달하였다. A 는 당해 정보의 내용 중에 「請約」이라는 용어를 사용하지 아니하였으므로 이는 단순히 부동산에 관한 「정보」에 해당할 뿐 「請約」이 아니라고 주장하였다. 법원은 請約의 존재 여부를 결정하는 경우 請約者가 '請約'이라는 용어를 반드시 사용하지 아니하여도 합리적인 者의 객관적 입장에서 볼 때에 請約으로 판단되는 경우에는 이는 請約인바, 동 사건에서 A 의 행위는 청약에 해당된다고 판결하였다.

請約者가 계약체결의 의사 없이 단순히 상대방에게 사전교섭(preliminary negotiations, invitations to negotiate)을 요구하는 것은 請約의 개념에 해당되지 아니한다.[2] 예컨대, A가 B에게 "특정 건물을 10만 달러에 팔 의사가 있는가"라고 묻는 것은 請約이 아니라 請約을 위한 사전교섭의 제시에 불과하다. 또한, 상품의 최저가격을 제시하는 것 역시 請約에 해당되지 아니한다.

2) Elkhorn-Hazard Coal Co. v. Kentucky River Corp., 20 F. 2d 67(6th Cir. 1927).

Owen v. Tunison, 158 A. 926(Me. 1932)

A는 B에게 B의 상품을 6,000달러에 팔 것을 請約하였다. B는 A의 請約을 거절하고 최소한 16,000달러 이하로는 당해 상품을 팔지 아니하겠다고 A에게 통지하였다. 통지를 받은 A는 B에게 16,000달러를 지불하였으나 B는 상품의 인도를 거절하면서 16,000달러는 최저가격에 불과하다고 하면서 다시 교섭할 것을 주장하였다. 이에 A는 B를 계약불이행으로 訴를 제기하였다. 법원은 최저가격의 제시는 「請約」에 해당하지 아니하고 단순히 「請約을 위한 사전교섭의 提議」에 지나지 아니한다고 판결하였다.

② **請約內容의 明確性** 請約의 내용은 합리적인 者가 객관적으로 볼 때에 請約者가 의도하고 있는 내용을 충분히 이해할 수 있고, 계약불이행의 경우 법원이 그 손해배상액을 정확히 결정할 수 있을 정도로 「확정적이고 명확」(certainty and definiteness)하여야 한다.

請約의 내용이 「확정적이고 명확」한지의 여부는 구체적인 상황에 따라 개별적으로 판단되어야 하나, 최소한 (i) 請約의 대상물, (ii) 가격 및 (iii) 수량에 관한 사항을 포함하고 있어야 한다.

b. **具體的인 事例**

① **廣　告** 광고는 (i) 그 내용이 일반적으로 확정 · 명확하지 아니하고, (ii) 請約者인 광고인에게 교섭의 상대방을 선정할 수 있는 기회가 부여되어야 하며, (iii) 광고는 일반 대중을 상대방으로 한다는 점에서 과도한 承諾이 행하여질 수도 있으므로 이를 請約으로 보지 아니하는 것이 일반적이다.

Craft v. Elder & Johnston Co., 38 N.E. 2d 416(Ohio 1941)

상인 A는 1940년 1월 31일자 일간지에 돌아오는 목요일 하루에 한하여 전기재봉틀을 26달러에 판다고 광고를 게재하였다. B는 이 광고를 보고 목요일에 A에게 전기재봉틀을 팔 것을 요구하였으나 A는 이를 거절하였고 이에 따라 B는 소송을 제기하였다. 법원은 광고는 請約이 아니라 단순히 請約을 위한 사전교섭의 요구(invitation to offer)에 불과하다고 판결하였다.

그러나 광고의 내용이 확정·명확하고 상대방이 承諾하기만 하면 계약이 성립될 수 있는 경우에는 광고도 請約으로 본다.

Lefkowitz v. Great Minneapolis Surplus Store, 86 N.W. 2d 689(Minn. 1957)

백화점에서 일간지에 "금번 토요일 오전 9시. 1,000달러 상당의 A사 제품인 모피코트를 3개에 한정하여 선착순으로 100달러에 판매함"이라고 광고하였다. 동 광고는 내용이 확정·명확하고, 과도한 承諾의 우려가 없으며 承諾者가 承諾하기만 하면 계약이 성립되므로 이는 유효한 請約에 해당된다.

광고우편물(offering circulars)도 광고와 유사하게 취급된다.

Moulton v. Kershaw, 18 N.W. 172(Wis. 1884)

A는 B로부터 인쇄된 유인물을 받았는바, 동 유인물에는 "순도 높은 미시간산 소금을 배럴(barrel)당 85센트씩 총 80~95배럴을 제공(offer)할 수 있음"이라고 적혀 있었다. 법원은 유인물에 비록 「제공」이라는 용어가 사용되었지만 동 유인물이 불특정 다수인에게 배포된 것으로서 그 상대방이 확정되어 있지 아니하므로 유효한 請約이 아니라고 판결하였다.

② **競　賣**　경매(auction)는 留保競賣(auction with reserve)와 非留保競賣(auction without reserve)로 나누어 볼 수 있다.

留保競賣는 경매참가인(audience)이 경매가격(bid)을 제시한 경우에도 경매인(auctioneer)이 이의 수락 여부를 유보하고 있는 경매를 말하며, 非留保競賣는 이 경우 경매인이 이를 반드시 수락하여야 하는 경매를 말한다. 특별한 의사표시가 없는 한 경매는 留保競賣이다.[3] 留保競賣의 경우 경매인의 경매참가인에 대한 입찰요구는 「請約」이 아니며, 경매참가인의 경매가격제시가 「請約」이 된다. 非留保競賣의 경우 경매인의 입찰요구는 「請約」이며, 경매인은 경매가격을 제시하는 입찰자가 없는 경우를 제외하고는 경매를 철

3) U.C.C. § 2-328.

회할 수 없다.

(2) 請約의 效力 및 消滅

a. 請約의 效力 유효한 請約이 행하여진 경우 이는 상대방의 承諾權(power of acceptance)을 창출한다. 즉, 請約의 상대방이 적당한 방법에 의해 承諾을 하는 경우 곧바로 계약이 성립되고 이에 따라 請約者를 구속하게 된다.

b. 請約의 消滅 請約의 상대방은 請約이 소멸하기 이전에 이를 承諾할 수 있다. 그러나 (i) 請約의 유효기간의 종료, (ii) 請約에 대한 상대방의 거절(rejection), (iii) 請約에 대한 상대방의 再請約(counter-offer), (iv) 請約에 대한 상대방의 條件附 承諾(qualified or conditional acceptance), (v) 請約者의 請約 撤回(revocation) 및 (vi) 기타 법령으로 정한 경우[4] 등에는 請約이 소멸하게 되므로 상대방의 承諾權 역시 소멸하게 된다.

Minneapolis & St. Louis Railway Co. v. Columbus Rolling-Mill Co., 119 U.S. 149(1886)

A는 B에게 철로를 톤당 54달러의 가격으로 2,000톤 내지 5,000톤을 구매할 것을 請約하였다. B는 톤당 54달러의 가격으로 1,200톤을 주문하였으나, A는 이를 거절하였다. 2일 후 B는 톤당 54달러의 가격으로 2,000톤을 재차 주문하였으나, A는 다시 이를 거절하였다. 이에 따라 B는 A를 상대로 하여 계약불이행으로 소송을 제기하였다. 법원은 A가 2,000톤 내지 5,000톤의 철강을 구매할 것을 請約하였으나, B가 1,200톤만을 구매하겠다고 제의한 것은 소위 條件附 承諾(conditional acceptance)으로서 이는 A의 請約을 소멸시키므로 A와 B 사이에는 아무런 계약이 성립되지 아니하였다고 판결하였다.

나. 承 諾

承諾(acceptance)이라 함은 請約의 상대방이 請約에 응하여 계약을 성립시키려는 외부적 의사표시를 말한다. 단순히 請約의 내용에 관하여 상세한 내용을 문의하거나 확인하는 것은 承諾에 포함되지 아니한다.

4) (i) 請約者가 사망하거나 無能力者가 된 경우, 또는 (ii) 事情의 變更(change of circumstance)이 있는 경우 등이 이에 해당된다.

(1) 承諾의 成立

承諾은 (i) 請約의 상대방이 承諾의 주체이어야 하고, (ii) 承諾의 용어는 多意的(unequivocal)이어서는 아니 되며, (iii) 承諾의 내용은 請約의 내용과 동일하여야 하는 것이 원칙이다.

a. **承諾의 主體** 請約者로부터 請約을 받은 상대방만이 承諾을 할 수 있는 것이 원칙이다. 그러나 請約者가 불특정 다수인에게 請約을 한 경우에는 누구나도 承諾을 할 수 있다. 예컨대, 請約者가 광고우편물을 A 다을에만 배달한 경우에도 請約이 그 내용상 A 마을의 거주자만을 상대로 한 것이 아닌 것으로 판단되는 경우에는 B 마을의 거주자도 承諾을 할 수 있다.

b. **承諾의 用語** 承諾은 명확한 의미의 용어를 사용해야 하며 多意的인 용어를 사용해서는 안 된다. 이 경우 문제가 되는 承諾은 소위 「불평의 承諾」(grumbling acceptance)과 「침묵에 의한 承諾」(silence as acceptance)이다.

① **不平의 承諾** 「불평의 承諾」(grumbling acceptance)이라 함은 불평을 하면서 請約을 承諾하는 것을 말한다. 예컨대, "좋아, 상품을 보내 줘. 하지만 좀더 가격을 낮춰 주었으면 좋았을텐데…"라고 하면서 承諾하는 경우가 이에 해당한다. 「불평의 承諾」은 불평이 請約을 거절하는 수준에 이르지 아니하는 한 유효한 承諾이 된다.[5)]

② **沈默에 의한 承諾** 「침묵에 의한 承諾」(acceptance by silence)이라 함은 請約에 대한 반대의사를 표시하지 아니하고 침묵을 지킴으로써 請約을 承諾하는 것을 말한다. 「침묵에 의한 承諾」은 일반적으로 유효한 承諾이 되지 아니하는 것이 원칙이다.[6)] 그 이유는 상대방이 請約을 거절하는 경우 적극적으로 請約의 거절의사를 표시하도록 의무화함으로써 상대방을 일방적으로 불리한 지위에 놓이게 하는 것을 방지하기 위한 것이다.

Restatement 2nd §69

請約者가 상대방에게 "당신의 침묵은 나의 請約을 承諾하는 것이 됩니다"고 말했으나 상대방이 계속 침묵하더라도 이는 請約을 승낙하는 것이 되지 아니한다.

---

5) Johnson v. Federal Union Secarity Co., 153 N.W. 788(Mich. 1915).
6) Royal Insurance Co. v. Beatty, 12 A. 607(Pa. 1888).

다만, (i) 상대방이 스스로 침묵이 承諾을 의미한다고 제의한 경우,[7] (ii) 기존의 관행상 침묵이 承諾을 의미하여 온 경우[8] 등에는 침묵이 承諾을 의미한다. 예컨대, A가 고물상 B에게 진귀한 고서 진본이 나오면 고서와 그 가격을 적어 우송하여 줄 것을 부탁하면서 "내가 고서를 수령한 지 10일 이내에 당신에게 아무런 연락을 하지 아니하는 경우에는 당해 고서를 그 가격에 구입하는 것으로 알아달라"고 제의한 경우 A가 B로부터 고서를 수령하고 10일 이내에 B에게 아무런 연락도 취하지 아니하였다면 이는 承諾에 해당된다.

c. 承諾의 內容

① 原 則　承諾의 내용은 請約의 내용과 반드시 일치하여야 한다. 이를 普通法上의 「反射像의 原則」(mirror image rule)이라고 한다. 따라서 상대방의 承諾의 내용이 請約의 내용과 조금이라도(even in an immaterial way) 다른 경우 이는 상대방에 의한 再請約(counter-offer) 또는 條件附 承諾(qualified acceptance)이 되고 유효한 承諾이 되는 것은 아니다.[9]

상대방에 의한 再請約이라 함은 동일한 계약대상에 대하여 請約者의 請約 내용과 다른 내용을 請約의 상대방이 請約者에 대하여 새로이 請約을 하는 것을 말한다. 예컨대, A가 B에게 자신의 부동산을 1,000 달러에 살 것을 請約하였으나, B가 다시 A에게 당해 부동산에 부속동산까지 합쳐서 500 달러에 팔 것을 다시 請約하는 것이 B의 再請約에 해당된다.

상대방에 의한 條件附 承諾이라 함은 請約者의 請約에 대하여 그 상대방이 조건을 부과하여 承諾하는 것을 말한다. 예컨대 A가 B에게 A의 부동산을 1,000 달러에 살 것을 請約하는 경우 B가 당해 부동산에 부속동산까지 합쳐서 500 달러에 파는 것을 조건으로 承諾하는 것이 條件附 承諾에 해당된다.

상대방의 再請約 또는 條件附 承諾은 사실상 동일한 내용이며 모두 유효한 承諾이 아니다. 또한 상대방이 일단 再請約 또는 條件附 承諾을 하는 경우에는 承諾權(power of acceptance)이 소멸되어 본래의 請約에 대한 承諾을 다시 할 수 없다.

② 例 外　普通法上 「反射像의 原則」에 대해 統一商法典(Uniform Commercial Code: UCC)은 예외조항을 규정하고 있다. UCC §2-207(1)은

7) Hobbs v. Massasoit Whip Co., 33 N.E. 495(Mass. 1893).
8) Ammons v. Wilson & Co., 170 So. 227(Miss. 1936).
9) Poel v. Brunswick-Balke Collender Co., 216 N.Y. 310(1915).

동산의 매매(sale of goods)에 관한 계약을 체결하는 경우 請約의 상대방이 본래의 請約 내용에 없었던 새로운 내용을 추가하거나, 본래의 請約 내용에 相衝하는 내용을 포함하여 承諾을 하는 경우에도 계약이 성립된다고 규정하고 있다.[10] 다만, 본래의 請約內容과 承諾內容이 다른 경우, 請約者가 합의하는 경우에만 계약이 성립한다고 承諾者가 明示하였다면 請約者가 합의하는 경우에 한하여 계약이 성립한다.

계약이 성립된 경우에 請約者와 承諾者간에 일치하는 계약내용은 그대로 유효한 계약내용이 되지만, 상호 일치하지 않는 계약내용은 본래의 請約과 다른 承諾內容이 請約에 「추가적」(additional)인 것인지 또는 「相衝되는」(contradictory) 것인지의 여부에 따라 그 법적 효력이 달라지게 된다. 承諾의 내용이 추가적인 경우, 추가되는 내용은 체결된 계약에 대한 새로운 提議(proposal)가 된다. 이에 반해 承諾內容이 相衝되는 것인 경우, 相衝되는 부분은 承諾은 물론 請約에 포함된 내용까지도 무효로 됨으로써 계약의 내용으로 되지 않고, 무효로 된 부분은 당사자간의 합의 또는 UCC의 규정에 의해 새로이 보완된다. 이러한 원칙을 「相衝無效의 原則」(knockout rule)이라고 한다.

St. Paul Structural Steel Co. v. ABI Contracting, Inc., 364 N.W. 2d 83(N.D. 1985)

A는 B철강회사로부터 철강을 공급받기로 계약을 체결하였다. A의 구매주문서(purchase order)에는 철강을 완전히 수령할 때까지 A가 철강가격의 10%를 지불하지 아니한다는 내용이 포함되어 있었으나, B는 A가 120일 동안만 철강가격의 10%를 지불하지 아니하여도 된다는 내용의 문서와 함께 철강을 전부 공급하였다. 120일이 경과하여도 A가 철강가격의 10%를 지급하지 아니하자 B는 A를 상대로 소송을 제기하였다. 법원은 A와 B 사이에는 UCC의 규정에 따라 유효한 계약이 성립되었으나, 철강가격 10%의 지급시기에 대하여는 쌍방의 견해가 相衝되므로 이에 관하여는 아무런 합의도 성립된 바 없다고 판결하였다.

10) UCC §2-207(1)은 "a definite and seasonable expression of acceptance … operates as an acceptance even though it states terms additional to or different from those offered or agreed upon, unless acceptance in expressly made conditional on assent to the additional or different terms."라고 규정하고 있다.

(2) 承諾의 方法

承諾이 유효하게 성립하기 위하여는 그 방법적인 요건을 갖추어야 하는 바, 그 요건은 請約이 「쌍방계약」(bilateral contract)을 위한 請約인가 아니면 「일방계약」(unilateral contract)을 위한 請約인가에 따라 구분된다.

a. **雙方契約** 쌍방계약이라 함은 請約者의 請約에 대하여 상대방이 계약이행을 하겠다고 「약속」(promise)하는 것을 承諾의 방법으로서 요구하고 있는 계약을 말한다. 쌍방계약에 있어 承諾은 반드시 약속으로 행하여져야 하며, 상대방이 이러한 약속 없이 請約의 내용을 그대로 「행동」(act)으로 이행(performance)하는 경우에도 계약은 성립되지 아니한다.[11]

예컨대, A가 수선공 B에게 "당신이 나의 집을 모레까지 수선하여 주기로 약속하고(promise) 이를 수선한다면, 그 인건비 및 자재비를 모두 부담하겠다"고 請約하였다면 이는 쌍방계약이다. 따라서, 수선공 B가 A에게 집을 수리하겠다고 일단 약속을 한 후 수리를 하여야 하며 아무런 약속 없이 집을 그대로 수선하였다면 이는 아무런 계약이 성립되지 아니하였음에도 불구하고 수선공 B가 일방적으로 A의 집을 수선한 것이다.

b. **一方契約** 일방계약이라 함은 請約者의 請約에 대하여 그 承諾의 방법으로서 이행의 「약속」(promise)을 할 필요없이 당해 請約의 내용을 그대로 「이행」(performance)할 것을 요구하고 있는 계약을 말한다.

일방계약의 경우 承諾은 약속을 필요로 하지 아니하므로 承諾者는 단순히 請約의 내용을 이행함으로써 계약은 성립된다.[12] 예컨대, A가 수선공 B에게 "당신이 아무런 약속도 할 필요없이 나의 집을 모레까지 수선하여 준다면, 그 인건비 및 자재비를 모두 부담하겠다"고 請約하였다면, 이는 일방계약이 된다. 따라서 수선공이 모레까지 A의 집을 수선하였다면 이는 A와 수선공 사이의 계약이 성립된 것이다.

다만, 承諾者는 請約內容의 이행을 완료한 후부터 일정기간 이내에 이를 請約者에게 통지하여야 하며, 그러하지 아니한 경우 請約者는 계약상의 의무를 이행하지 아니하여도 무방하다.

---

11) White v. Corlies, 46 N.Y. 467(1871).
12) Bishop v. Eaton, 37 N.E. 665(Mass. 1894).

Industrial America, Inc. v. Fulton Industries, Inc., 285 A. 2d 412(Del. 1971)

회사합병브로커 A는 B회사와 계약을 체결하고 다른 회사와의 합병을 추진하고 있던 중 C회사가 신문광고를 통하여 "C회사의 합병을 도와주는 者에게 사례금을 지급함"이라는 광고를 낸 것을 보고 B회사와 C회사를 합병시켰다. A는 B와 C에게 합병에 대한 사례금을 지급할 것을 요구하였는바, B와 C가 이를 거절하자 소송을 제기하였다. 법원은 A와 B간에는 쌍방계약이, A와 C 사이에는 일방계약이 체결되어 있으므로 B와 C는 A에게 사례금을 지급할 것을 명령하였다.

c. **雙方契約 또는 一方契約의 與否가 不分明한 경우** 계약이 쌍방계약인지 또는 일방계약인지의 여부가 명확하지 아니한 경우가 있다. 예컨대, A가 수선공 B에게 "당신이 나의 집을 모레까지 수선하여 준다면, 그 인건비 및 자재비를 모두 부담하겠다"고 請約하는 경우가 이에 해당된다. 이 경우에는 상대방이 약속(promise) 또는 이행(performance) 중의 어느 한 방법을 선택하는 경우에도 모두 계약이 성립된다.[13)]

2. 相互對價交換

계약이 성립하기 위하여는 앞에 설명한 「請約」과 「承諾」에 의한 「相互合意」(mutual assent) 외에도 「相互對價交換」(consideration)이 충족되어야 한다.

가. 相互對價交換의 意義

「相互對價交換」(consideration)이라 함은 請約者와 承諾者가 계약을 체결함에 있어 서로 주고받는 것(give and take)이 원칙적으로 존재하여야 한다는 것을 말한다.[14)] 예컨대, A가 B로부터 부동산을 10,000달러에 구매하기로 請約하고, B가 이를 承諾하는 경우 우선 (i) A는 B에게 10,000달러를

13) U.C.C §2-206(1)(a)은 "unless otherwise unambiguously indicated by the language or circumstances ··· an offer to make a contract skall be construed ar inviting acceptance in any manner ··· reasonable in the circumstances."라고 규정하고 있다.

14) 이를 일본에서는 '約因'이라고 번역하고 있으나, 이는 Consideration의 개념을 명확히 표현하고 있지 아니하므로 이 책에서는 '相互對價交換'이라고 부르기도 한다.

지불하는 대신 B로부터 부동산을 받고, B는 A에게 부동산을 주는 대신 10,000 달러를 수령하게 되므로 相互對價交換(consideration)이 존재하고, 또한 (ii) A와 B는 請約과 承諾에 의하여 相互合意(mutual assent)를 맺었으므로, A와 B 사이에는 「相互對價交換」과 「相互合意」라는 계약의 두 가지 요건을 충족하게 되어 유효한 계약이 성립한다.

相互對價交換은 계약의 당사자 중 일방에게만 요구되는 것이 아니라 쌍방 모두가 相互對價交換을 충족해야 한다. 이를 「상호의무의 원칙」(mutuality of obligation doctrine)이라고 부른다. 예컨대, 앞의 예에서 A와 B는 부동산과 현금을 서로 교환하고 있으므로 양자는 모두 相互對價交換을 충족하고 있다.

相互對價交換의 경우 교환되는 대가는 반드시 경제적 · 금전적으로 대등하고 공평한 가치를 가질 것이 요구되는 것은 아니며, 당사자가 서로 주고 받는 대가가 법적 관점에서 적합한(legally adequate) 경우에는 유효하게 성립된다.

Langer v. Superior Steal Corp., 161 A. 571(Pa. 1932)

회사 사장 A는 고용인 B에게 "다른 경쟁회사에 취직하지 아니하고, 나의 회사에 충성을 바쳐 일한다면 은퇴 후 죽을 때까지 1 개월에 100 달러씩 연금을 지급하겠네"라고 제의하고, B가 이를 承諾한 경우 A와 B 사이에는 유효한 相互對價交換이 존재한다.

Palmer v. Dehn, 198 S.W. 2d 827(Tenn. 1947)

가해자 A는 과실로 B의 손가락 두 개를 절단하였다. A는 B에게 모든 손해배상을 해줄테니 소송을 제기하지 말도록 제의하였다. B는 이에 承諾했으나, A가 손해배상의 약속을 이행하지 않자 불법행위(tort) 및 계약위반(breach of contract)으로 소송을 제기하였다. 이에 대해 A는 相互對價交換이 결여되어 있으므로 계약위반에 해당되지 않는다고 주장하였다. 법원은 반드시 금전적·물질적 교환이 아닐지라도 「소송제기의 유보」(forbearance from bring suit)와 같이 행동(action) 등도 相互對價交換의 대상이 될 수 있다고 판결하였다.

나. 相互對價交換의 概念

相互對價交換의 개념은 다음과 같은 관점에서 파악되어 왔다.

(1) 利益・損失接近方法

相互對價交換을 「利益・損失接近方法」(benefit・detriment approach)에 의하여 정의하는 경우 相互對價交換이라 함은 請約者가 이익(benefit)을 받음과 동시에 承諾者가 손실(detriment)을 보는 것과 같이 계약에 있어서의 당사자가 서로 이익과 손실을 함께 보고 있는 것을 의미한다.

(2) 交換交涉接近方法

相互對價交換을 「交換交涉接近方法」(bargained for exchange approach)에 의하여 정의하는 경우 相互對價交換이라 함은 請約者가 承諾者 간에 특정 행위(acts) 또는 약속(promises)을 하는 내용의 의사표시를 서로 교환(exchange)하는 것을 의미한다. 交換交涉接近方法에 의하는 경우 相互對價交換은 반드시 이익 또는 손실이 없는 경우에도 請約者와 承諾者 간의 특정 행위 또는 약속의 교환만으로도 성립하게 된다.

(3) 執行可能性接近方法

相互對價交換을 「執行可能性接近方法」(enforceability approach)에 의하여 정의하는 경우 相互對價交換이라 함은 계약의 집행을 가능하도록 하는 계약당사자의 의사표시의 요소(element)를 말한다.

다. 相互對價交換의 具體的 適用事例

相互對價交換이 없는 계약은 유효한 계약으로 성립되지 아니하는 것이 원칙이다. 그러나 예외적으로 相互對價交換이 결여되어 있는 경우에도 유효한 계약으로 성립되는 경우가 있다.

相互對價交換에 관한 이론을 고찰함에 있어 문제되는 계약의 유형은 「증여약속」(donative promises), 「交涉約束」(bargain promises), 「條件解除約束」(promises to waive conditions), 「要式契約」(deed or written contract) 및 「기존의 또는 도덕적 相互對價交換에 근거한 약속」(promises based on past or moral consideration) 등이 있다.

(1) 贈與約束

a. 原　則　「증여약속」(donative promises or gratutious promises)이라 함은 증여자(donor)가 수증자(donee)에게 아무런 대가 없이 증여를 하기로 하는 약속을 말한다. 예컨대, A가 B에게 "당신은 인품이 훌륭하니 내 집을 그냥 주겠다"고 한 경우 이는 증여약속에 해당된다.

「증여약속」은 증여자와 수증자 간에 상호 대가의 교환이 없이 증여자는 일방적으로 손해를 보고 수증자는 이익만 얻으므로 「相互對價交換」의 요건을 충족시키지 못한다. 따라서, 증여약속은 유효한 계약으로서 성립되지 아니하고 이를 집행하지 못하는 것이 원칙이다.[15)]

Harrington v. Taylor, 36 S. E. 2d 227(N.C. 1945)

A의 아내가 A를 흉기로 찌르려는 것을 B가 제지하다가 손에 상처를 입었다. A는 B에게 사과하고 상처에 대한 손해배상을 하여 주기로 약속하였으나 이를 이행하지 아니하였다. 이에 따라 B는 A를 상대로 소송을 제기하였다. 법원은 A와 B 사이의 도의적인 증여약속은 相互對價交換이 결여되어 있으므로 유효한 계약이 아니라고 판결하였다.

b. 例　外　증여약속은 유효한 계약으로 성립되지 아니하는 것이 원칙이나, 다음과 같이 예외를 갖는다.

① 條件附 贈與約束(conditional donative promises)　「조건부 증여약속」이라 함은 증여자가 일정 조건을 제시하고 수증자가 당해 조건을 충족하는 경우에만 증여자가 수증자에게 증여하는 약속을 말한다. 예컨대, A가 B에게 "네가 대학을 수석으로 졸업하면 자동차를 한 대 사주겠다"고 하는 약속이 이에 해당된다.

條件附 증여약속은 相互對價交換 요건이 충족되어 유효한 계약으로 성립되는 것이 원칙이다. 그러나 A가 B에게 "내가 대학을 수석으로 졸업하면 자동차를 한 대 사주겠다"고 약속하는 것은 단순한 증여약속으로서 상호대가교환이 결여되어 있다.

---

15) Schnell v. Nell, 17 Ind. 29(1861).

Hamer v. Sidway, 124 N.Y. 538(1891)

삼촌이 조카가 성년이 될 때까지 금연·금주를 하는 경우 5,000 달러를 주기로 약속한 경우, 조카가 실제로 금연·금주를 하였다면 삼촌은 5,000 달러를 조카에게 지급하여야 한다.

② **依存된 贈與約束**(relied upon donative promises) 「의존된 증여약속」이라 함은 수증자가 증여자의 증여약속에 의존하여 증여계약의 내용상 예측가능한(reasonably expect) 행위를 한 경우 당해 증여약속은 유효한 계약이 되고 따라서 집행가능한 약속이 되는 것을 말한다. 예컨대, A가 B에게 B가 극장표를 산다면 A가 나중에 극장표 값을 지불하겠다고 약속한 경우, 이에 의존하여 B가 극장표를 샀다면 이는 「의존된 증여약속」이 된다.

「의존된 증여약속」은 종래에는 무효인 것이 원칙이나,[16] 최근에는 유효한 계약이라는 것이 일반적인 견해이다.[17]

Ricketts v. Scothorn, 77 N.W. 365(Neb. 1898)

할아버지 A는 손녀 B에게 2,000 달러를 주기로 약속하였는바, 이에 따라 B는 직장을 그만두었다. A가 사망하자 A의 상속집행인 C는 B에게 2,000 달러를 주는 것을 거부하였는바, B는 C를 상대로 소송을 제기하였다. 법원은 A의 B에 대한 증여약속은 相互對價交換이 결여되어 있으므로 유효한 계약으로 성립되지 아니하나, A의 증여에 의존하여 B가 직장을 그만두었다면 A의 증여는 소위 의존된 증여계약으로서 유효한 계약으로 성립된다고 판결하였다.

의존된 증여약속을 유효한 계약으로 간주하는 이유는 소위 「禁反言의 原則」(doctrine of estoppel)에 따라 타인의 약속에 의존하여 자신의 지위에 손해를 가져온 자를 보호하고자 하는 취지이다. 이를 「約束的 禁反言의 原則」(promissory estoppel)이라고 한다.

16) Kirksey v. Kirksey, 8 Ala. 131(1845).
17) Feinberg v. Pfeiffer Co., 322 S.W. 2d 163(Mo. 1959). Restatement 2d, § 90.

(2) 交涉約束(bargained for promises)

a. 原 則 「교섭」이라 함은 계약의 당사자가 특정 행위 또는 약속(performance or promise)을 서로 교환할 것을 협의하는 것을 의미하며, 이러한 교섭결과 당사자간에 교환된 행동 또는 약속을 「交涉約束」이라고 한다. 「교섭약속」은 일반적으로 「相互對價交換」으로 간주된다. 일반적으로 대부분의 계약이 이러한 「交涉約束」에 해당된다. 「交涉約束」의 경우 서로 교환되는 특정 행위 또는 약속이 금전적 · 경제적으로 반드시 형평을 이룰 필요는 없다.[18] 그러나 지나치게 일방에게 유리한 「交涉約束」은 계약의 비양심성(unconscionability), 사기(fraud) 및 강박(duress) 등에 의한 계약 등에 해당되어 무효인 계약이 될 수도 있다.

b. 例 外 交涉約束은 유효한 계약으로 성립되는 것이 원칙이다. 그러나 交涉約束에 해당되는 경우에도 (i) 名目的 相互對價交換의 경우, (ii) 법적 권리의 행사를 포기하는 약속의 경우, (iii) 쌍방계약(bilateral contract)에서 일방이 자의적으로 원하는 경우에 한하여 약속을 이행하거나, 언제든지 임의로 약속을 철회할 수 있는 약속의 경우, (iv) 당연히 수행하여야 할 법적 의무 또는 계약상의 의무(preexisting legal duties or contractual duties)를 수행하기로 하는 약속의 경우 등에는 이를 相互對價交換이 결여된 것으로 보아 계약상의 효력을 예외적으로 인정하지 아니하고 있다.

① **名目的 相互對價交換**(nominal consideration) 「名目的 相互對價交換」이라 함은 실질적으로는 증여약속에 해당되나 형식적으로는 이에 相互對價交換의 외관을 부여하여 계약의 형태로 성립되는 것을 말한다. 예컨대, 30층 건물을 단지 100원에 팔기로 하는 계약이 이에 해당된다.

증여약속은 相互對價交換이 결여되어 있어 유효한 계약으로 성립되지 못하므로 이에 형식적으로 相互對價交換이라는 외형을 갖추도록 함으로써 계약의 성립요건을 충족시키고자 하는 방안이 바로 「名目的 相互對價交換」의 근본취지이다.

그러나 이러한 「名目的 相互對價交換」에 대하여는 이를 유효한 「相互對價交換」으로 인정하지 아니하여 계약의 집행가능성을 부인하는 것이 일반적인 견해이다.

18) Batsakis v. Dematsis, 226 S.W. 2d 673(Tex. 1949). Restatement 2d § 71, 72, 79.

다만, 선택구매품목(option) 또는 품질보증(guarantee) 등의 경우에는 名目的 相互對價交換이라도 유효한 相互對價交換으로 인정하는 것이 일반적이다.[19] 그 이유는 선택구매품목 또는 품질보증 등은 그 자체가 독립적인 계약이라기보다는 原契約(main contract)의 판촉을 위하여 부수적으로 제공되는 경우가 대부분이기 때문이다. 예컨대, 자동차를 구매하는 경우 자동차용 무선전화기를 1 달러에 제공하겠다는 계약 등이 이에 해당한다.

② **法的 權利의 拋棄** 상대방의 법적 권리가 존재한다고 합리적으로 또는 善意로(either reasonable or held in good faith) 믿고서, 이러한 법적 권리를 포기하는 交涉約束을 하는 경우 유효한 相互對價交換으로 인정된다. 예컨대, A가 B의 과실로 인하여 자동차 사고를 당한 경우 A는 아무런 신체적 상해도 입지 아니하였음에도 불구하고 B의 보험회사는 A가 다친 것으로 믿고서 A가 B를 상대로 민사소송을 제기하지 아니하는 대가로 1,000 달러를 주기로 합의한 경우 이는 유효한 相互對價交換이 된다.

Fiege v. Boehm, 123 A. 2d 316(Md. 1956)

A와 B는 교제하던 중 A가 임신을 하게 되자 B는 A에게 양육비 및 생활비를 주는 대가로 친자확인소송을 제기하지 말 것을 제의하였고 양자는 이에 합의하였다. 아이의 혈액검사를 통하여 자신의 친자가 아님을 확인한 B는 양육비 및 생활비의 지급을 중단하였고 이에 대하여 A는 소송을 제기하였다. 법원은 B가 A에게 친자확인소송을 제기할 수 있는 법적 권리가 있다고 합리적으로 믿고 있었으므로 이러한 법적 권리의 포기를 내용으로 하는 交涉約束은 유효한 相互對價交換이라고 판결하였다.

③ **幻影約束** 「幻影約束」(illusory promises)이라 함은 계약의 성립 또는 撤回與否가 일방 당사자의 자의적인 선택에 달려 있는 계약을 말한다. 예컨대, (i) "내가 원하는 경우(if I want to), 당신이 제시한 조건으로 계약을 체결하겠다"라는 약속, 또는 (ii) "내가 원하는 경우 언제든지 계약을 撤回할 수 있는 조건으로 계약을 체결하겠다"라는 약속 등이 幻影約束에 해당된다.

---

19) Real Ertate Co. v. Rudolph, 153 A. 438(Pa. 1930).

相互對價交換은 서로 의무를 부담하는 「상호의무의 원칙」(mutuality of obligation)하에서 성립되는바, 幻影約束은 이러한 「상호의무의 원칙」이 충족되지 아니하므로 유효한 相互對價交換으로서 인정되지 아니한다.

Strong v. Sheffield, 39 N.E. 330(N.Y. 1895)

A는 B에게 어음을 발행하였는바, B는 구체적인 기간은 明示하지 아니한 채 당분간 어음의 지급청구를 유예하기로 약속하였다. 얼마 후 B는 A에게 지급을 청구하였으나, A는 이를 거부하였고 이에 대하여 B는 소송을 제기하였다. 법원은 A와 B간의 약속은 B의 자의적인 의사에 따라 언제든지 어음의 지급청구를 허용하는 소위 '幻影約束'으로서 相互對價交換이 결여되어 있으므로 유효한 계약이 아니라고 판결하였다.

④ **先在義務約束** 「先在義務約束」이라 함은 법적으로 또는 계약상 이미 특정 의무를 부담하도록 되어 있는 者가 제3자와 동 의무와 동일한 내용의 의무를 이행하기로 하는 계약을 체결하기로 하는 약속을 말한다. 예컨대, 경찰관이 도둑을 잡아주고 보상금을 받는 계약을 시민과 체결하는 경우가 이에 해당된다. 先在義務約束은 유효한 相互對價交換으로 인정되지 아니하는 것이 원칙이다. 이를 「先在義務約束의 原則」(preexisting duty rule)이라고도 한다.

(3) 封印契約 및 文書契約

a. **封印契約** 봉인계약은 계약문서에 왁스(wax)로 밀봉(seal)하는 계약을 말한다. 봉인의 방법으로서 왁스를 사용하지 아니하고 계약문서에 단순히 문자로 「密封」(seal)이라고 표기하는 경우도 있다. 普通法下에서는 계약에서 相互對價交換이 결여되어 있다 할지라도 봉인이 되어 있는 경우에는 相互對價交換이 충족된 것으로 인정하였다. 즉 봉인을 相互對價交換의 대체물(substitute for consideration)로서 인정하였던 것이다.

최근에는 州에서 법률을 제정하여 봉인을 相互對價交換으로서 인정하지 아니하는 경우가 점차 증가하고 있다.

b. **文書契約** 문서계약은 문서로 작성된 계약을 말한다. 相互對價交換

이 결여되어 있는 계약의 경우, 이것이 문서로 되어 있을지라도 相互對價交換이 인정되지 아니한다. 즉, 계약의 문서화 여부는 相互對價交換의 충족 여부에 아무런 영향도 미치지 아니하는 것이 원칙이다.

최근의 일부 州에서 법률을 제정하여 문서화된 계약에 대하여는 相互對價交換 존재의 推定을 허용하는 경우가 있다.[20]

(4) 道德的 또는 過去의 相互對價交換

「도덕적 또는 과거의 相互對價交換」(moral or past consideration)이라 함은 과거에 상대방이 자신에게 베풀어 준 이익(benefit) 또는 상대방이 자신을 위하여 감수한 손해(detriment)에 대한 도덕적 의무(moral obligation)를 갚기 위하여 상대방에게 약속을 하는 것을 말한다. 예컨대, A가 건널목을 건너던 중 자동차에 치일 뻔하였으나, B가 몸을 던져 A를 구하고 자신이 대신하여 다친 경우 A가 B에게 모든 치료비용을 부담하겠다고 약속하는 것이 이에 해당한다.

이러한 도덕적 또는 과거의 相互對價交換은 원래 유효한 相互對價交換으로 인정되지 아니하는 것이 원칙이다.

Mills v. Wyman, 3 Pick.(Mass.) 207(1825)

A는 B의 아들을 자진하여 간호하고 돌봐주었다. B의 아들이 죽자 B는 A에게 자신의 아들을 간호하고 돌봐주는 데 소요된 모든 비용을 지불하겠다고 약속하였다. B가 약속의 이행을 거절하자 A는 소송을 제기하였다. 법원은 A와 B 사이의 약속은 도덕적 또는 과거의 相互對價交換으로서 유효한 계약이 성립되지 아니하였다고 판결하였다.

다만, (i) 채권·채무가 소멸한 후에도 채무를 스스로 이행할 것을 약속한 경우, (ii) 취소할 수 있는 채무를 이행할 것을 스스로 약속한 경우, (iii) 파산에 의하여 면제된 부채를 상환하기로 약속한 경우, (iv) 과거의 경제적 이익(past economic benefit)에 기한 도덕적 의무의 이행약속 등은 계약상의 효력을 갖는다.

20) 예컨대, 캘리포니아: Cal. Civ. Dode § 1614.

Webb v. McGowin, 168 So. 196(Ala. 1935)

A는 B 대신에 자신을 희생하여 B가 사고를 당하는 것을 방지하고 자신이 커다란 신체상의 손해를 입었다. B는 이에 감사하여 A의 모든 치료비용을 부담하겠다고 약속하였다. B가 사망하자 B의 재산관리인은 A에게 치료비용을 부담하는 것을 거절하였고 이에 따라 A는 소송을 제기하였다. 법원은 A가 과거에 자신이 다치지 아니함으로써 B로부터 커다란 이익을 받았으므로, A와 B 사이의 약속은 유효한 相互對價交換이라고 판결하였다.

제3절 契約의 瑕疵·解釋 및 履行

1. 契約의 瑕疵

가. 意　　義

계약이 비확정적(indefinite)이거나 불법적(illegal)인 경우 무효가 되며, 착오(mistake)·사기(fraud)·강박(duress)에 의한 경우에는 취소(voidable)할 수 있다. 또한, 일정한 계약은 『詐欺防止法』(Statute of Frauds)에 의하여 반드시 문서로 작성되어야 하는바 그러하지 아니한 계약은 취소할 수 있다. 이하에서는 詐欺防止法에 관하여 간단히 설명하여 보고자 한다.

나. 詐欺防止法

(1) 意　　義

당사자간의 계약은 구두계약이건 또는 문서계약이건 간에 모두 유효한 계약으로 성립되는 것이 원칙이다. 그러나 일정한 경우 州法에 의하여 계약이 문서로 작성되고 계약당사자가 서명한 경우에 한하여 유효한 계약으로 인정하는 경우가 있다. 이러한 법률을 詐欺防止法(Statute of Frauds)이라고 부르는바, 이는 계약상의 詐欺 및 僞證(fraud and perjury)을 방지하기 위한 것이다.

詐欺防止法은 영국의 1677년 詐欺防止法(Statute of Frauds)을 모태로 하여 미국의 개별 州에서 州法으로 채택되고 있다.

(2) 適用對象契約

다음에 해당되는 계약은 반드시 문서로 작성되고 당사자가 서명하여야 한다.

(i) 부동산에 대한 권리의 매매계약(sale of interest in land), (ii) 상품의 매매에 관한 계약(sale of goods), (iii) 결혼에 관한 계약(in consideration of marriage),[21] (iv) 1년 이내에 이행될 수 없는 계약(can not be performed within one year of making) 및 (v) 보증채무의 제3자가 채권자에 대하여 채무를 변제하기로 하는 계약(suretyship contract).

North Shore Bottling Co. v. C. Schmidt & Sons, Inc., 239 N.E. 2d 189(N.Y. 1969)

맥주회사 A와 대리점 B는 A가 맥주를 생산하는 동안 B가 C지역에서 독점판매권을 행사하는 것에 구두로 합의하였다. 그러나 A는 B 이외에도 다른 대리점을 선정하여 C지역에서 맥주를 판매하도록 하였다. 이에 대하여 B는 A를 상대로 소송을 제기하였으나, A는 당해 독점판매권 계약이 1년 이내에 이행될 수 없는 계약이므로 반드시 문서로 작성되어야 하는바, 따라서 A와 B 사이의 구두계약은 유효한 계약이 아니라고 주장하였다. 법원은 A와 B 사이의 독점판매권 계약은 1년 이내에 이행될 수 없는 계약이므로 문서로 작성되지 아니하면 詐欺防止法에 의하여 무효가 된다고 판결하였다.

(3) 文書의 形式 및 內容

문서의 형식은 그 명칭 · 형태 및 방법 등을 불문한다. 다만, 문서에는 계약의 본질적 요소(essential term)인 계약당사자, 계약대상 및 합의의 내용 및 조건(contracting parties, subject matter and terms and conditions of the

21) 동 계약은 결혼 자체를 하기로 하는 계약(contract to marry)을 의미하는 것이 아니라, 결혼과 관련된 부수적 재산상의 계약을 의미한다. 예컨대, A가 B와 C가 서로 결혼하는 경우 1,000달러를 주기로 하는 계약은 반드시 문서로 작성되어야 하며, 이를 구두로 약속하는 것은 詐欺防止法에 의하여 법적 구속력을 갖지 아니한다.

agreement)이 반드시 포함되어야 한다.

(4) 效　　力

계약이 詐欺防止法에서 요구하는 요건을 충족하지 못하는 경우에는 당연무효(void)가 되지는 아니하나, 취소할 수 있는(voidable) 계약이 되는 것이 일반적인 견해이다.[22] 이에 대하여 詐欺防止法이 요구하는 요건을 충족하지 못하는 계약을 당연무효로 보는 소수견해도 있다.[23]

2. 契約의 解釋

계약당사자간에 계약내용에 관한 각자의 실체적 의사가 일치하고, 또한 실체적 의사와 계약의 외형적 내용이 일치하는 경우에는 별 다른 문제점이 발생하지 아니한다. 그러나 계약당사자간의 실체적 의사가 서로 일치하지 아니하거나, 실체적 의사와 계약의 외형적 내용이 일치하지 아니하는 경우에는 계약의 해석문제가 발생한다.

가. 契約의 解釋基準

(1) 當事者間의 意思가 合致하는 경우

계약의 내용을 해석하는 경우 당사자의 진실한 실체적 의사가 우선적인 기준이 된다. 따라서, 양 당사자의 실체적 의사가 일치하는 경우, 당해 실체적 의사가 계약의 외형적 내용과 일치하지 아니할지라도 당사자의 실체적 의사가 우선적 효력을 갖게 되어 최종적인 계약의 내용이 된다.

(2) 當事者間의 意思가 合致하지 아니하는 경우

계약의 내용을 해석하는 경우 당사자간의 실체적 의사가 합치하지 아니한다면, 과연 무엇이 계약의 내용인가에 대한 의문점이 발생하게 된다.

이러한 경우에는 「합리적인 일반인」(reasonable person)이 각 당사자와 동일한 상황에 있는 경우 과연 어떠한 의미로 계약을 체결하였겠는가라는 「객관적 기준」(objective standard)이 적용된다.

---

22) U.C.C. § 2-201; Rest. 2d § 138; Walter H. Leimert Co. v. Woodson, 125 Cal. App. 2d 186(1954).
23) Ward v. Ward, 30 P. 2d 853(Colo. 1934).

Embry v. Hargadine-McKittrick Dry Goods Co., 105 S.W. 777(Mo. 1907)

종업원 A가 사용자 B에게 고용계약기간이 종료되기 직전에 재고용계약의 체결을 요구하자 B가 "걱정하지 말아. 아무 문제 없어"라고 회답하고 이에 대하여 A가 "알았어요"라고 응답하였다. 그러나 B가 재고용계약을 체결하지 아니하자 A는 소송을 제기하였다. 이 사건에서 A는 재고용계약을 체결하기로 B와 합의한 것으로 알고 있으나, B는 재고용계약을 체결하기로 A와 합의한 적이 없는 것으로 알고 있어서 A와 B의 재고용계약에 관한 실체적 의사가 서로 합치하지 아니하고 있다. 이 경우 합리적인 일반인의 입장이라면 A와 B 사이에 재고용계약을 체결하기로 합의한 것으로 해석할 것이므로 A와 B 사이에는 재고용계약이 체결된 것으로 보아야 한다.

계약의 내용을 해석하는 경우 당사자간의 실체적 의사도 합치하지 아니하고, 합리적인 일반인도 서로 상이하게 계약의 내용을 해석할 수 있는 경우에는 계약은 당연무효로서 성립되지 아니한 것으로 본다.[24)]

나. 口頭證據排除의 原則

계약을 해석하는 경우, 당해 계약의 내용이 가장 중요한 것은 물론이나 이 이외에도 외부증거(extrinsic evidence), 계약의 기존 이행관행(course of performance), 계약교섭과정(course of dealing), 관행(usage) 등이 참조될 수 있음은 물론이다. 계약을 해석하는 방법 중에서 가장 중요한 원칙 중의 하나가 「구두증거배제의 원칙」이다.

(1) 意　　義

「구두증거배제의 원칙」(parole evidence rule)이라 함은 당사자간에 최종적으로 완성된(fully integrated) 계약이 존재하는 경우 당해 계약성립 이전에 당사자가 행한 합의 또는 구두증거(parole evidence)는 당해 계약내용을 변경, 추가 또는 배제(vary, add to, or contradict)하기 위한 증거로서 채택될 수 없다는 원칙을 말한다.[25)]

24) 이를 'Peerless rule'이라고 부른다.
25) Hayden v. Hoadley, 111 A. 343(Vt. 1920).

Mitchill v. Lath, 160 N.E. 646(N.Y. 1928)

A와 B는 B가 소유하고 있는 토지를 A에게 팔기로 하는 계약을 문서로 체결하였다. 계약을 체결하기 전에 B는 당해 토지 옆에 있는 건축물을 제거하여 주기로 구두로 약속하였다. B가 건축물을 제거하지 아니하자 A는 소송을 제기하였다. 법원은 구두증거배제의 원칙을 적용하여 A와 B 사이의 구두약속은 문서계약을 변경, 추가 또는 배제하는 증거로 채택될 수 없다고 판결하였다.

(2) 要　件

a. 最終的으로 完成된 契約　당사자간에 최종적으로 완성된 계약이 존재하여야 한다. 「최종적으로 완성된 계약」이라 함은 당해 계약내용에 관하여 당사자의 의사표시가 충분히 최종적으로 반영된 문서화된 계약을 말한다.[26]

b. 口頭證據의 排除　구두증거는 배제된다. 구두증거라 함은 (i) 「최종적으로 완성된 계약」의 체결 이전에 성립된 구두 또는 문서에 의한 합의 또는 「최종적으로 완성된 계약」의 체결과 동시에 성립된 구두에 의한 합의로서 (ii) 「최종적으로 완성된 계약」과 그 대상이 중복되는 합의를 말한다. 「최종적으로 완성된 계약」이 체결된 이후에 동 계약의 내용을 변경(modify)하기 위하여 성립된 구두 또는 문서에 의한 합의는 하나의 독립된 유효한 계약으로서 구두증거배제의 원칙이 적용되지 아니한다.[27]

(3) 例　外

구두증거배제의 원칙은 다음과 같은 예외를 갖는다. (i) 구두증거가 「최종적으로 완성된 계약」과 독립된 「相互對價交換」(separate consideration)에 기초하고 있는 경우, (ii) 구두증거가 「최종적으로 완성된 계약」에서 생략되거나, 부족한 부분을 보완 · 해석하는 경우, (iii) 구두증거가 「최종적으로 완성된 계약」이 사기 · 강박 또는 착오에 의하여 체결되었음을 입증하기 위한 경우 등에는 구두증거가 유효한 증거로서 채택될 수 있다.

---

26) Masterson v. Sine, 68 Cal. 2d 222(1968). Rest. 2d § 209.
27) Teer v. George A. Fuller Co., 30 F. 2d 30(4th Cir. 1929).

3. 契約의 履行 및 違反

유효한 계약이 성립한 경우 계약의 양 당사자가 계약내용을 이행하여야 함은 물론이다. 이하에서는 계약의 이행과 관련하여 「相當履行의 原則」(doctrine of substantial performance)과 계약위반(breach of contract)의 유형에 관하여 설명하고자 한다.

가. 契約의 履行

(1) 意　　義

계약이 체결된 경우 당사자는 계약을 이행하여야 한다. 계약을 이행하는 과정에서 가장 중요한 원칙은 「相當履行의 原則」(doctrine of substantial performance)이다. 「相當履行의 原則」이라 함은 계약의 일방 당사자가 계약내용의 상당부분을 이행한 경우 타방 당사자도 이에 대응하여 계약내용을 이행하여야 한다는 원칙을 말한다.

「相當履行의 原則」은 주로 건축계약에서 일방 당사자의 계약내용이행이 타방 당사자의 계약내용이행의 선행조건인 경우에 주로 적용된다. 예컨대, 건축업자가 건물을 완공하였으나 설계도와 다소 경미한 차이가 있다 할지라도 이는 계약의 상당부분을 이행한 것이 되므로, 건물주인은 건축업자에게 건물공사비용을 지급하여야 한다. 과연 어떠한 경우에 계약내용을 「상당이행」하였는가에 대하여는 「그 이행이 계약의 본래 목적을 달성하였는지의 여부」에 따라 구체적으로 결정된다.[28)]

(2) 損害賠償

계약의 일방 당사자가 계약내용이 상당부분을 이행하였으나 완전히 이행하지 아니하여 타방 당사자가 손해를 입은 경우 타방 당사자는 이에 대하여 손해배상을 청구할 수 있다. 예컨대, 앞의 예에서 건물이 설계도와 상이하게 완공되어 건물주인이 손해를 입은 경우 건물주인은 그 손해만큼의 비용을 감하고 건물공사비용을 지급할 수 있다.

이 경우 손해액수는 계약내용을 완전히 이행하는 데 소요되는 비용(cost of completion)이 되는 것이 원칙이다. 그러나 계약내용을 완전히 이행하는 것이

28) Plante v. Jacobs, 103 N.W. 2d 296(Wis. 1960).

불가능하거나, 또는 커다란 경제적 손해를 가져오는 경우에는 계약내용의 불완전이행으로 인한 「가치의 감소」(diminution in value)가 손해액수가 된다.

Jacob & Youngs, Inc. v. Kent, 230 N.Y. 239(1921)

건물에 사용된 배관이 건물주인이 요구한 것과 제조회사는 다르지만 품질·규격이 대동소이한 경우, 배관을 건물주인이 요구하는 것으로 재설비하는 데에 소요되는 비용이 원래의 손해배상액수가 된다. 그러나 동 배관을 재설비하는 경우 건물의 천장과 벽을 대부분 허물고 다시 건축하여야 한다면 그 비용이 워낙 크므로 이런 경우에는 다른 배관의 사용으로 인한 건물가치의 감소액이 손해배상액수가 된다.

「相當履行의 原則」은 상품의 매매계약(contracts for the sale of goods)에는 적용되지 아니한다. 상품의 매매계약에는 「完全履行의 原則」(perfect tender rule)이 적용되는 것이 원칙이다.[29)]

나. 契約의 違反

계약의 위반은 그 위반의 정도 및 위반의 형태에 따라 다음과 같이 분류하여 볼 수 있다.

(1) 違反의 程度에 따른 分類

계약의 위반은 그 위반의 정도에 따라 계약의 중대위반(material breach of contract)과 계약의 경미위반(minor breach of contract)의 두 가지 형태로 분류하여 볼 수 있다.

a. 意 義 계약의 중대위반과 경미위반과의 구별은 명확하지 아니하다. 그러나 대체로 다음과 같은 기준으로 구별된다.

① 契約違反의 時點 계약의 이행 이전[30)] 또는 초기에 계약을 위반하는 경우 계약을 나중에 위반하는 경우에 비하여 계약의 중대위반이 된다.

---

29) U.C.C. § 2-601.

30) 계약의 이행시기가 도래하기 이전에 계약의 이행을 거부하는 것을 「계약의 事前破棄」(anticipatory breach of contract)라고 한다. 「계약의 事前破棄」는 계약의 중대위반에 해당된다. U.C.C. § 2-610.

② **契約違反의 動機** 계약의 위반이 악의 또는 고의에 의한 경우 과실 또는 무과실에 의한 계약의 위반에 비하여 계약의 중대위반이 된다.

③ **契約履行의 確實性** 계약의 위반자가 계약의 나머지 불이행부분을 이행할 것이 불확실할수록 계약의 중대위반이 된다.

④ **契約履行으로 인한 惠澤** 계약의 위반 당시 이미 계약의 이행으로 타방 당사자가 이익을 본 경우 그 이익이 클수록 계약의 경미위반이 된다.

⑤ **契約不履行으로 인한 損害賠償程度** 계약의 위반으로 인하여 입은 손해를 충분히 배상받을 수 있는 정도가 크면 클수록 계약의 경미위반이 된다.

⑥ **契約違反者의 被害程度** 계약의 중대위반판정으로 인하여 계약위반자가 감수하여야 할 손해의 정도가 크면 클수록 계약의 경미위반이 된다.

b. **契約違反의 效果** 계약의 중대위반의 경우 계약의 상대방은 이를 전체계약의 破棄로 간주하여 契約破棄로 인한 손해배상청구권을 행사할 수 있으며, 자신의 계약이행의무가 면제(excused)된다.

이에 반하여 계약의 경미위반의 경우 계약의 상대방은 이를 계약의 부분적인 불이행으로 보아 이로 인해 발생된 손해배상청구권을 행사할 수 있으며, 同時履行의 抗辯權을 행사할 수도 있으나, 자신의 계약이행의무가 면제되는 것은 아니다.

⑵ 違反의 形態에 따른 分類

계약위반은 그 위반의 형태에 따라 계약의 「이행지체」, 「불완전이행」, 「이행거절」 및 「이행불능」 등으로 분류하여 볼 수 있다.

a. **履行遲滯** 이행지체라 함은 채무자가 이행기가 도래하였음에도 불구하고 채무를 이행하지 아니하는 것을 말한다. 이행지체는 일반적으로 계약의 중대위반에 해당된다.

b. **不完全履行** 불완전이행이라 함은 채무자가 이행기가 도래하였음에도 불구하고 채무를 완전히 이행하지 아니하거나, 완전히 이행한 경우에도 이행의 내용이 계약의 내용과 상이한 것을 말한다. 불완전이행의 경우에는 앞에서 이미 설명한 「相當履行의 原則」이 적용된다.

c. **履行拒絶** 이행거절이라 함은 채무자가 이행기 도래시기의 전후를 불문하고 채권자에게 채무를 이행하지 아니하겠다는 의사표시를 하는 것

을 말한다. 이행거절은 일반적으로 계약의 중대위반에 해당된다.

이행기가 도래하기 전에 계약이행을 거절하는 것을 「契約의 事前破棄」(anticipatory breach of contract)라고 한다. 事前破棄의 경우 채권자는 곧바로 契約破棄에 대한 손해배상을 청구할 수 있다. 채무자는 이행기가 도래하기 전에 사전거절을 철회할 수 있다.[31] 다만, 채무자는 채권자가 事前破棄를 承諾하거나 事前破棄에 기하여 이미 다른 법률행위를 한 경우에는 事前破棄를 撤回할 수 없다.

Rayburn v. Comstock, 45 N.W. 378(Mich. 1890)

A는 B의 부동산을 매수하기로 하는 계약을 체결하였으나, A는 계약의 이행기가 도래하기 이전에 계약을 파기하였고, 이에 따라 B는 당해 부동산을 C에게 매도하였다. 나중에 A는 계약의 사전파기를 철회하고 B에게 다시 부동산을 이전하여 줄 것을 요구하였으나 이미 부동산은 C에게 매도되었으므로 A는 B를 상대로 계약불이행으로 인한 손해배상청구소송을 제기하였다. 법원은 B가 A의 사전파기에 기하여 이미 다른 법률행위를 하였으므로 A는 사전파기를 철회할 수 없다고 판결하였다.

d. **履行不能** 이행불능이라 함은 계약체결 당시에 당사자가 예견하지 못하였던 상황의 발생(changed circumstances)으로 인하여 채무자가 채무를 이행하는 것이 사실상 비현실적(impractical)인 것을 말한다.

이행불능의 경우에는 이행의무가 면제되는 것이 일반적이다.

이행불능에는 이행이 불가능(impossibility)한 경우와 계약의 목적을 달성할 수 없는 경우(frustration of purpose)의 두 가지 경우가 있다.

이행이 불가능한 경우에는 (i) 계약의 이행이 불법적인 경우, (ii) 계약대상물이 멸실된 경우, (iii) 계약이행에 필요한 물품의 공급이 단절된 경우, (iv) 건축계약에서 시공된 건축물이 붕괴된 경우 등이 이에 해당된다.

계약의 목적을 달성할 수 없는 경우라 함은 계약체결 당시에 당사자가 예견할 수 없었던 상황의 발생으로 인하여 계약의 목적(purpose) 또는 가치

---

31) Clavan v. Herman, 131 A. 705(Pa. 1926).

(value)가 불필요하게 되는 것을 말한다. 이를「目的達成不必要의 原則」(doctrine of frustration)이라고 한다.

LaCumbre Golf & Country Club v. Santa Barbara Hotel Co., 205 Cal. 422(1928)

호텔 A와 골프장 B는 A의 투숙객이 B에서 골프를 무료로 치는 대가로 A가 매월 일정액을 B에게 지급하는 내용의 계약을 체결하였다. 화재로 인하여 A가 호텔업을 계속할 수 없었고 이에 따라 B에서 골프를 치는 투숙객도 없었으나 B는 A에게 계약된 금액의 지급을 계속 요구하였다. 법원은「目的達成不必要의 原則」에 따라 A의 계약이행의무는 면제된다고 판결하였다.

제 4 절 契約不履行에 대한 救濟方法

계약의 일방 당사자가 계약을 불이행하는 경우 이에 대한 구제수단으로서는 손해배상(damages)과 강제이행(specific performance)의 두 가지 형태가 일반적으로 허용되고 있다. 손해배상은 普通法上의 救濟制度이고, 강제이행은 衡平法上의 救濟制度이다.

1. 損害賠償制度

손해배상제도에는 일반적으로「期待利益損害賠償」(expectation damages),「依存支出損害賠償」(reliance damages) 및 「利益返還損害賠償」(restitution damages)의 세 가지 형태가 인정되고 있다. 채권자는 서 가지 형태의 손해배상제도 중에서 자신에게 가장 유리한 형태의 손해배상제도를 선택하여 채무자에게 이를 청구할 수 있다.

가. 期待利益損害賠償制度

(1) 意　義

「期待利益損害賠償」(expectation damages)이라 함은 채무자가 계약을 그

대로 이행하였을 경우 채권자가 얻을 수 있었던 이익만큼의 손해배상을 하여 주는 제도를 말한다.[32] 예컨대, 건축업자 A가 50,000달러를 받고 B의 토지에 건물을 지어주는 계약을 체결하였으나 B가 계약을 위반한 경우, 건축업자 A의 건물건축비용이 40,000달러라면 A는 10,000달러(50,000달러－40,000달러)의 이익을 손해본 것이 되므로 이에 대한 損害賠償을 청구할 수 있다.

「期待利益損害賠償」은 계약이 「이행된」 경우 채권자가 향유할 수 있는 이익에 대하여 손해배상을 한다는 점에서, 계약이 「체결되기 이전」으로 채권자의 이익을 원상회복시킴으로써 손해배상을 하는 「依存支出損害賠償」(reliance damages) 및 「利益返還損害賠償」(restitution damages)과 구별된다.

(2) **損害賠償의 範圍**

「期待利益損害賠償」은 다음과 같은 범위 안에서 인정된다.

a. **期待可能性**(foreseeability) 「期待利益損害賠償」은 계약이 이행되지 아니할 경우 당연히 발생될 것으로 당사자에 의하여 계약체결 당시 이미 예견된(foreseeable) 손해에 한하여 인정된다.[33] 따라서, 계약의 불이행으로 야기되는 직접적 손해(direct damages) 또는 일반적 손해(general damages)는 당연히 손해배상의 대상이 된다. 이에 반하여 채권자의 특수한 상황(special circumstance) 때문에 야기된 간접적 손해(indirect damages) 또는 부수적 손해(consequential damages)는 채무자가 이를 예견할(foreseeable) 수 있는 경우에 한하여 손해배상이 인정된다. 예컨대, 제분업자 A와 소비자 B 사이에 A가 밀가루 1톤을 시중가격보다 2,000달러 저렴한 가격인 10,000달러에 B에게 공급하기로 하는 계약이 체결되었으나 A가 계약을 불이행하는 경우, B는 시중에서 밀가루 1톤을 12,000달러에 구입하여야 하므로 2,000달러(12,000달러－10,000달러)의 손해를 보게 된다. 따라서, B는 A의 계약불이행으로 인하여 직접 발생한 일반적 손해인 2,000달러에 해당하는 「期待利益損害賠償」을 A에게 청구할 수 있다. 그러나 밀가루의 시중가격이 아무도 예상하지 못한 흉작으로 인하여 1톤당 1,000달러가 상승한 경우, B는 시중에서 A가 제시한 계약가격보다 3,000달러(2,000달러＋1,000달러) 비싼 가

32) 기대이익손해배상은 "The net gain the injured party would have enjoyed, had the contract not been breached"를 말한다.

33) Hadley v. Baxendale, 156 Eng. Rep. 145(Ex. Ch. 1854).

격으로 밀가루를 구입하여야 하므로 3,000달러의 손해를 보게 된다. 그러나 이 중 2,000달러만 직접적 손해로서 이에 대한 손해배상을 청구할 수 있고, 1,000달러는 예상하지 못한 간접적·부수적 손해이므로 이를 청구할 수 없다.

b. **損害額의 算定可能性** 손해액은 합리적으로 명확하게 算定(reasonable certainty of computation)될 수 있어야 한다. 따라서, 「불확정적 손해」(speculative damages)는 인정되지 아니한다. 예컨대, 제분업자 A가 제과업자 B에게 밀가루 1톤을 10,000달러에 공급하기로 계약을 체결하였으나 A가 계약을 불이행한 경우를 보자. B가 종래에도 제과업을 영위하여 왔던 기존의 사업체(existing business)로서 B는 밀가루 1톤으로 과자를 만들어 팔아 여태까지 평균 2,000달러의 이익을 볼 수 있었다면 A는 B에게 2,000달러의 손해배상을 하여야 한다. 그러나 B가 新事業(new business)인 경우에는 그 이익을 합리적으로 명확하게 산정할 수 있는 기준이 없으므로 A는 B에게 손해배상을 하지 아니하여도 된다.[34]

다만, 新事業의 경우에도 상실된 이익(lost profit)을 합리적으로 정확하게 산정할 수 있는 경우에는 이에 대한 손해배상이 인정된다.

El Fredo Pizza, Inc. v. Roto Flex Oven Co., 261 N.W. 2d 358(Neb. 1978)

A 피자가게는 B로부터 피자를 굽는 오븐을 구매하고 가게를 새르이 열었다. 그러나 오븐이 제대로 작동하지 아니하여 A는 약 3개월 동안 피자가게를 운영하지 못하였다. A는 다른 회사로부터 오븐을 재구매하여 피자가게를 정상적으로 운영하였는바, 매월 약 1,000달러의 이윤이 발생하였다. A는 B를 상대로 3개월 동안의 영업손실을 배상하도록 하는 손해배상을 제기하였다. 법원은 A가 비록 新事業이지만 그 이윤이 매월 1,000달러씩 합리적으로 정확하게 산정될 수 있으므로 B로 하여금 3,000달러(1,000달러×3)의 손해배상을 지급하도록 판결하였다.

c. **損害輕減의 義務** 채권자는 채무자의 계약불이행으로 인하여 자신이 입은 손해를 최소한도로 경감하여야 하는 의무(duty to mitigate)를 부담

34) 이를 「新事業의 原則」(new business rule)이라고 한다.

한다. 만일, 채권자가 손해를 경감할 수 있었음에도 불구하고 그러하지 아니한 경우에는 그만큼의 손해배상을 받지 못하게 된다.

예컨대, 물품공급업자 A가 소비자 B에게 물품을 공급하기로 하는 내용의 계약을 체결하였으나 A가 계약을 불이행한 경우 B는 다른 물품공급업자로부터 동일물품을 우선 구매하고, A의 물품공급가격과 다른 물품공급업자의 물품공급가격 사이의 차액에 해당하는 손해배상을 청구하여야 한다. B는 다른 물품공급업자로부터 물품을 대신 구매하지 아니함으로 인하여 자신에게 추가적으로 발생하는 손해에 대하여 이를 A에게 청구할 수 없다. 반대로 B가 계약을 파기한 경우 A는 B에게 물품을 운송하는 것을 중단하여야 한다. 계약이 파기된 후에 B에게 물품을 운송할지라도 당해 운송비용에 관한 손해배상은 인정되지 아니한다.

d. 精神的 衝擊에 대한 損害賠償 채무자의 계약불이행으로 인하여 채권자가 정신적 충격(emotional distress)을 받은 경우 이에 대한 손해배상을 청구할 수 없는 것이 원칙이다. 다만, (i) 채무자의 계약불이행으로 인하여 채권자에게 정신적 충격은 물론 육체적 상해도 함께 수반하는 경우 및 (ii) 계약의 내용이 「금전적」(financial)인 것이 아니라, 「인간적」(personal)인 경우에는 정신적 충격에 대한 손해배상도 인정된다. 예컨대, 관광알선업체 A의 알선에 의하여 B가 관광을 하였으나, 관광도중의 숙박시설 등이 A가 선전한 것보다 훨씬 못하여 B가 육체적 상해 없이 정신적 충격만을 받은 경우에도 관광은 「인간적」인 것이므로 이에 대한 손해배상이 인정된다.

Allen v. Jones, 163 Cal. Rptr. 445(Cal. App. 1980)

장의사 A는 B의 죽은 형제의 유골을 화장하여 상자에 넣어 B에게 보내주기로 하는 계약을 체결하였다. B가 A로부터 받은 상자를 열어 보니 유해는 보이지 않고 상자는 비어 있었다. B는 커다란 정신적 충격을 받았고 A를 상대로 정신적 충격에 의한 손해배상소송을 제기하였다. 법원은 비록 육체적 상해가 수반되지 아니한 경우에도 가족 유해의 분실은 B에게 커다란 정신적 충격을 가져올 수 있는바, 이는 계약위반으로 인한 손해배상의 가능성은 의심스럽지만 불법행위로 인한 손해배상은 허용된다고 판결하였다.

나. 依存支出損害賠償制度

「依存支出損害賠償」(reliance damages)이라 함은 채무자가 계약을 이행하리라는 전제하에 채권자가 체결된 계약에 의존하여 지출한 금액에 대한 손해배상을 말한다. 예컨대, 제분업자 A가 제과업을 새로이 시작하기로 한 B에게 특산밀가루를 공급하기로 계약을 체결하였으나 A가 계약을 이행하지 아니한 경우 B는 A가 계약을 이행할 것으로 믿고 제과업에 투자한 비용, 즉 제과점의 임대비용 및 설비투자이용 등에 대한 「依存支出損害賠償」을 청구할 수 있다. 이 경우, B는 「期待利益損害賠償」을 청구할 수도 있으나 만일 B가 新事業인 경우에는 그 손해액의 산정가능성이 명확하지 아니하여 손해배상을 인정받지 못할 우려가 있으므로 「依存支出損害賠償」을 청구하여 확실히 손해배상을 인정받을 수 있다.

또한, 채권자가 자신이 「손해를 감수하는 계약」(losing contract)을 체결한 경우에는 「期待利益損害賠償」이 「依存支出損害賠償」보다 적으므로 채권자는 당연히 「依存支出損害賠償」을 청구할 것이다. 그러나 대체로 「依存支出損害賠償」은 「期待利益損害賠償」을 초과하지 못하도록 하는 것이 일반적이다. 예컨대, 컴퓨터판매업자 A가 선전을 위하여 소비자 B에게 컴퓨터 1대를 시중가격의 절반밖에 안 되는 500달러에 판매하는 계약, 즉 자신이 손해를 감수하는 계약을 체결하고 계약의 이행을 위하여 컴퓨터제조업자로부터 컴퓨터 1대를 1,000달러에 구매하였다. 그러나 B가 계약을 이행하지 아니한 경우 A는 1,000달러에 상당하는 「依存支出損害賠償」과 500달러에 상당하는 「期待利益損害賠償」 중 어느 하나를 선택하여 손해배상을 청구할 수 있는바, A는 당연히 손해배상액이 큰 「依存支出損害賠償」을 선택하고자 할 것이다. 그러나 「依存支出損害賠償」은 「期待利益損害賠償」을 초과할 수 없는바 「期待利益損害賠償」이 500달러에 불과하므로 A는 500달러의 「依存支出損害賠償」만이 인정된다.

「依存支出損害賠償」은 채권자의 지위를 당사자간의 계약체결 이전으로 환원시킨다는 점에서, 채권자의 지위를 계약이 이행된 경우로 가정하여 인정하는 「期待利益損害賠償」과 구별된다. 따라서, 「依存支出損害賠償」과 「期待利益損害賠償」을 동시에 청구하는 것은 논리적 타당성을 상실하게 된다.

다. 不當利得損害賠償制度

「利益返還損害賠償」(restitution damages)은 「契約」(contract)에 대한 손해배상과 「準契約」(quasi-contract)에 대한 손해배상으로 나누어 볼 수 있다.

(1) 契約에 대한 損害賠償

계약에 대한 「利益返還損害賠償」이라 함은 계약이 이행될 것이라는 전제하에 채권자가 채무자에게 미리 제공한 이익을 다시 반환하도록 하는 손해배상을 말한다. 예컨대, 제분업자 A가 제과업자 B에게 밀가루 1톤을 10,000달러에 공급하기로 하는 내용의 계약을 체결하고 A가 B에게 밀가루 500kg을 미리 공급하였으나 B가 계약을 파기한 경우 A는 B에게 밀가루 500kg을 돌려줄 것을 요구할 수 있다.

채권자는 채무자의 계약불이행에 대하여 「期待利益損害賠償」과 「利益返還損害賠償」 중 하나를 선택하여 손해배상을 청구할 수 있으나, 체결된 계약이 채권자가 손해를 보는 계약(losing contract)인 경우에는 앞의 「依存支出損害賠償」의 경우와 마찬가지로 「利益返還損害賠償」을 청구하는 것이 채권자에게 보다 유리하다. 다만, 채권자가 자신의 계약상의 의무를 완전히 이행(full performance)한 경우에는 「利益返還損害賠償」을 청구할 수 없고 단지 「期待利益損害賠償」만을 청구할 수 있다. 예컨대, 컴퓨터판매업자 A가 시가 1,000달러 상당의 컴퓨터를 선전을 위하여 B에게 500달러에 팔기로 계약을 체결하고 A가 B에게 컴퓨터를 완전히 인도하였으나 B가 계약을 이행하지 아니하는 경우 A는 B에게 500달러 상당의 「期待利益損害賠償」만을 청구할 수 있을 뿐이며, 1,000달러 상당의 컴퓨터를 돌려달라는 「利益返還損害賠償」을 청구할 수 없다. 그러나 A가 B에게 컴퓨터의 일부분만을 인도한 경우에는 계약을 완전히 이행한 것이 아니므로 A는 자신이 제공한 컴퓨터의 일부분의 반환을 요청할 수 있다.

「利益返還損害賠償」은 채권자의 지위를 당사자간의 계약체결 이전으로 환원시킨다는 점에서 「依存支出損害賠償」과 동일하나, 채권자의 지위를 계약이 이행된 경우를 상정하는 「期待利益損害賠償」과 구별된다. 따라서, 「利益返還損害賠償」은 「依存支出損害賠償」과 동시에 청구할 수 있으나, 「期待

利益損害賠償」과는 동시에 청구할 수 없다.

(2) 準契約에 대한 損害賠償

(i) 계약이 『詐欺防止法』(Statute of Fraud)상의 요건을 갖추지 못하고 있거나, (ii) 사기 · 강박 등에 의하여 체결되어 계약을 집행할 수 없는 경우, 또는 (iii) 유효한 계약이 성립되지 아니하였음에도 불구하고 이미 성립되거나, 후에 성립될 것으로 오인하여 채무자가 계약을 이행하는 경우 이를 準契約(quasi-contract)라고 한다. 準契約(quasi-contract or contract impled in law)에 대한 「利益返還損害賠償」이라 함은 이러한 準契約에 근거하여 채권자가 이미 채무자에게 일부 이행한 것을 채권자에게 반환하도록 요구하는 손해배상을 말한다.

準契約에 대한 「利益返還損害賠償」을 「準契約損害賠償」(quasi-contract damages)이라고도 부른다.

2. 強制履行制度

가. 意　義

強制履行制度(specific performance)는 普通法上의 금전상 손해배상이 채권자의 피해구제에 적합하지 아니하는 경우 법원이 채무자로 하여금 당사자간의 계약을 본래의 내용대로 이행하도록 명령하는 衡平法上의 制度이다. 계약의 이행내용이 不作爲義務인 경우에는 채무자에 대하여 禁止命令(injunction)이 내려지게 된다. 이러한 법원의 강제이행명령을 위반하는 경우에는 法廷冒瀆罪(contempt of court)에 의하여 처벌받게 된다.

나. 主要 內容

강제이행이 채권자의 권리구제제도로서 인정되는 경우는 대체로 (i) 계약내용을 계약의 강제이행이 아닌 다른 금전적 수단으로서 대체하여 달성할 수 없는 경우(예컨대, 특정 화가의 그림그리기 계약), (ii) 계약불이행으로 인한 손해배상액을 명확히 산정하기 곤란한 경우(예컨대, 희귀골동품의 매매), (iii) 채무자의 파산(insolvency) 또는 파산가능성으로 인하여 금전적 손해배상이 불가능한 경우 등이다. 예컨대, 제분업자 A가 제과업자 B에게 일반 밀가루를 공급하기로 계약을 체결하였으나 A가 계약을 불이행하는 경우 B는 계약의 강제이행을 청구할 수 없는바, 그 이유는 B가 다른 제분업자로부터 얼마든지 동종의 밀가루를 구입할 수 있기 때문이다. 그러나 A가 공급하는 밀가루가 일반밀가루가 아니라 특산밀가루로서 A만이 공급할 수 있고, B는 A가 공급하는 특산밀가루가 제품의 생산에 반드시 필요한 경우 계약의 강제이행을 신청할 수 있다.

채무자의 계약불이행이 채권자에게 부수적 손해(consequential damages)를 가져온 경우, 법원은 채무자에게 본래 계약의 「강제이행」과 부수적 손해에 대한 「손해배상명령」을 함께 賦課할 수 있다.

McCallister v. Patton, 215 S.W. 2d 701(Ark. 1948)

자동차 판매상 A는 B에게 포드자동차 1대를 팔기로 하는 계약을 체결하였다. 나중에 A가 계약을 파기하고 자동차의 인도를 거부하자 B는 자동차의 인도를 요구하는 강제명령의 소송을 제기하였다. 법원은 자동차의 매매계약위반에 대한 구제방법은 금전상의 손해배상으로도 가능한 것이므로 이에 대하여 강제이행의 명령을 내릴 수 없다고 판결하였다.

3. 其他의 救濟制度

손해배상제도 및 강제이행제도 이외에도 명목적 손해배상, 위약손해배상 및 징벌적 손해배상 등이 인정되고 있다.

가. 名目的 損害賠償

「名目的 損害賠償」(nominal damages)이라 함은 채무자의 계약불이행으로 인하여 채권자에게 아무런 손해가 발생하지 아니한 경우에도 채무자가 계약을 이행하지 아니하였다는 사실을 확인 또는 입증하기 위하여 인정되는 손해배상을 말한다. 대체로, 名目的 損害賠償으로는 「1달러」가 인정되는 것이 일반적이다.

나. 違約損害賠償

「違約損害賠償」(liquidated damages)이라 함은 계약의 일방 당사자가 계약을 위반하는 경우 이에 대한 손해배상액을 계약의 체결 당시에 당사자간의 합의에 의하여 미리 정하는 손해배상제도를 말한다.

違約損害賠償은 (i) 계약불이행에 대한 손해배상액의 산정이 곤란하고, (ii) 違約損害賠償額이 합리적으로 추산(resonably estimate)될 수 있는 경우에 한하여 유효한 약정으로 인정된다. 이러한 요건을 충족하지 못하는 경우에는 違約損害賠償에 관한 約定은 일종의 벌칙(penalty)으로 간주되어 무효이다.

예컨대, 제분업자 A가 제과업자 B에게 밀가루 1톤을 10,000달러에 공급하기로 하는 계약을 체결하면서 "동 계약을 위반하는 자는 20,000달러의 손해배상을 하여야 한다"는 약정을 계약에 포함시킨다면, 이는 무효이다.

Lake River Corp. v. Carborundum Co., 769 F. 2d 1284(7th Cir. 1985)

철강회사 A는 철강제조에 필요한 원료를 B로부터 3년간 매년 최소한 22,500톤을 구입하는 계약을 체결하였다. 계약내용에는 B가 매년 22,500톤을 공급하지 못하는 경우에는 그 부족한 공급량에 상당하는 금액을 손해배상으로 지급하도록 하는 내용이 포함되어 있었다. 법원은 이러한 계약내용이 소위 違約損害賠償으로서 무효라고 판정하였다.

다. 懲罰的 損害賠償

「懲罰的 損害賠償」(punitive damages)이라 함은 채무자의 계약불이행이 악의적인 경우 이에 대하여 懲罰的 차원에서 인정하는 손해배상을 말한다.

「懲罰的 損害賠償」은 일반적으로 불법행위(tort)로 인한 손해배상의 경우에만 인정되고 계약불이행(breach of contract)으로 인한 손해배상의 경우에는 인정되지 아니하는 것이 원칙이다. 다만, (i) 채무자의 계약불이행이 동시에 고의적인 불법행위를 구성하는 경우,[35] (ii) 혼인계약 · 고용계약 · 보험계약 등에서 信義誠實原則(good faith)을 위반하는 경우 등에는 예외적으로 「懲罰的 損害賠償」이 인정된다.

White v. Benkowski, 155 N.W. 2d 74(Wis. 1967)

A와 B는 B가 소유하고 있는 우물을 공동사용하는 대신 A가 일정액의 사용료를 지급하는 계약을 체결하였다. A와 B 사이에 다툼이 벌어지자 B는 A로 하여금 우물을 사용하지 못하게 하여 A로 하여금 커다란 불편을 겪게 하였다. 이에 따라 A는 B를 상대로 하여 계약불이행으로 인한 손해배상을 제기하였는바, 이에 懲罰的 損害賠償을 포함하였다. 법원은 계약위반으로 인한 손해배상의 경우 懲罰的 損害賠償은 허용되지 아니한다고 판결하면서, 불법행위로 인한 손해배상의 경우에는 懲罰的 損害賠償이 포함될 수도 있으나 동 사건에서 원고인 A는 오직 채무불이행만을 문제삼고 있으므로 불법행위의 경우는 고려의 대상이 되지 아니한다고 판결하였다.

35) Seaman's Direct Buying Services, Inc. v. Standard Oil Co., 36 Cal. 3d 752(1984).

제 4 장 財 産 法

제 1 절 概　　說

1. 意　　義

『재산법』(property)이라 함은 재산에 대한 사람의 지배관계를 규율하는 私法을 말한다.[1)]

英美法上의 재산법은 부동산과 동산을 엄격히 구분하고 있으며, 특히 부동산에 있어 大陸法體系와 다른 커다란 특색을 보여주고 있다.

영국에서는 전통적으로 모든 토지는 국왕이 소유하고 국민은 단지 이를 이용 · 수익하는 것에 불과하다는 대원칙이 정립되어 왔다. 이에 따라 영국에서는 부동산에 관한 자신만의 독특한 普通法 및 衡平法이 발전되어 왔다.

이러한 영국의 재산법은 독립전쟁을 전후하여 미국에 그대로 계수되었다. 다만, 미국에서는 국왕이 없었으므로 연방정부 또는 주정부에 의하여 국유화되지 아니한 모든 토지는 私人에 의하여 소유되어 왔다. 따라서 영국의 재산법은 미국에서 많이 변형되었으나, 아직도 그 잔재가 많이 남아 있다.

재산법분야는 불법행위법(tort) 및 계약법(contract)과 더불어 영미 普通法의 가장 대표적인 특색을 보여주고 있는 분야이다. 의회의 制定法에 의하여 재산법을 규율하고 있는 경우도 있으나 이는 普通法上의 재산법을 보완·

1) 英美法體系上의 재산법은 일반적으로 大陸法體系上의 物權法에 해당한다. 조한 英美法에서는 상속을 사망에 의한 물권변동의 한 유형으로 보아 재산법의 한 부분으로 포함하기도 한다. 또한 私人의 재산을 수용하는 公法上 재산의 公共收用制度를 私法上 재산법의 한 분야로 포함시키는 경우도 있다. 이는 公法과 私法의 구분을 대체로 중요시하지 아니하는 英美法上의 특징을 보여주고 있다.

정리하는 수준에 그치고 있다. 물론 大陸法體系를 갖고 있는 루이지애나州(Louisiana)에서는 재산법이 의회의 제정법에 의해 규정되고 있음은 물론이다.

한편 재산법분야는 전적으로 州의 관할사항이며 연방정부는 이에 간여하지 아니하는 것이 원칙이다. 따라서, 각 州는 자신만의 독특한 재산법을 형성·발전시키고 있다. 재산법 중에서도 부동산에 관하여는 부동산의 소재지법(law in situs)을 적용하는 것이 원칙이다.

2. 財產의 種類

재산의 종류는 재산의 성질에 따라 동산(personal property)과 부동산(real property)으로, 재산에 대한 권리에 따라 普通法上의 財產(legal property)과 衡平法上의 財產(equitable property)으로 분류하여 볼 수 있다.

가. 不動產과 動產

英美法상 재산은 크게 부동산(real property)과 동산(personal property)으로 구별하여 볼 수 있다.[2)]

(1) 意 義

본래 영국에서는 재산에 대한 권리구제를 위한 소송으로서 인적 소송(personal action)과 물적 소송(real action)을 구분하여 왔다.

인적 소송에서 권리를 구제받을 수 있는 재산을 人的 財產이라고 하며, 인적 재산의 대부분은 동산이었으므로 이러한 인적 재산을 동산으로 구분하였다.

한편, 물적 소송에서 권리를 구제받을 수 있는 재산을 物的 財產이라고 하며, 물적 재산의 대부분은 부동산이었으므로 이러한 물적 재산을 부동산으로 구분하였다.

종래에는 인적 소송에서는 普通法에 의한 손해배상제도가, 물적 소송에서는 衡平法에 의한 권리회복제도가 주요한 권리구제방법이었다. 인적 소송에서도 타인에게 탈취당한 동산을 所有者에게 복귀시키는 등 衡平法에 의한 구제수단이 허용되는 경우도 있으나, 그렇다고 하여 당해 동산이 물적 재산

2) 大陸法體系下에서 로마法은 부동산과 동산을 구별하지 아니하는 것에 反하여 게르만法은 이를 구분하고 있다.

으로 되는 것은 아니다.

(2) 不 動 産

부동산(real property)이라 함은 토지 · 건물 및 이의 정착물을 말한다.[3] 부동산에 부착된 定着物(fixtures)의 경우 동산이라 할지라도 부동산에 포함된다. 定着物이 사고 · 실수 또는 천재지변으로 인하여 부동산에서 분리된 경우에도 定着物은 부동산이다.[4]

초목 및 약재 등 자연식물(fructus naturales)은 부동산으로 구분된다. 이에 반하여 재배식물(emblements or fructus industriales)은 상황에 따라 부동산 또는 동산으로 구별된다.

(3) 動 産

동산(personal property)이라 함은 부동산 이외에 움직일 수 있는 물건(chattel)[5] 및 無體財産(intangible property)을 말한다. 무체재산에는 은행구좌(bank account), 약속어음(promissory note), 공채(bonds), 주식(corporate stock), 생명보험(life insurance) 및 특허권 · 상표권 · 저작권 등이 포함된다.

나. 普通法上의 財産과 衡平法上의 財産

英美法體系下에서의 재산은 普通法上의 재산(legal property)과 衡平法上의 재산(equitable property)으로 구분하여 볼 수 있다.

衡平法上의 재산이 인정되는 대표적인 예는 「信託制度」(trust)이다. 信託制度는 信託者(trustor)가 특정 信託財産(res)에 대한 所有權을 受託者(trustee)에게 양도하고 受託者는 受惠者(beneficiary)를 위하여 信託財産을 관리 · 운용하는 제도를 말한다.[6] 예컨대, 信託者 A가 농지를 信託財産으로 설정하고 이를 受託者 B에게 양도하며, B는 A와의 信託設定 약속에 따라 A의 生前에는 당해 농지를 경작 또는 임대하여 얻은 소득을 受惠者인 A의 아들에게 주고 A의 死後에는 信託財産을 C에게 이전하여 주는 경우 등이 이에 해당된다.

---

3) 부동산 중에서 토지만을 가리켜 「real estate」 또는 「realty」라고 부르기도 한다. 大陸法下에서의 부동산은 「immovable property」라고 한다.

4) Rogers v. Gilinger, 30 Pa. 185(1853).

5) 大陸法體系下에서 동산은 「movable property」라고 부르며, 이것은 英美法體系下에서의 「chattel」에 해당된다.

6) A. Scott, 『Trust』(3d ed. 1967).

이 경우 受託者는 信託財産에 대하여 普通法上의 권리, 즉 법적 권리를 갖게 되고 受惠者는 衡平法上의 권리를 갖게 된다.[7] 예컨대, 앞의 예에서 受託者 B가 信託者 A와의 信託設定 약속을 위반하는 경우에도 B는 당해 信託財産에 대한 법적 所有者이므로 普通法上의 측면에서 볼 때에 A 또는 C는 B로 하여금 계약상의 내용을 강제이행하도록 하는 권리를 행사할 수 없으나, 衡平法上의 측면에서 볼 때에 A와 C는 衡平法上의 所有者로서 B로 하여금 계약상의 내용을 강제이행할 수 있는 권리를 보유하고 있다. 즉, 하나의 信託財産에 대하여 普通法上의 권리와 衡平法上의 권리라는 두 개의 권리가 존재하고 있는 것이다.[8]

3. 財産權의 分類

재산권은 占有權(possession), 所有權(ownership; title), 地役權(easement), 賃借權(lease), 留置權(lien), 質權(pledge) 및 抵當權(mortgage) 등으로 분류할 수 있다.

英美法體系下에서는 占有權과 所有權을 엄격히 구분하고 있다. 地役權과 賃借權은 재산이 가지는 사용가치의 지배를 목적으로 하는 大陸法體系上의 用益物權에 해당되며, 留置權, 質權, 抵當權은 채권담보를 위하여 물건이 가지는 교환가치의 지배를 목적으로 하는 大陸法體系上의 擔保物件에 해당된다.

제2절 占有權

1. 意 義

占有權(possession)이라 함은 물건에 대한 법률상의 權原의 有無를 묻지 아니하고 물건을 사실상 지배하고 있는 그 상태를 보호받을 수 있는 권리를 말

7) H. McClintock, 『Equity』(2d ed. 1948).

8) 이는 大陸法體系下에서 하나의 물건에 대하여는 하나의 권리가 존재한다는 「一物一權主義의 原則」과 대조되는바, 이는 英美法體系下의 재산법상의 특징이라고 볼 수 있을 것이다.

한다. 占有는 물건에 대한 사실상의 지배관계(facts indicating physical control) 및 타인을 지배관계로부터 배제하고자 하는 의사(intent)를 말한다.[9]

2. 占有의 形態

占有와 연관된 재산법상의 주요 법률관계에는 다음과 같은 것이 있다.

가. 野生動物의 捕獲

야생동물은 최종적으로 포획하여 占有하는 자가 소유한다. 이를 「捕獲의 原則」(rule of capture)이라고 한다.

Pierson v. Post, 3 Cai. R. 175(N.Y. 1805)

A가 말을 타고 여우를 좇고 있던 중 A가 좇던 여우를 B가 총을 쏴서 죽였다면 여우는 B의 소유이다.

야생동물에게 치명적 상처를 입히거나(mortally wounded), 야생동물이 도주를 못하도록 덫에 걸린 경우(trapped) 이는 포획된 것과 동일한 것으로 간주된다. 그러나 야생동물이 도주의 가능성이 있는 경우에는 아직 포획되지 아니한 것으로 본다.

Young v. Hichens, 6 Q.B. 606(1844)

A가 물고기 떼를 자신이 설치한 그물 안으로 몰아넣고 있던 중 그물의 입구가 아직 닫히지 아니하여 물고기 떼가 그물 밖으로 도주할 여지가 있는 상황에서 B가 그물 안에 이미 들어가 있는 물고기를 잡아갔다면 B가 최종적인 포획자로서 물고기에 대한 所有權을 갖는다.

9) 大陸法體系下에서는 占有의 성립요건으로서 객관적인 사실적 지배 이외에 주관적인 占有의 의사가 필요한가에 따라 主觀說과 客觀說로 나누어져 있다. 우리나라의 민법은 占有의 의사가 별도로 필요없다는 客觀說을 취하고 있다.

야생동물일지라도 사람에게 길들여져서 야산에 방목되었다가도 다시 주인에게 되돌아오는 습성(animus revertendi; habit of return)을 가진 야생동물은 제 3 자가 포획하는 경우에도 주인이 所有權을 갖는다.

나. 任置와 受置

任置(bailment)는 所有權이 없는 受置人(bailee)이 所有者(bailor)의 재산을 합법적으로 占有하고 있는 것을 말한다. 예컨대, 전자제품수리점에 고장난 전자제품의 수리를 위하여 맡기는 경우, 또 이삿짐센터에 이삿짐을 맡기는 경우 등이 이에 해당된다.

任置가 성립되기 위하여는 受置人이 물건에 대한 사실상의 물리적 지배력(actual physical control)을 보유하고 있어야 하고, 또한 물리적 지배력을 행사하고자 하는 의사(intent)가 존재하여야 한다. 예컨대, 주차장에 자동차를 주차하면서 운전자가 열쇠를 주차장 관리인에게 맡기지 아니하고 그냥 주차장을 떠났다면 주차장 관리인은 자동차에 대한 사실상의 물리적 지배력을 행사할 수 없으므로 운전자와 주차장 관리인 사이에는 任置關係가 성립되지 아니하나,[10] 열쇠를 주차장 관리인에게 맡긴 경우에는 任置關係가 성립된다.[11]

Theobald v. Satterthwaite, 190 P. 2d 714(Wash. 1948)

영업장소에 고객을 위하여 설치된 옷걸이(coat rack)에 고객이 옷을 걸은 경우, 영업장소의 주인이 (i) 고객이 옷걸이에 옷을 걸은 사실을 알고 있고, (ii) 걸린 옷이 관리된다는 사실을 고객에게 알려주지(indicate) 아니하는 한, 고객과 영업장소의 주인 간에는 任置關係가 성립되지 아니한다.

受置人은 任置人에 대하여 임치된 물건을 보호·관리하여야 하는 주의의무를 부담한다. 이 경우 임치의 목적이 (i) 受置人의 이익을 위한 경우에는 「고도의 주의의무」(extraordinary care), (ii) 任置人과 受置人 양자의 이익을 위한 경우에는 「일반적인 주의의무(ordinary care), (iii) 任置人의 이익을 위한

10) Wall v. Airport Parking Co. of Chicago, 244 N.E. 2d 190(Ill. 1969).
11) Parking Management, Inc. v. Gilder, 343 A. 2d 51(D.C. 1975).

경우에는 「경미한 주의의무」(slight care)가 요구된다.

3. 占有權의 保護

占有權 침해에 대한 구제방법에는 손해배상청구권, 占有保護請求權 및 자력구제의 방법이 있다.

가. 損害賠償請求權

占有權 침해에 대한 손해배상청구는 「占有物의 不法侵害」(trepass)에 대한 손해배상청구와 「占有物의 不法移轉」(trover)에 대한 손해배상청구의 두 종류가 있다.

(1) 不法侵害(trepass)

占有物 불법침해에 대한 손해배상은 占有物에 대한 불법침해를 불법행위법(tort)상의 불법행위의 한 유형으로 보아 이에 대한 손해배상을 인정하는 것이다.

占有者로부터 占有物을 강제로 빼앗아가거나, 占有物에 손해를 입히는 경우 또는 占有者가 占有物을 占有하지 못하도록 방해하는 경우 등이 이에 해당된다. 예컨대, A가 B의 정원에 무단침범하여 B의 야외조각품을 손상한 경우 B는 A에 대하여 불법침해로 인한 손해배상청구를 할 수 있다.

(2) 不法移轉(trover)

不法移轉의 회복을 위한 손해배상은 타인이 占有物을 불법으로 제 3 자에게 이전한 경우 占有物의 가치(value)에 상당하는 손해배상을 청구하는 것을 말한다. 예컨대, A가 목장에서 사육하는 젖소를 B가 훔쳐서 C에게 매도한 경우 C가 이미 젖소를 도살하였다면 A는 젖소를 반환받을 수 없으므로 젖소가격에 상당하는 손해배상을 B에게 청구할 수 있게 된다.

나. 占有保護請求權

占有保護請求權에는 占有物返還請求權(replevin)과 占有物妨害除去請求權(ejectment) 등이 있다.

⑴ **占有物返還請求權**

占有者가 占有物을 타인으로부터 박탈당한 때에는 占有物의 반환을 청구(replevin)할 수 있다.[12)]

占有物返還請求는 일반적으로 동산의 반환청구에 사용된다.

Anderson v. Gouldberg, 53 N.W. 636(Minn. 1893)

A는 B 소유의 임야에서 통나무를 B의 승인 없이 벌목하였다. 벌목된 통나무를 C가 A 몰래 가져가 버렸다. A는 비록 B의 임야에 무단침입하여(trepass) 벌목을 하였을지라도 C에게 占有物 반환을 청구할 수 있다. 이를「先占有者優先의 原則」(prior possessor wins rule)이라고 한다.

⑵ **占有物妨害除去請求權**

占有者가 타인으로부터 占有物의 방해를 받은 때에는 그 방해의 제거를 청구(ejectment)할 수 있다. 占有物妨害除去請求는 일반적으로 부동산의 방해제거에 사용된다.

Tapscott v. Cobbs, 52 Va. 172(1855)

A 소유의 땅 X에서 B가 이를 占有하고 거주하다가 다른 곳으로 이사를 하자 C가 X에 와서 거주하였다. B는「先占有者 優先의 原則」에 따라 C에 대하여 占有物妨害除去請求訴訟을 제기할 수 있다.

다. 自力救濟

占有權의 보호방법으로서는 손해배상청구권과 占有保護請求權에 의한 보호가 원칙이다. 다만, 불법적인 占有權 침해에 대하여는 예외적으로 自力救濟가 허용되고 있다.

---

12) 종래에는 占有物返還請求訴訟으로서「detinue」가 존재하였으나, 이는「replevin」에 흡수되었다.

제 3 절 所 有 權

1. 所有權의 取得

所有權의 취득원인으로서 가장 중요한 것은 당사자간의 법률행위이다. 이 이외에도 상속 · 강제경매 및 토지수용에 의하여도 所有權은 취득된다. 또한, 所有權은 선점 · 습득 · 발견 및 첨부 등에 의하여도 취득될 수 있다. 당사자간의 법률행위 · 상속 · 경매 및 토지수용 등에 의한 所有權의 취득은 이미 타인이 보유하고 所有權을 이전받는 移轉的 取得(derivative acquisition)이고, 善意取得 · 선점 · 습득 · 발견 · 첨부 및 取得時效 등에 의한 所有權의 취득은 처음으로 所有權을 취득하게 되는 原始的 取得(original acquisition)이다.

가. 法律行爲에 의한 所有權取得

법률행위에 의한 所有權의 취득방법으로서는 賣買契約(contract of sale), 贈與(gift) 및 善意取得(bona fide purchase) 등이 있다.

(1) 賣買契約

매매계약은 계약당사자간의 물건에 대한 所有權의 상호 교환(exchange of ownership)을 의미한다.

동산의 매매계약은 특정 형식(formality)을 필요로 하지 아니하며 문서에 의한 계약은 물론 구두에 의한 계약도 유효한 계약으로 성립된다. 이에 반하여 부동산의 매매계약은 詐欺防止法(Statute of Fraud)에 의하여 반드시 문서로 작성되고 당사자가 서명하여야 한다.[13] 부동산의 매매계약은 등기를 하는 경우에 한하여 유효한(validity) 계약으로 인정되거나, 제 3 자에게 대항할 수 있는 것이 일반적이다. 부동산의 매매계약의 체결 후 매도인은 부동산의 양도증서(deed)를, 매수인은 매수대금을 서로 교환하게 된다. 부동산의 매수자는 매수대금이 부족한 경우 부동산에 저당(mortgage)을 설정하고 은행 등으로부터 대출을 받아 부동산을 매수하는 것이 일반적이다.

---

13) Metzger v. Miller, 291 F. 780(N.D. Cal. 1923).

(2) 贈　與

贈與는 贈與者(donor)가 相互對價交換(consideration) 없이 受贈者(donee)에게 所有權을 移轉하는 법률행위를 말한다. 유효한 贈與가 성립하기 위하여는 (i) 贈與者의 贈與意思(intent to donate)가 존재할 것, (ii) 물건이 受贈者에게 전달(delivery)될 것,[14] (iii) 受贈者가 贈與를 승낙(acceptance)할 것의 세 가지 요건을 충족하여야 한다.

물건의 전달방법은 (i) 물건 자체의 「실질적 전달」(manual transfer)에 국한되는 것이 아니라, (ii) 물건전달사실을 기재한 문서(instrument in writing)를 전달하는 등의 「象徵的 傳達」(symbolic delivery) 및 (iii) 사물함의 열쇠를 전달하는 등의 「解釋的 傳達」(constructive delivery)도 허용된다. 따라서 「물건의 전달」개념은 사실상 贈與者의 贈與意思의 진실 여부를 확인할 수 있는 행동이 뒷받침되는지의 여부에 의하여 결정된다고 할 것이다.

Newman v. Bost, 29 S.E. 848(N.C. 1898)

A는 임종시 가정부 B에게 집안의 방 및 가구에 대한 모든 열쇠를 주면서 이 집안에 있는 모든 것은 B의 것이라고 하였다. A의 방안에 있던 증권은 비록 A가 B에게 「실질적 전달」은 하지 아니하였으나 A의 열쇠기부사실로 볼 때에 「解釋的 傳達」이 된 것으로 볼 수 있으므로 贈與의 요건을 충족한다.

贈與는 受贈者에게 이익을 주는 것인 경우 受贈者가 이를 묵시적·명시적으로 거절하지 아니하는 한 이를 승낙한 것으로 추정된다.[15]

贈與의 방법에는 「生前贈與」(gift inter vivos)와 「死因贈與」(gift causa mortis)가 있다.

生前贈與는 증여자가 살아있는 동안에 증여를 하는 것이며 이를 철회할 수 없는 것이 원칙이다. 死因贈與는 증여자가 사망과 동시에 유언 등에 의하여 증여를 하는 것이며, 死因贈與의 원인이 된 죽음에서 벗어난 경우에 한하여 철회할 수 있는 것이 원칙이다.

14) Cochrane v. Moore, 25 Q.B.D. 57(1890).
15) Miller v. Hergfeld, 4 F. 2d 355(3d Cir. 1925).

(3) 善意取得

본래 普通法上에서는 매도자는 자신이 갖고 있는 所有權(title)의 범위 안에서 그 권리를 타인에게 이전할 수 있으며, 그 이외의 다른 권리를 타인에게 이전할 수 없다는 것이 기본원칙이다.[16)]

그러나 매도자가 진정한 所有者가 아니라는 사실을 매수자가 善意·無過失로 알지 못하고 매매계약을 체결한 경우, 매수자에게 所有權을 유효하게 인정하여 주게 된다. 이를 普通法上의 善意取得(bona fide purchase)이라고 한다. 예컨대, O의 시계를 사기에 의하여 취득한 S가 B에게 당해 시계를 매도한 경우 B가 그 사실을 모르고 시계를 매수하였다면, S는 시계의 진정한 所有者가 아님에도 불구하고 B는 S로부터 유효하게 시계를 취득한 것으로 인정된다.

善意取得은 동산의 매매에만 인정되는바, 그 이유는 부동산의 경우 등기 등에 의하여 부동산의 진정한 소유주를 쉽게 확인할 수 있기 때문이다. 따라서, 善意取得은 (i) 금전·어음 또는 은행수표 등의 화폐수단에 관한 매매의 경우,[17)] (ii) 매도자의 권리가 原所有者에 의하여 취소(voidable)될 수 있는 권리인 경우,[18)] (iii) 原所有者가 명시적 또는 묵시적으로 매도자가 동산을 매도할 수 있는 권한을 갖고 있다고 매수자에게 확인시킨 경우(estoppel), (iv) 原所有者가 상인에게 상품의 위탁매매(entrust)를 부탁한 경우[19)] 등의 경우에 한하여 인정되는 것이 원칙이다.

Phelps v. McQuade, 220 N.Y. 232(1917)

B는 A로부터 사기에 의하여 시계를 다량구매한 후 이를 C에게 매도하였다. A에게 사기를 당한 것을 깨달은 B는 C로부터 시계를 돌려줄 것을 요구하였다. 그러나 C는 善意取得者로서 시계에 대한 所有權을 보유하게 되므로 B에게 시계를 돌려주지 아니하여도 된다.

---

16) Hessen v. Iowa Automobile Mutual Insurance Co., 190 N.W. 150(Iowa 1922). "The seller can transfer no better title than he has."

17) Miller v. Race, 1 Burr. 452(1758).

18) Sheridan Suzuki, Inc. v. Caruso Auto Sale, 110 Misc. 2d 823(1981).

19) U.C.C. §2-403(2) & (3).

나. 先占 · 發見 · 添附에 의한 取得

물건의 所有權은 선점(occupancy), 발견(finding) 및 첨부(accession) 등에 의하여 취득될 수 있다.

(1) 先 占

현재 所有者가 없는 無主物을 占有(possession)한 者는 당해 물건에 대한 所有權을 취득한다. 無主物에는 야생동·식물 및 포기된 동산 등이 이에 속한다. 예컨대, 야생동물은 주인이 없으므로, 이를 포획한 者가 야생동물에 대한 所有權을 갖게 된다.[20] 종전에는 부동산도 선점의 대상이 되었으나, 현재는 無主의 부동산은 연방정부 또는 주정부의 소유가 되므로 선점의 대상이 될 수 없다.

(2) 發 見

所有者가 있는 유실물을 습득하거나 매장물을 발견하여 占有한 경우에는 原所有者(true owner)를 제외하고는 당해 占有者가 우선적 권리를 갖게 되며, 다수의 占有者가 존재하는 경우에는 먼저 占有한 先占有者(prior possessor)가 나중에 占有한 後占有者(subsequent possessor)보다 우선적 권리를 갖게 된다.

Armory v. Delamirie, 1 Strange 505(1722)

A가 사막에서 보석반지를 발견하였으나 당해 보석반지의 주인이 밝혀지지 아니한 경우 A가 보석반지에 대한 所有權을 취득하게 된다. 따라서 A가 보석상 B에게 당해 보석반지를 감정의뢰를 한 경우 B는 A가 진정한 所有者가 아님을 이유로 A에게 보석반지의 반환을 거부할 수 없다.

일반적으로 특정인 소유의 토지 안에서 土地所有者에 의하여 소유되고 있지 아니한 물건을 타인이 발견한 경우 당해 물건에 대한 所有權이 土地所有者 및 발견자 중 누구에게 있는가의 문제가 발생된다.

---

20) Pierson v. Post, 3 Cal. R. 175(N.Y. 1805).

일반적으로 (i) 토지의 地下(under the soil)에서 물건이 발견되거나,[21] (ii) 발견자가 무단침입자(tresspessor)이거나,[22] (iii) 주택 안에서 물건이 발견되는 경우[23]에는 土地所有者가 발견된 물건에 대한 所有權을 갖는 것이 원칙이다. 그 외의 경우에는 사례에 따라 개별적으로 결정되나 대체로 사적인 장소(private place)의 성격이 강할수록 土地所有者의 소유가 되는 것이 일반적이다.

공공장소(public place)에서 물건을 발견할 경우에는 발견된 물건을 「분실물」(lost property)과 「잘못 둔 물건」(mislaid property)으로 구별하여 前者의 경우에는 발견자가, 後者의 경우에는 공공장소의 所有者가 所有權을 갖는 것이 원칙이다.

「분실물」은 所有者가 분실장소에 당해 물건이 있는 것을 애당초 모르고 있는 경우이고, 「잘못 둔 물건」은 所有者가 분실장소에 당해 물건을 놓아 두었으나 그 사실 또는 위치를 기억하지 못하는 경우를 말한다.

예컨대, 반지가 제과점의 마루에 떨어져 있는 경우 이는 「분실물」로서 발견자가 所有權을 갖게 되나, 도서관의 책상 위에서 책을 읽던 고객의 개인도서를 발견한 경우 이는 「잘못 둔 물건」으로서 발견자가 소유권을 갖는 것이 아니라 도서관이 所有權을 갖게 된다.

(3) 添 附

첨부(accession)라 함은 원물건에 타인이 노동(labor) 또는 노동과 새로운 재료(labor and new materials)를 결합하여 원상회복이 불가능한 새로운 물건을 만들어내는 것을 말한다.

첨부의 경우에는 원물건의 所有者가 새로운 물건의 所有者가 되는 것이 원칙이나 첨부로 인하여 원물건의 가치가 현격하게 상승되어, 원물건의 所有者에게 所有權을 인정하는 것이 불공정한 경우에는 첨부를 한 者에게 所有權을 예외적으로 인정하게 된다. 새 물건의 所有權을 인정받은 者는 상대방에게 원물건의 가치에 상당하는 손해배상을 하여야 함은 물론이다.

---

21) Goddard v. Winchell, 52 N.W. 1124(Iowa 1892). 다만 누군가가 나중에 찾아갈 목적으로 묻어둔 금·은·보석 등의 보물(treasure trove)은 발견자가 소유권을 갖는다.

22) Favorite v. Miller, 407 A. 2d 974(Conn. 1978).

23) Hannah v. Peel, 1 K.B. 509(1945).

Wetherbee v. Green, 22 Mich. 311(1871)

A가 B 소유의 원목을 가공하여 가구를 만든 경우 원목의 가격은 100달러, 가구의 가격은 120달러라고 하면 당해 가구의 所有者는 B가 되나 B는 A에게 첨부에 소용된 비용 20달러를 지급하여야 한다. 이 경우 가구의 가격이 1,000달러라고 하면 A에게 所有權이 인정되고 A는 B에게 원목가격 100달러를 지급하여야 한다.

어느 개인이 타인의 토지 위에 타인의 소유라는 사실을 모르고 건물을 지은 경우 당해 건물은 土地所有者의 소유가 되는 것이 원칙이다. 이 경우 土地所有者는 건물주에게 건축비용을 지급하고 당해 건물을 소유하거나, 건물주에게 자신의 토지를 팔 수 있다.[24]

다. 取得時效

所有權은 取得時效(adverse possession)에 의하여도 취득될 수 있다. 英美法上 取得時效는 『詐欺防止法』에 규정된 일정기간이 경과한 후에는 所有者가 물건을 사실상 占有하고 있던 타인에 대하여 당해 물건의 所有權을 주장할 수 없게 되고, 그 결과 占有者가 所有權을 취득하게 되는(not only bar the claim, but creat a new title) 제도를 말한다.[25]

Rehoboth Heights Development Co. v. Marshall, 137 A. 83(Del. 1927)

土地所有者 A는 B에게, B는 C에게 토지의 所有權을 이전하고, C는 D에게 당해 토지의 所有權을 이전하고자 하였다. B와 C는 각각 토지를 20년 이상 소유하였다. 한편 D는 토지등기부를 열람하여 본 결과 A가 B에게 所有權을 이전하였다는 기록을 발견하지 못하였으므로 C가 정당한 토지의 所有者인지에 대하여 의심이 생겼다. 법원은 B와 C는 取得時效에 의하여 토지의 정당한 소유자라고 판결하였다.

24) Hardy v. Burroughs, 232 N.W. 200(Mich. 1930).
25) Simis v. McElroy, 160 N.Y. 156(1899).

2. 所有權의 類型

가. 意　　義

재산의 所有者는 당해 所有權을 임의대로 사용·수익·처분할 수 있는 것이 원칙이다. 그러나 영국에서는 봉건제도의 전통 아래 모든 영토는 국가 즉, 군주가 소유하는 것이 원칙이고 군주가 신하 또는 국민에게 영지(estate)를 지급함으로써 신하 또는 국민이 영토를 소유한다는 영지제도가 존재하여 왔다.[26] 즉, 국민은 토지(land)를 소유하는 것이 아니라 영지(estate)를 소유하는 것이다. 영지제도는 부동산에만 인정되는 것이 원칙이나 점차 동산에도 확대적용되어 왔다. 이러한 영지제도는 미국에서도 계승되어 왔는바 미국에서는 군주제도가 없으므로 현재는 대부분의 州에서 이를 폐지하고 있으나 아직도 일부 州에서는 개인의 相續 또는 贈與 등의 형태로서 이를 인정하고 있다.

나. 領地制度

영지제도는 다음과 같이 네 가지 형태가 존재하고 있다.

(1) **絶對所有領地**(estate in fee[27] simple)

절대소유영지는 所有者가 영지를 임의로 사용·수익·처분할 수 있는 영지를 말한다. 따라서, 절대소유영지를 소유하고 있는 者는 물권법상의 일반 所有者 개념과 사실상 동일하다.

절대소유영지를 형성하기 위하여는 일반적으로 유언장 또는 贈與文書에 당해 영지를 「A와 A의 상속인들」(to A and his heirs)에게 상속한다는 용어를 포함하여야 한다.[28] 이러한 용어가 명확히 포함되어 있지 아니한 경우, 유언장 또는 증여문서로부터 이러한 뜻의 내용을 해석 또는 유추할 수 있을지라도 절대소유영지가 형성되지 아니하는 것이 원칙이다.

---

26) 영국에서는 1925년, 재산법에 의하여 상속인소유영지(estate in fel fail) 및 생애소유영지(estate for life)는 폐지되었다.

27) fee는 본래 fief(세습지)에서 유래된 용어이다.

28) 이러한 요건은 최근 상당히 완화되고 있으며, 단순히 「상속인 A」(to A)에게 당해 영지를 상속한다는 내용만 포함되어도 절대소유영지를 상속하는 것으로 간주하는 州도 있다.

Cole v. Steinlauf, 136 A. 2d 744(Conn. 1957)

O는 A에게 토지를 상속하면서 「A에게 영원히 양도함」(to A and assigns forever)이라는 용어를 사용하였다. A는 상속받은 토지를 B에게 매도하기로 하는 계약을 체결하였다. 그러나 B는 O의 유언에서 「A와 A의 상속인들」(to A and A's heirs)에게 상속한다는 용어 대신에 'A에게 영원히 양도함'이라는 용어가 사용된 것을 발견함에 따라 A의 所有權이 과연 '절대소유영지'에 해당하는지에 대한 의문을 갖고 자신이 A에게 이미 지불한 토지대금을 반환하여 줄 것을 요구하였다. 법원은 O의 상속장에서 사용된 용어가 절대소유영지를 설정하는 데 사용되는 전형적인 용어가 아니므로 과연 '절대소유영지'가 형성되었는지의 여부에 대하여 의문이 생길 수 있는바 이미 O가 사망한 상황에서 O의 진의를 파악할 수 없으므로 A는 B에게 토지대금을 반환하도록 하는 내용의 판결을 내렸다.

(2) 相續人所有領地(estate in fee tail)

상속인소유영지는 所有者가 당해 영지를 임의로 사용·수익할 수 있으나, 자신의 직계자손(lineal descendant)에 한하여 상속할 수 있는 영지를 말한다.[29] 따라서 직계자손이 없게 된 경우에는 그 所有權이 당연히 국가 또는 상속인소유영지를 형성한 者에게 다시 복귀된다. 상속인소유영지를 형성하기 위하여는 일반적으로 유언장 또는 贈與文書에 「A와 A육체의 상속인들」(to A and the heirs of A's body)에게 당해 영지를 상속 또는 贈與한다는 용어를 포함시켜야 하는 것이 원칙이다.

Long v. Long, 343 N.E. 2d 100(Ohio 1976)

O는 토지를 「A 및 A육체의 상속인들」(to A and the heirs of A's body)에게 양도하였다. A는 양도받은 토지에 대하여 상속인 소유영지권을 갖는다. A가 사망하였으나, A의 직계자손이 없는 경우 A의 상속인소유영지권이 종료되며, 따라서 A의 상속인소유영지권은 O에게 복귀된다.

29) 상속인소유영지는 영국에서는 1925년 재산법에 의하여 폐지되었다. 미국에서는 Delaware,

⑶ **生涯所有領地**(estate for life)

생애소유영지는 보유자가 살아있는 동안에 한하여 당해 영지를 임의로 사용·수익할 수 있으나, 사망과 동시에 국가 또는 생애소유영지를 형성한 者에게 다시 복속되는 영지를 말한다. 생애소유영지를 형성하기 위하여는 일반적으로 유언장 또는 贈與文書에 「A의 평생 동안」(to A for life)이라는 용어를 포함시켜야 하는 것이 원칙이다.

⑷ **賃借領地**(leasehold estate)

임차영지는 보유인이 일정기간 동안 당해 영지를 임차하여 사용·수익할 수 있는 영지를 말한다. 임차영지의 임차기간에 따라 (i) 일정기간 동안 임차되는 영지(term of years), (ii) 특정 시점에서 다른 시점 동안 임차되는 영지(periodic tenancy), (iii) 지주가 원하는 경우 언제든지 임차를 종료시킬 수 있는 영지(tenancy at will)로 구분된다.

3. 所有權의 形態

소유는 단독소유의 경우가 일반적이나 하나의 물건을 2인 이상의 다수인이 공동으로 소유하는 공동소유(concurrent ownership, or co-ownership)도 허용됨은 물론이다.

가. 一般的인 形態의 共同所有

普通法上 공동소유에는 (i) 일반공동소유(tenancy in common), (ii) 합동공동소유(joint tenancy) 및 (iii) 완전공동소유(tenancy by the entirety)의 세가지 형태가 인정되고 있다. 이 중 합동공동소유와 완전공동소유에 대하여는 점차 이를 인정하지 아니하는 州가 증가하고 있다.

⑴ **一般共同所有**

일반공동소유(tenancy in common)라 함은 하나의 물건에 대하여 다수의 所有者가 독립된 所有權을 갖고 있으며, 각 所有者는 자신의 持分

Maine, Massachusetts 및 Rhode Island의 4개 州에서만 인정되고 다른 州에서는 모두 이를 폐지하였다.

을 임의로 사용·수익·처분할 수 있는 공동소유를 말한다. 共同所有者 사이에는 아무런 인적 결합 내지 단체적 통제기능이 없으므로 개인주의적인 공동소유형태이다. 共同所有者 중의 어느 한 所有者가 사망한 경우 사망한 所有者의 상속자가 持分을 상속하게 되며, 다른 共同所有者가 이를 상속하는 것이 아니다. 예컨대, A와 B가 재산을 일반공동소유하고 있는 중에 A가 사망한 경우 A의 상속자가 A의 持分을 상속하게 되며, 따라서 A의 상속자와 B가 재산을 일반공동소유하게 된다. 가장 일반적인 형태의 공동소유이다.

(2) 合同共同所有

합동공동소유(joint tenancy)라 함은 하나의 물건에 대하여 다수의 所有者가 독립된 所有權을 갖고 있으며, 共同所有者 중의 어느 한 所有者가 사망한 경우 사망한 者의 持分을 다른 共同所有者가 소유하게 되는 공동소유를 말한다. 예컨대, O가 "나의 재산의 2분의 1은 H와 W에게 합동공동소유로, 나머지 2분의 1은 A에게 양도한다"라는 내용의 유언을 남긴 경우 H와 W 사이에는 합동공동소유가 성립되고, H·W와 A 사이에는 일반공동소유가 성립하게 된다. H가 사망한 경우 W가 H의 持分을 상속받게 되나, A가 사망한 경우에는 A의 상속인이 A의 持分을 상속받게 된다.

共同所有者는 자신의 持分을 사용·수익할 수 있으나, 이를 처분하는 경우 당해 持分에 대하여 합동공동소유형태의 공동소유는 더 이상 유효하지 아니한 것이 원칙이다.[30)]

(3) 完全共同所有

완전공동소유(tenancy by the entirety)라 함은 부부 사이(husband and wife)에 형성되는 공동소유로서 부부 중의 어느 배우자가 사망한 경우에는 다른 생존자가 이를 단독으로 승계하는 공동소유를 말한다.[31)] 완전공동소유의 경우에는 부부 중 어느 배우자든 단독으로 물건을 처분할 수 없다.

30) Giles v. Sheridan, 137 N.W. 2d 828(Neb. 1965); Jackson v. O'Connell, 177 N.E. 2d 194 (Ill. 1961).

31) 普通法體系下에서는 재산토지의 소유자가 2인 이상의 사람에게 공동으로 재산을 상속 또는 증여하는 경우 그 공동소유의 형태를 명확히 규정하지 아니하는 한 이는 합동공동소유로 推定되었다. 그러나 최근에는 부부관계를 제외하고는 일반공동소유로 推定하고 있다. In re Michael's Estate, 218 A. 2d 338(Pa. 1966).

부부가 이혼하는 경우 완전공동소유는 일반공동소유 또는 합동공동소유로 전환된다.

나. 特殊한 形態의 共同所有

공동소유에는 앞에서 설명한 일반 형태의 공동소유 이외에도 부부공동재산제도(marital property), 信託制度(trust), 공동주택관리제도(condominium) 및 주식회사아파트제도(cooperatives apartment) 등의 특수형태의 공동소유 형태가 존재하고 있다.

(1) 夫婦共同財産制度

부부공동재산제도(marital property)라 함은 부부가 결혼중에 재산을 공동으로 소유하는 제도를 말한다.

普通法下에서는 결혼중의 재산은 아내의 옷과 장식물을 제외하고는 남편이 단독으로 소유하는 것이 원칙이다.[32] 결혼중에 아내가 사망한 경우 남편은 아내의 재산을 대부분 상속받게 되나, 남편이 사망한 경우 아내는 남편의 재산 중 일부분만을 상속받게 된다.

최근에는 實定法을 제정하여 부부 사이의 공동재산제도를 인정하고 있는 州가 점차 증가하고 있다.[33]

부부공동재산제도하에서는 결혼중의 재산을 공동재산(community property)과 개인재산(separate property)으로 분류하고 있다. 부부가 결혼중에 벌어들인 재산(earnings)은 모두 공동재산이 되고 어느 배우자가 결혼 전에 보유하고 있던 재산 또는 어느 배우자가 결혼중에 相續·贈與받은 재산 등은 모두 개인재산이 되는 것이 원칙이다. 결혼중에 벌어들인 재산일지라도 그 재산이 어느 배우자의 소유인지가 명확한 경우에는 당해 배우자의 개인재산으로 분류되는 수도 있다. 공동재산 및 개인재산 중 어느 것에 해당하는지의 여부가 명확하지 아니한 경우에는 공동재산으로 推定된다.

---

32) 普通法體系下에서도 부부공동재산제도를 인정하고 있는 州가 있다. 예컨대, Arizona, California, Idaho, Nevada, New Mexico, Texas 및 Washington 등이 이에 해당된다.

33) 예컨대, 1984년에 Wisconsin州는 統一夫婦共同財産法(Uniform Marital Property Act of 1983)을 제정하여 부부공동재산제도를 成文法으로 채택한 최초의 州이다.

Beam v. Bank of America, 6 Cal. 3d 12(1971)

남편 H는 결혼 전에 10만 달러 상당의 사업을 운영하다가 아내 W와 결혼하였다. 남편은 결혼 후 사업을 계속하여 약 8만 달러의 이윤을 보았다. H의 10만 달러 상당의 사업은 H가 결혼 전부터 소유하던 것을 가져온 것이므로 H의 개인재산으로 분류되는 것은 확실하나 사업이윤인 8만 달러는 부부공동재산 또는 개인재산 중 어느 것에 해당하는지의 여부가 확실하지 아니하다. 이에 대하여 법원은 사업이윤이 남편 H의 자본(capital) 및 노동(effort) 중 어느 것에 근거하여 발생하였는지를 판단하여, 사업이윤이 주로 H의 자본에 기인하여 발생된 경우 이는 개인재산이고(Van Camp v. Van Camp, 53 Cal. App. 17(1921)), H의 노동에 기인하여 발생한 경우에는 이를 부부공동재산에 해당된다고(Pereira v. Pereira, 156 Cal. 1(1909)) 판결하였다. 법원은 자본 및 노동 중 어느 것이 사업이윤발생의 주요 기여요인(chief contributing factor)이 되었는가를 결정하는 기준으로서 H가 사업상 남과 다른 특별한 경영능력이 있는 경우에는 「Pereira rule」이 적용되고, 그러하지 아니하는 경우에는 「Van rule」이 적용될 가능성이 높다고 판결하였다.

각 배우자는 이혼하는 경우 공동재산의 1/2의 持分을 요구할 수 있으며, 사망하는 경우 공동재산의 1/2을 다른 자에게 상속할 수 있다.

배우자가 혼인 전에 혼인계약(antenuptial agreement)을 체결하여 결혼 중의 재산관계 등에 대하여 特約을 맺을 수 있음은 물론이다. 이러한 혼인계약은 공정하고, 합리적이며, 공개되는 한 유효한 계약이 된다.[34]

實定法上의 부부공동재산제도는 각 州마다 그 내용을 달리하나, 대체로 普通法上의 부부공동재산제도와 유사한 내용을 담고 있다.

(2) 信託制度

信託制度(trust)라 함은 信託者(trustor)가 受託者(trustee)에게 재산(res)의 法的 所有權(legal title)을 이전하고 受託者는 受惠者(beneficiary)를 위하여 당해 재산을 관리하며 受惠者는 당해 재산에 대하여 衡平法上의 所有權(equitable title)을 보유하는 제도를 말한다.[35]

34) Stein-Sapir v. Stein-Sapir, 52 App. Div. 2d 115(1976).

35) 信託制度에 있어서의 信託財產(res)에 대한 所有權은 法的 所有權(legal title)과 衡平法上

信託이 성립하기 위하여는 (i) 信託者가 信託設定意思(express intent to create an express trust)를 明示的으로 표시하여야 하고,[36] (ii) 信託設定意思에는 受託者, 信託財產 및 受惠者를 明示하여야 한다.

受託者는 합리적인 선량한 者(resonably prudent person)가 자신의 재산을 관리하는 데 필요한 주의와 동일한 수준의 주의를 기울여 수탁재산을 관리하여야 한다.

Blankenship v. Boyle, 329 F. Supp 1089(D.D.C. 1971)

광산근로자의 연금(pension fund))을 受託者인 A가 이자가 전혀 지급되지 아니하는 당좌예금(checking account)에 예치하여 둔 것은 受託者의 합리적인 선량한 관리자의 의무를 위반한 것이다.

受託者는 사정의 변경(change of circumstances)으로 인하여 (i) 信託證書(trust instrument)에 명기된 대로 信託財產을 관리하는 것이 信託의 설정 목적을 해할 우려가 있고, (ii) 信託者가 이러한 상황을 예견하지 못한 경우에는 법원의 명령에 의하여 信託證書에 明記된 방법과 다른 방법으로 信託財產을 관리(administrative deviation)할 수 있다.[37]

信託者가 일반적인 자선의 목적(general intent of charity)으로 信託을 설정하였으나, 특정 자선사업의 수행이 불가능하거나 비현실적인 경우 법원은 특정 자선사업과 가장 유사한 자선사업을 수행할 것을 명령할 수 있다. 이를 「最類似事業의 原則」(doctrine of Cy Pres)이라고 한다.[38]

信託者는 受惠者로 하여금 信託財產으로부터 받은 수혜를 타인에게 양도하여서는 아니 되며, 채무의 변제수단으로 이를 사용할 수 없다는 내용을 信託設定의 조건으로 할 수 있다.[39]

의 所有權(equitable title)로 분류되며, 前者는 受託者가 後者는 受惠者가 이를 브유하계 된다.

36) 부동산에 信託을 설정하는 경우에는 반드시 문서화된 證書(written instrument)가 필요하며, 동산에 信託을 설정하는 경우에는 生前設定(created inter vivos)에 한하여 口頭로 設定할 수 있다.

37) In re Pulitzer's Estate, 139 Misc. 575(1931).

38) Wesley United Methodist Church v. Harvard College, 316 N.E. 2d 620(Mass. 1974).

39) Broadway National Bank v. Adams, 133 Mass. 170(1882).

(3) 共同住宅管理制度

공동주택관리제도(condominium)는 일정 재산을 2인 이상의 다수인이 단독으로 소유하는 단독소유부분과 공동으로 소유하는 공동소유부분으로 나누어 소유하는 형태의 공유제도를 말한다. 이 중 단독소유부분은 앞에서 설명한 절대소유재산(fee simple)이 되며, 공동소유부분은 일반공동소유[40] (tenancy in common)가 된다. 예컨대, 아파트에서 개별 가정(room)은 단독소유의 형태로, 복도 · 엘리베이터 및 화단 등은 공동소유의 형태로 소유되는 것이 이에 해당된다.

공동주택관리제도는 普通法上에서는 인정되지 아니하였던 형태의 공유제도이다. 1960년대 이르러 소위 『水平財産法』(Horizontal Property Act) 등의 實定法에 의하여 인정되기 시작하였으며, 1977년 『統一共同住宅管理法』(Uniform Condominium Act)이 제정되어, 同法을 채택하는 州가 점차 증가되고 있는 실정이다. 공동주택관리제도의 대표적인 유형으로는 아파트(apartment), 백화점(department store), 상가(commercial units) 및 개별주택단지(separate houses) 등이 있다.

(4) 株式會社아파트制度

주식회사아파트제도는 아파트의 입주자가 주식회사(corporation)를 설립하고 株主(stock holder)로서 이에 참여함과 동시에 동 주식회사가 건축한 아파트에 세입자(tenant)로서 입주하는 형태의 공동소유형태를 말한다. 따라서, 아파트의 입주자는 주식회사에 집세를 납부하는 개인세입자로서의 지위와 주식회사를 공동으로 소유하는 共同所有者의 지위를 동시에 갖게 된다. 주식회사아파트의 관리는 주식회사가 맡게 되며, 대체로 입주자가 선정한 주식회사의 理事(director)가 책임을 지게 된다. 아파트의 입주자는 주식을 타인에게 양도하고 다른 곳으로 이사할 수 있음은 물론이다. 입주자가 관리비의 납부를 거부 · 해태하거나 주식회사가 제정한 규칙을 위반하는 경우 주식회사는 입주계약을 解止할 수 있다.[41]

40) 일반공동소유에 해당되나, 소유자는 그 持分을 단독소유부분과는 별개로 타인에게 양도할 수 없다.

41) Green v. Greenbelt Homes, Inc., 194 A. 2d 273(Md. 1963).

4. 期待權

가. 意 義

期待權(future interest)이라 함은 현재에는 특정 재산에 대한 권리를 보유하고 있지 아니하나, 장래에 향유할 수 있는 권리를 말한다. 예컨대, A가 부동산을 「B가 생존하고 있는 동안에는 B에게, B가 사망한 후에는 C에게」(to B for life, and on B's death to C) 贈與한 경우 C는 현재에는 부동산에 대한 所有權을 보유하고 있지 아니하나 장래 B가 사망한 경우에는 부동산의 所有權을 보유할 수 있으므로 C는 부동산에 대한 期待權을 보유하고 있는 것이다.

期待權은 復歸(reversion), 所有權制限復歸(possibility of reverter), 條件附期待權(right of entry), 殘餘權(remainder) 및 未確定利益(executory interest)의 다섯 가지 종류로 한정되고 있다. 期待權 중에서 復歸, 所有權制限復歸 및 條件附期待權은 贈與者(grantor)의 期待權에 속하고 殘餘權 및 未確定利益은 受贈者(grantee)의 期待權에 속한다.

나. 贈與者(grantor)의 期待權

(1) 復 歸(reversion)

復歸라 함은 贈與者가 자신이 보유한 所有權보다 낮은 등급의 所有權(lessor estate)[42]을 受贈者에게 이전한 경우 受贈者의 所有權이 소멸되면 소멸된 所有權이 贈與者에게 다시 환원되는 期待權을 말한다. 예컨대, 부동산을 절대소유(fee simple)하고 있는 A가 당해 부동산을 B가 생존하는 동안에 한하여 소유할 수 있도록 하는 生涯所有權(life estate)을 B에게 이전한 경우 B가 사망하면 B의 生涯所有權은 소멸되고 이는 다시 A에게 환원된다.

(2) 所有權制限復歸(possibility of reverter)

所有權制限復歸라 함은 贈與者가 자신이 보유한 所有權과 동일한 등급의 所有權을 受贈者에게 이전하면서 당해 所有權의 행사에 대하여 이를 제한

42) 절대소유, 상속인한정소유, 평생소유 및 임차의 순서로 소유권의 등급이 정하여진다.

하거나 조건을 부과하고(determinable), 수증자가 이러한 제한을 위반하거나 조건이 발생하는 경우 이전된 상대방의 所有權이 자동적으로 소멸됨으로써 본래의 所有者인 贈與者에게 다시 환원되는 期待權을 말한다. 이 경우 「絶對所有權制約」(fee simple determinable)의 관계가 형성되었다고 한다.[43] 贈與者는 「所有權制限復歸權」을, 受贈者는 「제한된 재산권」(determinable fee)을 보유하게 된다. 예컨대, 부동산을 절대소유(fee simple)하고 있는 A가 당해 부동산을 B학교에 교육목적으로 사용할 것을 조건으로 絶對所有權(fee simple)을 이전하였으나 B학교가 이를 수익목적으로 사용한 경우 당해 부동산의 所有權은 소멸되어 A에게 다시 환원된다.

(3) 條件附期待權(right of entry)

條件附期待權이라 함은 贈與者 자신의 所有權을 受贈者에게 조건부로 이전하고 당해 조건이 발생하는 경우 이전된 所有權을 다시 贈與者가 회복할 수 있는 期待權을 말한다. 예컨대, 부동산을 소유하고 있는 A가 B에게 금연·금주할 것을 조건으로 所有權을 이전하였으나, B가 이를 위반한 경우 A는 당해 부동산의 所有權을 회복할 수 있다. 條件附期待權의 경우 B가 조건을 위반하더라도 B의 所有權이 所有權制限의 경우와 같이 자동적으로 소멸하는 것이 아니라 A가 권리를 행사하는 경우에 한하여 A가 所有權을 회복하게 된다.

다. 受贈者(grantee)의 期待權

(1) 殘餘權(remainder)

殘餘權이라 함은 贈與者가 부동산의 所有權을 2인 이상의 受贈者에게 순차적으로 이전한 경우 후순위의 受贈者가 보유하게 되는 期待權을 말한다. 이 경우 후순위 受贈者의 권리가 선순위 受贈者의 권리를 제한(divest)하지 아니하여야 한다.

예컨대, A가 B에게 生涯所有權을 이전하면서, B가 사망하는 경우 所有權을 C에게 이전하도록 하였다면(to B for life, and on B's death, to C and her heirs), B는 현재의 生涯所有權(life estate)을 보유하게 되고, C는 장래의 絶

43) 일반적으로 絶對所有權을 이전하게 되는바, 絶對所有權制限이라 함은 絶對所有權의 移轉時期에 제한 또는 조건을 부과하고 제한을 위반하거나 조건이 발생하는 경우 移轉된 絶對所有權이 자동적으로 소멸하여 원소유자에게 복귀하는 것을 말한다.

對所有權(fee simple)을 殘餘權으로서 보유하게 된다. 이 경우 C는 후순위 受贈者로서 C의 期待權은 선순위 受贈者인 B의 所有權 행사에 아무런 제한도 가하지 아니하며, B는 자신의 所有權을 C로부터 아무런 영향도 받지 아니하고 자유로이 향유할 수 있다.

(2) **未確定利益**(executory interest)

未確定利益이라 함은 贈與者가 일정조건이 충족되는 경우에 한하여 所有權을 受贈者에게 이전하는 경우에 受贈者가 보유하는 期待權을 말한다. 미확정이익에는 「移轉未確定利益」(shifting executory interest)과 「單純條件附利益」(springing executory interest)의 두 가지 종류가 있다.

「移轉未確定利益」이라 함은 贈與者가 부동산의 所有權을 2인 이상의 受贈者에게 순차적으로 이전한 경우 후순위의 受贈者가 보유하는 期待權으로서 후순위의 受贈者의 권리가 선순위의 受贈者의 권리를 제한(divest)하는 권리를 말한다. 예컨대, A가 B에게 所有權을 이전하면서 C가 외국에서 귀국하는 경우 C에게 所有權을 이전하는 것을 조건으로 이전한 경우 C는 「移轉未確定利益」을 期待權으로 갖게 된다. C가 귀국하여 B로부터 所有權을 이전받게 된다면 B는 所有權을 행사할 수 없기 때문이다.

「單純條件附利益」이라 함은 贈與者가 부동산의 所有權을 특정 사실이 발생하는 것을 조건으로 하여 受贈者에게 이전하는 경우 受贈者가 보유하는 期待權을 말한다. 예컨대, A가 B에게 C와 결혼하는 것을 조건으로 所有權을 이전하기로 한 경우 B는 「單純條件附利益」을 期待權으로 갖게 된다.

제 4 절 不動産賃借權

1. 意 義

不動産賃借權이라 함은 부동산의 所有者와 세입자(landlord and tenant) 간의 물권적·법률관계를 말한다.[44] 부동산의 所有者와 세입자 간의 법률관계

44) 미국에서는 무주택자가 주로 아파트나 건물 등을 임차하여 사용하고 있다. 英美法上의 不動産賃借에 대응하는 제도로서 우리나라에서는 傳貰 또는 월세 등이 인정되고 있다.

는 물권법(property)과 계약법(contract)이 동시에 적용되는 영역이다. 종래에는 물권법적 관계가 더욱 중요시되었으나 최근에는 계약법적 관계가 점차 비중을 높여가고 있다.

219 Broadway Corp. v. Alexander's Inc., 46 N.Y. 2d 506(1979)

所有者 A와 세입자 B간에 아파트 임차계약을 체결하였으나, A가 B에게 아파트를 이전(deliver)하지 아니하는 경우, A는 재산법(property)상의 책임을 지는가 아니면 계약법상의 책임을 지는가에 관한 다툼이 발생하였다. 법원은 아파트의 이전은 재산법상의 문제라고 판결하면서, 아파트의 이전은 임차계약이 발효하기 위한 하나의 요건이라고 판결하였다.

賃借權을 설정하는 所有者와 세입자 간의 계약은 詐欺防止法(Statute of Frauds)에 의하여 문서로 작성되는 것을 원칙으로 하고 있다.

2. 賃借權의 類型

賃借權은 기간별 賃借權(tenancy for years), 연월별 賃借權(periodic tenancy) 및 任意終了賃借權(tenancy at will)의 세 가지 형태로 구분되고 있다.

가. 期間別 賃借權

기간별 賃借權(tenancy for years)이라 함은 임차의 개시일부터 10년간 또는 6개월 등과 같이 일정기간 동안 賃借權을 설정하는 계약으로서 임차기간이 경과하게 되면 임차계약이 자동적으로 종료되는 계약을 말한다. 예컨대, 임차기간을 「2001년 1월 1일부터 2001년 12월 31일까지 1년간」으로 하는 임차계약이 이에 해당된다. 기간별 賃借權을 설정하는 경우의 임차기간은 확정기간으로 하는 것이 일반적이나 「전쟁이 종료될 때까지」 등과 같이 불확정기간(indefinite terms)으로 할 수도 있다.

나. 年月別 賃借權

연월별 賃借權(periodic tenancy)이라 함은 월별(month to month) 임차 또는 연별(year to year) 임차 등과 같이 매월 또는 매년 단위로 賃借權을 설정하는 계약으로서 所有者 또는 세입자가 임차를 종료하겠다는 사전통지를 하지 아니하는 한 임차계약이 자동적으로 연장되는 계약을 말한다. 예컨대, 임차기간을 정하지 아니하고 임대료를 매월말 지급하기로 약정하는 임대차 계약이 이에 해당된다.

사전통지는 설정된 임차기간과 동일한 길이의 기간만큼 이전에 하는 것이 원칙이나, 연별 임차계약의 경우에는 6개월 전에 사전통지를 하여도 무방하다.[45)]

다. 任意終了賃借權

임의종료임차권(tenancy at will)이라 함은 所有者와 세입자 중 어느 당사자가 원하는 경우 임의로 임차계약을 해지할 수 있는 賃借權을 말한다. 임차권은 당사자의 해지뿐 아니라 법률의 규정에 의하여 所有者가 부동산을 타인에게 양도하거나, 또는 세입자의 사망 등의 경우에도 종료된다. 普通法下에서 임차계약의 해지는 사전통고가 필요하지 아니한 것이 일반적이나, 최근에는 實定法으로 30일의 사전통고를 규정하는 입법례[46)]가 증가하고 있다.

3. 所有者의 權利 및 義務

所有者는 다음과 같은 권리와 의무를 갖는다.

가. 所有者의 權利

(1) 賃貸料受領權

부동산의 所有者는 세입자로부터 임대료(rent)를 수령할 수 있는 권리를 보유한다. 임차계약을 체결하는 경우 임차계약의 내용에 보증금(security

45) 이러한 원칙은 實定法에 의하여 수정되고 있는 州도 있다. 예컨대, California州에서는 연월별 임차계약의 경우에도 1개월 전에 사전통고를 하여도 유효하다. Cal. Civ. Code §1946.

46) 예컨대, New York州: N.Y. Real Property Law §228.

deposit)을 所有者에게 예치하고 세입자가 임대료를 지불하지 아니하거나 부동산 및 부속물을 파손하는 경우 이를 보증금에서 공제하고 임차종료시 이를 반환하도록 하는 규정을 두는 것이 일반적이다. 또한, 세입자가 임대료를 한차례라도 지불하지 아니하는 경우 나머지 임대기간의 모든 임대료를 한꺼번에 지불하도록 하는 규정을 임차계약의 내용에 포함할 수 있다. 이러한 계약내용을 「賃貸料加速支拂條項」(rent acceleration clause)이라고 한다.[47]

세입자가 임대료를 지불하지 아니하는 경우 普通法下에서 所有者는 세입자가 占有하고 있는 부동산에 들어가서 세입자의 재산을 압류(seize)할 수 있는 것이 원칙이나, 최근에는 實定法을 제정하여 세입자의 재산에 제 1 순위 留置權(lien)을 설정하도록 허용하고 있는 州[48]가 증가하고 있다.

(2) 貰入者退去要求權

세입자가 임차계약을 위반하는 경우 所有者는 임차계약을 解止하고 세입자에게 부동산으로부터 퇴거(eviction)하여 줄 것을 요구할 수 있다.

세입자가 퇴거하지 아니하는 경우, (i) 所有者는 스스로 합리적인 물리적 강제력을 행사하여 세입자를 퇴거시킬 수 있으며,[49] 또한 (ii) 거의 대부분의 州는 세입자의 퇴거강제를 위한 법원의 간이절차를 일반 민사소송절차(suit in ejectment)와 구별하여 따로이 마련하고 있는바, 이를 활용하여 세입자를 퇴거시킬 수 있다. 이러한 절차를 「강제침입 · 체류자 퇴거소송」(action for forcible entry and detainer) 또는 「불법체류자 퇴거소송」(action for unlawful detainer)이라고 부른다.

(3) 貰入者選擇權

부동산의 所有者는 자신이 원하는 세입자를 선택하여 임차계약을 체결할 수 있는 권리를 보유하고 있다. 그러나 1866년 民權法(Civil Rights Act of 1866)은 '인종'(race)차별을 이유로 한 세입자선택을 금지하고 있다.

---

47) 「賃貸料加速支拂條項」은 유효한 계약이라는 것이 다수 견해이다. Fifty States Management Corp. v. Pioneer Auto Parts, Inc., 46 N.Y. 2d 573(1979).

48) Rest. 2d § 12. 1, Statutory note, item 5.

49) 다수견해이다. Gower v. Waters, 132 A. 550(Me. 1926).

Sullivan v. Little Hunting Park, 396 U.S. 229(1969)

사설 공원 및 놀이터를 운영하는 A회사는 B지역에 거주하는 지역주민만을 회원으로 받아들였다. 한편 B지역의 아파트에 흑인 C가 이사와서 A회사의 회원권을 신청하였으나 거절당하자 C는 1866년 民權法 위반으로 소송을 제기하였다. 법원은 A의 회원가입거부는 C의 세입권을 제한·침해하는 것이라고 하여 손해배상(damage)과 회원가입거부행위의 금지(injunction)를 명하였다. 1866년 民權法은 동법 위반행위에 대하여 아무런 제재규정도 두고 있지 아니하고 있다.

또한, 1968년 『公正住宅法』(Fair Housing Act of 1968)은 「인종(race), 피부색(color), 종교(religion), 원국적(national origin) 및 성별(sex)」을 이유로 하는 세입자선택을 금지하고 있다.

Tillman v. Wheaton-Haven Recreation Association, 410 U.S. 431(1973)

특정 지역에 거주하는 백인만을 회원으로 하는 사설 수영장은 公正住宅法 제1982조에 의하여 공정주택법이 적용되지 아니하는 개인클럽(private club)에 해당되지 아니하므로 당해 지역에 거주하는 흑인에 대하여 회원자격을 거부할 수 없다.

나. 所有者의 義務

所有者는 임차계약이 체결된 경우 (i) 부동산의 법적·실제적 占有權(legal and actual right to possession)을 세입자에게 이전하고,[50] (ii) 세입자가 부동산을 사용하는 것에 대하여 방해·간섭을 하여서는 아니 되며,[51] (iii) 비

50) 소유자는 임차계약의 개시와 함께 세입자에게 부동산에 대한 사실상의 占有權을 이전하여야 하는 의무를 부담한다는 견해를 「영국원칙」(English rule)이라고 하며 다수설이다. 이에 반하여 소유자가 상기 의무를 부담하지 아니한다는 견해를 「미국원칙」(American rule)이라고 하며 소수설이다.

51) 소유주가 세입자에 대하여 지나치게 방해·간섭을 하는 경우 이는 「解釋的 退去要求」(constructive eviction)로 간주되어 세입자는 부동산으로부터 퇴거하고 손해배상을 청구할 수 있다. Barash v. Pennsylvania Terminal Real Estate Corp., 26 N.Y. 2d 77(1970).

록 계약에 明示되어 있지 아니하더라도 부동산이 임차의 목적에 적합하여야 하고,[52] (iv) 세입자가 비합리적 위험(unreasonable risk of harm)에 처하지 아니하도록 하는 의무[53]를 부담한다.

Adrian v. Rabinowitz, 186 A. 29(N.J. 1936)

임차계약이 개시되었으나, 부동산에 종전의 세입자가 그대로 거주하고 있어 새로운 세입자가 입주할 수 없는 경우 일정기간 내에 所有者가 종전의 세입자를 퇴거시키지 아니한다면 所有者는 이에 대한 책임을 부담한다. 새로운 세입자는 임차계약을 파기하거나, 또는 임차계약을 그대로 유지하면서 손해배상을 청구할 수 있다.

Javins v. First National Realty Corp., 428 F. 2d 1071(D.C. Cir. 1970)

비록 所有者와 세입자 간의 임차계약에 明文으로 규정되어 있지 아니하더라도 所有者는 부동산이 거주에 적합하도록 하여야 할 의무를 부담한다. 거주에 적합한지의 여부에 대한 기준은 『주택법』(Housing Code)에 규정된 기준을 말한다.[54]

4. 貰入者의 權利 및 義務

가. 貰入者의 權利

세입자는 임차계약이 체결된 경우, (i) 부동산의 법적·실제적 占有權을 이전받아 사용자의 방해·간섭 없이 이를 사용할 수 있으며, (ii) 임차계약에 위배되지 아니하는 범위 안에서 부동산에 관한 권리를 제3자에게 移

52) 이러한 의무를 「거주적합성에 대한 묵시적 계약」(implied covenant of habitability)이라고 한다. Pines v. Perssion, 111 N.W. 2d 409(Wis. 1961); Lemle v. Breeden, 462 P. 2d 470 (Hawaii 1971).

53) 이러한 의무를 위반하는 경우 불법행위(tort)로 인한 손해배상책임의무를 부담하게 된다. Sargent v. Ross, 308 A. 2d 538(N.H. 1973); Young v. Garwacki, 402 N.E. 2d 1045(Mass. 1980).

54) 거주에 적합한지의 판단기준을 「인간적 거주에의 적합성」(fit for human habitation)이라고 하는 판례도 있다. Boston Housing Authority v. Hemingway, 293 N.E. 2d 831(Mass. 1973).

轉(assign)하거나 부동산을 제 3 자에게 再賃借(sublet)할 수 있다.

부동산에 관한 권리를 제 3 자에게 移轉하는 경우에는 移轉받은 타인(assignee)은 당해 부동산에 관하여 所有者와 계약상의 당사자관계(privity)를 형성한다. 이에 반하여 再賃借하는 경우 再賃借받은 제 3 자(sublessee)는 세입자와 당사자관계를 형성하게 되며 所有者와는 아무런 당사자관계도 형성하지 아니한다.

나. 貰入者의 義務

세입자는 임차계약이 체결된 경우, (i) 所有者에게 임대료를 지불하여야 하고, (ii) 임차계약 또는 법령으로 달리 규정되지 아니하는 한 부동산의 유지에 필요한 수리·보수(repair)를 하여야 하며,[55] (iii) 다른 세입자의 賃借權 행사를 간섭·방해하여서는 아니 되는[56] 의무를 부담한다.

제 5 절 地 役 權

1. 意 義

地役權(easement)이라 함은 일정한 목적을 달성하기 위하여 타인의 부동산을 이용할 수 있는 권리를 말한다.

2. 地役權의 類型

가. 積極的 地役權과 消極的 地役權

地役權은 적극적 地役權(affirmative easement)와 소극적 地役權(negative easement)으로 분류하여 볼 수 있다.[57]

---

55) Suydam v. Jackson, 54 N.Y. 450(1873). 이러한 세입자의 보수의무를 'liability for permissive waste'라고 부른다.

56) Brown v. Southall Realty Co., 237 A. 2d 834(D.C. 1968).

57) 우리나라에서는 積極的 地役權을 作爲의 地役權, 消極的 地役權을 不作爲의 地役權으로 부르기도 한다.

적극적 地役權(affirmative easement)이라 함은 타인 소유의 부동산에 들어가 일정한 행위를 할 수 있는 권리를 말한다. 예컨대, 타인의 토지를 지나갈 수 있는 통행권(right of way) 또는 타인의 토지 위에 광고탑을 세울 수 있는 권리 등이 이에 해당된다.

소극적 地役權(negative easement)이라 함은 타인 소유의 부동산에서 타인이 일정한 행위를 하지 못하도록 하는 권리를 말한다.[58] 소극적 地役權은 일반적으로 인정되지 아니하지만, 광선(light), 공기(air), 지반 또는 측면의 지지(subjacent or lateral support) 및 수로(flow of an artificial stream)의 네 가지 경우에만 영국에서 예외적으로 인정되어 왔다. 최근의 미국에서는 경관(scenic easement) 및 햇빛(solar easement)도 소극적 地役權으로서 인정되고 있다.

Peteren v. Friedman, 162 Cal. App. 2d 245(1958)

A는 바닷가의 아름다운 경관이 보이는 언덕에 집을 지어 살고 있는바, 이는 A의 지역권에 해당되므로 B는 A의 집과 바닷가 사이의 자신이 소유하고 있는 땅에 A의 경관을 해칠 정도의 높은 건물을 지어서는 아니 된다.

나. 附隨的 地役權과 獨立的 地役權

地役權은 부수적 地役權(easement appurtenant)과 독립적 地役權(easement in gross)으로 분류하여 볼 수 있다.[59]

(1) 附隨的 地役權

부수적 地役權(easement appurtenant)이라 함은 타인의 부동산을 자기의 부동산의 편익을 위하여 사용하는 地役權을 말한다. 이 경우 자기의 부동산을 主不動產(dominant tenement), 타인의 부동산을 從不動產(servient tenement)이라고 한다.[60] 예컨대, A의 토지가 B의 토지에 둘러 쌓여 있어

58) 이러한 권리를 地役權의 일종으로 보는 英美法體系와 달리 우리나라에서는 이를 소위「相隣關係」로 보아 타인의 소유권의 제한으로서 파악하고 있다.

59) 附隨的 地役權은 우리나라의 地役權 개념에, 獨立的 地役權은 우리나라의 地上權 개념에 해당된다.

60) 우리나라의 경우 主不動產은 要役地, 從不動產은 承役地라고 한다.

A가 B의 토지를 통행하지 아니하고는 도로에 접근할 수 없는 경우 A는 자신의 토지의 편익을 위하여 B의 토지를 통행할 수 있는 통행권, 즉 地役權을 설정할 수 있는바, 이 경우 A의 토지는 主不動產, B의 토지는 從不動產이 된다. 主不動產과 從不動產은 반드시 인접할 필요가 없다.[61]

(2) 獨立的 地役權

독립적 地役權(easement in gross)이라 함은 자신의 부동산의 편익과는 상관없이 타인의 부동산을 사용하는 地役權을 말한다. 예컨대, 아무런 토지도 보유하고 있지 아니한 A가 B의 토지 위에 광고탑을 설치하는 권리가 독립적 地役權에 해당된다.[62]

Miller v. Lutheran Conference & Camp Association, 200 A. 646(Pa. 1938)

A는 B 및 B의 상속인에게 자신이 소유하고 있는 호수에서 일정기간 동안 보트를 타거나 수영을 할 수 있는 地役權을 부여하였다. B는 지역권을 C와 D에게 다시 이전하였다. 이 경우 C와 D는 地役權의 각자의 사용량을 상호 협의하여 결정(agreeing on the amount of use)하여야 한다. 이를 'one stock rule'이라고 한다.

영국에서는 독립적 地役權이 인정되지 아니하나, 미국에서는 인정되고 있다.[63]

3. 地役權과 類似形態의 權利

가. 不動產關聯契約

부동산관련계약(real covenant)이라 함은 당사자가 특정 부동산의 이용

61) Kemery v. Mylroie, 506 P. 2d 319(Wash. 1973).
62) Baseball Publishing Co. v. Bruton, 18 N.E. 2d 362(Mass. 1938)
63) 大陸法體系下에서의 地役權은 독립적 地役權이 인정되지 아니하고 부수적 地役權만 인정되는 것이 일반적이다. 이러한 관점에서 볼 때에 영국의 地役權制度와 大陸法의 地役權制度는 유사하다고 볼 수 있을 것이다. 미국의 독립적 地役權은 大陸法體系에서의 地上權의 개념과 유사한 것으로 보인다.

에 관하여 계약을 체결한 경우 일방 당사자의 승계인에 의하여, 또는 타방 당사자의 승계인에 대하여 그 계약내용의 이행을 청구할 수 있는 법적 권리이다. 예컨대, A가 자신의 토지를 그 위에 도박장을 설치하지 아니하는 조건으로 B에게 양도하고, B는 그 토지를 C에게 다시 재양도한 경우 C가 토지 위에 도박장을 설치하였다면 A는 C에게 도박장의 설치에 대한 손해배상을 청구할 수 있다. 부동산관련계약의 집행은 보통법상 권리의 구제(remedy at law)로서 금전적 손해배상의 청구에 국한되며 이를 형평법상 권리의 구제로서 강제집행할 수 없다.

나. 衡平的 地役權

衡平的 地役權(equitable servitude)이라 함은 당사자가 특정 부동산의 이용에 관하여 계약을 체결한 경우 일방 당사자의 승계인에 의하여, 또는 타방 당사자의 승계인에 대하여 그 계약내용의 이행을 청구할 수 있는 衡平法上의 권리(equitable right)이다.

衡平的 地役權 설정에 관한 계약의 집행은 衡平法上 권리의 救濟(remedy in equity)로서 이를 강제집행할 수 있다.

제6절 擔保財産權

英美法上 담보재산권에는 留置權(lien), 質權(pledge) 및 抵當權(mortgage)의 세 가지 형태가 있다.

1. 留置權

留置權(lien)이라 함은 타인의 재산을 占有한 者가 그 재산에 관하여 생긴 채권을 가진 경우에 그 채권의 변제를 받을 때까지 그 재산을 유치할 수 있는 권리이다. 예컨대, 소송의뢰인이 변호사에게 사건을 의뢰하면서 관련 서류를 맡긴 경우 변호사는 소송의뢰인이 수임료를 지불할 때까지 관련 서류를 유치할 수 있다.

2. 質 權

質權(pledge)이라 함은 채권자가 그의 채권의 담보로서 채무자로부터 받은 재산을 채무의 변제가 있을 때까지 留置하고 변제가 없는 경우 그 목적물로 우선적 변제를 받는 권리이다. 예컨대, 전당포에서 시계를 유치하고 돈 1만원을 빌려준 후, 채무자가 1만원을 갚지 아니하는 경우에는 시계를 처분하여 채무를 변제받는 권리를 말한다. 質權 중에서 전당포에 맡긴 물건 등과 같이 동산에 관한 質權을 動產質權(pawn)이라고 한다.

3. 抵 當 權

가. 意 義

抵當權(mortgage)이라 함은 채무자(mortgagor)가 채무의 담보로 제공한 부동산 기타의 목적물을 채무자로부터 인도받지 아니하나, 채무의 변제가 없는 경우에 채권자(mortgagee)가 그 담보물로부터 우선 변제를 받는 擔保物權을 말한다. 抵當權은 부동산에 관한 대표적인 담보물권이다.[64] 抵當權의 설정은 채무증서(note)와 담보설정(mortgage)의 두 부분으로 구성되는바, 兩者는 보통 하나의 抵當權設定文書(document)에 함께 규정되는 것이 일반적이다.

나. 抵當權의 種類

(1) 不動產購買資金抵當權과 住宅改良資金抵當權

부동산구매자금저당권(purchase money mortgage)이라 함은 부동산의 구매자가 구매자금이 부족한 경우 구매하고자 하는 부동산을 담보로 하고 채권자로부터 구매자금을 융자·대출받는 抵當權을 말한다. 가장 대표적인 抵當權의 형태이다. 예컨대, A가 주택의 매입자금이 부족한 경우 은행 B로부터 주택을 담보로 하여 주택매입자금을 대출받아 주택을 매입하는 경우이다.

이에 반하여 주택개량자금저당권(home improvement mortgage)이라 함은 주택의 개축·증축·수선 등에 소요되는 자금을 융자·대출받기 위하여 채무자의 주택을 담보로 하는 抵當權을 말한다.

---

64) 우리 民法은 동산에 관한 擔保物權으로서 質權을 대표적으로 인정하고 있다.

(2) 一時償還抵當權과 分割償還抵當權

일시상환저당권(balloon payment mortgage)이라 함은 채무의 변제기까지 채무자는 약정이자만을 채권자에게 지급하다가 변제기가 도래하면 채무를 일시에 변제하는 抵當權을 말한다. 예컨대, 은행이 A에게 주택매입자금 10,000달러를 연리 10%에 5년간 대출하여 준 경우, A는 매년 1,000달러의 이자를 5년 동안 은행에 지급하고 5년 후에 원금 10,000달러를 일시에 상환하는 것이 일시상환저당권에 해당된다.

이에 반하여 분할상환저당권(amortized payment mortgage)이라 함은 채무의 변제기까지 채무자가 이자와 원금을 매년 분할하여 상환하는 抵當權을 말한다. 예컨대, 은행이 A에게 주택매입자금 10,000달러를 연리 10%에 30년간 대출하여 준 경우 A가 30년에 걸쳐 그간의 이자와 원금을 매년 분할하여 상환하는 것이 분할상환저당권에 해당된다. 분할상환저당권은 일반서민의 주택구매를 용이하게 하고자 1930년 연방주택국(Federal Housing Authority)에 의하여 지원된 제도이다. 이러한 지원에 의하여 일반서민은 타인의 임대주택에서 월세(rent)를 내는 대신에 자신 소유의 주택에 대한 분할상환금을 지불하게 되므로 자신의 주택을 비교적 용이하게 구입할 수 있게 된다.

다. 抵當權設定의 效力

부동산에 抵當權이 설정되는 경우 미국에서는 (i) 채권자가 부동산의 所有權을 갖고 채무자는 賃借權만을 갖는 州와, (ii) 채권자는 부동산의 抵當權만을 갖고 채무자가 所有權을 갖는 州로 나뉘고 있다. 前者의 州를 「所有權理論州」(title theory state), 後者의 州를 「擔保權理論州」(lien theory state)라고 한다

채무자가 채권자에게 채무를 변제하지 못하는 경우 채권자는 법원을 통하여 부동산을 처분하고 이로부터 채무를 변제받게 된다.

제 5 장 刑　　法

제 1 절 概　　說

1. 刑法의 法源

『형법』(Criminal Law)의 法源은 普通法(common law)과 成文法(statutory code)으로 구성되어 있다.

전통적으로 범죄의 성립요건, 종류 및 조각사유 등 형법의 기본체계는 普通法에 의하여 형성되어 왔다. 최근에 형법을 成文法으로 규정하는 것이 보편화되고 있다. 그러나 미국의 성문형법은 대륙법계의 형법과 같이 정교하고 체계적이지 못하다. 따라서 이러한 成文法의 해석 또는 흠결규정의 보완은 대부분 普通法에 의존하고 있다.

형법을 成文法으로 규정하는 경우 연방형법은 연방범죄에만 적용되며, 州刑法은 州犯罪에만 적용되는 것이 원칙이다.

2. 犯罪의 種類

범죄는 다음과 같이 구분된다.

가. 重犯罪와 輕犯罪

범죄는 크게 重犯罪(felony)와 輕犯罪(misdemeanors)로 구분된다.

重犯罪의 개념은 普通法上의 重犯罪와 成文法上의 重犯罪로 나누어 정의

될 수 있다. 普通法上의 重犯罪는 동산·부동산의 전부 몰수(total forfeiture)라는 형벌로써 처벌될 수 있는 범죄로서 이에는 重殺人罪(murder), 輕殺人罪(manslaughter), 強姦罪(rape), 동성연애죄(sodomy), 상해죄(mayhem), 강도죄(robbery), 방화죄(arson), 야간주거침입죄(burglary) 및 절도죄(larceny) 등이 이에 해당된다. 成文法上의 重犯罪는 死刑 또는 장기징역의 형벌이 부과될 수 있는 범죄, 또는 지방교도소(local jail)가 아닌 州형무소(state prison)에서 복역하여야 하는 범죄를 말한다.

輕犯罪는 重犯罪를 제외한 범죄로서 지방교도소에서 복역이 가능한 범죄를 말한다.

나. 本來的 犯罪와 禁止的 犯罪

범죄는 본래적 범죄(Malum in se)와 금지적 범죄(Malum prohibitum)로 구분된다.

본래적 범죄는 그 자체로서 해악적이거나, 위험하거나 또는 비도덕적인 범죄를 말하며 일반적으로 형사범이 이에 해당된다. 금지적 범죄는 그 자체는 해악적이거나 위험하거나 또는 비도덕적인 범죄는 아니지만 행정목적을 달성하기 위하여 금지되는 행위를 말하며 일반적으로 행정범이 이에 해당된다.

3. 聯邦憲法과 刑法

미국연방헌법은 형법과 관련하여 「잔인하고 비정상적」인 형벌의 금지조항, 적법절차조항 및 복수위험금지조항 등을 규정하고 있다.

가. 第 8 次 憲法改正條項

제 8 차 헌법개정조항은 연방정부가 「잔인하고 비정상적인」(cruel and unusual) 형벌을 부과하는 것을 금지하고 있다. 제 8 차 헌법개정조항은 제14차 헌법개정조항을 통하여 주정부에게도 동일한 의무를 부과하고 있다.

「잔인하고 비정상적」인 형벌이라 함은 인간의 존엄성 및 품위를 저하(degrading)시키는 형벌을 말한다. 예컨대, 고문의 실시, 고통스러운 사형 또

는 국외추방(expatriation) 등은 허용되지 아니한다.[1]

또한, 저지른 범죄에 비하여 형벌이 비정상적으로 무거운 경우 이러한 형벌도 「잔인하고 비정상적」인 형벌에 해당된다.[2]

사형제도 자체는 「잔인하고 비정상적」인 형벌에 해당되지 아니하나,[3] 저지른 범죄가 사형이 부과되기에는 경미함에도 불구하고 사형이 부과되는 경우에는 「잔인하고 비정상적」인 형벌에 해당된다. 예컨대, 단순강간범에 대하여 사형을 언도하는 것은 「잔인하고 비정상적」인 형벌이다.[4]

나. 適法節次條項

제 5 차 및 제14차 헌법개정조항은 適法節次(due process of law)를 규정하고 있다. 헌법상의 適法節次는 범죄와 형벌을 규정하고 있는 법률의 규정이 불명확한(vague) 경우에는 이를 무효로 하고 있다.[5]

형법이 불명확한지의 여부를 판단하는 기준으로서는 (i) 일반인이 무엇이 범죄행위인지를 이해할 수 있어야 하고, (ii) 자의적이고 차별적으로 적용되어서는 아니 될 것의 두 가지 요건이 제시되고 있다.[6]

Lanzetta v. New Jersey, 306 U.S. 451(1939)

州刑法이 "누구든지 합법적인 직업을 갖고 있지 아니하면서 2 인 이상이 조직한 「갱집단」(gang)에 가입하는 경우 이는 범죄행위에 해당된다"고 규정하고 있다. 법원은 형법규정의 「갱집단」(gang)의 의미가 불명확하므로 이는 무효이고, 따라서 소위 「갱집단」에 가입한 者를 일률적으로 처벌할 수 없다고 판결하였다.

---

1) Wilkerson. v. Utah, 99 U.S. 130(1879); Trop v. Dulles, 356 U.S. 86(1958).
2) Weems v. United States, 217 U.S. 349(1910); Solem v. Helm, 463 U.S. 277(1983).
3) Gregg v. Georgia, 428 U.S. 153(1976).
4) Coker v. Georgia, 433 U. S. 584(1977).
5) Winters v. New York, 333 U.S. 507(1948). 適法節次條項은 大陸法體系 형법에서의 「罪刑法定主義」와 유사한 역할을 하고 있다.
6) Kolender v. Lawson, 461 U.S. 352(1983).

다. 複數危險禁止條項

제5차 헌법개정조항은 「複數危險禁止」(Prohibition against Double Jeopardy)를 규정하고 있다.

헌법상의 복수위험금지조항은 하나의 행위 또는 범죄에 대하여 2회 이상의 起訴 또는 재판을 금지하고 있다.[7] 즉 「二重起訴禁止의 原則」을 채택하고 있는 것이다.

그러나 하나의 행위가 數個의 범죄를 구성하는 경우 개개의 범죄마다 起訴를 할 수 있음은 물론이다.

Missouri v. Hunter, 459 U.S. 359(1983)

D는 권총으로 V를 위협하여 강도를 저질렀다. 州刑法은 강도죄는 물론 권총을 사용한 범죄를 각기 별개의 범죄로 규정하고 있다. 이 경우 D는 강도죄 및 권총사용범죄의 두 가지 범죄로 각각 起訴될 수 있다.

제2절 總　　論

1. 犯罪의 成立要件

범죄의 성립요건으로서는 범죄적 행위(criminal acts; Actus Reus)와 범죄적 정신상태(criminal state of mind; Mens Rea)의 두 가지 요건을 동시에 충족하여야 한다.

범죄적 행위는 범죄적 정신상태에 기하여 행하여져야 한다. 이를 범죄적 행위와 범죄적 정신상태의 일치(concurrence of actus reus and mens rea)라고 한다. 헌법상 適法節次(due process of law)에 의하여 검사는 범죄의 모든 성립요건이 충족되었음을 합리적 의심이 생기지 아니할 정도로 입증하여야 할

7) Harris v. Oklahoma, 433 U.S. 682(1977).

의무(burden of proving guilt beyond a reasonable doubt)를 부담한다.[8] 즉, 검사가 범죄의 성립요건이 충족되었음을 주장하였으나, 이에 대하여 합리적인 의심이 발생하는 경우에는 범죄가 성립되지 아니한다.

가. 犯罪的 行爲

범죄가 성립하기 위하여는 우선 범죄적 행위가 존재하여야 한다. 범죄적 행위에는 일반적으로 作爲(commission) 및 不作爲(omission)가 모두 포함된다. 즉, 범죄는 作爲에 의해서도 행하여질 수 있음은 물론 不作爲에 의하여도 저질러질 수 있다.

(1) 作 爲

作爲는 의식적이고 자발적인 육체적 움직임(conscious and volitional movement)을 말한다.[9] 따라서, 단순한 반사동작, 수면중의 행위, 최면중의 행위 등은 作爲에 포함되지 아니한다.[10] 그러나 가해자가 스스로 무의식상태를 의식적으로 유발한 경우에는 作爲에 포함된다.[11] 예컨대, 가해자가 간질 증세가 가끔 발생한다는 사실을 알고도 차를 운전하다가 간질이 발생하여 사람을 치어 사망한 경우 가해자는 살인죄에 해당한다.[12]

Watkins v. People, 408 P. 2d 425(Colo. 1965)

가해자가 피해자에게 싸움을 걸다가 오히려 구타당하여 의식을 잃은 상태에서 피해자를 살해한 경우 가해자는 살인죄에 해당된다.

(2) 不 作 爲

不作爲는 아무런 육체적 움직임도 행하지 아니하고 있는 상태를 달한다. 不作爲가 범죄적 행위에 해당하기 위하여는 (i) 가해자가 作爲를 하여야 할 법적 의무(legal duty)가 존재하여야 하고, (ii) 가해자가 원하는 경우 作爲를

8) Sandstorm v. Montana, 442 U.S. 513(1979).
9) State v. Mercer, 165 S.E. 2d 328(N.C. 1969).
10) People v. Newton, 8 Cal. App. 3d 359(1970).
11) 이를 大陸法體系下에서는 '原因으로부터의 自由로운 行爲'라고 한다.
12) People v. Decina, 2 N.Y. 2d 133(1956).

할 수(possible to act) 있어야 한다.[13)]

가해자가 作爲를 하여야 할 법적 의무는 (i) 가해자와 피해자 간에 부자관계 또는 부부관계 등이 존재하여 부모가 자식을 보호하거나 부부의 일방이 타방을 보호할 의무가 있는 경우,[14)] (ii) 고용인과 피고용인 간에 고용관계가 존재하여 고용인이 피고용인의 업무 중 범죄를 예방할 의무가 있는 경우,[15)] (iii) 토지소유자가 다른 사람을 자신의 토지 내로 초청하여, 토지소유자가 피초청인을 안전하게 보호할 의무가 있는 경우,[16)] (iv) 관련 법령에 의하여 作爲義務를 부담하고 있는 경우,[17)] (v) 위험에 빠진 피해자를 자발적으로 돕기 시작한 경우,[18)] (vi) 피해자를 위험에 빠뜨린 者가 피해자를 구제할 의무가 있는 경우[19)] 등이 이에 해당된다.

Stehr v. State, 139 N.W. 676(Neb. 1913)

부모가 음식과 안식처를 마련할 능력이 없어 자식들에게 이들을 제공하지 못한 경우에는 범죄행위에 해당하지 아니하나 인근의 무료복지시설(welfare agency)에 도움을 청하는 경우 음식 등을 얻을 수 있음에도 불구하고 이를 청하지 아니한 것은 범죄행위에 해당된다.

그러나 단순히 위험에 빠진 피해자를 구조할 법적 의무가 없고, 단순히 도덕적 의무(moral duty)만 부담하거나,[20)] 계약상의 의무(contractual obligation)만을 부담하는 경우에는[21)] 형법상의 범죄적 행위를 구성하지 아니한다.

---

13) People v. Chapman, 28 N.W. 896(Mich. 1886); Jones v. United States, 308 F. 2d 307 (D.C.Cir. 1962).

14) 부모가 자식을 치료하지 아니하여 자식이 사망한 경우: Commonwealth v. Breth, 198 S. E. 309(Pa. 1915); 정신병자인 아내에게 휴식처와 의복을 제공하지 아니한 경우: State v. Smith, 65 Me. 257(1876).

15) Moreland v. State, 139 S.E. 77(Ga. 1927).

16) 백화점의 소유자가 화재비상구를 제대로 마련하지 아니하여 고객이 화재로 사망한 경우 이는 살인행위이다. Commonwealth v. Welansky, 55 N.E. 2d 902(Mass. 1944).

17) 예컨대, 소득세신고의무, 자동차사고보고의무 또는 소방서직원의 화재진압의무 등이 이에 해당된다.

18) Cornell v. State, 32 So. 2d 610(Fla. 1947).

19) People v. Fowler, 178 Cal. 657(1918).

20) People v. Beardsley, 113 N.W. 1128(Mich. 1907).

21) State v. Harrison, 152 A. 867(N.J. 1931).

Connaughty v. State, 1 Wis. 159(1853)

지나가던 행인 A는 비록 그의 바로 면전에서 모르는 사람인 B가 죽어가고 있었으나, 이에 대하여 아무런 예방조치를 취하지 아니한 경우에도 A가 B를 구제하여야 할 의무는 법적 의무가 아니라 도의적 의무에 불과하므로 이는 범죄행위에 해당되지 아니한다.

나. 犯罪的 精神狀態

범죄가 성립하기 위하여는 범죄적 행위 이외에도 범죄적 정신상태가 필요하다. 범죄적 정신상태는 「普通法」에서 전통적으로 요구되던 범죄적 정신상태와 근래의 「成文法」에서 규정되는 범죄적 정신상태로 나누어 고찰할 수 있다.

(1) 普通法에서의 犯罪的 精神狀態

普通法에서의 범죄적 정신상태는 일반적으로 故意(intent) 및 過失(criminal negligence)로 나누어진다.[22]

a. **故　意**　故意에는 一般故意(general intent)와 特殊故意(special intent)의 두 가지 형태가 있다.

一般故意는 행위를 한다는 意圖(intent to commit the act constituting crime)를 말한다. 一般故意는 단지 「행위」의 意圖만으로 성립되며, 자신의 행위가 범죄행위에 해당되는지의 인식이나 범죄를 행하려는 意圖가 필요한 것은 아니다.

특정 범죄에서는 一般故意 이외에도 特殊故意가 존재하는 경우에 한하여 범죄가 성립된다. 예컨대, 야간주거침입죄(burglary)는 범인이 밤중에 남의 주거에 침입한 행위 이외에 重犯罪(felony)를 저지르고자 하는 별도의 特殊故意가 필요하다. 즉, 야간주거침입죄는 범인이 밤중에 남의 주거에 침입하여 重犯罪의 행위는 하지 아니하더라도 성립될 수 있으나, 重犯罪를 행하고자 하는 故意는 그 성립에 반드시 필요하다.

22) 악의(willfully, maliciously, deliberately, feloniously) 등이 요구되는 경우도 있으나, 대체로 그 개념이 명확하지 아니하고, 주로 그 존재 여부에 따라 형량의 크기만을 좌우하고 있다.

一般故意는 별도의 立證이 필요없고 행위로부터 당연히 추론된다는 것이 일반적인 원칙이다.[23] 이에 반하여 特殊故意는 행위로부터 당연히 推論되는 것이 아니므로 별도의 立證이 반드시 필요하다.[24]

b. **過 失** 過失이라 함은 일정한 상황에서 합리적인 인간(reasonable person)에게 요구되는 注意義務(duty of due care)를 이행하지 아니하는 것을 말한다. 이러한 注意義務는 刑事上의 범죄는 물론 民事上의 불법행위에서도 요구되나 刑事上의 注意義務는 民事上의 注意義務에 비하여 그 기준이 더욱 엄격하다. 過失에 의한 범죄에는 過失致死, 過失致傷 및 公害犯 등이 이에 해당된다. 特殊故意를 성립요건으로 하는 범죄는 過失犯이 성립될 수 없다. 예컨대, 어떤 사람이 過失로 남의 집에 들어간 경우에도 이 사람은 重犯罪를 행하고자 하는 特殊故意가 없으므로 야간주거침입죄가 성립되지 아니한다.

(2) 成文法에서의 犯罪的 精神狀態

成文法에서의 범죄적 정신상태는 대체로 意圖(purpose), 認知(knowledge), 無分別(reckless) 및 過失(negligence)의 단계로 나누는 것이 일반적이다. 또한, 범죄적 정신상태가 없이도 범죄가 성립되는 無過失犯罪(strict liability crime)도 예외적으로 인정되고 있다.

a. **種 類**

① **意 圖** 범죄적 정신상태로서의 「意圖」(purpose)라 함은 범죄의 결과나 범죄로 인한 상황이 존재하기를 원하면서(desire to cause a result or attendant circumstances) 행동하는 것을 말한다.[25]

② **認 知** 범죄적 정신상태로서의 「認知」(knowledge)라 함은 자신의 행동으로 인하여 범죄의 결과나 범죄로 인한 상황이 발생할 것을 「사실상 확신」(practically certain)하면서 행동하는 것을 말한다.[26] 「認知」는 범죄의 결과나 범죄로 인한 상황이 발생할 것을 「사실상 확신」하고 있으나, 이의 발생을 반드시 원하고 있지는 아니하다는 점에서 「意圖」와 구별된다.

---

23) State v. Carlson, 93 N.W. 2d 354(Wis. 1958).
24) Sullateskee v. State, 428 P. 2d 736(Okla. 1967).
25) Model Penal Code § 2.02(2)(a).
26) Model Penal Code § 2.02(2)(b).

③ **無 分 別** 범죄적 정신상태로서의 「無分別」(reckless)이라 함은 행위의 결과로 인하여 중대하고 정당화될 수 없는 위험(substantial and unjustifiable risk)이 발생될 것을 豫見(aware)하면서도 행동하는 것을 말한다.[27]

「無分別」은 범죄의 결과나 범죄로 인한 상황이 발생할 「위험을 豫見」한다는 점에서 이의 발생을 「확신」하는 「認知」와 구별된다.

④ **過 失** 범죄적 정신상태로서의 「過失」(negligence)이라 함은 행위의 결과로 인하여 중대하고 정당화될 수 없는 위험이 발생될 것을 예견할 수 있었음에도 불구하고 이를 예견하지 못하고 행동하는 것을 말한다.[28]

「過失」은 위험의 발생을 예견하지 못하고 있다는 점에서 위험발생을 예견하고 있는 「無分別」과 구분된다.

⑤ **無 過 失** 「無過失」에 의한 범죄, 즉 無過失犯은 범죄의 정신적 상태와 상관없이 범죄적 행위만으로도 성립되는 범죄이다.[29]

無過失犯은 群婚(bigamy)[30] 등과 같이 普通法下에서도 인정되고 있는 경우도 있으나, 대부분 형법이 明文으로 규정하고 있는 경우에 한하여 예외적으로 인정되는 범죄로서 그 종류도 흔하지 아니하다. 다만, 형법의 규정이 無過失犯을 인정하고 있는지의 여부가 명확하지 아니한 경우 법원이 형법을 해석하여 無過失犯을 인정하는 경우도 있다.

법원의 해석에 의하여 無過失犯을 인정하는 경우에도 이는 형법이 普通法下에서 전통적으로 알려지지 아니한 새로운 범죄를 규정하고 있는 범죄에 국한되며, 대체로 행정범이 이에 해당된다.[31] 예컨대, (i) 아편의 매매(sale of opium),[32] (ii) 무등록 무기의 소지,[33] (iii) 擬制強姦(statutory rape) 등이 無過失犯으로 인정되고 있다.

b. **適 用** 형법에서 범죄의 성립요건으로서 특정의 범죄적 정신상태를 요구하고 있는 경우 당해 범죄적 정신상태 이상의 정신상태가 충족되는 경우에만 범죄가 성립된다. 예컨대, 형법에서 방화범이 성립하기 위하여 범

---

27) Model Penal Code § 2.02(2)(c).
28) Model Penal Code § 2.02(2)(d).
29) United States v. Balint, 258 U.S. 250(1922).
30) People v. Vogel, 46 Cal. 2d 798(1956).
31) Morissette v. United States, 342 U.S. 246(1952).
32) United States v. Balint, 258 U.S. 250(1922).
33) United States v. Freed, 401 U.S. 601(1971).

죄자가 「認知」의 정신상태를 가지고 불을 지를 것이 요구된다면 범죄자의 정신상태가 「認知」일 경우는 물론 그 이상의 「意圖」인 경우에도 범죄가 성립된다. 그러나 「認知」보다 낮은 수준의 정신상태인 「無分別」 또는 「過失」의 경우에는 범죄가 성립되지 아니한다.

형법에서 범죄적 정신상태에 대하여 아무런 明文의 규정도 두고 있지 아니한 경우에는 최소한 「無分別」 이상의 정신상태가 충족되어야 범죄가 성립된다. 그 이유는 「無分別」 이상의 정신상태가 전통적인 普通法下에서의 「故意」의 개념에 해당되기 때문이다. 즉, 형법에서 범죄적 정신상태에 대하여 아무런 규정도 두고 있지 아니한 경우 이는 「故意」를 요구하고 있는 것으로 볼 수 있다.

過失犯은 형법에서 明文으로 「過失」에 의한 범죄를 明文으로 규정하고 있는 경우에 한하여 인정된다. 즉, 형법에서 특별히 「過失」의 정신상태를 요건으로 하는 범죄를 규정하고 있지 아니하는 한 「過失」에 의한 범죄는 성립되지 아니한다.

United States v. Bailey, 444 U.S. 394(1980)

죄수가 감옥에서 탈옥한 것을 범죄로 규정하고 있는 연방헌법을 해석하면서 연방지방법원은 죄수가 교도소의 허가 없이 감옥을 탈출하고 있다는 사실을 「認知」한 경우에 연방탈옥죄가 성립한다고 배심원에게 설시하였다. 연방대법원은 연방지방법원의 설시가 타당한지의 여부에 대하여 아무런 의견도 제시하지 아니하였으나, 범죄의 정신적 상태로서 「認知」가 요구되는 경우 검사가 「無分別」 또는 「過失」만을 입증하여서는 범죄의 성립을 주장할 수 없다고 판결하였다.

다. 因果關係

범죄가 성립요건으로서 일정한 결과의 발생이 요구되는 경우에는 범죄행위와 결과간에 因果關係(causation)가 성립되어야 한다. 因果關係는 事實的 因果關係(factual causation; causation in fact)와 法的 因果關係(legal causation; proximate causation)의 두 가지 형태가 있다.

⑴ 事實的 因果關係

사실적 因果關係라 함은 범죄행위가 일정한 결과발생에 대한 사실적인 원인 중의 하나가 되고 있음을 말한다. 즉 범죄행위가 없었더라면(but for) 결과가 발생되지 아니하였을 경우는 물론 결과발생을 가속시키는(speeding up the result) 경우에도 범죄행위와 결과발생 간에는 사실적 因果關係가 존재한다고 한다.

People v. Ah Fat, 49 Cal. 61(1874)

A가 다른 치명적 사고로 인하여 거의 죽어가는 도중에 B가 A에게 총으로 쏴서 A의 사망을 앞당겼다. 이 경우 B의 행위가 없을지라도 A는 사망하였을 것이 분명하지만, B의 행위는 A의 사망을 가속시켰으므로 B의 행위와 A의 사망 간에는 因果關係가 존재한다.

⑵ 法的 因果關係

法的 因果關係라 함은 事實的 因果關係 중에서 행위자에게 형법상의 책임을 부과할 수 있는 因果關係를 말한다. 즉 사실적 因果關係가 단순히 성립되었다고 하여 행위자에게 형법상의 책임을 부과할 수 있는 것은 아니며, 사실적 因果關係 중에서도 그 결과의 발생이 범죄행위로 인한 「자연스럽고 가능한 결과」(all natural and probable consequence)에 해당하는 경우에 한하여 형법상의 범죄가 성립되는 것이다.[34] 예컨대, 교통사고를 당하여 의식을 잃은 A를 마침 지나가던 원수 B가 목을 졸라 사망하게 한 경우, A의 사망은 B가 목을 조른 행위의 자연스럽고 가능한 결과에 해당되므로 因果關係가 성립된다.

2. 犯罪의 阻却事由

범죄의 阻却事由에는 (i) 미성년자(infancy)의 행위, (ii) 정신병자(insanity)의 행위, (iii) 행위무능력자(incapacity)의 행위, (iv) 숙취(intoxication)하에서

34) People v. Geiger, 159. N.W. 2d 383(Mich. 1968).

의 행위, (v) 錯誤(mistake)에 의한 행위, (vi) 정당방위(self-defense)에 의한 행위, (vii) 상대방의 동의(consent)에 의한 행위, (viii) 함정수사(entrapment)에 의한 행위, (ix) 강요(duress)에 의한 행위 등이 있다.[35]

가. 未成年者의 行爲

(1) 普通法上의 未成年者의 行爲

普通法上 미성년자(infancy)는 연령에 따라 (i) 7세 미만의 者, (ii) 7세 이상 14세 미만의 者 및 (iii) 14세 이상의 者로 구분된다.

7세 미만의 者는 범죄행위능력이 없는 것으로 간주된다. 따라서, 이들의 행위는 책임성이 조각되어 어떠한 경우에도 범죄로 성립되지 아니하고 따라서 起訴되지 아니한다.

7세 이상 14세 미만의 者는 범죄행위능력이 없는 것으로 간주되나, 이들이 범죄를 은닉하거나 증인을 매수·위협하는 등 자신이 하는 행위가 범죄라는 사실을 알고 있는 경우 이들을 起訴할 수 있다.

14세 이상의 者는 성인과 동일하게 취급된다.

(2) 成文法上의 未成年者의 行爲

미성년자의 범죄행위능력에 대하여 成文法으로 정한 경우에는 이에 따른다. 각 州는 미성년자의 범죄행위능력을 연령별로 규정하고 있으나, 그 기준은 州마다 상이하다. 예컨대, 일부 州는 범죄행위능력을 갖기 위한 최저연령을 규정하고 있으나, 다른 州는 연령에 상관없이 14세 미만의 者는 모두 범죄행위능력을 갖고 있지 아니한 것으로 추정하되 이를 반박할 수 있는 것으로 규정하고 있다.

미성년자의 연령은 普通法은 물론 成文法下에서도 범죄행위시의 연령을 말하며, 판결시의 연령을 의미하는 것이 아니다.[36] 또한, 미성년자의 연령은 역력상의 연령(chronological age)을 의미하며, 정신연령(mental age)을 의미하는 것이 아니다.[37]

---

35) 大陸法體系下에서의 違法性阻却事由 및 責任阻却事由와 거의 유사하나, 英美法體系下에서는 이를 체계적으로 정립하지 아니하고 있으며, 범죄성립에 대한 防禦(defense)의 개념으로 사용하고 있다.

36) Triplett v. State, 152 So. 881(Miss. 1934).

37) State v. Dillon, 471 P. 2d 553(Idaho 1970), cert. denied, 401 U.S. 942(1971).

나. 精神障碍

범죄인이 범죄 당시에 정신질환 또는 정신장애(mental illness or retardation)를 겪고 있었다면, 범죄 자체가 성립되지 아니하거나 범죄가 성립되는 경우에도 형량이 감소된다. 범죄인의 정신질환 또는 정신장애는 정신이상(insanity)과 정신능력감퇴(diminished capacity)로 구분되어 논의된다.

(1) 精神異常

정신이상(insanity)이라 함은 범죄인이 범죄행위 당시에 정신질환 또는 정신장애의 정도가 심하여 완전히 미친 것을 의미한다. 예컨대, (i) 전통적인 정신병자(psychosis)나 심각한 정신질환 또는 결함(severe mental disease, retardation or defect)[38] 또는 (ii) 비자발적인 정신적·육체적 중독상태(involuntary physical or psychological intoxication)[39] 등은 모두 정신이상에 해당된다.

피고가 정신이상으로 인한 무죄를 주장하는 경우, 정신이상이 입증되면 「정신이상으로 인한 無罪評決」(not guilty by reason of insanity: NGRI)이 陪審員에 의하여 내려지게 되지만, 정신이상이 입증되지 못하면 有罪評決이 내려지게 된다.[40] 「정신이상으로 인한 무죄평결」이 내려지는 경우 정신병자인 피고는 他人에게 더 이상의 범죄를 유발할 위험이 없다는 것을 입증하지 못하는 한 정신병원에 보내지게 된다. 정신병자인 피고는 간일 정신병자가 아닌 자가 동일한 범죄행위를 하는 경우 이에 대하여 부여되는 형량에 상응하는 기간이 경과하기 전에 정신병원에서 나올 수 있는 헌법상의 권리를 당연히 보유하고 있는 것은 아니다.[41]

(2) 精神能力減退

정신능력감퇴(diminished capacity)라 함은 정신이상(insanity)의 정도까지는 이르지 못하지만 범죄인의 정신능력이 감퇴하여 범죄적 정신상태

38) Model Penal Code § 4.01; 18 U.S.C. § 20.
39) Burrows v. State, 297 P. 1029(Ariz. 1931); People v. Griggs, 17 Cal. 2d 621(1941).
40) 일부 州에서는 「정신이상으로 인한 無罪評決」 또는 「정신이상이 아닌 有罪評決」 대신에 「정신이상이나 有罪評決」(guilty but mentally ill)이 인정되고 있다. 이 경우 정신이상인 피고는 유죄판결을 받으나 정신이상으로 인한 執行猶豫 또는 保護監護處分 등을 받게 된다.
41) Jones v. United States, 463 U.S. 354(1983).

(mens re)를 형성하지 못하는 상태를 말한다.[42]

범죄의 성립요소로서의 범죄적 정신상태는 앞에서 설명한 바와 같이 여러 단계가 있다. 피고가 범행 당시에 자신의 정신능력감퇴를 입증하는 경우에도 완전히 무죄로 판결되는 것이 아니라 한단계 낮은 범죄적 정신상태로 인정받아 형량이 감소되는 것이 일반적이다. 즉 법정에서 피고의 변호사가 피고의 정신이상(insanity)을 주장하는 경우에는 정신이상의 인정 여부에 따라 완전무죄 또는 완전유죄 중의 하나로서 판결이 내려지나, 정신능력감퇴(diminished capacity)를 주장하는 경우에는 유죄를 인정받되 더 낮은 단계의 범죄가 인정되게 된다.[43] 예컨대, 故意에 의한 살인을 하는 경우에도 범인의 정신능력감퇴가 입증된다면 過失에 의한 살인이 된다.

다. 中毒狀態

중독상태는 마약 또는 약물 등의 복용으로 인하여 심신의 상실 또는 장애를 가져오는 것을 말한다. 중독상태는 비자발적 중독상태(involuntary intoxication)와 자발적 중독상태(voluntary intoxication)로 분류되는 것이 일반적이다.

(1) 非自發的 中毒狀態

피고가 범죄행위 당시에 비자발적인 중독상태에 빠져 정신이상(insanity)과 동일한 정도의 정신질환이나 정신장애하에서 범죄를 저지른 경우 범죄가 성립되지 아니한다.[44]

비자발적인 중독상태라 함은 범인이 (i) 중독성물질인 줄 알지 못하거나, (ii) 협박(duress)에 의하여 또는 (iii) 병을 치료하기 위한 병리상(pathological)의 이유로 중독성물질을 복용·투약한 경우를 말한다.[45]

(2) 自發的 中毒狀態

피고가 범죄행위 당시에 자발적으로 중독상태에 빠져 범죄행위를 저지른 경우 일반적으로 범죄가 그대로 성립되는 것이 원칙이다. 다만, 일부 州에

42) People v. Wells, 33 Cal. 2d 330(1949); People v. Gorshen, 51 Cal. 2d 716(1959).
43) Dix, Psychological Abnormality as a Factor in Grading Criminal Liability; Diminished Capacity, Diminished Responsibility, and the Like, 62 J. Crim. L.C. & P.S. 313(1971).
44) People v. Penman, 110 N.E. 894(Ill. 1915).
45) Burrows v. State, 297 P. 1029(Ariz. 1931); Model Panel Code § 2.08(4), (5)(c).

서는 「特殊故意」(specific intent)를 성립요건으로 하는 범죄에 대하여 피고가 자발적 중독상태를 이유로 「特殊故意」가 성립되지 아니함을 주장할 수 있도록 허용하고 있을 뿐이다.[46]

People v. Hood, 1 Cal. 3d 444(1969)

D는 경관이 체포하려고 하자 이에 저항하여 경찰과 다투던 중 경찰관의 총을 빼앗아 경찰관을 쏘았다. D는 「흉기를 사용한 폭행죄」와 「살인을 위한 폭행죄」로 起訴되었으나, 범행 그 당시 「자발적 중독상태」에 있었으므로 무죄를 주장하였다. 법원은 「흉기를 사용한 폭행죄」는 일반적 故意의 존재만으로 성립되므로 D의 자발적 중독상태는 동 범죄의 성립에 아무런 영향도 미치지 아니하나, 「살인을 위한 폭행죄」는 특수적 故意가 범죄성립에 필요하므로 D의 자발적 중독상태는 동 범죄의 성립을 조각한다고 판결하였다.

자발적 중독에는 알콜, 마약 및 약물 등에 의한 중독이 모두 포함된다.[47]

라. 錯　誤

錯誤(ignorance or mistake)는 일반적으로 사실(fact)에 관한 錯誤와 법률(law)에 관한 錯誤로 나누어진다.

(1) 事實에 관한 錯誤

피고가 범행 당시 사실에 관한 錯誤에 기하여 범죄행위를 한 경우 범죄가 성립되지 아니하는 것이 원칙이다.[48] 다만, 피고의 사실에 관한 錯誤의 수준은 피고와 동일한 상황에 있었던 합리적인 인간(reasonable person)이 피고와 동일한 錯誤를 할 수 있을 정도이어야 한다.[49] 또한, 일부 州에서는 피고가 錯誤에 기하여 행한 행위가 도덕적이고 합법적인(morally and legally) 경우에 한하여 犯罪阻却事由가 된다고 하고 있다. 예컨대, 사냥꾼이 산에서 나무를 하고 있던 나무꾼을 사슴으로 오인하여 총을 쏜 경우 사냥꾼의 사냥

46) People v. Hood, 1 Cal. 3d 444(1969).
47) People v. Penman, 110 N.E. 894(Ill. 1915).
48) Model Penal Code § 2.04(1).
49) Model Penal Code § 2.04(1)(a)는 착오로 인하여 범죄의 정신상태요건을 충족시키지 못하는 경우 착오가 합리적일 것을 요구하지 아니하고 있다.

행위는 도덕적이고 합법적인 것이므로 犯罪阻却事由가 된다.

(2) 法律에 관한 錯誤

피고가 범행 당시 법률에 관한 錯誤에 기하여 범죄행위를 한 경우의 범죄성립 여부는 두 가지의 경우로 나누어 볼 수 있다.

우선, 피고의 법률에 관한 錯誤가 범죄의 정신적 상태요건을 갖추고 있지 못하는 경우에는 범죄의 성립요건을 충족하고 있지 못하므로 범죄가 성립되지 아니한다.

State v. Sawyer, 110 A. 461(Conn. 1920)

A가 길가에서 B가 잃어버린 시계를 주었으나, A는 당해 시계가 B의 소유임을 알고 있음에도 불구하고 이에 대한 분실물공고를 하고 공고기간중에 B가 시계를 찾으러 오지 아니하자 시계를 자신이 가졌다. A는 나중에 이 사실을 안 B에 의하여 횡령죄(larceny)로 고발되었는바, 법원은 A가 분실물의 원소유자를 알더라도 분실물공고를 하는 경우 자신이 합법적으로 시계를 소유할 수 있는 것으로 錯誤하였으므로, 횡령죄의 정신적 상태가 결여(lack of mens rea)되어 있으므로 무죄라고 판결하였다.

그러나 피고의 법률에 관한 錯誤가 자신의 행위가 형법에 의하여 처벌되는 범죄행위인지 모르는 것인 경우에는 범죄의 정신상태요건을 갖추고 있으므로 범죄가 성립된다.[50] 다만, (i) 법원의 판결을 믿고서 이에 따라 행동한 경우,[51] (ii) 검사 등의 공식적인 법률해석에 따라 행동한 경우[52] 등에는 그 행동이 범죄행위에 해당하는 경우에도 예외적으로 범죄가 阻却된다. 그러나 변호사 등 私人에 의한 법률해석에 따라 행동한 경우에는 그 행동이 범죄행위에 해당되는 경우 그대로 범죄가 성립되며 犯罪阻却事由에 해당되지 아니한다.[53]

50) State v. Downs, 21 S.E. 689(N.C. 1895).
51) Ostrosky v. State, 704 P. 2d 786(Alaska 1985).
52) Model Penal Code § 2.04(3)(b). 이에 대하여 일부 州에서는 '법률해석행위'가 '입법행위'에 해당되므로 이는 허용될 수 없다는 입장을 취하고 있다. Hopkins v. State, 69 A. 2d 456 (Md. 1950).
53) State v. Downs, 21 S.E. 689(N.C. 1895).

Liparota v. United States, 471 U.S. 419(1985)

일정한 자격을 갖춘 빈민에게 지급되는 식량배급표(food stamp)를 "자격이 없음을 알고도" 수령하여 사용하는 자를 처벌하는 연방법률이 있는 경우, 피고가 자격이 있는 줄 알고 식량배급표를 수령·사용하는 행위는 법률에서 요구하는 범죄의 정신적 상태요건을 충족하고 있지 못하므로 범죄가 성립되지 아니한다. 그러나 피고가 자격이 없는 줄 알고 있었으나 식량배급표를 수령·사용하는 것이 범죄인 줄 모르고 식량배급표를 수령·사용하는 행위는 범죄가 성립된다.

마. 陷穽搜査

함정수사(entrapment)라 함은 법집행공무원 등이 피고로 하여금 범죄를 저지를 것을 誘引·敎唆하여 범죄를 저지르게 하는 것을 말한다. 예컨대, 여자경찰이 매춘부로 가장하고서 지나가는 사람을 유혹한 후 상대방이 이에 응하면 매춘행위로서 체포하는 경우가 이에 해당된다.

그러나 법집행공무원 등에 의한 함정수사에 빠져 범죄행위를 행한 경우 범죄가 성립되지 아니하는 경우가 있다. 함정수사에 의한 범죄행위를 犯罪阻却事由로서 인정하여 주는 사례는 매춘 및 마약판매 등 범죄자 이외에 타인에게 해악을 끼치지 아니하는 소위 「피해자 없는 범죄」(victimless crimes)가 대부분이다. 살인·강간 등의 重犯罪나, 또는 범죄자 이외의 다른 피해자가 있는 범죄의 경우에는 비록 함정수사에 걸려들어 범죄를 행하였다 할지라도 犯罪阻却事由에 해당되지 아니한다.[54]

피고가 함정수사로 인한 범죄의 阻却을 주장하고자 하는 경우에는 우선 법집행공무원이 먼저 아무런 犯意도 갖고 있지 아니한 피고인을 충동하여 피고인의 犯意를 유발(create the intent to commit the crime)하였음을 입증하여야 한다.[55] 피고인에게 단순히 범죄의 기회를 제공하거나 이를 幇助하는 것은 함정수사에 해당되지 아니하며, 따라서 범죄가 성립된다. 예컨대, 여자경찰이 매춘부로 가장하고 단순히 귀가하던 행인을 억지로 유혹하여 매춘행

54) Model Penal Code § 2.13(3).
55) Sorrells v. United States, 287 U.S. 435(1932).

위를 한 경우에는 함정수사로서 범죄가 조각되나, 매춘부를 찾고 있는 고객을 유혹하여 매춘행위를 한 경우에는 함정수사에 해당되지 아니하므로 범죄가 조각되지 아니한다.

함정수사는 반드시 경찰·검사 등 법집행공무원 또는 이들을 위하여 정보를 제공하거나 도움을 제공하는 私人에 의하여 행하여지는 경우에 한하여 성립된다. 순수한 개인이 피고를 유혹하여 범죄를 저지르게 한 경우 피고는 함정수사에 의한 범죄조각을 주장할 수 없다.[56]

피고가 함정수사를 犯罪阻却事由로 주장하기 위한 근거로서는 (i) 전통적인 주관적 기준설과 (ii) 최근의 객관적 기준설이 존재하고 있다.

주관적 기준설은 「함정수사가 없었더라면 '범죄자'가 범죄행위를 저지르지 아니하였을 경우」 함정수사에 의한 犯罪阻却事由가 성립된다는 견해로서 연방대법원이 이를 채택하고 있다.[57] 객관적 기준설은 「함정수사가 없었더라면 '합리적인 일반인'(reasonable person)이 범죄행위를 저지르지 아니하였을 경우」 함정수사에 의한 犯罪阻却事由가 성립된다는 견해로서 일부 주법원 및 모범형법전에서 이를 채택하고 있다.[58]

연방법원에서는 피고가 (i) 무죄를 주장하거나, (ii) 유죄인 경우에도 함정수사에 의한 것임을 주장하는 등 두 가지의 변론을 동시에 제기할 수 있으나[59] 일부 주법원에서는 피고가 함정수사에 의한 범죄조각을 주장하는 경우 일단 유죄임을 인정한 경우에 한하여 이를 허용하고 있다.[60]

바. 其他의 阻却事由

기타 緊急避難(necessity or justification), 협박(duress)에 의한 행위, 상대방의 승낙(consent)에 의한 행위, 또는 정당방위(self-defense) 등도 모두 범죄성립의 阻却事由가 된다.

---

56) Henderson v. United States, 237 F. 2d 169(5th Cir. 1956).

57) Sorrells v. United States, 287 U.S. 435(1932); Sherman v. United States, 356 U.S. 369 (1958).

58) People v. Barraza, 23 Cal. 3d 675(1979); Model Panel Code § 2.13(1).

59) Mathews v. United States, 108. S. Ct. 1(1988).

60) State v. Nilsen, 657 P. 2d 419(Ariz. 1983).

3. 共犯論

英美法體系下에서의 共犯論은 크게 普通法에서의 共犯論과 成文法에서의 共犯論으로 분류하여 볼 수 있다.

가. 普通法에서의 共犯論

普通法下에서는 모든 범행가담자를 그 역할에 따라 主犯과 從犯으로 나누고 前者를 다시 第1主犯과 第2主犯, 後者를 犯行前從犯과 犯行後從犯으로 분류하고 있다. 이를 「犯行加擔者論」(Party Rule)이라고 한다. 범행가담자는 범행이 重犯罪(felony)인 경우에 한하여 분류하며, 輕犯罪(misdemeanors)인 경우에는 이들을 분류하지 아니하고 모든 범행가담자를 동일하게 취급한다.[61]

(1) 犯行加擔者의 分類

a. **第1主犯**(principal in the first degree) 「第1主犯」이라 함은 자신이 직접 범행을 하거나 또는 범의가 없는 타인을 범행도구로 사용하여 범행을 하도록 한 者를 말한다.[62]

Commonwealth v. Hill, 11 Mass. 136(1841)

A는 6세인 어린아이 B에게 위조어음(counterfeit note)을 운반·유통시키도록 하였다. 이 경우 B는 범죄성립연령에 미달되어 있는 단순 범행도구로서 무죄이나, A는 비록 직접 범행을 하지 아니하였더라도 위조어음유통죄의 第1主犯으로서 처벌받는다.

b. **第2主犯**(principal in the second degree) 「第2主犯」이라 함은 범죄현장에서 범행을 敎唆 또는 幇助한(incite or abet) 者를 말한다.

「범죄현장」의 개념은 實質的으로(actually) 범죄현장에 있는 경우뿐 아

---

61) Snead v. State, 8 S.E. 2d 735(Ga. 1940).

62) 大陸法體系에서는 자신이 직접 범행을 한 경우에는 正犯, 他人을 도구로 사용하여 범행을 한 경우에는 間接正犯에 해당될 것이다.

니라 解釋的으로(constructively) 범죄현장에 있는 경우도 포함한다.63) 「解釋的으로」 범죄현장에 있는 경우라 함은 두목이 아지트 또는 감옥에서 부하의 범행을 지휘하는 경우 또는 전화를 통하여 범행에 필요한 정보를 제공하는 경우 등과 같이 범죄현장에 실질적으로 있지 아니하나 범행시기와 동일한 시기에 범행을 教唆 또는 幇助하는 경우를 말한다.

State v. Hamilton, 13 Neb. 386(1878)

A와 B는 마차를 강도하기로 사전모의하여 A는 마차가 나타나자 불을 켜서 B에게 신호하였고 B는 마차를 직접 강도하였다. 이 경우 A는 강도장소에 실제적으로 없었지만 解釋的으로 강도장소에 있었던 것으로 간주되어 第 2 主犯이 되고, B는 第 1 主犯이 된다.

c. 犯行前 從犯(accessory before the fact) 「犯行前 從犯」이라 함은 主犯의 犯行前에 범행을 教唆 또는 幇助한 者로서 범죄현장에 나타나지 아니한 者를 말한다.

State v. Spillman, 468 P. 2d 376(Ariz. 1970)

A는 B가 C를 강간하고자 인적이 드문 외진 장소로 유인하는 것을 도와서 C가 그 외진 장소로 나오도록 설득하였다. B는 그 곳에서 C를 강간하였다. 비록 A는 범죄현장에 나타나지 아니하였지만 강간의 幇助犯으로서 「犯行前 從犯」에 해당된다.

d. 犯行後 從犯(accessory after the fact) 「犯行後 從犯」이라 함은 主犯의 犯行後에 범인이 범행을 저지른 것을 알고서도 이를 은닉·도주시키는 등 범인을 돕는 者를 말한다. 다만, 범인의 夫人은 자기 남편의 범행을 은닉하거나 도주시켜도 犯行後 從犯에 해당되지 아니한다.64)

63) Commonwealth v. Lowrey, 32 N.E. 940(Mass. 1893).
64) State v. Kelly, 38 N.W. 503(Iowa 1888).

Littles v. State, 14 S.W. 2d 853(Tex. 1929)

A는 B가 C를 무참히 살해하는 것을 목격한 유일한 증인이다. 그러나 A는 C가 B를 먼저 공격하여 B가 정당방위로서 C를 죽였다고 증언하여 C가 起訴되는 것을 방해하였다. 이 경우 A는 「犯行後 從犯」에 해당된다.

(2) 犯行加擔者 分類의 適用

普通法下에서 主犯과 從犯은 형사소송절차상 엄격히 구분된다. 첫째, 主犯이 起訴되지 아니하는 한 從犯만 따로 起訴될 수 없으며,[65] 主犯에게 부과된 범죄보다 더욱 重한 범죄를 從犯에게 부과할 수 없다.[66] 둘째, 主犯으로 起訴된 者에 대하여 從犯의 범죄를 부과하거나, 이와 반대로 從犯으로 起訴된 者에 대하여 主犯의 범죄를 부과할 수 없다.[67] 셋째, 第 1 主犯으로 起訴된 者는 第 1 主犯의 혐의가 입증되지 아니한 第 2 主犯의 범죄를 부과할 수 있다.

나. 成文法에서의 共犯論

각 州는 成文法을 제정하여 普通法下에서의 범행가담자의 분류체계를 변경하고 있다. 예컨대 (i) 普通法下에서의 第 2 主犯 또는 犯行前 從犯에 해당되었던 敎唆犯을 단순히 主犯(principal)의 범위에 포함시키거나,[68] (ii) 普通法下에서의 敎唆犯 및 幇助犯을 共犯(accomplice)으로 따로 분류하거나,[69] 또는 (iii) 普通法下에서의 犯行後 從犯을 범행가담자에서 제외시켜 별도의 범죄로 구분하는 경우 등이 이에 해당된다.

4. 未遂論과 陰謀 · 豫備論

가. 未 遂 論

普通法下에서는 물론 成文法下에서도 未遂犯(attempt)은 처벌되어 왔

65) Bowen v. State, 6 So. 459(Fla. 1889).
66) Tomlin v. State, 233 S.W. 2d 303(Tex. 1950).
67) Shelton v. Commonwealth, 86 S.W. 2d 1054(Ky. 1935).
68) 18 U.S.C. § 2; Cal. Penal Code § 31.
69) Model Penal Code § 2.06(1)-(3).

다. 未遂犯이라 함은 범행의 실행에 착수하였으나 행위를 종료하지 못하였거나 결과가 발생하지 아니한 범죄를 말한다. 未遂犯에는 不能未遂(impossibility), 障碍未遂(involuntary abandonment or withdrawl) 및 中止未遂(voluntary abandonment or withdrawl)의 세 가지 형태가 있다.

(1) 不能未遂

不能未遂(impossibility)라 함은 범행의 실행에 착수하였으나 그 결과의 발생이 불가능한 경우를 말한다.

不能未遂에는 「사실상 不能未遂」(factual impossibility)와 「법률상 不能未遂」(legal impossibility)의 두 가지 형태가 있는바, 일반적으로 사실상 불능미수의 경우에는 범죄가 성립되나 법률상 불능미수의 경우에는 범죄가 성립되지 아니하는 것이 원칙이다.[70]

사실상 不能未遂라 함은 실행의 수단 또는 대상의 錯誤로 인하여 결과의 발생이 불가능하지만, 그 범행의 성격이 위험하거나 비도덕적인(dangerousness or culpapability)인 경우를 말한다. 예컨대, 설탕을 독약으로 오인하고 타인의 음식에 섞거나, 허수아비를 사람으로 오인하고 총을 쏘는 경우 등이 이에 해당된다.

법률상 不能未遂는 범행의 실행에 착수하여 그 결과가 발생하였으나, 그 결과가 범죄에 해당되지 아니하는 경우를 말한다. 예컨대, 당국의 허가증 없이 낚시를 하는 것이 범죄인 줄 알고 몰래 낚시를 하였으나 낚시허가증제도가 이미 법률에 의하여 폐지된 경우 등이 이에 해당된다.

(2) 障碍未遂

障碍未遂(involuntary abandonment or withdrawl)라 함은 범죄의 실행에 착수하였으나 행위자의 의사에 반하여 범죄를 완성하지 못한 경우를 말한다. 예컨대, 범죄의 실행에 착수하였으나 상대방이 자신의 범행계획을 이미 알고 있을지도 모른다는 공포감 때문에 범행을 중단하는 경우가 이에 해당된다.[71]

障碍未遂의 경우 범죄가 그대로 성립되는 것이 원칙이다.

---

70) People v. Fiegelman, 33 Cal. App. 2d 100(1939).
71) Thomas, 438 S.W. 2d 441(Mo. 1969).

(3) 中止未遂

中止未遂(voluntary abandonment or withdrawl)라 함은 범죄의 실행에 착수하였으나 행위자가 스스로 범행을 중지하거나 그 결과의 발생을 방지하는 경우를 말한다. 예컨대, 당국의 허가증 없이 낚시를 하는 것이 범죄임을 알고 몰래 낚시를 하러 가던 도중에 양심의 가책을 받아 집으로 되돌아오는 경우가 이에 해당된다. 中止未遂의 경우 기수와 동일하게 취급하는 경우도 있으나 형을 감면하여 주는 경우가 일반적이다.[72]

나. 陰謀 · 豫備論

普通法下에서는 2 인 이상의 者가 불법목적(unlawful purpose)의 수행을 위하여 합의하거나 불법수단(unlawful means)을 사용하여 합법목적을 수행하는 경우에는 陰謀罪(conspiracy)가 성립되어 이를 輕犯罪(misdemeanor)로 처벌하였다.[73]

成文法下에서는 普通法下에서의 陰謀罪의 적용을 제한하거나 명확히 하여 그 범위를 축소하고 있다. 또한 普通法下에서는 행위자간의 합의(agreement)만으로도 陰謀罪가 성립되었으나, 일부 州의 成文法下에서는 행위자간의 합의 이외에도 행위자 중의 최소한 1 인이 「외부적 행위」(overt act)를 행할 것을 陰謀罪의 요건으로서 규정하고 있다.[74]

People v. Olson, 232 Cal. App. 2d 480(1965)

외부적 행위(overt act)라 함은 공모의 목적을 달성하거나 이를 진행시키기 위한 행위를 말한다. 따라서, 수인의 행위자가 범죄를 계획하는 과정에서의 대화(conversation)는 외부적 행위에 해당되지 아니한다.

72) Model Penal Code § 5.01.
73) Rex v. Jones, 110 Eng. Rep. 485(1932).
74) 예컨대, 캘리포니아州가 이에 해당된다. Cal. Penal Code § 184.

제3절 各　論

1. 對人的 犯罪

가. 殺　人

살인(homicide)은 각 州마다 그 양상을 달리하나 일반적으로 重殺人(murder)과 輕殺人(manslaughter)으로 구분하는 것이 보통이다.[75)]

(1) 重殺人

重殺人은 범죄인이 범행 이전에 이미 惡意(malice aforethought)를 갖고 타인을 살해하는 행위이다.

「범행 이전에 惡意」를 갖는다 함은 (i) 살인(kill)의 故意, (ii) 重傷害(great bodily injury)의 故意,[76)] (iii) 重犯罪(felony)의 故意,[77)] (iv) 합법적 체포에 대한 저항의 故意, (v) 높은 사망가능성의 認知(awareness of a high risk of death)[78)] 등의 정신적 상태를 가지고 타인을 살해하는 것을 의미한다.

Bantum v. State, 85 A. 2d 741(Del. 1952)

「흉기」(deadly weapon)를 사용하여 故意로 타인을 찔러 그 결과 타인이 사망한 경우 이는 살인의 故意가 있는 것으로 推定(infer)할 수 있다. 이를 「흉기의 원칙」(deadly-weapon rule)이라고 한다.

---

75) 종래의 전통적인 보통법하에서는 살인을 정당한 살인(justifiable homicide), 용서할 수 있는 살인(excusable homicide) 및 범죄적 살인(criminal homicide)로 구분하여 왔다. Clark & Marshall, A Treatise on the Law of Crimes 7th ed.(1969), pp. 469-477 참조. 또한 모범형법전은 살인을 (i) 중살인(murder), (ii) 경살인(manslaughter) 및 (iii) 과실에 의한 살인(negligent homicide)으로 분류하고 있다. Model Panel Code § 210.4(1).

76) 비록 他人을 죽이려고 의도하지 아니하고 단지 重傷害만을 입히고자 의도한 경우 그 과정에서 他人이 죽었다면 重殺人罪가 성립된다. People v. Geiger, 159 N.W. 2d 383(Mich. 1968).

77) 중범죄를 저지르는 도중에 타인을 살해한 경우에는 重殺人罪가 성립한다. 이를 「重犯罪殺人」(felony murder)이라고 한다.

78) 예컨대, 권총에 총알을 장전하고 번갈아서 자신의 머리에 방아쇠를 당기는 소위 '러시안 룰렛'게임은 重殺人罪가 성립한다. Commonwealth v. Malone, 47 A. 2d 445(Pa. 1946).

Banks v. State, 211 S.W. 217(Tex. 1919)

달리는 기차의 객실에 외부에서 故意로 총을 쏘는 경우 기차 승객이 사망할 가능성이 높은 것을 認知하고 있는 것이므로 이로 인하여 승객이 실제로 사망하였다면 이는 重殺人에 해당된다.

重殺人은 1급 重殺人(first degree murder)과 2급 重殺人(second degree murder)으로 구분된다.[79] (i) 살인이 사전에 意圖된(premeditated) 경우와 (ii) 방화·강간·강도·유괴 및 야간주거침입 등 특정 重犯罪를 저지르는 동안에 살인을 하는 경우, (iii) 독약 및 폭탄 등을 사용하여 살해한 경우,[80] (iv) 고문을 하여 사망한 경우,[81] 이는 1급 重殺人에 해당된다. 1급 重殺人에 해당되지 아니하는 나머지 重殺人은 2급 重殺人이다.[82]

People v. Phillips, 64 Cal. 2d 574(1966)

A가 B의 부동산을 사기(false pretenses)로 탈취하려는 과정에서 B를 살해하였다면 普通法下에서 사기는 중범죄이고 따라서 사기중의 살인은 重犯罪殺人(felony murder)이므로 1급 重殺人에 해당된다. 그러나 州刑法은 '사기'를 重犯罪로 규정하고 있지 아니하므로 동죄는 2급 重殺人에 해당된다.

(2) 輕 殺 人

輕殺人에는 자발적 輕殺人과 비자발적 輕殺人이 있다.

a. 自發的 輕殺人 범인이 일정한 흥분상태(adequate provocation)에서 重殺人을 저지른 경우에는 당해 重殺人은 자발적 輕殺人(voluntary manslaughter)이 된다. 일정한 흥분상태라 함은 합리적 인간이 범인이 처하여 있던 상황과 동일한 상황에 처해 있을 경우 과연 흥분상태에 놓여질까 하는 객

79) 일부 州에서는 死刑重殺人(capital murder)을 一般重殺人과 구분하고 있다. 死刑重殺人은 사형이 언도될 수 있는 重殺人을 말한다(Va. Code § 18.2-31).

80) Cal. Penal Code § 189.

81) State v. Brock, 416 P. 2d 601(Ariz. 1966).

82) People v. Phillips, 64 Cal. 2d 574(1966).

관적 기준을 충족하여야 한다.[83]

자발적 輕殺人이 성립되기 위하여는 (i) 범인이 충분한 흥분상태(sufficient provocation)에 있을 것, (ii) 흥분상태가 범죄자의 살인행위를 실제로 자극(in fact stimulate)하였을 것, (iii) 흥분상태와 살인시점 간에 충분한 冷却期間(cooling period)이 없었을 것, (iv) 흥분상태 이후 살인시점 간에 범죄자가 실제로 냉정을 회복(actually cooled off)하지 아니하였을 것의 네 가지 요건을 충족하여야 한다. 예컨대, (i) 단순한 모욕적인 언사(insulting words) 또는 가벼운 폭행(minor blow) 등은 흥분상태의 원인이 될 수 없으나, (ii) 배우자의 간통목격 또는 상대방과의 격렬한 격투(fight) 등은 흥분상태의 원인이 될 수 있다.

Haley v. State, 85 So. 129(Miss. 1920)

자신의 배우자가 타인과 간통하는 현장에서 그 타인을 살해하는 것은 범인이 당연히 흥분상태에 있었던 것으로 볼 수 있으므로 이는 자발적 輕殺人에 해당된다. 나아가 자신의 배우자가 타인과 불륜의 관계에 있다는 사실을 제3자로부터 구두로 전해 들은 경우에도 일정기간 동안은 흥분상태에 있었던 것으로 볼 수 있다.

◎ 자신의 배우자와 불륜관계에 있다고 알려진 타인과 단순히 마주친 경우에도 일정기간 동안은 흥분상태에 있었던 것으로 볼 수 있다. Whitehead v. State, 262 A. 2d 316(Md. 1970)

b. 非自發的 輕殺人 비자발적 輕殺人(involuntary manslaughter)이라 함은 (i) 형사적 過失(criminal negligence)에 의한 살인이나,[84] 또는 (ii) 重犯罪(felony)에 이르지 아니하는 불법행위(unlawful act not amounting to a felony)를 하는 도중에 우연히 살인을 하는 등 사전에 意圖되지 아니한 살인(unintended killing)을 의미한다.[85]

83) Maher v. People, 10 Mich. 212(1862).

84) 刑事的 過失은 民事的 過失(civil negligence)보다도 더욱 엄격한 요건을 요구하고 있다. Commonwealth v. Aurick, 19 A. 2d 920(Pa. 1941).

85) 이를 '輕犯罪殺人'(misdemeanor manslaughter)이라고도 부른다. Commonwealth v. Mink, 123 Mass. 422(1877).

Gooder v. Commonwealth, 311 S.E. 2d 780(Va. 1984)

A는 사냥터에서 사냥을 하던 중 바스락대는 소리를 듣고 소리가 나는 방향을 향하여 수차례 사냥총을 발사하였다. 그 결과 A와 같이 사냥하던 친구 B가 A의 총을 맞고 사망하였다. 법원은 A의 살인행위가 위험가능성을 경시한 무책임한 행위로서 비자발적 輕殺人에 해당한다고 판결하였다.

(3) 殺人의 現代的 區分

최근에는 살인범의 정신상태(state of mind)에 따라 살인죄를 重殺人(murder), 輕殺人(manslaughter) 및 過失殺人(negligent homicide)으로 구분하는 입법례가 대두되고 있다. 『模範刑法典』(Model Penal Code)이 대표적인 예이다.

a. 重殺人 重殺人(murder)이라 함은 (i) 意圖的으로(purposely), (ii) 認知하고서(knowingly), 또는 (iii) 人命을 극도로 輕視하는 정도로 無分別하게(recklessly under circumstances manifesting extreme indifference to the value of human life) 타인을 살해하는 행위를 말한다.[86]

b. 輕殺人 輕殺人(manslaughter)이라 함은 (i) 無分別하게(recklessly) 또는 (ii) 극도의 정신적 또는 감정적 흥분상태(under the influence of extreme natural or emotional disturbance)에서 타인을 살해하는 행위를 말한다.[87]

c. 過失殺人 過失殺人(negligent homicide)이라 함은 過失(negligently)에 의하여 타인을 살해하는 행위를 말한다.[88]

(4) 死亡의 概念

사망의 시기에 대하여는 맥박·호흡정지설이 다수 법원에 의한 일반적인 견해[89]이나, 腦死說도 소수 법원[90]에 의하여 주장되고 있다.

사망은 범행이 행하여진 후 1년 1일(a year and a day) 이내에 발생되

86) Model Penal Code §210.2(1).
87) Model Penal Code §210.3(1).
88) Model Penal Code §210.4(1).
89) Thomas v. Anderson, 96 Cal. App. 2d 371(1950).
90) State v. Fierro, 603 P. 2d 74(Ariz. 1979).

어야 살인죄가 성립한다.[91]

나. 暴行罪 및 暴行威脅罪

폭행은 폭행죄(battery)과 폭행위협죄(assault)로 나누어진다.

(1) 暴 行 罪

폭행죄(battery)는 사람의 신체에 대한 불법적인 유형력의 행사로서 피해자의 신체와 접촉이 있는 경우를 말한다.[92] 일반적으로 피해자에게 危害(injury)를 가져올 것을 요구하지 아니하나,[93] 최근에는 피해자에 대한 위해를 요구하는 경우도 대두되고 있다.[94]

폭행죄는 유형력이 타인에게 직접적으로 행사되는 경우는 물론 간접적으로 행사되어도 성립하고, 또한 타인으로 하여금 강제로 자신의 신체부위를 접촉하도록 하는 행위도 폭행죄에 해당된다. 예컨대, 타인의 음식에 독약을 타서 이를 먹게 하여 타인의 내장을 상하게 한 경우 이는 폭행죄에 해당된다.[95]

Beausoliel v. United States, 107 F. 2d 292(D.C. Cir. 1939)

D는 자신의 은밀한 신체부위를 노출하고 6살된 소녀에게 그것을 쥐도록 강요하였다. 소녀가 당해 신체부위를 실제로 쥐었다면 이는 소녀에 대한 폭행죄에 해당된다.

(2) 暴行威脅罪

폭행위협죄(assault)는 타인에 대한 (i) 폭행의 未遂行爲(attempted battery), 또는 (ii) 신체적 상해에 대한 공포감을 조성하는 행위로서 타인의 신체에 대한 접촉이 없는 행위를 말한다.[96] 일반적으로 단순한 말로서 위협하

---

91) Louisville Evansville & St. Louis Railroad v. Clarke, 152 U.S. 230(1894).
92) State v. Hefner, 155 S.E. 879(N.C. 1950).
93) People v. James, 9 Cal. App. 2d 162(1935).
94) Model Penal Code § 211.1.
95) State v. Monroe, 28 S.E. 547(N.C. 1897).
96) Model Penal Code § 211.1(1)(c).

는 언어적 폭행은 폭행위협죄에 해당되지 아니한다.[97]

State v. Hazen, 165 P. 2d 234(Kan. 1946)

D는 아무런 동작도 취하지 아니한 채 V를 때려주겠다고 말로 위협하였다. 단순히 말로 위협하는 것은 폭행위협죄에 해당되지 아니한다. 이 경우 D가 때리는 시늉을 하면서 말로 위협하였다면 이는 폭행위협죄에 해당된다.

다. 傷 害 罪

상해죄(mayhem)라 함은 사람의 신체에 대한 有形力을 행사하여 피해자에게 영구적인 (i) 신체훼손 또는 (ii) 불구(permanent disfigurement or disablement)를 초래하는 범죄를 말한다.[98] 예컨대, (i) 귀 · 코 · 입술 및 혀 등을 절단하거나, 얼굴에 깊은 상처를 내는 경우,[99] 또는 (ii) 엄지손가락을 깨물어서 영구히 사용하지 못하도록 만드는 경우[100] 등이 이에 해당된다. 상해죄에서의 신체훼손 또는 불구는 영구적일 것이 요구되며, 단시일 내에 치료하여 원상회복되는 경우는 이에 해당되지 아니한다.

State v. Raulie, 59 P. 2d 359(N.M. 1936)

D가 V의 입술의 일부를 자른(cutting off) 경우에도 V의 입술이 봉합수술 후 완치되어 다친 외부흔적이 보이지 아니한다면 이는 상해죄에 해당되지 아니한다.

라. 性暴行罪

강간죄(rape)는 (i) 위력, 위협 및 위계 등에 의하여 상대방의 동의(consent)를 얻지 아니하거나, (ii) 동의능력이 없는 일정 연령 이하의 부녀자와 성교를 하는 범죄를 말한다.

97) State v. Hazen, 165 P. 2d 234(Kan. 1964).
98) 종래의 普通法下에서는 타인이 대항하여 싸우지 못하도록 타인이 신체를 사용하지 못하게 만드는 범죄를 傷害罪로 규정하였다.
99) State v. Raulie, 59 P. 2d 359(N.M. 1936).
100) Bowers v. State, 7 S.W. 247(Tex. 1888).

종래에는 강간죄를 부녀자의 성기 속에 남자의 성기를 삽입하는 남성에 의한 강제적 성교행위에 국한하였다.[101] 그러나 최근에는 강간에 국한되지 아니하고 성폭행(sexual assault or offense)의 개념으로 확대되고 있다. 따라서, 성폭행의 주체에도 반드시 남성뿐 아니라 여성도 포함되고, 반드시 성교행위에 이르지 아니하더라도 특정 부위에 대한 단순한 신체 접촉도 성폭행의 개념에 포함되고 있다.[102]

普通法下에서는 남편의 아내에 대한 강간죄는 物理力을 행사하는 등 강요에 의한 것이라도 성립되지 아니하는 것이 원칙이다. 다만, 이혼한 전처를 강간하는 경우에는 강간죄가 성립되며,[103] 최근에는 成文法을 제정하여 아내를 강간하는 경우에도 강간죄의 성립을 인정하는 州가 대두되고 있다.[104]

People v. Chapman, 28 N.W. 896(Mich. 1886)

H는 X로 하여금 자신의 부인 W를 강간하도록 부추겼다. 이에 X는 W를 강간하였고 W는 H와 X를 강간죄로 고발하였다. 법원은 X는 강간죄에 해당되나, H는 남편이므로 明文의 법률규정이 없는 한 普通法下에서는 강간죄가 성립되지 아니한다고 판결하였다. 다만 H는 X의 강간죄의 共犯(accomplice)으로 처벌받을 수 있다고 판결하였다.

마. 不法監禁罪

불법감금죄(false imprisonment)는 타인의 신체를 불법적으로 구금하거나 제한(unlawful confinement or restraint)하는 범죄를 말한다. 불법감금이라 함은 피해자가 체류를 원하지 아니하는 장소에 강제로 억류하거나, 가고

---

101) De arman v. State, 285 P. 2d 236(Okla. 1955); Michael M. v. Superior Court, 450 U.S. 464(1981).

102) Michigan: Mich. Stat. Ann. § 28.788. 다만, 미성년자에 대한 擬制強姦의 경우 미성년 부녀자의 피임 등을 방지하고자 하는 데 그 목적이 있으므로 그 주체는 남성에 한한다. Michael M. v. Superior Court, 450 U.S. 464(1981).

103) State v. Parsons, 285 S.W. 412(Mo. 1926).

104) 예컨대, 캘리포니아州 및 텍사스州 등이 이에 해당된다. Cal. Penal Code § 262; Tex. Penal Code § 22.011.

싶지 아니하는 장소로 강제로 이동시키는 행위를 말한다.[105] 불법감금의 방법으로서 반드시 有形力을 행사할 필요는 없으며 단순한 위협(threat)만으로도 충분하다.[106]

바. 略取 · 誘引罪

약취 · 유인죄(kidnapping)는 강제로(force or threat) 또는 유인(deception)에 의하여 타인을 다른 장소로 이동(movement)시키거나, 은밀한 장소에 감금(confinement in secret place)하는 범죄를 말한다.

普通法上 약취 · 유인죄는 그 성립요건으로서 타인을 다른 장소로 반드시 이동시킬 것이 요구되었다. 그러나 최근에는 州法을 제정하여 장소적 이동을 성립요건으로서 요구하지 아니하는 州가 대두되고 있는바, 이러한 州에서는 약취 · 유인죄를 불법감금죄의 특수한 유형으로 보고 있다. 장소적 이동을 약취 · 유인죄의 성립요건으로 요구하고 있는 경우에도 아주 경미한 이동도 장소적 이동에 해당되며, 그 이동거리는 중요하지 아니하다는 입장[107]과 상당한 거리의 이동이 필요하다는 입장으로[108] 나뉘어 있다.

성적 학대를 위하여 타인을 약취 · 유인하거나 미성년자 · 무능력자[109]를 약취 · 유인하는 것은 약취 · 유인죄의 한 유형을 구성하며 가중처벌된다.

2. 對物的 犯罪

가. 夜間住居侵入罪

종래에 普通法上의 야간주거침입죄(burglary)는 타인의 住居(dwelling house)에 重犯罪(felony)를 저지를 목적으로 야간에 시설물을 부수고 침입

105) People v. Agnew, 16 Cal. 2d 655(1940).
106) Pike v. Hanson, 9. N.H. 491(1838).
107) State v. Padilla, 474 P. 2d 821(Ariz. 1970).
108) Model Penal Code § 212.1.
109) 일부 州에서는 미성년자 · 무능력자에 대한 약취 · 유인죄에 대하여 당사자가 동의하더라도 보호자가 동의하지 아니하는 경우에는 단순한 설득도 약취 · 유인죄가 성립되도록 규정하고 있다. Texas: Tex. Penal Code § 20.01(1)(b).

(breaking and entering)하는 범죄를 말한다. 타인의 住居에서 重犯罪의 범행을 실제로 저지르지 아니하여도 重犯罪의 故意가 있는 경우 本罪는 성립한다.

住居의 침입은 신체는 물론 범행도구에 의하여도 가능하다.

Mattox v. State, 101 N.E. 1009(Ind. 1913)

D는 타인의 곳간에 드릴로 구멍을 뚫고, 곳간에 저장된 곡물을 훔치고자 범행장비를 구멍을 통하여 집어넣었다. D의 행위는 타인의 住居에 시설물을 부수고 절도를 위하여 침입한 것이므로 야간주거침입죄에 해당된다.

최근에는 普通法上의 야간주거침입죄의 개념이 변형되어 (i) 반드시 시설물을 부수지 아니하여도 무방하고, (ii) 주거뿐 아니라 자동차 등의 침입도 이에 해당되며, (iii) 침입의 시기는 반드시 야간에 국한되지 아니하고, (iv) 重犯罪뿐 아니라 輕犯罪를 저지를 목적으로 침입하는 경우에도 야간주거침입죄에 포함시키는 입법례가 대두되고 있다.[110]

나. 放 火 罪

종래의 普通法上 방화죄(arson)는 타인의 住居(dwelling)에 불을 놓아 그 住居의 일부 또는 전부를 훼손(burning)하는 범죄를 말한다.

방화죄는 불을 지르는 행위가 요구되므로 폭발물을 사용하여 불을 지르는 경우는 방화죄에 포함되나, 폭발물의 폭발 자체에 의하여 주거가 훼손되는 경우에는 방화죄에 포함되지 아니한다.[111]

방화죄가 성립되기 위하여는 住居의 일부 또는 전부가 훼손될 것이 요구되는바, 이 경우 住居의 인화성 물질(combustible part)이 조금이라도 불에 타는 것으로 충분하며, 住居가 全燒되거나 상당부분에 손상을 입을 필요는 없다. 다만, 주거가 조금도 타지 아니한 경우에는 방화죄가 성립되지 아니한다.

110) Model Penal Code § 221.1(1).
111) State v. Landers, 47 S.W. 100(Tex. 1898).

State. v. Hall, 83 N.C. 571(1885)

A가 B의 집 방 안에서 불을 질렀으나, 아무것도 불에 타지 아니하고 단지 천장이 연기로 까맣게 그을렸다. 이는 住居 일부 또는 전부의 훼손에 해당되지 아니하므로 방화죄에 해당되지 아니한다.

최근에는 普通法上의 방화죄의 개념을 확대하여 (i) 타인의 住居는 물론 자신의 住居에 대한 방화도 이에 포함되고, (ii) 방화의 객체에 住居(dwelling)는 물론 건물 및 숲 등 일체의 구조물이 포함되며, (iii) 住居의 일부 또는 전부가 훼손되는 결과가 발생하지 아니하여도 단순히 불을 지르는 행위만으로도 방화죄에 포함되고, (iv) 폭발물의 폭발에 의한 住居의 훼손도 방화죄에 포함시키는 입법례가 대두되고 있다.112)

다. 其他의 財産罪

普通法上 재산죄로서는 절도죄(larceny), 횡령죄(embezzlement), 사기죄(false pretense), 강도죄(robbery) 및 장물죄(receipt of stolen property) 등이 있다.

최근에는 강도죄를 제외한 절도죄·횡령죄·사기죄 및 장물죄 등을 盜賊罪(theft)라는 하나의 범죄로 통합하려는 움직임이 대두되고 있다.113)

3. 對國家的 犯罪 等

가. 對國家的 犯罪

대국가적 범죄에는 반역죄(treason),114) 반란죄(rebellion)115) 및 정부전복죄(overthrow of government)116) 등이 있다.

---

112) Model Penal Code §220.1.
113) Model Penal Code §223.1(1). 이 경우 종래의 普通法上의 개별적인 범죄유형은 盜賊罪의 한 유형에 불과하게 된다.
114) U.S. Const. Art. 3 §3.C l.1.
115) 18 U.S.C. §2383.
116) 18 U.S.C. §2385.

반역죄는 미국 연방헌법에 규정된 유일한 대국가적 범죄로서 미국에 대한 전쟁수행, 적군에의 가담, 적군에 대한 지원 및 편의제공 등을 반역으로 규정하고 있다.

나. 司法的 執行에 관한 犯罪

사법적 집행을 방해하는 범죄로서는 범인은닉죄(hindering apprehension or prosecution of felon), 탈옥죄(misprison of felony), 犯罪隱蔽罪(compounding a crime) 및 위증죄(perjury) 등이 있다.

제6장 商　　法

미국에서는 『상법』이라는 독립된 법분야가 따로 존재하지 아니하고 있다. 상거래법(Commercial Law), 기업법(Corporation; Business Law), 증권법(Securities Act), 해상법(Maritime Law), 보험법(Insurance Law) 및 운송법(Transportation Law) 등이 각기 개별적인 법분야를 형성하고 있다.

이하에서는 상거래법과 기업법에 관하여 간단히 설명하기로 한다.

제1절 商去來法

1. 意　　義

상거래법(Commercial Law)은 상거래에 적용되는 법이다. 종전에는 상거래에 普通法이 주된 法源으로서 적용되어 왔으나, 최근에는 統一商法典(Uniform Commercial Code: UCC)이 적용되고 있다. 統一商法典의 해석에 普通法上의 기본원리 및 법원의 판례가 적용됨은 물론이다.

UCC는 미국 연방의회에서 제정된 연방법률이 아니라 미국법률협회(American Law Institute: ALI) 및 미국통일주법제정위원회(National Conference of Commissions on Uniform State Laws: NCCUSL)가 공동으로 제시한 상거래에 관한 모델법안이다.[1] 즉, UCC는 공식적인 법률이 아니라 개별 州

1) UCC는 1962년에 공식 초안(1962 official draft)이 제정되고, 1972년과 1977년에 대폭 개정되었으며, 1987년부터는 수시로 개정되고 있다. 이러한 개정작업을 위하여 UCC개정위원회(Permanent Editorial Board)가 ALI 및 NCCUSL에 의하여 설립되어 있다. 이하에서 소개

가 임의로 채택 여부를 결정할 수 있는 하나의 모델法案에 불과한 것이다. 그러나 UCC는 大陸法體系를 지닌 루이지애나(Louisiana)州를 제외한 거의 모든 州에서 채택되고 있으므로 사실상 미국에서 공식적인 統一商法典의 역할을 하고 있다. 물론 개별 州는 UCC를 채택함에 있어 자신 州에 적합한 형태로 이를 변형하여 채택할 수 있음은 물론이다.

2. UCC의 解釋 및 適用

UCC를 해석·적용하는 경우에는 (i) 연방법률과의 관계, (ii) UCC의 明文規程, (iii) 普通法 및 衡平法의 原理 및 (iv) UCC 註釋 등이 순차적으로 고려되어야 한다.

가. 聯邦法律과의 關係

UCC는 각 개별 州에서 채택된 州法에 불과하므로 연방법률에 위배되어서는 아니 된다. 州法이 연방법과 상충하는 경우에는 미국헌법상의 「最高法條項」(Supremacy Clause)에 의하여 연방법이 상위법으로서 적용되므로 州法은 그 효력을 상실한다. 또한, 州法이 연방법과 명백히 相衝되지 아니하는 경우에도 연방법이 규정하고 있는 분야에 대하여는 법원의 판례가 정립한 소위 聯邦法 「先取의 原則」(preemption theory)에 의하여 연방법이 우선적 효력을 갖게 된다. 따라서 연방법률이 특정 상거래분야에 관하여 규정하고 있는 경우 UCC는 더 이상 그 부분에 대한 효력을 갖지 아니하고 연방법률이 적용된다. 이 경우 연방법률은 모든 州에 공통적으로 적용되는 진실한 의미의 통일법이라고 할 수 있을 것이다.

나. UCC 規程 및 普通法·衡平法의 原理

UCC를 해석 또는 적용하는 경우 UCC 규정이 우선적인 기준으로서 고려되어야 함은 당연하다고 할 것이다. 그러나 UCC 규정은 상거래에 관한 법을 체계적이고 명확하게 규정하지 아니하고 있다. 따라서 UCC의 흠결된 부분을 보완하기 위하여 普通法 및 衡平法상의 기본원리가 적용되고 있다.

되는 UCC 내용은 1989년 UCC를 기초로 하고 있다.

UCC 제1-103조는 "UCC에서 明文의 규정으로 배제하고 있지 아니한 普通法과 衡平法의 원칙은 UCC 규정을 보충(supplement)하는 효력을 갖는다"고 규정하고 있다.[2)]

다. UCC 註釋

UCC는 本文 각 조항의 끝부분에 민간기구인 미국법률협회와 미국통일주법위원회가 내린 공식 註釋(official comment)을 부속시키고 있다.

개별 州가 UCC를 州法으로 채택하는 경우 UCC의 本文만을 채택하는 것이고 민간기구의 註釋까지 채택하는 것은 아니므로 이러한 註釋의 효력에 대하여 의문점이 제기되고 있다. 공식 註釋은 1차적 法源은 될 수 없으나, 적어도 UCC를 작성·공포하는 기관에 의하여 마련되었다는 점에서 2차적 法源은 될 수 있다는 것이 일반적인 견해이다. 최근 미국법률협회와 미국통일주법제정위원회가 설립한 UCC개정위원회에서는 UCC 註解書(Commentaries)를 발간하고 있는바, 동 註解書는 관련 쟁점에 대한 다양한 판례·법령 및 견해를 반영하고 있어 UCC 해석의 지침서가 되고 있다.

3. UCC의 適用範圍 및 基本體系

가. UCC의 適用範圍

UCC는 動產의 매매(sale) 또는 賃貸借(lease)에 국한하여 적용된다. 不動產의 거래에 관하여는 不動產의 所在地法에 의하는 것이 원칙이며, 아직도 UCC 같은 成文法보다는 普通法이 적용되는 것이 일반적이다.

UCC는 상품의 매매, 어음·수표, 신용장, 선하증권, 창고증권 및 動產의 담보 등에 대하여 규정하고 있다. 이러한 내용은 외견상 動產의 매매·임대차와 직접적으로 관련없는 다양한 부분이 체계적인 연관성이 없이 무분별하게 규정되어 있는 것처럼 보인다. 그러나 UCC의 내용은 실질적으로 하나의 통일적인 法體系를 형성하고 있다.[3)] 즉, UCC는 (i) 상품의 매매 및 賃貸借에

2) UCC 제1-103조는 "Unless displaced by the particular provisions of this Act, the principles of law and equity··· shall supplement its provisions."이라고 규정하고 있다.

3) John C. Reitz, 'Commercial Transaction', in: 『Introduction to the Law of the United States』(1992), pp. 279-305 참조.

관한 규정과, 이에 관련된 (ii) 지불수단으로서의 어음 · 수표 및 信用狀과, (iii) 운송 및 보관방법으로서의 船荷證券 및 倉庫證券, 그리고 (iv) 담보를 통한 매매대금 조달관계 등을 규정하여 상품의 매매 및 賃貸借와 관련된 분야의 법을 포괄적으로 규정하고 있는 것이다.

나. UCC의 基本體系

UCC는 제 1 편(일반조항), 제 2 편(매매: Sales), 제2A편(임대차: Leases), 제 3 편(상업증권: Commercial Paper), 제 4 편(은행예치 및 수령: Bank Deposits and Collections), 제4A편(대금의 전송이체: Wire Transfer of Funds), 제 5 편(신용장: Letter of Credit), 제 6 편(대량이전: Bulk Transfer), 제 7 편(창고증권 · 선하증권 및 기타 소유증서: Warehous Receipt, Bill of Lading and Other Documents of Title), 제 8 편(투자증권: Investment Securities), 제 9 편(담보거래: Secured Transaction), 제10편(발효일 및 폐지: Effective Date and Repealer) 및 제11편(발효일 및 경과규정: Effective Date and Transition Provision)의 총 13개 편(Article)으로 구성되어 있다.[4)]

4. UCC의 主要 內容

이하에서는 총 13편의 UCC 내용 중 상거래와 직접적으로 관련되어 있는 제 2 편(상품의 매매)에 관하여만 설명하고자 한다.

가. 제 2 편의 基本體系

제 2 편은 총 7 개의 절(part)로 구성되어 있다. 제 1 절은 총설, 제 2 절은 계약의 형식 · 성립 및 변경(Form, Formation and Readjustment of Contract), 제 3 절은 계약상의 일반의무 및 해석(General Obligation and Construction), 제 4 절은 소유권, 채권자 및 선의의 구매자(Title, Creditors and Good Faith purchasers), 제 5 절은 계약의 이행(Performance), 제 6 절은 계약의 파기 및 의무면제(Breach, Repudiation and Excuse), 제 7 절은 계약불이행에 대한 구제방법(Remedies)에 관하여 각각 규정하고 있다.

4) 1989년 현재의 UCC 규정을 기초로 한 것이다.

나. 제 1 절 總說

제 1 절은 제2-101조 내지 제2-107조로 구성되어 있다. 제2-101조는 제 2 편의 제목을 「UCC 상품매매규정」(UCC-Sales)으로 규정하고 있다. 제2-102조는 UCC의 적용범위를 상품의 거래(transaction in goods)로 한정하고 있다. 제2-103조 내지 제2-106조는 개념정의를, 제2-107조는 不動產에서 분리가능한 動產을 규정하고 있다.

다. 제 2 절 契約의 形式 · 成立 및 變更

제 2 절은 제2-201조 내지 제2-210조로 구성되어 있다.

(1) **제2-201조**: 形式要件; 詐欺防止法
(Formal Requirement; Statute of Frauds)

UCC 제2-201조는 500 달러 이상의 상품매매계약은 반드시 문서로 작성되어야 하며 그러하지 아니한 경우 유효한 계약으로 성립되지 아니한다고 규정하고 있다.[5] 다만, 이와 같은 원칙에는 예외가 있는바, (i) 상인간에 일방상인이 請約書를 보내고 타방 상인이 請約書를 수령한 후 10일 이내에 계약거부의사를 밝히지 아니하는 경우, (ii) 상품이 특정 구매자를 위하여 특수 제작된(specially manufactured) 경우, (iii) 계약의 불성립을 주장하는 당사자가 민사소송절차중에 계약의 성립을 인정한 경우, (iv) 구매자가 상품을 수령하였거나 대금을 지급한 경우 등이 이에 해당된다.

(2) **제2-202조**: 最終的 文書合意; 口頭證據 또는 外部證據
(Final Written Expression; Parole or Extrinsic Evidence)

UCC 제2-202조는 普通法上의 「口頭證據排除의 原則」(parole evidence rule)을 明文으로 규정하고 있다. 즉, 당사자가 최종적인 의사를 문서화된 계약으로 체결하는 경우, 동 계약체결의 이전 또는 계약체결과 동시에 성립된 구두약속은 문서계약의 내용을 개폐하는 효력을 지니지 못하며 단지 이를 설명 또는 보완(explain or supplement)할 수 있을 뿐이다. 문서계약을 체결한

---

5) 詐欺防止法(Statute of Frauds)은 모든 상품매매계약의 경우 이를 문서로 체결할 것을 요구하고 있는바, 이러한 관점에서 볼 때에 UCC는 詐欺防止法에 대한 特別法이라고 볼 수 있을 것이다.

이후 당사자간의 합의에 의하여 이를 변경할 수 있음은 물론이다.

(3) **제2-203조**: 封印 非適用(Seals Inoperative)

상품의 매매계약을 문서화하는 경우 당해 문서에 봉인(affixing of a seal)을 한다 할지라도 이는 普通法上의 「봉인증서」(sealed instrument)에 해당되지 아니한다. UCC상의 상품매매계약에는 普通法上의 「封印證書의 法理」가 적용되지 아니한다.

(4) **제2-204조**: 契約成立 一般(Formation in General)

당사자는 계약의 형식에 구애받지 아니하고 계약을 체결할 수 있다. 계약체결의 동기(moment)가 확인되지 아니하는 경우에도 계약은 성립된다. 계약내용의 일부가 미확정되어 있는 경우 (i) 당사자가 계약의 체결을 원하고 있고, (ii) 미확정되어 있는 부분에 대한 구제방안(remedy)이 마련되어 있는 때에는 계약의 내용이 미확정(indefiniteness)인 것을 이유로 계약의 성립을 부정할 수 없다.

(5) **제2-205조**: 確定請約(Firm Offers)

상인(merchant)이 상품매매에 대하여 문서로 *確定請約*(firm offer)을 한 경우 당해 請約에 「相互對價交換」(consideration)이 결여되어 있다 할지라도 請約에 기간이 명시된 경우에는 명시된 기간 동안, 請約에 기간이 명시되어 있지 아니한 경우에는 3개월 동안 당해 請約을 철회하지 못한다. *確定請約*(firm offer)이라 함은 계약의 請約者가 일정한 기간 내에는 請約을 철회하지 아니할 것을 약속하는 請約을 말한다. 종래의 普通法下에서는 「相互對價交換」이 존재하는 경우에만 *確定請約*의 효력이 인정되었으나 UCC에서는 *確定請約*에 「相互對價交換」이 없더라도 「문서」로 작성된 경우에는 이의 효력을 인정하고 있다.

(6) **제2-206조**: 請約 및 承諾

(Offer and Acceptance in Formation of Contract)

쌍방계약(bilateral contract)의 경우 請約(offer)은 承諾(acceptance)에의 勸誘(inviting acceptance)를 의미한다. 보통법하에서 쌍방계약은 승낙에 의하여 성립되나, UCC하에서는 쌍방계약 중에서 상품의 즉시선적(prompt or current shipment)을 요구하는 請約에 대하여는 承諾者가 이를 즉시 承諾하거나 또는 선적함으로써 承諾을 할 수 있다.[6] 普通法下에서 일방계약(unilateral contract)은 承諾者의 계약이행(performance)에 의하여 承諾을 대신하나 UCC하에서는 請約에 대하여 承諾者가 합리적인 기간 동안에 承諾의 의사를 請約者에게 통지하지 아니하는 때에는 請約은 철회된 것으로 본다.

(7) 제2-207조: 承諾 또는 確認에 대한 附加的 條件 (Additional Terms in Acceptance or Confirmation)

請約者의 請約에 대하여 承諾者가 請約內容에 다른 사항을 추가하거나, 請約內容과 달리 承諾하는 경우에도 계약은 유효하게 성립된다.

이 경우 承諾者의 추가적인 사항은 계약에 대한 추가제안(proposals for addition to the contract)으로 해석된다. 商人간에 있어 承諾者의 추가제안은 상당기간 내에 請約者가 이에 반대하지 아니하고 請約의 내용을 본질적으로 변경시키지 아니하는 한, 계약의 내용을 구성하게 된다. 또는 承諾者가 청약내용과 다르게 승낙하는 경우 請約者와 承諾者 간의 서로 다른 계약내용은 모두 무효가 된다. 請約者가 請約의 내용에 다른 사항을 추가하거나 請約內容을 변경할 수 없다는 것을 承諾의 조건으로 제시할 수 있음은 물론이다.

종래의 普通法下에서는 소위 「反射像의 原則」(mirror image rule)에 의하여 承諾의 내용은 請約의 내용과 반드시 동일한 것이어야 하며, 그러하지 아니한 경우 계약은 성립되지 아니하고, 이러한 請約과 다른 承諾은 承諾者의 再請約(counter-offer)으로 해석되어 왔다. UCC는 普通法上의 「反射像의 原則」을 수정 · 변경한 것이다.

(8) 제2-208조: 履行過程 또는 現實的 解釋 (Course of Performance or Practical Construction)

계약의 이행이 상대방의 이의 없이 반복적으로 수차례 행하여진 경우(repeated occasions for performance), 기존의 계약이행의 구체적인 방법은 체결된 계약의 내용을 해석 · 결정하는 데 사용된다. 계약의 명시적인 내용은

---

6) 쌍방계약과 일방계약의 개념에 대하여는, 제 2 편 제 3 장 「계약법」 부분을 참조하기 바란다.

물론, 계약이행의 방법 · 교섭과정 및 영업관행 등도 합리적인 범위 내에서 계약내용을 해석 · 결정하는 데에 사용된다.

⑼ **제2-209조:** 變更, 撤回 및 保留

(Modification, Rescission and Waiver)

당사자가 기존의 상품매매계약을 변경하기 위하여 합의하는 경우 이러한 합의에 당사자의「相互對價交換」이 결여되어 있다 할지라도 이는 유효한 계약으로 성립된다. 변경된 계약이 제2-201조의 詐欺防止法의 적용을 받는 계약에 해당하는 경우 이는 반드시 문서로 작성되어야 한다.

⑽ **제2-210조:** 履行의 委任, 權限의 委任

(Delegation of Peformance, Assignment of Rights)

계약의 당사자는 계약을 타인에게 위임하여 이행하도록 할 수 있다. 이 경우 모든 손해배상책임은 원계약자가 부담한다.

라. 제 3 절 一般 義務 및 契約의 解釋

(General Obligation and Construction of Contract)

제 3 절은 제2-301조 내지 제2-328조로 구성되어 있다.

⑴ **제2-301조:** 契約當事者의 一般 義務

(General Obligations of Parties)

상품의 매도인은 계약에 따라 상품을 이전하고 배달하는(transfer and deliver) 의무를 부담하고, 매수인은 상품을 수령하고 매매대금을 지급하는(accept and pay) 의무를 부담한다.

⑵ **제2-302조:** 非良心的 契約 또는 條項

(Unconscionable Contract or Clause)

계약의 체결 당시 계약의 전체 또는 일부조항이 비양심적으로 체결된 경우, 법원은 (i) 계약 전체를 무효로 하거나, (ii) 계약중 양심적인 부분만 이행하도록 하거나, 또는 (iii) 계약중 비양심적 부분만을 무효로 하는 명령을 내릴 수 있다.

(3) 제2-303조 내지 제2-305조

제2-303조는 위험의 분산(Allocation or Division of Risks), 제2-304조는 매수대금의 지불수단(Price Payable in Money, Goods, Realty, or Otherwise), 제2-305조는 매매가격에 대한 규정의 흠결(Open Price Term) 등을 규정하고 있다.

(4) 제2-306조: 生産品全量購買契約, 必要量購買契約 및 獨占販賣契約 (Output, Requirements and Exclusive Dealings)

「생산품전량구매계약」이라 함은 매도자가 생산하는 상품을 생산량에 관계없이 전량을 매수자가 구매하는 계약을 말한다. 「필요량구매계약」은 계약에서 구매량을 확정하지 아니하고 매수자가 자신이 필요한 만큼의 상품을 매도자로부터 구매하는 계약을 말한다. 「생산품전량구매계약」 및 「필요량구매계약」은 모두 계약내용에 구매량이 확정(definiteness)되어 있지 아니하므로 普通法下에서는 유효한 계약으로 성립되지 아니할 가능성도 있다. 그러나 UCC에서는 구매량이 계약당사자간에 「信義誠實의 原則」(in good faith)에 의하여 결정되는 한 「생산품전량구매계약」 및 「필요량구매계약」은 모두 유효한 계약으로 인정하고 있다.

「독점판매계약」은 매도자가 생산하는 상품의 전량을 매수자가 독점구매하여 판매하는 계약을 말한다. 「독점판매계약」의 경우 상품의 매도자는 상품공급에, 매수자는 상품판매에 최선의 노력(best effort)을 기울여야 하며, 이 경우 UCC는 「독점판매계약」을 유효한 계약으로 보고 있다.

(5) 제2-307 내지 제2-311조

제2-307조는 하나 또는 여러 개의 배달장소(Delivery in Single Lot or Several Lots), 제2-308조는 약정된 배달장소가 없는 경우의 배달장소(Absence of Specified Place for Delivery)에 관하여 규정하고 있다. 제2-309조는 상품의 배달시기가 약정되지 아니한 경우의 배달시기(Absence of Specific Time Provisions; Notice of Termination), 제2-310조는 매매대금의 지급시기(Open Time for Payment or Running of Credit; Authority to Ship Under Reservation)에 관하여 각각 규정하고 있다. 제2-311조는 계약이행에 관한 당사자의 특약(Specification) 및 협조(Options and Cooperations Respecting

Performance)에 관하여 규정하고 있다.

(6) 제2-312조 내지 제2-318조

제2-312조 내지 제2-318조는 계약 및 상품의 보증(warranty)에 관하여 규정하고 있다.

a. 제2-312조: **契約 및 商品의 一般保證**(Warranty of Title and Against Infringement; Buyer's Obligation Against Infringement)　매매되는 상품에 대한 소유권(title)은 하자가 없고(good), 소유권의 이전은 합법적(rightful)이어야 한다. 매매되는 상품은 매수자가 계약 당시 알지 못하였던 아무런 담보(security interest or lien)도 설정되어 있어서는 아니 된다.

b. 제2-313조: **明示的인 商品保證**(Express Warranties by Affirmation, Promise, Description, Sample)　매도자가 상품의 품질 또는 외형 등에 관한 매도자의 사실확인, 약속 또는 묘사(affirmation of fact, promise or description)를 한 경우 이것이 매매계약체결의 기초(basis of the bargain)가 되었다면 매매되는 상품은 당해 사실확인, 약속 또는 묘사에 부합되어야 한다는 명시적 商品保證(express warranty)이 당사자간에 약정된다. 명시적 商品保證의 경우 반드시 보장(warranty) 및 보증(guarantee) 등의 용어가 사용되지 아니하여도 당연히 성립하게 된다.

c. 제2-314조 및 제2-315조: **默示的인 商品保證**(Implied Warranty)　제2-314조 및 제2-315조는 묵시적 商品保證(implied warranty)에 관하여 규정하고 있다. 묵시적 商品保證이라 함은 당사자가 계약에 의하여 명시적으로 배제하거나 변경(excluded or modified)하지 아니하는 한, 계약에 명시적으로 규정되어 있지 아니하더라도 당연히 인정되는 商品保證을 말한다. 묵시적 商品保證에 관하여 UCC는 (i) 매도자가 상인인 경우 매도되는 상품은 매도인이 취급하는 다른 상품과 마찬가지로 상거래가 가능한(merchantable) 것이어야 할 것(제2-314조), 및 (ii) 매도자가 매수자의 특정한 상품사용목적을 알고 있는 경우 매도되는 상품은 매수자의 특정한 상품사용목적에 적합할 것(fitness for particular purpose)(제2-315조) 등을 규정하고 있다.

d. 제2-316조: **商品保證의 排除 또는 變更**(Exclusion or Modification of Warranties)　명시적 商品保證을 계약에 의하여 신설(create)하거나 이를

부정 또는 제한(negate or limit)하는 경우 이는 합리적(reasonable)인 경우에 한하여 유효하다.

묵시적 商品保證을 배제 또는 변경하는 경우 (i) 상품의 「상거래가능성」(merchantability)을 배제 · 변경하는 경우에는 반드시 「상거래가능성」이라는 용어를 사용하여 이를 배제 · 변경하여야 하며, 또한 (ii) 상품의 특정 목적에 대한 「적합성」(fitness)을 배제 · 변경하는 경우에는 「문서로 명확하게」(by a writing and conspicuous) 이를 기재하여야 한다. 다만, 「현 상태대로」(as is), 「현재의 흠결상태로」(with all faults) 등의 용어를 사용하여 상품을 매매한다는 내용의 계약을 체결하여 묵시적 商品保證을 배제 · 변경할 수 있으며, 계약의 교섭과정, 이행과정 또는 영업관행(usage of trade)에 의하여도 묵시적 商品保證을 배제 · 변경할 수 있다. 그러나 매수자가 계약의 체결 이전에 상품을 검사하였거나 상품의 검사를 거부한 경우에는 당해 상품에 대한 묵시적 商品保證을 주장할 수 없다.

e. 제2-317조: **商品保證의 累積 및 衝突**(Cumulation and Conflict of Warranties Express or Implied) 하나의 계약에 명시적 또는 묵시적 商品保證이 여러 개 있는 경우 이를 商品保證은 상호 합치 · 조화되어 모두 효력을 발생하는(cumulative) 것으로 해석된다. 다만, 여러 개의 商品保證의 내용이 서로 충돌되어 이러한 해석이 비합리적인 경우, 당사자의 의사(intention of parties)에 따라 우선 적용될 商品保證을 결정하게 된다.

f. 제2-318조: **第3者에 대한 商品保證**(Third Party Beneficiaries of Warranties Express or Implied) 상품 매도인이 매수인에게 商品保證의 책임을 부담하고 있는 것은 의문의 여지가 없다. 그러나 과연 매수인 이외의 제3자에게도 商品保證의 책임을 부담하고 있는가에 대하여 의문의 여지가 있다.

이에 대하여 UCC는 세 가지의 代案을 제시하고 있다. 첫째는 商品保證責任의 수혜범위를 매수자의 가족, 동거인 또는 손님(family, household or guest)의 신체상해(injury in person)에 국한하고 있으며, 둘째는 商品保證責任의 수혜범위를 자연인(natural person)의 신체적 상해에까지 확대하고 있고, 셋째는 商品保證責任의 수혜범위를 자연인의 신체상해는 물론 여타의 손해에까지도 확대적용하고 있다. 각 개별 州는 이 세 가지 代案 중 어느 하나를 선택하거나 이를 변경하여 자신의 州法으로 채택할 수 있다. 첫째 代案은 원칙적으로 普通法上 過失責任의 法理를 채택하고 있는 州를 위하여 제시된 것이고, 둘째 및 셋째 代案은 普通法 또는 成文法에 의하여 無過失責任의 法理가 적용되고 있는 州를 위하여 제시된 것이다.

(7) 제2-319조 내지 제2-328조

제2-319조 내지 제2-326조는 상품의 운송방법 등을 규정하고 있다. 제2-327조는 「승인조건부 매매」(Sale on Approval) 및 「수령 또는 반환 매매」(Sale or Return)에 관하여 규정하고 있다.

「승인조건부 매매」라 함은 매수자가 상품의 수령을 승인하기 전까지는 매매계약이 성립되지 아니하며 그 때까지 상품의 손실위험부담을 매도자가 부담하는 매매를 말한다. 「수령 또는 반환 매매」라 함은 매수자가 상품의 도달 후 일정 기한 내에 상품의 수령 또는 반환 여부를 결정할 수 있는 매매를 말한다.

「승인조건부 매매」의 경우 반환비용은 매도자가, 「수령 또는 반환 매매」의 경우 반환비용은 매수자가 부담하는 것이 원칙이다. 제2-328조는 競賣(Sale by Auction)를 규정하고 있다.

마. 제 4 절 所有權, 債權者 및 善意의 購買者 (Title, Creditors and Good Faith Purchasers)

제 4 절은 제2-401조 내지 제2-403조로 구성되어 있다.

제2-401조는 소유권의 移轉, 瑕疵擔保, 適用範圍(Passing of Title; Reservation for Security; Limited Application of This Section), 제2-402조는 매도인에 대한 채권자의 매도된 상품에 대한 권리(Rights of Seller's Creditors Against Sold Goods), 제2-403조는 讓渡權利, 善意의 구매자, 委託(Power to Transfer; Good Faith Purchase of Goods; Entrusting)에 관하여 각각 규정하고 있다.

바. 제 5 절 契約의 履行(Performance)

제 5 절은 제2-501조 내지 제2-515조로 구성되어 있으며 계약의 이행

방법에 관하여 규정하고 있다. 제2-501조는 채무의 특정 상품확인의 방법(Insurable Interest in Goods; Manner of Identification of Goods), 제2-502조는 매도자의 파산시 매도자의 상품에 대한 권리(Buyer's Right to Goods on Seller's Insolvency), 제2-503조는 매도인의 운송방법(Manner of Seller's Tender of Delivery), 제2-504조는 매도인의 운송(Shipment by Seller), 제2-505조는 매도자의 운송(Seller's Shipment Under Reservation), 제2-506조는 금융기관의 권리(Rights of Financing Agency), 제2-507조는 매도자의 제공효과 및 조건부 운송(Effect of Seller's Tender; Delivery on Condition), 제2-508조는 부적절한 제공 또는 운송에 대한 매도자의 구제방안 및 대체(Cure by Seller of Improper Tender or Delivery; Replacement), 제2-509조는 계약위반이 없는 경우의 손해부담위험(Risk of Loss in the Absence of Breach), 제2-510조는 손해부담위험에 대한 계약위반의 효과(Effect of Breach on Risk of Loss), 제2-511조는 매수자의 매매대금지불 및 수표에 의한 지급(Tender of Payment by Buyer; Payment by Check), 제2-512조는 검사 전 매수자의 대금지불(Payment by Buyer before Inspection), 제2-513조는 매수자의 상품검사권리(Buyer's Right to Inspection of Goods), 제2-514조는 승낙조건부 또는 대금지급조건부 서류의 전달(When Documents Deloverable on Acceptance; When on Payment), 제2-515조는 분쟁중 상품에 대한 증거보전(Preserving Evidence of Goods in Dispute)을 각기 규정하고 있다.

사. 제 6 절 契約의 不履行, 破棄 및 義務免除 (Breach, Repudiation and Excuse)

제 6 절은 제2-601조 내지 제2-616조로 구성되어 있다.

(1) 제2-601조: 契約의 不適切한 履行에 대한 買受人의 權利 (Buryer's Rights on Improper Delivery)

제2-612조의 分割履行契約(installment contract)이나 당사자가 제2-718조 및 제2-719조의 규정에 의하여 달리 約定한 경우를 제외하고는 매도자가 계약을 이행하였으나 그 이행이 계약의 내용과 부합되지 아니하는 경우 매수자는 (i) 계약이행 전부를 拒絶(reject the whole)하거나, (ii) 계약이행 전부를

受領(accept the whole)하거나, 또는 (iii) 계약이행의 일부만을 受領하고 나머지 부분을 拒絶(accept any commercial unit or units and reject the rest)할 수 있다.

제2-601조는 普通法上의 「完全履行의 原則」(perfect tender rule)을 반영한 것이다. 「完全履行의 原則」은 계약의 일방 당사자가 미소한 부분이라도 계약내용대로 이행하지 아니할 경우 타방 당사자가 계약을 파기할 수 있는 원칙을 말한다.

그러나 UCC는 다음과 같이 제2-601조에 대한 예외규정을 두어 상대방이 계약을 중대하게 위반한 경우(material breach of contract)에 한하여 계약을 破棄할 수 있도록 규정하고 있다.

첫째, 제2-612조는 分割履行契約의 일방 당사자가 분할된 어느 부분의 계약이행을 하지 아니한 경우 당해 부분의 계약불이행이 계약 전체의 가치를 중대하게 손상시키는 경우(substantially impairs the value)에 한하여 상대방이 계약을 破棄할 수 있도록 제한하고 있다.

둘째, 제2-508조는 매도자가 계약을 완전히 이행하지 못하였으나 계약의 이행기가 도래하기 전에 이를 완전 이행하겠다고 약속하는 경우 매수인은 상품의 수령을 거절할 수 없다고 규정하고 있다.

셋째, 제2-504조는 매도인이 적절한 운송계약을 체결하지 아니하거나 매수인에 대하여 선적통지를 하지 아니하는 경우, 이러한 행위가 계약의 「중대한 지연이나 손실을 야기한 때에 한하여」(only if material delay or loss ensues) 매수인이 상품의 수령을 거절할 수 있다고 규정하고 있다.

넷째, 제2-608조는 매수자가 상품을 수령한 이후에 (i) 불이행된 계약을 매도인이 완전히 이행하는 것을 전제로 수령하였으나 완전히 이행하지 아니한 경우, (ii) 상품의 수령 당시 하자발견이 용이하지 아니하였거나 매도자가 瑕疵가 없음을 保障(assurance)하여 하자를 발견하지 못한 때에는, 당해 瑕疵가 계약의 가치를 중대하게 침해하는(substantially impairs its value) 경우에 한하여 상품의 수령을 撤回(revoke)할 수 있다고 규정하고 있다.

이 경우 매수인의 상품수령의 撤回는 계약불이행을 발견하였거나 발견할 수 있었던 때부터 합리적인 기간 내에 행사되어야 한다.

⑵ 제2-602조 내지 제2-605조: 受領拒否(Rejection)

제2-602조는 합법적인 수령거부의 방법 및 효과(Manner and Effect of Rightful Rejection), 제2-603조는 수령거부한 상품에 대한 상인매수인의 의무(Merchant Buyer's Duties as to Rightfuly Rejected Goods), 제2-604조는 수령거부한 변질가능상품에 대한 매수인의 선택(Buyer's Options as to Salvage of Rightfully Rejected Goods), 제2-605조는 瑕疵指摘의 실패로 인한 매수인의 수령거부권 포기(Waiver of Buyer's Objections by Failure to Particularize)에 관하여 각각 규정하고 있다.

⑶ 제2-606조: 商品受領의 要件
(What Constitutes Acceptance of Goods)

제2-604조는 상품수령은 (i) 매수인이 상품의 합리적인 검사기회를 갖고 매도인에게 상품이 계약내용과 부합된다고 하거나, 또는 상품의 계약내용과 부합되지 아니하더라도 이를 수령하겠다고 의사표시를 한 경우, (ii) 매수인이 상품수령을 유효하게 거부하는 데 실패한 경우, 또는 (iii) 매수인이 매도인의 소유권을 부인하는 행동을 행한 경우 유효하게 성립된다고 규정하고 있다.

상품의 부분적인 수령은 전체를 수령한 것과 동일한 효력을 갖는다.

⑷ 제2-607조: 商品受領의 效果
(Effect of Acceptance; Notice of Breach; Burden of Establishing Breach after Acceptance; Notice of Claim or Litigation to Person Answerable Over)

제2-607조는 매수인이 상품을 수령한 경우 이에 대한 법적 효과를 규정하고 있다. 매수인은 상품을 수령하면 상품의 매매대금을 매도인에게 지급하여야 하는 의무를 부담하며 상품의 瑕疵를 알고도 이를 수령한 경우에는 상품의 瑕疵를 이유로 상품의 수령을 철회할 수 없다. 다만, 상품의 瑕疵에 대하여 손해배상을 청구할 수 있음은 물론이다.

⑸ 제2-608조 및 제2-609조

제2-608조(상품수령의 철회: Revocation of Acceptance in Whole or in

Part)는 이미 설명한 바와 같이 매수인이 상품을 수령한 후에 이를 撤回할 수 있는 경우를 규정하고 있다.

제2-609조(상호이행기대의 권리: Right to Adequate Assurance of Performance)는 당사자가 계약을 체결한 후의 상호 이행을 기대할 수 있는 권리를 규정하고 있다. 제2-609조는 계약의 일방 당사자가 계약을 이행하지 아니하거나 이행할 수 없을 것으로 믿을 수 있는 상당한 이유가 있는 경우에는 타방 당사자는 적당한 계약의 履行保證(adequate assurance of performance)을 요구할 수 있다. 이 경우 일방 당사자가 履行保證을 요구받은 후 30일 이내에 타방 당사자에게 履行保證을 하지 아니하는 때에는 일방 당사자가 계약의 이행을 거절한 것으로 본다.

(6) 제2-610조 및 제2-611조

제2-610조 및 제2-611조는 예견된 계약파기(Anticipatory Repudiation)에 관하여 규정하고 있다. 이는 普通法上의 「契約事前破棄의 原則」(doctrine of anticipatory repudiation)을 成文化한 것이다. 제2-610조(契約事前破棄: Anticipatory Repudiation)는 계약의 일방 당사자가 계약이행기가 도래하기 전에 계약의 이행을 破棄한 경우 타방 당사자는 (i) 일정기간 동안 계약의 이행을 기다리거나, 또는 (ii) 계약불이행으로 인한 구제수단을 사용할 수 있다. 이 경우 타방 당사자는 同時履行의 抗辯權을 행사할 수 있다고 규정하고 있다.

제2-611조(契約事前破棄의 撤回: Retraction of Anticipatory Repudiation)는 계약이행기가 도래하기 전에 계약을 파기한 일방 당사자는 타방 당사자에 의하여 계약파기가 확정되지 아니하는 한 자신의 契約破棄를 撤回할 수 있다고 규정하고 있다.

(7) 제2-612조 내지 제2-616조

제2-612조는 분할이행계약 및 불이행(Installment Contract; Breach), 제2-613조는 확인된 상품에 우연히 발생된 瑕疵(Casualty to Identified Goods), 제2-614조는 代替履行(Substituted Performance), 제2-615조는 先行條件의 성취실패로 인한 의무면제(Excuse by Failure of Presupposed Conditions), 제2-616조는 瑕疵通報受領에 대한 事後節次(Procedure on Notice Claiming

Excuse)에 관하여 규정하고 있다.

아. 제 7 절 救濟(Remedies)

제 7 절은 제2-701조 내지 제2-725조로 구성되어 있다.

(1) **제2-701조**: 附隨的 契約違反에 대한 救濟認定

(Remedies for Breach of Collateral Contracts not Impaired)

제2-701조는 본래 계약에 부수되는(collateral or ancillary) 의무 또는 약속(obligation or promise) 위반에 대한 손해배상을 인정하고 있다.

(2) **제2-702조**: 買受人 破産時의 賣渡人의 救濟

(Seller's Remedies on Discovery of Buyer's Insolvency)

매도인이 매수인의 파산을 안 경우, 매수인이 현찰로 매매대금을 지급한 경우를 제외하고는 상품의 운송을 거부할 수 있다. 매도인이 매수인과 신용거래를 하는 경우 매수인의 파산중에 상품을 운송하였다면 당해 상품의 返送을 매수인에게 요구할 수 있다.

(3) **제2-703조 내지 제2-710조**

제2-703조 내지 제2-710조는 매수인이 계약을 위반한 경우 매도인에 대한 구제를 규정하고 있다.

제2-703조(賣渡人救濟에 대한 一般規程: Seller's Remedies in General)는 매수인이 계약에 위반하여 상품의 수령을 거부하거나 상품매매대금의 지급을 거절하는 경우 매도인은 (i) 상품의 운송을 보류하거나, (ii) 受託人(bailee)에게 상품의 운송을 중단하거나, (iii) 미확인상품에 대하여 확인을 계속 진행하거나, (iv) 상품을 타인에게 대체 매도하고 자신에게 발생한 손해배상액으로 충당하거나, (v) 수령거부 또는 대금지급거부에 대한 손해배상을 청구하거나 (vi) 계약을 취소할 수 있다.

제2-704조는 매도인의 商品確認權利(Seller's Right to Identify Goods to the Contract Notwithstanding Breach or to Salvage Unfinished Goods), 제2-705조는 매도인의 상품운송중지(Seller's Stoppage of Delivery in Transit or Otherwise), 제2-706조는 매도인의 代替賣渡(Seller's Resale Including

Contract for Resale), 제2-707조는 매도인의 지위를 보유하는 者(Person in the Position of a Seller)에 관하여 규정하고 있다.

제2-708조는 매도인의 손해배상방법(Seller's Damages for Non-acceptance or Repudiation)에 관하여 규정하고 있다. 매도인의 손해액은 상품의 시장가격과 계약가격의 差額에 부대적 손해액(incidental damages)을 합산한 額數에서 절감된 비용(expenses saved)을 공제한 額數이다.[7] 이러한 손해액 산정방법이 매도인의 손해배상에 적합하지 아니한 경우 매도인의 이익(profit) 감소액을 기준으로 하여 손해액을 산정한다.[8]

제2-709조는 매수인의 대금지급거부에 대한 구제조치(Action for the Price)에 관하여 규정하고 있다. 매수인이 상품의 대금지급을 거부하는 경우 매도인은 상품대금에 부수적 손해액을 합산한 금액에 대하여 손해배상을 받을 수 있다. 이 경우 매도인이 당해 상품을 타인에게 代替賣渡할 수 있는 경우에는 상품을 매도하고 그 비용을 손해배상액으로 充當할 수 있으나, 代替賣渡할 수 없는 경우에는 당해 상품을 보유하고 있어야 한다.

제2-701조는 매도인의 부대적 손해(Seller's Incidental Damages)에 대한 구제를 인정하고 있다. 부대적 손해에는 상품운송중지에 소요된 비용, 상품의 보관·관리비용 및 상품의 반송 또는 대체매도비용 등이 이에 포함된다.

(4) 제2-711조 내지 제2-717조

제2-711조 내지 제2-717조는 매도인의 계약위반에 대한 매수인의 구제를 규정하고 있다.

제2-711조는 매수인의 구제에 대한 일반규정(Buyer's Remedies in General; Buyer's Security Interest in Rejected Goods)을 규정하고 있다. 매도

7) 이를 간단히 설명하면 「계약가격－시장가격＋부수적 손해액－절감된 비용＝매도인의 손해액」이 된다.

8) 利益減少額을 기준으로 하여 賣渡人의 손해배상을 산정하는 대표적인 경우가 '利益喪失賣渡人'(lost profit seller)의 경우이다. 이는 자동차의 매매의 경우와 같이 상품의 수요가 공급을 초과하지 아니하는 시장에서 자동차의 매수인이 계약을 破棄한 경우 매도인은 당해 자동차를 곧 代替賣渡할 수 있으므로 아무런 손해도 발생하지 아니하는 것이 원칙이다. 이러한 경우에 손해액을 기준으로 하여 손해배상을 하게 되면 아무런 손해배상도 받지 못하게 될 것이다. 그러나 자동차의 매도인은 자동차를 매도할 기회를 상실하였으므로 매도로 인한 이익액만큼 손해가 발생된 것으로 보아 이익감소액을 손해배상하여 주는 것이 일반적이다.

인이 상품의 운송을 거부하거나 계약을 破棄하는 경우 매수인은 상품을 타인으로부터 代替買受(cover)하고 代替買受費用 및 관련 손해금액을 구제받을 수 있거나, 또는 상품운송거부로 인한 손해배상을 인정받을 수 있다. 또한, 매수인은 운송된 상품의 수령을 거부한 후 이미 지급된 상품매매대금 또는 기타의 손해액만큼 당해 상품에 대한 擔保權(security interest)을 갖는다.

제2-712조는 상품의 代替買受(Cover; Buyer's Procurement of Substitute Goods), 제2-713조는 상품의 운송거부 · 파기에 대한 매수인의 손해배상(Buyer's Damages for Non-Delivery or Repudiation), 제2-714조는 수령된 상품에 관한 매수인의 손해배상(Buyer's Damages for Breach in Regard to Accepted Goods), 제2-715조는 매도인의 附帶的 및 附隨的 損害賠償(Buyer's Incidental and Consequential Damages)을 규정하고 있다. 附帶的 損害(incidental damages)라 함은 계약의 불이행으로 인한 상품의 검사 · 수령 · 운송 및 보관 · 관리에 소요되는 비용 및 代替買受費用 등이 이에 포함된다. 附隨的 損害(consequential damages)에는 계약의 체결 당시 계약불이행의 경우 발생될 것으로 예견되었던 손해 및 商品保證(warranty)의 위반으로 야기된 사람 또는 재산에 대한 피해가 포함된다.

제2-716조는 매수인의 履行強制請求權(Buyer's Right to Specific Performance or Replevin), 제2-717조는 상품가격으로부터의 손해배상액의 控除(Deduction of Damages From the Price)를 규정하고 있다.

(5) 제2-718조 내지 제2-725조

제2-718조는 違約損害賠償制度(Liquidation or Limitation of Damages; Deposits)에 관하여 규정하고 있다. 違約損害賠償制度는 (i) 계약을 위반하는 경우 예상되는 또는 실제 발생될 被害(harm)를 기초로 하여, (ii) 당해 被害로 입은 손해의 입증(proof of loss)이 곤란하고, (iii) 다른 구제방법의 채택이 불편하거나 불가능한 경우에 한하여 인정된다. 비합리적으로 과대한 손해배상액을 실제 손해와 상관없이 고정적으로 부과하는 계약은 일종의 형벌에 해당되므로 무효(void)이다.

제2-719조는 당사자간의 구제수단에 대한 변경 또는 제한(Contractual

Modification or Limitation of Remedy), 제2-720조는 계약의 취소 또는 撤回가 계약의 事前 不履行의 구제에 미치는 효력(Effect of Cancellation or Rescission on Claims for Antecedent Breach), 제2-721조는 詐欺에 대한 구제(Remedies for Fraud), 제2-722조는 제 3 자에 대한 손해배상청구(Who Can Sue Third Parties for Injury to Goods), 제2-723조는 시장가격의 입증(Proof of Market Price; Time and Place), 제2-724조는 시장시세의 증거능력(Admissibility of Market Quotation), 제2-725조는 매매계약에 대한 提訴期間除斥法(Statute of Limitation)에 관하여 각각 규정하고 있다.

제 2 절 會 社 法

1. 企業組織의 形態

미국의 기업조직은 크게 개인기업(sole proprietorship; individual proprietorship)과 공동기업(business association)으로 구분된다.

가. 個人企業

개인기업(individual proprietorship)이라 함은 소유주 1 인이 기업운영에 있어 모든 권한과 책임을 갖고 사업을 운영하는 형태의 기업을 말한다. 따라서, 소유자 이외의 다른 者가 기업운영에 참여하더라도 이는 소유자에 의하여 고용되어 소유자의 補助的 地位에서 업무에 종사하는 者에 불구하다. 개인기업은 소규모의 소매상 및 미용실 등 소규모의 서비스업에서 주로 발견되며 쉽게 표현하자면 자영업에 해당하는 기업이다. 미국 내에 기업조직의 70% 이상을 차지하고 있으나, 납세액은 전체 기업의 6% 정도에 불과하다.

나. 共同企業

공동기업(business association)은 크게 일반조합(general partnership or simple partnership), 有限責任組合(limited partnership) 및 회사(corporation)

로 구분된다.[9)]

(1) 一般組合

일반조합(general partnership or simple partnership)이라 함은 2 인 이상의 개인에 의하여 공동소유되는 기업으로서 영리를 목적으로 사업을 수행하는 기업체를 말한다.

일반조합의 설립에는 특정한 법적 요건이 필요하지 아니하며, 공동소유자간의 組合契約書(partnership agreement)의 작성도 요구되지 아니한다. 조합원은 組合契約에 특별히 다른 규정이 없는 한 조합의 경영에 참여할 권한을 보유하며, 조합의 채무 전부에 대하여 공동으로 無限責任(unlimited liability for all debts of the partnership)을 부담한다. 일반조합은 法人格을 갖고 있지 아니하나 조합 名義로 재산을 취득할 수 있다.[10)]

(2) 有限責任組合

有限責任組合(limited partnership)이라 함은 無限責任組合員(general partner)과 有限責任組合員(limited partner)에 의하여 공동소유되는 기업으로서 營利를 목적으로 사업을 수행하는 기업체를 말한다.

有限責任組合을 설립하고자 하는 경우에는 일반조합의 경우와 달리 조합을 설립하고자 하는 州의 정부에 일정한 설립요건을 갖추어 설립확인(certificate of limited partnership)을 받아야 하고 조합원간에도 組合契約書를 文書로 작성하여야 한다.

有限責任組合에는 無限責任組合員과 有限責任組合員이 있다. 有限責任組合에는 반드시 1 인 이상의 無限責任組合員을 두어야 한다. 無限責任組合員은 조합의 경영에 참여하면서 조합의 채무에 대하여 모든 책임을 부담하는 조합원을 말한다. 無限責任組合員은 반드시 자연인일 필요는 없으며 法人인 경우도 무방하다. 法人인 회사를 無限責任組合員으로 하는 경우 有限責任組合員이 당해 회사의 주주라면 有限責任組合員은 法人인 회사 및 조합에 대한 경영권을 행사하면서도 有限責任만을 부담할 수 있다고 할 것이다. 有限責任組合員은 조합의 경영에 참여하지 아니하는 한 조합의 채무에 대하여 출자한

9) 일반조합, 有限責任組合 및 회사는 반드시 일치하지 아니하나 우리나라의 合名會社, 合資會社 및 株式會社에 각각 해당된다.

10) 統一組合法(Uniform Partnership Act: UPA) 제 8 조.

도의 범위 내에서만 제한적인 책임을 부담하는 조합원을 말한다. 有限責任組合員이 無限責任組合員과 마찬가지로 기업경영에 참여하는 경우에는 無限責任을 진다.

(3) 會 社

회사(corporation)라 함은 會社法(corporation law)에 의하여 설립된 주식회사 형태의 法人으로서 영리를 목적으로 사업을 수행하는 기업체를 말한다. 회사의 설립·운영 및 해산은 각 州의 회사법의 규정에 따라 그 법적 요건을 충족하여야 한다.

회사는 주식을 발행하여 자본을 조달하는 주식회사이며 주주의 회사에 대한 持分은 주식으로 표시된다. 회사는 주주와 독립된 실체적 존재로서의 法人格이 인정된다는 점에서 다른 형태의 기업과 구분된다. 주주는 회사의 채무에 대하여 책임을 부담하지 아니하고 자신의 개인채무만 부담한다. 회사에는 주식이 공식적으로 조직화된 시장에서 거래되는 公開會社(publicly held corporation)와 그러하지 아니한 閉鎖會社(close corporation)가 있다. 閉鎖會社는 주주를 35명 이하로 제한하고 다른 주주들의 동의 없이 주식을 타인에게 양도할 수 없도록 하는 회사를 말한다.

다. 其他 形態의 企業

기업에는 개인회사, 일반조합, 有限責任組合 및 회사 이외에도 合作投資(joint venture), 企業信託(business trust) 및 有限責任會社(limited liability company) 등이 있다.

合作投資라 함은 특정 목적의 수행을 위하여 설립된 일종의 조합(partnership)으로서 단지 특정 목적만을 수행한다는 점에서 일반적인 영리목적을 추구하는 일반적인 조합과 구별된다.

企業信託이라 함은 信託者(trustor)가 기업을 受託者(trustee)에게 信託하고 受託者가 당해 기업을 소유하고 관리·운영하나 그 이익은 受惠者(beneficiary)가 받는 형태의 기업을 말한다.[11]

有限責任會社라 함은 일종의 회사이나 일반회사와 달리 회사에 대한 法

11) 이를 미국의 매사추세츠州에서 성행하고 있어 'Massachusetts Trust'라고 칭하기도 한다. 信託에 관한 普通法上의 법원칙에 관하여는 이미 제 1 편 제 2 장에서 설명한 바 있다.

人稅와 주주에 대한 個人所得稅의 이중과세가 부과되지 아니하고 단일과세만이 인정되는 형태의 회사이다.

2. 會社法의 法源

회사법에 관하여는 대부분의 개별 州가 각기 실정법을 제정·운용하고 있다. 따라서 州의 실정법이 가장 중요한 法源이 된다. 이 이외에도 연방법이 존재하나 이는 증권거래 등 특정한 경우에만 적용된다. 연방 및 州의 실정법을 해석하는 경우 법원의 판례가 적용됨은 물론이다.

가. 州의 制定法

미국에는 연방 내의 모든 회사에 공통적으로 적용되는 연방회사법은 존재하지 아니하며, 개별 州마다 독자적인 회사법을 제정하여 적용하고 있다. 개인기업에 특별히 적용되는 개별법은 마련되고 있지 아니하고 있다.

(1) 一般組合

일반조합의 설립·운영에 적용되는 州의 실정법은 대부분 1916년의『統一組合法』(Uniform Partnership Act of 1916)을 모델로 하여 이를 州의 제정법으로 변형하여 채택한 것이다. 統一組合法은 그 자체로서는 아무런 법적 효력도 갖고 있지 아니하나 각 주의회에 의하여 실정법으로 채택되어 해당 州의 일반조합의 설립·운영에 적용되고 있다.

(2) 有限責任組合

有限責任組合의 설립 운영에는 1976년의『改正統一有限責任組合法』(Revised Uniform Limited Partnership Act of 1976)이 도델법으로서 적용된다. 즉, 대부분의 개별 州는『改正統一有限責任組合法』을 州의 실정에 맞게 변형하여 州制定法으로 채택하고 있다.

(3) 會　　社

개별 州의 회사에 공통적으로 적용될 수 있는 統一會社法의 모델로서 1928년의『統一商業會社法』(Uniform Business Corporation Act of 1928)이 美

國統一州法制定委員會(National Conference of Commissioners of Uniform State Laws)에 의하여 제시되었다. 그 후 미국변호사협회(American Bar Association)에 의하여 1943년『聯邦會社法』(Federal Corporation Act of 1943) 및 1946년의『模範州商業會社法』(Model for State Business Corporation Act)이 제안되었고, 1950년에는『模範商業會社法』(Model Business Corporation Act)이 제시되었다. 1984년에는『模範商業會社法』을 대폭 수정·보완하여『改正模範商業會社法』(Revised Model Business Corporation Act)이 제시되었는바, 개별 州의 회사법 제정에 지대한 영향을 미친 바 있다. 다만, 조합에 비하여 회사의 경우에는 적용되는 실정법의 내용이 통일되지 못하여 州마다 서로 다른 양상을 보이고 있다.

대표적인 州 회사법으로는 델라웨어州의『一般會社法』(Delaware Corporation Law), 뉴욕州의『商業會社法』(New York Business Corporation Law) 및 캘리포니아州의『會社法』(California Corporation Code) 등이 있다.

나. 聯邦制定法

회사에 관한 대표적인 연방법으로서 1933년의『證券法』(Securities Act of 1933)과 1934년의『證券去來法』(Securities Exchange Act of 1934) 등이 있다.[12)]

證券法은 회사가 증권을 발행·상장하는 것을 규율하는 법이고, 證券去來法은 상장된 증권을 투자가들이 매매하는 것을 규율하는 법이다. 이 외에도 회사의 경제력 집중 등의 독점을 금지하는『聯邦獨占禁止法』(Federal Antitrust Laws) 및 회사의 파산절차를 규정하고 있는『破產法』(Bankruptcy Act) 등이 있다.

이러한 연방법은 모두 증권거래, 독점금지 및 파산 등의 특정한 상거래 분야에만 적용되는 법으로서, 대부분의 회사에 관한 사항은 주법에 의하여 규율되고 있다.

---

12) 개별 州에도『州 證券法』(State Securities Laws)이 제정되어 있다.『州 證券法』은 대부분 1985년의『統一證券法』(Uniform Securities Act of 1985)을 모델로 하여 이를 변형·채택하고 있다.『州 證券法』을 일반적으로「blue sky law」라고 부르는바 이는 무가치한 證券을「blue sky」라고 칭하는 데서 유래한 것이다.

3. 會社法의 特徵

가. 法人格

회사는 法人格을 보유하고 있다. 이는 法人格을 보유하고 있지 아니한 개인기업이나 조합과 구별되는 점이다.

나. 有限責任

회사는 회사의 채무에 대하여만 책임을 부담한다. 주주도 주주 자신의 출자한도액에 한하여만 책임을 지며 회사의 채무에 대하여는 아무런 책임도 부담하지 아니한다. 그러나 실제에 있어서는 금융기관이나 개인채권자들이 회사에게 자금을 대출·융자하는 경우 대주주 개인의 人的 擔保(personal guarantee)를 요구하므로 완전한 의미의 有限責任은 아니라고 할 것이다. 이는 無限責任을 지는 일반조합 및 有限責任組合의 無限責任組合員과 구별된다.

다. 會社의 經營

회사의 주주는 이사를 選任하여 회사의 경영에 간접적으로 참여하게 된다. 경영은 이사회가 選任한 임원이 담당하며 따라서 소유와 경영이 분리되어 있다. 이는 소유와 경영이 원칙적으로 분리되어 있지 아니한 일반기업 또는 조합과 구별되는 점이다.

라. 企業의 存續

회사는 소유자인 주주가 사망하거나 변경되어도 영구히 존속되는 것이 원칙이다. 이는 조합원이 사망하거나 탈퇴하면 조합계약서에 별도의 규정이 없는 한 자동적으로 해산되는 조합과 구별되는 점이다.

마. 所有持分의 讓渡

회사는 주식에 의하여 所有持分이 결정되므로 자유로운 주식양도에 의하여 所有持分을 양도할 수 있다. 그러나 조합의 경우 組合持分의 변경은 곧 새로운 경영자의 등장을 의미하므로 조합자본의 변경에 대하여는 제한을 두고 있는 것이 일반적이다. 예컨대, 조합원 전체의 동의가 있는 경우에 한하여 組合持分의 양도를 인정하거나, 또는 組合持分의 양수인이 조합원의 지위를 취득하는 것은 아니라 持分에 의한 경제적 권익만을 양수하게 하는 것이 이에 해당된다.

제 7 장 行 政 法

제 1 절 概 說

미국은 50개의 州로 구성된 연방국가이다. 미국헌법은 헌법에 의하여 연방정부에 부여된 권한 이외의 모든 권한은 주정부에 귀속된다고 규정하고 있다.[1] 따라서 미국 연방정부는 물론 주정부도 독자적인 입법·사법 및 행정에 관한 권한을 보유하고 이를 행사하고 있다. 그러므로 미국의 행정법을 파악하기 위하여는 연방정부의 행정법과 50개 주정부의 행정법을 분석하여야 한다. 이하에서는 연방행정부를 중심으로 한 행정법에 중점을 두어 설명하고자 한다.

그러나 미국에서는 행정법이라고 칭할 수 있는 체계적인 成文法은 물론 普通法도 존재하지 아니하고 있다. 다만, 1946년『行政節次法』(Administrative Procedure Act of 1946)이 연방행정부의 행정절차를 규정하고 있는 대표적인 입법례라고 할 수 있다.『行政節次法』의 존재는 미국행정법의 내용이 실체적 측면보다는 절차적 측면에 주된 비중을 두고 있음을 반영하고 있다. 국가와 私人간의 관계는『行政節次法』등 明文의 成文法이 적용되는 경우를 제외하고는 普通法(common law)上의 법원리가 그대로 적용되는 것이 일반적이다.

제 2 절 行政組織法

미국 연방정부의 행정조직은 크게 연방행정부 및 행정위원회의 두 가지 형태로 분류된다.

1) 상세한 내용은, 제 2 편 제 1 장의「헌법」부분을 참조하기 바란다.

1. 聯邦行政府

연방행정부는 미국헌법본문 제1조에 의하여 그 설립이 헌법적으로 의무화되고 있는 憲法機關이다. 연방행정부는 연방의회가 제정하는 법률을 집행하고 정책을 수립하는 권한을 부여받은 연방기관이다. 연방행정부의 首班은 미국 대통령이다.

2. 行政委員會

행정위원회(Administrative Agency)는 연방의회에게 헌법본문 제1조에 의하여 부여된 행정조직설립권한에 의해 연방의회가 연방행정부와는 별도로 설립한 행정기구이다. 예컨대, 「주간상거래위원회」(ICC: Interstate Commerce Commission), 「연방방송위원회」(FCC: Federal Communications Commission) 및 「국제통상위원회」(ITC: International Trade Commission) 등이 이에 해당된다.

행정위원회는 그 설치가 헌법상 의무화되어 있는 것이 아니라, 연방의회가 필요한 경우에 임의로 설치한다는 점에서 연방행정부와 구별된다. 행정위원회는 대부분 특정 법률상의 목적을 달성하기 위하여 설립되며 대통령의 명령이나 지휘를 받지 아니하고 행정부와 독립하여 활동한다. 따라서, 행정위원회는 독립위원회(Independent Agency) 또는 독립규제위원회(Independent Regulatory Agency) 등으로도 불리고 있다.

행정위원회는 독립기관이지만 다음과 같이 연방의회 및 연방행정부의 통제(control)를 받는다.

가. 聯邦議會에 의한 統制

(1) 規則制定權

연방의회는 행정위원회에게 規則制定의 기준 및 범위를 정하여 規則制定權(rule making power)을 부여할 수 있다.

행정부는 연방의회가 제정한 법률을 집행하기 위하여 법률에서 委任한 범위 내에서 대통령령(Presidential Decree)이나 행정명령(Executive Order)

을 제정할 수 있음은 물론이다.[2] 그러나 행정위원회는 행정부와 달리 민선기관(elected)도 아니고 민주적 조직(democratic)도 아니므로 이러한 행정위원회에서 規則을 제정하는 경우, 행정위원회가 연방의회의 고유권한인 입법권을 행사하게 된다는 헌법적 문제가 발생하게 된다. 이는 곧 입법권의 不法委任(illegal delegation of authority)의 문제이다. 이에 대하여 연방대법원판례는 연방의회가 일정한 기준[3](guideline; standard)을 설정하여 행정위원회에게 規則制定權을 부여하는 경우 이를 합헌적인 입법권의 委任(Constitutional delegation of legislative power)으로 보고 있다. 이 경우 소위「議會拒否權」(legislative veto)은 후술하는 바와 같이 인정되지 아니한다.

Mistretta v. United States, 488 U.S. 361(1989)

연방의회는『1984년 刑宣告改革法』(Sentencing Reform Act of 1984)을 제정하여「미합중국형선고위원회」(United States Sentencing Commission)를 설립하였다. 동 위원회의 설립목적은 연방법원의 판사들의 형사피고인에 대한 형량선고의 기준을 정한 규칙을 제정·공포하는 것이었다. 대법원은『刑宣告改革法』에서 동 위원회의 規則制定에 대한 일정한 기준을 제시하고 있으므로 이는 합헌적인 입법권의 委任이라고 판결하였다.

그러나 외형상으로는 행정위원회 같이 보이나 실제로는 민간단체에 불과한 경우, 연방의회는 이러한 민간단체에게 입법권을 委任하여서는 아니 된다. 예컨대, 연방의회는 주요 탄광업자조합에게 석탄의 공동가격을 정할 수 있는 권한을 委任할 수 없다.[4]

(2) 組織 및 豫算

연방의회는 행정위원회의 존속기간을 정할 수 있으므로 이를 통하여 행정위원회를 통제할 수 있다. 행정위원회는 특정 목적을 달성하기 위하여 설립되는 것이 일반적이므로 행정위원회를 설립하는 법률을 제정하는 경우 행정위원회의 존속기간을 限時的으로 정하는 경우가 대부분이다. 이 경우 행정

2) 행정부의 입법권에 대하여는 후술하기로 한다.
3) 이러한 기준을 '명료성의 원칙'(intelligible principle)이라고 한다.
4) Carter v. Carter Coal Co., 298 U.S. 238(1936).

위원회의 존속기간을 5년 또는 7년 등으로 정하고 동 존속기간이 경과하게 되면 행정위원회가 자동적으로 폐지되도록 하는 경우도 있으나, 존속기간이 경과하더라도 연방의회가 그 존속의 필요성을 검토하여 긍정적이라고 판단되면 행정위원회의 존속기간을 다시 연장하는 경우도 있다. 後者의 경우를 『日沒立法』(sunset legislation)이라고 한다.[5]

또한, 연방의회는 행정위원회에 대한 예산권을 보유하고 있으므로 이를 통하여 행정위원회를 통제할 수 있다. 즉, 행정위원회의 불필요한 활동 및 사업에 대하여 예산을 배정하지 아니하거나 삭감함으로써 행정위원회를 통제하는 것이다.[6]

나. 聯邦行政府에 의한 統制

대통령은 헌법본문 제2조 제2항의 「任命條項」(Appointment Clause)에 의하여 주요 「연방공무원」(principal officers)을 임명할 수 있는 권한을 갖고 있다.[7] 따라서 대통령은 행정위원회의 소속공무원이 「연방공무원」에 해당되는 경우 이들을 임명할 수 있는 권한을 갖는다.

Buckley v. Valeo, 421 U.S. 1(1976)

연방의회는 『聯邦選擧運動法』(Federal Election Campaign Act)을 제정하여 「연방선거위원회」(Federal Election Commission)를 설립하였다. 연방선거위원회는 선거법 위반범을 起訴하고 독자적인 規則制定權을 갖는 등 聯邦選擧運動法을 집행하는 기능을 갖고 있는바, 그 위원은 대통령 및 연방상원·하원에 의하여 임명된다. 연방대법원은 연방선거위원회 업무의 본질적 성질이 행정업무(executive in nature)로서 위원은 주요 연방공무원에 해당되므로 위원의 임명권은 대통령만이 행사할 수 있다고 판결하였다. 따라서 연방선거위원회의 위원을 연방의회가 임명하는 것은 違憲이라고 판결하였다.

5) Anthony R. Licata, Zero-Base Sunset Review, 14 Harv. J. Leg. 505, 510-516(1977).
6) Kate Stith, Congress Power of the Purse, 97 Yale L.J. 1343(1988).
7) 미국헌법본문 제2조 제2항은 The President "shall nominate, and by and with the advice and consent of the Senate, shall appoint ambassadors, other public Ministers and consuls, judges of the Supreme Court, and all other officers of the United States…"라고 규정하고 있다.

미국헌법은 대통령이 행정위원회의 소속공무원을 해임할 권한이 있는가에 대하여 아무런 明文의 규정도 아니 두고 있다. 이는 긍정적으로 보는 것이 일반적인 견해이다.

제 3 절 行政關係法

行政關係法에는 행정부의 行政立法, 行政節次, 自由裁量行爲, 行政情報公開, 行政調査, 行政行爲의 取消·撤回 및 행정의 實效性 確保 등이 논의되고 있다.

1. 行政立法

가. 立法權의 委任(delegation of authority)

行政立法이라 함은 연방의회가 제정한 법률을 집행하기 위하여 행정부가 하위법령을 제정하는 것을 말한다. 입법권은 연방의회의 배타적 권한이므로[8] 행정부가 行政立法을 제정하는 것이 과연 허용되는지 문제가 제기되고 있다. 이는 연방의회가 입법권을 행정부에 委任할 수 있는지의 문제이다.

초기의 대법원 판결에 의하면 입법권은 연방의회의 배타적인 권한으로서 이것이 행정부에 委任될 수 없다는 점은 헌법상의 정부권력구조상 너무나 당연한 원칙(universally recognized principle)이라고 하여「委任不可의 原則」(non-delegation doctrine)이 제시되었다.[9] 그러나 委任不可의 原則은 점차 완화되기 시작하였는바, 그 이유는 행정부의 行政立法은 연방의회가 제정한 법률을 구체화하는 기능(fill up the details)에 불과하며, 이는 그 성질상 입법행위가 아니라 집행행위라는 판단 때문이었다.[10]

---

8) 미국헌법본문 제 1 조 제 1 항은 "all legislative power herein granted shall be vested in a Congress…"라고 규정하고 있다.

9) Wayman v. Southard, 23 U.S.(10 Wheat) 1(1825).

10) Field v. Clark, 143 U.S. 649(1892).

Field v. Clark, 143 U.S. 649(1892)

연방의회는 대통령에게 대통령이 필요하다고 판단하는 경우 수입물품에 대한 수입관세를 부과할 수 있는 권한을 委任하였다. 연방대법원은 대통령의 수입관세 부과는 입법권의 행사가 아니라 연방의회의 권한행사를 위한 사실발견(finding fact)에 불과하므로 수입관세 부과권한의 委任은 合憲이라고 판결하였다.

최근에는 입법권 委任의 기준이 명료한 경우 연방의회는 언제든지 행정부에 입법권을 委任할 수 있다는 것이 일반적인 견해이다.[11] 이를 「明瞭性의 原則」(intelligible principle)이라고 한다.

Hampton & Co., v. United States, 276 U.S. 394(1928)

연방의회는 법률을 제정하여 대통령이 특정 상품에 대한 미국과 다른 나라의 생산가격을 동일한 수준으로 유지하기 위하여 필요하다고 판단하는 경우 국제통상위원회(ITC)의 자문에 따라 관세율을 임의로 조정할 수 있는 권한을 부여하였다. 연방대법원은 관세의 조정은 정부업무에 필요한 사항(governmental necessity)이나 너무 전문적이어서 연방의회가 제대로 판단할 수 없으며, ITC의 자문에 따라 정부가 결정하는 것은 委任의 명료한 기준이 되므로 관세조정 권한의 委任은 合憲이라고 판결하였다.

나아가 입법권위임의 기준이 불명확하거나,[12] 기준이 없는 경우[13]에도 위임의 합헌성을 인정한 경우도 있다.

나. 議會拒否權

議會拒否權(legislative veto)이라 함은 연방의회가 행정부 또는 행정위원회에 입법권 등의 권한을 委任하면서 행정부 또는 행정위원회가 당해 권한을 행사하는 경우 연방의회의 사전동의 또는 사후승인을 받도록 하는 것을 말한

11) Whitman v. American Trucking Associations, 531 U.S. 457(2001).
12) Federal Radio Commission v. Nelson Brothers, 289 U.S. 266(1933).
13) Arizona v. California, 373 U.S. 546(1963).

다. 예컨대, 연방의회가 법률을 제정하여 대통령에게 관세조정권한을 부여하면서 대통령이 관세를 조정하기 전에 연방의회의 동의를 받도록 조건을 부과하는 경우가 이에 해당된다. 이러한 議會拒否權은 違憲이라는 것이 대법원의 판례이다.14)

Immigration and Naturalization Service v. Chada, 462 U.S. 919(1983)

연방의회는 미국헌법본문 제 1 조 제 8 항에 의하여 귀화 및 이민에 관한 권한을 보유하고 있는바, 『移民 및 國籍法』(Immigration and Nationality Act)을 제정하여 법무부장관에게 불법체류자의 강제출국(deportation)을 보류시킬 수 있는 권한을 부여하였다. 다만, 법무부장관이 이러한 권한을 행사하는 경우 일정기간 내에 개별적으로 상원 또는 하원의 승인을 받도록 조건을 부과하였다. 연방대법원은 법무부장관의 권한은 그 성질상 입법권의 행사에 해당되는바, 따라서 이에 대한 상원 또는 하원의 승인을 요하는「議會拒否權」역시 입법권의 행사라고 하였다. 연방대법원은 연방의회가 입법권을 행사하려면 (i) 헌법본문 제 1 조 제 7 항에 규정된 대통령의 拒否權 행사를 거쳐야 함에도 불구하고 이를 거치지 아니하고, (ii) 법률의 제정에는 상·하원 양원 모두의 승인이 필요함에도 불구하고 상원 또는 하원 중 어느 누구도「議會拒否權」을 행사할 수 있다고 규정하고 있으므로 이는 違憲이라고 판결하였다.

2. 行政裁決

가. 意　　義

行政裁決(administrative adjudication)이라 함은 행정부가 행정처분을 내리고 이에 위반하는 경우 행정처분을 取消 · 撤回하거나 형사 · 민사상의 制裁(sanction)를 부과하는 행정행위를 말한다.

최근에는 연방의회가 관련 법령을 제정해 ICC 및 FTC 등과 같은 행정위원회를 설립하고 동 행정위원회로 하여금 법령을 위반하는 개인의 책임유무를

14) Immigration and Naturalization Service v. Chada, 462 U.S. 919(1983).

裁決할 수 있는 권한뿐 아니라 직접 민사·형사책임도 부과할 수 있는 권한도 부여하고 있다. 이 경우에도 행정위원회의 결정에 불복하는 개인에게 법원에 재심을 청구할 수 있는 권리를 부여하는 것이 일반적이다. 그러나 행정부의 行政裁決의 비중은 점차 증대하고 있으며, 특히 事實調査(fact finding)에 관하여는 법원에서도 행정부의 판단에 거의 終局的 效力(finality)을 부여하고 있다.[15)]

나. 行政裁決의 憲法的 根據

行政裁決節次는 그 성질이 司法的 機能과 유사하므로 헌법상 연방법원의 사법권과의 관계가 문제시된다.

미국헌법본문 제3조는 연방법원에게 배타적인 사법권을 부여하고 있다. 따라서 연방의회가 재결권한을 행정부에게 법률로써 委任하여 행정부가 이러한 권한을 행사할 수 있는가의 문제가 발생한다.

이에 대하여 연방대법원은 국민의 권리를 행정부와 개인간의 관계를 규율하는 公權(public right)과 개인과 개인 간의 관계를 규율하는 私權(private right)으로 구분하고, 前者의 公權에 대하여는 행정부가 裁決權을 행사할 수 있다고 판결하고 있다.[16)] 예컨대, 허가·특허의 취소처분이나 행정처분불복에 대한 행정심판 등은 행정부와 개인간의 관계를 규율하고 있으므로 이는 행정부의 裁決權行使의 대상이 된다.

Crowell v. Benson, 285 U.S. 22(1932)

『船員 및 港口勤勞者災害補償法』(Longshoremen's and Harbor Workers Compensation Act)은 재해보상위원회를 설치하고 동 위원회에게 사용자와 근로자 간의 재해보상에 관한 분쟁을 조정하고 보상액(award)을 결정할 수 있는 권한을 부여하였다. 법원은 재해보상위원회의 권한은 公權(public right)에 관한 것이므로 同法은 合憲이라고 판결하였다.

15) Wong Yang Sung v. McGrath, 339 U.S. 33(1950).

16) Murray's Lessee v. Hoboken Land & Improvement Co., 59 U.S.(18 How.) 272(1855); Crowell v. Benson, 285 U.S. 22(1932); Atlas Roofing Co. v. Occupational Safety & Health Review Commission, 430 U.S. 442(1977); Granfinanciera, S.A. v. Nordberg, 492 U.S. 33 (1989).

또한, 연방의회가 법률을 제정하여 조세법원(Tax Court) 등 사법부 소속이 아닌 독립된 행정심판소(Tribunal)를 설치하여 사법권을 행사하는 것도 합헌이다.[17)]

3. 行政節次

행정절차에 관한 법은 미국 행정법의 근간을 이루고 있는 매우 중요한 법이다. 미국 행정법에서 체계적인 단일제정법을 갖추고 있는 분야는 행정절차에 국한되며, 다른 분야에는 기존의 보통법 또는 제정법이 그대로 적용되고 있다.

가. 意 義

(1) 憲法規程

行政節次法은 미국 제5차 헌법개정조항 및 제14차 헌법개정조항의「適法節次條項」을 헌법적 근거로 하고 있다. 동 헌법규정은 適法節次에 의하지 아니하고는 국민의 생명, 자유 및 재산을 박탈하지 못한다고 규정하고 있다.[18)] 헌법상의 適法節次는 본래 형사상·사법상의 適法節次로 해석·적용되어 왔으나, 다음과 같이 점차 입법·행정상의 適法節次에까지 확대 해석·적용되어 왔다.

초기의 연방대법원의 태도는 국민의 권리(right)와 특혜(privilege)를 구분하여 헌법상「適法節次」는 생명, 자유 및 재산에 관한 국민의「권리」만을 보호하고, 행정부의 국민에 대한 행정절차는 국민에게「특혜」를 부여하는 데 불과한 것이므로 헌법상「適法節次」에 의한 보호대상이 되지 아니한다고 판결하였다.[19)] 즉, 행정절차는 행정부가 自由裁量에 의하여 국민에게 제공하는 특혜에 불과하며, 국민은 행정부에 대하여 행정절차를 제공하여 줄 것을 요구하는 헌법상의 권리가 인정되지 아니하였다.

---

17) Freytag v. Commissoner, 501 U.S. 868(1991).

18) 동 헌법조항은 no person shall "be deprived of life, liberty, or property without due process of law"라고 규정하고 있다.

19) Bailey v. Richardson, 341 U.S. 918(1951).

Bailey v. Richardson, 341 U.S. 918(1951)

공무원이 국가에 불충성(disloyalty)하다는 것을 이유로 정부로부터 해고당하였다. 당해 공무원은 해고과정에서 자신이 불충성하지 아니하다는 점을 주장할 수 있는 절차적 기회를 부여받지 못하였으며, 자신의 헌법상「適法節次條項」에 의한 권리를 침해당하였다고 주장하였다. 이에 대하여 법원은 공무원 지위는「適法節次條項」상의「생명, 자유 및 재산」에 관한 권리에 해당되지 아니하며 다만 정부가 부여하는「특혜」(privilege)를 향유할 수 있는 지위에 불과하다고 하면서, 이러한「특혜」는「適法節次條項」에 의한 보호를 받을 수 있는 권리가 아니라고 판결하였다.

그러나 이러한「권리」와「특혜」를 구분하는 경향은 점차 쇠퇴하여 행정절차의 제공 여부는 특정 상황에 있어서의 공익과 사익간의 조화를 포함하여 행정절차의 제공으로 인한 이익과 손실과의 비교형량을 통하여 결정된다는 판결도 대두되었다.[20]

최근에는「適法節次條項」상의 생명, 자유 및 재산을 폭넓게 해석하여 국민의 중대한 권리 또는 의무에 영향을 미치는 행정행위를 하는 경우「적정한 행정절차」(due administrative process)가 부여되는 것을 원칙으로 하고 있다.[21] 다만, 개별법률에 행정절차를 明文으로 규정하고 있지 아니한 경우 국민은 행정당국이 행정절차를 밟지 아니하고 자신의 권리 및 의무관계에 영향을 미치는 행정처분 또는 결정을 내렸다는 것을 이유로 당해 행정처분 또는 결정의 효력을 否認하는 소송을 제기할 수 없다.[22]

(2) 主要 法律

행정절차에 관한 일반법으로서는 1946년 行政節次法(Administrative Procedure Act of 1946)이 있다. 行政節次法 이외에도 행정절차에 관하여 다수의 연방단행법이 제정되어 있다. 대표적인 예로서는 국민에게 정기적으로 국가의 정보를 공개하고 특정 국민이 필요로 하는 정보를 제공할 것을

20) Cafeteria Restaurant Workers Union v. McElroy, 367 U.S. 886(1961); Goldberg v. Kelly, 397 U.S. 254(1970).

21) Board of Regents v. Roth, 408 U.S. 564(1972).

22) Vermont Yankee Nuclear Power Corp. v. NRDC, 435 U.S. 519(1978).

의무화하고 있는 行政情報公開法(Freedom of Information Act), 타인의 법적 권리를 침해하는 정보를 공개하지 못하도록 의무화하고 있는 秘密保護法(Privacy Act), 그리고 특정 정부기구의 회의가 있는 경우 이를 국민에게 사전에 告知하고 회의를 공개하도록 의무화하고 있는 政府會議公開法(Government in the Sunshine Act) 등이 있다. 이하에서는 1946년 行政節次法을 중심으로 하여 설명하기로 한다.

나. 行政節次法의 主要 內容

1946년 行政節次法의 내용은 크게 行政立法(rulemaking)에 관한 절차규정과 行政裁決(adjudication)에 관한 절차규정으로 나누어 볼 수 있다.

일반적으로 행정입법절차에는 재판형 청문절차(trial type bearing)가 부여되지 아니하여도 무방하나 행정재결절차에는 재판형 청문절차가 반드시 부여되어야 한다. 행정입법절차는 모든 국민·사안·대상에게 보편적으로 적용되는 절차를 의미하며, 행정재결절차는 특정 개인·사인·대상에게 한정적으로 적용되는 행정절차를 의미한다.[23]

U.S. v. Florida East Coast Railway, 410 U.S. 224(1973)

모든 철도에 공통적으로 적용되는 요금인상은 개별적 사안(fact incividualized)이 아니므로 재판형 청문절차가 의무화되어 있지 아니하다. 그러나, 개별 철도에 대하여 요금을 변경하도록 명령하는 것은 개별사안에 해당되므로 재판형 청문절차를 반드시 부여하여야 한다.

(1) 行政立法節次

行政立法節次(administrative rulemaking procedure)는 연방의회가 제정한 법률을 행정부가 집행하기 위하여 하위법령을 제정·개정·폐지하는 절차이다.[24] 行政立法은 聯邦行政法令集(Code of Federal Regulation: C.F.R.)에 기

23) Londoner v. Denver, 210 U.S. 373(1908); Bi-Metallic Investment Co. v. State Board of Equalization, 239 U.S. 441(1915); United State v. Florida East Coast Railway, 410 U.S. 224(1973); Atkins v. Parker, 472 U.S. 115(1985).

24) 5 U.S.C. § 551(5).

재되어 공고된다. 行政立法節次는 공식적 行政立法節次(formal rulemaking procedure)와 비공식적 行政立法節次(informal rulemaking procedure)의 두 가지 형태로 분류된다.[25] 行政立法節次는 비공식적 行政立法節次가 일반적이다.

a. 非公式的 行政立法節次 비공식적 行政立法節次(informal rulemaking procedure)는 行政立法에 관한 「事前通知」(prior notice), 입법안의 공고 등을 통한 「立法豫告」와 「聽聞會開催」를 통한 이해당사자의 입법참여 등을 主要 內容으로 하고 있다.[26] 따라서 비공식적 行政立法節次를 「事前通知와 意見提出節次」(notice and comment)라고 부르기도 한다. 이해관계인의 의견제출은 문서·구두로 또는 양자의 혼합으로 행하여진다.

비공식적 行政立法節次에서의 聽聞節次는 대체로 陳述型 또는 論爭型 聽聞(speech or argument type hearing)의 형태를 띠고 있다. 비공식 행정입법절차의 경우 어떠한 형태의 절차를 채택할 것인지의 여부는 관련법령의 한도 내에서 행정부의 재량에 따르는 것이 원칙이다.[27]

행정당국은 이해관계인이 제출한 모든 의견을 검토하고 필요한 경우 이를 行政立法에 반영하나, 제출된 의견을 반드시 입법에 반영할 의무를 부담하지 아니한다.[28] 즉 이해관계인이 제출한 의견은 助言(advisory opinion)으로서의 참고자료에 불과하다.

行政立法의 내용이 국민의 권리·의무관계에 영향을 미치지 아니하고, 단지 행정당국의 내부행정절차를 규정하거나 행정지침을 마련하는 경우에는 비공식적 行政立法節次의 기회를 국민에게 제공하지 아니하여도 무방한 것이 원칙이다.

b. 公式的 行政立法節次 공식적 行政立法節次(formal rulemaking

25) 공식적 行政立法節次보다는 非定型的(informal)이나 비공식적 行政立法節次보다는 定型的(formal)인 行政立法節次로서의 소위 兩面的 行政立法節次(hybrid rule making procedure)가 있다. 이러한 兩面的 行政立法節次는 의회가 법률에 明文으로 규정하는 경우도 있으나, 법원(Mobil Oil Corp v. FPC, 483 F. 2d 1238, 1258(D.C. Cir. 1973)이 비공식적 行政立法節次가 국민의 권리보호에 충분하지 못하다고 판단되는 경우 나중에 공식적 行政立法節次를 행하도록 명령하는 경우도 있다. Stephen F. Williarms, "Hybrid Rulemaking" under the Administrative Procedure Act: A Legal and Empirical Analysis, 42 U. Chi. L. Rev. 401 (1975).

26) 5 U.S.C §553.

27) Pension Benefit Guaranty Corp. v. LTV Corp., 496 U.S. 633(1990).

28) Pacific Coast European Conference v. United States, 350 F. 2d 197(9th Cir. 1965).

procedure)는 재판상의 審理節次와 유사한 裁判型 聽聞會(trial type hearing)에서 이해관계인이 문서로 제출한 공식적인 증거를 바탕으로 하여 行政立法을 제정 · 개정 · 폐지하는 절차를 말한다. 공식적 行政立法節次는 비용과 시간이 많이 소모되는 단점이 있으나, 명확한 증거를 바탕으로 이해관계인의 권리 · 의무관계를 반영시킬 수 있다는 장점이 있다.[29] 공식적 行政立法節次는 1946년 行政節次法에 별도의 절차가 따로 규정되어 있는 것이 아니라 1946년 行政節次法 제556조 및 제557조에 규정된 공식적 行政裁決節次를 行政立法節次에 준용하고 있다.[30]

공식적 行政立法節次는 1946년 行政節次法이 아닌 다른 개별법률에서 공식적 行政立法節次를 채택할 것을 明文으로 규정하고 있는 경우에 한하여 예외적으로 채택되는 것이 원칙이고, 그러하지 아니하는 경우 행정당국은 이를 채택하지 아니하여도 무방하다. 즉, 1946년 行政節次法은 다른 개별법률에서 공식적 行政立法節次의 채택을 의무화하고 있는 경우, 여기에 적용될 일반절차를 규정하고 있는 것이다. 예컨대, 『연방 식품 · 의약품 및 화장품법』(Federal Food, Drug and Cosmetic Act)은 "행정관청은 관련 규정을 제정 · 개정 및 폐지하고자 할 때에는 이해관계인에게 이를 통지하고 聽聞節次를 거쳐야 되며, 聽聞의 결과 제시된 실질적 증거(substantial evidence)에 근거하여 관련 규정을 제정 · 개정 · 폐지하여야 한다"고 규정하고 있다. 따라서, 동법을 제정 · 개정 및 폐지하고자 하는 경우에는 1946년 행정절차법에 규정된 공식적 행정입법절차를 적용하게 된다. 다만, 개별법률에서 行政立法節次를 규정하고 있으나, 동 절차가 공식적 절차인지 아니면 비공식적 절차인지의 여부가 명확하지 아니한 경우에는 대체로 행정부의 재량적 판단을 존중하여 주는 것이 일반적이다.[31]

---

29) Robert W. Hamilton, Procedures for the Adoption of Rules of General Applicability: The Need for Procedural Innovation in Administrative Rulemaking, 60 Cal. L. Rev. 1276, 1287-1288(1972).

30) 5 U.S.C. §§ 553(c).

31) United States v. Allegheny-Ludlum Steel Corp., 406 U.S. 742(1972); United States v. Florida East Coast Railway, Co., 410 U.S. 224(1973).

United States v. Allegheny-Ludlum Steel Corp., 406 U.S. 742(1972)

州間商去來法(Interstate Commerce Act) § 1(14)(a)는 "주간상거래위원회(Interstate Commerce Commission)는 聽聞節次 후에(after heraring) 관련 법령을 제·개정하여야 한다"고 규정하고 있다. 주간상거래위원회는 『화물차운송규칙』(car service rule)을 개정하면서 이해당사자에게 聽聞會에서 의견을 구두 또는 문서로 제출할 수 있도록 하였으나, 관련 증거의 제출 및 이를 審問할 수 있는 기회는 부여하지 아니하였다. 즉, 이해관계당사자에게 非公式的 行政立法節次만을 제공한 것이다. 이에 대하여 이해관계당사자는 주간상거래법이 公式的 行政立法節次를 규정하고 있음에도 불구하고 주간상거래위원회가 자의적으로 非公式的 行政立法節次를 제공하였다고 주장하였다. 법원은 동 절차는 광범위한 국민을 대상으로 하고 있으므로 특정 소수 이해관계인을 위한 공식적 입법절차가 제공되어야 하는 것은 아니라고 판결하였다.

(2) 行政裁決節次

行政裁決節次(administrative adjudication procedure)라 함은 행정처분을 내리거나 이의 취소·철회를 하는 절차, 또는 국민의 권리·의무관계에 영향을 미치는 사항에 관한 판정을 내리는 절차를 말한다.

行政裁決節次는 공식적 行政裁決節次(formal adjudication procedure)와 비공식적 行政裁決節次(informal adjudication procedure)의 두 가지 형태로 분류된다. 行政節次法은 公式的 行政裁決節次에 관하여만 규정하고 있다.

a. 公式的 行政裁決節次 공식적 行政裁決節次는 행정처분 등을 내리기 전에 법원의 재판절차와 유사한 형태의 公式的인 聽聞會(trial type adjudicatory hearing)를 거치도록 하는 절차를 말한다.[32] 공식적 行政裁決節次에서는 당사자, 聽聞會의 공식기록, 증거제출절차, 사실조사절차(discovery), 증인·전문가의 채택절차 및 反對審問節次(cross-examination) 등 일반 민사소송절

32) 5 U.S.C. §§ 554, 556, 557. 개별법령도 공식적 行政裁決節次를 규정하고 있는 경우가 있는바(예컨대, Social Security Act, 42 U.S.C. § 405(b)), 1946년 行政節次法의 규정과 이러한 개별법령의 규정이 相衝되는 경우에는 개별법령이 特別法으로서 우선적 효력을 갖는다. Seacoast Anti-Pollution League v. Costle, 572 F. 2d 872(lst Cir. 1978).

차에서 채택되는 일부 소송절차를 채택하고 있다.[33] 물론 공식적 行政裁決節次가 민사소송절차와 반드시 동일하여야 하는 것은 아니다.

공식적 行政裁決節次의 전문성 및 신속성을 확보하기 위하여 대부분의 경우 行政法判事(administrative law judges: ALJS)를 두는 것이 일반적이다.[34] 行政法判事는 공식적 行政裁決節次를 주재하고 행정당국의 장에게 裁決案을 제시(propose order or decision)한다. 최종적인 行政裁決權限은 행정당국의 장이 보유하고 있다. 행정당국의 장은 行政法判事의 裁決案에 구속되지 아니하나 이를 존중하여 따르는 것이 일반적이다.

行政法判事는 공식적 行政裁決節次를 主宰하는 과정에서 관련 行政節次法을 준수하여야 하나, 행정당국은 물론 이해관계인으로부터 독립하여 임무를 수행한다. 이러한 원칙을 「任務獨立의 原則」(separation of functions principle)이라고 한다. 따라서 行政法判事는 행정당국의 지휘·명령을 받지 아니하고 독립적으로 공식적 行政裁決節次를 主宰한다. 또한 行政法判事는 이해관계인에게 사전통지하고 절차에 참여할 수 있는 기회를 부여하는 것 이외에 이해관계인과 접촉하여서는 아니 된다. 이를 「一方當事者 接觸禁止」(ban on exparte contacts)라고 부른다.

b. **非公式的 行政裁決節次** 비공식적 行政裁決節次는 공식적 行政裁決節次가 아닌 行政裁決節次를 말한다. 비공식적 行政裁決節次는 공식적 行政裁決節次에 비하여 훨씬 채택빈도가 높음에도 불구하고 行政節次法은 아무런 규정도 두고 있지 아니하고 있다. 이는 행정부로 하여금 자유로이 비공식적 行政裁決節次의 내용을 정할 수 있는 권한을 부여하고 있는 것으로 보인다.

4. 行政情報公開

가. 意　義

행정부의 행정행위에 관한 정보는 일반국민에게도 공개되고 있다. 『연방민사소송규칙』(Federal Rules of Civil Procedure) 및 『연방형사소송규칙』(Federal Rules of Criminal Procedure)은 정부를 당사자로 하는 민사 또

33) 5 U.S.C. §§ 556, 557.

34) 종래에는 行政法判事를 聽聞主宰官(hearing examiners), 또는 聽聞管理官(hearing officers)이라고 칭하여 왔다.

는 형사소송과 관련하여 법원이 정부에게 관련 증거의 제출명령을 내릴 수 있는 권한을 부여하고 있다.

또한, 『聯邦記錄法』(Federal Records Act)[35]은 연방정부가 의무적으로 작성 · 보관하여야 하는 기록을 규정하고 있다. 『行政情報公開法』(Freedom of Information Act)[36]은 일정 행정정보의 공개를 의무화하고 있으며 『行政會議公開法』(Government in the Sunshine Act)[37]은 일정 행정회의의 공개를 의무화하고 있다. 이하에서는 이러한 행정정보공개에 관하여 간단히 설명하여 보고자 한다.

나. 聯邦民事訴訟節次 및 聯邦刑事訴訟節次

연방민사소송절차 또는 연방형사소송절차에서는 소송에 필요한 자료 또는 증거를 제출하도록 소송의 당사자 또는 제 3 자에게 명령할 수 있는 절차가 있는바, 만일 정부가 보유하고 있는 정보가 소송에 필요한 자료 또는 증거에 해당하는 경우 이의 제출을 명령할 수 있다.[38] 이는 소송과 관련된 행정정보의 공개에 국한된다.

연방민사소송규칙 제34조는 당사자 일방의 타방에 대한 사실조사절차(discovery)를 규정하고 있고, 동법 제45조는 법원이 소송에 관련된 증거를 보관하고 있는 자에게 당해 증거를 제출하도록 명령할 수 있는 절차를 규정하고 있다. 한편, 연방형사소송규칙 제16(a)(1)(C)조는 형사피고인의 변론에 필요한 증거를 행정부가 보관하고 있는 경우 이를 제출하도록 규정하고 있고, 동법 제17(c)조는 소송당사자가 다른 제 3 자로부터 자신의 소송에 필요한 증거를 조사할 수 있는 절차를 규정하고 있다.

그러나 행정부에게는 예외적으로 자신이 보유하고 있는 자료 또는 증거를 제출하지 아니하여도 되는 특권(privilege)이 부여된다. 이러한 특권에는 증거상의 특권(evidentiary privilege)과 행정상의 면책(executive immunity)의 두 가지 형태가 있다. 증거상의 특권이라 함은 군사기밀 및 외교비밀 등

35) 44 U.S.C. Chs. 29-33.

36) 5 U.S.C. § 552.

37) 5 U.S.C. § 552(b).

38) Edward A. Tomlinson, Discovery in Agency Adjudication, 1971 Duke L.J. 89(1971); Note, Discovery of Official Documents and the Official Information Privilege, 76 Colum. L. Rev. 142(1976).

과 같이 공개되는 경우 국익에 커다란 해를 끼치는 정보를 공개하지 아니할 수 있는 특권을 말한다.[39] 행정상의 면책이라 함은 삼권분립의 원칙상 사법부가 행정부 고위층의 업무와 관련해서 정보공개를 요구하여도 이에 응하지 아니할 수 있는 특권을 말한다.[40] 이러한 증거상의 특권 및 행정상의 면책은 어떠한 경우에도 정보를 공개하지 아니할 수 있는 절대적 특권(absolute privilege)이 아니라 國益과 私益間의 利益衡量을 하여 私益이 우선되는 경우 이를 공개하여야 하는 상대적 특권(qualified privilege)이다.

United States v. Nixon, 418 U.S. 683(1974)

야당지도자의 사무실을 도청한 워터게이트(Watergate)사건에서 판사는 연방형사소송절차 제17(c)조의 규정에 따라 닉슨 대통령과 그의 측근간의 대화를 녹음한 테이프를 제출하도록 명령하였다. 이에 대하여 닉슨 대통령은 대통령의 업무상 대화는 삼권분립의 원칙상 법원이 이의 제출을 명령할 권한이 없으며, 또한 행정부의 고위층의 대화(high-level communication)는 공개될 수 없는 절대적 특권(absolute privilege)에 속한다고 주장하였다. 법원은 행정상의 면책(executive immunity)은 절대적 특권이 아니라 公益과 私益間의 利益衡量을 통하여 공개되어도 무방하다고 판단되는 경우 공개될 수 있는 상대적 특권이라고 판결하면서 녹음테이프의 제출을 명령하였다.

다. 行政情報公開法

1966년 『行政情報公開法』(Freedom of Information Act of 1966)[41]은 정부가 보유하고 있는 자료의 공개를 의무화하고 있는 일반법이다.[42]

行政情報公開法에서는 연방행정관청(federal agencies)이 자신이 보유하고 있는 자료(records)를 요구하는 者에게 이를 즉시 제공하여야 한다고 규정하고 있다.[43] 행정관청이 자신이 보유하고 있는 자료를 부당하게 제공하지

39) United States v. Reynolds, 345 U.S. 1(1953).
40) United States v. Nixon, 418 U.S. 683(1973).
41) Pub. L. No 89-487, 80 Stat. 250(1966).
42) G. Larry Engel, Introduction: Information Disclosure Policies and Practices of Federal Administrative Agencies, 68 N.W. U. L. Rev. 184(1973).
43) 5 U.S.C. § 552(a)(3).

아니하는 경우 연방지방법원은 이러한 자료의 제출을 명령할 수 있다.[44)]

Bureau of Nat'l Affairs, Inc. v. DOJ, 742 F. 2d 1484(D.D. Cir. 1984)

최고위층 공무원(top agency official)의 개인적인 약속수첩 및 전화내용메모(personal appointment books and telephone message slip)는 행정자료(agency record)가 아니므로 공개대상에 포함되지 아니한다. 그러나 비서들에게 자신의 일정을 밝히기 위한 일일업무일정(daily agenda)은 행정자료이므로 공개대상에 포함된다.

行政情報公開法은 모든 행정자료를 공개하도록 의무화하는 것이 아니라, 국방기밀 및 외교기밀 등 9개 사항의 행정자료를 공개대상에서 제외하고 있다.[45)]

라. 行政會議公開法

1976년 『行政會議公開法』(Government in the Sunshine Act of 1976)[46)]은 모든 연방행정관청의 회의를 공개하도록 의무화하고 있는 일반법이다. 다만, 行政會議公開法은 10개의 사항을 공개대상에서 제외하고 있으며,[47)] 비공개로 회의를 하는 경우 사전에 찬반투표를 거쳐 이를 결정하여야 한다.[48)]

제 4 절 行政實體法

行政實體法(substantive administrative law)은 연방의회가 제정한 법률상의 목적을 달성하기 위한 행정작용(administrative operation)에 관한 법을 말한다.

---

44) 5 U.S.C. § 552(a)(4)(B).
45) 5 U.S.C. § 552(b).
46) Pub. L. No. 94-409; 5 U.S.C. § 552(b) 이하.
47) 5 U.S.C. § 552b(c).
48) 5 U.S.C. § 552b(d).

미국에서는 행정절차의 경우와 달리 행정법상 행정작용에 관하여 적용되는 一般法은 존재하지 아니한다.[49] 연방의회는 다양한 분야의 연방법률을 제정하고 있으며, 이 중 일부 법률은 당해 법률을 집행할 행정부처 및 집행방법 등을 상세히 규정하고 있다. 따라서, 미국에서는 行政實體法을 교통수송법(transportation law), 환경법(environmental law), 보건법(health law), 증권규제법(securities regulation), 통상법(trade law), 사회복지법(social security law), 세법(Tax law) 및 이민법(immigration law) 등으로 각 주제별(subject)로 분류하여 고찰하는 것이 일반적이다.

행정당국은 법률에서 明示的으로 하부법령에 권한을 委任하고 있는 경우 委任命令을 제정할 수 있으며, 또한 明示的인 委任이 없다 할지라도 법률의 집행을 위하여 당연히 필요한 경우 집행명령을 제정할 수도 있다. 행정명령 또는 결정은 법률의 규정에 따라 羈束行爲(mandatory) 또는 自由裁量行爲(discretionary)로 분류하여 볼 수 있다.

제 5 절 行政救濟法

행정구제제도에는 司法審査制度와 行政上 損害賠償制度 및 行政上 損失補償制度가 있다.

1. 司法審査制度

행정당국의 행정행위에 대하여는 司法審査(judicial review)가 인정되고 있다. 행정행위에 대한 司法審査는 1946년 行政節次法에서 일반적인 범위 및 절차를 규정하고 있고, 또한 개별법률에서도 이를 인정하고 있다. 行政節次法에서 규정하고 있는 司法審査에 관한 내용은 지극히 추상적이고 선언적인 내용으로서 법원에 대한 행정소송법으로서의 구체적인 범위 및 절차를 규정하고 있는 일반법으로 볼 수는 없다고 할 것이다. 개별법률에서 司法審査

49) 우리나라와 같은 大陸法體系에서도 일반적인 行政實體法은 존재하지 아니한다. 다만, 大陸法體系에서는 행정작용에 관한 정교한 이론적 행정법체계가 정립되어 있음에 반하여 英美法體系에서는 이러한 이론적 행정법체계조차 정립되지 아니하고 있다.

를 인정하고 있는 경우 이러한 개별법률은 行政節次法에 대한 특별법으로서 이에 따르는 것이 원칙이다. 사법심사를 규정하고 있는 개별법률이 없는 경우 전통적인 보통법에 따라 사법심사를 청구할 수 있다. 예컨대, 행정행위의 중지명령(injunction and declaratory judgment) 및 이행명령(madamus) 등의 청구가 대표적이다.

미국에서는 행정행위에 대한 司法審査에 대하여 민사소송과는 별도의 행정소송절차를 마련하고 있지 아니하며, 또한 행정소송만을 전담하는 법원이나 판사도 존재하지 아니한다. 따라서 행정행위에 대한 司法審査는 일반 민사소송의 절차에 따라 진행된다. 행정행위에 대한 司法審査는 司法審査의 제한·한계 및 요건(reviewability; availability of judical review)의 문제와 司法審査의 범위(scope of judical review)의 문제로 나누어 고찰되고 있다.

가. 司法審査의 制限 및 限界

司法審査는 실정법에 의해 제한되며, 그 성질상 내재적 한계를 갖는다.

(1) 實定法에 의한 制限

1946년 行政節次法 제704조는 "법률에 의하여 사법구제를 明文으로 허용하고 있는 행정행위, 또는 적합한 사법구제가 규정되어 있지 아니한 최종 행정행위는 司法審査의 대상이 된다"고 규정하고 있다.[50] 다만, 동법 제701(a)조는 (i) 법률이 明文의 규정으로 특정 행정행위에 대한 司法審査를 배제하거나, (ii) 행정부가 自由裁量行爲를 행한 경우에는 司法審査의 대상이 되지 아니한다고 규정하고 있다.

a. 法律에 의한 司法審査의 制限 1946 行政節次法 제701(a)조는 "개별법률에서 특정 행정행위에 대한 司法審査를 배제하고 있는 경우(statutes preclude judicial review) 당해 행정행위는 司法審査의 대상이 되지 아니한다"고 규정하고 있다. 이에 대하여 법원은 "연방의회의 법률이 특정 행정행위에 대한 司法審査를 배제하고 있다는 사실이 「명백하고 확실한 증거」(clear and convincing evidence)에 의하여 뒷받침되는 경우에 한하여 법원은

---

50) 5 U.S.C. §704는 "Agency action made reviewable by statute and final agency action for which there is no adequate remedy in a court are subject to judicial review."라고 규정하고 있다.

司法審査를 허용하지 아니한다"고 판결하고 있다.[51] 즉, 법률에서 明文으로 행정행위에 대한 司法審査를 배제하고 있는 경우를 제외하고는 司法審査가 허용되는 것이 원칙이다. 법률에 의하여 司法審査를 배제하고 있는 대표적인 예가 『轉役軍人管理法』(Veteran's Administration Act) 제211(a)조이다.[52] 同法은 明文의 규정으로 "전역군인관리청이 내린 결정은 최종적이고 종국적이며 미합중국의 어떤 법원도 이에 대한 司法審査를 할 수 없다"고 규정하고 있다.[53] 그러나 연방대법원은 비록 법률에서 행정행위에 대한 司法審査를 배제하고 있는 경우 행정행위에 대한 司法審査는 허용되지 아니하나, 당해 법률의 위헌 여부에 대한 심사는 할 수 있다고 판결하고 있다.[54]

Johnson v. Robinson, 415 U.S. 361(1974)

A는 『轉役軍人管理法』에 의하여 교육보조금의 지원을 신청하였다. 동법에 의한 혜택을 받기 위하여는 현역(active duty)으로 근무하였을 것이 요구되는 바, A는 보충역(alternative duty)으로 근무하였으므로, 전역군인관리청은 A의 신청을 거부하였다. 이에 따라 A는 전역관리청의 신청거부행위에 대하여 사법심사를 신청하였다. 법원은 轉役軍人管理法이 明文의 규정으로 전역군인관리청의 결정에 대한 司法審査를 배제하고 있으므로 전역군인관리청의 A에 대한 신청거부처분은 司法審査의 대상이 되지 아니한다고 판결하였다. 그러나 법원은 『轉役軍人管理法』의 규정이 헌법에 위배되는지의 여부에 관한 違憲審査를 할 수 있다고 판결하였다.

b. **自由裁量行爲에 대한 司法審査의 制限** 1946년 行政節次法 제701(a)조는 "행정행위가 법에 따른 自由裁量行爲"(agency action in committed to agency discretion by law)인 경우에는 당해 행정행위가 司法審査의 대상이 되지 아니한다고 규정하고 있다. 법원은 과연 어떠한 행정부의 행위가 「법에

51) Abbott Laboratories v. Gardner, 387 U.S. 136(1967).
52) 38 U.S.C. § 211(a).
53) 동법 제211(a)조는 The decisions of the Veteran's Administrator "shall be final and conclusive and no other official or any court of the United States shall have power or jurisdiction to review such decisions…"라고 규정하고 있다.
54) Johnson v. Robinson, 415 U.S. 361(1974).

따른 自由裁量行爲」의 개념에 해당하는가에 대하여 법에서 행정부의 재량행위에 대하여 법원이 판단할 만한 어떠한 기준도 제시하고 있지 아니하는 경우(the statute in drawn so that a court would have no meaningful standard against which to judge the agency's exercise of discretion)가 이에 해당된다고 판결하였다.[55] 예컨대, 1947년 『國家保安法』(National Security Act of 1947) 제102(c)조[56]는 "중앙정보국(CIA)의 국장은 미국의 국익을 위하여 필요하다고 판단되는 경우, 언제든지 중앙정보국 소속의 직원을 재량에 의하여 해고할 수 있다"고[57] 규정하고 있는바, 동 조항은 순수한 「법에 따른 재량행위」로서 司法審査의 대상이 되지 아니한다.[58]

Lincoln v. Vigil, 113 S. Ct. 2024(1993)

인디언보건청(Indian Health Service)은 1970년대부터 1980년대에 걸쳐 남서부지방에 거주하는 불구인디언어린이에게 의료혜택을 부여하는 사업(Indian Children's Program)을 실시하였다. 1985년에 인디언보건청은 종전의 사업을 중지하고 동 사업을 전국적으로 확대하였는바, 이에 대하여 법원은 인디언보건청의 사업변경은 自由裁量行爲로서 司法審査의 대상이 되지 아니한다고 판결하였다.

한편, 1946년 行政節次法 제10(e)조는[59] 행정관청이 自由裁量行爲를 남용하는 경우 법원은 이를 무효로 할 수 있다고 규정하고 있다. 동조는 두 가지로 해석되고 있다. 첫째는 행정관청은 自由裁量行爲를 남용할 수 없으며, 이 경우 司法審査의 대상이 된다는 견해이고, 둘째는 행정관청의 행위가 일단 自由裁量行爲에 해당된다면 어떠한 경우에도 司法審査의 대상이 되지 아니한다는 견해이다. 대체로 후자의 견해가 우세한 편이다.[60]

---

55) Heckler v. Chaney, 470 U.S. 821(1985); Franklin v. Massachusetts, 112 S. Ct. 2767(1992).

56) 61 Stat. 498, 50 U.S.C. § 403(c).

57) 동법 제102(c)조는 The Director of CIA "may, in his discretion, terminated the employment of any officer or employee of the Agency whenever he shall deem such termination necessary or advisable in the interests of the United States…"라고 규정하고 있다.

58) Webster v. Roe, 486 U.S. 592(1988).

59) 5 U.S.C. §§ 701, 706.

60) Panama Canal Co. v. Grace Lime, 356 U.S. 309(1958); Curran v. Laird, 420 F. 2d 122

⑵ 司法審査의 性質에 의한 內在的 制限

행정행위에 대한 司法審査는 사법권의 내재적 성질에 의하여 제한을 받는다. 이는「행정행위」의 특성으로 인한 司法審査의 제한문제가 아니라「司法審査 自體」의 내재적 성질에 기인하는 司法審査의 제한문제이다.

우선 司法審査는「구체적인 사건」(case and controversy)에 한하여 허용된다. 미국헌법본문 제 3 조 제 2 항은 구체적 사건의 해결을 위하여만 사법권의 행사를 인정하고 있다. 무엇이 구체적 사건인가에 대하여는 대체르 (i) 대립하는 당사자(adversary party), (ii) 진정한 소의 이익(real interest), (iii) 실질적인 분쟁(actual controversies) 및 (iv) 구체적인 사건(concrete case) 등의 요건이 충족되어야 한다.[61]

한편 司法審査는 정치문제(political question) 등의 통치행위에는 허용되지 아니하는 것이 원칙이다.

나. 司法審査의 要件

⑴ 原告適格

原告適格이라 함은 행정행위에 대하여 司法審査를 청구할 수 있는 자격을 갖추고 있는 者를 말한다.

原告適格에 관하여는 1946년 行政節次法이 제정되기 이전부터 (i) 법적 권리설(legal right test)[62]과 (ii) 이익설[63](interest test)이 대립되어 왔다. 그러나 대체로 법적 권리설이 통설로 인정되어 왔는바, 법적 권리설이라 함은 행정행위로 인하여 자신의 법률상의 권리가 침해된 者만이 原告適格을 갖는다는 견해를 말한다. 이 경우 직접적인 피해자는 물론 제 3 자도 原告適格을 갖게 된다. 이익설이라 함은 행정행위로 인하여 법적 권리가 침해된 경우는 물론 이익이 침해된 경우에도 原告適格을 갖는다고 하여 原告適格의 범위를

(D.C. Cir. 1969).

61) 상세한 내용은 Lea Brilmayer, The Jurisprudence of Article Ⅲ: Perspectives on the "Case or Controversy" Requirement, 93 Harv. L. Rev. 297(1979); David A. Logan, Standing to Sue: A Proposed-Separation of Powers Analysis, 1984 Wis. L. Rev. 37(1984) 참조.

62) Alexander Sprunt & Son, Inc. v. United States, 281 U.S. 249(1930); Tennessee Electric Power Co. v. Tennessee Valley Authority, 306 U.S. 118(1939).

63) Federal Communications Commission v. Sanders Bros. Radio Station, 309 U.S. 470 (1940).

넓게 보는 견해이다.

原告適格에 대하여 1946년 行政節次法 제10(a)조는[64] "(i) 행정행위로 인하여 법적 권리가 침해당하였거나, 또는 (ii) 행정행위에 의하여 영향을 받거나, 불이익을 받은(adversely affected or aggrieved) 者는 司法審査를 청구할 권리가 있다"고 규정하고 있다.[65] 1946년 行政節次法이 原告適格을 明文으로 규정하게 됨에 따라 법원들은 同法의 기준을 原告適格의 해석기준으로 삼고 있으나, 판례는 同法이 기존의 법적 권리설 또는 이익설 중 어느 하나를 선택하여 明文으로 입법화한 것이 아니라 단순히 기존의 판례를 반영하여 하나의 법적 기준을 제시한 것에 불과하다고 해석하고 있다. 이에 따라, 최근에는 原告適格의 기준으로서 (i) 原告가 사실상 손해를 받았을 것(injury in fact), (ii) 原告의 침해된 이익이 관련 법률에서 보호되는 범위에 존재하거나 헌법적 보호를 받는 이익일 것(within the zone of interests to be protected or regulated by the statute or constitutional guarantee in question)의 두 가지 요건을 제시하고 있다.[66]

Sierra Club v. Morton, 405 U.S. 727(1972)

A 클럽은 디즈니랜드회사가 캘리포니아의 어느 계곡에 관광단지를 조성하려고 하자, 이러한 관광단지는 자연의 경관을 훼손하고 자연적·역사적 가치를 손상할 뿐 아니라 야생동물의 생태계를 파손하여 後世(future generation)의 사람들이 당해 계곡을 더 이상 享有할 수 없게 될 것이라고 주장하면서 이러한 계획을 승인한 행정관청을 상대로 승인취소청구소송을 제기하였다. 이에 대하여 대법원은 관광단지의 형성이 '사실상의 손해'를 가져오는 것은 확실하며 이 정도의 손해라면 訴를 提起할 수 있는 요건을 충족시킬 수 있으나, A클럽은 이러한 손해를 입는 당사자가 아니므로 사법구제를 받을 수 없다고 판결하였다.

---

64) 5 U.S.C. §702.

65) 동법 제10(a)조는 "A person suffering legal wrong because of agency action, or adversely affected or aggrieved by agency action within the meaning of a relevant statute, is entitled to judicial review there of"라고 규정하고 있다.

66) Association of Data Processing Service Organization v. Camp, 397 U.S. 150(1970); Barlow v. Collins, 397 U.S. 159(1970).

첫번째 요건은 헌법본문 제 3 조 제 2 항의 구체적 사건(case and controversy)에 관한 기준과 사실상 동일하다. 두번째 요건은 1946년 行政節次法 제10조의 原告適格을 해석한 기준으로서 그 내용은 명확하지 아니하나, 법적 권리설보다는 넓은 개념인 것으로 파악되고 있다.

(2) 成熟性 및 行政救濟節次前置主義

사법구제를 청구하기 위하여는「成熟性 및 行政救濟節次前置主義」(ripeness and exhaustion)의 원칙을 충족하여야 한다.

「성숙성」(ripeness)의 원칙이라 함은 행정행위의 절차가 완전히 종료되고(finality), 당해 행정행위로 인하여 개인이 당장의 직접적인 부정적 영향(immediate and direct adverse impact)을 받은 이후에야 비로소 司法審査를 청구할 수 있다는 원칙을 말한다.[67]

Abbott Laboratories v. Gardner, 387 U.S. 136(1967)

「식료 · 의약품위원회」의 위원장은 관련 법률의 규정에 따라 의약품 포장용기의 표면에 의약품의 공식명칭과 상품명칭을 함께 표기하여 부착할 것을 의무화하고 이를 위반하는 경우 형사 · 민사상의 제재를 부과하는 내용의 규칙을 제정 · 공포하였다. 이에 대하여 의약품 생산업자는 동 규칙이 자신들의 법적 권리를 침해한다고 판단하여 법원에 사법구제를 신청하였고, 행정관청은 의약품 생산업자들이 동 규칙을 위반하여 형사 · 민사상의 제재를 받은 경우에 한하여 사법구제가 허용된다고 주장하였다. 법원은 의약품 생산업자들이 형사 · 민사상의 제재를 받기 이전이라도(pre-enforcement challenges) 성숙성의 원칙을 충족하고 있으므로 司法救濟가 허용된다고 판결하였다.

한편,「行政救濟節次前置主義」의 原則이라 함은 관련 법령에서 행정심판 등 권리구제를 위한 행정적 구제절차를 규정하고 있는 경우 이러한 행정적 구제를 모두 거친 후에야 비로소 사법구제를 신청할 수 있다는 원칙을 말한다.

「成熟性」의 原則 및「行政救濟節次前置主義」의 原則은 헌법본문 제 3 조

67) United States v. Los Angels & S.L.R.R., 273 U.S. 299(1927).

제 2 항에서 규정하고 있는 「구체적 사건」(case or controversy)조항의 파생적인 원칙이다. 즉, 행정행위가 종료되고 모든 행정구제절차가 완료되어 법원의 재판대상이 될 수 있을 정도의 「구체적 사건」에 해당되어야 함을 의미한다. 1946년 行政節次法도 「成熟性」의 원칙 및 「行政救濟節次前置主義」의 원칙을 간접적으로 규정하고 있다. 동법 제12조는 사법구제를 '다른 구제수단으로서는 구제할 수 없는 최종적인 행정행위'에 한하여 허용한다고 규정하고 있다.[68]

Myers v. Bethlehem Shipbuilding Corp., 303 U.S. 41(1938)

사업자 A는 근로자의 勤勞三權을 침해하는 不當勞動行爲를 함으로써 『全國勞使關係法』(National Labor Relations Act)을 위반하였다는 이유로 「전국노사관계위원회」에 의하여 提訴를 당하였다. 『全國勞使關係法』에 의하면 부당노동행위사건에 대하여는 「전국노사관계위원회」에 의한 심판절차를 거친 후에 이에 불복하는 경우 법원에 司法救濟를 신청할 수 있도록 규정되어 있다. A는 자신이 「全國勞使關係法」의 적용대상이 아니라고 주장하면서 법원에 직접 사법구제를 신청하였으나, 법원은 「行政救濟節次前置主義」의 원칙에 따라 「전국노사관계위원회」에 의한 事前節次를 거친 후에 법원에 提訴하도록 판결하였다.

다. 司法審査의 範圍

행정행위에 대한 司法審査의 범위에 대하여는 여러 가지 기준이 법원의 판례에 의하여 제시되고 있다.

일반적으로 「법률문제」(question of law)는 司法審査의 대상이 되나, 「사실문제」(question of fact)는 「실질적 증거」(substantial evidence)에 의하여 뒷받침되지 아니하는 경우에 한하여 司法審査의 대상이 된다는 것이 보통법상의 원칙이다.

그러나 과연 무엇이 법률문제이고 무엇이 사실문제인지를 구분할 수 있는 기준은 명확하지 아니하다. 대체로 (i) 행정행위의 위헌성 판단 여부,[69]

68) 동법 제12조는 "final action for which there in no other adequate remedy in a court"에 한하여 사법구제를 허용한다고 규정하고 있다. 5 U.S.C. § 704.

69) Marbury v. Madison, 5. U.S.(1 Cranch) 137(1803); Cooper v. Aaron, 358 U.S. 1(1958).

(ii) 행정권한의 濫用 · 逸脫(ultra vires)의 심사, (iii) 법률내용의 최종적인 해석 등은 법률문제에 해당된다.

NLRB v. Hearst, 322 U.S. 111(1944)

『全國勞使關係法』(National Labor Relations Act)은 근로자를 고용하고 있는 '사용자'(employee)에게 적용되고 있다. A신문사는 신문판매기(street vendor)를 길거리에 설치하고 이를 신문판매원(newsboys)이 관리하도록 하여 왔다. A신문사는 신문판매원이 普通法 및 制定法上의 독립계약자(independent contractor)로서 자신은 신문판매원의 고용인이 아니므로 『全國勞使關係法』상의 '사용자'개념에 해당되지 아니하고 따라서 동법의 적용대상이 아니라고 주장하였다. 이에 대하여 「전국노사관리위원회」는 A신문사가 『全國勞使關係法』상의 '사용자'개념에 해당되므로 신문판매원의 勤勞三權을 침해하여서는 아니 된다고 주장하였다. 법원은 (i) A신문사가 『全國勞使關係法』상의 '사용자'개념에 해당되는지의 여부는 법해석의 문제로서 이는 법률문제(question of law)이므로 법원의 司法審査의 대상이 되고, (ii) 『全國勞使關係法』을 A신문사에 적용할 것인지의 판단문제는 「전국노사관리위원회」의 배타적인 권한으로서 이는 사실문제(question of fact)이므로 司法審査의 대상이 되지 아니한다고 판결하였다.

1946년 行政節次法 제10조는[70] 다음과 같이 司法審査의 범위를 규정하

70) 5 U.S.C. § 706. 동조는 다음과 같이 규정하고 있다.

To the extent necessary to decision and when presented, the reviewing court shall decide all relevant questions of law, interpret constitutional and statutory provisions, and determine the meaning or applicability of the terms of an agency action. The reviewing court shall——

(1) compel agency action unlawfully withheld or unreasonably delayed; and

(2) hold unlawful and set aside agency action, findings, and conclusions found to be——

(A) arbitrary, capricious, an abuse of discretion, or otherwise not in accordance with law;

(B) contrary to constitutional right, power, privilege, or immunity;

(C) in excess of statutory jurisdiction, authority, or limitations, or short of statutory right;

(D) without observance of procedure required by law;

(E) unsupported by substantial evidence in a case subject to sections 556 and 557 of this title or otherwise reviewed on the record of an agency hearing provided by statute; or

(F) unwarranted by the facts to the extent that the facts are subject to trial de novo by the reviewing court.

고 있는바, 동 규정이 「법률문제」와 「사실문제」를 구분하는 최종적인 기준을 제시하고 있는 것은 아니다.

5 U.S.C. § 706(Scope of Review)

법원은 관련 법률문제를 결정하고, 헌법과 법률을 해석하며, 행정행위의 의미 및 적용가능성을 심사한다. 법원은 (1) 행정처분을 불법적으로 보류하거나 비합리적으로 연기하는 경우 이를 행하도록 강제하고, (2) 다음과 같은 행정처분, 발견 및 결론을 위법·무효로 판결한다. (A) 恣意的·專斷的이거나 재량권을 남용하는 등 위법행위의 경우, (B) 헌법상의 권리, 권한, 특례 또는 면책에 위반하는 경우, (C) 관할권, 권한, 제한 또는 법적 권리를 일탈하는 경우, (D) 법적 절차를 준수하지 아니하는 경우, (E) 法廷聽聞節次에서 검토된 증거 등 실질적 증거에 의하여 뒷받침되지 아니하는 경우, (F) 사실(fact)이 再審法院에서 처음으로 다루어지는 때에 사실에 의하여 증명(unwarranted)되지 아니하는 경우.

법원은 사실문제에 대하여 司法審査를 하지 아니하는 것이 원칙이다. 그러나 사실문제가 (i) 恣意的 또는 專斷的(arbitrary or capricious)인 경우, (ii) 실질적 증거(substantial evidence)에 의하여 뒷받침되지 아니하는 경우 또는 (iii) 사실문제가 再審法院에서 처음 다루어지는 경우(de nove)에는 司法審査의 대상이 된다.

행정부의 법령해석에 대하여는 사법심사의 대상이 되나, 사법부는 행정부의 해석을 그대로 인정하여 주는 것이 일반적이다.[71] 다만, 상기 법령해석이 헌법적 문제를 내포하고 있을 때에는 엄격한 사법심사를 하고 있다.[72] 한편, 행정부 내의 자치법령의 해석에 대하여 사법부는 이를 그대로 인정하고 있다.[73]

In making the foregoing determinations, the court shall review the whole record or those parts of it cited by a party, and due account shall be taken of the rule of prejudicial error.

71) Chevron, U.S.A. v. Natural Resources Defense Council, 467 U.S. 867(1984).

72) Miller v. Johnson, 515 U.S. 900(1995); Solid Waste Agency of Northern Cook County v. Army Corps of Engineers, 531 U.S. 159(2001).

73) Thomas Jefferson Univ. v. Shalala, 512 U.S. 504(1994); Auer v. Robbins, 519 U.S. 452 (1997).

2. 行政上 損害賠償制度

행정관청의 위법한 행정행위로 인하여 재산·신체상의 손해를 입은 私人은 행정관청을 상대로 하여 行政上 損害賠償訴訟(damages in tort)을 제기할 수 있다.

가. 損害賠償責任의 主體

(1) 政府의 損害賠償責任

전통적인 普通法(common law)하에서는 "王은 잘못을 행하지 아니한다"(The King can do no wrong)라는 전통 아래 국가는 損害賠償責任의 주체가 되지 아니하였다. 이를 「國家免責의 原則」(Doctrine of Sovereign Immunity)이라고 한다. 「國家免責의 原則」에 따라 국가는 자신이 동의(consent)하지 아니하는 경우 불법행위로 인한 민사소송의 被告가 될 수 없다.[74] 따라서 미국의 연방정부는 물론 주정부도 자신이 동의하지 아니하는 경우에는 민사소송의 被告가 되지 아니한다.[75] 다만, 공공기업체(municipal corporation)가 수도·가스·전기 및 운송사업 등의 私人的 機能(propriety function)을 행하는 경우에는 불법행위로 인한 損害賠償訴訟의 被告가 될 수 있다.[76] 이러한 「國家免責의 原則」은 국가와 私人을 차별하여 헌법상 평등권을 의반하는 것이 아니다.[77]

최근에는 明文의 법률규정으로 또는 법원판결에 의하여 연방정부 또는 주정부의 損害賠償責任을 인정하는 경우가 있다. 예컨대, 1946년 『聯邦損害賠償法』(Federal Tort Claims Act of 1946)이 대표적인 경우이다. 또한 다수의 개별법률이 특정 행정기구 또는 특정 행정행위에 대한 손해배상책임을 인정하고 있다. 연방의회가 成文法을 제정하여 정부의 손해배상책임을 인정하는 것은 「國家免責의 原則」에 의한 자신의 면책권을 스스로 포기하는 것으로

74) Russel v. Men of Devon, 100 Eng. Rep. 359(1798).

75) Harold J. Krent, Reconceptualizing Sovereign Immunity, 45 Vanderbilt L. Rev. 1529 (1992).

76) 다만, 공공기업체도 정부기능(govermental function)을 행하는 경우에는 민사소송의 피고가 되지 아니한다는 것이 일반적인 견해이다.

77) Martinez v. California, 444 U.S. 277(1980).

간주되고 있다. 연방정부는 1976년 법개정으로 금전적 손해배상(Money damage)를 제외한 모든 부분에서 「국가면책의 원칙」을 포기하였다.[78)]

1946년 聯邦損害賠償法은 「國家免責의 原則」을 포기하고 (i) 공무원의 過失 등으로 인한 作爲·不作爲(negligence or other wrongful act or omission)[79)] 및 (ii) 사법·경찰직 공무원이 행한 일부 고의적 불법행위(intentional tort)[80)]에 대하여는 정부의 손해배상책임을 인정하고 있다. 다만, 同法은 예외규정을 두어 (i) 다수의 故意的 不法行爲, (ii) 無過失不法行爲 및 (iii) 自由裁量行爲에 대하여 불법행위책임을 배제하고 있다.[81)]

---

78) Department of Army v. Blue Fox, Inc., 525 U.S. 255(1999).

79) 28 U.S.C. § 1346(b).

80) 28 U.S.C. § 2680(h).

81) 28 U.S.C. § 2680은 다음과 같이 규정하고 있다.

The provisions of this chapter and section 1346(b) of this title shall not apply to——

(a) Any claim based upon an act or omission of an employee of the Government, exercising due care, in the execution of a statute or regulation, whether or not such statute or regulation be valid, or based upon the exercise or performance or the failure to exercise or perform a discretionary function or duty on the part of a federal agency or an employee of the Government, whether or not the discretion involved be abused.

(b) Any claim arising out of the loss, miscarriage, or negligent transmission of letters or postal matter.

(c) Any claim arising in respect of the assessment or collection of any tax or customs duty, or the detention of any goods or merchandise by any officer of customs or excise or any other law-enforcement officer….

[(d) Claims relating to admiralty matters for which other remedies are available.]

[(e) Claims arising out of administration of the Trading With the Enemy Act.]

(f) Any claim for damages caused by the imposition or establishment of a quarantine by the United States….

(h) Any claim arising out of assault, battery, false imprisonment, false arrest, malicious prosecution, abuse of process, libel, slander, misrepresentation, deceit or interference with contract rights: Provided, That, with regard to acts or omissions of investgative or law enforcement officers of the United States Government, the provisions of this chapter and section 1346(b) of this title shall apply to any claim arising, on or after the date of the enactment of this proviso, out of assault, battery, false imprisonment, false arrest, abuse of process, or malicious prosecution. For the purpose of the subsection, "investigative or law enforcement officer" means any officer of the United States who is empowered by law to execute searches, to seize evidence, or to make arrests for violations of Federal law.

(i) Any claim for damages caused by the fiscal operations of the Treasury or by the regulation of the monetary system.

(j) Any claim arising out of the combatant activities of the military or naval forces, or the Coast Guard, during time of war.

(k) Any claim arising in a foreign country.

Feres v. United States, 340 U.S. 135(1950)

군인 A는 군복무 도중 안전하지 못한 兵舍(barracks)의 틈괴로 인하여 신체상의 손해를 입게 되자 정부를 상대로 過失에 의한 불법행위에 기하여 損害賠償訴訟을 제기하였다. 1946년 연방손해배상법(28 U.S.C. §2680(j))은 "전쟁중 전투행위로 인하여 발생된 손해"에 대하여 정부를 상대로 불법행위소송을 제기할 수 없다고 규정하고 있는바, A는 전쟁중이 아닌 단순한 군복무중에 손해를 입었으므로 소송을 제기할 수 있다고 판단하였다. 그러나 법원은 同法의 규정을 넓게 해석하여 비단 전쟁중이 아닐지라도 군복무중에 신체상의 손해를 입었다면 정부를 상대로 소송을 제기할 수 없다고 판결하였다.

⑵ 公務員 個人의 損害賠償責任

공무원 개인은 대통령, 판사, 상·하원의원 및 장관·각료 등과 같은 고급공무원(high-ranking officer)과 그 이외의 하급공무원(lower-level officer)으로 나누어 볼 수 있다.

고급공무원은 소위 「절대적 면책」(absolute immunity from liability)이 인정되는바, 이는 고급공무원이 자신의 업무상 범위 안에서 행한 「모든 행위」에 대하여 「어떠한」 불법행위책임도 부담하지 아니하는 것을 말한다.[82)]

예컨대, 연방대통령은 재직기간 동안 (i) 민사소송의 대상이 되지 아니하나,[83)] (ii) 형사소추의 대상은 되며,[84)] (iii) 공직수행과 관련없는 사적인 행동에 대해서는 민사책임을 부담한다.[85)]

연방 및 주의 판사[86)] 및 상·하원위원[87)]들도 절대적 면책특권을 향유

(l) Any claim arising from the activities of the Tennessee Valley Authority.

(m) Any claim arising from the activities of the Panama Canal Company.

(n) Any claim arising from the activities of a Federal land bank, a Federal intermediate credit bank, or a bank for co-operatives.

82) Barr v. Matteo, 360 U.S. 564(1959).

83) Nixon v. Fitzgerald, 457 U.S. 731(1982).

84) U.S. v. Nixon, 418 U.S. 683(1974).

85) Clinton v. Jones, 520 U.S. 681(1997).

86) Stump v. Sparkman, 435 U.S. 349(1978).

87) 연방의원 : Gravel v. U.S., 408 U.S. 606(1972); 주의원 : Tenney v. Brandhove, 341 U.S. 367(1951).

한다.

이에 반하여 하급공무원은 소위 「상대적 면책」(qualified immunity from liability)만이 인정되는바, 이는 하급공무원이 자신의 업무상 범위 안에서 행한 「過失行爲」에 한하여 불법행위책임이 면제되는 것을 말한다.

또한 공무원의 過失로 인한 불법행위에 대하여 손해배상책임을 인정하는 경우에도 피해자로 하여금 '過失'의 존재를 반드시 입증하도록 요구하고 있다.[88] 따라서 법률에서 「無過失不法行爲」를 인정하고 있는 경우 공무원이 無過失에 의한 불법행위를 행하였다 할지라도 공무원의 過失이 입증되지 아니하는 한 피해자는 공무원의 無過失責任을 주장할 수 없다.

나. 損害賠償의 節次

정부의 행정상 損害賠償責任에 관한 소송은 普通法上의 不法行爲法(common law of tort)을 따르는 것이 원칙이다. 그러나 聯邦損害賠償法은 普通法上의 不法行爲法과 다른 예외적인 규정을 두고 있다. 聯邦損害賠償法에 의한 소송에서는 (i) 陪審員에 의한 재판이 인정되지 아니하고,[89] (ii) 懲罰的 損害賠償(punitive damages)이 인정되지 아니하며,[90] (iii) 行政救濟節次前置主義(exhaustion of administrative remedy)를 채택하고 있다.[91]

McNeil v. United States, 113 S. Ct. 1980(1993)

聯邦損害賠償法에 의한 損害賠償請求訴訟을 제기한 지 4개월이 경과하였으나, 原告가 사전적 행정구제절차를 거치지 아니하는 것은 訴訟棄却의 사유가 된다.

---

88) Laird v. Nelms, 406 U.S. 797(1972); Watson v. Alexander, 532 F. Supp. 1004(E.D.Tex. 1982).

89) 28 U.S.C. § 2402; Glidden v. Zdanok, 370 U.S. 530(1961).

90) 28 U.S.C. § 2674.

91) 28 U.S.C. §§ 2675; McNeil v. United States, 113 S. Ct. 1980(1993).

다. 憲法上의 不法行爲責任

앞에서 고찰한 행정상 損害賠償責任은 普通法上의 불법행위책임(common law tort) 또는 成文法上의 불법행위책임(statutory tort)에 근거한 것이었다. 이뿐 아니라 정부는 헌법상의 불법행위책임(Constitutional tort)도 부담하고 있다.

헌법상의 불법행위책임이라 함은 공무원이 개인의 헌법상 권리를 침해하는 경우 이에 대한 손해배상책임을 부담하는 것을 말한다. 예컨대, 1871년 『民權法』(Civil Right Act of 1971)[92]은 주정부산하의 지방자치단체 공무원이 州法의 집행을 위한 업무수행이라는 명목하에(acting under the color of state law), 타인의 헌법상 권리를 침해하는 경우 당해 공무원의 불법행위로 인한 損害賠償責任(tort damages)을 부담한다고 규정하고 있다. 同法은 「州法」을 집행하는 경우에 적용된다고 규정하고 있으나, 법원은 이를 「연방법」의 집행에도 적용되는 것으로 확대해석하고 있다.[93] 그러나, 주 또는 주 공무원에 대한 소송제기는 인정되지 아니하며 지방자치단체 공무원에 대한 소송만이 인정된다.[94]

3. 行政上 損失補償制度

가. 意　義

미국 제5차 헌법개정조항은 "개인의 사유재산을 공공사용을 위하여 수용하는 경우에는 반드시 正當한 補償을 하여야 한다"고 규정하고 있다.[95] 따라서, 연방행정부는 물론 주행정부도 개인의 재산을 수용하는 경우에는 반드시 行政上 損失補償을 하여야 한다.[96] 정부가 公共收用을 할 수 있는 권한을 普通法上 「公共收用權」(power of eminent domain)이라고 부른다.

92) 42 U.S.C. §1983. 同法을 『KKK단법』(Ku Klux Klan Act)이라고 부르기도 한다. 단순히 「1983조」라고 약칭하기도 한다.

93) Bivens v. Six Unknown Named Agents, 403 U.S. 388(1971).

94) Will v. Michigan Department of State Police, 491 U.S. 58(1989).

95) 미국 제5차 헌법개정조항은 "…nor shall private property be taken for public use, without just compensation."이라고 규정하고 있다.

96) 미국 제5차 헌법개정조항은 연방정부에만 적용되는 것이 원칙이나, 제14차 헌법개정조항에 의한 適法節次의 원리에 따라 주정부에도 확대적용되고 있다.

行政上 損失補償에 관한 일반 制定法은 존재하지 아니하며, 주로 普通法의 법리가 적용되고 있다.

나. 主要 內容

(1) 公共收用

미국 제5차 헌법개정조항은 "정부는 개인의 재산을 「公共收用」(taking)할 수 있다"고 규정하고 있다. 公共收用(taking)의 범위는 정부가 개인재산의 소유권을 취득하는 재산의 수용에 국한되는 것이 아니라 재산의 사용 및 제한에도 확대적용되는 것으로 해석되고 있다. 예컨대, 소유권의 이전은 물론 사유지의 토양 또는 물(soil or water)을 제거하거나 사유지에 무단으로 들어가는 행위, 사유지를 일반 대중에게 개방하는 행위[97] 등은 모두 公共收用에 포함된다.

Loretto v. Teleprompter Manhattan CATV Corp., 458 U.S. 419(1982)

건물주의 반대에도 불구하고 민간케이블 TV회사가 아파트 건물에 임의로 케이블 TV회선을 설치할 수 있도록 허용하고 있는 법률의 제정은 물리적 침해행위(physical invasion)로서 公共收用에 해당된다.

United States v. Causby, 382 U.S. 256(1946)

인근에 있는 공군비행장의 비행기가 양계장 바로 위를 낮게 비행함으로써 양계장 닭들의 산란률이 저하되어 양계장이 사업을 영위할 수 없게 되었다. 이에 따라 양계장 주인은 정부를 상대로 손해배상을 청구하였다. 법원은 「國家免責의 原則」에 의하여 정부는 損害賠償責任을 부담하지 아니하나, 개인의 토지 상공 위로 비행하여 토지의 使用價値를 저하시키는 행위는 타인의 토지 위에 사실상의 地役權을 설정하는 소위 逆收用[98](inverse condemnation)에 해당되므로 정부는 이에 대한 損失補償을 하도록 판결하였다.

---

97) Kaiser-Aetna v. United States, 444 U.S. 164(1979).

98) 逆收用(inverse condemnation)이라 함은 정부가 공식적인 公共收用 행위를 하지 아니하였으나, 사실상 이를 행한 것으로 간주하여 公共收用을 당한 개인에게 補償請求權을 인정하는

행정행위는 그 성질상 당연히 개인 재산권의 행사를 어느 정도 제한하게 된다. 이 경우 정부는 개인에 대해 아무런 보상도 하지 아니하는바, 이러한 정부의 권한을 정부의 「規制權限」(police power)이라고 한다. 따라서, 과연 어떠한 행정행위가 개인의 재산권을 제한하는 경우 이것이 행정부의 「規制權限」의 행사에 해당되어 정당한 보상을 필요로 하지 아니하는 행위인지, 아니면 「公共收用」에 해당되어 정당한 보상을 하여야 하는 행위인지의 여부가 문제시된다.

이에 대하여 행정부의 재산권 제한행위가 일반개인을 「危害」(harm)로부터 보호하기 위함을 목적으로 하는 경우에는 행정부의 「規制權限」에 속하나, 「公共福祉」(public benefit)를 향상시키는 것을 목적으로 하는 경우에는 행정부의 「公共收用」에 해당된다는 것이 종래의 대법원의 태도이었다.[99] 또한, 행정행위는 어느 정도 재산권을 제한하는 것이 당연한 귀결이나, 그 제한의 정도가 "재산의 경제적 가치를 지나치게 감소시키는 경우"(diminution in economic value goes too far)에는 「公共收用」에 해당되나, 그러하지 아니한 경우에는 「規制權限」에 해당된다는 것이 대법원의 또 다른 판례이다.[100] 최근의 대법원판례는 개인의 재산권이 침해되었을지라도 그 재산을 다른 용도로 사용할 수 있어 재산의 경제적 가치가 크게 손상되지 아니한 경우에는 「公共收用」에 해당되지 아니한다고 판결하고 있다.[101]

(2) 公共使用

미국 제 5 차 헌법개정조항은 公共收用의 목적을 「公共使用」(public use)으로 규정하고 있다. 따라서, 公共收用의 목적을 반드시 일반공공이 수용된 재산을 사용하는 경우도 좁게 해석하는 경우도 있다. 그러나 公共收用의 목적에는 대체로 「公共使用」은 물론 「공공목적의 달성」(benefit of public)도 이에 포함되는 것으로 넓게 해석하는 것이 일반적이다. 예컨대, (i) 도시재개발사업(urban renewal),[102] (ii) 재산의 公共收用 후 민간에의 재분양,[103] (iii) 소수에게 집중된 재산의 분산[104] 등이 모두 공공목적의 달성에 포함된다.

것을 말한다.

99) Hadachek v. Sebastian, 239 U.S. 394(1915).
100) Pennsylvania coal Co. v. Mahon, 260 U.S. 393(1922).
101) Penn Central Transportation Co. v. New York City, 438 U.S. 104(1978).
102) Berman v. Parker, 348 U.S. 26(1954).
103) Poletown Neighborhood Council v. City of Detroit, 304 N.W. 2d 455(Mich. 1981).
104) Hawaii Housing Authority v. Midkiff, 104 S. Ct. 2321(1984).

Hawaii Housing Authority v. Midkiff, 104 S. Ct. 2321(1984)

하와이는 전통적인 토지상습제도에 의하여 섬의 절반 이상이 극소수의 대지주에게 소유되어 있었고, 대부분의 섬주민은 소작농 생활을 하였다. 하와이 주의회는 법률을 제정하여 대지주의 토지를 公共收用한 후 소작농에게 토지의 소유권을 이전하도록 하였다. 법원은 무엇이 公共收用의 개념에 포함되는가의 판단은 합리성을 상실하지 아니하는 한 의회의 권한에 속하는 것이므로 이는 合憲的인 公共收用에 해당된다고 판결하였다.

(3) 正當한 補償

公共收用을 하는 경우 이에 대한 「정당한 보상」(just conpensation)을 하여야 한다. 이 경우 정당한 보상이라 함은 公共收用되는 재산의 「公正市場價格」(fair market value)을 보상하는 것이 원칙이다. 소유자의 이주비용 등은 정당한 보상에 포함되지 아니하는 것이 일반적이다. 그 이유는 이주비용 등은 "일반국민으로서 당연히 부담하여야 할 의무"의 일부분(part of the burden of common citizenship)에 해당되기 때문이다.[105]

---

105) United States v. 564.54 Acres of Land, 441 U.S. 506(1979).

제 8 장 民事訴訟法

제 1 절 概　　說

私人간에 민사분쟁이 발생한 경우 법원이 분쟁을 해결하여 당사자간의 권리·의무관계를 확정하는 절차가 민사소송절차이다.

미국의 경우 연방정부는 물론 개별 州도 서로 다른 형태의 민사소송절차를 實定法 또는 判例法에 의하여 보유하고 있다. 1938년 연방대법원은 판사와 변호사 등의 法曹人으로 구성된 자문위원회(Advisory Committee)가 기초한 聯邦民事訴訟規則(Federal Rules of Civil Procedure)을 제정·공포하였다.[1] 聯邦民事訴訟規則은 연방법원의 민사소송에만 적용되는 것이 원칙이나, 다수의 州에서도 이를 모방하여 유사한 州民事訴訟法을 제정·운용하고 있다. 이러한 成文法에 해석·집행에 普通法上의 원리가 크게 작용하고 있음은 물론이다.

민사소송법은 (i) 과연 법원이 당해 민사소송을 담당할 '司法管轄權'이 있는가에 관한 문제와 (ii) 민사소송의 진행에 관한 '民事訴訟節次'의 문제로 크게 나누어져 있다.

이하에서는 聯邦民事訴訟規則을 중심으로 하여 설명하고, 개별 州의 민사소송법은 필요한 곳에서만 간단히 소개하고자 한다.

---

1) 聯邦民事訴訟規則은 衡平法에 의한 소송절차와 普通法에 의한 소송절차를 하나로 통합하여 단일화된 민사소송절차를 규정하였다.

제 2 절 法院의 司法管轄權

특정 법원이 어느 소송에 대하여 이를 담당하기 위하여는 당해 소송에 대하여 司法管轄權(jurisdiction)을 가져야 하며 또한 당해 법원이 소송을 담당하기에 적합한 適正法院(proper venue)이어야 한다.

1. 司法管轄權

司法管轄權에는 地域的 司法管轄權(territorial jurisdiction)과 主題別 司法管轄權(subject matter jurisdiction)의 두 가지 종류가 있는바, 이를 모두 충족하는 경우에만 법원은 재판을 할 수 있다.

가. 地域的 司法管轄權[2)]

地域的 司法管轄權(territorial jurisdiction)이라 함은 여러 州가 관련된 소송에 관하여 특정 州가 司法管轄權을 갖고 있는가에 관한 문제이다.

지역적 司法管轄權에는 對人的 司法管轄權(in personam jurisdiction), 對物的 司法管轄權(in rem jurisdiction), 準對物的 司法管轄權(quasi in rem jurisdiction)이 있다.

법원이 특정 소송에 대한 지역적 司法管轄權을 갖기 위하여는 (i) 소송과 법원간에 「최소한도의 연관성」(minimum contact)이 존재하여야 하며, (ii) 헌법상 適法節次의 원칙에 따라 당사자가 법원에 출두하여 변론할 수 있는 기회가 부여될 수 있도록 被告人에게 통지되어야 한다.

연방법원의 지역적 司法管轄權은 주법원과 비교하여 볼 때에 대체로 다음과 같이 제한되어 있다.

(1) 對人的 司法管轄權

연방법원은 (i) 연방지방법원이 설치되어 있는 州, 및 (ii) 연방지방법원이 설치되어 있지 아니한 州의 경우에는 州法이 허용하는 경우에 한하여 소

2) 지역적 司法管轄權에 관한 상세한 내용은, 제 2 편 제10장 「法의 抵觸」 부분을 참조하기 바란다.

송을 담당할 수 있다.3) 다만, (i) 상대방이 연방지방법원이 설치된 장소로부터 100마일 이내에 있고, (ii) 상대방이 소송의 필요적 당사자(necessary party)이거나, 연방민사소송법 제14조에 의한 소송인 경우에는 소송의 개시를 통지할 수 있다.4)

또한 연방민사소송법이 아닌 기타의 연방법이 對人的 司法管轄權에 관하여 별도의 규정을 두고 있는 경우5)에는 이에 따른다.

(2) 對物的 및 準對物的 司法管轄權

연방법원은 州法에 의하여 對物的 司法管轄權 및 準對物的 司法管轄權을 갖는다.6)

나. 主題別 司法管轄權

주제별 司法管轄權은 연방 또는 州의 법원이 특정 분야의 소송객체에 대하여 司法管轄權을 행사할 수 있는가의 문제이다.

행정법원, 조세법원 및 청소년법원 등과 같은 특수법원은 특정사항에 관하여만 재판을 할 수 있으므로 제한적 司法管轄權(limited jurisdiction)을 갖고 있다. 이와 반면에 특수법원이 아닌 일반법원은 대부분의 민사·형사사항에 관하여 재판을 할 수 있으므로 일반적 司法管轄權(general jurisdiction)을 갖고 있다. 소송가액에 최저한도의 제한을 두고 있는 경우에는 일반법원도 소송가액을 초과하는 때에만 司法管轄權을 갖게 됨은 물론이다.

대체로 주법원은 일반적 司法管轄權을 갖고 있는 법원 또는 제한적 司法管轄權을 갖고 있는 법원으로 분류된다. 이에 반하여 연방법원은 모두 제한적 司法管轄權만을 갖고 있으며, 일반적 司法管轄權을 갖고 있는 연방법원은 없다.

연방법원의 주제별 司法管轄權은 연방헌법본문 제 3 조 제 1 항에 규정되어 있는바, 그 내용은 다음과 같다.

a. **聯邦問題**(federal question) 연방법원은 미국의 헌법, 법률 또는 조

3) Fed. R. Civ. P. § 4(e),(f).
4) Fed. R. Civ. P. § 4(f).
5) 28 U.S.C. § 2361; 15 U.S.C. § 78a.
6) Fed. R. Civ. P. § 4(e).

약과 관련된 민사상의 모든 분쟁에 관하여 司法管轄權을 갖는다.[7] 이 경우 소송가액에는 消費者商品保護法(Consumer Product Safety Act) 제23(a)조에 의한 예외를 제외하고는 아무런 제한도 없다.[8]

b. **複數의 州間紛爭**(diversity question) 연방법원은 서로 다른 州民간 또는 미국 시민과 외국인 간의 민사상의 모든 분쟁에 관하여 司法管轄權을 갖는다.[9] 이 경우 연방법원은 소송가액이 1만 달러를 초과하는 민사소송에 한하여 司法管轄權을 갖는다.

2. 適正法院

법원은 소송을 담당하기에 적합한 適正法院(proper place for trial)이어야 한다. 즉, 어떤 州가 특정 소송에 관하여 司法管轄權(jurisdiction)을 갖고 있다는 것은 당해 州에 소재하고 있는 모든 법원이 司法管轄權을 행사할 수 있다는 것을 의미한다. 이러한 司法管轄權을 갖고 있는 모든 법원 중에서도 당해 소송을 담당하기에 적합한 법원을「適正法院」(venue)이라고 한다. 또한 특정 소송에 관하여는 여러 개의 州가 동시에 司法管轄權을 행사할 수도 있는바, 이 중 소송에 가장 적합한 州를 선택하는 문제도 適正法院의 선정문제에 속한다.

소송을 適正法院이 담당하도록 하는 것은 특정 소송에 가장 적합한 법원을 선정하고 被告로 하여금 시간적·경제적으로 부담이 되는 법원에서의 소송을 회피함으로써 사법행정상의 편의를 도모하고 被告의 권리를 보호하는 데에 그 목적을 두고 있다. 다만, 법원이 適正法院이 아닌 경우일지라도 司法管轄權(jurisdiction)을 갖고 있는 한 유효한 재판을 할 수 있다.[10]

原告가 소송을 제기한 법원이 適正法院이 아니라고 판단하는 경우 被告의 신청 또는 법원의 職權에 의하여 소송을 却下할 수 있다. 이를「不適正法院의 原則」(forum non convenience)이라고 한다.

---

7) 28 U.S.C. § 1331.

8) 1980년 이전에는 연방문제에 관한 소송은 그 소송가액이 1만 달러 이상일 것이 요구되었으나 폐지되었다.

9) 28 U.S.C. § 1332.

10) Brock v. Superior Court, 29 Cal. 2d 629(1947).

**Livingston v. Jefferson,
15 Fed. Cas. 660, No. 8, 411(C.C.D.Va. 1811)**

A는 B를 상대로 X州에 소재하는 부동산을 불법침해하였다는 것을 이유로 Y州에 있는 법원에 민사소송을 제기하였다. Y州의 법원은 부동산과 관련된 소송은 부동산의 소재지에 있는 법원이 관할하는 것이 적합하다는 것을 이유로 A의 소송제기를 却下하였다.

어떠한 법원이 適正法院인가에 대하여 연방민사소송법은 다음과 같은 기준을 설정하고 있다.

가. 複數의 州間紛爭

複數의 州間紛爭에 대하여는 (i) 모든 原告가 거주하는 주소지의 법원, (ii) 모든 被告가 거주하는 주소지의 법원 또는 (iii) 소송의 원인이 야기된 장소의 법원이 適正法院이 될 수 있다.11)

Piper Aircraft Co. v. Reyno, 454 U.S. 235(1981)

미국에서 제작된 여객기가 영국의 스코틀랜드에서 공중폭파되어 탑승하고 있던 승객이 모두 사망하였다. 그러자, 사망한 탑승자의 유족들 P는 미국의 펜실베이니아州 지방법원에 미국의 여객기 제작사 D를 상대로 하여 민사소송을 제기하였다. D는 비행기사고가 스코틀랜드에서 발생하였고, P의 주소지가 모두 스코틀랜드이므로 스코틀랜드에 소재하는 법원에서 소송이 제기되어야 하는바, 펜실베이니아州 지방법원은 適正法院이 아니라는 이유로 「不適正法院의 申請」(motion for forum non convenience)을 법원에 제출하였다. 이에 대하여 P는 스코틀랜드의 관련 법률이 미국의 관련 법률에 비하여 P에게 불리하다는 것을 이유로 「不適正法院의 申請」에 대한 이의를 제기하였다. 법원은 P의 이의를 이유없다고 却下하였다.

---

11) 28 U.S.C. § 1391(a).

나. 聯邦問題

연방문제에 대하여는 (i) 모든 被告가 거주하는 주소지의 法廷, (ii) 소송의 원인이 야기된 장소의 法廷 또는 (iii) 被告가 연방공무원인 경우,[12] 被告의 주소지 法廷, 소송의 원인이 야기된 장소의 法廷 또는 原告가 거주하는 주소지의 法廷이 適正法院이 될 수 있다.[13]

제 3 절 民事訴訟節次

1. 當 事 者

민사소송의 당사자가 되기 위하여는 當事者適格과 當事者能力을 갖추어야 한다. 또한, 민사소송의 당사자와 관련하여 공동소송과 집단소송이 논의되고 있다.

가. 當事者適格

聯邦民事訴訟規則은 '소송의 진정한 이해관계자'(real party in interest)만이 소송을 제기할 수 있다고 규정하고 있다.[14] '소송의 진정한 이해관계자'라 함은 (i) 자신의 이름으로 소송을 제기하는 者로서, (ii) 소송물에 대하여 법적 권리를 갖고 있는 자를 말한다. 따라서, 타인의 이름으로 소송을 제기하거나, 법적 권리가 없는 자가 소송을 제기하여서는 아니 된다.

'소송의 진정한 이해관계자'가 자신이 갖고 있는 법적 권리를 타인에게 양도(assignment)하였을 경우에는 양수인(assignee)이 자신의 이름으로 소송을 제기할 수 있다. 대표적인 경우가 바로 보험회사의 代位權(subrogation)이다.[15]

---

12) 28 U.S.C. § 1391(b).
13) 28 U.S.C. § 1391(a).
14) Fed. R. Civ. P § 17.
15) United States v. Aetna Casualty & Surety Co., 338 U.S. 366(1949).

**Auto Insurance Co. v. Union Oil Co.,
85 Cal. App. 2d 302(1948)**

자동차보험회사 X의 보험가입자 A는 B의 過失運轉으로 인하여 교통사고를 당하였다. X는 A에게 보험료를 지급하고 B를 상대로 직접 자신의 이름으로 민사소송을 제기할 수 있다. 이 경우 A는 subrogor, X는 subrogee가 된다.

原告가 '소송의 진정한 이해관계자'에 해당되지 아니함이 명백한 경우 被告는 訴의 却下를 청구(motion to dismiss)할 수 있으나,[16] 그 여부가 명백하지 아니한 경우에는 略式判決(summary judgment)을 청구하거나 本案訴訟에서 변론자료로 활용할 수 있다.

나. 當事者能力

當事者能力(capacity of party)이라 함은 原告 및 被告가 소송주체로서의 능력이 있는지의 여부에 관한 문제이다.

(1) 自 然 人

자연인(individual)의 當事者能力은 自然人의 주소지 법에 의한다.[17] 原告가 미성년자 또는 행위무능력자이어서 當事者能力을 갖고 있지 아니한 경우 原告의 대리인이 소송을 대리하며, 原告의 대리인이 없는 경우에는 법원이 대리인을 선정하여야 한다.[18] 대리인이 소송을 대리하는 경우 대리인은 자신의 이름으로 소송을 제기하며, 이 경우 當事者能力을 갖추고 있지 못한 者를 대리한다(for and on behalf of)는 사실을 기재하여야 한다.[19] 當事者能力을 갖추고 있지 아니한 者가 대리인 助力 없이 소송의 당사자가 되었으나 당해 소송에서 자신의 법적 권리가 적절하게 보호되지 못한 경우에는, 나중에 當事者能力을 갖춘 후 일정기간 이내에 당해 소송의 판결을 거부할

16) Fed. R. Civ. P. § 12(b).(6).
17) Fed. R. Civ. P. § 17(b).
18) Fed. R. Civ. P. § 17(c).
19) Fed. R. Civ. P. § 17(c). 주법원 중에도 聯邦民事訴訟規則의 규정을 따르고 있는 경우가 있다. 그러나 일부 州(예컨대, 캘리포니아: Cal. Civ. Proc. Code § 372)에서는 當事者能力을 갖추고 있지 못한 者가 자신의 이름으로 대리인의 助力하에 소송을 제기하도록 규정하고 있다.

(voidable) 수 있다.[20]

⑵ 法　　人

법인(corporation)의 當事者能力은 법인의 설립지법에 의한다. 예컨대, 법인이 법인세를 납부하지 아니하는 경우 법인의 활동을 중지(suspension)하도록 하는 州가 있는바, 이 경우 법인은 當事者能力을 갖지 못한다.[21] 다만, 州法은 연방법에 위반하여 법인의 當事者能力을 제한하여서는 아니 된다.

Allenberg Cotton Co. v. Pittman, 491 U.S. 20(1974)

다른 州에서 설립된 법인이 전국적 영업(interstate commerce)을 하는 경우 A州 안에서의 영업활동에 따른 계약을 집행하고자 A州法院에서 소송을 제기하는 것을 州法으로 금지한다면 이는 연방법 위반이다.

⑶ 合資會社

合名會社 또는 合資會社(partnership)가 연방법원에서 민사소송을 제기하는 경우 (i) 당해 소송이 연방문제(federal question)에 관한 것일 때에는 회사 자체(entity)가 소송의 당사자가 되나, (ii) 당해 소송이 서로 다른 州間紛爭(diversity question)에 관한 것일 때에는 연방법원의 설치지법에 따른다.[22]

⑷ 組　　合

조합(unincorporated associations)이 연방법원에서 민사소송을 제기하는 경우 (i) 당해 소송이 연방문제에 관한 것일 때에는 조합 자체(entity)가 소송의 당사자가 되나, (ii) 당해 소송이 서로 다른 州間紛爭에 관한 것일 때에는 연방법원의 설치지법에 따른다.[23]

---

20) Johnson v. Superior Court, 31 Cal. App. 3d 14(1973).

21) 예컨대, California: Traub Co. v. Coffee Break Service, Inc., 66 Cal. 2d 368(1967).

22) Fed. R. Civ. P. § 17(b).

23) Fed. R. Civ. P. § 17(b). 종래의 普通法(common law)上의 組合은 合名會社 또는 合資會社와 마찬가지로 소송당사자로서의 지위가 부여되지 아니하였다. Astrom v. Greene, 161 N.Y. 353(1900).

다. 共同訴訟

공동소송(joinder of parties)이라 함은 동일한 소송절차에 다수의 原告 또는 被告가 참여하는 것을 말한다. 공동소송은 크게 강제공동소송(compulsory joinder)과 임의공동소송(permissive joinder)으로 분류하여 볼 수 있다.

(1) 強制共同訴訟

강제공동소송이라 함은 소송이 어느 당사자의 권리·의무관계와 중대한 관련이 있고, 당해 당사자가 소송에 참여하지 아니하는 경우 자신 또는 소송의 다른 당사자에게 중대한 불이익을 가져오므로 당해 당사자가 반드시 참여하여야 하는 소송을 말한다.

이러한 강제공동소송의 당사자를 강제당사자(compulsory party)라고 한다. 전통적인 견해는 강제당사자를 필요적 강제당사자(indispensable party) 및 準必要的 강제당사자(necessary party)로 나누고 있다. 필요적 강제당사자는 소송에 반드시 필요한 者로서, 동 당사자가 참여하지 아니하는 경우 소송을 진행시킬 수 없는 당사자를 말한다. 準必要的 강제당사자는 소송이 가능한 한 필요한 者로서 동 당사자가 참여하지 아니하는 경우에도 법원이 소송을 진행시킬 수 있는 당사자를 말한다.

최근의 연방민사소송절차는 강제당사자를 필요적 강제당사자와 準必要的 강제당사자로 구분하는 것을 폐지하고 하나의 강제공동소송절차로 一元化하고 있다. 즉, 앞에서 설명한 모든 강제당사자는 강제공동소송에 반드시 참여하여야 하는 것이 원칙이다.[24]

다만, 강제당사자가 강제공동소송절차에 참여하지 못한 경우, 법원은 '형평 및 양심'(in equity and in good conscience)에 비추어 당해 소송의 진행 여부를 결정하여야 한다.[25] 이와 같은 결정에서 고려되어야 할 사항은 (i) 당사자에 대한 불이익(prejudice)의 정도, (ii) 불이익의 회피가능성, (iii) 강제당사자가 참가하지 아니한 상태에서 내린 판결의 적합성(adequacy) 및 (iv) 소송이 棄却된 경우 다른 당사자의 권리구제가능성 등이다.

24) Fed. R. Civ. P. § 19(a).
25) Fed. R. Civ. P. § 19(b).

(2) 任意共同訴訟

임의공동소송이라 함은 이해관계인이 원하는 경우 임의로 소송의 당사자로서 참여할 수 있는 소송을 말한다. 이러한 임의공동소송의 당사자를 임의당사자라고 한다.

전통적인 견해는 소송의 객체 및 판결에 '이해관계'(interest)를 갖는 者만이 임의당사자가 될 수 있다고 함으로써 임의당사자의 범위를 제한하였다. 따라서, 被告의 過失로 신체상의 손해를 입은 부인이 불법행위로 인한 손해배상소송을 제기한 경우, 부인에 대한 간호로 인하여 재산상의 손해를 입은 남편은 그 손해배상을 위하여 당해 소송의 당사자로서 참여할 수 없었다.

최근의 연방민사소송절차는 (i) 임의당사자의 권리가 동일한 법률관계에서 비롯되고, (ii) 최소한 하나의 법률문제 또는 사실문제가 모든 당사자에게 공통되는 경우에는 어떠한 者라도 임의당사자로서 소송에 참가할 수 있다고 규정하고 있다.[26)]

라. 集團訴訟

집단소송(class action)이라 함은 공통의 권리 또는 이익을 갖고 있는 사회집단 전체를 대표하여 1 인 또는 소수의 者가 당사자가 되는 소송을 말한다. 예컨대, 유조선의 침몰로 인한 원유의 유출 때문에 인근 바다의 양식장의 어패류가 몰살당한 때에 양식장의 어민 전체를 대표하는 者가 유조선의 소유자 등을 상대로 소송을 제기하는 경우 등이 이에 해당된다. 연방민사소송규칙상의 집단소송을 설명하여 보면 다음과 같다.

(1) 集團訴訟의 要件

집단소송을 제기하기 위하여는 (i) 집단의 구성원이 多數[27)]이어서 모든 구성원을 소송당사자로 하는 것이 비현실적(impractical)이고, (ii) 소송이 모든 집단구성원에게 공통되는 법률문제 또는 사실문제(question of law or fact)를 포함하고 있으며, (iii) 집단대표자의 소송제기원인과 집단구성원의 소송제

26) Fed. R. Civ. P. § 20(a).

27) '다수'의 기준은 반드시 명확하지 아니하나, (i) 집단의 구성원은 반드시 확정될 수 있고(definitely ascertainable), (ii) 집단의 구성원을 어느 정도 관리(manageable)할 수 있어야 한다(Eisen v. Carlisle & Jackquelin, 417 U.S. 156(1974)). 따라서, 인디언 후예 전체, 멕시코계 미국인 전체 또는 뉴욕 시민 전체 등을 대표하는 집단소송은 허용되지 아니한다.

기원인이 동일한 것이어야 하고,28) (iv) 대표자는 집단구성원의 이익을 공정하고 적합하게 대표할 수 있을 것 등의 요건을 갖추어야 한다.29)

(2) 集團訴訟의 提起事由

집단소송의 요건을 충족시키는 경우에는 다음의 집단소송 제기사유에 해당되어야 한다.30)

집단소송은 (i) 집단의 구성원이 각기 개별적으로 소송을 제기하는 경우 불이익(prejudice)을 받을 것, (ii) 被告의 행위가 집단의 구성원 전체에 영향을 주고 있으므로 被告의 행위에 대한 법원의 선언 또는 금지명령(declaratory or injunctive relief)이 집단전체에 이익(benefit)을 줄 것, 또는 (iii) 집단소송과 집단구성원의 개별소송을 비교하는 경우 집단소송이 소송을 판결하는 데 있어 개별소송보다 우월(superior)할 것 등에 해당하는 경우에 한하여 허용된다.

(3) 集團訴訟의 效果

집단소송에 대한 법원의 판결은 집단구성원에 有利·不利를 불문하고 집단구성원 전원을 구속한다. 다만 집단소송에서 배제하여 줄 것을 명백히 요청한 者는 제외된다.

2. 訴訟節次

미국 민사소송절차의 특징은 當事者對立主義(adversarial system)에 있다. 민사소송절차는 裁判前 節次(pre-trial procedure), 裁判節次(trial procedure) 및 裁判後 節次(post-trial procedure)로 구성되어 있다.

가. 裁判前 節次

裁判前 節次(pre-trial procedure)는 歎願節次(pleading), 事實調査節次(discovery) 및 裁判前 協議(pre-trial conference)로 구성되어 있다.

---

28) O'Shea v. Littleton, 414 U.S. 488(1974).
29) Fed. R. Civ. P. § 23(a).
30) Fed. R. Civ. P. § 23(b).

(1) 歎願節次

민사소송은 일반적으로 歎願節次로부터 개시된다. 聯邦民事訴訟規則상의 歎願節次는 크게 原告의 歎願節次인 提訴와 被告의 歎願節次인 應訴로 구성되어 있다.[31]

原告의 提訴(filing of a complaint)에 의하여 歎願節次가 개시된다.

原告의 提訴에 대하여 被告는 應訴(answer)를 하게 되며, 被告의 應訴에 대하여 原告는 다시 應訴破棄申請(motion to strike answer)을 할 수 있다.

a. **原告의 提訴** 原告가 법원에 訴狀(complaint)을 제출하여 提訴함으로써 민사소송절차는 개시된다.[32] 訴狀은 서두(caption), 司法管轄權(jurisdiction), 본문(body), 구제신청(prayer for relief) 및 서명(subscription)의 다섯 부분으로 구성되어 있다.

訴狀은 '간단 · 간략하고 직접적'(simple, concise and direct)인 용어를 사용하여 작성되어야 한다.[33] 訴狀의 내용은 原告가 구제를 받을 권리가 있다는 주장을 '간결하고 평이하게' 기술하여야 한다.[34]

종래의 普通法(common law) 또는 州法에서는 소의 제기요건을 구성하는 사실을 평범하고 간략한 용어를 사용하여(the facts constituting the cause of action in ordinary and concise language) 訴狀을 작성하도록 요구하여 왔다. 따라서, 州法에 의한 민사소송절차에 따라 민사소송을 제기하는 경우에는 訴狀의 내용이 '궁극적 사실'(ultimate fact)을 기재하여야 하며, 그 내용이 너무 광범위하여 '법적 결론'(legal conclusion)을 도출하거나 그 내용이 너무 축소되어 '증거'(evidence)에 가까운 진술을 하여서는 아니 된다. 예컨대, "被告가 도로교통법에 위반하여 자동차를 過失로 운전하였다"는 내용의 진술은 '법적 결론'을 도출하고 있다. 또한, "被告가 ×년 ×일 ×시에 Y주점에서 맥주를 2병 마신 직후, 시속 70km의 속도로 운전하다가 건널목에서 노란불이 깜박거린 후 2초가 경과하였음에도 불구하고 건널목을 그대로 통과하였다"는 진술은 '증거'에 가까운 진술이다.

---

31) Fed. R. Civ. P. § 7(a).

32) Fed. R. Civ. P. § 3. 뉴욕州에서는 訴狀의 送達로 소송이 개시되며, 그 이후에 訴를 제기하여도 무방하다.

33) Fed. R. Civ. P. § 8(e).

34) Fed. R. Civ. P. § 8(a)(2). "A short and plain statement of the claim showing the pleader in entitled to relief."

b. **被告의 應訴** 연방민사소송규칙에서 被告가 原告의 提訴에 대하여 應訴하는 절차는 크게 (i) 提訴가 형식적 요건을 충족하지 못하였음을 지적하는 訴訟却下 신청절차(motion to dismiss), (ii) 提訴의 실체적 내용을 否認하는 응답절차(answer)로 구성되어 있다.[35]

① **訴訟却下 申請節次** 訴訟却下 申請節次(motion to dismiss)는 被告가 법원에 대하여 原告의 提訴가 형식적 요건을 충족하고 있지 못함을 이유로 이를 却下하여 줄 것을 신청하는 절차이다.[36]

訴訟却下 신청절차는 被告가 이를 이용하지 아니하여도 무방하며 그 이유는 후술하는 응답절차에서도 동일한 주장을 할 수 있기 때문이다. 被告가 訴訟却下를 신청할 수 있는 사유로는 (i) 법원의 司法管轄權의 결여, (ii) 不適正한 법원(improper venue), (iii) 송달절차의 위법·부당성, (iv) 訴提起事由의 불충분 및 (v) 當事者 不適格 등을 들 수 있다.

訴訟却下 신청절차 이외에도 被告는 (i) 구체적 진술 신청절차(motion for more definite statement), 또는 (ii) 歎願破棄 신청절차(motion to strike)를 밟을 수 있다.

구체적 진술 신청절차는 原告의 訴狀內容이 '불명확하고 다의적'(vague and ambiguous)이어서 이에 대하여 被告가 應訴하는 것이 비합리적(unreasonable)인 경우에 예외적으로 허용되는 절차이다.[37]

歎願破棄 신청절차는 原告의 소제기내용이 '장황하거나, 사소하거나, 무례하거나 中傷的인'(redundant, immaterial, impertinent or scandalous) 경우에 被告가 법원에 歎願을 破棄하여 줄 것을 신청하는 절차이다.[38] 그러나 歎願破棄 신청절차는 소제기내용이 소송과 전혀 무관한 경우 이외에는 허용되지 아니하는 것이 원칙이다.[39]

② **應答節次** 응답절차(answer)라 함은 被告가 原告의 提訴內容이 실체적 사실과 다름을 주장하는 절차이다.

---

35) 이와 유사하게 종래의 普通法 또는 일부 州의 민사소송절차에서는 '提訴異議 申請節次'(motion to demur)가 인정되고 있다. '提訴異議 申請節次' 중에서 형식적 요건에 관한 異議를 "special demurrer", 실질적 요건에 관한 異議를 "general demurrer"라고 한다.

36) Fed. R. Civ. P. § 12(b).

37) Fed. R. Civ. P. § 12(e).

38) Fed. R. Civ. P. § 12(f).

39) Skolnick v. Hallett, 350 F. 2d 861(7th Cir. 1965).

응답절차에는 (i) 否認(denial), (ii) 적극적 反論(affimative defense) 및 (iii) 反訴(counter-claim)의 세 가지 형태가 있다.

㉠ 否 認 否認(denial)이라 함은 被告가 原告에 의하여 제기된 提訴內容을 부정하는 절차를 말한다. 被告가 否認하지 아니한 사실은 손해배상(damage)에 관한 것을 제외하고는[40] 이를 인정한 것으로 간주(deemed admitted)된다.

否認에는 一般否認(general denials)과 特定否認(specific denials)의 두 가지 형태가 있다. 一般否認은 原告가 주장하는 訴의 내용을 일반적으로 일괄적으로 否認하는 것이다. 예컨대, "被告는 原告의 주장을 하나도 남김없이 모두 否認한다"(defendant denies each and all of the allegations in plaintiff's complaint)라고 否認하는 것이 대표적인 경우이다. 연방민사소송절차의 경우 一般否認은 허용되지 아니하는 것이 일반적인 원칙이다.[41] 그 이유는 一般否認은 '성실원칙'(good faith)에 위배되기 때문이다.[42]

特定否認은 原告의 訴의 내용 중 일부분을 구체적으로 특정하여 이를 否認하는 것이다. 否認의 방법은 그 否認의 이유를 제시하지 아니하고, 단순히 否認의 의사표시를 밝히는 것만으로 충분하다.[43] 연방민사소송절차에서는 特定否認만이 허용되는 것이 원칙이다.

㉡ **積極的 反論** 被告는 原告의 提訴에 대하여 否認節次를 밟는 대신에 적극적 反論(affirmative defense)을 택할 수 있다.[44] 적극적 反論節次라 함은 被告가 原告의 提訴內容에서 주장되지 아니한 '새로운 사실'(new matter)을 제시함으로써 原告의 주장을 반박하는 절차를 말한다.

예컨대, 불법행위소송에서 정당방위(self-defense), 동의(consent) 및 寄與過失(contributory negligence), 또는 계약법소송에서 사기(fraud), 착오(mistake) 및 강박(duress) 등을 주장하는 것이 이에 해당된다.

---

40) Fed. R. Civ. P. § 8(d).

41) Gulf Oil Corp. v. Bill's Farm Center, Inc., 52 F.R.D. 114(1970).

42) Fed. R. Civ. P. § 11.

43) 이 곳에서 주의할 점은 "被告가 原告를 주먹으로 때리고(and) 발로 찼다"라는 原告의 주장을 그대로 否認하는 경우 "被告는 原告를 주먹으로 때리고(and) 발로 차지 아니하였다"라고 한다면 이는 "被告가 原告를 주먹으로 때리거나 또는(or) 발로 찼을 수도 있다"는 내용으로 잘못 오인될 수도 있다. 이를 "否定的 肯定의 原則"(negative pregnant rule)이라고 하며, 被告가 原告의 주장을 否認하는 경우 주의하여야 할 점 중의 하나이다.

44) Fed. R. Civ. P. § 8(c).

㉢ 反 訴 反訴(counter-claim)라 함은 被告가 原告에 대하여 오히려 訴를 제기하는 절차를 말한다. 反訴는 그 내용이 原告의 訴提起內容과 연관성을 갖는지의 여부에 따라 강제적 反訴(compulsory counterclaim)와 임의적 反訴(permissive counterclaim)로 나눌 수 있다.

강제적 反訴는 反訴의 내용이 原告의 訴提起內容과 연관성을 갖는 경우로서 被告는 反訴를 반드시 제기하여야 하며, 그러하지 아니하는 경우 이후에 反訴를 다시 제기할 수 없다.

이와 반면에 임의적 反訴는 反訴의 내용이 原告의 訴提起內容과 연관성을 갖지 아니하는 경우로서 被告가 反訴를 제기할 것인지의 여부는 被告의 자유의사에 따르며, 被告가 反訴를 제기하는 경우 이는 새로운 소송의 제기가 된다.

한편, 交叉反訴(cross-claim)는 共同被告 중 1인이 다른 被告에 대하여 本訴의 내용과 연관성을 갖는 내용에 대하여 소를 제기하는 것을 말한다.[45] 交叉反訴는 소송의 상대방이 本訴의 共同被告 중의 하나라는 점에서 소송의 상대방이 本訴의 原告인 反訴와 구별된다.

Scott v. Fancher, 369 F. 2d 842(5th Cir. 1966)

P는 자신이 사고로 입은 손해에 대하여 D_1과 D_2를 상대로 동시에 민사소송을 제기하였다. D_1과 D_2는 당해 사고로 인한 손해에 관하여 상호 교차반소의 민사소송을 제기할 수 있다.

⑵ 事實調査節次

사실조사절차(discovery)는 재판이 개시되기 전에 당사자 상호간에 필요한 사실을 교환하고 정보를 수집하는 절차를 말한다.

사실조사절차는 당사자가 사실적 정보(factual information)를 충분히 보유·검토함으로써 쟁점을 명료화하고, 소송절차를 간소화시킬 수 있으며, 소송비용을 절감할 수 있다는 장점이 있다.

a. **事實調査節次의 種類** 사실조사절차에는 證人審問(depositions), 질의요구(interrogatories), 自認要求(request for admissions), 증거검사요청

45) Fed. R. Civ. P. § 13(8).

(request for inspection of real evidence) 및 신체검사 · 정신검사(physical or mental examination)를 포함하는 의료검사 등의 다섯 가지 형태가 있다.

① **證人審問** 證人審問節次(depositions)는 법원보고자(court reporter) 앞에서 증인이 선서를 하고 당사자가 증인에 대하여 審問 또는 反對審問을 하는 절차를 말한다.

증인심문절차는 계류중인 소송의 어떠한 단계에서 행하여져도 무방하다.[46] 다만, 原告는 법원의 허가(leave) 없이는 訴狀의 송달 후 30일 동안 증인심문절차를 개시할 수 없다.[47] 당사자가 법원에 증인심문절차를 신청한 경우 법원서기는 증인에게 소환장(subpoena)을 발부하여 법원에 출두하라는 명령을 내려야 한다.[48] 다만, 당사자가 증인인 경우에는 소환장을 발부하지 아니하고 별도의 심문장소 및 시기 등을 정한다.[49] 증인신문절차는 (i) 당사자뿐 아니라 非當事者에게도 행하여질 수 있고, (ii) 審問은 구두 또는 서면, 응답은 구두로 행하여지며, (iii) 타방은 자신이 알고 있는 한도 내에서 응답하면 족하다.

② **質疑要求** 질의요구(interrogatories)는 당사자 일방이 타방에 대하여 문서로 질의하고 이에 타방이 문서로 회신하는 절차를 말한다.

타방은 질의요구를 송달받은 때부터 30일 이내에 답변하거나 이를 거부하여야 한다.[50]

타방이 질의요구에 대해 불완전하거나 무성의한(incomplete or evasive) 회신을 하는 경우, 당사자는 법원에 答辯強制申請(motion to compel responses)을 제기할 수 있다.[51] 질의요구는 (i) 당사자에게만 허용되고, (ii) 질의 및 회신이 모두 문서로 행하여지며, (iii) 타방은 자신이 알고 있는 사항뿐 아니라 합리적인 범위 내에서 그가 알 수 있는 사항까지도 회신하여야 한다는 점에서 증인심문절차와 구별된다.

③ **自認要求節次** 自認要求節次(request for admission)는 당사자의 일방이 타방에게 다툼이 없는 사실에 대하여 이를 인정(acknowledge)하여 줄

46) Fed. R. Civ. P. § 30.
47) Fed. R. Civ. P. § 30(a).
48) Fed. R. Civ. P. § 45(a).
49) Fed. R. Civ. P. § 37.
50) Fed. R. Civ. P. § 33(a).
51) Fed. R. Civ. P. § 33(a).

것을 요구하는 절차이다.52) 특정 사실에 대하여 自認하는 경우 이는 향후 재판절차에서 다툼의 대상이 되지 아니한다.

自認要求節次의 대상에는 (i) 객관적 사실 또는 사실에 대한 법률적용, (ii) 법적 결론(legal conclusion), (iii) 궁극적 쟁점(ultimate issue), (iv) 견해(opinion) 및 (v) 타방의 지식 밖에 있는 사항 등이 모두 해당된다.

④ **證據調査 申請節次** 증거조사 신청절차(request for inspection of real evidence)는 당사자의 일방이 각종 서류 · 사진 · 지도 · 기록 및 편지 등 타방이 보유하고 있는 소송과 관련된 증거(real evidence)를 조사하고 이를 복사할 수 있도록 요청하는 절차이다.

당사자의 일방은 법원의 개입 없이 직접 타방에게 증거조사를 요구할 수 있으며, 이 경우 증거조사의 시간 · 장소 및 방법 등을 구체적으로 明示하여야 한다.53) 증거조사신청을 받은 당사자는 신청을 송달받은 지 30일 이내 또는 최초의 소환장을 받은 지 45일 이내에 증거조사를 거부할 수 있다.54) 이 경우 타방은 증거조사를 강제하는 신청을 법원에 제기할 수 있다.

Belcher v. Bassett Furniture,
588 F. 2d 904(4th Cir. 1978)

가택을 증거조사의 대상으로 신청하는 경우 당해 가택이 소송과 관련되어 있다는 사실만으로는 증거조사의 대상이 되지 아니한다. 가택의 조사에는 어느 정도의 필요성(necessity)이 요구된다.

⑤ **醫療檢査** 의료검사(medical examination)는 소송당사자의 신체적 또는 정신적 상태가 쟁점이 되고 있는 경우55) 당사자 일방의 요청에 의하여 법원이 전문가로 하여금 타방의 신체 또는 정신상태를 의학적으로 검사하도록 하는 절차를 말한다.56)

검사의 대상이 되는 당사자는 검사 도중 변호인의 助力을 받을 수 있으

52) Fed. R. Civ. P. § 36(a).
53) Fed. R. Civ. P. § 34.
54) Fed. R. Civ. P. § 34(b).
55) Schlagenhauf v. Holder, 379 U.S. 104(1964).
56) Fed. R. Civ. P. § 35(a).

나 정신병검사(psychiatric examination)는 제외된다.[57]

b. **事實調査節次의 範圍**

① **許容範圍** 일반적으로 사실조사의 대상이 되지 아니하는 특권사항(privilege)을 제외하고는 소송과 관련된 모든 사실은 審理節次에서 증거로 채택될 수 있는지의 여부에 상관없이 모두 사실조사의 대상에 포함되는 것이 원칙이다.[58]

② **特權事項** 일정한 사항은 사실조사의 대상에서 제외되는바, 이를 특권사항(privilege)이라고 한다. 특권사항 중에서 어떠한 경우에도 사실조사의 대상이 되지 아니하는 사항을 절대적 특권사항(absolute privilege)이라고 하며, 사실조사의 대상이 되지 아니하는 것이 원칙이나 일정한 경우 예외적으로 사실조사의 대상이 되는 사항을 상대적 특권사항(relative or qualified privilege)이라고 한다.

절대적 특권사항에는 (i) 변호사와 의뢰인간의 대화내용, (ii) 배우자간의 대화내용, (iii) 배우자에 대한 증언(배우자간의 소송의 경우 제외), (iv) 자신에게 형사상 불리한 진술(self-incrimination) 및 (v) 일부 국가비밀 등이 이에 해당된다.

In re Master Key Litigation, 507 F. 2d 292(9th Cir. 1974)

민사소송의 被告는 자신에게 형사소송에서 불리하게 사용될지도 모를 증거의 제출을 강요당하지 아니한다. 그러나 민사소송에서 불리하게 사용될 수 있는 증거의 제출도 거부할 수 있는 것은 아니다.

상대적 특권사항에는 (i) 변호사의 소송준비자료(work product) 및 (ii) 전문가 보고서(expert report) 등이 있다.

변호사의 소송준비자료는 소송의 상대방이 동 자료가 절실히 필요함에도 불구하고 이를 다른 방법으로서는 취득할 수 없는 경우(a substantial need and an inability to obtain equivalent material by other means)에 한하여 사실

57) Edwards v. Superior Court, 16 Cal. 3d 905(1976).
58) Fed. R. Civ. P. § 26(b).

조사의 대상이 된다.59) 다만, 변호사의 주관적 판단, 결론 또는 견해(mental impression, conclusion or opinion)는 어떠한 경우에도 사실조사의 대상이 되지 아니한다.60)

Hickman v. Taylor, 329 U.S. 495(1947)

예인선이 배를 예인하다가 침몰하여 대부분의 승무원이 익사하였다. 예인선 소유자의 변호인 A는 생존자를 모두 만나면서 인터뷰하여 관련 소송자료를 준비하였다. 이에 대하여 사망한 승무원의 유족을 대표하는 변호인 B는 A에게 준비한 소송자료를 사실조사의 대상으로서 제출하여 줄 것을 요구하였으나 A는 이를 거절하였다. 법원은 A변호사의 소송준비자료는 상대적 소송자료로서 동 자료가 절실히 필요함에도 불구하고 이를 다른 방법으로서는 취득할 수 없는 경우에 한하여만 사실조사의 대상이 되는바, A의 소송준비자료는 이에 해당되지 아니한다고 판결하였다.

전문가의 보고서가 소송준비자료로 사용되는 경우, 타방 당사자는 동 보고서의 내용을 다른 방법으로서는 취득할 수 없는 경우에 한하여 이를 사실조사의 대상으로 할 수 있다.61) 만일 전문가가 審理節次에서 증언을 하게 되는 경우 일방은 당해 전문가의 인적 사항과 증언내용을 사전에 상대방에게 요구할 수 있다.62)

(3) 裁判前 協議

裁判前 協議(pre-trial conference)는 재판을 개시하기 전에 법원의 재량으로 당사자를 회합하게 하여 재판절차를 논의하고, 쟁점을 명확히 하며, 당사자간의 합의를 유도하는 비공식적 절차이다.63)

裁判前 協議節次의 채택 여부는 법원의 裁量에 달려 있으며, 구체적인

59) Hickman v. Taylor, 329 U.S. 495(1947); Fed. R. Civ. P. § 26(b), (c).
60) Feb. R. Civ. P. § 26(b)(3). In re Murphy, 560 F. 2d 326(8th Cir. 1977).
61) Fed. R. Civ. P. § 26(b)(4)(B).
62) Fed. R. Civ. P. § 26(b)(4)(A).
63) Fed. R. Civ. P. § 16. 종래에 普通法(common law)이나 州法에서는 이러한 재판 전 협의절차를 인정하지 아니하였으나, 미시간州에서 처음 채택된 이래 연방민사소송절차에서도 적용되기 시작하였다.

절차나 방법에 관하여 聯邦民事訴訟規則은 아무런 규정도 두고 있지 아니하고 있다.

裁判前 協議節次에서의 당사자간의 합의사항 또는 결정사항에 대하여 법원은 裁判前 命令(pretrial order)을 내린다. 裁判前 命令은 재판의 당사자를 구속한다.[64]

나. 裁判節次

(1) 陪審員 및 判事

a. 陪 審 員

① **意　義**　미국헌법본문 제 7 조는 연방법원에서의 陪審員에 의한 민사재판을 받을 권리를 규정하고 있다.[65] 그러나 주법원에서의 민사소송절차에서는 연방법 또는 州法이 陪審員制度를 규정하고 있는 경우에만 陪審員에 의한 재판이 인정되며, 미국헌법본문 제 7 조에 의하여 陪審員에 의한 재판을 받을 권리가 당연히 보장되는 것은 아니다.[66]

陪審員에 의한 재판은 普通法(common law)상의 권리구제에 국한되는 것이 원칙이며 衡平法(equity)상의 권리구제에는 허용되지 아니한다.[67] 普通法上의 권리라 함은 實定法(statutory law)상 규정된 권리라 할지라도 당해 권리가 普通法에서 일반적으로 인정되고 있는 권리인 경우에는 이에 모두 포함된다.[68]

하나의 소송에서 普通法上의 문제와 衡平法上의 문제를 동시에 다루는 경우, 주법원[69]에서는 陪審員에 의한 재판을 허용하고 있지 아니하는 수도 있으나, 연방법원[70]에서는 최소한 법적 문제에 관하여는 이를 허용하고 있다.

② **陪審員의 選定**　陪審員은 陪審員名簿(venire)에서 법원에 의하여 선정된다.

---

64) Fed. R. Civ. P. § 16(e).

65) 미국헌법본문 제 7 조는 "In suits at common law, where the value in controversy shall exceed twenty dollars, the right of trial by the jury shall be preserved."라고 규정하고 있다.

66) Walker v. Sauvinet, 92 U.S. 90(1876).

67) C & K Engineering v. Amber Steel, 23 Cal. 3d 1(1978).

68) Pernell v. Southall Realty, 416 U.S. 363(1974).

69) DiMenna v. Cooper & Evans Co., 220 N.Y. 391(1917).

70) Dairy Queen, Inc. v. Wood, 369 U.S. 469(1962).

㉠ **憲法的 基準** 陪審員團(jury panel)을 구성하는 경우 종교·인종·민족 또는 정치적 신조 등에 의하여 차별적으로 陪審員을 선정하는 것은 헌법상 평등권에 위배된다.71) 다만, 헌법이 陪審員이 사회의 모든 계층을 대표할 수 있도록 반드시 골고루 선정되어야 하는 것을 요구하는 것은 아니며, 개별적으로 일정한 교육수준, 지능, 판단력 및 인품을 갖추면 충분하다.72)

또한, 복잡한 소송을 다루기 위하여 특정 지식이나 경험을 갖추고 있는 陪審員을 선정하여 陪審員團을 구성하는 것도 헌법위반이 아니다.73)

㉡ **聯邦法院에서의 陪審員 選定**

(i) 陪審員名簿의 作成 연방법원의 민사소송에서 陪審員을 선정하는 경우 대개 선거인등록명부(voter registration list)에서 陪審員名簿(venire)를 작성한다.74) 이 경우 陪審員이 지역사회의 모든 계층을 충분히 대표할 수 있도록 골고루 선정되어야 한다.75)

(ii) 豫備陪審員의 選定 陪審員名簿에 포함되는 경우에도 (i) 미성년자·중범죄자·외국인 및 문맹인은 陪審員에서 반드시 제외(exclusion)되어야 하며,76) (ii) 군인·의사 및 장관 등은 이들이 요청하는 경우 陪審員에서 면제(exemptions)되고,77) (iii) 이들에 해당하지 아니하는 경우에도 陪審員으로 참가하는 것이 극심한 경제적 손실을 초래하는 등 타당한 이유(good cause)가 있는 때에는 陪審員에서 면제(excuse)된다. 陪審員名簿에 포함된 者 중에서 이들을 제외한 나머지 者가 豫備陪審員(prospective juror)이 된다.

③ **陪審員의 審査** 豫備陪審員에 대하여 陪審員으로서의 자격을 갖추었는지의 여부를 심사(interrogation)하게 되는바, 이러한 심사절차를 「陪審員審査節次」(voir dire)라고 한다.

㉠ **審査의 主體** 豫備陪審員에 대한 심사는 법원이 하는 것이 일반적이나, 일부 州에서는 소송당사자의 변호사가 하는 것을 허용하고 있다.78)

---

71) Smith v. Texas, 311 U.S. 128(1940).
72) Carter v. Jury Commissioner of Green County, 396 U.S. 320(1970).
73) Fay v. New York, 332 U.S. 261(1947). 이러한 배심원을 통칭 "blue ribbon jury"라고 부른다.
74) 28 U.S.C. § 1863(b)(2).
75) 28 U.S.C. § 1861.
76) 28 U.S.C. § 1861.
77) 28 U.S.C. § 1812.
78) Texas 및 New York 등.

법원이 심사를 하는 경우 소송당사자의 변호사가 법원에 제출한 모든 질의사항을 豫備陪審員에게 질의하여야 한다.[79] 당사자의 변호사가 질의를 하는 경우 질의사항은 소송과 직접·간접으로 영향을 미칠 수 있는 사항이어서는 아니 된다.

㉡ **陪審員의 忌避** 豫備陪審員을 심사하여 陪審員으로서 자격을 갖추고 있지 못하다고 판단되는 경우에는 陪審員을 忌避할 수 있다.

陪審員의 忌避는 「이유 있는 忌避」(challenge for cause)와 「이유 없는 忌避」(peremptory challenge)로 크게 나누어 볼 수 있다.

「이유 있는 忌避」는 豫備陪審員에 대한 심사결과 豫備陪審員 또는 그의 친척이 소송과 이해관계를 갖고 있는 등 豫備陪審員이 공정한 評決을 내리지 못할 것으로 판단되는 경우 당사자가 당해 豫備陪審員을 忌避하는 것을 말한다.[80] 「이유 있는 忌避」의 경우 忌避對象이 되는 豫備陪審員의 숫자에는 제한이 없다.

「이유 없는 忌避」는 豫備陪審員에 대한 심사결과 豫備陪審員이 아무런 문제가 없을지라도 당사자가 특정 豫備陪審員을 이유 없이 忌避하는 것을 말한다. 연방민사소송에서는 「이유 없는 忌避」의 경우 忌避對象이 되는 豫備陪審員의 숫자를 3인으로 제한하고 있으나,[81] 다른 陪審員이 충원되는 경우에는 그 숫자를 늘릴 수 있다.[82]

④ **陪審員의 數** 陪審員名簿의 숫자는 대체로 소송에 직접 참여하는 陪審員團 숫자의 2배 내지 3배로 정하는 것이 일반적이다.

普通法下에서 법원은 陪審員團의 숫자를 12인으로 정하는 것이 일반적이다.[83] 그러나 헌법상 陪審員團의 숫자가 반드시 12인일 것이 요구되는 것은 아니며, 연방민사소송에 필요한 구체적인 陪審員團의 숫자는 정하여진 바 없다.[84] 당사자는 約定(stipulation)에 의하여 陪審員團의 숫자를 줄일 수 있다.[85]

79) Kiernan v. Van Schaik, 347 F. 2d 773(3d Cir. 1965).
80) 28 U.S.C. § 1866(c).
81) 28 U.S.C. § 1860.
82) Fed. R. Civ. P. § 47(b).
83) Capital Traction Co. v. Hof, 174 U.S. 1(1899).
84) 제 7 차 헌법개정조항 또는 적법절차조항(due process of law)에서 배심원단의 숫자가 반드시 12인일 것을 요구하는 것은 아니다. Williams v. Florida, 399 U.S. 78(1970).
85) Fed. R. Civ. P. § 48.

⑤ **陪審員의 役割** 陪審員은 사실문제(question of fact)를 결정하며, 判事는 법률문제(question of law)를 결정한다.

사실문제라 함은 특정 사건의 구체적인 사실개요를 의미하고, 법률문제라 함은 일반적인 법의 해석을 의미하나, 사실문제와 법률문제가 명백히 구분되는 것은 아니다.[86] 陪審員은 사실문제 중에서도 다툼이 있는 사실문제(disputed fact)에 대하여만 결정한다. 예컨대, 계약불이행으로 인한 손해배상소송의 경우 유효한 계약이 성립되었다는 점에는 당사자간에 다툼이 없으나 발생한 손해액수에 대하여 다툼이 있다면, 陪審員은 손해액수에 대하여만 결정하여야 하고 유효한 계약의 성립 여부에 대하여 결정하여서는 아니 된다.

⑥ **陪審員의 評決**

㉠ **評決의 內容** 陪審員의 評決은 크게 一般評決(general verdict)과 特別評決(special verdict)로 분류하여 볼 수 있다.

一般評決은 소송의 양 당사자 중에서 어느 일방 당사자를 단순히 지지하는 評決이다. 예컨대, 불법행위소송에서 사고 당시 被告의 過失 여부를 인정하는 評決이 이에 해당된다.[87] 特別評決은 판사가 설명한 특정 사실에 관하여 내리는 부분적 評決이다. 하나의 소송에서 다수의 특정 사실에 대하여 特別評決을 내리는 경우 特別評決간에 상호 모순되는 결과를 가져올 우려도 있다.[88]

㉡ **評決의 表決定足數** 일반적으로 연방민사소송절차에서는 당사자가 달리 합의하지 아니하는 한 만장일치로 評決을 결정하는 것이 원칙이다.[89]

陪審員들의 의견이 일치하지 아니하여 만장일치의 評決을 내릴 수 없는 경우, 판사가 새로운 심리의 어려움 등을 들어 다시 만장일치의 評決을 내려줄 것을 강조하여서는 아니 된다.[90] 만장일치의 표결을 얻을 수 없는 경우, 陪審員은 다시 논의(deliberation)를 계속하여 再評決을 하거나 법원이 새로운 審理를 하여야 한다.[91]

---

86) Wiener, The Civil Jury Trial and the Law-Fact Distinction, 54 Cal. L. Rev. 1867(1966).
87) Sassano v. Roullard, 27 Cal. App. 2d. 372(1938).
88) Gallick v. Baltimore & Ohio Railroad, 372 U.S. 108(1963).
89) Fed. R. Civ. P. § 48. 그러나, 일부 주에서는 다수결에 의하여 결정한다(예컨대, California에서는 4분의 3 이상).
90) 이러한 강조를 "dynamite charge"라고 한다. Allen v. United States, 164 U.S. 492(1896).
91) Fox v. United States, 417 F. 2d 84(5th Cir. 1969).

㉢ **評決의 效力** 陪審員은 評決을 하는 과정에서 왜곡적인 정보의 유입(extrataneous prejudicial information)이나 외부의 압력(outside influence)이 있는 경우 이에 대하여 증언할 수 있다.92) 陪審員이 자격을 갖추고 있지 못하고 있음에도 불구하고 陪審員으로 참여하여 評決을 내린 경우 당해 評決은 彈劾(impeach)될 수 있다.93)

b. 判 事 판사가 (i) 당사자에 대하여 개인적 편견(personal bias)을 갖고 있거나, (ii) 개인적으로 소송과 관련된 증거사실(evidentiary facts)을 알고 있거나, (iii) 당해 소송의 변호사로 관여한 적이 있거나, (iv) 소송에 대하여 금전적 이해관계를 갖고 있거나, (v) 소송의 당사자와 친·인척관계에 있는 경우에는 당사자가 판사를 忌避할 수 있다. 당사자가 판사를 忌避하는 경우 판사의 忌避事由를 구체적으로 明示하여 이에 서약한(sworn statement) 忌避申請書(filing an affidavit of bias)를 연방법원에 제기하여야 한다.94)

(2) **裁判의 節次**

a. 概 要 일반적으로 연방민사소송에서의 審理는 다음과 같은 절차에 의한다.

① 原告의 開始陳述(opening statement)

② 被告의 開始陳述(opening statement)

③ 原告의 直接審問, 被告의 反對審問, 原告의 再直接審問, 被告의 再反對審問(direct examination, cross-examination, re-direct examination, re-cross-examination)

④ 被告의 直接審問, 原告의 反對審問, 被告의 再直接審問, 原告의 再反對審問(direct examination, cross-examination, re-direct examination, re-cross-examination)

⑤ 原告의 反對證據(rebuttable evidence) 提出

⑥ 被告의 反對證據(rebuttable evidence) 提出

⑦ 原告의 陪審員에 대한 主張(argument)

⑧ 被告의 陪審員에 대한 主張(argument)

---

92) Fed. R. Evid. § 606(b).

93) Clark v. United States, 289 U.S. 1(1932).

94) 28 U.S.C. § 144.

⑨ 原告의 陪審員에 대한 終結陳述(closing argument)

⑩ 判事의 陪審員에 대한 說示(instructions)

⑪ 陪審員의 評決(verdict)

⑫ 判事의 判決

b. **主要 內容**

① **開始陳述**(opening remarks) 일반적으로 입증책임을 부담하는 당사자가 최초의 개시진술을 한다. 따라서 原告가 일반적으로 최초의 개시진술자가 된다.

② **證據提出** 소송의 당사자는 자신이 입증책임을 부담하는 쟁점에 대하여 충분한 증거를 제시하여야 한다.[95] 우선, 原告는 자신이 채택한 증인을 直接審問(direct examination)하고, 관련 증거를 제출한다. 原告의 直接審問이 끝나면 被告는 反對審問(cross examination)을 한다. 이후 原告의 再直接審問(re-direct examination), 被告의 再反對審問(re-cross-examination)을 순차적으로 하게 된다.

原告의 증거제출이 종료되면 被告가 자신이 채택한 증인을 直接審問(direct examination)하고, 관련 증거를 제출한다. 被告의 直接審問이 끝나면 原告의 反對審問, 被告의 再直接審問 및 原告의 再反對審問을 순차적으로 하게 된다.

被告의 증거제출이 종료되면 被告가 제출한 증거에 대한 原告의 反對證據(rebuttable evidence) 제출 및 原告가 제출한 증거에 대한 被告의 反對證據 제출이 순차적으로 진행된다.

증거제출절차가 종료되면 소송당사자의 일방은 입증책임을 부담하고 있는 타방이 제출한 증거가 입증책임을 뒷받침하지 못한다고 판단하는 경우 「指示評決의 申請」(motion for directed verdict)을 법원에 제기할 수 있다.[96] 陪審員이 없는 연방민사소송절차에서는 「指示評決의 申請」 대신에 「非自發的訴取下의 申請」(motion for involuntary dismissal)을 법원에 제기할 수 있다.[97]

---

95) 연방민사소송절차에서는 『聯邦證據規則』(Federal Rule of Evidence)이 적용된다.

96) Fed. R. Civ. P. § 50(a); Boeing Company v. Shipman, 411 F. 2d. 365(5th Cir. 1969). 일부 주에서는 "motion for nonsuit"의 신청을 허용하고 있다. Seivell v. Hines, 116 A. 919 (Pa. 1922).

97) Fed. R. Civ. P. § 41(b).

법원이 「指示評決의 申請」을 받아들이는 경우 법원은 이를 내용으로 하는 評決을 내리도록 陪審員에게 지시한다.

Dyer v. McDougall, 201 F. 2d 265(2d Cir. 1952)

명예훼손에 대한 민사소송에서 모든 증인들은 被告가 原告의 명예를 훼손하는 발언을 하는 것을 보거나 들은 적이 없다고 증언하였다. 비록 증인들의 증언내용이 약간의 신빙성이 떨어진다고 할지라도 原告는 자신의 주장을 입증할 수 없으므로 「指示評決의 申請」이 허용된다.

③ **陪審員**에 대한 **主張**(argument to jury) 당사자의 증거제출이 종료되면 당사자는 原告 · 被告의 순서로 陪審員에 대하여 자신에게 유리한 주장을 하여 陪審員을 설득한다.[98] 당사자의 陪審員에 대한 주장은 헌법상의 절대적 권리이다.[99] 당사자는 陪審員의 감정이나 선입관(passion or prejudices)에 호소하여서는 아니 된다.[100]

④ **判事**의 **陪審員**에 대한 **說示**(instruction) 陪審員에 대한 당사자의 주장절차가 종료되면 판사는 陪審員에 대하여 說示를 한다. 陪審員은 「사실문제」를 결정하는 것이 임무이므로 판사의 說示는 이에 필요한 법적 기준을 알려주는 것이 된다. 예컨대, 過失로 인한 손해배상소송에서 陪審員은 被告의 행동이 過失에 근거한 것인지의 사실 여부를 결정하게 되는바, 이 경우 판사는 "過失이라 함은 被告가 일반인에게 요구되는 적정주의의무를 위반하는 것"이라는 법의 내용을 說示로써 하게 된다.

판사의 陪審員에 대한 說示에 흠결이 있는 경우, 흠결이 陪審員의 評決에 부정적 영향을 미치는 흠결을 「一般欠缺」(plain error), 評決에 부정적 영향을 미치지 아니하는 흠결을 「無害欠缺」(harmless error)이라고 한다. 「一般欠缺」은 판결의 破棄事由가 된다.[101]

⑤ **陪審員**의 **評決**(verdict) 판사의 說示가 끝나면 陪審員들은 확실한

98) Fed. R. Civ. P. § 51.

99) Shippy v. Peninsula Rapid Transit Co., 197 Cal. 290(1925).

100) Pingatore v. Montgomery Ward & Co., 419 F. 2d 1138(6th Cir. 1969).

101) Mazer v. Lipschultz, 327, F. 2d 42(3d Cir. 1964).

증거(predominance of evidence)에 근거하여 評決을 내린다. 評決은 原告와 被告 중 누가 승소하는가를 결정하는 一般評決과 특정문제에 대한 결정을 내리는 特別評決이 있다.

陪審員의 評決에 대하여 불복하는 者는 「評決飜覆判決」의 신청절차(Motion for Judgment Notwithstanding the Verdict: J.N.O.V.)를 제기할 수 있다. 「評決飜覆判決」의 신청절차라 함은 陪審員의 評決이 강력한 증거에 의하여 뒷받침되지 아니하는 경우(no substantial evidence to support the decision of jury),[102] 이를 무시하고 판사가 독자적인 판결을 내려 줄 것을 법원에 신청하는 절차이다.[103]

연방민사소송절차에서 「評決飜覆判決」은 소송의 당사자 일방이 사전에 이를 신청한 경우에 한하여 허용되며,[104] 당사자의 신청 없이 법원이 職權으로(sua sponte) 「評決飜覆判決」을 내릴 수 없다.

⑥ **判事의 判決**　판사는 陪審員의 評決에 따라 최종적인 판결을 내리게 된다.

다. 裁判後 節次

裁判後 節次에는 再審理 신청절차, 판결무효·변경 신청절차 및 판결면제 신청절차 등이 있다.

(1) 再審理 申請(motion for new trial)

법원의 판결(judgment)이 내려진 후 당사자의 신청 또는 법원의 職權에 의하여 쟁점이 되었던 사실(factual issues in dispute)에 관한 재심리(new trial)를 할 수 있다.[105] 再審理는 判事·陪審員 또는 타방이 소송을 고의로 遲延하거나, 허위의 주장을 하는 경우 또는 새로운 증거가 제시되는 경우 등에 허용되는 절차이다.

102) Montgomery Ward & Co. v. Duncan, 311 U.S. 243(1940).
103) Fed. R. Civ. P. § 50(b).
104) Fed. R. Civ. P. § 50(b).
105) Fed. R. Civ. P. § 50(a). 일부 주법원에서는 당사자의 신청이 있는 경우에 한하여 再審理가 허용된다(예컨대, California). 普通法下에서는 기존의 확정된 사실이 위증, 사기, 은닉에 의한 경우 이를 잘못된 것으로 否認하는 절차로서 "Writ of Coram Nobis"라는 절차가 있으나 연방민사소송법은 이를 채택하지 아니하고 있다(Fed. R. Civ. P. § 60(b)).

Estate of Mesner, 77 Cal. App. 2d 677(1947)

陪審員의 적격 여부를 심사하는 과정(voir dire examination)에서 자격이 없는 陪審員 후보가 허위진술을 하여 陪審員으로 선정되어 재판에서 評決을 내렸다면 이는「再審理申請」의 합당한 사유가 된다.

(2) 判決無效·變更 申請節次

판결무효·변경 신청(motion to vacate or amend judgment)은 판사의 판결이 내려진 이후에 판사가 법을 잘못 적용한(error of law) 것이 발견된 경우 판결을 다시 내려주도록 요청하는 절차이다.106)

판결무효·변경의 신청은 법을 잘못 해석·적용한 경우에만 허용되며, 사실의 판단 여부에 대하여는 허용되지 아니한다. 예컨대, 판결무효·변경의 신청은 (i) 판사가 법을 잘못 해석한 경우, (ii) 필요한 법적용을 하지 아니한 경우, (iii) 司法管轄權이 없음에도 불구하고 판결을 내린 경우, 또는 (iv) 법원이 승소한 者에게 필요한 판결을 빠뜨린 경우 등에 제기될 수 있다.

Kelly v. Delaware River Joint Commission, 187 F. 2d 93(3d Cir. 1950)

법원이 승소한 者에 대하여 비용과 이익(cost and interest)을 인정하는 판결을 빠뜨린 것은 판결무효·변경의 신청대상이 된다.

(3) 判決免除 申請節次

판결면제 신청(motion for relief from judgment)은 판사의 판결이 내려진 이후에 판사의 귀책사유가 아닌 다른 사유로 재판결을 내리는 절차이다.107)

판결면제 신청의 사유로는 (i) 당사자의 착오·부주의 또는 예견하지 못한 상황(mistake, inadvertence or surprise)의 발생, (ii) 부득이 한 過失

106) Fed. R. Civ. R. § 59(e).
107) Fed. R. Civ. P. § 60(a).

(excusable neglect)로 인한 법원의 불출두, (iii) 새로운 증거의 발견, (iv) 위증 등의 사기(fraud), (v) 절차적 하자로 인한 판결의 무효, (vi) 기타 정당한 사유 등이 있다.

Universal Film Exchanges, Inc. v. Lust, 479 F. 2d 573(4th Cir. 1973)

被告가 法廷에 출두하지 못함으로써 결석재판이 열려 패소한 경우 합당한 過失(excusable neglect)이 인정되는 경우에는 판결면제 신청이 허용되어 再審理를 할 수 있다. 다만, 被告 변호사의 변론상의 過失은 합당한 過失에 해당되지 아니한다.

3. 訴訟의 終了

소송은 법원판결의 확정에 의하여 종료되는 것이 원칙이나 법원의 소송행위에 의하지 아니하고 당사자의 행위나 일정한 사유의 발생에 의하여 종료되는 경우가 있다.

가. 訴의 自發的 取下

原告는 자신이 제기한 訴를 訴取下의 통지(notice of dismissal)를 함으로써 자발적으로 取下(voluntary dismissal)할 수 있다.[108]

訴의 자발적 取下는 被告의 應訴(answer), 또는 略式判決(summary judgment)의 신청 이전에 행하여져야 하며, 그 이후에는 被告의 동의(cosent) 또는 법원의 명령(court order) 없이 訴를 取下할 수 없다.[109]

법원은 原告가 신청하는 경우 판결을 내리기 전에 언제라도 被告의 기득권을 침해하지 아니한다는 전제하에(without prejudice), 自由裁量에 의하여 訴의 取下命令(dismissal by leave of court)을 내릴 수 있다.[110]

---

108) Fed. R. Civ. P. § 41(a)(1)(i).
109) Fed. R. Civ. P. § 41(a)(2).
110) Fed. R. Civ. P. § 4(a)(2).

나. 訴의 非自發的 取下

(1) 裁判前 取下

原告가 민사소송절차법 또는 법원의 명령에 위반하는 경우 재판 전에 訴를 取下(dismissal before trial)하도록 명령할 수 있다.[111]

재판 전에 소송을 비자발적으로 取下하도록 명령하는 것은 原告가 소송을 제기할 수 있는 권리를 박탈하는 것이므로 매우 제한적으로 허용된다.[112] 재판 전에 소송을 비자발적으로 取下하는 명령은 확정된 판결과 동일한 효력을 갖는다.

(2) 裁判中 取下

陪審員이 없는 민사소송에서 原告가 자신의 권리를 주장할 만한 충분한 증거를 제시하지 못하는 경우 법원은 被告의 신청에 의하여 소송의 取下(dismissal at trial)를 명령할 수 있다.[113]

다. 歎願에 대한 判決

당사자 중 일방의 歎願(pleadings)이 충분한 법적 요건을 갖추고 있지 못한 경우(insufficient to establish any valid claim or defense) 법원은 타방의 신청에 의하여 歎願에 대한 판결(judgment on the pleadings)을 할 수 있다.[114]

歎願에 대한 판결은 歎願의 법적 요건 충족 여부에 관하여만 판결을 내린다.[115]

라. 略式判決

略式判決(summary judgment)은 소송이 진정한 사실상의 쟁점(genuine issue of fact)을 갖추고 있지 못한 경우 被告가 소송중에 언제든지 異議를 신청하고 이에 따라 법원이 내리는 판결을 말한다.[116] 略式判決은 사실상의 쟁

111) Fed. R. Civ. P. § 41(b).
112) Flaska v. Little River Marine Construction Co., 389 F. 2d 885(5th Cir. 1968).
113) Fed. R. Civ. P. § 41(b).
114) Fed. R. Civ. P. § 12(c).
115) Camman v. Edwards, 100 S.W. 2d 846(Mo. 1946).
116) Fed. R. Civ. P. § 56(c).

점이 전혀 없는 경우에 한하여 예외적으로 인정된다.[117]

마. 終局判決

소송은 終局判決의 확정에 의해 종료된다. 終局判決의 효력(res judicata)은 (i) 당사자는 동일한 사항에 대하여 소송을 다시 제기할 수 없고, (ii) 당사자 또는 보조인(privity)은 동일한 쟁점(issue)에 대하여 다른 소송에서 이를 다시 다툴 수 없다는 효력을 갖는다. 前者의 효력을 「訴訟排除」(claim preclusion), 後者의 효력을 「爭點排除」(issue preclusion)라고 한다. 「訴訟排除」의 효력을 좁은 의미의 종국판결의 효력(res judicata)이라고 부르기도 한다. 「爭點排除」의 효력은 동일한 쟁점에 관한 계속적인 소송(subsequent actions concerning the same claim)에서 이를 다툴 수 없다는 「직접적 禁反言의 원칙」(doctrine of direct estoppel)과 동일한 쟁점에 관한 다른 소송(different actions)에서 이를 다툴 수 없다는 「부수적 禁反言의 원칙」(doctrine of collateral estoppel)을 포함하고 있다.

4. 上訴節次

가. 上訴의 權利

민사소송에서 上訴할 수 있는 권리는 普通法上 또는 헌법상의 권리가 아니다.[118] 즉 미국헌법은 민사소송에서의 上訴할 수 있는 헌법상의 권리를 인정하지 아니하고 있다. 上訴의 권리는 연방법 또는 州法에 의하여 부여되는 법률상의 권리이다.

나. 聯邦法院의 上訴節次[119]

(1) 聯邦高等法院

미국에는 13개의 연방고등법원이 있다. 이 중 12개는 지역별 司法管轄權(territorial jurisdiction)을 갖고 있으며, 워싱톤 D.C.에 설치된 고등법원은 특허에 관한 소송과 미국연방정부를 당사자로 하는 소송에 관한 주제별 司法

117) Doehler Metal Furniture Co. v. United States, 149 F. 2d 130(2d Cir. 1945).
118) National Union v. Arnold, 348 U.S. 37(1954).
119) 상세한 내용은, 제 2 편 제 1 장 「헌법」 부분을 참조하기 바란다.

管轄權(subject matter jurisdiction)을 갖고 있다.

연방고등법원의 上訴審은 (i) 연방지방법원판결에 대한 항소심 및 (ii) 연방행정기구에 대한 행정소송이 대부분이다.

(2) 聯邦大法院

연방대법원은 (i) 연방지방법원에서의 直接上告,[120] (ii) 연방고등법원 판결에 대한 上告審,[121] (iii) 주대법원 판결에 대한 上訴審을 관할한다.[122]

다. 州法院의 上訴節次

주법원은 각 州마다 서로 상이한 체계 및 재심권한을 보유하고 있다. 그러나 대부분 三審制를 채택하고 있다는 공통점을 갖고 있다.

120) 연방정부의 행위에 대하여 연방지방법원이 위헌판결을 내린 경우 등에 한한다. 28 U.S.C. § 1252.

121) (i) 연방고등법원이 州法이 연방법률에 위배된다고 판정한 경우, (ii) 연방고등법원이 연방대법원에 대하여 법률해석을 의뢰한 경우(by certification), (iii) 연방대법원이 自由裁量에 의하여 절차재심을 허용하는 경우(by certiorari) 등에 한한다. 28 U.S.C. § 1254.

122) (i) 연방법률이 無效로 판정되거나 州法이 연방법률에 合致된다고 판정하는 경우 이에 대한 上訴(by appeal), (ii) 연방법에 근거한 주법원의 처분(disposition)에 대하여 절차재심(by certiorari)을 허용하는 경우에 한하여 허용된다. 28 U.S.C. § 1257.

제 9 장 刑事訴訟法

제 1 절 概 說

연방정부와 대부분의 주정부는 각기 『형사소송법』(Criminal Procedure)을 제정하여 운용하고 있다. 연방대법원은 1946년에 『聯邦刑事訴訟規則』(Federal Criminal Procedure Regulation)을 제정하여 연방법원에서의 형사소송절차에 이를 적용하고 있다. 주정부도 각기 상이하기는 하나 별도의 형사소송법을 제정하여 주법원에서의 형사소송절차에 적용하고 있으며, 그 내용은 상당부분이 『聯邦刑事訴訟規則』의 영향을 받고 있다.

이러한 연방정부와 주정부의 형사소송법은 연방헌법에서 규정하고 있는 형사피고인의 형사상 기본권이 충분히 보호될 수 있도록 규정되어야 하며 이를 제한하거나 침해하여서는 아니 된다. 연방정부와 주정부의 형사소송법에서 규정하고 있는 형사소송절차가 미국헌법에서 보장하고 있는 기본권을 침해하고 있는지의 여부는 법원이 최종적으로 판결한다.

제 2 절 刑事被疑者의 憲法上 基本權

1. 基本體系

미국 제 4 차 · 제 5 차 · 제 6 차 · 제 8 차 및 제14차 헌법개정조항은 형사피의자의 헌법상 기본권을 明文으로 규정하고 있다.

그러나 미국 제 1 차 내지 제 8 차 헌법개정조항에서 보호되는 기본권은 연방정부만을 구속하고 주정부에는 적용되지 아니하는 것이 원칙이다. 즉 형사피의자는 연방정부에 의하여 체포·구금·起訴되거나 재판을 받는 경우에만 헌법상의 보호를 받으며 주정부에 의한 경우에는 아무런 헌법상의 권리도 주장할 수 없다. 이에 대하여 연방대법원은 제14차 헌법개정조항의 「轉換規程」(Incorporation Clause)을 해석하여[1] 제 1 차 내지 제 8 차 헌법개정조항에서 규정하고 있는 형사피의자의 기본권은 연방정부뿐 아니라 주정부도 구속한다고 판결하였다.[2] 다만, 모든 헌법상의 기본권이 주정부를 구속하는 것이 아니라 「자유의 본질적 개념을 구성하는 本質的 基本權」(fundamental to concept of ordered liberty)만이 주정부에 의하여 보호된다고 해석하였다. 따라서, 형사소송절차와 관련된 헌법상의 기본권 중 주정부에 의하여 보호받는 것과 보호받지 아니하는 것을 구분하여 설명하여 보면 다음과 같다.

가. 州政府에 의하여 保護받는 基本權

연방헌법에 규정된 형사소송과 관련된 기본권 중 연방정부는 물론 주정부에 의하여도 보호되는 기본권은 다음과 같다.

(1) 제 4 차 憲法改正條項

(i) 비합리적인 수색 및 압수(unreasonable searches and seizures)는 금지되고,[3] (ii) 비합리적인 수색·압수 및 강제적인 자백 등 제 4 차·제 5 차 및 제 6 차 헌법개정조항에 위반하여 얻어진 증거는 證據能力이 배제된다.[4] 이를 「證據能力排除의 原則」(exclusionary rule)이라고 한다.

(2) 제 5 차 憲法改正條項

(i) 二重起訴·處罰(double jeopardy)은 금지되고,[5] (ii) 자신에게 불리한 진술의 강요(forced self-incrimination)도 금지된다.[6]

---

1) 상세한 내용은, 제 2 편 제 1 장 「헌법」 부분을 참조하기 바란다.
2) Duncan v. Louisiana, 391 U.S. 145(1968).
3) Wolf v. Colorado, 338 U.S. 25(1949).
4) Mapp. v. Ohio, 367 U.S. 643(1961).
5) Benton v. Maryland, 395 U.S. 784(1969).
6) Malloy v. Hogan, 378 U.S. 1(1964).

(3) 제 6 차 憲法改正條項

(i) 陪審員에 의한 재판을 받을 권리,[7] (ii) 공개재판을 받을 권리,[8] (iii) 신속한 재판을 받을 권리,[9] (iv) 증인을 對質할 수 있는 권리,[10] (v) 증인을 확보할 수 있는 권리,[11] (vi) 변호인의 助力을 받을 수 있는 권리는[12] 보호된다.

(4) 제 8 차 憲法改正條項

잔인하고 비정상적인 형벌(cruel and unusual punishment)은 금지된다.[13]

나. 州政府에 의하여 保護받지 아니하는 基本權

연방헌법에 규정된 기본권이라 할지라도 다음의 기본권은 연방정부만을 구속할 뿐 주정부에는 적용되지 아니한다. 따라서 주정부는 이러한 기본권을 보호하지 아니하여도 무방하다.

(1) 제 5 차 憲法改正條項의 大陪審員制度(grand jury)

제 5 차 헌법개정조항은 형벌로서 사형이 부과되거나 파렴치한 범죄(capital and infamous crimes)에 대하여 大陪審員에 의한 起訴制度(indictment)를 규정하고 있다. 그러나 연방헌법상의 大陪審員制度는 주정부를 구속하지 아니하며,[14] 따라서 대부분의 州는 大陪審員制度를 채택하지 아니하고 있다.

(2) 제 8 차 憲法改正條項의 過多保釋金(excessive bail) 禁止制度

제 8 차 헌법개정조항은 과다한 保釋金을 부과하는 것을 금지하고 있다. 헌법상의 過多保釋金 금지제도가 주정부를 구속하는지의 여부에 대하여 미국 대법원은 명확한 판결을 내리고 있지 않고 있다. 그러나 대부분의 州는 과다한 保釋金을 금지하는 주헌법을 채택하고 있다.

---

7) Duncan v. Louisiana, 391 U.S. 145(1968).
8) In re Oliver, 333 U.S. 257(1948).
9) Klopfer v. North Carolina., 386 U.S. 213(1967).
10) Pointer v. Texas, 380 U.S. 400(1965).
11) Washington v. Texas, 388 U.S. 14(1967).
12) Gideon v. Wainwright, 372 U.S. 335(1963); Scott v. Illinois, 440 U.S. 367(1979).
13) Robinson v. California, 370 U.S. 660(1962).
14) Hurtado v. California, 110 U.S. 516(1884).

2. 主要 憲法規程

가. 제 4 차 憲法改正條項

(1) 憲法規程

미국 제 4 차 헌법개정조항은 "법원의 영장 없이는 개인의 신체 · 재산 및 서류 등을 수색 또는 압수할 수 없다"고 규정하고 있다.[15]

(2) 主要 內容

a. 令狀 없는 逮捕 · 搜索 또는 押收의 禁止 법원이 발급한 영장 없이 개인을 체포 · 수색 또는 압수하여서는 아니 된다. 영장신청서(affidavit)에는 범행사실 및 법적 책임(commission of an offense and the responsibility)을 기재하고, 신청인이 문서로 선서(a sworn written statement)하여야 한다.[16] 다만, (i) 경찰이 중범죄를 저지른 자라고 판단할 만한 합리적인 근거(reasonable ground)가 있는 경우, 또는 (ii) 경찰의 면전에서 경범죄를 저지른 경우 등에는 영장이 없어도 무방하다.[17] 중범죄의 피의자(felon)가 도주하는 것을 방지하고, 피의자가 살인 또는 중상해의 위협을 가하는 경우 경찰은 이에 대하여 치명적인 물리력(deadly force)을 행사할 수 있다.[18] 경찰은 개인이 (i) 비정상적인 행동을 하는 것을 목격하고, (ii) 비정상적인 행동이 범죄행동의 진행과 관련되어 있다고 합리적으로 의심되며(reasonable suspicion), (iii) 이러한 의심을 뒷받침할 만한 구체적이고 명백한 사실(specific and articulable facts)을 적시할 수 있을 경우에 한하여 행인을 영장 없이 멈추게 하고 신체 외부에 대한 몸수색(stop and frisk)을 할 수 있다.[19]

---

15) 미국 제 4 차 헌법개정조항은 "The right of people to be secure in their persons, houses, papers and effects, against unreasonable searches and seizures, shall not be violated, and no warrants shall issue, but upon probable cause, supported by oath or affirmation, and particularly describing the place to be searched, and the persons or things to be seized." 라고 규정하고 있다.

16) Fed. R. Cri. P. 4(a).

17) United States v. Watson, 423 U.S. 411(1976).

18) Tennessee v. Garner, 105 S. Ct. 1694(1985).

19) Terry v. Ohio, 392 U.S. 1(1968).

Florida v. Royer, 460 U.S. 491(1983)

경찰관이 공공장소에서 어느 개인에게 접근하여 자신이 묻는 것에 대하여 응답할 의사가 있는지의 여부를 타진하는 것은 체포나 구금에 해당되지 아니한다. 다만, 경찰관은 개인의 의사에 반하여 그를 붙잡아서는(detain) 아니 된다.

b. 證據能力排除의 原則

① 原　則　「證據能力排除의 原則」(exclusion of evidence rule)이라 함은 제 4 차 · 제 5 차 및 제 6 차 헌법개정조항에 위반하여 불법적인 수색·압수 및 자백 등으로 확보한 증거는 형사소송[20]에서의 證據能力이 인정되지 아니한다는 원칙을 말한다.[21] 이러한 불법증거를 '유독과수가 맺은 중독된 과일'(tainted fruit of the poisonous tree)이라고 부른다.

Taylor v. Alabama, 457 U.S. 687(1982)

D는 경찰관에게 불법체포된 후 경찰서에서 자신의 범행을 자백하였고, 경찰관은 D의 자백에 근거하여 물증을 확보하고 체포영장을 청구하였다. D는 자백하기 전에 비록 경찰관으로부터 「미란다원칙」을 들었고 그의 친구를 만났으나, 이러한 일련의 사건은 경찰관이 D의 자백으로부터 얻은 증거가 불법체포로부터 얻은 불법증거라는 사실에 아무런 영향도 미치지 아니한다.

◎ D가 경찰관에게 불법체포된 후 석방되었으나, D가 자발적으로 경찰서로 되돌아가 범행을 자백한 경우 이는 불법증거가 아니다. Wong Sun v. United States, 364 U.S. 206(1960).

피의자는 (i) 陪審員이 참석하지 아니하는 증거채택절차(suppression hearing procedure)에서 불법적으로 확보한 증거의 배제를 주장할 수 있으며,[22] (ii) 판사가 당해 증거의 證據能力을 인정한 경우에도 陪審員 앞에서 당

20) 민사소송에서는 「證據能力排除의 原則」이 적용되지 아니한다. United States v. Janis, 428 U.S. 433(1976).
21) Wong Sun v. United States, 371 U.S. 471(1963).
22) Jackson v. Denno, 378 U.S. 368(1964).

해 증거를 신뢰하지 말 것을 주장할 수 있다.[23] 다만, 불법증거에 證據能力은 부여되지 아니할지라도 法廷에서 피의자 증언의 신뢰성을 공격하기 위하여 사용되는 것은 무방하다.[24]

Oregon v. Hass, 420 U.S. 714(1975)

피의자에게 「미란다원칙」을 알려주지 아니한 경우, 피의자가 범행사실을 임의로 자백하였다 할지라도 이러한 자백은 불법증거로서 證據能力이 배제된다. 그러나 임의적인 자백은 法廷에서 검찰이 피의자 증언의 신뢰성을 否認하기 위한 자료로서 사용될 수 있다.

◎ 강제자백으로 얻어진 불법증거는 피의자 증언의 신뢰성을 否認하기 위한 자료로도 사용될 수 없다. Mincey v. Arizona, 437 U.S. 385(1978).

불법증거에 대하여 證據能力을 잘못 인정하여 판결을 내린 경우, 당해 證據能力의 인정이 판결에 부정적인 영향을 미친 경우(harmless error)에는 판결을 破棄(reverse)할 수 있다.[25]

② **例 外** 다음과 같은 경우 불법증거에도 예외적으로 法廷에서 證據能力이 인정된다. (i) 경찰이 불법적인 방법을 사용하지 아니하더라도 당연히 증거를 확보할 수 있었던 경우,[26] (ii) 피의자가 스스로 증거를 제공한 경우,[27] (iii) 일반 민간인이 경찰과는 무관하게 불법적인 방법으로 증거를 확보한 경우,[28] (iv) 경찰이 단순히 경찰내규에 위반하여 증거를 확보한 경우[29] 등이 이에 해당된다.

나. 제 5 차 憲法改正條項

(1) 憲法規程

제 5 차 헌법개정조항은 (i) 불리한 진술강요금지의 원칙 및 (ii) 二重起訴·

23) Lego v. Twomey, 404 U.S. 477(1972).
24) Harris v. New York, 401 U.S. 222(1971).
25) Chapman v. California, 386 U.S. 18(1967).
26) People v. Fitzpatrick, 32 N.Y. 2d 499(1973).
27) Wong Sun v. United States, 371 U.S. 471(1963).
28) United States v. Crews, 445 U.S. 463(1980).
29) United States v. Caceres, 440 U.S. 741(1979).

處罰禁止의 원칙을 규정하고 있다.[30]

(2) 主要 內容

a. 不利한 陳述強要禁止의 原則 「불리한 진술강요금지의 원칙」(privilege against self-incrimination)은 크게 (i) 미란다(Miranda)원칙과 (ii) 강제자백금지의 원칙으로 나누어 볼 수 있다.

① 미란다原則 「미란다원칙」이라 함은 경찰이 피의자에게 제5차 헌법개정조항상의 권리를 사전에 告知하지 아니하고 피의자를 구금·審問(custodial interrogation)하여 취득한 증거는 비록 그 증거가 피의자의 자유의사에 의하여 제공된 것일지라도 證據能力이 인정되지 아니한다는 원칙을 말한다.[31]

「미란다원칙」하에서 피의자에게 사전에 告知하여야 할 제5차 헌법개정조항상의 권리는 (i) 피의자는 묵비권을 행사할 수 있고, (ii) 피의자가 발언한 내용은 피의자에게 불리하게 사용될 수 있으며, (iii) 피의자는 변호인의 助力을 받을 권리가 있고, (iv) 피의자가 민선변호인을 고용할 수 없는 경우 정부가 국선변호인을 제공한다는 네 가지 권리이다.

Edward v. Arizona, 451 U.S. 477(1981)

피의자가 경찰관으로부터 「미란다원칙」을 고지받은 후에 변호인의 助力을 받고자 하는 의사를 경찰관에게 전달한 경우, 피의자는 변호사의 助力을 실제로 받을 수 있을 때까지 더 이상 審問되어서는 아니 된다. 다만, 피의자가 먼저 경찰관과 논의를 개시하는 것은 무방하다.

피의자는 임의로 「미란다원칙」하의 권리를 포기할 수 있다. 「미란다원칙」을 위반하여 취득한 증거는 證據能力이 인정되지 아니하나, 피의자가 法廷에서 행한 진술의 신뢰성을 否認하는 자료로서 사용될 수 있다.[32]

---

30) 미국 헌법개정조항 제5조는 "…nor shall any person be subject for the same offense to be twice put in jeopardy of life or limb; nor shall be compelled in any criminal case to be a witness against himself, …"라고 규정하고 있다.
31) Miranda v. Arizona, 384 U.S. 436(1966).
32) Harris v. New York, 401 U.S. 222(1971).

② **強制自白禁止의 原則** 피의자를 강제로 자백하게 하여 얻어진 증거는 證據能力이 인정되지 아니하며, 또한 형사소송절차에서 어떠한 목적으로도 사용될 수 없다.[33] 즉, 피의자가 法廷에서 행한 진술의 신뢰성을 否認하는 자료로서도 사용될 수 없다.

강제자백금지의 원칙은 제 5 차 및 제14차 헌법개정조항에 규정된 「適法節次」(Due Process of Law)에서 파생된 원칙이다.

b. **二重起訴 · 處罰禁止의 原則** 二重起訴 · 處罰禁止의 원칙이라 함은 하나의 범죄(a single criminal offense)에 대하여는 한 차례의 起訴 또는 처벌만이 허용된다는 원칙이다.[34] 다만, 하나의 범행이 수개의 범죄에 해당되는 경우 하나의 범죄에 대하여 起訴 또는 처벌되었다고 하여 동일 범행으로 인한 다른 범죄에 대한 起訴 또는 처벌을 금지하는 것은 아니다.[35]

다. 제 6 차 憲法改正條項

(1) 憲法規程

제 6 차 헌법개정조항은 (i) 신속한 공개재판을 받을 권리, (ii) 陪審員에 의한 재판을 받을 권리, (iii) 起訴의 이유를 알 권리, (iv) 반대증인을 對質할 수 있는 권리, (v) 변호인의 助力을 받을 수 있는 권리 등을 규정하고 있다.[36]

(2) 主要 內容

a. **迅速한 公開裁判을 받을 權利**

① **迅速한 裁判을 받을 權利** 모든 형사피고인은 신속한 재판을 받을 헌법상의 권리를 갖는다. 이를 형사당국이 침해하는 경우 법원은 소송을 却下(dismiss)한다.[37]

---

33) Jackson v. Denno, 378 U.S. 368(1964); Miller v. Fenton, 106 S. Ct. 445(1986).

34) Green v. United States, 355 U.S. 184(1957).

35) Ashe v. Swenson, 397 U.S. 436(1970).

36) 제 6 차 헌법개정조항은 "In all criminal prosecutions, the accused shall enjoy the right to a speedy and public trial, by an impartial jury of the state and district wherein the crime shall have been committed, which district shall have been previously ascertained by law, and to be informed of the nature and cause of the accusation; to be confronted with the witness against him; to have compulsory process for obtaining witness in his favor, and to have the assistance of counsel for his defense"라고 규정하고 있다.

37) Strunk v. United States, 412 U.S. 434(1973).

신속한 재판을 받을 권리는 일단 起訴를 당한 형사피고인의 권리이므로, 검사가 起訴를 遲延(pre-accusation delay)하거나 訴가 却下된 후 再起訴를 지연하는 것은 신속한 재판을 받을 권리를 침해하는 것이 아니다. 다만, 起訴를 遲延하는 것이 공정한 재판을 저해하는 경우(substantial prejudice to a fair trial) 피의자는 제5차 및 제14차 헌법개정조항상의 「適法節次」(Due Process of Law)에 의하여 보호받게 된다.38)

② **公開裁判을 받을 權利** 모든 형사피고인은 공개재판을 받을 헌법상의 권리가 있다. 다만, 예외적으로 (i) 강간범의 재판에 있어 피해자를 보호하기 위하여,39) 또는 (ii) 증인이 위축되어 증언하지 못하는 것을 방지하기 위하여40) 판사는 재판을 공개하지 아니할 수 있다.

Harris v. Stephens, 361 F. 2d 888(8th Cir. 1966)

강간범에 관한 형사재판중에 강간에 관한 상세한 내용이 진술되는 경우 성폭력 피해자의 명예를 보호하기 위하여 판사는 방청객을 퇴정시킬 수 있다.

United States v. Herold, 368 F. 2d 187(2d Cir. 1966)

방청객 중의 일부가 주요 증인이 증언하는 것을 위축시킬 우려가 있는 경우에는 판사는 당해 방청객의 퇴정을 명할 수 있다.

재판을 비공개로 하는 경우 언론매체(media)의 제1차 헌법개정조항상의 '알권리'와의 충돌문제가 발생하게 된다. 언론매체는 (i) 재판 전 절차(pre-trial hearing)에서는 재판과정을 취재할 아무런 헌법상의 권리도 갖고 있지 아니하나,41) (ii) 재판절차에서는 공정한 재판을 저해하지 아니하

38) United States. v. Lovasco, 431 U.S. 783(1977).
39) Harris v. Stephens, 361 F. 2d 888(8th Cir. 1966); Riley v. State, 429 P. 2d 59(Nev. 1967).
40) United States. v. Herold, 368 F. 2d 187(2d Cir. 1966).
41) Gannett Co. v. DePasquale, 443 U.S. 368(1979).

는 한 재판과정을 취재할 수 있는 제 1 차 헌법개정조항상의 알권리를 갖고 있다.[42]

b. **陪審員에 의한 裁判을 받을 權利** 모든 형사피고인은 陪審員에 의한 재판을 받을 헌법상의 권리를 갖고 있는바, 동 권리는 제 6 차 헌법개정조항은 물론 연방헌법본문 제 2 조에[43] 의하여 규정되고 있다.

① **陪審員制度의 意義** 형사소송절차에서 陪審員制度는 (i) 恣意的이고 보복적인 법집행을 방지하고, (ii) 사실발견절차(fact-finding process)에 도움이 되며, (iii) 민주사회에서의 형사절차에 대한 공공참여(public participation)를 유도하고 있다.

② **陪審員制度의 適用**

㉠ **重大한 犯罪** 陪審員에 의한 재판은 중대한 범죄(serious offenses)에만 적용되며, 경미한 범죄(petty offenses)에는 적용되지 아니한다.[44] 중대한 범죄라 함은 6 개월 이상의 징역형이 부과될 수 있는 범죄를 말한다.

㉡ **法廷冒瀆罪** 陪審員制度는 민사상의 法廷冒瀆罪에 대한 재판에는 적용되지 아니하며, 형사상의 法廷冒瀆罪에 대한 재판에만 적용된다.[45]

㉢ **青少年裁判** 陪審員制度는 청소년재판(juvenile proceeding)에는 적용되지 아니한다.[46]

③ **陪審員의 定員 및 表決**

㉠ **聯邦法院의 경우** 연방법원에서는 陪審員의 숫자가 12명이며, 표결은 만장일치이어야 한다.

㉡ **州法院의 경우** 州法院에서는 陪審員의 숫자가 반드시 12명일 필요는 없다. 陪審員의 숫자는 지역사회를 골고루 대표하고 집단의 의견을 현명하게 반영할 수 있으면 족하다.[47] 연방대법원은 6 명의 陪審員制度는 合憲

---

42) Richmond Newspaper, Inc. v. Virginia, 448 U.S. 555(1980); Globe Newspaper Co. v. Superior Court, 457 U.S. 596(1982).

43) 연방헌법본문 제 2 조 제 2 항은 "The trial of all Crimes, except in cases of impeachment, shall be by jury."라고 규정하고 있다.

44) Baldwin v. New York, 399 U.S. 66(1970).

45) Bloom v. Illinois, 391 U.S. 194(1968).

46) Mckeiver v. Pennsylvania, 403 U.S. 528(1971).

47) Williams v. Florida, 399 U.S. 78(1970). The only limitation on jury size in that the jury must be large enough to ensure group deliberation and to provide a possibility of a representative cross-section of the community.

이라고 판정하고 있으나, 5 명의 陪審員은 違憲이라고 판정한 바 있다.48)

주법원에서의 陪審員의 評決은 반드시 만장일치일 필요는 없으며, 일반적으로 陪審員의 숫자에 따라 評決에 필요한 숫자가 결정된다. 예컨대, 陪審員의 숫자가 12명일 경우 11:1, 10:2, 9:3의 評決은 합헌이나,49) 陪審員의 숫자가 6 명인 경우50)에는 만장일치를 요구하고 있다.

④ **陪審員의 選定** 陪審員은 지역사회를 공정하게 골고루 대표할 수 있도록(a fair cross-section of the community) 선정되어야 한다.51) 형사피고인은 지역사회의 명확하고 數的으로 주요한 어느 집단이 陪審員으로 선정되지 아니한 경우(the underrepresentation of a distinct and numerically significant community group), 자신의 헌법상의 권리가 침해되었음을 주장할 수 있다.52)

형사피의자는 인종문제가 범행과 복잡하게 연관되어 있는 경우(inextricably bound up in the controversy)에 한하여 인종적 편견을 갖고 있는 豫備陪審員을 사전에 조사하여 陪審員으로부터 배제시킬 수 있는 권리를 보유한다.53)

Ristaino v. Ross, 424 U.S. 589(1976)

단순히 형사피고인이 흑인이고, 피해자가 백인이라는 사실만으로 형사피고인에게 豫備陪審員이 인종적 편견을 갖고 있는지의 여부를 조사할 수 있는 권리가 부여되는 것은 아니다.

◎ 다만, 형사피고인이 저지른 범죄가 상이한 인종간의 범죄(interracial crime)로서 사형이 언도될 수 있는 경우(capital defendant), 형사피고인은 특별한 이유 없이도 豫備陪審員이 인종적 편견을 갖고 있는지의 여부를 조사할 수 있는 권리를 보유한다. Turner v. Murray, 106. S. Ct. 1683(1986).

---

48) 6 명 합헌판결: Williams v. Florida, 399 U.S. 78(1970); 5 명 위헌판결: Ballew v. Georgia, 435 U.S. 223(1978).
49) Johnson v. Louisiana, 406 U.S. 356(1972); Apodaca v. Oregon, 406 U.S. 404(1972)
50) Burch v. Louisiana, 441 U.S. 130(1979).
51) Carter v. Jury Commissioner, 396 U.S. 320(1970).
52) Taylor, v. Louisiana, 419 U.S. 522(1975).
53) Ham v. South Carolina, 409 U.S. 524(1973).

형사피고인은 명백하고 현명한(expressly and intelligently) 판단에 의하여 陪審員에 의한 재판을 받을 수 있는 권리를 포기할 수 있다.[54]

c. 其他의 權利

① **起訴의 理由를 알 權利** 형사당국은 被告人이 소송에 적절히 대비할 수 있도록 起訴의 이유를 충분하고 상세하게(sufficient detail) 告知하여야 한다.[55]

형사당국은 형사피고인에게 유리한 증거의 공개의무[56] 및 거짓증거의 사용금지의무[57]도 부담하고 있다. 이러한 의무는 제 5 차 및 제14차 헌법개정 조항의 「適法節次」(Due Process of Law)에 의하여 요구되는 의무이다.

Brady v. Maryland, 373 U.S. 83(1963)

형사피고인이 형사당국이 보유하고 있는 증거 중에서 자신의 유·무죄 입증에 중요한 증거로서 자신에게 유리한 증거를 특정하여 제출을 요구한 경우 형사당국은 이에 응하여야 하며, 그러하지 아니한 경우 제 5 차 및 제14차 헌법개정조항상의 「적법절차」의 위반이 된다. 이러한 의무를 「브래디(Brady)원칙」이라고 한다.

◎ 형사피고인이 「브래디원칙」에 따라 요구한 증거를 형사당국이 제출하지 아니한 경우 그 증거가 판결에 영향을 줄 수 있을 정도의 중요한(material) 증거였다면 그 판결은 破棄된다. United States v. Agurs, 427 U.S. 97 (1976).

② **證人을 採擇·對質할 수 있는 權利** 형사피고인은 法廷에서 증인을 채택·대질(obtain and confront)할 수 있는 헌법상의 권리를 갖는다. 형사피고인은 형사소송절차에서 자신에 유리한 증인을 채택할 수 있는 헌법상의 권리를 갖는다.[58]

형사피고인에게 증인을 채택할 수 있는 권리를 부여하는 것은 검사가 증

---

54) Singer v. United States, 380 U.S. 24(1965).
55) Russel v. United States, 369 U.S. 749(1962).
56) Brady v. Maryland, 373 U.S. 83(1963).
57) Napue v. Illinois, 360 U.S. 264(1959).
58) Washington v. Texas, 388 U.S. 14(1967).

인을 채택하는 것과 동일한 권리를 부여하기 위한 것이다.[59]

Webb v. Texas, 409 U.S. 95(1972)

法廷에서 판사가 형사피고인측의 증인을 위협하는 발언(threatening remarks)을 하여, 결과적으로 당해 증인이 증언을 포기하였다면 이는 형사피고인의 증인채택권을 침해하는 것이다.

증인을 對質할 수 있는 권리라 함은 (i) 형사피고인이 法廷의 재판과정에 직접 참석할(physically present) 수 있는 권리,[60] (ii) 검사측 증인의 성명 및 주소 등 신분을 확인할 수 있는 권리,[61] (iii) 검사측 증인은 물론 자기측의 증인을 審問할 수 있는 권리[62] 등을 의미한다.

Illinois v. Allen, 397 U.S. 337(1970)

형사피고인이 판사의 경고에도 불구하고 法廷에서 계속적으로 소란을 피우는 등 法廷을 모독하는 행위를 한다면, 이는 자신이 法廷에 참여할 수 있는 헌법적 권리를 포기하는 것이 된다. 판사는 형사피고인에 대하여 法廷에서의 퇴정명령을 내릴 수 있다.

③ **辯護人의 助力을 받을 수 있는 權利** 형사피의자 또는 被告人은 변호인의 助力을 받을 수 있는 헌법상의 권리를 갖는다.[63] 이 경우 변호인의 변호는 형사피고인에게 효과적(effective)이어야 하며, 비효과적(ineffective)인 경우 형사피고인의 헌법상 변호인의 助力을 받을 권리가 침해된다. 과연 어떠한 변호가 효과적인 변호인가에 대하여 법원은 "일반적인 기준을 제시하는 것이 적합하지 아니하다"고 판결하고 있다.[64]

59) Washington v. Texas, 388 U.S. 14(1967).
60) Taylor v. United States, 414 U.S. 17(1973).
61) Smith v. Illinois, 390 U.S. 129(1968).
62) Chambers v. Mississippi, 410 U.S. 284(1973).
63) Gideon v. Wainwright, 372 U.S. 335(1963).
64) Strickland v. Washington, 466 U.S. 668(1984). "More specific guidelines are not appropriate. …Judicial scrutiny of counsel's performance must be highly deferential…."

United States v. Cronic, 466 U.S. 648(1984)

형사피고인이 변호인의 변호가 비효과적(ineffective)이었다고 주장하는 경우 그 근거로서 변호사의 경험부족, 소송준비시간의 부족, 변론의 복잡함(complexity) 또는 증인확보부족 등을 제시하는 것은 적합하지 아니하다. 형사피고인은 변호사의 변론상의 특정 과오(specific error)를 구체적으로 지적하여야 한다.

형사피고인의 共犯의 변론을 맡은 다른 변호인이 抗訴를 하였음에도 불구하고, 형사피고인의 변호인이 抗訴를 하지 아니하였다면 이는 비효과적인 변론에 해당된다.[65] 변호사 없이 재판이 진행되어 확정판결이 내려졌다면, 재판절차에 의한 경우에는 판결이 破棄되고, 비재판절차의 경우에는 「無害誤判」(harmless error)의 원칙이 적용된다.[66] 형사피고인은 변호사의 助力을 받을 권리를 포기하고, 스스로 자신을 변론할 수 있다.[67]

라. 제 8 차 憲法改正條項

(1) 憲法規程

미국 제 8 차 헌법개정조항은 법원은 과다한 保釋金(excessive bail) 또는 잔인하거나 비정상적인 형벌(cruel and unusual punishment)을 부과하여서는 아니 된다고 규정하고 있다.

(2) 主要 內容

법원은 형사피고인에게 과다한 保釋金을 부과하여서는 아니 된다. 본래 保釋金을 부과하는 이유는 형사피고인이 반드시 法廷에 출두하도록 保釋金으로 담보하기 위한 것이다.[68] 따라서, 형사피고인이 法廷에 출두하는 것을 담보하기 위한 수준 이상의 保釋金은 과다한 保釋金이 된다. 사형이 언도될 수 있는 형사피고인(capital defendant)에 대하여는 保釋이 허용되지 아니한

65) United States v. Reincke, 383 F. 2d 129(2d Cir. 1967).
66) 審理節次: Gideon v. Wainwright, 372 U.S. 335(1963); 非審理節次: United States v. Wade, 388 U.S. 218(1967).
67) Faretta v. California, 422 U.S. 806(1975).
68) Stack v. Boyle, 342 U.S. 1(1951).

다. 그 이유는 이러한 형사피고인은 아무리 保釋金이 높게 부과된다 할지라도, 일단 保釋이 허용되면 法廷에 출두하지 아니하고 도주할 가능성이 농후하기 때문이다.

법원은 잔인하거나 비정상적인 형벌을 부과하여서는 아니 된다. 범행에 비하여 형량이 지나치게 가혹한 경우, 예컨대 (i) 7번째의 경범죄에 대하여 종신형을 선고한 경우,[69] (ii) 성인여자를 강간한 者에 대하여 사형을 선고한 경우[70] 등은 모두 제 8 차 헌법개정조항을 위반하는 판결이다.

사형(death penalty) 자체는 잔인하거나 비정상적인 형벌에 해당하지 아니한다. 사형은 형벌의 모든 가중 또는 경감요소(aggravating and mitigating factor)를 고려하여 언도되어야 하며, 사형언도에 대한 再審節次가 부여되어야 한다.[71]

Woodson v. North Carolina, 428 U.S. 280(1976)

형법에 다양한 종류의 살인죄를 열거하고 이에 대하여 형벌의 경감요소를 고려하여 볼 여지도 부여하지 아니하고 사형을 의무적으로 언도하도록 규정하고 있는 경우, 이러한 사형은 잔인하거나 비정상적인 형벌에 해당된다.

제 3 절 刑事訴訟節次

형사소송절차는 裁判前 節次, 裁判節次 및 裁判後 節次로 분류하여 볼 수 있다.

1. 裁判前 節次

裁判前 節次(pre-trial proceeding)에는 被疑者確認節次(identification

69) Solem v. Helm, 463 U.S. 277(1983).
70) Coker v. Georgia, 433 U.S. 584(1977).
71) Gregg v. Georgia, 428 U.S. 153(1976).

procedure), 豫備聽聞節次(preliminary hearing), 保釋節次(bail) 및 起訴節次(accusation) 등이 해당된다.

가. 被疑者確認節次

피의자확인절차(identification procedure)는 피의자가 실제로 범죄를 행한 者인가를 확인하는 절차이다. 피의자확인절차는 헌법상 (i) 불리한 진술강요금지의 원칙, (ii) 변호인의 助力을 받을 권리 및 (iii) 適法節次 등에 의한 보호를 받는다.

(1) 不利한 陳述強要禁止의 原則

피의자는 헌법상 자신에게 불리한 진술을 하지 아니할 권리를 갖는다. 그러나 피의자를 일렬종대로 세우고 그 중에서 피해자 또는 증인으로 하여금 범인 여부를 가려내는 라인업(line-up)조사, 특정 단어를 발음하여 보는 조사, 또는 특정 의복을 입혀 보는 조사 등은「진술」이 아니므로 불리한 진술강요금지의 원칙에 위배되지 아니한다.[72]

(2) 辯護人의 助力을 받을 權利

피의자는 헌법상 변호인의 助力을 받을 권리를 갖는다. 다만, 피의자가 정식으로 고발(formal charge)되거나, 豫備聽聞(preliminary hearing) 등의 對審的 형사소송절차(adversary criminal proceeding) 이전에는 변호인의 助力을 받을 권리가 없다.[73] 對審的 형사소송절차는 일반적으로 체포영장의 발급 이후부터 개시되는 것으로 본다.[74] 따라서, 정식고발 이전에 행하는 라인업조사의 경우 변호인의 助力을 받을 수 없으나, 정식고발 이후에 행하는 경우 변호인의 助力을 받을 수 있다.

(3) 適法節次

법원은 모든 상황(all the circumstances)을 고려하여 피의자확인절차가 신뢰성을 갖고 있는지를 판단하여야 하며, 신뢰성이 없는 경우에는 헌법상의 適法節次를 위반한 것이 된다.[75]

---

72) United States v. Wade, 388 U.S. 218(1967).
73) Moore v. Illinois, 434 U.S. 220(1977).
74) People v. Samuels, 49 N.Y. 218(1980).
75) Manson v. Brathwaite, 432 U.S. 98(1977).

이 경우 고려되어야 할 사항은 (i) 증인의 범인목격 기회, (ii) 증인의 범인목격 당시의 집중도(degree of attention), (iii) 증인의 상황설명의 정확도(accuracy of attention), (iv) 증인의 범인지명에 대한 확신도(level of certainty) 및 (v) 범행시점과 범인확인시점 간의 시차(length of time) 등이다.

Hudson v. Blackburn, 601 F. 2d 785(5th Cir. 1979)

증인이 범인을 밝은 장소에서 상당히 오랜 기간 동안 똑똑히 보았다면 6 개월 후에 사진을 통하여 범인을 확인하는 것은 헌법상의 適法節次를 위반하는 것이 아니다.

나. 豫備聽聞節次

豫備聽聞節次(preliminary hearing)는 형사피고인을 체포(arrest)한 후 검사의 起訴以前에 행하는 형사절차로서 (i) 체포의 정당한 사유(probable cause)가 있는지의 여부, (ii) 保釋을 허용할 것인지의 여부 및 (iii) 피의자에 대한 起訴 결정 여부를 판단하기 위한 절차이다.

(1) 逮捕의 正當한 事由

정당한 사유(probable cause)가 없는 경우 형사피의자를 체포하여서는 아니 된다. 豫備聽聞節次는 체포의 정당한 사유가 있는지의 여부를 판단하기 위한 절차이다. 大陪審起訴(grand jury indictment)절차를 거친 경우,76) 또는 영장을 발급받아 체포한 경우에는 체포의 정당한 사유가 이미 입증되어 있으므로, 이러한 경우에는 체포의 정당한 사유가 있는지의 여부를 판단하기 위한 豫備聽聞節次가 필요하지 아니하다.77)

(2) 保釋許容의 檢討

모든 형사피의자는 체포된 후 24시간 내지 72시간 이내에 사법관리(judicial officer) 앞에 최초 출두(initial appearance)하여야 한다. 사법관리는 동 절차에서 (i) 형사피의자의 권리를 고지하고, (ii) 保釋 허용의 여부 또는

76) Swingle v. United States, 389 F. 2d 220(10th Cir. 1968).
77) Gerstein v. Pugh, 420 U.S. 103(1975). 이를 "Gerstein hearing"이라고도 부른다.

재판 전 석방의 조건을 부과하며, (iii) 형사피의자가 빈곤한 경우에는 국선변호인을 선임한다. 동 절차는 對審節次가 아니므로 형사피의자는 변호인의 助力을 받을 권리를 보유하지 못한다.[78] 保釋金의 액수는 제 8 차 헌법개정조항의 규정에 의하여 과다하여서는 아니 된다. 사형이 언도될 수 있는 중죄에 대하여는 保釋이 허용되지 아니한다.

(3) 檢査의 起訴決定與否

豫備聽聞節次에서는 검사의 起訴與否를 결정한다. 검사의 起訴與否決定節次는 對審節次이므로 형사피의자는 변호인의 助力을 받을 권리가 있다.[79] 형사피의자와 검사는 모두 증거를 제출하고 증인을 내세울 수 있다.

다. 起訴節次

(1) 大陪審起訴節次

a. 意　義　大陪審起訴節次(grand jury indictment)는 검사가 형사피의자를 起訴하는 起訴狀(bill of indictment)을 大陪審員에게 제출하여 起訴與否에 대한 승인을 받는 절차를 말한다.[80]

b. 範　圍　大陪審起訴節次는 제 5 차 헌법개정조항의 규정에 의하여 연방중범죄사건(federal felony case)에만 의무적으로 적용되고, 연방경범죄사건의 경우 검사는 大陪審起訴節次를 거칠 것인지에 대한 재량권을 보유한다.[81] 大陪審起訴節次는 주형사소송절차에는 적용되지 아니한다.[82] 물론 주의회가 州法으로서 大陪審起訴節次를 채택할 수 있음은 물론이다.

형사피고인은 사형이 부과될 수 있는 범죄가 아닌 경우 大陪審起訴節次를 스스로 포기할 수 있다.[83]

c. 節　次　大陪審起訴節次는 비공개리에 진행되며, 형사피고인은 동 절차에 출두하거나 증인을 내세울 수 없다. 大陪審起訴節次에서는, 일반심리절차에서는 證據能力이 인정되지 아니하는 불법취득증거(illegally

78) Fed. R. Crim. P. 5.1.
79) Coleman v. Alabama, 399 U.S. 1(1970).
80) 大陪審員이 기소를 승인하는 경우 "True Bill"이라고 하고, 승인하지 아니하는 경우 "No True Bill"이라고 한다.
81) Fed. R. Crim. P. 7(a).
82) Hurtado v. California, 110 U.S. 516(1884).
83) Fed. R. Crim. P. 7(b).

obtained evidence)나 傳聞取得證據(hearsay evidence)도 證據能力이 인정된다.[84)]

大陪審員團은 16명 내지 23명의 大陪審員으로 구성되며, 이 중 12인의 찬성으로 起訴與否를 승인한다.

d. 效 力 大陪審員이 起訴를 승인하는 경우에도 검사는 최종적으로 起訴를 할지 여부에 대한 재량권을 보유한다. 大陪審員이 起訴를 승인하지 아니하는 경우 검사는 起訴를 할 수 없다.

(2) 檢事起訴節次

檢事起訴節次(information)는 大陪審起訴節次가 적용되지 아니하거나, 형사피의자가 大陪審起訴節次를 포기한 경우에 검사가 형사피의자를 起訴하는 절차이다. 檢事起訴節次는 大陪審起訴節次보다 자주 사용된다.

연방경범죄에 대하여 검사는 大陪審起訴節次 또는 檢事起訴節次 중 어느 한 절차를 임의로 선택할 수 있다.[85)]

2. 裁判節次

형사피의자에 대한 起訴가 있는 경우 재판절차(trial procedure)가 개시된다.

가. 概 要

재판의 개시 전후에 「犯罪認否節次」(arraignment)가 시작된다. 犯罪認否節次는 판사가 被告人에게 범죄의 認定(guilty) · 否認(not guilty) 여부 및 범죄를 인정하는 경우 어느 범죄를 인정하는지를 묻고 이를 聽取하는 절차이다. 被告가 유죄를 인정하고 범죄의 종류 또는 求刑에 대하여 검사와 합의되는 경우 재판은 열리지 아니한다. 被告가 무죄를 주장하거나, 被告가 유죄를 인정하는 경우에도 범죄의 종류 또는 구형에 관하여 被告와 檢事 간에 견해가 일치하지 아니하는 경우에는 재판이 개시된다.

84) 불법취득증거: United States v. Calandra, 414 U.S. 338(1974); 전문취득증거: Costello v. United States, 350 U.S. 359(1956).
85) Fed. R. Crim. P. 7(a).

재판과정에서 被告人은 신속한 공개재판을 받을 권리, 변호인의 助力을 받을 권리 및 陪審員에 의한 재판을 받을 권리를 갖는다. 형사소송절차는 민사소송절차와 대동소이하다. 우선 검사 및 被告人이 순차적으로 증인·증거를 제시하고 이를 서로 反對審問한 후 변론을 한다. 이후 陪審員에 대한 판사의 說示(instruction), 陪審員의 評決(verdict) 및 판사의 判決이 뒤따른다. 유죄판결이 내려지는 경우 범죄의 경중에 따라 형벌이 부과(sentencing)된다.

나. 主要 節次

이하에서는 형사소송절차의 순서에 따라 「犯罪認否節次」(arraignment), 「犯罪立證節次」(burden of proof) 및 「刑宣告節次」(sentencing)에 대하여 설명하기로 한다.

(1) 犯罪認否節次

犯罪認否節次(arraignment)라 함은 재판절차가 정식으로 개시되기 이전에 형사피고인에게 (i) 유죄를 인정하고 재판을 진행할 것인지(guilty plea), (ii) 무죄를 주장하면서 재판을 진행할 것인지(not guilty plea), 또는 (iii) 유죄를 인정하지 아니하고 재판을 진행하나 법원이 부과하는 형벌을 이의없이 부과받을 것인지(nolo contendere)의 여부를 결정할 수 있는 기회를 부여하는 절차를 말한다.

유죄를 인정하고 재판을 진행하는 경우에는 陪審員에 의한 유·무죄판결이 필요없으므로 이는 陪審員에 의한 재판을 받을 권리를 포기하는 결과를 가져오게 된다. 대부분의 형사소송절차는 「有罪認定節次」(guilty plea)로 진행된다. 형사피고인이 세 가지 경우 중 아무것도 선택하지 아니한 경우 법원은 被告人이 무죄를 주장하면서 재판을 진행하는 것(not guilty plea)을 선택한 것으로 간주하고 재판을 진행한다.

형사피고인은 자발적이고 이성적으로(voluntary and intelligent) 절차를 선택하여야 하며, 판사는 이를 재판중에 반드시 확인하여야 한다.[86]

---

86) McCarthy v. United States, 394 U.S. 459(1969).

McCarthy v. United States, 394 U.S. 459(1969)

판사는 被告人이 「자발적이고 현명하게」(voluntary and intelligent) 유·무죄의 여부를 결정하였는지에 관하여 法廷에서 이를 직접 확인하여야 한다. 이 경우 판사는 被告人이 (i) 起訴된 범죄의 내용(nature of charge), (ii) 最大可能刑量 및 最小義務刑量(maximum possible penalty and mandatory minimum penalty), (iii) 무죄를 주장할 수 있는 권리, (iv) 유죄인정이 陪審에 의한 재판을 받을 수 있는 권리를 포기한다는 사실 등에 관하여 알고 있는지를 확인하여야 한다.

형사피고인과 검사는 犯罪認否에 대한 교섭(plea bargaining)을 할 수 있다. 이는 형사피고인이 자신의 유죄를 是認하는(guilty plea) 대신에, 검사는 구형을 낮추거나 일부 범죄를 起訴하지 아니하는 조건으로 서로 합의(agreement)를 하는 것을 말한다. 이러한 합의는 소송비용을 절감하고 소송의 지연을 방지할 수 있으므로 연방대법원 및 주법원에 의하여 인정되고 있다.

형사피고인과 검사 간에 합의가 이루어진 경우 이러한 합의는 법원에 제출되어야 하며, 법원은 합의의 타당성을 검토하여 승인 여부를 결정한다.[87]

(2) 犯罪立證節次

형사피고인은 확정판결이 내릴 때까지 미국헌법상 適法節次의 원리에 의하여 無罪로 推定(presumption of innocence)된다. 따라서, 검사는 형사피고인의 유죄를 입증할 책임을 부담하는바, 起訴된 범죄의 모든 성립요건을 「합리적인 의문점이 조금도 남지 아니하도록 입증」(prove guilty beyond a reasonable doubt)하여야 한다.[88]

「합리적인 의문점」이라 함은 陪審員이 모든 증거를 주의깊고 솔직하게 또한 공정하게 고려하여 본 결과 被告人의 유죄를 단언할 수 없는 것을 말한다.[89] 「합리적인 의문점」 기준은 被告人의 유·무죄 여부의 결정에만 적용된다. 체포 및 압류의 합법성 여부 또는 자백의 임의성 여부 등을 결정하기 위한 증거의 證據能力 認定與否의 판정에는 「증거의 타당성」 기준(preponde

87) Fed. R. Crim. P. 11(e)(2).
88) Taylor v. Kentucky, 436 U.S. 478(1978).
89) Moore v. United States., 345 F. 2d 97, 98(D.C. Cir. 1965).

rance of evidence)이 적용된다.[90]「합리적인 의문점」기준은「증거의 타당성」기준에 비하여 보다 엄격한 기준이다.

陪審員이 형사피고인에 대한 有罪評決을 내린 경우, 법원은 陪審員이 충분한 증거를 바탕으로 有罪評決을 내렸는가에 대하여 결정하여야 한다.[91]

(3) 刑宣告節次

판사는 선고되는 형량이 법에 규정된 형량의 범위에 속하는 경우 형량의 결정에 대한 自由裁量權을 보유하며, 이는 재심의 대상이 되지 아니하는 것이 원칙이다.[92]

판사는 형량을 결정하는 기준으로서 재판의 공식기록뿐 아니라, 被告人의 재판 중 태도 및 과거의 전과 등을 고려할 수 있다.

United States v. Grayson, 438 U.S. 41(1978)

판사는 형량을 결정하는 경우 재판과정에서 被告人이 위증을 하였다는 사실을 고려할 수 있다. 이는 被告人이 출옥 후 사회에 복귀하여 再適應(rehabilitation) 할 수 있는지의 여부를 판단하는 데 주요한 기준이 될 수 있기 때문이다.

다만, 제 8 차 헌법개정조항에서 금지하고 있는「잔인하고 비정상적인 형벌」(cruel and unusual punishment)을 부과할 수 없다. 또한 형벌의 부과는 헌법상의「평등조항」에 의한 제한을 받는다. 예컨대, 동일한 범죄에 대하여 벌금납부능력이 있는 者에게는 벌금형을, 벌금납부능력이 없는 者에게는 자유형을 부과하는 것은 평등권위반이다.[93]

3. 裁判後 節次

裁判後 節次로서 중요한 것은 上訴制度(appeals)와 拘束適否審査節次(habeas corpus)이다.

---

90) Lego v. Twomey, 404 U.S. 477(1972).
91) Jackson v. Virginia, 443 U.S. 307(1979).
92) United States v. Dazzo, 672 F. 2d 284(2d Cir. 1982).
93) Tate v. Short, 401 U.S. 395(1971).

가. 上訴制度

형사피고인 또는 검사가 1 심 판결에 승복하지 아니하는 경우 이에 불복하여 上訴(appeals)를 제기할 수 있다.

上訴는 하급심의 판결에 그 판결을 번복할 정도의 오류가 있는 경우에 한해 인정된다. 따라서, 하급심의 판결에 오류가 있다 할지라도 이러한 오류가 판결에 아무런 영향도 미치지 못했을 것으로 판단되는 경우에는 上訴가 허용되지 아니한다.[94] 이를 「無害誤判의 原則」(harmless error doctrine)이라고 한다.

上訴할 수 있는 권리는 미국헌법에서 보호되는 기본권이 아니다. 따라서 연방정부 또는 주정부는 上訴制度를 마련하지 아니하더라도 형사피고인의 헌법상의 권리를 침해하는 것은 아니다.[95] 그러나 모든 州는 형사소송에 관한 上訴制度를 마련하고 있다. 다만, 上訴制度가 법률에 의하여 인정되고 있는 경우 빈민자가 上訴費用을 부담하지 못하여 上訴할 수 있는 기회를 사실상 박탈당하는 경우 이는 빈민자에 대한 미국헌법상의 평등권침해가 될 우려가 있다.[96]

미국에서는 上訴制度를 (i) 상급법원이 上訴가 제기된 경우 이를 반드시 심사하여야 하는 義務上訴制度(automatic appeals)와 (ii) 상급법원이 上訴의 심사 여부에 대한 재량권을 보유하고 있는 任意上訴制度(discretionary appeals)로 구분하고 있다. 義務上訴制度의 경우 빈민자에게 반드시 국선변호인을 제공하여야 하며 그러하지 아니하는 경우 헌법상 평등권의 침해가 된다.[97]

나. 拘束適否審査節次

(1) 憲法規程

헌법본문 제 1 조 제 9 항은 "내란 또는 적의 침입의 경우에 공공의 안전을 위하여 필요한 경우를 제외하고는 拘束適否審査節次(habeas corpus)가 거부되어서는 아니 된다"고 규정하고 있다.[98]

---

94) Chapman v. California, 386 U.S. 18(1967).

95) Ross v. Moffit, 417 U.S. 600(1974).

96) Griffin v. Illinois, 351 U.S. 12(1956).

97) Ross v. Moffitt, 417 U.S. 600(1974); Evitts v. Lucey, 105 S. Ct. 830(1985).

98) 미국헌법본문 제 1 조 제 9 항은 "the Writ of Habeas Corpus shall not be suspended, unless where in cases of rebellion or invasion the public safety may require it."이라고 규정하고 있다.

(2) 主要 內容

拘束適否審査節次는 형사피의자 등에 대한 구류 · 구속(detention)이 미국 연방헌법 또는 연방법률에 위배되는지의 여부에 대하여 법원에 심사를 청구하는 제도를 말한다.[99] 따라서, 拘束適否審査節次는 하급심의 판결에 대한 上訴制度가 아니라, 被告人이 헌법 및 연방법률상의 권리에 反하여 부당하게 구속되어 있으므로 이를 구제하여 줄 것을 요청하는 별개의 형사소송절차이다.

拘束適否審査節次는 현재 구류 · 구속된 被告人은 물론 집행유예, 가석방 또는 保釋중에 있는 者도 이를 신청할 수 있다.[100] 州의 형사피고인은 주법원에 拘束適否審査를 신청할 수 있으며, 또한 연방법률을 위반한 경우에는 연방법원에 이를 신청할 수도 있다. 연방의 형사피고인은 연방 拘束適否審査를 신청하여야 한다. 신청인은 자신의 구속이 불법이라는 사실을 '타당성 있는 증거'(preponderance of the evidence)에 의하여 입증하여야 한다.

United States v. Frady, 456 U.S. 152(1982)

D는 연방법원에서 1급살인죄의 판결을 받았다. D는 연방대법원에 拘束適否審節次를 신청하고 동 절차에서 판사가 陪審員에게 1급살인죄의 성립요건인 '惡意'(malice)의 개념을 잘못 說示하여 판결에 오류(plain error)를 범하였다고 주장하였다. 이에 대하여 연방대법원은 판결의 오류는 上訴審에서 제기되어야 할 실체적 쟁점으로서 이는 拘束適否審節次에서 적합한 쟁점이 아니라고 판결하였다. 또한 연방대법원은 拘束適否審節次에서는 被告人측이 왜 하급심에서 판사의 오류에 대하여 적절한 이의를 제기하지 못하였는지에 관한 합당한 이유(cause)를 제시하였어야 타당하다고 하였다.

---

99) Preiser v. Rodriguez, 411 U.S. 475(1973).
100) Lane v. Williams, 455 U.S. 624(1982).

제10장 法의 抵觸

제 1 절 槪　　說

미국은 연방국가로서 연방과 50개의 州로 구성되어 있다. 연방과 州는 서로 다른 司法管轄權을 갖고 있으며, 또한 서로 다른 법률을 제정하여 적용하고 있다.

따라서, 서로 다른 州에 거주하는 개인간에 소송이 제기되는 경우 과연 어느 州의 법원이 재판을 담당하고, 법원은 재판과정에서 어느 州의 법률을 적용할 것이며, 또한 어느 州의 법원 판결을 다른 州에서 인정·집행할 수 있는가의 문제가 발생한다.

이것이 바로 法의 抵觸(conflict of law) 문제이다. 法의 抵觸 문제는 크게 (i) 법원의 司法管轄權 문제(jurisdiction of courts), (ii) 적용 법률의 선정 문제(choice of law) 및 (iii) 다른 州 판결의 인정 및 집행문제(recognition and enforcement of foreign judgments)로 구성되어 있다.

제 2 절 司法管轄權

1. 意　　義

가. 槪　　念

司法管轄權이라 함은 법원이 재판을 통하여 소송당사자의 권리·의무관계에 영향을 줄 수 있는 권한을 말한다. 이는 간단히 말하면 특정 사건에 대하여 어떤 州의 법원이 재판을 담당할 수 있는 권한을 갖고 있는가의 문제이다.

나. 司法管轄權의 種類

司法管轄權의 종류는 소송의 객체를 중심으로 하여 對人的 司法管轄權(in personam jurisdiction), 對物的 司法管轄權(in rem jurisdiction) 및 準對物的 司法管轄權(quasi in rem jurisdiction)의 세 가지 형태로 크게 구분하여 볼 수 있다.[1)]

(1) 對人的 司法管轄權

對人的 司法管轄權(in personam jurisdiction)이라 함은 법원이 소송당사자의 채권·채무관계, 불법행위(tort) 또는 계약불이행(breach of contract)으로 인한 손해배상문제 등 당사자간의 권리·의무관계에 대한 법원의 司法管轄權을 말한다.

(2) 對物的 司法管轄權

對物的 司法管轄權(in rem jurisdiction)이라 함은 재판을 담당하는 법원이 설치되어 있는 州에 소재하고 있는 재산(res)에 대한 司法管轄權으로서 법원은 당해 재산에 대한 배타적 권리(rights of entire world)를 설정할 수 있다. 예컨대, 재산의 公共收用, 마약·불법무기 등 불법재산의 몰수 등에 관한 절차가 이에 해당된다.

(3) 準對物的 司法管轄權

準對物的 司法管轄權(quasi in rem jurisdiction)이라 함은 소송의 대상인 재산(res)에 대한 특정인의 권리·의무관계의 存否 또는 변경에 대한 司法管轄權을 말한다. 예컨대, 특정재산에 대한 소유권 변경·확인에 관한 소송이나, 對人的 訴訟(in personam claim)의 결과 확정된 권리·의무관계를 집행

1) 司法管轄權의 종류는 크게 地域的 司法管轄權(territorial jurisdiction)과 主題別 司法管轄權(subject matter jurisdiction)의 두 가지 형태로 분류된다. 특정 법원이 재판권을 행사하기 위하여는 地域的 司法管轄權과 主題別 司法管轄權을 모두 갖추어야 한다. 그러나 法의 抵觸과 관련된 분야는 사실상 前者의 地域的 司法管轄權에 국한되며, 이에 속하는 것이 對人的, 對物的, 準對物的 司法管轄權의 문제이다. 後者의 主題別 司法管轄權의 문제는 이미 앞의 民事訴訟法에서 설명한 바 있다.

하기 위한 소송 등이 이에 해당된다.

2. 司法管轄權의 充足要件

특정 사건에 대하여 법원이 司法管轄權을 갖기 위하여는 첫째, 당해 사건과 법원간에 「최소한도의 연관성」(minimum contact)이 존재하여야 하며, 둘째, 被告에게 소송절차가 개시됨을 적정한 방법에 의하여 통지하여야(proper notice) 한다. 이러한 두 가지 요건은 헌법상 「適法節次」(Due Process of Law)를 충족하기 위한 요건이다.

가. 事件과 法院間의 最小한 聯關性의 存在

(1) 對人的 司法管轄權의 경우

(i) 被告가 법원이 설치되어 있는 州에 住所(domicile) 또는 居所(residence)를 갖고 있는 경우,[2] (ii) 被告가 법원에 자진하여 출두(appearance)하는 경우,[3] (iii) 被告가 법원에 출두하기로 승낙(consent)한 경우[4]에는 당해 사건에 대하여 법원이 당연히 司法管轄權을 갖는다.

Blackmer v. United States, 284 U.S. 421(1922)

연방형사사건에서 외국에 있는 미국인이 증인으로 채택되는 경우 연방법원으로 출두하도록 명령을 내릴 것을 규정하고 있는 연방법률은 合憲이다. 이 경우 외국에 있는 미국인에게 적절한 통지(proper notice)가 전달되어야 함은 물론이다.

그러나 위의 경우에 해당하지 아니한 경우 법원이 被告에 대하여 과연 司法管轄權을 가질 수 있는가에 대하여는 다음과 같은 普通法上의 원칙이 정

2) Milliken v. Meyer, 311 U.S. 457(1940).
3) York v. Texas, 137 U.S. 15(1890). 被告의 법원출두는 일반출두(general appearance)와 특별출두(special appearance)로 나뉜다. 일반출두는 피고가 소송을 진행하기 위하여 출두하는 것으로 司法管轄權이 인정되는 것이 원칙이나, 특별출두는 피고가 司法管轄權을 否認하기 위하여 출두하는 것으로서 특별출두만으로 司法管轄權이 당연히 부여되는 것은 아니다.
4) National Equipment Rental Ltd. v. Szukhent, 375 U.S. 311(1964).

립되어 있다.

a. **古典的 原則** 종래의 고전적 원칙(traditional rule)에 의하면 被告가「법원이 설치된 州 안에 직접 체류하고 있을 때에 당해 州가 정하는 適法節次에 따라 소송개시의 통지를 전달한 경우」(personal service on defendant physically present in state)에 한하여 對人的 司法管轄權을 갖는다고 한다.[5] 이 경우 被告가 州 안에서 체재하는 기간의 長短與否는 문제가 되지 아니한다.

Grace v. MacArthur, 170 F. Supp. 442(E.D.Ark. 1959)

被告가 비행기를 타고 어느 州의 상공을 비행하고 있을 때 원고가 비행기 안에서 소송의 통지를 한 경우, 이는 당해 州에 피고가 직접 체류하고 있는 것이므로 사법관할의 대상이 된다.

b. **現代的 原則** 현대적 원칙(modern rule)에 의하면 被告와 법원이 설치된 州간에는「공정하고 정당한 사법절차」(traditional notice of fair play and substantial justice)에 필요한「최소한도의 연관성」(minimum contact)을 갖는 경우에 한하여 被告에 대한 司法管轄權을 갖는다고 한다.[6]「최소한도의 연관성원칙」은 헌법상 適法節次의 원리에 근거한 것으로서 被告·법원 및 소송간에 최소한도의 상호연관성이 존재하여야 한다는 것을 의미한다. 예컨대, (i) 어떤 州 안에 소재하고 있는 被告會社가 다른 州에서 지속적이고 체계적인(regular and systematic) 영업활동을 한 경우, (ii) 다른 州에 주소를 둔 被告가 어떤 州 안에서 소송의 원인이 되는 행위(liability-producing act)를 한 경우[7]에는「최소한도의 연관성원칙」이 충족되어 司法管轄權의 대상이 된다.

---

5) Pennoyer v. Neff, 95 U.S. 714(1877).

6) International Shoe Co. v. Washington, 326 U.S. 310(1945).

7) Hanson v. Denckla, 357 U.S. 235(1958). 예컨대 보험모집행위: McGee v. International Life Insurance Co., 355 U.S. 220(1957); 제조물판매책임: Duple Motor Bodies, Ltd. v. Hollingsworth, 417 F. 2d 231(9th Cir. 1969) 등이 이에 해당된다.

WASZ, Inc. v. Lyons, 254 F. 2d 242(6th Cir. 1958)

A 州에 소재하는 TV방송국이 B 州에도 TV방송을 하면서 B 州 소재 기업으로부터 광고를 수주하였다면, 당해 방송국은 B 州에서 사업을 하는 기업(doing business)으로서 B 州와 「최소한도의 연관성」(minimum contact)을 맺고 있으므로 B 州의 司法管轄權의 대상이 된다.

Duple Motor Bodies, Ltd. v. Hollingsworth, 417 F. 2d 231(9th Cir. 1969)

영국의 제조물회사 A가 자신의 제조물이 미국 하와이에서 소비될 것을 알고서 이를 판매한 경우, 하와이州民이 당해 제조물을 사용하다가 제조물의 결함으로 인하여 신체상의 상해를 입었다면 A는 하와이州의 사법관할대상이 된다.

州의 법률에 의하여 司法管轄權의 적용범위를 정함으로써 「최소한도의 연관성원칙」을 明文의 법률규정으로 구체화하는 경우가 있다. 이러한 법률을 『司法管轄擴張法』(long arm statute)이라고 부른다.[8] 『司法管轄擴張法』은 다른 州의 州民 또는 기업이 자신의 州 안에서 (i) 사업을 하는 경우, (ii) 불법행위(tortious act)를 하는 경우, (iii) 부동산을 소유하고 있는 경우, (iv) 혼인상의 주소(matrimonial residence)를 두고 있는 경우, (v) 계약을 위반(breach of contract)하는 경우, (vi) 손해배상책임을 야기(producing liability)하는 경우 등에는 司法管轄權을 인정하고 있다.

『司法管轄擴張法』은 다른 州에 주소지를 둔 개인 또는 회사에 대하여 司法管轄權의 행사를 허용하는 법률이므로 헌법상의 「適法節次」要件에 위배되어서는 아니 된다.

(2) 對物的 및 準對物的 司法管轄權의 경우

a. 古典的 原則 종래에는 소송대상이 되는 재산(res)이 법원이 설치된 州 안에 소재하는 경우에 한하여 법원이 당해 재산에 대하여 對物的 또는

8) 예컨대, Illinois: Ill. Rev. Stat. Ch.110, § 2-209.

準對物的 司法管轄權을 갖는다는 것이 원칙이다.

b. **現代的 原則** 현대적 원칙에 의하면 재산 · 법원 및 소송간에는 「최소한도의 연관성」(minimum contact)을 갖는 경우에만 재산에 대한 司法管轄權을 갖는다고 한다.[9] 즉, 對人的 司法管轄權에 적용되는 「최소한도의 연관성 원칙」이 對物的 또는 準對物的 司法管轄權에도 동일하게 적용된다고 한다.

Shaffer v. Heitner, 443 U.S. 186(1977)

델라웨어(Delaware)州에 소재하는 기업 A의 주식을 보유하고 있는 株主 B는 A기업의 간부 C를 상대로 소송을 제기하였다. 그러나 C는 델라웨어州의 州民(resident)이 아니어서 델라웨어州는 C에 대한 對人的 司法管轄權을 행사할 수 없었다. 한편 델라웨어州法은 "회사의 주식은 회사 소재지에 존재(present)하는 것으로 간주한다"고 규정하고 있었다. 따라서, B는 同法에 근거하여 간부 C의 주식이 델라웨어州에 존재(present)하므로 델라웨어州는 간부 C의 주식에 대한 準對物的 司法管轄權(quasi in rem jurisdiction)을 갖는다고 주장하면서 델라웨어州 법원에 소송을 제기하였다. 법원은 단지, 간부 C의 주식이 델라웨어州에 법적으로 존재(statutory presence)한다는 것만으로는 「최소한도의 연관성원칙」(minimum contact)을 충족시키지 못하므로 델라웨어州는 司法管轄權을 행사할 수 없다고 판결하였다.

나. 訴訟節次開始의 通知

司法管轄權을 갖기 위한 두번째의 요건으로서 법원은 소송의 被告에게 적합한 방법에 의하여 소송의 개시사실을 통지하고(proper notice), 被告가 法廷에 출두하여 진술할 기회를 부여하여야 한다. 이러한 요건은 헌법상 「適法節次」에 의하여 요구되는 것으로서 이를 충족시키지 못하는 경우 司法管轄權이 부여되지 아니한다.

(1) 通知의 種類

被告에게 소송의 통지를 하는 방법은 크게 다음과 같은 세 종류의 형태가 있다.

---

9) Shaffer v. Heinter, 443 U.S. 186(1977).

a. **直接傳達通知**(personal service) 被告에게 직접 소송의 통지를 전달하는 방법을 말한다. 직접전달통지는 被告의 面前(presence)에서 직접 전달하는 것을 원칙으로 한다. 따라서 被告의 집이나 사무실에 통지를 놔두고 오거나,[10] 被告의 집에 강제로 침입하여 통지를 전달하거나, 被告의 집에 붙여 놓고 오는 것은[11] 직접전달통지의 요건을 충족하지 못한다.

b. **代替通知**(substituted service) 被告에게 우편의 방법으로 소송의 통지를 전달하는 방법을 말한다.

c. **擬制通知**(constructive service) 被告에게 지방신문에의 게재, 또는 지역사회(community)에의 게시(post) 등의 방법으로 소송의 통지를 전달하는 방법을 말한다.

Greene v. Lindsey, 456 U.S. 444(1982)

공공주거사업(public housing project)의 일환으로 해당 사업지역에 소재하는 아파트에 거주하는 입주자들에게 퇴거명령을 내리고 이에 불응하는 者의 아파트문에 「무단침입금지 및 강제퇴거소송」의 통지를 붙여 놓는 것은 어린이들이 당해 지역에 자주 들어와서 통지문을 찢을 우려가 있는 등 적절한 통지방법이 아니므로 헌법상의 「適法節次」(Due Process of Law) 위반이다.

⑵ 通知의 要件

被告에 대한 소송의 통지는 被告가 소송의 개시사실을 알고 소송에 참가하여 변론의 기회(notice and opportunity to appear)가 주어질 수 있도록 '합리적'(reasonable)이어야 한다.[12] 무엇이 과연 합리적인 통지인가에 대하여는 다음과 같이 구분하여 설명할 수 있다.

a. **被告가 州 안에 滯留하고 있는 경우** 被告가 州 안에 체류하고 있고(physically present), 그 소재가 분명한 경우에는 직접전달통지의 방법이 원칙이다.

b. **被告가 州 안에 滯留하고 있지 아니한 경우** 被告가 州 안에 체류하

10) Womble v. Commercial Credit Corp., 203 S.E. 2d 204(Ga. 1974).
11) Greene v. Lindsey, 456 U.S. 444(1982).
12) Mullane v. Central Hanover Bank & Trust Co., 339 U.S. 306(1950).

고 있지 아니하는 경우에는 그 구체적 상황에 따라 적합한 통지의 방법이 결정된다. 被告의 소재지가 분명한 경우에는 대체통지 또는 직접전달통지의 방법을 취하여야 하며, 被告의 소재지가 분명하지 아니한 경우에는 의제통지의 방법을 취하여도 무방하다.

c. **當事者間의 通知方法에 대한 合意가 있는 경우** 당사자간에 통지를 생략하거나, 통지방법에 대하여 특별한 합의를 하고 있는 경우에는 이러한 합의에 따른다.

3. 司法管轄權의 排除

司法管轄權 행사의 요건을 충족하는 경우에도 다음과 같은 경우에는 司法管轄權을 행사할 수 없다.

가. 當事者間의 合意

당사자가 특정 법원에서 소송을 진행하기로 합의한 경우 당해 법원이 司法管轄權을 행사하는 것이 원칙이다.[13] 종래에는 司法管轄權은 법에 의하여 확정되므로(jurisdiction springs from the law), 이를 당사자의 합의로 자유로이 정할 수 없다고 하였다.[14] 그러나 현재는 당사자간의 司法管轄權을 정하는 합의가 「합리적이고 공정한」(reasonable and fair) 경우에는 이를 유효한 것으로 보고 있다.[15]

Smith, Valentino & Smith, Inc. v. Superior Court, 17 Cal. 3d 491(1976)

당사자가 소송을 하기로 합의한 법원이 소송을 하기에 단지 「불편하거나 비용이 많이 소요된다는」(inconvenient or expensive) 이유 때문에 그 합의가 「가혹하거나 불공정하게」(oppressive or unfair) 되는 것은 아니므로 당해 법원의 司法管轄權이 배제되는 것은 아니다.

13) 이러한 합의를 "prorogation agreement"라고 한다.
14) Nashua River Paper Co. v. Hammermill Paper Co., 111 N.E. 678(Mass. 1916).
15) M/S Bremen v. Zapata Off-Shore Co., 407 U.S. 1(1972).

나. 詐欺 · 強壓의 경우

原告가 사기 · 강압 또는 폭력을 행사하여 被告를 州 안으로 데려오거나, 訴狀을 전달하여 외형상 司法管轄權의 요건을 충족시키는 경우에도 법원은 司法管轄權을 행사할 수 없다. 예컨대, 이혼소송의 原告가 다른 州에 사는 被告를 다시 재결합하자고 거짓으로 유혹하여 법원이 설치되어 있는 州로 유인하고 訴狀을 전달하여도 법원은 被告에 대하여 司法管轄權을 행사할 수 없다.

다. 不適正法院의 決定

법원은 소송을 담당하는 것이 불공정하거나, 당사자의 일방 또는 쌍방에게 커다란 불편을 주고 더욱 적합한 다른 법원이 존재한다고 판단하는 경우 自由裁量에 의하여 소송을 棄却(dismiss)할 수 있다.[16] 이를 「不適正法院의 原則」(forum non convenience)이라고 한다. 예컨대, 原告가 被告의 거주지에서 너무 거리가 먼 법원에서 소송을 하는 경우 被告의 변론에 대하여 커다란 불편을 주게 되어 불공정한 재판이 될 우려가 있으므로 당해 법원은 「不適正法院」의 결정으로 재판을 거부할 수 있다.

제 3 절 適用法의 選定

1. 意 義

소송을 담당할 법원이 결정된 후에도 소송당사자가 각기 서로 다른 州에 거주하는 경우 또는 소송의 대상이 되는 행위가 다른 州에서 발생하거나, 소송의 대상이 되는 재산이 다른 州에 소재하는 경우에는 과연 어느 州의 법률을 적용할 것인지의 문제가 발생한다. 이를 「적용법의 선정문제」(choice of law problem)라고 한다. 「적용법의 선정문제」는 소송이 여러 국가 또는 여러

16) Gulf Oil Corp. v. Gilbert, 330 U.S. 501(1947); Missouri ex rel. Southern Railway v. Mayfield, 340 U.S. 1(1950).

州에 관련되어 있고, 각 국가 또는 州마다 상이한 법률을 갖고 있는 경우, 과연 어떤 국가 또는 어떤 州의 법률을 당해 소송에 적용시킬 것인가에 관한 문제이다.

2. 適用法選定의 基本原則

가. 서로 다른 州法間의 適用法選定

법원이 서로 다른 州法 중에서 소송에 적용될 법률을 선정하는 경우 법원이 설치되어 있는 州의 법률이 적용될 수 있으면 당연히 그 州의 법률을 적용하는 것이 원칙이다. 즉, 법원이 적법한 司法管轄權을 갖고 재판을 하는 경우에는 자신이 설치된 州의 법률을 적용하는 것이 당연하며 헌법상의 어떠한 조항도 다른 州의 법률을 적용할 것을 의무화하고 있지 아니하다.

다만, 법원이 다른 州의 법률을 적용하게 되는 경우가 있는바 이는 (i) 原告가 자신에게 가장 유리한 법률을 적용하고 있는 州를 찾아서 소송을 제기하는 것, 즉 「法院購買」(forum shopping)를 방지하기 위한 경우 및 (ii) 자신의 州法을 적용하는 것이 「公正性」(justice)에 위배된다고 결정하는 경우이다. 법원이 다른 州의 법률을 적용하기로 결정한 경우에는 다음의 방법에 의한다.

(1) 法律의 規程이 있는 경우

법원이 설치된 州에 당해 소송에 어떠한 법률이 적용될 것인지에 관한 明文의 법률규정이 있는 경우에는 당해 법률에 근거하여 다른 州의 법을 적용한다.

Richards v. United States, 369 U.S. 1(1962)

『聯邦損害賠償法』(Federal Tort Claims Act)은 연방정부가 불법행위를 행한 장소의 법에 따라 손해배상책임을 부담한다고 규정하고 있는바 이는 연방정부의 불법행위로 인한 손해배상청구소송에서 법원은 불법행위지법을 적용하여야 한다는 것을 明文으로 규정하고 있는 것이다.

(2) 法律의 規程이 없는 경우

a. 傳統的 見解 여러 州의 법률 가운데서 소송에 적용될 법을 선정하는 경우 이에 관한 전통적인 견해는 「權利創出理論」(vested right approach)이다. 「權利創出理論」은 소송당사자의 소송에 관련된 권리 또는 의무가 창출된 州의 법이 소송의 모든 쟁점에 적용된다는 이론이다. 예컨대, 불법행위소송의 경우 原告의 피해가 발생한 州에서 불법행위상의 原告의 권리와 被告의 책임이 창출되므로 당해 州의 법이 불법행위소송의 모든 측면에 적용되게 된다. 다른 州의 법률을 적용하는 절차로서는 (i) 우선 불법행위, 계약법, 재산법 등 법률관계의 성질을 결정하고(characterization), (ii) 연결점을 결정하며(localizing the connecting factor), (iii) 마지막으로 다른 州의 준거법을 적용(application of relevant law)하게 된다.

Levy v. Daniels U. -Drive Auto Renting Co., 143 A. 163(Conn. 1928)

D는 X州에 소재하는 자동차렌트회사로서 A에게 자동차를 대여하여 주었고 A는 Y州에서 교통사고를 내어 P에게 신체적 상해를 입혔다. 이에 대하여 P는 X州의 법원에 불법행위로 인한 손해배상청구소송을 제기하였다.

한편 X州는 자동차대여로 발생한 교통사고에 대하여 자동차렌트회사의 過失責任을 인정하는 법률이 있는 반면 Y州는 이러한 법률이 없었다. 또한, X州와 Y州는 모두 불법행위의 발생지의 법을 적용하는 법을 가지고 있었다.

X州의 법원은 우선 법률관계의 성질을 불법행위로 결정하고(characterization), 불법행위의 발생지법을 연결점(localizing the connecting factor)으로 하였으나, 불법행위의 발생지인 Y州의 법은 렌트회사의 過失責任을 인정하지 아니하므로 이를 적용(application of relevant law)할 수 없었다. 따라서, X州의 법원은 법률관계의 성질을 계약위반(breach of contract)으로 결정하고, 계약지법을 연결점으로 하여, 계약지법인 X州의 법을 적용함으로써 P에게 손해배상을 인정하였다.

b. 現代的 見解 최근에는 여러 州의 법률 가운데서 소송과 가장 밀접하게 연관되어 있는 州의 법률을 적용하여야 한다는 견해가 대두되고 있는

바, 이를 「最高密接關係理論」(most significant relationship approach)이라고 한다. 하나의 사건에서 권리 또는 의무가 창출되는 州가 여러 개 생길 수도 있는바, 전통적 견해인 「權利創出理論」에 의하면 하나의 州法이 소송의 모든 쟁점에 일괄적으로 적용되어야 하므로 이러한 문제점을 해결할 수 없으므로 이를 극복하고자 대두된 이론이 바로 「最高密接關係理論」이다. 「最高密接關係理論」에 의하면 소송의 각 쟁점별로 이에 가장 밀접한 관계를 갖고 있는 州의 법률이 적용되게 된다. 예컨대, 개인의 신체상해로 인한 불법행위소송에서 가해자인 被告의 過失與否는 被告의 행위지가 가장 밀접한 관계를 갖고 있으므로 被告의 행위지가 州의 법을 적용하고, 손해배상액의 결정은 피해자인 原告의 주소지가 가장 밀접한 관계를 맺고 있으므로 原告의 주소지 州의 법이 적용된다.17)

어떠한 州의 법이 소송과 가장 밀접한 관계를 맺고 있는가를 판단하는 기준으로서는 (i) 연방체계와의 조화 및 균형, (ii) 법원이 설치된 州의 관련 정책, (iii) 다른 州의 이해관계, (iv) 관련 법분야의 기본이념(basic policy), (v) 결과의 확정성·예측가능성 및 통일성 및 (vi) 법적용의 용이성(ease) 등이 있다.18)

나. 州法과 聯邦法間의 適用法選定

일정한 소송에 대하여 주법원과 연방법원이 동시에 司法管轄權을 갖고 있는 경우 소송을 주법원 또는 연방법원에 제기하게 되면 주법원 또는 연방법원은 각각 州法과 연방법 중 어느 법을 적용할 것인가의 문제가 발생하게 된다. 이는 소송에 연방법상의 권리가 관련되어 있는지의 여부에 따라 구분된다.

(1) 聯邦法上의 權利가 關聯되어 있는 경우

소송이 미국의 헌법, 법률 또는 조약상의 권리·의무관계와 관련되어 있는 경우에는 법원이 연방법원이든 또는 주법원이든 간에 상관없이 연방법이 우선적으로 적용된다. 그 이유는 헌법상의 「最高法條項」(Supremacy Clause)이 주법원으로 하여금 연방법을 적용하도록 규정하고 있기 때문

17) Woodward v. Stewart, 243 A. 2d 917(R.I. 1968).

18) Restatement(Second) § 6.

이다.[19]

연방법에는 成文聯邦法뿐 아니라 不文聯邦法(federal common law)도 포함된다.[20] 다만, 주법원에 소송이 제기된 경우 주법원은 실체법은 연방법을 적용하여야 하나, 소송절차에 관하여는 州法을 적용할 수 있다. 그러나 州소송절차법의 적용으로 인하여 연방법상의 권리·의무관계에 영향을 미쳐서는 아니 된다. 예컨대, 州소송절차법 적용의 결과 소송제기요건이 충족되지 못한다고 하여 연방법상의 권리가 관련된 소송을 却下한 경우 이는 違憲이다.[21]

Brown v. Western Railway, 338 U.S. 294(1949)

주법원은 州 민사소송절차법상의 歎願節次(pleading)를 좁게 해석하고 原告가 이를 위반하였다는 이유로 原告가 『聯邦使用者損害賠償法』(Federal Employer's Liability Act)에 근거하여 제기한 소송을 却下하였다. 연방대법원은 주법원의 소송 却下가 原告의 헌법상 권리를 침해하였다고 판결하였다.

(2) 聯邦法上의 權利가 關聯되어 있지 아니한 경우

소송이 미국의 헌법, 법률 또는 조약상의 권리·의무관계와 전혀 관련이 없는 경우에는 법원이 연방법원이든 또는 주법원이든 간에 상관없이 州法이 우선적으로 적용된다.

그 이유는 1789년 『法院組織法』(Judiciary Act of 1789)에서 연방법원으로 하여금 「州法」(the laws of the several states)을 연방법원에 제기된 소송에 적용하도록 규정하고 있기 때문이다. 「州法」의 개념에 대하여 최초에는 州의 제정법(statutory law)만을 의미한다고 해석하였으나,[22] 현재는 제정법은 물론 판례법(common law)도 「州法」의 개념에 포함되는 것으로 해석하고 있다.[23] 이를 「에리원칙」(Erie doctrine)이라고 한다. 「에리원칙」은 「州法」

19) 미국헌법본문 제 6 조인 '최고법조항'은 "This Constitution and the laws of the United States which shall be made in pursuance there of … shall be the supreme law of the land; and the judges in every state shall be bound thereby."라고 규정하고 있다.

20) Bank of America National Trust & Savings Association v. Parnell, 352 U.S. 29(1956).

21) Brown v. Western Railway, 338 U.S. 294(1949).

22) Swift v. Tyson, 41 U.S. 1(1842).

23) Erie Railroad v. Tompkins, 304 U.S. 64(1938).

의 개념에 制定法 및 判例法을 모두 포함시킴으로써 주법원과 연방법원은 동일한 소송에 동일한 州法을 적용시키게 되어 소위 「法院購買」(forum shopping)를 방지할 수 있게 되었다.

연방법원에 소송이 제기된 경우 연방법원은 소송절차에 대하여 연방소송법을 적용할 수 있다.[24] 그러나 당사자의 권리 · 의무에 관한 실체적 문제에는 반드시 州法이 적용되어야 한다.

다. 國內法과 外國法間의 適用法選定

일정한 소송에 대하여 국내법과 외국법 중에서 적용될 법을 선정하는 경우 그 기본적인 원리는 서로 상이한 州法간의 적용법을 선정하는 경우와 동일하다. 다만 국내법과 외국법 중에서 적용법을 선정하는 경우에는 (i) 외국과의 외교관계(diplomacy), (ii) 외국법의 증명(proof), (iii) 不適正法院의 문제(forum non convenience) 및 (iv) 외국과의 조약(treaties)의 존재 등이 고려된다.

3. 適用法選定의 具體的 事例

가. 不法行爲法

(1) 傳統的 見解

전통적인 견해는 불법행위가 행하여진 州의 법을 적용시키는 것을 원칙으로 하였다. 이러한 원칙을 「불법행위장소의 원칙」(place of wrong rule)이라고 한다.[25] 불법행위가 행하여진 장소라 함은 일반적으로 피해자에게 손해가 발생한 장소를 말한다.[26]

(2) 現代的 見解

최근의 견해는 소송과 가장 밀접한 관련을 갖고 있는 州의 법을 적용시키는 것을 원칙으로 하고 있다. 이러한 원칙을 「最高密接關係理論」(most significant relationship approach)이라고 한다.

---

24) Sibbach v. Wilson, 312 U.S. 1(1941).
25) American Banana Co. v. United Fruit Co., 213 U.S. 347(1909).
26) Pendar v. H & B American Machine Co., 87 A. 1(R.I. 1913).

Babcock v. Jackson, 12 N.Y. 2d 473(1963)

캐나다에서 교통사고를 당한 미국 뉴욕州의 피해자(동승자)가 동일한 미국 뉴욕州의 가해자(운전자)를 상대로 뉴욕州에서 불법행위소송을 제기한 경우, 뉴욕州 법원은 불법행위가 행하여진 캐나다의 법을 적용하지 아니하고 (i) 모든 당사자가 뉴욕州에 거주하고, (ii) 운전자 · 동승자관계(guest-driver relationship)도 뉴욕州에서 성립되었으며, (iii) 자동차도 뉴욕州에 등록되었다는 것을 이유로 뉴욕州의 법을 적용하였다.

어떠한 법이 소송과 가장 밀접한 관련을 갖고 있는가에 관한 판단기준으로서는 (i) 피해발생의 장소, (ii) 불법행위의 장소, (iii) 당사자의 주소지 또는 사업장소 및 (iv) 당사자 관계의 중심장소 등이 제시되고 있다.

나. 契約法

(1) 當事者間의 合意가 있는 경우

당사자간에 소송이 발생할 경우 이에 적용될 법에 대하여 미리 합의가 있는 경우 전통적인 견해는 이러한 합의의 효력을 부정하였다.[27]

그러나 최근에는 당사자가 적용법에 대하여 합의하는 경우 이러한 합의가 사회통념(public policy)에 위배되지 아니하는 한 이의 효력을 인정하는 견해가 일반적이다.[28] 사회통념에 위배되지 아니하는 합의라 함은 당사자가 선택한 적용법이 소송과 「상당한 관계」(substantial relationship) 또는 「합리적 관계」(reasonable relationship)에 있는 경우를 말한다.[29]

(2) 當事者間의 合意가 없는 경우

당사자간에 소송에 적용될 법에 대하여 합의가 없는 경우 법원이 적용법을 정하게 되어 있다.

전통적인 견해는 계약을 (i) 계약의 성립과 효력(validity) 및 (ii) 계약의 이행(performance)의 두 부분으로 크게 나누고 「權利創出理論」(vested right

27) Gerli & Co. v. Cunard Steamship Co., 48 F. 2d 115(2d Cir. 1931).
28) Duskin v. Pennsylvania-Central Airlines Corp., 167 F. 2d 727(6th Cir. 1948).
29) Restatement, 2d § 187(2); U.S.C. § 1-105(1).

approach)에 따라 (i) 계약의 성립과 효력에 관하여는 계약체결지(place of making rule)의 법을 적용하고,[30] (ii) 계약의 이행에 관하여는 계약이행지(place of performance rule)의 법을 적용하였다.[31]

Linn v. Employers Reinsurance Corp., 139 A. 2d 638(Pa. 1958)

서로 다른 州에서 거주하고 있는 계약당사자가 전화통화로 계약을 체결한 경우 계약체결지는 계약의 승낙자가 전화를 한 장소가 된다.

최근에는 전통적 견해인 「權利創出理論」을 포기하고 「關係中心理論」(center of gravity) 또는 「最高密接關係理論」(most significant relationship)을 적용하고 있다. 「關係中心理論」은 소송과 州 간의 여러 가지 관계를 분석하고, 이 중 소송과 가장 중심적 관계를 맺고 있는 州의 법을 적용하는 원칙을 말한다. 예컨대, 뉴욕주법원은 영국인 간에 체결된 계약의 이행에 관하여, 비록 그 계약이 미국 뉴욕州에서 체결되고 이행되기로 합의되었으나 영국법을 적용하였다.[32]

「最高密接關係理論」은 소송과 가장 밀접하게 관련되어 있는 州의 법을 적용하는 원칙을 말한다.[33]

다. 財 産 法

(1) 不動産의 경우

부동산(immovables)관계에 적용될 법을 결정하는 경우의 전통적인 견해는 「權利創出理論」에 따라 부동산에 관한 권리는 부동산의 소재지법에 의하여 창출되므로 부동산이 소재한 州의 법이 적용된다는 원칙을 취하여 왔다.[34]

최근에는 「最高密接關係理論」이 부동산관계에서도 적용되고 있으나,[35]

---

30) Milken v. Pratt, 125 Mass. 374(1878).
31) Scudder v. Union National Bank, 91 U.S. 406(1875).
32) Auten v. Auten, 308 N.Y. 155(1954).
33) Restatement(second) § 6. 이에 대하여는 이미 설명된 바 있으므로 구체적인 내용은 생략하기로 한다.
34) Clarke v. Clarke, 178 U.S. 186(1900).
35) Rest. 2d §§ 222, 236.

아직도 부동산소재지법의 적용이 일반적이다.

(2) 動產의 경우

동산(movables)관계에 적용될 법을 결정하는 경우 전통적인 견해에 의하면 (i) 유증·상속 등 소유자의 死後 동산관계에는 소유자의 사당시의 주소지법을 적용하고,[36] (ii) 소유자의 生前의 동산관계에는 동산에 관한 법률행위시의 동산의 소재지법을 적용하여 왔다.

최근에는 「最高密接關係理論」이 적용되는 것이 원칙이며, 일반적으로 소유자의 死後 동산관계에는 소유자의 사망시의 주소지법이, 소유자의 生前 동산관계에는 법률행위시의 동산의 소재지법이 소송과 가장 밀접한 관계를 맺고 있다고 한다.[37]

라. 會 社 法

회사의 설립·해산 및 株主의 책임 등 회사에 적용될 법을 결정하는 경우 전통적인 견해는 회사의 설립지법을 적용하여 왔다.[38]

최근에는 「最高密接關係理論」이 적용되는 것이 원칙이며, 따라서 일반적으로 회사의 설립지법이 소송과 가장 밀접한 관계를 맺고 있다고 한다.[39] 다만, 회사의 계약체결이나 불법행위 등 회사의 사업활동에 대하여 커다란 이해관계를 갖고 있는 州가 있는 경우 이러한 州의 법이 적용될 수 있다고 본다.[40]

4. 適用法選定의 制限

다른 州의 법을 적용하여야 하는 사유가 발생한다 할지라도 다음과 같은 경우에는 다른 州의 법을 적용시키지 아니할 수 있다.

(1) 州의 公共政策違反

다른 州의 법을 적용하는 것이 법원이 설치된 州의 사회정의, 공공도덕 및 사회전통 등 공공정책(public policy)에 위반되는 경우 법원은 다른 州의

36) Bullen v. Wisconsin, 240 U.S. 623(1915).
37) Restatement 2d §§ 244, 260.
38) Knights of Honor v. Narin, 26 N.W. 826(Mich. 1886).
39) Restatement 2d § 302.
40) Restatement 2d § 301.

법을 적용하지 아니할 수 있다.[41]

Mertz v. Mertz, 271 N.Y. 466(1936)

A州에서 남편에게 매를 맞아 신체상의 상해를 입은 부인이 B州의 법원에 남편을 상대로 불법행위로 인한 손해배상청구소송을 제기하였다. B州의 법원은 비록 A州에서는 부부간의 불법행위로 인한 손해배상청구소송이 인정되지만, B州에서는 사회통념상 부부간에 이러한 소송이 인정되지 아니한다고 판결하였다.

(2) 刑 法

다른 州의 형법은 적용하지 아니하여도 된다는 것이 일반적인 원칙이다.[42] 그 이유는 형법의 위반은 당사자간의 권리 · 의무관계에 관계된 것이 아니라 지역사회의 규범위반과 관련된 문제이기 때문이다.

(3) 稅 法

다른 州의 세법은 적용하지 아니하여도 된다는 것이 일반적인 원칙이다. 미국에서 세법은 전통적으로 형법과 동일하게 취급되어 왔다. 다만, 최근에는 서로 다른 州간에 상호협정을 체결하거나, 相互主義에 입각한 법률을 제정하여 다른 州의 세법을 적용하고 있는 사례가 대두되고 있다.[43]

제 4 절 다른 州 判決의 認定 및 執行問題

1. 意 義

다른 州 판결의 인정 및 집행문제(recognition and enforcement of foreign judgments)라 함은 어떤 州의 법원(이하 'F 1'이라고 한다)이 내린 판결에 대하여 다른 州의 법원(이하 'F 2'라고 한다)에서 자신이 내려진 판결과 동일한 효력을 부여하고 이를 집행하는 것을 말한다. 이는 어떠한 사건에 대하여 법

41) Loucks v. Standard Oil Co., 224 N.Y. 99(1918).
42) Huntington v. Attrill, 146 U.S. 657(1892).
43) Oklahoma Tax Commission v. Rodgers, 193 S.W. 2d 919(Mo. 1946).

원의 판결이 내려진 경우 당해 사건에 대한 장래의 어떠한 소송에 대하여도 동일한 판결이 내려져야 한다는 원칙에 근거하고 있다.

2. 法的 根據

가. 州法院의 判決

미국헌법본문 제 4 조 제 1 항의 「믿음과 신뢰조항」(full faith and credit)은 F 1의 판결을 F 2에서 그대로 인정하고 이를 집행하도록 규정하고 있다.[44) 헌법상 「믿음과 신뢰조항」은 州와 州 간의 판결인정 및 집행에 관하여만 적용되고 州와 연방 간에는 적용되지 아니한다는 것이 원칙이다.

나. 聯邦法院의 判決

미국헌법은 연방법원과 주법원 간의 상호 판결 인정 및 집행에 관하여 아무런 규정도 아니 두고 있다. 그러나 연방의회는 연방법률을 제정하여 법원이 주법원이건 또는 연방법원이건 간에 상관없이 모든 법원에서의 판결이 다른 법원에서도 인정되고 집행하도록 규정하고 있다.[45) 따라서 연방법원의 판결은 다른 주법원 또는 연방법원에서도 인정되고 집행되며, 주법원의 판결도 다른 주법원 또는 연방법원에서 인정되고 집행된다.

다. 外國法院의 判決

외국법원의 판결에 대하여 미국법원은 이를 인정하지 아니하는 것이 원칙이다.

다만, 相互主義原則(reciprocity doctrine) 및 협정(comity)의 체결 등에 의하여 외국법원의 판결이 미국법원에서도 인정되는 경우가 있다. 相互主義原則은 외국법원이 미국법원의 판결을 인정하고 이를 집행하여 주는 경우, 미

44) Fauntleroy v. Lum, 210 U.S. 230(1908). 미국헌법본문 제 4 조 제 1 항은 "Each state give 「full faith and credit」 to the 「public acts, records and judicial proceedings」 of every other state."라고 규정하고 있다.

45) 28 U.S.C. § 1738. 동 규정은 Judicial proceedings "shall have the same full faith and credit in every court within the United States and its Territories and Possessions as they have by law or usage in the courts of such State, Territory or Possession from which they are taken."라고 규정하고 있다.

국법원도 외국의 판결을 인정하고 이를 집행하여야 한다는 원칙을 말한다.[46)]

相互主義原則은 미국 연방법원에게만 적용되며, 미국 주법원은 이의 적용을 거부할 수 있다. 외국과 연방정부 또는 주정부 간에 상호 협정이 체결된 경우에는 연방법원은 물론 주법원도 외국법원의 판결을 인정할 수 있다. 州法으로 일정한 요건을 정하여 외국법원의 판결을 인정하는 내용의 법률을 제정한 경우에도 외국법원의 판결을 인정할 수 있다.

3. 다른 法院 判決의 認定·執行의 要件

F1의 판결이 F2에서 인정되기 위하여는 다음의 요건을 갖추어야 한다.

첫째, F1이 특정 소송에 대한 적합한 司法管轄權(proper jurisdiction)을 가져야 한다.

둘째, F1의 판결이 최종적이고 實體的 사항에 관한 것(final and on the merit)이어야 한다. F1의 판결이 최종적(final)이라 함은 당해 판결에 관하여 F1이 설치된 州에서는 더 이상의 소송을 제기할 수 없는 것을 말한다. F1의 판결이 최종적인가의 여부는 F1이 설치된 州의 법에 따른다.[47)]

F1의 판결이 실체적 사항에 관한 것(on the merit)이라 함은 판결로 인하여 訴의 提起事由(cause of action)를 終局시키는 것을 말한다.[48)] 司法管轄權의 不在, 不適正法院, 當事者適格의 미비 등으로 인한 소송의 却下는 절차적인 문제로서 실체적 사항에 관한 판결이 아니다.

F1의 판결이 위에서 설명한 요건을 갖추는 경우 F1의 판결은 F2에서도 구속력(Doctrine of Res Judicata)을 갖는다.

4. 다른 法院 判決의 認定·執行의 制限

가. 다른 法院의 判決이 無效(invalidity)인 경우

F1의 판결이 무효인 경우 F2는 F1의 판결을 인정하여서는 아니 된다.

46) Hilton v. Guyot, 159 U.S. 113(1895).
47) Paine v. Schenectady Insurance Co., 11 R.I. 411(1876).
48) Restatement 2d § 110.

(1) F 1 이 司法管轄權을 갖고 있지 아니한 경우

a. 被告가 F 1에 出頭하지 아니한 경우 被告가 F 1 에 출두하지 아니한 경우 F 2 는 F 1 의 司法管轄權 충족 여부를 심사할 수 있다. 이 경우 司法管轄權 충족 여부에 대한 심사기준은 F1이 설치된 州의 법에 의한다.49)

b. 被告가 F 1에 出頭한 경우 被告가 F 1 에 출두한 경우, 그 출두가 일반출두(general appearance) 또는 특별출두(special appearance)인지의 여부에 불문하고 F 2 는 F 1 의 司法管轄權 충족 여부를 심사할 수 없다. 이를 「부트스트랩 원칙」(Bootstrap doctrine)이라고 한다.50)

(2) F 1 의 判決이 最終的이거나 實體的 事項에 관한 것(final and on the merit)이 아닌 경우

F 1 의 판결이 최종적인 것이 아니거나 실체적 사항에 관한 것이 아닌 경우 F 2 는 F 1 의 판결을 인정하지 아니할 수 있다.

나. 다른 法院의 判決이 有效(validity)인 경우

(1) F 1 의 判決과 相異한 나중의 判決이 있는 경우

F 1 의 판결 이후에 동일한 당사자 간에 동일한 소송원인을 이유로 한 다른 판결이 있는 경우 F 1 판결이 적용되는 것이 아니라 나중 판결(last in time)이 F 2 에서 적용된다.51)

(2) F 1 의 判決에 誤謬(error) 또는 錯誤(mistake)가 있는 경우

F 1 의 판결에 오류 또는 착오가 있는 경우에도 F 2 는 F 1 의 판결을 그대로 인정하여야 한다.52) 즉 F 2 는 F 1 의 판결의 오류 또는 착오를 심사할 수 없으며, 이는 F 1 이 설치된 州에서 해결되어야 한다.

(3) F 1 의 判決에 重大한 詐欺(extrinsic fraud)가 있는 경우

F 1 의 판결에 「중대한 사기」가 있는 경우 F 2 에서는 F 1 의 판결에 대하여 이를 법적으로 심사(legal remedy)할 수 없으나, 衡平的 구제(equitable

---

49) Bay Plaza Management Co. v. Estep, 525 P. 2d 56(Or. 1974).

50) Baldwin v. Iowa State Travelling Men's Association, 283 U.S. 522(1931).

51) Perkins v. Benquet Consolidated Mining Co., 342 U.S. 437(1952); Restatement 2d §114.

52) Milliken v. Meyer, 311 U.S. 457(1940).

remedy)는 할 수 있다.[53] 중대한 사기라 함은 당사자의 충분한 변론기회를 박탈하는 것을 말하며, 이에는 판사의 매수 또는 당사자 출두를 방지하기 위한 고의적 사고유발 등이 해당된다. 증인 매수 · 협박, 증거변조 또는 변호사의 불법변호 등은 당사자에게 충분한 변론의 기회가 부여되므로 중대한 사기에 해당되지 아니한다.

(4) F 1 의 訴訟原因 또는 判決의 性質에 起因한 경우

a. F 1 의 判決이 F 2 의 公共政策(public policy)**에 違背되는 경우** F 1 의 판결이 F 2 의 공공정책에 위배되는 경우에도 F 2 는 F 1 의 판결을 원칙적으로 인정하여야 한다.[54]

b. F 2 에서 訴訟提起期間이 滿了된 경우 F 2 의 『提訴期間除斥法』(statute of limitation)에 의하여 F 1 소송이 F 2 에서 제기될 수 있는 소송제기기간이 만료된 경우에도 F 2 는 F 1 의 판결을 인정하고 이를 집행하여야 한다.[55]

c. F 1 의 判決이 刑事 또는 歲入(penal or revenue)**에 관련된 경우** F 1 의 판결이 형법 또는 세법의 집행과 관련된 판결인 경우 F 2 는 이를 인정하거나 집행하지 아니할 수 있다.[56]

---

53) Christmas v. Russell, 72 U.S. 290(1866).
54) Fauntleroy v. Lum, 210 U.S. 230(1908).
55) Roche v. McDonald, 275 U.S. 449(1928).
56) Huntington v. Attrill, 146 U.S. 657(1892).

제11장 國際通商法

제 1 절 國際貿易의 擔當機構

1. 意　義

미국헌법은 국제무역에 관한 권한을 기본적으로 연방의회에 부여하고 있다. 미국헌법본문 제 1 조 제 8 항은「미국과 외국 간의 통상 및 각 州 간의 통상을 규제하는 권한」과「관세 기타 수입과징금을 부과하는 권한」을 연방의회의 排他的인 권한으로 부여하고 있다.

이에 따라 미국 대통령을 중심으로 한 행정부는 연방의회로부터 국제무역에 관한 권한을 委任받아 행사하고 있을 뿐이다. 따라서 미국헌법상의 국제무역에 대한 연방의회와 대통령과의 관계는 연방의회가 갖고 있는 국제무역에 관한 권한을 대통령에게 委任할 수 있는 범위와 그 한계로 특정지워진다. 또한 미국은 연방국가이므로 연방정부와 주정부 간의 국제무역에 관한 권한배분문제가 제기된다.

2. 聯邦政府 안의 權限配分

가. 立 法 府

국방 및 외교 등 일반적인 대외정책에 관하여는 행정부가 헌법상 권한을 행사하여 왔으나[1)] 국제무역분야에서는 연방의회가 권한을 직접 행사하여 왔다.

1) Henkin,『Foreign Affairs and the Constitution』, Foreign Affairs 66(1988), p. 284. United States v. Curtiss-Wright Export Corp., 299 U.S. 304(1936). 동 판례에서 연방대법

연방의회가 국제무역에 관한 권한을 행사하는 데 있어서 고려되어야 할 사항은 국제무역에 대한 전문적 지식과 경험을 갖추고 있는 행정부가 미국을 대표하여 국제무역협상을 효율적으로 진행할 수 있도록 동 권한을 실질적으로 委任하는 문제와 委任된 권한에 대한 연방의회의 감독 및 통제력을 행사하는 문제간의 조화가 필요하다는 점이다. 연방의회와 대통령간의 국제무역에 관한 권한관계를 국제무역협정의 종류별로 살펴보면 다음과 같다.

(1) 聯邦議會承認의 必要性 與否에 따른 分類

a. **條 約** 대통령이 체결한 조약(Treaties)은 미국헌법본문 제2조 제2항에 따라 상원의 심의와 2/3의 찬성을 얻어 연방의회의 批准을 받아야 한다.

b. **授權行政協定** 수권행정협정(Congressional Executive Agreement)이라 함은 대통령이 국제협약을 체결할 수 있는 권한을 연방의회로부터 입법에 의하여 委任받아 체결한 국제협약을 말한다. 이에는 국제협약의 체결 이전(previously authorized)에 권한을 委任받는 경우와 체결 이후(subsequently authorized)에 권한을 委任받는 경우의 두 가지 경우가 있다.

c. **大統領의 行政協定** 대통령의 행정협정(Presidential Executive Agreements)은 연방의회에 의한 批准 또는 승인을 받을 필요없이 대통령이 자신의 고유한 권한에 따라 체결하는 행정협정을 말한다. 일반적으로 행정협정이라 함은 대통령의 행정협정을 말한다.

d. **條約行政協定** 조약행정협정(Treaty Executive Agreement)은 상원에 의하여 준비된 조약의 시행에 관련된 세부 사항을 향후의 정부간 협상에 의하여 규정하도록 대통령에게 권한을 委任하고 있는 경우, 이에 따라 대통령이 체결한 국제협정을 말한다.

(2) 別途의 立法措置의 必要性 與否에 따른 分類

a. **自己執行的 國際協定** 자기집행적(self-executing) 국제협정은 체결된 국제협정의 국내 시행을 위하여 국내법의 제·개정 등 별도의 입법조치가 필요하지 아니한 국제협정을 말한다. 대통령의 행정협정이 이에 해당한다.

원은 對外關係에 있어서는 대통령이 국가를 대표하는 헌법상의 內在的 權限(implied power)을 갖고 있다고 판결하였다.

b. **非自己執行的 國際協定** 비자기집행적(non self-executing) 국제협정은 체결된 국제협정의 국내 시행을 위하여는 국내법의 제·개정 등 별도의 입법조치가 필요한 국제협정을 말한다. 이러한 별도의 입법조치가 취하여지지 아니하는 경우, 비자기집행적 국제협정은 국내에서 효력을 발생할 수 없다. 연방의회의 批准을 요하는 조약이 이에 해당한다.

연방의회의 입장에서 볼 때 행정협정은 연방의회의 批准 또는 승인 없이 체결할 수 있고, 자기집행적 국제협정으로서 국내법적 효력을 발생시키므로 연방의회의 권한을 약화시키는 것으로 볼 수 있다.

나. 行 政 府

(1) 大 統 領

대통령은 고유의 헌법적인 권한에 기하여 국제무역에 관한 행정협정을 체결하거나 연방의회로부터의 광범위한 委任에 의하여 국제무역에 관한 권한을 행사하고 있다. 대통령의 국제무역에 관한 권한은 크게 평상시의 권한과 비상시의 권한으로 분류하여 볼 수 있다.

a. **平常時의 權限** 미국 대통령은 연방의회가 제정한 법률에 의하여 국제무역에 관한 권한을 행사한다.

긴급수입제한제도, 반덤핑관세제도, 상계관세제도, 301조, 不公正知的財産權制度, 섬유 및 농산물수입제한제도, GSP제도, 국가안전보장제도 및 수출관리제도 등의 법률에 규정된 국제무역에 관하여 대통령은 자신의 권한을 직접 행사하거나 상무부 및 미국무역대표부(USTR) 등의 정부부처를 지휘·감독한다.

미국 대통령의 국제무역에 관한 권한 중에 대표적인 것은 국제무역협상을 수행하고, 국제무역협정을 체결하는 권한이다. 그러나 대통령이 체결한 국제무역협정(조약)은 연방의회의 비준을 받아야 하므로 대통령의 국제무역에 관한 협상 및 협정체결권한은 커다란 제약을 받아 왔다. 즉, 협상의 상대국은 협상이 진행되어 당사국 간의 합의에 따라 협정이 체결될지라도 협정의 최종 발효 여부가 미국 연방의회의 비준 여부에 달려 있으므로 미국협상대표의 협상권한에 대하여 회의를 품어 온 것이다. 제 2 차세계대전 후 브레튼우즈체제의 형성과정에서 미국의 적극적인 주도로 국제무역기구(ITO)의 설립협정이 체결되었으나 미국 연방의회의 批准拒否로 인하여 국제무역기구(ITO)의 설립이 무산되고 GATT로 대체되었음은 대표적인 예라고 할 수 있을 것이다.

이에 따라 미국 연방의회가 직면한 문제는 미국 협상대표의 공신력을 떨어뜨리지 아니함과 동시에 대통령의 협상권한을 제한할 수 있는 방안을 강구하는 것이다. 이를 위하여 채택된 방안 중의 하나가 소위 迅速處理節次(Fast Track Procedure)이다.

이 절차는 연방의회가 비관세장벽에 관한 국제협상 결과를 批准함에 있어 첫째, 연방의회는 批准의 可否만을 결정할 수 있을 뿐 협정의 내용을 수정할 수 없으며, 둘째, 위원회에서의 심사에는 내용에 대한 토의가 생략되고, 셋째, 위원회와 본회의에서의 법안처리는 90일 이내에 하도록 제한하고 있다.

동 절차는 동경라운드협상 결과를 수용하기 위한 1979년 통상협정법 제정과정에서 효율적으로 활용된 바 있다. 다만, 동 절차는 적용대상이 비관세장벽에 관한 협상에만 국한되고, 적용기간도 限時的이라는 점에서 매우 제한되어 있다.

b. 非常時의 權限 1976년 연방의회는 『國家非常事態法』(National Emergencies Act: NEA)을 제정하여 1917년 『敵對國과의 交易法』(Trading With the Enemy Act: TWEA)에서 부여된 비상권 이외의 대통령의 모든 비상권을 2 년 이내에 종료시킨 바 있다.

『敵對國과의 交易法』은 미국과 비우호적 관계에 있는 국가 즉, 쿠바 · 북한 · 베트남 같은 국가와의 경제적 관계를 전시에 규율하는 데 사용되어 왔다.

1977년 연방의회는 『國際經濟非常大權法』(International Emergency Economic Powers Act)을 제정하였다. 동법은 『敵對國과의 交易法』의 적용이 전시로 제한되어 있으므로 평상시 국제경제관계에 대한 대통령의 비상권의 법적 근거를 부여하고 있다. 同法은 대통령이 국제경제에 관한 비상사태를 선포하는 경우 대통령에게 수출·입의 제한, 외환거래의 제한 및 외국인의 국내자산동결 등의 규제를 할 수 있는 권한을 부여한다.

『國家經濟非常大權法』은 '이란인질사태', '니카라과사태', '남아프리카공화국에 대한 경제제제' 및 '중국천안문사태' 등의 경우에 국제경제관계를 제한하기 위하여 적용된 바 있다.

(2) 政府部處

국제경제에 관한 권한을 행사하는 대통령 밑으로는 다양한 정부부처와 기관이 각종 법률의 권한 委任에 따라 각기 국제경제에 관한 역할을 분담·행사하고 있다. 이러한 정부부처와 기관은 상호 협조 및 경쟁하는 가운데 국제경제업무를 수행하나, 때로는 소위 지나친 부처 이기주의로 인하여 마찰을 빚는 수가 발생하고 있다. 이에 따라 국제경제에 관한 행정부의 기관들을 종합 단일화하여 하나의 기관, 예컨대 국제무역부(Department of International Trade)를 만들자는 의견도 제시되고 있다. 이하에서는 현행 정부부처의 국제경제와 관련된 소관사항 및 권한을 설명하여 보기로 한다.

a. 一般部處

① **商 務 部**　상무부(Department of Commerce)는 상계관세제도 및 반덤핑관세제도를 운영하는 책임과 권한을 보유하고 있다. 상무부는 일반부처 중에서 국제무역에 관한 가장 핵심적이고 포괄적인 업무를 수행하고 있는바, 하부조직으로 설치된 국제무역국(International Trade Administration)은 반덤핑관세 및 상계관세 등의 수입관리 및 수출촉진·통제 등의 역할을 수행하고 있다.

② **國 務 部**　국무부(Department of State)는 법령상 국제무역과 관련된 직접적·실무적 제도의 운영은 하고 있지 아니하다. 다만, 국무부는 미국의 국제외교 및 조약체결에 있어서의 중심적 역할을 하고 있는바, 이에 따라 국제경제와 관련된 국제협상 및 협정체결에 있어서도 중요한 역할을 하고 있다.

③ **財 務 部**　재무부(Department of Treasury)는 국제경제와 관련된 업무 중에서 관세의 부과·징수 및 국제통화기금(IMF)·국제부흥개발은행(IBRD)의 참여 등과 같은 국제금융업무를 담당한다. 재무부는 과거에 상계관세제도나 반덤핑제도를 직접 운영하여 왔으나, 1980년에 상무부로 이관한 바 있다.

④ **其他의 一般部處**　다른 행정부처들도 각기 관장하는 업무상 특성과 관련하여 국제경제업무를 수행하고 있다.

첫째, 農務部(Department of Agriculture)는 농수산물의 수출촉진과 수입제한에 관한 업무를 수행하고 있다. 하부조직인 대외농업기구(Foreign Agricultural Service)는 주요국 대사관에 농무관을 파견하고, 미 농산물의 수출을 촉진하는 업무를 담당하는 등 미국 농산물교역에 관한 정책을 수립하고 있다.

둘째, 國防部(Department of Defense)는 전략물자 또는 전쟁장비의 수출 제한 등 국가안보와 관련된 국제경제문제에 관여하고 있다.

셋째, 勞動部(Department of Labor)는 1974년 통상법에 규정된 「勞動者調整援助計劃」(Worker Adjustment Assistance Program)에 따라 국내수입에 의하여 영향을 받은 노동자에 대하여 특별실업 직업전환보상(Special Unemployment and Relocation Compensation)의 지급을 하고 있다.

b. **大統領直屬機關** 행정부 내에서 무역에 관련된 가장 중요한 부서는 대통령직속기관으로 설치된 미국무역대표부(United States Trade Representative: USTR)로서 1962년 통상확대법(Trade Expansion Act of 1962)에 의하여 창설되었다. USTR(미국무역대표)라 불리는 USTR의 長은 특별전권대사로서의 지위를 가지며 각료급에 해당하는 대우를 받는다. USTR은 국제무역과 관련된 문제에 대하여 외국과 협상을 하거나 미국 정부 내의 정책결정을 조정하며, 대통령의 업무에 대하여 자문을 하고 있다. 또한 USTR은 미국 통상법 301조의 집행에 중심적 역할을 수행하고 있다.

c. **獨立行政委員會** 국제무역위원회(International Trade Commission: ITC)는 국제무역에 관한 독립규제위원회로서, 9년의 임기로 선출되는 6인의 위원으로 구성된다. ITC는 피해 여부에 관한 사실조사 및 판정업무를 수행하고 있으며, 통상법 제337조의 절차에 있어서도 중심적인 역할을 수행하고 있다. ITC 이외에 연방에너지규제위원회(Federal Energy Regulatory Commission), 연방무역위원회(Federal Trade Commission) 및 대외배상해결위원회(Foreign Claims Settlement Commission) 등의 독립기관들도 국제경제정책에 관한 업무를 수행하고 있다.

다. 司 法 府

미국 법원은 국제무역에 관한 대통령과 행정부처의 업무수행 및 권한행사에 대하여 司法審査를 하고 있다.

미국 연방법원은 대통령의 대외정책에 관한 권한이 정치적인 것으로서 司法審査의 대상이 되지 아니한다는 입장을 취하고 있다.[2] 오히려 법원은 국

2) Banco Nacional de Cuba v. Sabbatino, 376 U.S. 398(1964).

제관계에 있어서의 미국 국익을 보호하기 위하여 「국가행위의 원칙」(Act of State Doctrine) 등의 이론을 발전시켜 대통령의 대외적 권한이 미국 법원의 판결에 의하여 제한되는 것을 스스로 자제하여 왔다.

그러나 상무부 및 ITC 등 대통령의 지휘를 받는 하부행정부처 등의 통상 업무수행에 관하여는 비교적 엄격한 태도를 유지하고 있다. 그 이유는 반덤핑법·상계관세법 등과 같이 법령상의 구체적인 규정을 가지고 있는 경우, 이들 규정에 대한 법원의 司法審査는 정치적인 문제에 대한 판결이 아니라 단순한 법령의 해석에 해당되기 때문이다. 현재 반덤핑관세·상계관세 부과조치와 국제무역분야에 대하여는 연방국제통상법원(Court of International Trade: CIT)이 상무부 및 ITC 등 정부부처의 결정에 대하여 司法審査를 하고 있다.

3. 聯邦政府와 州政府間의 權限配分

미국은 연방제도를 채택하고 있으므로 연방정부와 주정부간에 일정하게 권한이 배분되고 있다. 그러나 국제무역에 관한 권한은 연방정부의 排他的 권한이며, 주정부는 이를 행사할 수 없다. 이에 대한 미국헌법상의 근거로는 「商去來規制條項」(Commerce Clause), 「條約條項」(Treaty Clause) 및 「最高法條項」(Supremacy Clause) 등이 있다.

제 2 절 美國의 주요 國際貿易規範

1. 意 義

미국은 식민지 상태에서 독립한 이래 국제무역분야에서 수많은 成文法을 제정하여 왔다.

18세기부터 1930년 『관세법』(Tariff Act)까지의 국제무역규범은 수입상품에 대한 관세부과조치가 주된 내용을 이루었다. 관세의 부과는 정권교체, 재정·경제적 압력 및 전쟁 등 국내문제와 관련되어 결정되었으며, 국제경제 관계문제는 사실상 반영되지 아니하였다.

미국은 1934년 『호혜통상협정법』(Reciprocal Trade Agreement Act)을 시작으로 하여 사실상 국제경제관계를 고려한 국제무역규범을 제정하여 왔는바, 1974년 『통상법』(Trade Act), 1979년 『통상협정법』(Trade Agreement Act), 1984년의 『통상관세법』(Trade and Tariff Act) 및 1988년의 『종합무역법』(Omnibus Trade and Competitiveness Act) 등이 그것이다.

또한, 미국은 不文法 국가이기 때문에 成文法 이외에도 법원의 판례가 중요한 국제무역규범의 法源이 된다는 점에 유의하여야 할 것이다.

2. 主要 內容

가. 1930년 關稅法

1930년 『관세법』(Tariff Act of 1930)은 1929년의 대공황을 기점으로 하여 보호무역장벽의 일환으로 제정되었던 악명높은 법이다.

同法은 관세율을 대통령에게 委任하지 아니하고 연방의회가 법률로서 직접 정하도록 규정하고 있는바, 평균 53%의 유래 없는 고율의 관세를 부과하였다. 이러한 보호무역주의적 관세부과에 대하여 교역상대국은 즉시 보복조치를 취하였으므로 세계교역량은 급감하였고 따라서 세계경제공황을 가속화시키는 역할을 하였다.

미국 1930년 관세법 제337조는 덤핑 및 보조금지급 이외의 불공정한 방법으로 수입되는 물품에 대한 제재조치를 규정하고 있다. 여기서 말하는 불공정관행에는 수입물품이 미국 특허권·상표권 및 저작권을 침해하였거나 독점금지법에서 규정하는 유형의 행위이거나, 허위광고, 약탈적 가격차별행위 및 위조상표 등 불공정거래행위가 포함된다. 이와 같이 제337조의 규정은 모든 불공정관행이 다 포함되는 것으로 되어 있지만 실제로 이 조항은 미국의 知的財産權 침해에 대하여만 발동되어 왔다.

나. 1934년 互惠通商協定法

1934년 『호혜통상협정법』(Reciprocal Trade Agreements Act of 1934)은 보호무역장벽의 일환으로 입법되었던 1930년 관세법을 개정하기 위해 제정되었다. 이 법은 대통령에게 쌍무협상을 통하여 상호주의에 입각한 관세인하협정체결권한을 대통령에게 委任하였다.

대통령의 관세인하협정체결권한에 대하여 위헌 여부의 문제가 제기되었다.[3] 그 이유는 (i) 대통령이 조약을 체결하는 경우 미국헌법본문 제2조 제2항에 따라 연방의회의 批准을 받아야 하는바, 同法은 이러한 批准節次 없이 대통령에게 조약체결권한을 부여하고 있었고, (ii) 관세의 결정권한은 연방의회의 고유권한이므로 이를 대통령에게 委任하는 것은 권한의 不法委任(illegal delegation of authority)이라는 이유 때문이었다. 그러나 이에 대하여는 (i) 대통령이 체결하는 관세인하협정은 연방의회의 批准을 필요로 하는 조약이 아니라, 단순한 행정협정에 불과하고, (ii) 연방의회도 일정한 기준을 갖추어 대통령에게 자신의 권한을 委任할 수 있다는 점에서 合憲으로 인정되었다.

그러나 이 법은 한시적이었기 때문에 현재에 이르기까지 이를 연장하는 입법이 계속되어 왔다. 이 법에 의하여 미국은 1934년에 멕시코를 시작으로 하여 각국과 호혜통상협정을 체결하였고, 同法에 대한 1945년의 개정은 미국의 GATT 가입에 대한 법적 근거를 부여하였다.

다. 1962년 通商擴大法

1962년에는 『통상확대법』(Trade Expansion Act of 1962)이 제정되었다. 同法은 GATT 케네디라운드협상에 미국이 참여할 수 있는 권한을 부여하였으며, 현재의 USTR의 전신인 특별무역대표부(Special Trade Representative)를 신설한 바 있다.

同法은 케네디행정부의 자유무역정책을 뒷받침하는 대표적인 자유무역주의법이었으나, 보호무역주의자의 반대로 인하여 연장되지 못하고 1967년 6월에 폐지되었다.

라. 1974년 通商法

1974년 『통상법』(Trade Act of 1974)은 1934년의 호혜통상협정법 이래 가장 중요한 미국의 국제무역규범 중의 하나로서 현재 미국의 국제무역규범

3) Sayre, The Constitutionality of the Trade Agreements Act, 39 Colum L. Rev. 751 (1939).

의 기본골격을 형성하고 있다.

1974년 통상법은 GATT 동경라운드에 대비하여 1980년 5월까지 시한을 정하여 대통령에게 교섭권한을 부여하였다. 동법은 관세문제 이외에도 비관세문제까지 광범위하게 국제경제관계를 규율하고 있다. 동법은 (i) 미국과 공산권과의 교역문제, (ii) 개발도상국에 대한 GSP 공여, (iii) 대통령의 협상에 대한 迅速處理節次(fast-track procedure), (iv) 상대국의 불공정무역관행 제거를 목적으로 하는 제301조를 규정하고 있고, (v) 기존의 특별무역대표부(Special Trade Representative)를 개편하여, 미국무역대표부(United States Trade Representative: USTR)를 신설하였으며, (vi) 관세위원회(Tariff Commission)를 국제무역위원회(International Trade Commission: ITC)로 개칭하였고, (vii) 긴급수입제한제도를 전면 개정하였다.

마. 1979년 通商協定法

1979년 『통상협정법』(Trade Agreement Act of 1979)은 GATT 동경라운드협정의 내용을 국내법으로 수용하기 위하여 제정되었다. 따라서 同法은 반덤핑, 상계관세, 기술장벽, 정부조달, 관세평가 및 수입허가절차 등 동경라운드 비관세분야 다자간무역협정(MTN Code)을 전부 포함하고 있다.

미국은 同法의 제정으로 인하여 자국의 국내무역규범을 GATT규정에 합치되도록 하였다는 평가를 받고 있다.

바. 1984년 通商關稅法

1984년 『통상관세법』(Trade and Tariff Act of 1984)은 제2차세계대전 이후 연방의회가 주도권을 가지고 제정한 최초의 국제무역규범이다.

이 법은 개발도상국에 대한 GSP 공여문제, 미국과 이스라엘 간의 자유무역협정체결을 주요 입법목적으로 하고 있었으며, 이외에도 반덤핑·상계관세제도와 긴급수입제한제도 및 국제투자 관련규정의 개정을 포함하고 있다.

사. 1988년 綜合貿易法

1988년 『종합무역법』(Omnibus Trade and Competitiveness Act of 1988)은 미국의 무역적자 및 재정적자가 지속됨에 따라 이를 해결하기 위하여 제정된 법이다. 同法은 반덤핑 · 상계관세제도, 긴급수입제한제도, 知的財産權에 관한 불공정무역제도 등에 관한 규정을 전면개정하여 보호주의적 색채를 강화시키고, 국내 산업의 조정 · 지원 및 국민에 대한 교육 · 훈련의 실시로 미국 산업의 경쟁력을 제고시키기 위한 법이다. 同法은 기존의 301조를 강화시키는 슈퍼 301조를 신설한 바 있다.

아. 1994년 WTO 履行法

1994년 『WTO 履行法』(UR Agreements Act)은 GATT 우루과이라운드 협정을 국내법으로 수용하기 위하여 제정된 법이다. 동법은 WTO협정과 일치하지 아니하는 미국의 국내법을 제·개정하여 WTO협정에 일치하도록 하고 있다.

同法의 규정 중에는 1979년 통상협정법과 마찬가지로 미국의 국내법과 WTO협정이 相衝하는 경우에는 미국의 국내법의 효력이 우선한다는 내용이 있다. 따라서 이를 미국 국내법의 효력이 WTO협정의 효력보다 상위개념임을 明示한 규정이라고 보는 견해도 있으나 이는 잘못된 견해이다. 동 조항의 의의는 미국의 모든 국내법이 WTO협정에 합치되도록 제·개정되었다는 전제하에 첫째, 미국의 국내법은 WTO협정과 모두 합치된다는 자신감을 대외적으로 표명하고, 둘째, 미국에서는 WTO협정이 비자기집행적 조약에 해당되므로 설사 WTO협정에 위반되는 국내법이 있다 할지라도 동 국내법을 개정하기 전까지는 동 국내법이 지속적인 효력을 갖게 되고 WTO협정은 아무런 효력을 갖지 못한다는 법적 논리를 부연설명하고 있으며, 셋째, 다른 나라가 일방적으로 미국 국내법이 WTO협정에 위반된다고 해석 · 결정하여, 미국 국내법의 적용을 배제하는 것을 방지하기 위한 것이다.

3. WTO協定과 美國通商法 301條와의 關係

가. 意 義

미국 통상법 301조는 외국의 무역에 관한 법령, 정책 및 관행 등이 미국의 통상이익에 부정적 영향을 미치거나 국제무역규범을 위반하여 불공정 또는 부당하다고 판단될 경우에 미국통상대표부(United States Trade Representative: USTR)가 보복조치를 취할 수 있는 미국의 국내무역규범 중 하나이다.

미국 통상법 301조는 국제적으로 용인된 형태의 국제규범이 아니라 미국의 국내법에 불과하다. 다만, 일본은 미국의 301조와 유사한 '보복관세제도'를 도입하기로 시사한 바 있으며, 동 제도는 상대국의 무역관행이 GATT 규정에 위배되는 경우, 이에 대하여 관세조치를 취하는 것이므로 GATT에 위배되지 아니한다고 주장하고 있다. EU는 미국 통상법 301조와 유사한 제도를 이미 도입한 바 있으며, 우리나라도 대외무역법 제4조 제2호 및 제3호에 301조와 유사한 제도를 이미 규정한 바 있다. 따라서, 세계주요국이 미국의 301조와 유사한 제도를 도입할 경우, 이는 새로운 국제무역규범으로 대두될 가능성이 있다고 할 것이다.

일반적으로 미국의 301조는 다른 나라의 무역관련법령에서는 찾아볼 수 없는 광범위한 裁量權을 미국정부에 부여하고 있고, 또 그 발동요건 및 보복조치도 아주 추상적으로 규정되어 있다. 따라서 301조는 미국의 恣意的인 해석과 운영의 소지가 커서 다른 나라들로부터 기존의 GATT규범에 위반이 된다는 비난을 받아왔다. 이하에서는 미국 통상법 301조의 主要 內容과 GATT규범과의 관계에 대하여 설명하여 보고자 한다.

나. 通商法 301條의 主要 內容

미국 통상법 301조는 1974년 미국 통상법(Trade Act of 1974)에서 신설되었다. 이 301조는 1979년 및 1984년에 각각 개정되었으며 1988년 종합무역법(Omnibus Trade and Competitive Act of 1988)에서 개정되어, 현재의 기본적인 체계를 갖추게 되었다.

1988년 종합무역법에서 스페셜 301조 및 슈퍼 301조가 각각 추가되었다.[4] 스페셜 301조는 知的財産權에 대한 무역규범이며, 슈퍼 301조는 일반 301조에 대한 特別法 및 限時法的 성격을 갖는다는 점에서 일반 301조와 다르다 하겠다. 최근에는 WTO협정 체결과 함께 슈퍼 301조를 행정명령(Executive Order)으로 대체화하여 부활한 바 있다.

4) Phillips, Steven R., The New Section of the Omnibus Trade and Competitiveness Act of 1988; Trade Wars or Open Markets?, 22 Vand. J. T. L. 491, 502(1989).

(1) 一般 301條

a. 意　　義　미국의 301조는 미국 통상법 제301조 내지 제309조[5]에 근거한 무역규범의 일종으로서 교역대상국의 불공정한 무역규범, 정책 및 관행에 대하여 USTR이 조사를 진행하고 교역대상국과 협상을 실시하여 동 협상이 결렬될 경우 관세조치·비관세조치는 물론 미국 대통령이 취할 수 있는 모든 조치를 취할 수 있는 보복조치이다.[6]

b. 301條의 發動要件　301조는 미국의 보복조치 대상이 되는 불공정한 외국정부의 관행을 (i) 무역협정(trade agreement)상의 미국의 권리·이익을 침해하거나, (ii) 부당하거나(unjustifiable), (iii) 불합리하거나(unreasonable), (iv) 차별적인(discriminatory) 관행으로 유형화하고 있다.

c. 調査 및 協商節次　조사는 이해관계자의 청원 또는 USTR의 職權(재량사항)에 의하여 개시된다.

조사가 개시되면 USTR은 조사의 진행과 동시에 불공정무역국가와 불공정무역관행의 제거 또는 이에 상응하는 혜택을 부여받기 위한 교섭을 실시한다.

d. 報復措置　교역상대국과의 협상이 결렬된 경우 USTR은 관세부과, 무역협정에 의한 혜택부여의 정지, 서비스분야의 제한 또는 무역협정의 체결 등 미국 국내법이 허용하는 모든 종류의 무역보복조치를 취할 수 있다. USTR은 提訴된 교역관행이 301조에 의한 보복이 필요한 조치라는 결정이 내려진 후 30일 이내에 의무적으로 보복조치를 취해야 한다. 다만, (i) 그러한 조치가 미국의 安保에 심각한 위해가 되거나, (ii) 그러한 조치로 인하여 얻게 되는 이익에 비하여 불이익이 훨씬 큰 경우, (iii) 상대방 국가가 충분한 보상적 조치를 하거나, 무역협정에 따라 미국의 권리를 보장하기 위한 충분한 조치를 취한 경우에만 보복조치가 면제된다.

(2) 슈퍼 301條

a. 意　　義　슈퍼 301조는 미국 통상법 310조에 근거한 무역규범으로서 불공정무역국가 및 불공정무역관행의 우선순위를 지정하고 이에 따라

5) 19 U.S.C. § 2411-2419(1988).

6) Nettesheim, Martin, Sec. 301 of the Trade Act of 1974: Response to Unfair Foreign Trade Practices(U.S. Trade Barriers: A Legal Analysis)(European Law Press & Oceana Publications, Inc., 1991), pp. 353-405 참조.

USTR로 하여금 상대국과 협상을 실시하게 한 후 그 결과에 따라 보복조치를 취하는 것을 主要 內容으로 하고 있다. 슈퍼 301조는 일반 301조의 특별법적 성격을 보유한다. 슈퍼 301조는 1989년부터 1990년까지 2년 동안 시행하는 限時法의 형태로 제정되었다.

b. **優先協商對象國**의 **指定** USTR은 주요 무역장벽과 불공정무역관행 중 그러한 관행의 제거가 미국의 수출증대에 크게 기여할 수 있는 관행을 優先慣行(priority practices)으로 지정하고, 불공정교역무역관행의 우선적인 시정이 필요한 국가를 優先協商對象國家(priority foreign countries)로 지정한다.

c. **調査**의 **開始** 및 **協商**의 **進行** USTR은 이해당사자의 신청이 없는 경우에도 의무적으로 301조에 의한 조사를 개시하여야 한다. USTR은 불공정무역국가와 무역장벽 및 시장왜곡관행을 제거하기 위한 협약을 체결하거나 충분한 보상을 받기 위한 협상을 실시한다.

d. **報復措置** 상기 합의가 이루어지면 조사는 정지되나, 합의가 이루어지지 아니하면 앞에서 본 일반 301조에서 허용된 모든 보복조치를 취할 수 있다.

(3) 스페셜 301條

a. **意 義** 스페셜 301조는 미국의 知的財產權에 대한 보호를 제공하지 아니하거나, 미국에 대한 자국의 知的財產權 시장접근의 기회를 박탈하는 국가를 지정하고 그 중에서 가장 그 정도가 심한 법령, 정책 및 관행을 시행하고 있는 국가를 優先協商對象國家로 선정하여 301조 절차를 시행하게 하는 무역규범이다.

스페셜 301조가 슈퍼 301조와 다른 점은 첫째, 슈퍼 301조가 모든 무역분야를 대상으로 하고 있는 반면에 스페셜 301조는 知的財產權 분야에 한정되어 있고, 둘째, 슈퍼 301조가 1989년과 1990년 등 2년에 걸쳐 시행되도록 된 限時法임에 반하여 스페셜 301조는 限時法이 아니라는 점이다.

b. **調査節次** 및 **報復措置** USTR이 국가무역평가보고서(National Trade Estimates)를 제출한 후 30일 이내에 미국의 知的財產權 침해국가 및 우선감시국가를 지정하여 대통령, 상원, 재무위원회 및 하원 관련위원회에 보고하

고 관보에 이를 게재하여야 한다. USTR은 교역상대국의 불공정한 知的財產權 관련 법령, 정책 및 관행에 대하여 301조의 절차를 진행하게 하고 보복조치를 취하게 된다.

(4) 美國 通商法 301條 關聯 行政命令

301조 집행에 관한 대통령행정명령(Executive Order)은 限時法으로서 폐지된 슈퍼 301조를 행정명령으로서 부활하는 조치로서 1994년 3월 3일 발령되었다. 主要 內容은 슈퍼 301조와 대동소이하다. 다만, 그 발동사항이 교역상대국의 불공정무역관행만을 대상으로 하고 있고, 국가무역평가보고서의 제출 후 6개월 이내에 우선협상대상국가를 지정하도록 되어 있는 점이 슈퍼 301조와 다를 뿐이다.

다. WTO 協定과 美國通商法 301條와의 關係

(1) 意 義

미국의 301조는 반덤핑관세, 상계관세 및 긴급수입제한과 달리 WTO에서 인정된 무역규범에 포함되지 아니하는 미국의 독단적 무역규범이다.

미국은 GATT에서 무역분쟁해결기구가 없음을 이유로 세계공정무역의 실현을 위하여 301조가 필요함을 주장하여 왔으나 EU, 일본 등 세계 주요교역국들은 대부분 301조를 GATT 위반으로 비난하여 왔다. GATT 우루과이라운드 협상의 타결로 인하여 WTO가 설립됨에 따라 무역분쟁해결기구가 마련되었음에도 불구하고 미국은 301조를 지속적으로 유지하고 있어 국제무역상의 논란이 되고 있다.

(2) 兩者의 關係에 대한 見解

a. 否定的 見解 미국의 301조가 WTO협정에 합치하지 아니한다는 부정적 견해를 취하는 입장은 다음과 같다.

첫째, 미국의 301조는 WTO 회원국가의 국제교역에 관한 분쟁해결은 WTO의 분쟁해결절차에 따라야 한다는 WTO 분쟁해결절차협정에 위반된다. 둘째, 특정국가를 지목하여 불이익조치를 취하는 것은 WTO체제상의 최혜국대우원칙에 위반된다. 셋째, WTO체제에 포함되지 아니하는 별도의 국제교역문제가 있을 수 있기 때문에 보충적으로 적용될 소지가 있으나 특정국가를 불공정교역국가로 지정하여 조사 및 협상하는 과정에서 미국의 자의에 따라 불이익을 주는 것은 WTO체제의 다자간 이념과는 맞지 아니한다.

b. **肯定的 見解** 미국의 301조가 WTO협정에 합치함은 물론 WTO협정을 보완하고 있다는 입장은 다음과 같다.[7]

첫째, 301조는 WTO를 부정하는 것이 아니라, 오히려 WTO정신에 위배되는 불공정통상관행을 제거한다. 둘째, WTO의 분쟁해결기능의 미비점을 미국의 교섭력을 통하여 보완한다. 셋째, 301조의 적절한 활용을 통하여 미국 내의 점증하는 보호주의적 기운을 잠재우는 역할을 한다. 넷째, WTO에서 다루고 있지 아니하는 분야의 통상문제에 대하여 효율적으로 301조를 사용할 수 있다.

---

7) John H. Jackson, 『World Trading System』(MIT Press, 1990), pp. 104-105 참조.

제12장 法과 經濟

제 1 절 概 說

1. 法과 經濟의 意義

「法과 經濟」(Law and Economics)의 의미를 가장 간단히 규정한다면 법을 경제적으로 분석하는 것(Economic Analysis of Law)이라고 말할 수 있다. 법의 경제적 분석이라 함은 크게 다음의 두 가지 의미를 내포하고 있다.

첫째는 「效率性」(Efficiency)의 문제, 즉 법이 법의 목적을 얼마나 효율적으로 달성할 수 있는가의 문제이다. 이는 동일한 법의 목적을 달성하는 데 있어 최소의 노력을 들이는 방안 및 동일한 노력으로서 법의 목적을 최대로 달성하는 방안을 분석하는 것이다.

둘째는 「衡平性」(Equity)의 문제, 즉 법의 목적이 달성되었을 경우, 그 효과가 법의 수혜자에게 공평하게 분배될 수 있는가의 문제이다. '法과 經濟'를 예를 들어 좀더 쉽게 설명하자면 첫째, 어떻게 하면 가장 큰 떡을 만들 수 있는가, 둘째, 이 만들어진 떡을 어떻게 하면 골고루 나누어 먹을 수 있는가의 문제이며, 결국 '최대다수의 최대행복'을 찾는 방법으로 표현될 수 있을 것이다.

2. 法과 經濟의 沿革

「法과 經濟」의 시작은 미국에서 주로 경제법 분야인 독점금지법의 경제적인 분석에서 비롯되었다.[1] 독점금지법 분야에서의 수많은 법령과 판례는

1) Richard A. Posner, 『Economic Analysis of Law』(Little, Brown and Company, 1986).

경제학자들에게 시장경제하에서의 기업행태에 대한 많은 정보를 제공하였고 경제학자들은 이러한 정보를 바탕으로 관련 법령 및 정책을 경제학적인 관점에서 분석하였다. 그러나 최근 「法과 經濟」의 분석대상은 독점금지법에서 불법행위론(Torts)·계약법(Contracts)·해상법(Admiralty)·물권법(Property) 등의 普通法(Common Law) 분야는 물론 헌법·형법·형사소송법·민사소송법·행정소송법·입법절차·법집행 및 사법행정 등 非經濟法 분야에까지로 확대되고 있다.

최초의 非經濟法 분야에 대한 현대적 「法과 經濟」(Law and Economics) 이론은 1960년대 초반 Guido Calabresi의 불법행위론 및 Ronald H. Coase의 社會的 費用에 대한 논문을 시발로 하고 있다.[2] 이 두 논문은 非經濟法 분야의 법을 경제학을 사용하여 분석한 최초의 시도이었다. Coase[3]가 소개한 코스정리(Coase Theorem)의 개념은 물권법 분야에 대한 경제학적 분석을 시도한 것으로서, 다양한 분야의 법률을 경제학적으로 분석할 수 있는 이론적 토대를 제시하였다. 최근에는 Becker에 의하여 경제학·비경제학적인 분야는 물론 인간의 사랑과 자의식 같은 심리적 분야를 경제학적으로 분석하려는 방법까지도 시도되고 있다.[4]

제 2 절 效率性과 衡平性

1. 效率性(efficiency)의 概念

가. 파레토最適(Pareto Optimalitl)上의 概念

이탈리아의 경제학자 파레토(Pareto Optimality)[5]의 개념에 의하면 效率性을 충족시킨다 함은 "다른 개인 또는 집단의 손실을 야기시키지 아니하고서는

2) Guido Calabresi, Some Thoughts on Risk Distibution and the Law of Torts, 70 Yale L. J. 499(1961); Ronald H. Coase, The Problem of Social Cost, 3 J. Law & Econ. 1(1960).

3) 18세기 및 19세기 초에 걸쳐 Beccaria 및 Bentham에 의하여 형법의 경제학적인 분석이 시도된 바 있다. Cesare Beccaria, On Crimes and Punsishments(Henry Paolucci Trans. 1964); Jeremy Bentham, "A Principles of Penal Law", in 『Works of Jeremy Bentham』, 365(John Bowring ed., 1843).

4) Gary S. Becker, The Economic Approach to Human Behavior(1976).

5) Vilfredo Pareto.

한 개인 또는 집단의 이익을 증가시킬 수 없는 경우"를 말한다. 따라서 어떠한 법규가 效率性을 제고시킨다 함은 "다른 개인 또는 집단에는 손해를 야기시킴이 없이 한 개인 또는 집단의 이익을 증가시키는 것"을 의미한다고 할 것이다.

나. 總體的 概念

Kaldor-Hicks가 제시한 총체적 개념에 의한 效率性의 의미는 "일정한 상태에서 한 개인 또는 집단의 전체적 이익이 증가되는 경우"를 의미한다.[6] 즉, 법의 정책적 효과가 일부 개인 또는 집단에 손실을 야기시킬지라도 사회전체의 견지에서 볼 때 이익이 증가한다면 이 법은 效率性을 증가시키는 법이라 할 것이다.

다. 파레토最適의 概念과 總體的 概念의 關係

파레토최적의 개념은 총체적 개념의 특수한 경우라 할 수 있다. 즉, 파레토최적이 충족되어 어떠한 개인이나 집단의 손실을 야기시킴 없이 한 개인이나 집단의 이익을 증가시킬 수 있다면, 이는 사회전체적으로 이익을 증가시키는 결과를 가져오게 되므로 파레토최적의 충족은 총체적 개념의 效率性을 당연히 충족시키게 된다. 그러나 총체적인 개념의 效率性이 충족되는 경우에는 사회전체적인 이익이 증가될지라도 일정한 개인이나 집단이 손해를 보는 경우가 포함될 수도 있으므로 이 경우에는 파레토최적을 만족시키지 못하게 된다. 즉, 간단히 말해서 파레토최적에 의한 效率性 충족은 총체적 개념의 效率性 충족의 充分條件이나, 총체적 개념의 效率性 충족은 파레토최적에 의한 效率性 충족의 必要條件이다.

만일 총체적 개념의 效率性하에서 이익을 본 개인 또는 집단으로 하여금 손해를 본 개인 또는 집단에 대하여 의무적으로 보상을 하도록 하는 법적·제도적 장치가 마련되어 있다면 총체적 개념에 의한 效率性 개념은 파레토최적에 의한 效率性 개념과 별 차이가 없어지게 된다. 따라서 총체적 개념에 의한 效率性을 「潛在的 파레토最適」(Potential Pareto Optimality)이라고도 부른다.[7] 이하에서 效率性이라 지칭할 때에는 총체적 개념의 效率性을 의미

6) A. Mitchell Polinsky, 『An Introduction to Law and Economics』(Little, Brown and Comapany, 1983).

7) Richard A. Posner, 『Economic Analysis of Law』(Little, Brown and Company, 1986).

한다. 그 이유는 파레토최적상의 效率性보다는 총체적 개념의 效率性의 개념이 법제정 및 집행 등에 있어서 좀더 현실에 부합되기 때문이다.

2. 衡平性(Equity)의 概念

衡平性의 개념에 대해서는 학자에 따라 여러 가지로 정의될 수 있으나, 대체로 衡平性이라 함은 "한 개인 또는 집단과 다른 개인 또는 집단간의 공정한 이익분배"를 의미한다. 따라서 법이 衡平性을 지니고 있다 함은 법의 집행으로 인하여 증가된 이익이 모든 개인 또는 집단에 공평하게 분배되는 것을 말한다.

3. 效率性과 衡平性의 關係

법의 정책적 효과를 평가하기 위해서는 效率性과 衡平性을 동시에 고려하여야 한다. 그 이유는 效率性과 衡平性은 별개의 독립된 정책목표로서, 效率性과는 상관없이 衡平性을 달성할 수 있으며, 또한 이와는 반대로 衡平性과는 상관없이 效率性을 달성할 수도 있기 때문이다.

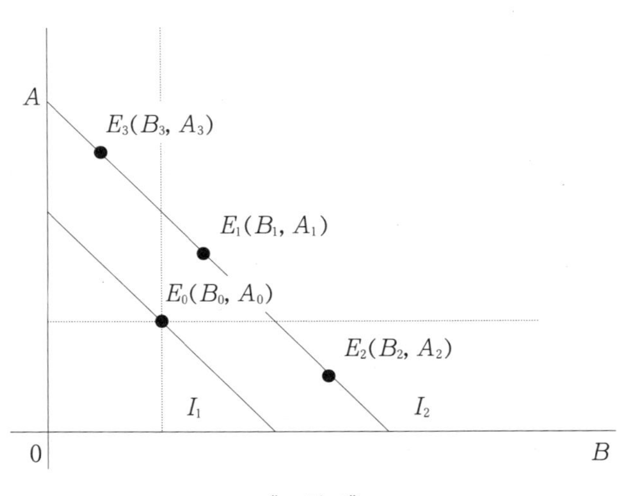

《그림 1》

예를 들어 설명하여 보자.

《그림 1》에서 횡축은 B의 소득을, 종축은 A의 소득을 각각 나타내고 있으며 현재 A와 B의 소득의 합은 I_1이고 A와 B의 소득은 각각 A_0, B_0로서 소득분배의 균형을 이루고 있다고 하자.

$A_0+B_0=I_1$

지금 어떤 법의 시행으로 인하여 A와 B의 소득의 합이 I_1에서 I_2로 증가하였다고 하자. 사회전체로 볼 때는 I_2-I_1만큼의 소득이 증가하였으므로 I_2상의 모든 점은 效率性 조건을 충족시키고 있으며, 따라서 이 법은 效率性을 충족시키고 있다고 할 수 있다. 그러나 A와 B의 소득의 합이 증가하였다 해서 A와 B의 소득분배의 衡平性이 보장되는 것은 아니다.

《그림 1》에서 E_2점을 보자. E_0점에서 E_2점으로 이동할 경우, A는 법집행 전보다 A_0-A_2만큼의 소득증가를 야기하였으나 B는 도리어 B_2-B_0만큼의 소득감소를 가져왔다. 따라서 E_2점은 법시행 전에 비하여 불균등한 소득분배를 나타내는 균형점이라 하겠다.

E_3점 역시 마찬가지이다. A는 법집행 전보다 A_3-A_0만큼의 소득증가를 가져왔으나 B는 B_0-B_3만큼의 소득감소를 가져왔으므로 E점 역시 과거에 비하여 불평등한 소득분배를 나타내는 점이다. 즉 I_2선상의 모든 점은 效率性의 조건을 충족시키고 있으나 반드시 衡平性을 충족시키는 것은 아니다.

E_1점은 A와 B의 소득을 모두 증가시키고 있다. A의 소득은 A_1-A_0만큼, B의 소득은 B_1-B_0만큼 각기 증가하였으므로 E_2점과 E_3점과 비교하여 볼 때 E_1점은 상대적으로 균등한 소득분배를 나타내는 균형점이다.

그러면 과연 E_1, E_2, E_3 중 衡平性을 충족시키는 점은 어떠한 것인가? E_2, E_3점을 E_1점에 비하여 衡平性을 충족시키지 못한다고 규정할 수 있을 것인가? 불평등한 소득분배가 반드시 衡平性을 충족시키지 못하는 것은 아니다.[8)] E_0점이 A의 소득수준이 사회에서 바람직하다고 여기는 수준보다 높고, 반대로 B는 낮은 수준을 나타내고 있다면 법시행으로 인하여 균형점의 E_0에서 E_2점으로의 이동은 A의 소득수준을 사회에서 바람직하다고 여기는 수준으로 감소시키고, 반대로 B의 소득은 증가시키고 있으므로 E_2점 자체는 소득의 불균등을 가져오기는 하나 衡平性을 충족시킨다고 말할 수 있을 것이

8) 李鶴容, 『미시경제이론』(다산출판사, 1980), p. 382.

다. 그렇다면 衡平性의 기준은 무엇이며, 이 기준의 선택은 누가 하는 것인가라는 문제가 대두된다.

衡平性의 개념을 論하는 것은 필연적으로 衡平性에 대한 주관적 가치관(Value Judgment)이 개입되게 되며, 이는 궁극적으로 경제학의 범주를 벗어나게 된다.[9] 경제학의 역할은 일정한 소득의 분배가 衡平性을 충족시키는가의 여부를 판단하는 것이 아니라 衡平性의 기준이 이미 설정되어 있는 경우 그 기준에 의거 效率性을 충족시키는 데에 있다. 效率性의 기준은 민주국가에서는 국민의 가치관에 의해 결정되며 이는 결국 법에 의해 구체화된다고 할 것이다.

따라서 '法과 經濟'는 경제학으로 분석가능한 效率性뿐만 아니라 경제학으로 분석이 불가능한 법의 衡平性을 동시에 고려하게 되는 것이며, 이 경우 法과 經濟는 상호보완적이 될 것이다.

제 3 절　Coase Theorem

1. 背　　景

미국에서 발전되어온 「法과 經濟」이론 중 새로운 「法과 經濟」이론의 형성·발전에 가장 커다란 기여를 한 논문 중의 하나가 Chicago 대학의 Ronald H. Coase 교수가 발표한 Coase Theorem이다.[10] Coase Theorem은 재산권(property right)의 미발달로 인하여 발생된 外部效果의 해결방안에 대하여 종래의 법학자·경제학자들과는 다른 방향을 제시하였다.[11] 예컨대, 공해와 같은 外部效果에 대하여 종래에 제시된 해결방안은 손해배상책임, 세금부과, 형벌·행정벌의 부과 또는 공장폐쇄·이전 등이었으나 이러한 해결방안은 공해문제를 공장이 책임지는 것이 바람직하다는 기본전제하에 공

9) 衡平性의 개념을 規範經濟學(Normative Economics)에서도 논할 수 있으나, 實證經濟學(Positive Economics)에서처럼 현실적 자료를 가지고 그 결과를 검증할 수 없다.

10) Ronald H. Coase "The Problem of Social Cost" 3(1) The Journal of Law and Economics 1-44(Oct. 1960).

11) Coase Theorem에 관한 분석 및 비판에 관해서는 朴世逸, 코스定理(Coase Theorem)의 法政策學的 意義, 『法學』 제27권 2·3호 76(1986) 참조.

장의 활동을 어떻게 규제하는 것이 최선인가 하는 점에 주안점을 두는 것이었다.

Coase Theorem은 이러한 문제의 해결방법을 문제의 본질을 잘못 파악하고 있는 것이라고 비판하고 外部效果의 相互性(reciprocal nature of externality), 즉 한 당사자에 대한 손해는 다른 당사자에게 이익이 되며, 반대로 한 당사자에 대한 이익은 다른 당사자에 대한 손해가 될 수 있다는 점을 지적하였다. 따라서 外部效果에 대한 해결방안의 선택문제는 어느 당사자에게 손해 또는 이익을 줄 것인가(Should A be allowed to harm B, or should B be allowed to harm A?)의 선택문제라는 것이다. 이 Coase Theorem의 내용을 공해문제로 예를 들어 설명하여 보자.[12]

2. Coase Theorem의 例

지금 공장폐수를 방출하는 한 공장과 폐수로 인하여 한 세대당 100만원씩의 손해를 겪고 있는 인근 부락의 주민 100세대를 가정하여 보자.

이러한 오염으로 인한 손해에 대처하는 방법에는 《표 1》의 세 가지 방법이 있다고 하자. 이 세 가지 방법 중 어떠한 것이 가장 效率性이 충족시키는 방법인가? 이는 분명히 오염방지시설을 설치하는 방법이다. 왜냐하면 오염방지시설의 설치는 '오염으로 인한 손해에 대처'라는 일정한 목적을 달성하는데 있어 가장 비용이 적게 드는 방법이기 때문이다. 즉 총 1 억원의 주민피해를 1,000만원으로서 제거할 수 있기 때문이며, 또한 이는 2,000만원의 수도정수기 설치비용보다 적은 비용이기 때문이다.

《표 1》

(단위: 만원)

	방 법	비 용
1	오염방지시설설치	1,000
2	수도정수기설치	2,000
3	손해배상	10,000

12) 李相潤, 環境法과 經濟, 『法制』 제347호 31(법제처 1991. 8. 20) 참조.

앞과 같은 결론, 즉 오염방지시설의 설치가 가장 效率性을 충족시키는 방법이라는 결론은 청정한 물에 대한 권리가 누구에게 있는가 즉, 오염제거에 필요한 비용을 누가 부담하는가에 관한 결정과는 상관없이 성립할 수 있는가의 문제가 제기되고 있다.

가. 去來費用이 存在하지 아니하는 경우(Zero Transaction Cost)

일반적으로 去來費用이라 함은 공해문제를 해결하기 위한 협의·교섭 또는 소송에 있어 당사자의 확인·회동·협의·교섭 및 재판 또는 합의된 사항의 이행 등에 있어 필요한 비용을 말한다. 去來費用은 실제로 지출된 去來費用과 去來費用의 지출을 회피하기 위한 비효율적인 방법의 선택을 모두 포함하게 된다. 따라서 이 곳에서 去來費用이 없다는 말은 주민들과 공장이 서로 또는 각각 오염으로 인한 손해에 대처하는 방안을 협의하고, 교섭을 하는 과정 및 방법을 선택하는 과정에 있어 아무런 비용도 들지 아니한다는 것을 의미한다.

(1) 工場이 汚染除去費用을 負擔하는 경우

우선 주민들이 청정한 물을 사용할 권리가 있으며, 공장이 물을 오염시킬 경우 司法上의 손해배상절차를 통하여 이에 대한 손해배상을 하여 줄 의무가 있다고 가정하여 보자. 공장은 《표 1》에서의 세 가지 방법 중 하나를 선택할 것이며, 이 중 가장 비용이 적게 드는 오염방지시설을 설치할 것이다. 이는 앞에서 본 바와 같이 가장 효율적인 방법 즉, 오염방지시설의 설치와 동일한 선택이 된다.

(2) 住民들이 汚染除去費用을 負擔하는 경우

이번에는 공장이 물을 오염시키더라도 주민은 공장으로부터 이에 대한 아무런 손해배상도 받을 수 없다고 가정하여 보자.

주민들은 세 가지 방법 중 당연히 가장 비용이 적게 되는 오염방지시설을 공장에 설치하여 주는 방법을 선택하게 될 것이다. 이 역시 앞서 언급한 가장 效率性을 충족시키는 방법, 즉 오염방지시설의 설치와 동일한 선택이 된다.

위에서 보듯이 공장과 주민 모두 오염을 제거하는 데 있어 가장 비용이 적게 드는 오염방지시설의 설치, 즉 가장 效率性이 있는 방법을 선택하고 있다. 즉 누가 오염제거비용을 부담하는가의 문제는 效率性을 충족시키는 방법의 선택에 아무런 영향을 미치지 못함을 알 수 있다.

나. 去來費用이 存在하는 경우(Positive Transaction Ccst)

위의 분석은 去來費用이 없는 경우(Zero Transaction Cost)에 해당하는 분석이었다. 그러나 많은 상황에 있어 去來費用이 없는 경우라는 것은 비현실적인 가정이므로 이하에서는 去來費用이 존재하는 경우의 效率性을 분석하여 보자.

《표 2》

(단위: 만원)

방 법	비 용(A)	거래비용(B)	총비용(A)+(B)
오염방지시설설치	1,000	0	1,000
수도정수기설치	2,000	500	2,500
손해배상	10,000	1,000	11,000

⑴ 工場이 汚染除去費用을 負擔하는 경우

우선 공장이 오염제거비용을 부담한다고 하자. 이 경우 《표 2》에서 보듯이 오염방지시설의 설치, 수도정수기의 설치, 손해배상을 하는 데 드는 去來費用이 각각 0원, 500만원, 1,000만원이 소요된다고 하자. 그러면 오염방지시설설치, 수도정수기설치 및 손해배상을 하는 데 소요되는 총비용은 각각 1,000만원, 2,500만원, 11,000만원이 될 것이다.

공장은 당연히 총비용이 가장 적게 드는 방안 즉, 1,000만원의 비용을 들여 오염방지시설을 설치하고자 할 것이며 이는 가장 효율적인 방법의 선택이다.

⑵ 住民들이 汚染除去費用을 負擔하는 경우

다음에 주민들이 오염제거비용을 부담하는 경우를 생각하여 보자.

《표 3》

(단위: 만원)

방 법	비 용(A)	거래비용(B)	총비용(A)+(B)
오염방지시설설치	1,000	1) 500 2) 1,500	1) 1,500 2) 2,500
수도정수기설치	2,000	300	2,300
손해배상	10,000	2,500	12,500

이 경우 《표 3》에서 보듯이 오염방지시설의 설치, 수도정수기의 설치, 손해배상을 받는 데 있어서의 去來費用이 각각 500만원 또는 1,500만원, 300만원, 2,500만원이 각각 소요된다고 하자. 그러면 총비용은 각각 1,500만원 또는 2,500만원, 2,300만원, 12,500만원이 될 것이다.

첫째, 오염방지시설의 설치비용이 500만원일 경우, 주민들이 분명히 1,500만원의 비용을 들여 총비용이 가장 적게 드는 오염방지시설을 설치하는 방법을 선택하게 될 것이다. 이것은 주민의 입장에서 볼 때는 가장 효율적인 방법일 수도 있으나 주민과 공장을 포함하여 전체적으로 볼 때에는 《표 3》에서 보듯이 공장이 오염방지시설을 설치할 때의 비용 1,000만원보다 500만원이 더 드는 방법으로서, 공장이 오염방지시설을 설치하는 경우보다 비효율적인 방법의 선택이 된다.

둘째, 오염방지시설의 설치비용이 1,500만원일 경우, 오염방지시설설치의 총비용은 2,500만원이므로 주민들은 2,300만원의 비용을 들여 비용이 더 적게 드는 수도정수기를 설치하는 방법을 선택하게 될 것이다. 그러나 이 역시 공장이 오염방지시설을 설치하는 경우보다 1,300만원(2,300만원−1,000만원)을 더 소비하게 되므로 비효율적인 방법의 선택이 된다. 더구나 이 선택은 오염방지시설의 설치에서 수도정수기설치라는 방법상의 선택을 변화시키는 효과도 함께 수반하게 된다. 따라서 주민들이 오염제거비용을 부담하게 될 경우, 이는 去來費用의 추가로 인하여 오염제거에 있어 효율적인 방법을 상실하게 된다.

간단히 말하자면, 去來費用이 존재하지 아니하는 경우에는 누가 오염제거비용을 부담하든 간에 效率性을 충족시키는 방안을 선택할 수 있었으나 去

來費用이 존재하는 경우에는 效率性을 충족시키는 방법이 누가 오염제거비용을 부담하여야 하는가에 따라 달라지게 된다. 이 경우 去來費用이 존재하는 경우에는 去來費用을 최소화시킬 수 있는 당사자에게 오염제거비용을 부담시키는 것이 가장 效率性을 충족시킬 수 있는 방안에 접근시킬 수 있는 선택이 된다.

결론적으로 볼 때 Coase Theorem은 첫째, 去來費用이 없는 경우에는 效率性의 충족은 재산권구조(structure of property right)의 내용, 즉 권리를 누가 보유하는가의 여부와는 상관없이 항상 충족되나 둘째, 去來費用이 존재하는 경우에는 去來費用을 최소화할 수 있는 당사자에게 권리를 부여하는 것이 效率性을 충족시킬 수 있음을 보여주고 있다.

Coase Theorem은 새로운 「法과 經濟」의 논리적 토대를 제공하였다는 점에서 그 주된 의의를 찾아볼 수 있다.

제 4 절 法과 經濟의 諸 方法論

한 국가에서의 '법체계'와 '경제구조'는 양자 모두 그 존재 및 운영에 있어 국가의 구성원들간의 합법성·정통성·합리성 등에 관한 이데올로기의 통일을 요한다.[13] 예컨대, 자본주의국가에 있어서의 국가구성원간은 합일된 이데올로기를 보유하고 있어야 되며, 만일 이러한 원리들을 국가구성원의 대다수가 부정한다면 이는 새로운 제도로의 변혁, 즉 다른 '법체계' 및 '경제구조'의 선택이 될 것이다. 따라서 「法과 經濟」이론의 분석은 과연 한 사회의 '법체계' 및 '경제구조'가 어떠한 이데올로기를 바탕으로 형성되어 있는저에 주목하여야 하며, 이는 이데올로기의 선택이 서로 다른 「法과 經濟」이론의 형성을 의미할 수 있기 때문이다. 이하에서는 근본가치(value) 및 기본가정(assumption)을 서로 달리하는 여러 가지 「法과 經濟」모델을 비교·분석하여 보기로 한다.

---

13) Robin Paul Malloy, Law and Economics: A Comparative Approach to Theory and Practice 48-57(West Publishing Co. 1990) 참조.

1. 保守的 接近方法(Conservative Approach)

Posner 판사에 의하여 대표되는 보수적 접근방법(Conservative Approach)은 新古典派 經濟學모델(Neoclassical Model of Economics)을 사용하여 법의 「效率性」에 가장 커다란 주안점을 두고 있다. 이 방법론은 「效率性」을 Kaldor-Hicks 개념의 사회의 부의 극대화(wealth maximization)로서 전제하고 있으며, 따라서 부의 극대화를 달성할 수 있는 법은 효율적인 법으로서 평가된다. 극단적인 보수적 접근방법에 의하면 법의 效率性, 즉 부의 극대화를 위하여는 법의 衡平性이나 법의 기본권 보호 측면을 희생시키는 것도 무방한 것으로 보고 있다.

예컨대, 대부분의 학자들은 노예제도를 부정하며 그 이유를 비도덕성 및 비인간성 등에서 찾고 있으나 극단적인 보수적 접근방법론자들은 이러한 근거는 모두 주관적인 평가라고 비판하고 노예제도가 부정되는 이유는 강요된 노동으로 인하여 노예로 하여금 근로의욕·능률을 저하시킴으로써 생산이 비효율적이라는 데서 찾아야 된다고 주장하고 있다. 따라서 노예제도로 인한 근로의욕·능률의 저하를 극복할 수 있다면 노예제도를 허용하는 법도 效率性을 충족시키는 것으로 보고 있다.[14)]

또한 평등권의 보장하에 백인 전용식당을 폐지하여 흑인을 고객으로 허용할 경우, 값비싼 음식을 선호하는 백인 고객을 잃게 되거나 또한 유색인종이 백인 거주지역으로 이사하여 당해 지역의 지가를 하락시키는 것도 평등권의 보호라는 차원보다는 단지 效率性을 저해시킨다는 측면에서 평가하고 있다.

2. 進步的 接近方法(Liberal Perspectives)

John Rawls, Ronald Dworkin 및 Bruce Ackerman 등에 의하여 대표되는 진보적 접근방법(Liberal Perspectives)은 법의 「衡平性」에 주안점을 두고 있으며 衡平性을 충족시키는 법이란 재산·자원 및 권력 등의 동등한 분배(equal share)를 달성할 수 있는 법을 지칭하고 있다.

---

14) Richard Posner, 『The Economics of Justice 76』(1983).

극단적인 진보적 접근방법에 의하면 헌법·법률에 의하여 보장되고 있는 기본권(natural right, inalienable right)의 존재는 기존 기득권자의 재산적 권리(property right)를 비롯한 각종 기득권을 사회개혁(social reform)이나 비자발적인 부의 移轉(involuntary wealth transfers)으로부터 방지하기 위한 제도적 장치라는 것이다.[15] 따라서 기본권의 개념은 동등한 대우(equal treatment)를 바탕으로 한 衡平性의 개념으로 대체되어야 하며, 이는 국민에 의하여 선출된 진보적 정치가(liberal statesman)에 의하여 정치적 과정(political process)을 통하여 달성될 수 있다고 한다. 진보적 접근방법은「法과 經濟」의 이론 전개에 있어 기본권의 보호라는 측면을 간과하고 있다는 점에서 보수적 접근방법과 유사하나, 前者는 법의「衡平性」, 後者는 법의「效率性」에 주안점을 두고 있다는 점에서 그 맥락을 달리하고 있다.

3. 急進的 接近方法(Left Communitarian Approach)

Binder 및 Fruman 등에 의하여 대표되는 급진적 접근방법(Left Communitarian Approach)은 기존의 법체계가 개인주의에 기반을 두고 있다고 비판하면서 법체계의 집단적 측면, 사회주의적 측면을 강조하고 있다. 즉, 한 사회의 법체계는 불확정적(indeterminancy)·조건적(contingency)인 것으로서 일정한 이데올로기에 그 기반을 두고 있으며, 그 이데올로기에 의하여 전체적인 법체계가 결정되는바, 기존 법체계는 개인주의적 이데올로기를 반영하여 이를 방어·유지하는 기능을 담당하고 있어 집단주의적·사회주의적 이데올로기가 반영될 수 있도록 기존 법체계를 급진적으로 개혁하여야 한다고 주장하고 있다.[16]

계약자유의 원칙을 예로 들어 설명하여 보자. 보수적 접근방법에 의하면 우선 자유경쟁시장을 가정하고 계약의 양 당사자가 자유의사에 기하여 계약을 맺으며, 당해 계약이 사회전체의 效率性을 증가시킬 수 있는지의 여부에 중점을 두는 데 반하여 급진적 접근방법은 계약당사자, 특히 교육수준·고용상태·이해능력·사회적 지위 등이 낮은 당사자와 높은 당사자간에 정당한

15) B. Ackerman,『Social Justice in the Liberal State』(1980).

16) Turley, The Hichhiker's Guide to CLS Understand Deep Thought, 81 Northwestern University Law Review 539-595(1987).

계약이 이루어졌는가 하는 점에 중점을 두고 있다. 급진적 접근방법은 개인주의 및 시장경제 등을 부정한다는 측면에서 보수적 접근방법과는 근본적으로 그 체계를 달리하며 또한 진보적 접근방법이 사회의 근본 모순에 대한 점진적 해결책을 제시함으로써 사회적 근본모순에 대한 관심도를 희석시켜 문제를 획기적으로 해결할 수 있는 필요성 및 그 기회를 박탈한다고 비판을 가하고 있다.

4. 古典的 自由主義 接近方法(Classical Liberal Theory)

아담 스미스, 헤이예크 및 프리드만 등에 의하여 대표되는 고전적 자유주의접근방법(Classical Liberal Theory)은 「국민의 기본권」(natural and inalien right) 보호라는 측면에 가장 큰 비중을 두고 있으며, 이를 보호하기 위하여 개인이익과 사회이익 간의 조화를 주장하고 있다. 고전적 자유주의하에서는 「국민의 기본권」문제는 궁극적으로 규범적 분석을 요하는 도덕적 문제로서 보수적 접근방법이 추구하는 「效率性」의 문제, 즉 부의 극대화 문제와는 차원을 달리하는 것으로 보고 있으며 「效率性」의 문제는 기본권을 보장하는 하나의 방법론일 수는 있으나 그 자체가 궁극적인 목적이 될 수 없다는 견해를 제시하고 있다.[17]

따라서 자본주의 및 시장경제원리는 기본권을 보장하는 여러 가지 방법 중 최적의 방법으로 평가될 수는 있으나, 그 자체 「法과 經濟」가 추구하는 기본목표 내지 원리가 될 수는 없다고 주장하고 있다. 고전적 자유주의접근방법은 기본권의 추구를 「法과 經濟」의 최대목표로 설정한다는 점에서 앞의 세 가지 모델과 그 양상을 달리하나 시장경제에 바탕을 둔 效率性의 추구 및 국가간섭을 허용한다는 점에서 보수적 접근방법과 진보적 접근방법과 각각 공통점을 지니며, 시장경제·자본주의 체제가 기본권의 보장에 가장 적합하다는 평가를 내린다는 점에서는 급진적 접근방법과 다르다 할 것이다.

---

17) Malloy, Invisible Hand or Slight of Hand? Adam Smith, Richard Posner, and the Philosophy of Law and Economics, 36 Kansas Law Review 209, 255-257(1988).

제 5 절 各國의 '法과 經濟' 動向

미국에서 시작된 '法과 經濟'에 대한 연구는 프랑스 · 동유럽 · 아프리카 · 남미 등을 제외한 세계 주요 각국에서 그 이론적 연구 및 실제적 적용에 관한 분석이 활발히 진행되고 있다.[18]

특히, 서유럽과 일본에서는 「法과 經濟」에 대한 연구가 상당히 오랜 기간 동안 폭넓게 진행되어 왔으며, 우리나라 · 대만 · 싱가포르 등도 「法과 經濟」이론이 정착되기 시작하는 단계에 있다.

「法과 經濟」이론을 도입 · 발전시킨 국가들이 거의 대부분 대륙법체계하의 국가들이므로 이하에서는 우선 英美法體系下의 「法과 經濟」이론을 大陸法體系下의 국가에 접목시킬 수 있는지의 여부를 검토한 후 이들 국가 중 「法과 經濟」이론의 연구가 활발히 진행되고 있는 주요국의 「法과 經濟」 연구동향을 간단히 살펴보기로 한다.

1. 大陸法體系國家의 「法과 經濟」

英美法體系下에서 발전된 「法과 經濟」의 이론을 大陸法體系國家의 법적 구조에 접목할 수 있는가의 문제가 제기되고 있다.

가. 大陸法體系國家 法院의 役割

「法과 經濟」이론의 가장 중요한 고려대상 중의 하나는 법원에 보다 효율적인 분쟁해결방안을 제시함으로써, 재판결정(decision making of the court)에 관한 법원의 능력 · 역할을 제고하는 데 있다. 따라서 과연 법원이 재판과정에 있어 「法과 經濟」이론을 도입 · 적용할 수 있는 권한 또는 재량을 보유하고 있는지의 여부는 「法과 經濟」이론을 大陸法體系下의 국가가 도입 발전시킬 수 있는지의 여부를 판단할 수 있는 본질적인 요소라고 할 것이다.

일반적으로 英美法體系下에서의 법원의 역할은 「先例拘束의 原則」에 따

18) 1970년 8월 이탈리아 로마시에서 "Economic Analysis in Civil Law Countries: Past, Present, Future"를 주제로 하여 유럽법과 경제학회(European Law and Economic Association)에 의하여 개최된 심포지엄에 발표된 논문들을 중심으로 정리한 것이다.

라 당해 사건에 각각 적합한 규범(proper rule)을 결정하는 것임에 반하여 大陸法體系下에서의 법원의 역할은 成文法으로 이미 규정되어 있는 법규를 단순히 해석 · 적용하는 것으로 알려져 있다. 만일 「法과 經濟」이론의 주된 관점이 법원의 효율적인 법규제정에 기여하는 데 있고, 또한 大陸法體系下에서의 법원이 법규제정에 관한 아무런 재량권 없이 成文法典의 기계적인 해석 및 적용을 본질적 임무로 하고 있다면, 「法과 經濟」이론의 大陸法體系國家로의 도입은 그 의미를 상실하게 될 것이다.[19]

그러나 이러한 관점은 다음의 두 가지 측면에서 비판될 수 있다.

첫째는, 大陸法體系下에서의 법원도 英美法體系下에서의 법원과 마찬가지로 실질적으로 법을 창출하고 있다는 점이다.[20] 독일에서의 생산자책임(product liability), 또는 프랑스의 不法弊害(nuisance) 등은 그 대표적 예라 할 수 있다. 또한 이들 국가의 대법원판례는 정책적 판단(policy consideration)을 요구하는 결정이 상당부분을 차지하고 있다. 둘째는 大陸法體系國家의 법원이 법규창출에 전혀 간여하고 있지 아니하다 할지라도 「法과 經濟」는 이들 국가의 입법부의 법제정에 주요한 방법론을 제시할 수 있다는 점이다. 「法과 經濟」의 주된 관심이 '법규제정기관'보다는 '법규제정역할'에 주어져 있다면 입법부가 법을 제정하는 데 있어서의 「法과 經濟」의 도입은 상당히 중요한 의미를 갖는다 할 것이다.

나. 大陸法體系國家 概念主義法學의 對象

大陸法體系國家, 특히 독일을 중심으로 하여 발전되어 온 '개념주의'(conceptualist) 또는 '형식주의'(formalism) 법이론 중심의 법체계가 「法과 經濟」이론을 수용할 수 있는지의 여부가 문제시되고 있다. '개념주의' 또는 '형식주의' 법이론체계는 적은 숫자의 大前提(preposition) 또는 定義(definition)로부터 많은 법규범을 연역적 · 이론적으로 도출하여 왔다. 따라서 「法과 經濟」가 한 국가 또는 사회가 지향하는 법목적을 효율적으로 달성하고자 하는 실천적 · 경험적 이론임을 감안하여 본다면 '개념주의' 또는 '형식주의'

19) Christian Kirchner, The Difficult Reception of Law and Economics in Germany, 11 International Review of Law and Economics 277, 283(1991).

20) Ugo Mattei and Roberto Pardoleis, 11 Internation Review of Law and Economics 265 (1991) 참조.

법체계하의 국가는「法과 經濟」이론을 쉽게 수용할 수 없을 뿐더러, 수용한다 할지라도 법이론의 한 분야로서보다는 기존의 법이론을 보완하는 하나의 방법론으로서만 수용하는 결과를 가져올 것이다.

이에 반하여 英美法體系下에서는 20세기 초반부터 순수한 '개념주의' 법이론체계는 점차 지양되어 실천적이고 현실적인 법논리가 정립되기 시작하였는바, 이의 대표적인 사례가「法과 經濟」이론의 도입이다. 미국에서는「法과 經濟」이론의 도입이 기존의 전통적인 영미법체계는 물론 현재의 법학교육 및 학문에 커다란 영향을 끼치고 있다. 大陸法體系下의 국가, 특히 독일 등에서는 아직도 '개념주의' 법체계가 주류를 이루고 있으나, 이탈리아 등에서는 법형식 자체보다는 법목적에 비중을 두는 경향하에「法과 經濟」이론의 도입이 상당히 활발히 진행되고 있는 중이다.

이렇게 볼 때에 英美法體系下에서 발전되어 온「法과 經濟」를 大陸法體系下의 국가들이 도입·발전하는 경우 양 체계의 차이점에서 도출되는 문제점을 극복하여야 하는 문제가 발생될 것이다.

이하에서는 주요국들의「法과 經濟」연구동향을 간단히 살펴보기로 한다.

2. 各國의「法과 經濟」

가. 獨　　逸

독일에서는 大陸法體系國家 중에서도 '개념주의' 또는 '형식주의' 법학이 가장 두드러진 성향을 보이고 있어「法과 經濟」이론이 실제로 입법 또는 재판과정에 미친 영향을 소극적으로 평가하고 있으나,「法과 經濟」이론의 연구수준은 다른 나라에 비하여 상당히 높은 편이다.[21)]

독일에서는 제 2 차세계대전 이후부터 법학과 경제학이론의 접목을 시도하여 왔으며, 이는 전후 독일 경제정책에 지대한 영향을 미친 소위 수정자본주의(Ordoliberalismus)라 불리는 경제적 접근방법에 의하여 주도되어 왔는바, 주로 독점금지법·계약법 및 기업법 등의 분야에서 법의 경제적 분석을

21) Christian Kirchner, The Difficult Reception of Law and Economics in German, 11 International Review of Law and Economics 277(1991) 참조.

시도하였다. 英美法體系下에서 발전되어 온 새로운 개념의 「法과 經濟」이론은 1970년대에 미국 Posner 판사가 저술한 '법의 경제적 분석'(Economic Analysis of Law)의 도입을 시발점으로 하여 연구되기 시작하였으며, 현재는 법학자들이 다양한 분야에서 경제적 분석을 시도하고 있다.

이와 같이 학술적으로도 상당히 활발한 연구가 진행되고 있고, 주요 대학에서도 정규 법학과목으로 「法과 經濟」가 채택되어 있으나, 「法과 經濟」를 전담하는 연구기관은 아직 설립되어 있지 아니한 실정이다.

나. 日 本

일본의 경우 일본 법학제도의 경직성, 문화의 배타성 등으로 인하여 「法과 經濟」가 기존 법학의 고유한 한 분야로서 아직 정착되지는 못하고 있으나, 학문적 연구는 상당히 활발하게 진행되고 있다.[22] 1968년 Calabresi의 「法과 經濟」이론을 서두로,[23] Posner의 이론, Coase Theorem 등이 소개되었고, 계약법(Contract)·물권법(Property)·민사소송법(Civil Procedure) 및 형법(Criminal Law) 등의 분야에서 「法과 經濟」이론이 점차 연구되기 시작하였다.

이러한 연구는 법학자와 경제학자가 환경오염방지·소비자보호·교통사고방지·생산자책임 및 의료불법행위(medical malpractice) 등의 분야에서 공조하여 연구되기도 하였으며, 1980년대에 이르러서는 미국의 주요 교과서가 번역되어 소개되었다. 또한 일본 자체에서도 Koichi Hamada의 불법행위분석[24]을 서두로 하여 많은 법학자들이 기존의 판례를 분석하였을 뿐 아니라, 기업법(Corporation)·계약법(Contract)·교통관계법(Traffic Accident) 등 다양한 분야에서 독창적인 「法과 經濟」이론을 제시하고 있다.

다. EU

EU에서는 새로운 EU법이 제정됨에 따라 이 새로운 법규가 각 회원국의 정치·경제·사회·문화 등 제 분야에 미치는 영향을 분석하기 위한 일환으

22) Schozo Ota, Law and Economics in Japan: Hatching Stage, 11 Internatinal Review of Law and Economics 301(1991) 참조.

23) Koichiro Fujikura, "Fuhokoi-Sekinim no Tenkai(Development in Tort: A theory of Liability Imputation)." 107 Doshisha-hogaku 1(1968).

24) K. Hamada, "Liability Rules and Income Distribution in Product Liability," 66 American Economic Review(1976).

로서 「法과 經濟」가 연구되었다.[25]

EU에서의 「法과 經濟」의 연구는 다음과 같은 점에서 많은 제약을 안고 있다.

첫째, EU가 로마협약(Treaty of Rome)에 의하여 부여받은 권한의 범위가 전통적인 「法과 經濟」의 연구대상범위와 일치하지 아니하여 「法과 經濟」의 이론이 援用될 기회가 적다는 점이다.

둘째, EU의회의 입법단계에 있어 회원국간의 경제적 이해관계가 일치하지 아니하므로 가장 효율적인 경제적 · 법적 결과를 도출하기 용이하지 아니하여 「法과 經濟」의 원리를 적용할 적합한 목표설정이 어렵다는 점이다.

그러나 이러한 난점에도 불구하고 EU집행위원회(Commission)는 농업정책 · 화폐정책 · 관세정책 등 EU통합과 관련된 법규에 관하여 비용편익분석 등 수많은 경제적 분석을 시도하였고 이러한 시도는 전반적으로 EU의 독자적인 「法과 經濟」 연구분위기를 조성 · 발전하는 데 기여하고 있다. 대부분의 경제적 분석은 거시경제모델(Macroeconomics Model)을 사용하고 있는바, 전통적인 「法과 經濟」가 대부분 미시경제적 분석(Microeconomics Model)을 사용하고 있음을 감안하여 볼 때, EU의 「法과 經濟」가 전통적인 「法과 經濟」의 범주에서 다소 벗어나는 것이라 볼 수도 있으나, 상품 · 용역 · 화폐 · 환경 · 소비 등 분야에서 미시경제적 기법을 사용한 분석도 대두되고 있다. 또한 시장경쟁정책(competition policy)이 EU정책의 근간이 되고 있어 EU집행위원회에 의하여 선임된 전문가들에 의하여 각종 EU정책 및 법규가 경쟁원리에 적합한지의 여부에 관한 분석이 시도되고 있다.

라. 이탈리아

이탈리아는 大陸法體系國家 중에서 가장 활발하게 '法과 經濟'의 연구가 진행되고 있는 국가 중의 하나이다.[26]

미국에서 1960년대 초에 Coase 교수에 의하여 근대적인 「法과 經濟」가 시작되었듯이 이탈리아에서도 1960년대 초에 Trimarchi 교수에 의하여 독자

25) Gerard Hertig, The European Community, 11 International Review of Law and Economics 331(1991).

26) Ugo Mattei 및 Roberto Pardolesi, Law and Economics in Civil law Counties: A Comparative Approach, 11 International Review of Law and Economics(1991).

적인 「法과 經濟」이론이 발표되었다. 이 연구는 불법행위, 過失 및 無過失 등 미국의 「法과 經濟」 연구와 그 주제 및 방법에 있어서 상당히 흡사한 측면을 보여주고 있으며, 특히 생활폐해(nuisance)의 분석에 있어서는 外部效果(externality)의 존재 및 상호성(receprocity)의 연구라는 측면에서 미국의 Coase Theorem의 분석과 상당히 유사함을 보여주고 있다.

이러한 배경하에 1970년대 이후 이탈리아에서는 「法과 經濟」이론에 대한 연구가 학문적으로 상당히 활발하게 진행되고 있으며 또한 교육과정에도 폭넓게 반영되어 유럽 등 大陸法體系國家 중에서는 가장 활발한 연구가 진행되고 있다.

英美法 附　　　　錄

美合衆國憲法 原　文
美合衆國憲法 飜譯文

美合衆國憲法　原 文

THE CONSTITUTION OF THE UNITED STATES OF AMERICA

We the People of the United States, in Order to form a more perfect Union, establish Justice, insure domestic Tranquility, provide for the common defence, promote the general Welfare, and secure the Blessings of Liberty to ourselves and our Posterity, do ordain and establish this Constitution for the United States of America.

ARTICLE Ⅰ

SECTION 1. All legislative Powers herein granted shall be vested in a Congress of the United States, which shall consist of a Senate and House of Representatives.

SECTION 2. The House of Representatives shall be composed of Members chosen every second Year by the People of the several States, and the Electors in each State shall have the Qualifications requisite for Electors of the most numerous Branch of the State Legislature.

No Person shall be a Representative who shall not have attained to the Age of twenty five Years, and been seven Years a Citizen of the United States, and who shall not, when elected, be an Inhabitant of that State in which he shall be chosen.

Representatives and direct Taxes shall be apportioned among the several States which may be included within this Union, according to their respective Numbers, which shall be determined by adding to the whole Number of free Persons, including those bound to Service for a Term of Years, and excluding Indians not taxed, three fifths of all other Persons. The actual Enumeration shall be made within three Years after the first Meeting of the Congress of the United States, and within every subsequent Term of ten Years, in such Manner as they shall by Law direct. The Number of Representatives shall not exceed one for every thirty Thousand, but each State shall have at Least one Representative; and until such enumeration shall be made, the State of New Hampshire shall be entitled to chuse three, Massachusetts eight, Rhode Island and Providence Plantations one, Connecticut five, New York six, New Jersey four, Pennsylvania eight, Delaware one, Maryland six, Virginia ten, North Carolina five, South Carolina five, and Georgia three.

When vacancies happen in the Representation from any State, the Executive Authority thereof shall issue Writs of Election to fill such Vacancies.

The House of Representatives shall chuse their Speaker and other officers; and shall have the sole Power of Impeachment.

SECTION 3. The Senate of the United States shall be composed of two Senators from each State, chosen by the Legislature thereof, for six Years; and each Senator shall have one Vote.

Immediately after they shall be assembled in Consequence of the first Election, they shall be divided as equally as may be into three Classes. The Seats of the Senators of the first Class shall be vacated at the Expiration of the second Year, of the second Class at the Expiration of the fourth Year, and of the third Class at the Expiration of the sixth Year, so that one third may be chosen every second Year; and if Vacancies happen by Resignation, or otherwise, during the Recess of the Legislature of any State, the Executive thereof may make temporary Appointments until the next Meeting of the Legislature, which shall then fill such Vacancies.

No Person shall be a Senator who shall not have attained to the Age of thirty Years, and been nine Years a Citizen of the United States, and who shall not, when elected, be an Inhabitant of that State for which he shall be chosen.

The Vice President of the United States shall be President of the Senate, but shall have no Vote, unless they be equally divided.

The Senate shall chuse their other Officers, and also a President pro tempore, in the Absence of the Vice President, or when he shall exercise the Office of President of the United States.

The Senate shall have the sole Power to try all Impeachments. When sitting for that Purpose, they shall be on Oath or Affirmation. When the President of the United States is tried the Chief Justice shall preside; And no Person shall be convicted without the Concurrence of two thirds of the Members present.

Judgment in Cases of Impeachment shall not extend further than to removal from Office, and disqualification to hold and enjoy any Office of honor, Trust or Profit under the United States; but the Party convicted shall nevertheless be liable and subject to Indictment, Trial, Judgment and Punishment, according to Law.

SECTION 4. The Times, Places and Manner of holding Elections for Senators and Representatives, shall be prescribed in each State by the Legislature thereof; but the Congress may at any time by Law make or alter such Regulations, except as to the Places of chusing Senators.

The Congress shall assemble at least once in every Year, and such Meeting shall be on the first Monday in December, unless they shall by Law appoint a different Day.

SECTION 5. Each House shall be the Judge of the Elections, Returns and Qualifications of its own Members, and a Majority of each shall constitute a Quorum to do Business; but a smaller Number may adjourn from day to day, and may be authorized to compel the Attendance of absent Members, in such Manner, and under such Penalties as each House may provide.

Each House may determine the Rules of its Proceedings, punish its Members for disorderly Behaviour, and, with the Concurrence of two thirds, expel a Member.

Each House shall keep a Journal of its Proceedings, and from time to time publish the same, excepting such Parts as may in their Judgment require Secrecy; and the Yeas and Nays of the Members of either House on any question shall, at the Desire of one fifth of those Present, be entered on the Journal.

Neither House, during the Session of Congress, shall, without the Consent of the other, adjourn for more than three days, nor to any other Place than that in which the two Houses shall be sitting.

SECTION 6. The Senators and Representatives shall receive a Compensation for their Services, to be ascertained by Law, and paid out of the Treasury of the United States. They shall in all Cases, except Treason, Felony and Breach of the Peace, be privileged from Arrest during their Attendance at the Session of their respective Houses, and in going to and returning from the same; and for any Speech or Debate in either House, they shall not be questioned in any other Place.

No Senator or Representative shall, during the Time for which he was elected, be appointed to any civil Office under the Authority of the United States, which shall have been created, or the Emoluments whereof shall have been encreased during such time; and no Person holding any Office under the United States, shall be a Member of either House during his Continuance in Office.

SECTION 7. All Bills for raising Revenue shall originate in the House of Representatives; but the Senate may propose or concur with amendments as on other Bills.

Every Bill which shall have passed the House of Representatives and the Senate, shall, before it become a Law, be presented to the President of the United States; If he approve he shall sign it, but if not he shall return it, with his Objections to that House in which it shall have originated, who shall enter the Objections at large on their Journal, and proceed to reconsider it. If after such Reconsideration two thirds of that House shall agree to pass the Bill, it shall be sent, together with the Objections, to the other House, by which it shall likewise be reconsidered, and if approved by two thirds of that House, it shall become a Law. But in all such Cases the Votes of both Houses shall be determined by Yeas and Nays, and the Names of the Persons voting for and against the Bill shall be entered on the Journal of each House respectively. If any Bill shall not be returned by the President within ten Days (Sunday excepted) after it shall have been presented to him, the Same shall be a Law, in like Manner as if he had signed it, unless the Congress by their Adjournment prevent its Return, in which Case it shall not be a Law.

Every Order, Resolution, or Vote to which the Concurrence of the Senate and House of Representatives may be necessary (except on a question of Adjournment) shall be presented to the President of the United States; and before the Same shall take Effect, shall be approved by him, or being disapproved by him, shall be repassed by two thirds of the Senate and House of Representatives, according to the Rules and Limitations prescribed in the Case of a Bill.

SECTION 8. The Congress shall have Power To lay and collect Taxes, Duties, Imposts and Excises, to pay the Debts and provide for the common Defence and general Welfare of the United States; but all Duties, Imposts and Excises shall be uniform throughout the United States;

To borrow Money on the credit of the United States;

To regulate Commerce with foreign Nations, and among the several States, and with the Indian Tribes;

To establish an uniform Rule of Naturalization, and uniform Laws on the subject of Bankruptcies throughout the United States;

To coin Money, regulate the Value thereof, and of foreign Coin, and fix the Standard of Weights and Measures;

To provide for the Punishment of counterfeiting the Securities and current Coin of the United States;

To establish Post Offices and post Roads;

To promote the Progress of Science and useful Arts, by securing for limited Times to Authors and Inventors the exclusive Right to their respective Writings and Discoveries;

To constitute Tribunals inferior to the supreme Court;

To define and punish Piracies and Felonies committed on the high Seas, and Offences against the Law of Nations;

To declare War, grant Letters of Marque and Reprisal, and make Rules concerning Captures on Land and Water;

To raise and support Armies, but no Appropriation of Money to that Use shall be for a longer Term than two Years;

To provide and maintain a Navy;

To make Rules for the Government and Regulation of the land and naval Forces;

To provide for calling forth the Militia to execute the Laws of the Union, suppress Insurrections and repel Invasions;

To provide for organizing, arming, and disciplining, the Militia, and for governing such Part of them as may be employed in the Service of the United States, reserving to the States respectively, the Appointment of the Officers, and the Authority of training the Militia according to the discipline prescribed by Congress;

To exercise exclusive Legislation in all Cases whatsoever, over such District (not exceeding ten Miles square) as may, by Cession of Particular States, and the Acceptance of Congress, become the Seat of the Government of the United States, and to exercise like Authority over all Places purchased by the Consent of the Legislature of the State in which the Same shall be, for the Erection of Forts, Magazines, Arsenals, dock — Yards, and other needful Buildings; — And

To make all Laws which shall be necessary and proper for carrying into Execution the foregoing Powers, and all other Powers vested by this Constitution in the Government of the United States, or in any Department or Officer thereof.

SECTION 9. The Migration or Importation of such Persons as any of the States now existing shall think proper to admit, shall not be prohibited by the Congress prior to the Year one thousand eight hundred and eight, but a Tax or duty may be imposed on such Importation, not exceeding ten dollars for each Person.

The Privilege of the Writ of Habeas Corpus shall not be suspended, unless when in Cases of Rebellion or Invasion the public Safety may require it.

No Bill of Attainder or ex post facto Law shall be passed.

No Capitation, or other direct, Tax shall be laid, unless in Proportion to the Census or Enumeration herein before directed to be taken.

No Tax or Duty shall be laid on Articles exported from any State.

No Preference shall be given by any Regulation of Commerce or Revenue to the Ports of one State over those of another; nor shall Vessels bound to, or from, one State, be obliged to enter, clear or pay Duties in another.

No Money shall be drawn from the Treasury, but in Consequence of Appropriations made by Law; and a regular Statement and Account of the Receipts and Expenditures of all public Money shall be published from time to time.

No Title of Nobility shall be granted by the United States; And no Person holding any Office of Profit or Trust under them, shall, without the Consent of the Congress, accept of any present, Emolument, Office, or Title, of any kind whatever, from any King, Prince or foreign State.

SECTION 10. No State shall enter into any Treaty, Alliance, or Confederation; grant Letters of Marque and Reprisal; coin Money; emit Bills of Credit; make any Thing but gold and silver coin a Tender in Payment of Debts; pass any Bill of Attainder, ex post facto Law, or Law impairing the Obligation of Contracts, or grant any Title of Nobility.

No State shall, without the Consent of the Congress, lay any Imposts or Duties on Imports or Exports, except what may be absolutely necessary for executing its inspection Laws: and the net Produce of all Duties and Imposts, laid by any State on Imports or Exports, shall be for the Use of the Treasury of the United States; and all such Laws shall be subject to the Revision and Controul of the Congress.

No State shall, without the Consent of Congress, lay any Duty of Tonnage, keep Troops, or Ships of War in time of Peace, enter into any Agreement or Compact with another State, or with a foreign Power, or engage in War, unless actually invaded, or in such imminent Danger as will not admit of delay.

ARTICLE Ⅱ

SECTION 1. The executive Power shall be vested in a President of the United States of America. He shall hold his Office during the Term of four Years, and together with the Vice President, chosen for the same Term, be elected, as follws.

Each State shall appoint, in such Manner as the Legislature thereof may direct, a Number of Electors, equal to the whole Number of Senators and Representatives to which the State may be entitled in the Congress: but no Senator or Representative, or Person holding an Office of Trust or Profit under the United States, shall be appointed an Elector.

The Electors shall meet in their respective States, and vote by Ballot for two Persons, of Whom one at least shall not be an Inhabitant of the same State with themselves. And they shall make a List of all the Persons voted for, and of the Number of Votes for each; which List they shall sign and certify, and transmit sealed to the Seat of the Government of the United States, directed to the President of the Senate. The President of the Senate shall, in the Presence of the Senate and House of Representatives, open all the Certificates, and the Votes shall then be counted. The Person having the greatest Number of Votes shall be the President, if such Number be a Majority of the whole Number of Electors appointed; and if there be more than one who have such Majority, and have an equal Number of Votes, then the House of Representatives shall immediately chuse by Ballot one of them for President; and if no Person have a Majority, then from the five highest on the List the said House shall in like Manner chuse the President, But in chusing the President, the Votes shall be taken by States, the Representation from each State having one Vote; a quorum for this Purpose shall consist of a Member or Members from two thirds of the States, and a Majority of all the States shall be necessary to a Choice. In every Case, after the Choice of the President, the Person having the greatest Number of Votes of the Electors shall be the Vice President, But if there should remain two or more who have equal Votes, the Senate shall chuse from them by Ballot the Vice President.

The Congress may determine the Time of chusing the Electors, and the Day on which they shall give their Votes; which Day shall be the same throughout the United States.

No Person except a natural born Citizen, or a Citizen of the United States, at the time of the Adoption of this Constitution, shall be eligible to the Office of President; neither shall any Person be eligible to that Office who shall not have attained to the Age of thirty five Years, and been fourteen Years a Resident within the United States.

In Case of the Removal of the President from Office, or of his Death, Resignation, or Inability to discharge the Powers and Duties of the said Office, the Same shall devolve on the Vice President, and the Congress may by Law provide for the Case of Removal, Death, Resignation or Inability, both of the President and Vice President, declaring what Officer shall then act as President, and such Officer shall act accordingly, until the Disability be removed, or a President shall be elected.

The President shall, at stated Times, receive for his Services, a Compensation, which shall neither be encreased nor diminished during the Period for which he shall have been elected, and he shall not receive within that Period any other Emolument from the United States, or any of them.

Before he enter on the Execution of his Office, he shall take the following Oath or Affirmation: — "I do solemnly swear(or affirm) that I will faithfully execute the Office of President of the United States, and will to the best of my Ability, preserve, protect and defend the Constitution of the United States."

SECTION 2. The President shall be Commander in Chief of the Army and Navy of the United States, and of the Militia of the several States, when called into the actual Service of the United States; he may require the Opinion, in writing, of the principal Officer in each of the executive Departments, upon any Subject relating to the Duties of their respective Offices, and he shall have Power to grant Reprieves and Pardons for Offences against the United States, except in Cases of Impeachment.

He shall have Power, by and with the Advice and Consent of the Senate, to make Treaties, provided two thirds of the Senators present concur; and he shall nominate, and by and with the Advice and Consent of the Senate, shall appoint Ambassadors, other public Ministers and Consuls, Judges of the supreme Court, and all other Officers of the United States, whose Appointments are not herein otherwise provided for, and which shall be established by Law: but the Congress may by Law vest the Appointment of such inferior Officers, as they think proper, in the President alone, in the Courts of Law, or in the Heads of Departments.

The President shall have Power to fill up all Vacancies that may happen during the Recess of the Senate, by granting Commissions which shall expire at the End of their next Session.

SECTION 3. He shall from time to time give to the Congress Information of the State of the Union, and recommend to their Consideration such Measures as he shall judge necessary and expedient; he may, on extraordinary Occasions, convene both Houses, or either of them, and in Case of Disagreement between them, with Respect to the Time of Adjournment, he may adjourn them to such Time as he shall think proper; he shall receive Ambassadors and other public Ministers; he shall take Care that the Laws be faithfully executed, and shall Commission all the Officers of the United States.

SECTION 4. The President, Vice President and all Civil Officers of the United States, shall be removed from Office on Impeachment for, and Conviction of, Treason, Bribery, or other high Crimes and Misdemeanors.

ARTICLE Ⅲ

SECTION 1. The judicial Power of the United States, shall be vested in one supreme Court, and in such inferior Courts as the Congress may from time to time ordain and establish. The Judges, both of the supreme and inferior Courts, shall hold their Offices during good Behaviour, and shall, at stated Times, receive for their Services, a Compensation, which shall not be diminished during their Continuance in Office.

SECTION 2. The judicial Power shall extend to all Cases, in Law and Equity, arising under this Constitution, the Laws of the United States, and Treaties made, or which shall be made, under their Authority; — to all Cases affecting Ambassadors, other public Ministers and Consuls; — to all Cases of admiralty and maritime Jurisdiction; — to Controversies to which the United States shall be a Party; — to Controversies between two or more States; — between a State and Citizens of another State, — between Citizens of different States; — between Citizens of the same State Claiming Lands under Grants of different States, and between a State, or the Citizens thereof, and foreign States, Citizens or Subjects.

In all Cases affecting Ambassadors, other public Ministers and Consuls, and those in which a State shall be Party, the Supreme Court shall have original Jurisdiction. In all the other Cases before mentioned, the supreme Court shall have appellate Jurisdiction, both as to Law and Fact, with such Exceptions, and under such Regulations as the Congress shall make.

The Trial of all Crimes, except in Cases of Impeachment, shall be by Jury; and such Trial shall be held in the State where the said Crimes shall have been committed; but when not committed; but when not committed within any State, the Trial shall be at such Place or Places as the Congress may by Law have directed.

SECTION 3. Treason against the United States, shall consist only in levying War against them, or in adhering to their Enemies, giving them Aid and Comfort. No Person shall be convicted of Treason unless on the Testimony of two Witnesses to the same overt Act, or on Confession in open Court.

The Congress shall have Power to declare the Punishment of Treason, but no Attainder of Treason shall work Corruption of Blood, or Forfeiture except during the Life of the Person attainted.

ARTICLE IV

SECTION 1. Full Faith and Credit shall be given in each State to the public Acts, Records, and judicial Proceedings of every other State. And the Congress may by general Laws prescribe the Manner in which such Acts, Records and Proceedings shall be proved, and the Effect thereof.

SECTION 2. The Citizens of each State shall be entitled to all Privileges and Immunities of Citizens in the several States.

A Person charged in any State with Treason, Felony, or other Crime, who shall flee from Justice, and be found in another State, shall on Demand of the executive Authority of the State from which he fled, be delivered up, to be removed to the State having Jurisdiction of the Crime.

No Person held to Service or Labour in one State, under the Laws thereof, escaping into another, shall, in Consequence of any Law or Regulation therein, be discharged from such Service or Labour, but shall be delivered up on Claim of the Party to whom such Service or Labour may be due.

SECTION 3. New States may be admitted by the Congress into this Union; but no new State shall be formedq or erected within the Jurisdiction of any other State; nor any State be formed by the Junction of two or more States, or Parts of States, without the Consent of the Legislatures of the States concerned as well as of the Congress.

The Congress shall have Power to dispose of and make all needful Rules and Regulations respecting the Territory or other Property belonging to the United States; and nothing in this Constitution shall be so construed as to Prejudice any Claims of the United States, or of any particular State.

SECTION 4. The United States shall guarantee to every State in this Union a Republican Form of Government, and shall protect each of them against Invasion; and on Application of the Legislature, or of the Executive (when the Legislature cannot be convened) against domestic Violence.

ARTICLE Ⅴ

The Congress, whenever two thirds of both Houses shall deem it necessary, shall propose Amendments to this Constitution, or, on the Application of the Legislatures of two thirds of the several States, shall call a Convention for proposing Amendments, which, in either Case, shall be valid to all Intents and Purposes, as Part of this Constitution, when ratified by the Legislatures of three fourths of the several States, or by Conventions in three fourths thereof, as the one or the other Mode of Ratification may be proposed by the Congress; Provided that no Amendment which may be made prior to the Year One thousand eight hundred and eight shall in any Manner affect the first and fourth Clauses in the Ninth Section of the first Article; and that no State, without its Consent, shall be deprived of its equal Suffrage in the Senate.

ARTICLE Ⅵ

All Debts contracted and Engagements entered into, before the Adoption of this Constitution, shall be as valid against the United States under this Constitution, as under the Confederation.

This Constitution, and the Laws of the United States which shall be made in Pursuance thereof; and all Treaties made, or which shall be made, under the Authority of the United States, shall be the supreme Law of the Land; and the Judges in every State shall be bound thereby, any Thing in the Constitution or Laws of any State to the Contrary notwithstanding.

The Senators and Representatives before mentioned, and the Members of the several State Legislatures, and all executive and judicial Officers, both of the United States and of the several States, shall be bound by Oath or Affirmation, to support this Constitution; but no religious Test shall ever be required as a Qualification to any Office or public Trust under the United States.

ARTICLE Ⅶ

The Ratification of the Conventions of nine States, shall be sufficient for the Establishment of this Constitution between the States so ratifying the Same.

Done in Convention by the unanimous consent of the States present the seventecnth day of September in the Year of our Lord one thousand seven hundred and eighty seven and of the independence of the United States of America the Twelfth.

ARTICLES IN ADDITION TO, AND AMENDMENT OF, THE CONSTITUTION OF THE UNITED STATES OF AMERICA, PROPOSED BY CONGRESS, AND RATIFIED BY THE SEVERAL STATES, PURSUANT TO THE FIFTH ARTICLE OF THE ORIGINAL CONSTITUTION.

AMENDMENT Ⅰ {1791}

Congress shall make no law respecting an establishment of religion, or prohibiting the free exercise thereof; or abridging the freedom of speech, or of the press; or the right of the people peaceably to assemble, and to petition the Government for a redress of grievances.

AMENDMENT Ⅱ {1791}

A well regulated Militia, being necessary to the security of a free State, the right of the people to keep and bear Arms, shall not be infringed.

AMENDMENT Ⅲ {1791}

No Soldier shall, in time of peace be quartered in any house, without the consent of the Owner, nor in time of war, but in a manner to be prescribed by law.

AMENDMENT Ⅳ {1791}

Theright of the people to be secure in their persons, houses, papers, and effects, against unreasonable searches and seizures, shall not be violated, and no Warrants shall issue, but upon probable cause, supported by Oath or affirmation, and particularly describing the place to be searched, and the persons or things to be seized.

AMENDMENT Ⅴ {1791}

No person shall be held to answer for a capital, or otherwise infamous crime, unless on a presentment or indictment of a Grand Jury, except in cases arising in the land or naval forces, or in the Militia, when in actual service in time of War or public danger; nor shall any person be subject for the same offence to be twice put in jeopardy of life or limb; nor shall be compelled in any criminal case to be a witness against himself, nor be deprived of life, liberty, or property, without due process of law; nor shall private property be taken for public use, without just compensation.

AMENDMENT Ⅵ {1791}

In all criminal prosecutions, the accused shall enjoy the right to a speedy and public trial, by an impartial jury of the State and district wherein the crime shall have been committed, which district shall have been previously ascertained by law, and to be informed of the nature and cause of the accusation; to be confronted with the witnesses against him; to have compulsory process for obtaining Witnesses in his favor, and to have the Assistance of Counsel for his defence.

AMENDMENT Ⅶ {1791}

In Suits at common law, where the value in controversy shall exceed twenty dollars, the right of trial by jury shall be preserved, and no fact tried by a jury, shall be otherwise re-examined in any Court of the United States, than according to the rules of the common law.

AMENDMENT Ⅷ {1791}

Excessive bail shall not be required, nor excessive fines imposed, nor cruel and unusual punishments inflicted.

AMENDMENT Ⅸ {1791}

The enumeration in the Constitution, of certain rights, shall not be construed to deny or disparage others retained by the people.

AMENDMENT Ⅹ {1791}

The powers not delegated to the United States by the Constitution, nor prohibited by it to the States, are reserved to the States respectively, or to the people.

AMENDMENT Ⅺ {1798}

The Judicial power of the United States shall not be construed to extend to any suit in law or equity, commenced or prosecuted against one of the United States by Citizens of another State, or by Citizens or Subjects of any Foreign State.

AMENDMENT Ⅻ {1804}

The Electors shall meet in their respective states and vote by ballot for President and Vice-President, one of whom, at least, shall not be an inhabitant of the same state with themselves; they shall name in their ballots the person voted for as President, and in distinct ballots the person voted for as Vice-President, and they shall make distinct lists of all persons voted for as President, and of all persons voted for as Vice-President, and of the number of votes for each, which lists they shall sign and certify, and transmit sealed to the seat of the government of the United States, directed to the President of the Senate; — The President of the Senate shall, in the presence of the Senate and House of Representatives, open all the certificates and the votes shall then be counted; — The person having the greatest number of votes for President, shall be the President, if such number be a majority of the whole number of Electors appointed; and if no person have such majority, then from the persons having the highest numbers not exceeding three on the list of those voted for as President, the House of Representatives shall choose immediately, by ballot, the President. But in choosing the President, the votes shall be taken by states, the representation from each state having one vote; a quorum for this purpose shall consist of a member or members from two-thirds of the states, and a majority of all the states shall be necessary to a choice. And if the House of Representatives shall not choose a President whenever the right of choice shall devolve upon them, before the fourth day of March next following, then the Vice-President shall act as President, as in the case of the death or other constitutional disability of the President — The person having the greatest number of votes as Vice-President, shall be the Vice-President, if such number be a majority of the whole number of Electors appointed, and if no person have a majority, then from the two highest numbers on the list, the Senate shall choose the Vice-President; a quorum for the purpose shall consist of two-thirds of the whole number of Senators, and a majority of the whole number shall be necessary to a choice. But no person constitutionally ineligible to the office of President shall be eligible to that of Vice-President of the United States.

AMENDMENT XIII {1865}

SECTION 1. Neither slavery nor involuntary servitude, except as a punishment for crime whereof the party shall have been duly convicted, shall exist within the United States, or any place subject to their jurisdiction.

SECTION 2. Congress shall have power to enforce this article by appropriate legislation.

AMENDMENT XIV {1868}

SECTION 1. All persons born or naturalized in the United States and subject to the jurisdiction thereof, are citizens of the United States and of the State wherein they reside. No State shall make or enforce any law which shall abridge the privileges or immunities of citizens of the United States; nor shall any State deprive any person of life, liberty, or property, whthout due process of law; nor deny to any person within its jurisdiction the equal protection of the laws.

SECTION 2. Representatives shall be apportioned among the several States according to their respective numbers, counting the whole number of persons in each State, excluding Indians not taxed. But when the right to vote at any election for the choice of electors for President and Vice President of the United States, Representatives in Congress, the Executive and Judicial officers of a State, or the members of the Legislature thereof, is denied to any of the male inhabitants of such State, being twenty-one years of age, and citizens of the United States, or in any way abridged, except for participation in rebellion, or other crime, the basis of representation therein shall be reduced in the proportion which the number of such male citizens shall bear to the whole number of male citizens twenty-one years of age in such State.

SECTION 3. No person shall be a Senator or Representative in Congress, or elector of President and Vice President, or hold any office, civil or military, under the United States, or under any State, who, having previously taken an oath, as a member of Congress, or as an officer of the United States, or as a member of any State legislature, or as an executive or judicial officer of any State, to support the Constitution of the United States, shall have engaged in insurrection or rebellion against the same, or given aid or comfort to the enemies thereof. But Congress may by a vote of two—thirds of each House, remove such disability.

SECTION 4. The validity of the public debt of the United States, authorized by law, including debts incurred for payment of pensions and bounties for services in suppressing insurrection or rebellion, shall not be questioned. But neither the United States nor any State shall assume or pay any debt or obligation incurred in aid of insurrection or rebellion against the United States, or any claim for the loss or emancipation of any slave; but all such debts, obligations and claims shall be held illegal and void.

SECTION 5. The Congress shall have power to enforce, by appropriate legislation, the provisions of this article.

AMENDMENT XV {1870}

SECTION 1. The right of citizens of the United States to vote shall not be denied or abridged by the United States or by any State on account of race, color, or previous condition of servitude.

SECTION 2. The congress shall have power to enforce this article by appropriate legislation.

AMENDMENT XVI {1913}

The Congress shall have power to lay and collect taxes on incomes, from whatever source derived, without apportionment among the several States, and without regard to any census or enumeration.

AMENDMENT XVII {1913}

The Senate of the United States shall be composed of two Senators from each State, elected by the people thereof, for six years; and each Senator shall have one vote. The electors in each State shall have the qualifications requisite for electors of the most numerous branch of the State legislatures.

When vacancies happen in the representation of any State in the Senate, the executive authority of such State shall issue writs of election to fill such vacancies: Provided, That the legislature of any State may empower the executive thereof to make temporary appintments until the people fill the vacancies by election as the legislature may direct.

This amendment shall not be so construed as to affect the election or term of any Senator chosen before it becomes valid as part of the Constitution.

AMENDMENT XVIII {1913}

SECTION 1. After one year from the ratification of this article the manufacture, sale, or transportation of intoxicating liquors within, the importation thereof into, or the exportation thereof from the United States and all territory subject to the jurisdiction thereof for beverage purposes is hereby prohibited.

SECTION 2. The Congress and the several States shall have concurrent power to enforce this article by appropriate legislation.

SECTION 3. This article shall be inoperative unless it shall have been ratified as an amendment to the Constitution by the legislatures of the several

States, as provided in the Constitution, within seven years from the date of the submission hereof to the States by the Congress.

AMENDMENT XIX {1920}

The right of citizens of the United States to vote shall not be denied or abridged by the United States or by any State on account of sex.

Congress shall have power to enforce this article by appropriate legislation.

AMENDMENT XX {1933}

SECTION 1. The terms of the President and Vice President shall end at noon on the 20th day of January, and the terms of Senators and Representatives at noon on the 3d day of January, of the years in which such terms would have ended if this article had not been ratified; and the terms of their successors shall then begin.

SECTION 2. The Congress shall assemble at least once in every year, and such meeting shall begin at noon on the 3d day of January, unless they shall by law appoint a different day.

SECTION 3. If, at the time fixed for the beginning of the term of the President, the President elect shall have died, the Vice President elect shall become President. If a President shall not have been chosen before the time fixed for the beginning of his term, or if the President elect shall have failed to qualify, then the Vice President elect shall act as President until a President shall have qualified; and the Congress may by law provide for the case wherein neither a President elect nor a Vice President elect shall have qualified, declaring who shall then act as President, or the manner in which one who is to act shall be selected, and such person shall act accordingly until a President or Vice President shall have qualified.

SECTION 4. The Congress may by law provide for the case of the death of any of the persons from whom the House of Representatives may choose a President whenever the right of choice shall have devolved upon them, and for the case of the death of any of the persons from whom the Senate may choose a Vice President whenever the right of choice shall have devolved upon them.

SECTION 5. Sections 1 and 2 shall take effect on the 15th day of October following the ratification of this article.

SECTION 6. This article shall be inoperative unless it shall have been ratified as an amendment to the Constitution by the legislatures of three—fourths of the several States within seven years from the date of its submission.

AMENDMENT XXI {1933}

SECTION 1. The eighteenth article of amendment to the Constitution of the United States is hereby repealed.

SECTION 2. The transportation or importation into any State, Territory, or possession of the United States for delivery or use therein of intoxicating liquors, in violation of the laws thereof, is hereby prohibited.

SECTION 3. This article shall be inoperative unless it shall have been ratified as an amendment to the Constitution by conventions in the several States, as provided in the Constitution, within seven years from the date of the submission hereof to the States by the Congress.

AMENDMENT XXII {1951}

SECTION 1. No person shall be elected to the office of the President more than twice, and no person who has held the office of President, or acted as President, for more than two years of a term to which some other person was elected President shall be elected to the office of the President more than once. But this Article shall not apply to any person holding the office of President when this Article was proposed by the Congress, and shall not prevent any person who may be holding the office of President, or acting as President, during the term within which this Article becomes operative from holding the office of President or acting as President during the remainder of such term.

SECTION 2. This article shall be inoperative unless it shall have been ratified as an amendment to the Constitution by the legislatures of three-fourths of the several States within seven years from the date of its submission to the States by the Congress.

AMENDMENT XXIII {1961}

SECTION 1. The District constituting the seat of Government of the United States shall appoint in such manner as the Congress may direct:

A number of electors of President and Vice President equal to the whole number of Senators and Representatives in Congress to which the District would be entitled if it were a State, but in no event more than the least populous State; they shall be in addition to those appointed by the States, but they shall be considered, for the purposes of the election of President and Vice President, to be electors appointed by a State; and they shall meet in the District and perform such duties as provided by the twelfth article of amendment.

SECTION 2. The Congress shall have power to enforce this article by appropriate legislation.

AMENDMENT XXIV {1964}

SECTION 1. The right of citizens of the United States to vote in any primary or other election for President or Vice President, for electors for President or Vice President, or for Senator or Representative in Congress, shall not be denied or abridged by the United States or any State by reason of failure to pay any poll tax or other tax.

SECTION 2. The Congress shall have power to enforce this article by appropriate legislation.

AMENDMENT XXV {1967}

SECTION 1. In case of the removal of the President from office or of his death or resignation, the Vice President shall become President.

SECTION 2. Whenever there is a vacancy in the office of the Vice President, the President shall nominate a Vice President who shall take office upon confirmation by a majority vote of both Houses of Congress.

SECTION 3. Whenever the President transmits to the President pro tempore of the Senate and the Speaker of the House of Representatives his written declaration that he is unable to discharge the powers and duties of his office, and until he transmits to them a written declaration to the contrary, such powers and duties shall be discharged by the Vice President as Acting President.

SECTION 4. Whenever the Vice President and a majority of either the principal officers of the executive departments or of such other body as Congress may by law provide, transmit to the President pro tempore of the Senate and the Speaker of the House of Representatives their written declaration that the President is unable to discharge the powers and duties of his office, the Vice President shall immediately assume the powers and duties of the office as Acting President.

Thereafter, when the President transmits to the President pro tempore of the Senate and the Speaker of the House of Representatives his written declaration that no inability exists, he shall resume the powers and duties of his office unless the Vice President and a majority of either the principal officers of the executive department or of such other body as Congress may by law provide, transmit within four days to the President pro tempore of the Senate and the Speaker of the House of Representatives their written declaration that the President is unable to discharge the powers and duties of his office. Thereupon Congress shall decide the issue, assembling within forty-eight hours for that purpose if not in session. If the Congress, within twenty-one days after receipt of the latter written declaration, or, if Congress is not in session, within twenty-one days after Congress is required to assemble, determines by two-thirds vote of both Houses that the President is unable to discharge the powers and duties of his office, the Vice President shall continue to discharge the same as Acting President; otherwise, the President shall resume the powers and duties of his office.

AMENDMENT XXVI {1971}

SECTION 1. The right of citizens of the United States, who are eighteen years of age or older, to vote shall not be denied or abridged by the United States or by any State on account of age.

SECTION 2. The Congress shall have power to enforce this article by appropriate legislation.

AMENDMENT XXVII {Proposed}

SECTION 1. Equality of rights under the law shall not be denied or abridged by the United States or by any State on account of sex.

SECTION 2. The Congress shall have the power to enforce, by appropriate legislation, the provisions of this article.

SECTION 3. This amendment shall take effect two years after the date of ratification.

美合衆國憲法

* 밑줄친 부분은 개정되어
현재 효력을 상실한 규정이다.

우리들 美合衆國 人民은 보다 완벽한 聯合을 형성하고, 정의를 구현하며, 국내의 평안을 보장하고, 공동방위체제를 구축하며, 국민복지를 증진하고 그리고 우리들과 우리의 후손들에게 자유의 축복을 향유하게 하기 위하여 이 合衆國憲法을 制定한다.

제 1 조

제 1 항

이 헌법에 의하여 부여되는 모든 立法權은 미국연방의회에 속하며, 연방의회는 상원과 하원으로 구성된다.

연방의회가 상하 兩院으로 구성된 것은 헌법제정회의에서의 가장 중요한 타협사항 중의 하나였다. 憲法制定會議에서, 작은 州들은 각 州가 同數의 의원수를 갖게 하자는 '뉴저지案'을 지지했으며, 큰 州들은 인구 비례로 대표시키자는 '버지니아案'을 원했다. 타협의 결과로써, 상원은 '뉴저지案'에 따라, 하원은 '버지니아案'에 따라 의원들이 선출되었다.

제 2 항

하원은 각 州의 州民이 2년마다 선출하는 의원으로 구성되며, 각 州의 선거인은 주의회의 의원수가 가장 많은 院의 선거인에게 요구되는 자격요건을 구비하여야 한다.

하원의원은 2년마다 선출되며 임기는 2년이다. 주의회의 '의원수가 가장 많은 院'의 의원의 선거를 위한 투표권을 가진 者는 연방하원의원의 선거를 위한 투표권도 가진다. 네브래스카州를 제외하고, 모든 州는 양원제를 가지고 있다. 주의회 의원선거를 위한 투표권 有無 문제는, 1965년의 投票權法과 같은 연방헌법 및 연방법률의 제한에 따른다는 것을 조건으로 하여, 전적으로 州에게 일임한다.

누구든지 연령이 25세에 미달한 者, 미국 市民으로서의 기간이 7년이 되지 아니한 者, 그리고 선거 당시에 자신이 출마하는 州의 州民이 아닌 者는 하원의원이 될 수 없다.

각 州는 자기 州의 州民 자격요건을 州法에 의하여 결정한다. 다만, 각 州는 연방헌법의 제한에 따라야 한다.

하원의원수와 직접세는 연방에 가입한 州의 인구수에 비례하여 각 州에 배정한다. 각 州의 인구수는 장기군복무자를 포함시키고, 과세되지 아니하는 인디언을 제외한 자유인의 총수에 그 외의 총인원수의 5분의 3을 가산하여 산정한다.
인구수의 산정은 제1회 연방의회를 개회한 후 3년 이내에 행하며, 그 후는 10년마다 법률이 정하는 바에 따라 행한다. 하원의원수는 인구 3만명당 1인의 비율을 초과하지 못한다. 다만, 각 州는 최소한 1명의 하원의원을 가져야 한다. 위의 인구수의 산정이 있을 때까지 뉴햄프셔州는 3명, 매사추세츠州는 8명, 로드아일랜드州와 프로비던스 식민지는 1명, 코네티컷州는 5명, 뉴욕州는 6명, 뉴저지州는 4명, 펜실베이니아州는 8명, 델라웨어州는 1명, 메릴랜드州는 6명, 버지니아州는 10명, 노스 캐롤라이나州는 5명, 사우스 캐롤라이나州는 5명, 그리고 조지아州는 3명의 의원을 각각 선출한다.

'直接稅'는 人頭稅와 財產稅를 의미한다. 제16차 헌법개정조항은 거주하고 있는 州의 인구수가 아니라 개인의 소득의 크기에 따라 소득세를 부과·징수할 수 있는 권한을 연방의회에게 부여하도록 同條를 개정하고 있다. '그 밖의 총인원수의 5분의 3'에서 '그 밖의 인원'이란 흑인노예를 의미한다. 오늘날 흑인노예는 이미 없으므로 이 부분은 아무런 의미를 갖지 않는다. 오늘날 인구 약 519,000명당 연방하원의원 1명이기 때문에, 인구 30,000명당 연방하원의원 1명의 비율을 초과할 수 없다는 규정은 이미 실효성이 없다. 1929년에 연방의회는 연방하원의원의 총수를 435명으로 확정한 바 있다.

> 어떤 州의 연방하원의원에 缺員이 생겼을 경우에는 그 州의 행정부가 결원을 채우기 위한 補闕選擧의 명령을 내려야 한다.

연방하원의원에 결원이 생기면, 주지사는 그 결원을 채우기 위하여 補闕選擧 명령을 내려야 한다. 다만, 次期 定期選擧가 임박했을 경우에는 주지사가 補闕選擧 명령을 내리지 아니하고 그 의석을 空席으로 남겨둘 수 있다.

> 下院은 그 의장과 그 밖의 직원을 先任하며, 彈劾權限을 專有한다.

하원은 하원의장을 선임하여 議事를 主宰하게 한다. 하원만이 관리에 대한 彈劾發議權을 가지며, 상원은 彈劾事件을 심판한다.

제 3 항

> 상원은 각 주의회에서 2명씩 선출한 6년 임기의 상원의원으로 구성되며, 각 상원의원은 1표의 투표권을 가진다.

동항은 당초에 각 州 의회가 연방상원의원 2명씩을 선출한다고 규정하고 있었으나, 제17차 헌법개정조항은 이 규정을 개정하여 각 州의 州民들이 직접 연방상원의원을 선출할 수 있게 하였다.

> 제1회 선거 후에 상원의원들이 당선되어 會合하면, 즉시 상원의원들을 가능한 한 同數의 3개 집단으로 분류한다. 제1집단의 의원은 2년 만기, 제2집단의 의원은 4년 만기, 그리고 제3집단의 의원은 6년 만기로 그 임기가 결정된다. 따라서, 상원의원 총수의 3분의 1이 매 2년마다 改選될 수 있게 한다. 그리고 주의회의 休會 중에 상원의원의 辭職

> 또는 그 밖의 원인으로 缺員이 생길 때에는, 그 주의 행정부는 다음 회기의 주의회가 缺員을 선출할 때까지 잠정적으로 상원의원을 임명할 수 있다.

상원의원은 6년을 임기로 하여 선출된다. 상원의원의 3분의 1은 2년마다 改選되며, 3분의 2는 留任된다. 이와 같은 점에서 상원은 2년마다 전의원의 선거를 하는 하원과 구별된다. 주지사는 州民들이 缺員이 된 상원의원을 선출할 때까지 잠정적으로 상원의원을 선임한다.

> 누구든지 연령이 30세에 미달한 者, 미국 市民으로서의 기간이 9년이 되지 아니한 者, 그리고 선거 당시에 자신이 출마하는 州의 州民이 아닌 者는 상원의원이 될 수 없다.

1806년에 켄터키州의 헨리 클레이는 임기가 만료되지 아니한 상원의원의 缺員을 채우기 위하여 상원의원으로 임명되었다. 당시 그는 상원의원이 될 수 있는 최소한도의 법정연령 만 30세에서 2·3개월이 모자라는 29세였지만, 아무도 그 임명을 문제삼지 아니하였다. 이와 반면에 1793년에 앨버트 갤러틴은 펜실베이니아州 출신 상원의원으로 선출되었지만, 그의 미국 市民으로서의 기간이 9년이 되지 아니하였기 때문에 상원의원이 되지 못하였다.

> 미국의 부통령은 상원의장이 된다. 다만, 표결시에 可否 同數일 경우를 제외하고는 투표권을 행사할 수 없다.

부통령은 상원의장이 된다. 그는 표결시에 可否 同數일 경우에만 투표권을 가진다. 예컨대, 1789년 존 애덤즈 부통령은 투표권을 행사하여 대통령이 상원의 승인 없이 각료를 해임시킬 수 있게 하는 法案을 可決하였다.

> 상원은 의장 이외의 직원들을 選任하여, 부통령이 缺員일 경우이거나 부통령이 대통령의 직무를 집행하는 때에는 임시의장을 選任한다.

부통령이 缺員일 경우에, 상원은 임시의장을 選任하여 議事를 主宰하게 한다.

> 상원은 모든 彈劾審判의 권한을 專有한다. 탄핵심판의 목적을 위하여 상원이 개회될 때, 의원들은 宣誓 또는 確約을 하여야 한다. 대통령에 대한 심판을 하는 경우에는 연방대법원장을 의장으로 한다. 누구든지 출석의원 3분의 2 이상의 찬성 없이는 有罪判決을 받지 아니한다.

대통령이 상원에서 彈劾審判을 받을 경우 상원의장인 부통령이 아니라 연방대법원장이 彈劾審判을 주재한다는 규정은 대통령이 유죄판결을 받음으로써 부통령이 대통령으로 되므로 부통령은 彈劾審判의 이해관계인이 될 수도 있다는 점에서 생긴 것이다. 彈劾審判이 시작될 때 의원들이 '宣誓 또는 確約'을 하여야 한다는 규정은 법원의 재판에서 배심원들이 宣誓하듯이 彈劾審判을 할 때 상원의원들도 선서해야 함을 의미한다.

> 彈劾審判에서의 판결은 免職이나 명예·신임 또는 보수를 수반하는 연방공직에 취임·재직하는 자격을 박탈하는 것 이상이 될 수 없다. 다만, 彈劾判決을 받은 경우에도 법률의 규정에 따른 기소, 재판, 판결 및 처벌이 면제되는 것은 아니다.

彈劾審判에서 유죄판결을 받은 者는 연방공직으로부터 免職될 뿐 아니라 연방공직에 재취임하는 것이 금지되어 있다. 彈劾審判에서 유죄판결을 받은 者는 일반형사재판절차에 따라 법원에서도 재판을 받을 수 있다.

제 4 항

> 상원의원과 하원의원을 선거할 시기, 장소 및 방법은 각 州에서 그 주의회가 정한다. 그러나 연방의회는 언제든지 법률에 의하여 이러한 규정을 制定 또는 改正할 수 있다. 다만, 상원의원의 선거장소에 관하여는 예외로 한다.

"상원의원의 선거장소에 관하여는 예외로 한다"라는 但書는 제17차 헌법개정조항에 의하여 無效化되었다.

연방의회는 매년 적어도 1 회 집회하여야 한다. 그 집회의 시기는 법률에 의하여 다른 날짜를 지정하지 아니하는 한 12월의 첫째 월요일로 한다.

제20차 헌법개정조항은 연방의회가 법률에 의하여 다른 날짜를 지정하지 아니하는 한, 그 개회 날짜를 12월의 첫째 월요일에서 1 월 3 일로 변경했다.

제 5 항

各院은 그 소속 의원의 선거, 당선 및 자격을 판정한다. 各院은 소속 의원의 과반수가 출석함으로써 의사를 진행시킬 수 있는 定足數를 구성한다. 定足數에 미달하는 경우에는 출석의원이 연일 휴회할 수 있으며, 各院에서 정하는 방법과 벌칙에 따라 결석의원의 출석을 강요할 수 있다.

各院은 各院의 의원이 법적으로 의원자격을 가지고 있는지의 여부와 공정하게 선출되었는지의 여부를 판정한다. 의원자격의 판정에서 各院은 연방헌법에 규정된 연령, 시민권 및 미국 내의 거주기간을 심사한다.

各院은 의사규칙을 제정하고, 원내의 질서를 문란하게 한 의원을 징계하며, 재적의원 3 분의 2 이상의 찬성을 얻어 의원을 제명할 수 있다.

各院은 各院의 議事規則을 정한다. 예컨대, 하원은 의사진행속도를 빠르게 하기 위하여 토론에 엄격한 시간제한을 가한다. 그러나 상원에서는 '討論終結' 同意를 可決하지 아니하는 한 상원의원은 자기가 원하는 만큼 발언할 수 있다.

各院은 의사록을 작성한 후 各院에서 비밀에 부쳐져야 한다고 판단한 부분을 제외한 나머지 부분을 수시로 공표하여야 한다. 各院은 출석의원 수의 5 분의 1 이상이 요구하는 경우 어떠한 議題에 대해서도 소속의원의 찬반투표결과를 議事錄에 기재하여야 한다.

下院議事錄과 上院議事錄은 연방의회의 각 회기말에 공표된다. 兩院의 議事錄

에는 각 투표수, 회기중 심의된 法案들과 決議案이 모두 기재되며 의회로 보낸 대통령의 메시지도 모두 포함된다. 이 議事錄은 연방헌법이 요구하고 있는 유일의 출판물이며, 연방의회의 의사진행을 위한 공식문서이다.

연방의회의 회기중에는 어느 의원이라도 다른 의원의 同意 없이 3일 이상 休會하거나, 會議場을 兩院이 개회한 장소 이외의 장소로 移轉할 수 없다.

제 6 항

상원의원과 하원의원은 그 직무에 대하여 법률이 정하는 바에 따라 연방국고로부터 지급되는 보수를 받는다. 兩院의 의원은 反逆罪, 重犯罪 또는 平和秩序破壞罪를 犯한 경우를 제외하고는 어떠한 경우에도 그 의원의 회의에 출석중에 그리고 議事堂까지의 왕복 도중에 체포되지 아니하는 特權이 있다. 兩院의 의원은 院內에서 행한 발언이나 토론에 관하여 院外에서 문책받지 아니한다.

의원도 일반인과 마찬가지로 법률을 위반함으로써 체포될 수 있다. 의원도 재판과 유죄판결을 받을 수 있으며, 투옥될 수 있다. 다만, 의회의 회의중에 행한 발언 및 토론에 의한 免責權은 의원이 訴追당한다는 두려움 없이 의사에 관해서 자유로이 발언할 수 있도록 보장하여 주고 있는 것이다.

상원의원 또는 하원의원은 재임기간중에 新設되거나 봉급이 인상된 어떠한 聯邦公職에도 선출된 기간중에는 임명될 수 없다. 누구든지 연방정부의 公職에 있는 者는 재직중에 兩院 중의 어느 의원이 될 수 없다.

연방의회 의원들이 후에 그들이 임명될 수 있는 公職을 新設하거나 公職의 봉급을 인상하지 못하게 하기 위한 것이다. 또한, 연방정부의 公職에 있는 者가 연방의회 의원과의 兼職을 금지하고 있다.

제 7 항

> 歲入徵收에 관한 모든 法案은 먼저 하원에서 提案되어야 한다. 다만, 상원은 이에 대하여 다른 法案과 마찬가지로 修正案을 발의하거나 修正을 가하여 同意할 수 있다.

稅法案은 먼저 하원에서 提案되어야 하는바, 이러한 전통은 영국에서 온 것이다. 영국하원, 즉 庶民院은 국민들이 그 의원을 선출하기 때문에 국민의 소망을 반영할 가능성이 보다 많다. 영국국민들은 상원, 즉 貴族院의 의원을 선출하지 아니한다. 미국에서는 제17차 헌법개정조항에 의하여 국민들이 상·하양원 의원을 모두 선출하기 때문에 동 규정은 중요성이 반감되고 있다.

> 상원과 하원을 모두 통과한 法案은 법률로 확정되기 전에 대통령에게 송부되어야 한다. 대통령이 法案을 승인하는 경우에는 이에 서명하며, 승인하지 아니하는 경우에는 이의서를 첨부하여 이 法案을 發議한 의원으로 還付하여야 한다. 法案을 還付받은 의원은 이의의 개요를 議事錄에 기록한 후 이 法案을 다시 심의하여야 한다. 再審의 결과, 그 의원의 재적의원 3분의 2 이상의 찬성으로 이를 다시 가결할 경우에는, 이 의원은 이 法案을 대통령의 이의서와 함께 다른 의원으로 이송하여야 한다. 다른 院에서 이 法案을 再審하여 재적의원의 3분의 2 이상의 찬성으로 可決할 경우에는 이 法案은 법률로 확정된다. 이 모든 경우에 있어서 兩院은 찬반투표로 결정하며, 그 法案에 대한 찬성자와 반대자의 성명을 各院의 議事錄에 기재하여야 한다. 法案이 대통령에게 送付된 후 10일 이내(일요일 제외)에 의회로 還付되지 아니할 때에는 그 法案은 대통령이 이에 서명한 경우와 마찬가지로 법률로서 확정된다. 다만, 연방의회가 휴회하여 이 法案을 還付할 수 없는 경우에는 법률로 확정되지 아니한다.

대통령이 원하지 아니하는 法案이 의회의 회기말에 대통령에게 移送될 경우에, 대통령은 그 法案을 서명하지 아니한 채 보류해 둘 수 있는데, 그 동안에 의회가 휴회하게 되면, 이 法案은 법률로 확정되지 아니한다. 이러한 관행을 '포켓 비토'(포켓거부권)라고 한다. 이것은 대통령이 法案을 불만스럽게 여기지만 거부권을 공공연하게 행사하고 싶지 아니한 경우에 사용한다.

> 兩院의 의결을 필요로 하는 모든 명령, 결의 또는 표결(休會에 관한 결의는 제외)은 이를 대통령에게 移送하여야 하며, 대통령이 이를 승인하여야 효력을 발생한다. 대통령이 이를 승인하지 아니하는 경우에는 法案에 적용되는 것과 동일한 規則 및 制限에 따라 상원과 하원에서 3분의 2 이상의 의원의 찬성으로 다시 可決하여야 한다.

제 8 항

> 연방의회는 다음의 권한을 보유한다. 조세, 관세, 公課金 및 소비세를 부과·징수하고, 부채를 상환하며, 공동방위와 공공복리를 제공하는 권한. 다만 관세, 공과금 및 소비세는 미국 전역을 통하여 동일하여야 한다.

관세는 美合衆國으로 수입되는 상품에 부과되는 세금이며, 소비세는 상품의 판매, 사용 또는 생산 그리고 상거래 절차 또는 특권 등에 부과되는 세금이다. 公課金은 관세와 소비세 양쪽을 다 포함하는 일반적인 세제상의 용어이다.

> 美合衆國의 신용으로 금전을 借入하는 권한.

> 외국과의, 주 상호간의 그리고 인디언부족과의 통상을 규제하는 권한.

「商去來規制條項」이라고 불리는 본 항은 연방의회가 보유하고 있는 가장 중요한 권한 중의 하나이다.

> 美合衆國 전체에 공통적으로 적용되는 통일적인 歸化規程과 破産에 관한 법률을 제정하는 권한.

> 화폐를 鑄造하고, 미국 화폐 및 외국 화폐의 가치를 규정하며, 度量衡의 기준을 정하는 권한.

본 규정은 연방의회에게 國立銀行設立權과 聯邦銀行支拂準備制度設置權을 부여하고 있다.

> 美合衆國의 有價證券 및 通貨의 僞造에 관한 벌칙을 정하는 권한.

> 우편관서와 우편도로를 건설하는 권한.

> 저작자와 발명자에게 그들의 저술과 발명에 대한 독점적인 권리를 일정 기간 확보해 줌으로써 과학과 유용한 기술의 발달을 촉진시키는 권한.

> 연방대법원 아래에 下級法院을 조직하는 권한.

연방대법원 아래의 하급법원의 예에는 연방지방법원과 연방고등법원 등이 있다.

> 公海에서 범한 해적행위 및 重犯罪 그리고 국제법에 위반되는 범죄를 定義하고 이에 대한 벌칙을 정하는 권한.

公海에서 범한 범죄에 대한 司法管轄權은 州가 아니라 연방정부가 가진다.

> 전쟁을 布告하고, 拿捕認許狀을 수여하고, 지상 및 해상의 浦獲에 관한 규칙을 제정하는 권한.

연방의회만이 전쟁을 布告할 수 있다. 戰爭布告 없는 전쟁으로는 한국전쟁(1950－1953)과 월남전(1957－1975)을 들 수 있다. 拿捕認許狀은 민간선박에게 敵船을 공격할 수 있는 권한을 부여하는 문서이다.

육군을 모집하고 유지하는 권한. 다만, 이 목적을 위한 경비의 지출기간은 2년을 초과하지 못한다.

해군을 창설하고 유지하는 권한.

육해군의 統帥 및 紀律에 관한 규칙을 제정하는 권한.

연방법률을 집행하고, 반란을 진압하며, 침략을 격퇴하기 위하여 民兵의 소집에 관한 규칙을 제정하는 권한.

民兵隊의 조직, 무장 및 훈련에 관한 규칙과, 民兵隊 중에서 美合中國의 군무에 복무하는 者들을 統帥하는 규칙을 제정하는 권한. 다만, 각 州는 民兵隊의 장교를 임명하고, 연방의회가 정한 군율에 따라 民兵隊를 훈련시키는 권한을 각각 보유한다.

연방정부는 주방위군으로 알려져 있는 民兵隊를 각 州가 유지하는 것을 지원한다. 1916년까지는 각 州가 전적으로 民兵隊를 통할했으나, 그 해에 연방의회는 주방위군에게 연방정부가 자금을 지원하고, 특정 상황의 경우 주방위군을 소집하여 美合中國 군무에 복무하게 하는 규정을 제정하였다.

특정 州가 연방정부에게 양도하고, 연방의회가 이를 수령함으로써 연방정부의 所有地로 되는 지역(10평방 마일을 초과하지 못함)에 대하여는 어떠한 경우를 막론하고 排他的인 立法權을 행사하는 권한. 요새, 무기고, 조병창, 조선소 및 기타 필요한 건물을 세우기 위하여 주의회의 승인을 얻어 구입한 모든 장소에 대해서도 이와 동일한 권한을 행사한다.

본 항은 연방의회가 콜럼비아 특별구뿐만 아니라 연방정부의 요새, 해근기지, 조병창 및 기타 연방방위 요새나 건물이 소재한 연방 재산에 더하여도 입법권을 행사할 수 있음을 규정하고 있다.

위에 記述한 권한들과, 이 헌법이 연방정부, 그 부처 또는 그 소속 관리에게 부여한 모든 기타 권한을 행사하는 데 필요하고 적절한 모든 법률을 제정하는 권한.

본 항의 '必要하고 適切한'이라는 용어는 헌법에 구체적으로 明記되지 아니한 광범위한 권한을 연방의회에게 부여하고 있다.

제 9 항

연방의회는 기존의 어느 州가 허용함이 적당하다고 인정하는 사람들의 이주 또는 입국을 1808년 이전에는 금지하지 못한다. 다만, 이러한 者들의 입국에 대하여 1 인당 10달러를 초과하지 아니하는 한도 내에서 入國稅를 부과할 수 있다.

본 항은 노예무역에 언급한 규정이다. 일부 노예소유자들과 노예상인들은 연방의회가 아프리카 흑인노예를 美合中國으로 들여오는 것을 금지하는 것을 사전에 헌법에 의하여 방지하고 있다.

拘束適否審査令狀에 관한 特權은 반란 또는 침략의 경우 공공의 안전보호를 위하여 필요한 때를 제외하고는 이를 停止시킬 수 없다.

拘束適否審査令狀은 특정인의 人身을 구속하고 있는 경우, 이러한 구속이 합법적인지의 여부를 審査하기 위한 令狀을 말한다.

私權剝奪法 또는 遡及處罰法을 제정할 수 없다.

私權剝奪法은 특정인을 재판 없이 처벌할 수 있는 입법부의 입법행위이다. 遡及處罰法은 행위 당시에는 불법이 아니었던 행위를 사후에 처벌하는 법률이다.

人頭稅 또는 기타의 직접세는 앞에서 규정한 인구조사 또는 算定에 비례하지 아니하는 한 이를 부과하지 못한다.

人頭稅는 납세능력의 차를 고려하지 아니하고 각 개인으로부터 일률적으로 똑같이 징수하는 세금이다. head tax 또는 poll tax라고도 한다. 연방대법원은 본 항이 소득세를 금지하고 있다고 판결하였으나 제16차 헌법개정조항은 연방대법원의 그 판결을 무효화했다.

각 州로부터 수출되는 물품에 租稅 또는 關稅를 부과하지 못한다.

본 항에서 '수출되는'이라는 용어는 다른 州나 외국으로 판매되는 것을 의미한다. 남부 각 州는 연방정부가 그들의 수출품에 과세하고, 그 결과로써 그들의 경제가 타격받을 것을 두려워했다. 본 항은 이러한 과세를 금지하고 있다.

어떠한 通商 또는 租稅規程에 의하여서도 어느 州의 항구를 다른 州의 항구보다 우대할 수 없다. 또한 어느 州에 도착 예정이거나 어느 州를 출항한 선박을 다른 州에서 강제로 입·출항수속을 하게 하거나 關稅를 지불하게 할 수 없다.

연방의회는 한 州를 다른 州보다 우대하는 교역에 관한 법률을 제정할 수 없다. 어느 州로부터 다른 州로 항해하는 선박은 이에 대한 세금을 지불할 필요가 없다.

國庫金은 법률에 따른 支出承認에 의하지 아니하고는 이를 支出할 수 없다. 또한 모든 공금의 수납 및 지출에 관한 정식 明細와 計算은 수시로 이를 공표하여야 한다.

정부예산은 연방의회의 승인 없이는 사용할 수 없다. 연방의회는 스스로 재정 실태 설명서를 공표해야 한다.

美合中國은 어떠한 귀족의 칭호도 수여하지 아니한다. 美合中國 소속하의 有給職 또는 委任에 의한 官職에 있는 者는 누구든지 연방의회의 승인 없이는 어떠한 국왕, 왕족 또는 외국으로부터도 그 형태 여하를 불문하고 선물 · 보수 · 관직 또는 칭호를 받을 수 없다.

연방의회는 누구에게도 귀족의 칭호를 줄 수 없다.

제10항

어느 州라도 조약 · 동맹 또는 연합을 체결하거나, 拿捕免許狀을 수여하거나, 화폐를 주조하거나, 신용증권을 발행하거나, 금화 및 은화 이외의 것으로써 債務償還의 法定手段으로 삼거나, 私權剝脫法 · 遡及處罰法 또는 계약법의 채무에 해를 주는 법률 등을 제정하거나, 또는 귀족의 칭호를 수여할 수 없다.

어느 州라도 연방의회의 동의 없이는 수입품 또는 수출품에 대하여 檢査法의 집행에 절대로 필요한 경우를 제외하고는 公課金 또는 關稅를 부과하지 못한다. 어느 州에서나 수입품 또는 수출품에 부과하는 모든 公課金이나 關稅의 순수입은 美合中國 국고에 귀속되어야 하며 이와 관련된 모든 법률은 연방의회의 修正과 監督을 받는다.

연방의회의 승인 없이 각 州는 수출입되는 상품에 소액의 검사료를 제외하고는 과세할 수 없다. 週間商去來에 과세하여 얻어진 수익은 연방정부에 귀속된다.

어느 州라도 연방의회의 동의 없이는 톤稅를 부과하고 평화시에 군대나 군함을 보유하거나, 다른 州 또는 외국과 협정이나 同盟을 체결할 수 없으며, 실제로 침공당하고 있거나 지체할 수 없을 만큼 급박한 위험에 처해 있지 아니하고는 交戰할 수 없다.

연방정부만이 조약을 체결하고, 국방을 위한 조치를 취할 수 있는 권한을 가진다.

제 2 조

제 1 항

행정권은 美合中國 대통령에게 속한다. 대통령의 임기는 4년으르 하며, 동일한 임기의 부통령과 함께 다음과 같은 방법에 의하여 선출된다.

각 州는 그 주입법부가 정하는 바에 의하여 그 州가 연방의회에 보내는 상원의원과 하원의원의 總數와 同數의 선거인을 임명한다. 다만, 상원의원이나 하원의원, 또는 연방정부에서 委任에 의한 또는 有給의 관직에 있는 者는 선거인이 될 수 없다.

본 항은 각 州의 유권자들이 대통령 및 부통령을 선거하기 위하여 選擧人團을 선출하는 것을 규정하고 있다.

選擧人은 각기 자기 州에서 회합하에 비밀투표에 의하여 2인을 선출한다. 다만, 兩人 중 적어도 1인은 選擧人과 동일한 州의 州民이 아니어야 한다. 選擧人은 모든 득표자들의 名簿와 각 득표자의 득표수를 기재한 표를 작성하여 서명하고 증명한 다음, 이를 封合하여 상원의장 앞으로 연방정부 소재지로 송부한다. 상원의장은 상원의원 및 하원의원들의 앞에서 모든 증명서를 개봉하고 계산한다. 최고득표자의 득표수가 임명된 選擧人의 총수의 과반수가 되었을 때에는 그가 대통령으로 당선된다. 과반수 득표자가 2인 이상이 되고, 그 득표수가 동수일 경우에는 하원이 즉시 비밀투표로 그 중 1인을 대통령으로 선임하여야 한다. 과반수 득표자가 없을 경우에는 하원이 동일한 방법으로 최다수 득표자 5인 중에서 대통령을 선임한다. 다만, 이러한 방법에 의하여 대통령을 선거할 때에는 선거를 州單位로 하고, 각 州의 하원의원은 1표의 투표권을 가지며, 그 선거에 필요한 定足數는 전체 州의 3분의 2의 州로부터 1인 또는 2인 이상의 의원의 출석으로써 성립되며, 전체 州의 과반수의 찬성을 얻어야 선출될 수 있다. 어떤 경우에 있어서나, 대통령을 선출하고 난 후에 최다수의 득표를 한 者를 부통령으로 한다. 다만, 동수의 득표자가 2인 이상 있을 때에는 상원이 비밀투표로 그 중에서 부통령을 선출한다.

대통령 및 부통령을 선출하는 이 선거절차는 제12차 헌법개정조항에 의하여 改正되었다.

연방의회는 選擧人들의 選任時期와 選擧人들의 투표일을 결정할 수 있으며, 이 투표일은 미국 전역을 통하여 동일한 날이 되어야 한다.

출생에 의한 美合中國 市民이 아닌 者, 또는 본 헌법의 제정시에 美合中國 市民이 아닌 者는 대통령으로 選任될 자격이 없다. 연령이 35세에 미달한 者, 또는 14년간 美合中國 내의 州民이 아닌 者도 대통령으로 선임될 자격이 없다.

대통령이 免職되거나 사망하거나 사직하거나 또는 그 권한 및 직무를 수행할 능력을 상실할 경우, 대통령의 직무는 부통령에게 귀속된다. 연방의회는 법률에 의하여 대통령 및 부통령이 동시에 免職·死亡·辭職 또는 집무불능이 된 경우 대통령의 직무를 수행할 관리를 정할 수 있다. 이 관리는 대통령의 직무수행 불능이 제거되거나 대통령이 새로 選任될 때까지 대통령의 직무를 대행한다.

제25차 헌법개정조항은 대통령이 직무수행 불능이 될 경우에 부통령이 대통령직을 承繼한다고 규정하고, 承繼가 적용되는 조건을 구체적으로 明示함으로써 同條를 改正하고 있다.

대통령은 그 직무수행에 대한 對價로 定期的인 보수를 받으며, 그 보수는 임기중에 인상 또는 인하되지 아니한다. 대통령은 그 임기중에 美合中國 또는 어느 州로부터 그 밖의 어떠한 보수도 받지 못한다.

대통령은 그 직무수행을 시작하기에 앞서 다음과 같은 宣誓 또는 確約을 하여야 한다.
"나는 美合中國 대통령의 직무를 성실히 수행하며, 나의 능력의 최선을 다하여 美合中國憲法을 保全하고 保護하고 守護할 것을 엄숙히 宣誓(또는 確約)한다."

연방헌법은 새로 당선된 대통령에게 누가 대통령 취임선서를 시킬 것인지 明文으로 규정하지 아니하고 있다. 조지 워싱턴 대통령은 당시의 뉴욕州 관리 로버트 R. 리빙스턴이 취임선서를 시켰다. 그후, 연방대법원장이 대통령의 취임선서를 시키는 것이 관례가 되었다.

제 2 항

대통령은 美合中國 육·해군 및 美合中國의 군현역에 복무하는 각 州 民兵隊의 총사령관이 된다. 대통령은 행정부 각 부처장관에게 각 소관 직무사항에 관하여 문서에 의한 견해를 요구할 수 있다. 대통령은 美合中國에 대한 범죄에 관하여 彈劾의 경우가 아닌 경우 형의 執行猶豫 및 赦免을 命할 수 있는 권한을 보유한다.

대통령은 상원의 勸告와 同意를 얻어 조약을 체결하는 권한을 가진다. 다만, 그 勸告와 同意는 상원의 출석의원 3분의 2 이상의 찬성을 얻어야 한다. 대통령은 대사, 그 밖의 외교사절 및 영사, 연방대법원 판사 그리고 그 임명에 관하여 본 헌법에 明文의 규정이 없고 법률로써 정하는 그 밖의 모든 연방정부 관리를 지명하여 상원의 勸告와 同意를 얻어 임명한다. 다만, 연방의회는 적당하다고 인정되는 하급관리 임명권을 법률에

> 의하여 대통령, 법원 또는 각 부처장관에게 각각 부여할 수 있다.

대통령은 조약을 체결할 수 있으며 각급 정부관리를 임명할 수 있다. 다만 조약이 批准되려면 상원의 출석의원 3분의 2의 同意를 얻어야 하며, 高官의 임명은 상원의 출석의원 2분의 1 이상의 동의를 얻어야 한다.

> 대통령은 상원의 休會중에 생기는 모든 缺員을 任命에 의하여 充員하는 권한을 가진다. 다만, 그 임명은 다음 會期가 만료될 때에 효력을 상실한다.

본 항은 상원의 休會중에 대통령은 상원의 認准을 필요로 하는 관직에 缺員이 생긴 경우에는 임시로 임명을 할 수 있음을 뜻한다.

제 3 항

> 대통령은 연방의 상황에 관하여 수시로 연방의회에 보고하고, 필요하고 적절하다고 인정하는 조치의 심의를 연방의회에 권고하여야 한다. 비상시에 대통령은 상·하 兩院 또는 그 중의 하나를 소집할 수 있으며, 停會의 시기에 관하여 兩院 간에 의견이 일치되지 아니하는 때에는 대통령은 적당하다고 인정하는 시기까지 兩院의 停會를 命할 수 있다. 대통령은 대사와 그 밖의 외교사절을 접수하고, 법률이 충실하게 집행되도록 유의하며, 또 연방정부의 모든 관리들에게 직무를 委任한다.

대통령은 매년 연두교서를 연방의회에 보낸다. 대통령의 메시지는 흔히 여론과 의회에 대단한 영향을 준다. 대통령이 연방의회에 보낸 유명한 메시지 중에 '몬로 독트린'과 윌슨 대통령의 '14개항'이 들어 있다. 1800년대에는 대통령이 흔히 연방의회를 소집하였으나, 최근의 연방의회는 연중 대부분의 시기에 개회되어 있다.

제 4 항

> 대통령, 부통령 및 美合中國의 모든 文官은 반역죄, 收賂罪, 또는 그 밖의 重犯罪 및 輕犯罪로 인하여 彈劾받거나 유죄판결을 받은 경우 免職된다.

제 3 조

제 1 항

美合中國의 사법권은 1개의 연방대법원에, 그리고 연방의회가 임의로 제정·설치하는 下級法院에 속한다. 연방대법원 및 하급법원의 판사는 그 업무를 충실히 수행하는 한 그 직을 보유하며, 그 직무에 대하여 정기에 보수를 받고 그 보수는 재임중에 감액되지 아니한다.

판사의 報酬를 감액시킬 수 없다는 규정은 연방의회가 판사의 보수수준을 지나치게 낮게 책정하여 이를 판사를 辭任시키고자 하는 압력수단으로 사용하는 것을 방지하기 위한 것이다.

제 2 항

사법권은 본 헌법 및 연방법률과 그리고 美合中國의 권한에 의하여 체결되었거나 체결될 조약으로 하여 발생하는 모든 普通法 및 衡平法상의 사건, 대사 기타의 외교사절 및 영사에 관한 모든 사건, 海事裁判 및 海上管轄에 관한 모든 사건, 연방정부가 일반 당사자가 되는 분쟁, 2개 州 이상의 州間의 분쟁, 어느 州와 他州 州民 간의 분쟁, 상이한 州의 州民들 사이의 분쟁, 他州로부터 부여된 토지에 대한 권리에 관하여 발생하는 같은 州內의 州民 간의 분쟁, 그리고 어떤 州나 그 州의 州民과 외국, 외국국민 또는 외국국민과의 사이에 발생하는 분쟁에 미친다.

제11차 헌법개정조항은 '어느 州와 他州 州民 간의'라는 구절을 및 '외국국민'이라는 구절을 무효화했다. 어느 州의 州民이 연방법원에서 他州를 상대로 소송을 제기할 수 없다.

> 대사 기타의 외교사절 및 영사에 관계되는 사건과, 州가 당사자인 사건은 연방대법원이 初審의 재판관할권을 가진다. 그 밖의 모든 사건에 있어서는 연방의회가 예외를 두는 등 법률로 정하는 바에 따라 법률문제와 사실문제에 관하여 再審의 재판관할권을 가진다.

연방의회는 연방대법원의 初審 재판관할권을 制限·剝奪 또는 加減할 수 없지만, 연방대법원에 대한 上告權을 制限·剝奪하거나, 上告를 위해 반드시 충족시켜야 하는 요건을 정할 수 있다.

> 彈劾事件을 제외한 모든 범죄의 재판은 陪審制로 한다. 그 재판은 그 범죄가 행하여진 州에서 하여야 한다. 다만 그 범죄가 어느 州에도 행하여지지 아니하였을 경우에는 연방의회가 법률에 의하여 정하는 장소에서 재판한다.

제 3 항

> 美合中國에 대한 反逆罪는 美合中國에 대하여 전쟁을 일으키거나, 또는 적에게 가담하여 원조 및 지원을 하는 경우에만 성립된다. 누구라도 명백한 반역행동에 대하여 2 명의 증인의 증언이 있거나, 또는 공개법정에서 자백하는 경우 이외에는 反逆罪의 有罪宣告를 받지 아니한다.

> 연방의회는 反逆罪의 형벌을 결정하는 권한을 보유한다. 다만, 反逆罪의 선고로 권리가 박탈된 자는 자기의 생존기간을 제외하고 血統汚瀆이나 재산몰수를 당하지 아니한다.

"反逆罪의 선고로 권리가 박탈된 자는 血統汚瀆을 초래하지 아니한다"라는 단서 부분은 반역자의 가족들이 連坐制에 의하여 처벌받지 아니함을 의미한다. 과거에는 반역자의 가족도 처벌받을 수 있었다.

제 4 조

제 1 항

각 州는 다른 州의 법률, 공공기록 및 사법절차에 대하여 충분한 신뢰와 믿음을 부여하여야 한다. 연방의회는 이러한 법률, 공공기록 및 사법절차의 立證方法과 그 法的 效力에 관하여 일반법률로써 규정할 수 있다.

각 州는 서로 다른 州의 제정법·기록 그리고 법원의 규정 및 명령 등을 존중하여야 한다. 본 규정은 특정인이 州를 떠남으로써 재판을 회피하지 못하게 하고자 하는 규정이다.

제 2 항

각 州의 州民은 다른 어느 州에 있어서도 그 州의 州民이 향유하는 모든 特權 및 免責權을 향유할 수 있는 권리를 보유한다.

본 규정은 州에서 州로 여행하는 美合中國 市民은 다른 州의 州民에게 자동적으로 부여되어 있는 모든 特權 및 免責權을 향유할 자격이 있음을 의미한다.

어느 州에서 反逆罪, 重犯罪 또는 그 밖의 범죄로 인하여 고발된 者가 도피하여 재판을 免하고 다른 州에서 발견된 경우, 피고가 도피하여 나온 州의 행정당국의 요구에 의하여 그 범죄에 대한 재판관할권이 있는 州로 引導되어야 한다.

특정인이 어느 州에서 범행을 한 다음 다른 州로 도피한 경우, 그 범죄가 행하여진 州의 주지사는 그 도망간 범죄인의 인도를 요구할 수 있다. 고발된 者를 되돌려 보내는 절차를 '범죄인인도절차'라고 한다.

어느 州에서 그 州의 법률에 의하여 使役 또는 勞役의 의무를 부담하도록 되어 있는 者가 다른 州로 도피한 경우에, 다른 州의 어떠한 법률 또는 규정에 의하여서도 그 使役 또는 勞役의 의무는 해제되지 아니하며, 그 者는 그 使役 또는 勞役을 요구할 권리를 가진 당사자의 請求에 의하여 인도되어야 한다.

"使役 또는 勞役을 하도록 되어 있는 者"는 노예이거나, '날인증서로 특정인에게 수년 동안 봉사하기로 계약된 하인'이었다. 오늘날 합중국에는 이러한 使役이나 勞役에 묶여 있는 사람이 없다. 본 항은 제13차 헌법개정조항에 의하여 개정되어 이미 실효성을 상실하고 있다.

제 3 항

연방의회는 新州를 연방에 가입시킬 수 있다. 다만, 어떠한 州의 관할구역에서도 新州를 형성하거나 설립할 수 없다. 또한 관련 州의 주의회와 연방의회의 동의 없이는 2개 이상의 州 또는 州의 일부를 합병하여 新州를 형성할 수 없다.

기존의 州 안에 새로운 州를 신설할 수 없다. 또한 주의회 및 연방의회의 승인 없이는 기존 州를 분할 또는 합병함으로써 新州를 형성할 수 없다. 남북전쟁(1861—1865)중에 버지니아州(Virginia)는 남부동맹을 위하여 싸웠지만, 이 州의 서부지역 주민들은 연방을 지지했었다. 버지니아州 서부지역이 버지니아州로부터 분리된 후 연방의회는 버지니아州가 연방에 반역했다는 이유로 웨스트 버지니아州(West Virginia)를 新州로 승인했다.

연방의회는 美合中國의 영토 및 기타 美合中國이 소유하는 재산에 관하여 이를 처분하는 권한 및 이에 관한 모든 필요한 규칙 및 규정을 제정하는 권한을 보유한다. 다만, 이 헌법의 어떠한 조항도 美合中國 또는 어느 州의 권리를 침해하는 것으로 해석하여서는 아니 된다.

제 4 항

> 美合中國은 연방의 모든 州에 共和政體를 보장하고, 각 州를 외부의 침략으로부터 보호하며, 또한 각 州의 주의회 또는 행정부(주의회를 소집할 수 없을 때)의 요구가 있는 경우 주내의 폭동으로부터 각 州를 보호한다.

본 규정은 각 州가 '共和政體'를 갖도록 연방정부가 보장하기를 요구하는 조항이다. 共和政體란 국가를 통치하는 대표자들을 국민이 선출하는 정체이다. 연방대법원은 주정부가 共和政體인가의 여부는 법원이 아니라 연방의회가 결정하여야 한다고 판결했다. 연방대법원에 의하면 연방의회가 어느 州의 연방상원의원들 및 연방하원의원들을 인정하면, 그러한 조치가 곧 연방의회가 그 州의 정부를 共和政體로 인정함을 의미한다고 한다.

주의회 또는 주지사는 폭동 또는 그 밖의 州內 폭력사태를 다룰 때에 연방의 원조를 요청할 수 있다. 1894년의 풀먼사 노동자 파업기간중에, 일리노이 주지사는 연방정부의 파병을 요청하지 아니하였으나,연방정부는 일리노이州에 파병했다.

제 5 조

> 연방의회는 各院의 재적의원의 3분의 2가 헌법에 대한 改正의 필요성을 인정할 때에는 憲法改正을 發議하여야 하고, 또한 연방의회는 각 州 중 3분의 2 이상의 주의회의 요청이 있을 때에는 憲法改正 發議를 위한 聯邦憲法會議를 소집하여야 한다. 어느 경우에 있어서나 憲法改正은 4분의 3의 州의 주의회에 의하여 비준되거나, 또는 4분의 3의 州의 州憲法會議에 의하여 批准되는 방법 중에서 연방의회가 제안하는 방법에 의하며, 憲法改正案이 批准되면 모든 의미와 목적에 있어 본 헌법의 일부로서 효력을 발생한다. 다만, 1808년 이전에 이루어지는 改正은 어떠한 방법으로도 제 1 조 제 9 절 제 1 항 및 제 4 항에 변경을 가져올 수 없다. 어느 州도 그 州의 동의 없이는 상원에서의 균등한 투표권을 박탈당하지 아니한다.

연방의회의 各院의 3분의 2 의 의원의 찬성에 의하여, 또는 각 州 중 3분의 2 의 州의 요청으로 연방의회가 소집한 憲法會議에 의하여 憲法改正 發議를 할 수 있다. 이 改正案이 연방헌법의 일부가 되자면, 각 州 중 4분의 3의 州의 주의회 또는 4분의 3의 州의 州憲法會議에 의하여 批准되어야 한다.

연방의회는 7,000여개의 헌법개정안을 심의했으나, 33개 개정안만을 통과시켜서 각 州에 회부했다. 그 중에서, 26개 개정안만이 批准되었다. 제21차 헌법개정조항만이 州憲法會議에 의하여 그리고 그 밖의 개정안들은 주의회에 의하여 批准되었다.

제 6 조

본 헌법이 制定되기 전에 계약된 모든 債務와 체결된 모든 契約은 본 헌법하에서도 聯合憲章下에서와 마찬가지로 美合中國에 대하여 효력을 가진다.

본 규정은 본 헌법의 制定 이전에 聯邦憲章下에 발생한 모든 부채 및 채무를 美合中國이 引受할 것임을 규정하고 있다.

본 헌법, 헌법에 준거하여 제정되는 연방법률 및 美合中國의 권한에 의하여 체결되었거나 체결될 모든 조약은 이 나라의 最高法이며, 모든 州의 법관은 어느 州의 헌법이나 법률 중에 이에 상이한 규정이 있을지라도 이에 구속된다.

'最高法條項'으로 알려져 있는 본 규정은 州法이 연방법률에 저촉될 경우에, 연방법률이 州法보다 우선함을 의미한다. 이것은 또한 연방법률이 유효하게 성립되자면 연방헌법에 위배되지 아니하여야 함을 의미한다.

前記한 상원의원 및 하원의원, 각 州 의회의원, 美合中國 및 각 州의 모든 행정부 및 사법부 소속의 관리는 宣誓 또는 確約에 의하여 본 헌법을 준수할 의무를 부담한다. 다만, 美合中國의 어떠한 관직 또는 委任에 의한 공직에 있어서도 그 자격요건으로서 종교상의 자격은 요구되지 아니한다.

본 규정은 연방 및 주관리들이 주헌법이 아니라 연방헌법에 최고의 충성을 바치기를 요구하고 있다.

제 7 조

본 헌법이 이를 批准하는 각 州간에 확정발효되기 위하여는 9개 州의 州憲法會議에 의한 批准이 있으면 충분하다.

서기 1787년, 美合中國 독립 제12년, 9월 17일 憲法會議에서, 참석한 각 州의 만장일치의 동의를 얻어 본 헌법을 制定한다. 이를 증명하기 위하여 우리들은 이에 서명한다.

헌법 제 5 조의 규정에 준거하여 美合中國 연방의회가 發議하고, 각 주의회가 批准한 美合中國憲法의 追加 및 改正條項.

제 1 차 헌법개정조항

연방의회는 종교를 設立하거나 자유로운 종교행사를 금지하는 법률을 제정할 수 없다. 또한 언론, 출판의 자유나 국민이 평화롭게 집회할 수 있는 권리 및 苦衷事項의 구제를 위하여 정부에게 請願할 수 있는 권리를 제한하는 법률을 제정할 수 없다.

제 1 차 헌법개정조항은 연방의회가 국교를 정하거나 특정 종교를 제한 · 지원하는 것을 금지한다. 연방의회는 언론 또는 출판을 제한하거나, 국민이 평화적으로 집회를 갖는 것을 막는 법률을 제정할 수 없다.

제 1 차 헌법개정조항에 의하여 보호되는 모든 권리에는 한계가 있다. 1800년대에는 일부 몰몬교도들은 처를 1 명 이상 갖는 것이 남자의 종교적 의무라 믿었다. 연방대법원은 몰몬교도들이 이같은 다처제 관행을 금지하는 법률을 준수해야만 한다고 판결하였다.

제 2 차 헌법개정조항

軍紀가 확립된 民兵들은 자유로운 州의 안보에 필요하므로 무기를 소장하고 휴대하는 人民의 권리를 침해할 수 없다.

본 규정은 연방의회가 州民兵隊를 무장해제시킬 수 없도록 하기 위해 채택됐다.

제 3 차 헌법개정조항

평화시에 군대는 어떠한 주택에도 그 소유자의 승낙을 받지 아니하고는 舍營할 수 없다. 전시에 있어서도 법률이 정하는 방법에 의하지 아니하고는 舍營할 수 없다.

본 규정은 영국인들이 미국인들에게 영국군인들을 가정에 숙박시키도록 강요하여 온 것에 대한 오래된 불만으로부터 직접 파생된 규정이다.

제 4 차 헌법개정조항

부당한 수색 · 체포 · 압수로부터 신체 · 가택 · 서류 및 동산의 안전을 보장받을 개인의 권리는 이를 침해할 수 없다. 체포 · 수색 압수의 영장은 발급의 상당한 이유가 있고, 宣誓 또는 確約에 의하여 뒷받침되며, 수색될 장소, 체포될 사람, 또는 압수될 물품을 기재하지 아니하고는 이를 발급할 수 없다.

대법원은 동 규정을 위반하여 얻어낸 증거는 형사재판에서 증거로 받아들여질 수 없다고 판결해 왔다.

제 5 차 헌법개정조항

누구든지 大陪審에 의한 고발 또는 기소가 있지 아니하는 한, 死刑에 해당하는 罪 또는 破廉恥犯에 관하여 審理를 받지 아니한다. 다만, 육군·해군 또는 전시나 사변시에 복무중에 있는 民兵隊에서 발생한 사건에 관하여서는 예외로 한다. 누구든지 동일한 범행으로 생명이나 신체에 대한 위협을 再次 받지 아니하고, 어떠한 형사사건에 있어서도 자기에게 불리한 증언을 강요당하지 아니하며, 누구든지 適法한 節次에 의하지 아니하고는 생명·자유 또는 재산을 박탈당하지 아니하고, 正當한 補償 없이 私有財産을 公共收用당하지 아니한다.

누구든지 "정당한 法의 절차에 의하지 아니하고는" 생명, 자유 또는 재산을 박탈당하지 아니한다는 소위 「適法節次條項」은 헌법에서 가장 중요한 원리 중의 하나를 나타내고 있다. 주정부의 권력에 가해지는 제한으로서, 동일한 문구가 제14차 헌법개정조항에 규정되어 있다.

제 6 차 헌법개정조항

모든 형사소송에 있어서 피고인은 범죄가 행하여진 州 및 법률에 의하여 사전에 정하여지는 지역의 공정한 陪審에 의한 신속한 재판을 받을 권리를 보유하고, 起訴의 성질과 사유에 관하여 통고받을 수 있는 권리,

자기에게 불리한 증인과 對質할 수 있는 권리, 자기에게 유리한 증인을 얻기 위하여 강제적 절차를 제공받을 권리, 자신의 변호를 위하여 변호인의 助力을 받을 권리를 보유한다.

제 7 차 헌법개정조항

普通法上의 소송에 있어서 訴訟價額이 20달러를 초과하는 경우에는 陪審에 의한 審理를 받을 권리가 보장된다. 陪審에 의하여 審理된 사실은 普通法의 규정이 달리 정하지 아니하는 한 美合中國의 어느 법원에서도 再審받지 아니한다.

제 6 차 헌법개정조항에서는 형사사건에서의 陪審裁判을 규정하고 있다. 제 7 차 헌법개정조항에서는 민사사건에서 陪審裁判을 하도록 규정하고 있다. 제 7 차 헌법개정조항은 연방법원에만 적용된다. 그러나 대부분의 주헌법들도 역시 민사사건에서의 陪審裁判을 규정하고 있다.

제 8 차 헌법개정조항

과다한 保釋金을 책정하거나 과다한 罰金을 부과하거나, 또는 잔인하고 비정상적인 형벌을 부과하지 못한다.

제 9 차 헌법개정조항

본 헌법에 특정 권리들을 열거한 사실이 人民이 보유하는 여타의 권리들을 否認하거나 輕視하는 것으로 해석되어서는 아니 된다.

본 규정은 權利章典에서 일부 권리가 열거된 것을 이유로 하여 열거되지 아니한 기타의 諸權利가 보호되지 아니하는 것으로 해석될 것을 우려하여 채택되었다.

제10차 헌법개정조항

본 헌법에 의하여 연방정부에 부여되지 아니한 권한 및 주정부에 부여되는 것이 금지된 권한을 제외한 모든 권한들은 주정부 및 人民에게 귀속된다.

제10차 헌법개정조항은 연방정부가 제한된 권한만을 보유하고 州의 권한을 모두 흡수하지 아니할 것임을 규정하기 위해 채택되었다.

제11차 헌법개정조항

연방정부의 사법권은 美合中國의 한 州에 대하여 다른 州의 州民 또는 외국의 市民이나 國民에 의하여 개시되었거나 제기된 普通法 또는 衡平法上의 소송에까지 관할권을 가지는 것으로 해석할 수 없다.

제11차 헌법개정조항은 한 州의 州民이 다른 주정부를 상대로 연방법원에 提訴하는 것을 제한하고 있다.

제12차 헌법개정조항

선거인은 각각 자기 州에서 회합하여 비밀투표에 의하여 대통령과 부통령을 선거한다. 兩人 중 적어도 1 인은 선거인과 동일한 州의 州民이 아니어야 한다. 選擧人은 투표용지에 대통령으로 투표하는 者를 記名하고,

> 별개의 투표용지에 부통령으로 투표되는 者를 記名하여야 한다. 選擧人은 대통령으로 투표된 모든 사람의 名簿와 부통령으로 투표된 모든 사람의 名簿 그리고 각 득표자의 득표수를 기재한 표를 별개로 작성하여 選擧人이 이에 서명하고 증명한 다음, 봉합하여 상원의장 앞으로 연방정부 소재지로 송부한다. 상원의장은 상원의원 및 하원의원 임석하에 모든 증명서를 개봉하고 計票한다. 대통령으로 투표된 者 중에서 최고득표자를 대통령으로 한다. 다만, 득표수가 選任된 選擧人의 총수의 과반수가 되어야 한다. 이와 같은 과반수 득표자가 없을 경우 하원은 즉시 대통령으로 투표된 사람의 名簿 중 3 인을 초과하지 아니하는 최다수 득표자들 중에서 대통령을 비밀투표로 선거하여야 한다. 다만, 이러한 방법으로 대통령을 선거할 때에는 선거를 州單位로 하고, 각 州는 1 표의 투표권을 가지며, 그 선거에 필요한 定足數는 전체 州의 3 분의 2 의 州로부터 1 인 또는 그 이상의 의원의 출석으로써 성립되며, 전체 州의 과반수의 찬성을 얻어야 선출될 수 있다. 대통령 선출권이 하원에 귀속된 경우에 하원이 다음 3 월 4 일까지 대통령을 선출하지 아니할 때에는 대통령의 사망 또는 그 밖의 헌법상의 직무수행 불능의 경우와 같이 부통령이 대통령의 직무를 행한다. 부통령으로서의 최고득표자를 부통령으로 한다. 다만, 그 득표수는 선임된 선거인의 총수의 과반수가 되어야 한다. 과반수 득표자가 없을 경우에는 상원이 득표자명부 중 최다수 득표자 2 인 중에서 부통령을 선임한다. 이 목적을 위한 定足數는 상원의원 총수의 3 분의 2 로 성립되며, 그 선임에는 의원총수의 과반수가 필요하다. 다만, 헌법상 대통령의 職에 취임할 자격이 없는 사람은 부통령의 職에 취임할 자격도 없다.

제12차 헌법개정조항은 選擧人으로 불리는 選擧人團 단원들이 투표로써 대통령 1 인과 부통령 1 인을 선출하도록 규정하고 있다. 본 규정은 1800년의 선거의 결과로부터 연유했다. 당시에는 각 選擧人은 투표로써 정·부통령 두 사람을 선출했는데, 그 중 누가 대통령이 되기를 원하는가를 명시하지 아니하고 최고득표자가 대통령이 되었고, 차위 득표자가 부통령이 되었다. 그런데 대통령후보인 토머스 제퍼슨과 부통령후보인 애런 버가 각각 동수표를 얻었다. 이같은 동수득표로 정·부통령 선출은 하원에서 행하여졌는바, 하원은 제퍼슨을 대통령으로 선출했다.

제13차 헌법개정조항

제 1 항

노예 또는 강제노역은 당사자가 정당하게 유죄판결을 받은 범죄에 대한 처벌이 아니면 美合中國 또는 그 관할에 속하는 어느 장소에서도 허용되지 아니한다.

본 규정은 1863년에 발표된 링컨 대통령의 노예해방선언에 헌법적인 효력을 부여하였다.

제 2 항

연방의회는 적절한 입법에 의하여 본 조의 규정을 시행할 권한을 보유한다.

제14차 헌법개정조항

제 1 항

美合中國에서 출생하거나 귀화하고, 美合中國의 관할권에 속하는 모든 사람은 美合中國 및 그 거주하는 州의 市民이다. 어떠한 州도 美合中國 市民의 特權과 免責權을 박탈하는 법률을 제정하거나 집행할 수 없다. 어떠한 州도 適法節次에 의하지 아니하고는 어떠한 사람으로부터드 생명·자유 또는 재산을 박탈할 수 없으며, 그 관할권 내에 있는 어떠한 사람에 대하여도 법률에 의한 평등한 보호를 거부하지 못한다.

본 규정의 주목적은 이전의 노예들을 美合中國의 市民 또는 그들이 거주하는 州의 州民으로 만드는 데에 있다. 州의 州民權은 美合中國 市民權의 부산물이다. 어느 한 州에 거주함으로써 모든 美合中國 市民은 역시 자동적으로 그 州의 州民이 된다. 본 조항은 보호구역 내의 인디언들에게는 市民權을 부여하지 아니하나 연방의회는 이들에게 市民權을 부여하는 법률을 제정했다.

제 2 항

하원의원은 각 州의 인구수에 비례하여 각 州에 할당한다. 각 州의 인구수는 과세되지 아니하는 인디언을 제외한 각 州의 총인구수이다. 다만, 美合中國 대통령 및 부통령의 選擧人, 연방의회의 하원의원, 각 州의 행정관, 사법관 또는 각 州의 의원을 선출하는 어떠한 선거에서도, 21세에 달하고 美合中國 市民인 당해 州의 남성주민에 대하여 반란 기타의 범죄에 가담하지 아니하였음에도 불구하고 투표권이 거부되거나, 어떠한 방법으로든 제한되어 있을 때에는 그 州의 하원의원 할당수의 기준은 그러한 남성주민의 수가 그 州의 21세에 달한 남성주민의 총수에 대하여 가지는 비율에 따라 감소한다.

본 규정은 연방선거에서 모든 성인 남자시민에게 투표권을 부여하는 것을 거부하는 州들에 대한 벌칙을 규정하고 있다. 투표를 제한하는 州들은 그들의 연방의회 의석수를 삭감당할 수 있다. 본 규정은 제19차 및 제26차 헌법개정조항에 의하여 死文化되었다.

제 3 항

과거에 연방의회 의원, 美合中國 소속 관리, 주의회 의원 또는 州의 행정관이나 사법관으로서 연방헌법을 수호할 것을 선서하였으나, 후에 美合中國에 대한 폭동이나 반란에 가담하거나 또는 적에게 원조를 제공한 者는 누구든지 연방의회의 상원의원이나 하원의원, 대통령 및 부통령의 선거인, 연방정부나 또는 각 州 소속의 文武의 관직에 취임할 수 없다. 다만, 연방의회는 各院의 3 분의 2 의 찬성투표로써 그 자격상실을 해제할 수 있다.

본 규정은 남북전쟁시 남부동맹에 가담했던 인사들이 연방정부의 관직을 차지하지 못하도록 하는 데 그 목적을 두고 있다.

제 4 항

폭동이나 반란을 진압한 공로에 대한 恩給 및 下賜金을 지불하기 위하여 起債함으로써 발생한 부채를 포함하여 법률로 인정된 國債의 법적 효력은 이를 문제로 삼을 수 없다. 그러나 美合中國 또는 州는 美合中國에 대한 폭동이나 반란을 원조하기 위하여 起債함으로써 발생한 부채에 대하여 또는 노예의 상실이나 해방으로 인한 손해배상청구에 대하여서는 어떠한 채무도 부담하거나 이를 지불하지 아니한다. 이러한 고든 부채·채무 및 청구는 위법이고 무효이다.

본 규정은 남북전쟁시 북부연합이 부담하는 부채에 대하여 책임을 지되, 남북동맹이 부담하는 모든 부채는 무효화하기 위한 조항이다. 또한, 본 조항은 또한 노예소유주가 노예를 해방함으로써 발생되는 손해에 대하여 책임을 지지 아니한다고 규정하고 있다.

제 5 항

연방의회는 적당한 입법에 의하여 본조의 규정을 시행할 권한을 보유한다.

제15차 헌법개정조항

제 1 항

美合中國 市民의 투표권은 인종·피부색 또는 과거의 예속상태를 이유로 美合中國이나 州에 의하여 부인되거나 제한되지 아니한다.

노예의 신분이었던 흑인은 제14차 헌법개정조항이 규정하는 바에 따라 美合中國 市民이 되었다. 동 규정은 모든 흑인에게 투표권이 부여된다고는 明示하지 아니하고 있으나 선거권자는 인종으로 해서 투표권이 거부당할 수 없다고 규정하고 있다.

제 2 항

> 연방의회는 적당한 입법에 의하여 본조의 규정을 시행할 권한을 보유한다.

제16차 헌법개정조항

> 연방의회는 所得源의 여하를 불문하고 각 州에 배당하지 아니하고 국세조사나 인구수 산정에 관계없이 소득세를 부과·징수할 권한을 보유한다.

1894년 연방의회는 所得稅法을 통과시켰으나, 연방대법원은 이를 위헌이라고 판결하였다. 동 규정은 연방의회에게 그러한 조세를 부과할 수 있는 헌법적 권한을 부여하고 있다.

제17차 헌법개정조항

> 美合中國의 상원은 각 州 2명씩의 상원의원으로 구성된다. 상원의원은 그 州의 州民에 의하여 선출되고 6년의 임기를 가진다. 각 상원의원은 1표의 투표권을 가진다. 각 州의 선거인은 주입법부 중 의원수가 많은 1院의 選擧人에 요구되는 자격을 가져야 한다.

상원에서 어느 州의 의원에 缺員이 생긴 때에는 그 州의 행정부는 缺員을 보충하기 위하여 선거명령을 발하여야 한다. 다만, 州民이 주의회가 정하는 바에 따라 선거를 실시하여 缺員을 보충할 때까지 주의회는 그 州의 행정부에게 임시로 상원의원을 임명할 수 있는 권한을 부여할 수 있다.

본 改正條項은 동 조항이 본 헌법의 일부로서 효력을 발생하기 이전에 선출된 상원의원의 선거 또는 임기에 영향을 주는 것으로 해석하여서는 아니 된다.

제18차 헌법개정조항

제 1 항

본 조의 批准으로부터 1 년을 경과한 후부터는 美合中國 內와 그 관할에 속하는 모든 영역 내에서 飮用할 목적으로 주류를 양조, 판대 또는 운송하거나 美合中國에서 이를 수입 또는 수출하는 것을 금지한다.

제 2 항

연방의회와 각 州는 적당한 입법에 의하여 본 조의 구정을 시행할 수 있는 권한을 보유한다.

제 3 항

본 조는 연방의회로부터 이를 각 州에 회부한 날로부터 7 년 이내에 각 주의회가 헌법에 규정된 바와 같이 改正憲法으로서 批准하지 아니하면 그 효력을 발생하지 아니한다.

본 조는 1933년 제21차 헌법개정조항에 의하여 폐지되었다.

제19차 헌법개정조항

제 1 항

美合中國 市民의 투표권은 성별을 이유로 美合中國이나 州에 의하여 부인 또는 제한되지 아니한다.

제 2 항

연방의회는 적당한 입법에 의하여 본 조를 시행할 권한을 보유한다.

여성에게 투표권을 부여하는 改正案은 본 조항이 통과되기 전에도 40여년 동안 여러 차례 연방의회에 제출되었었다.

제20차 헌법개정조항

제 1 항

대통령과 부통령의 임기는 본 조가 批准되지 아니하였더라면 임기가 만료하였을 해의 1 월 20일 正午에, 그리고 상원의원과 하원의원의 임기는 동일한 해의 1 월 3 일 正午에 종료한다. 그 후임자의 임기는 그 때부터 개시된다.

제 2 항

연방의회는 매년 적어도 1 회 소집하여야 한다. 그 개회는 연방의회가 법률로 다른 날을 정하지 아니하는 한 1 월 3 일 正午부터 시작된다.

제 3 항

대통령의 임기 개시일로 정해 놓은 시일에 대통령 당선자가 사망한 경우 부통령 당선자가 대통령이 된다. 대통령 임기의 개시일로 정한 시일까지 대통령이 선정되지 아니하였거나, 대통령 당선자가 자격을 구비하지 못하였을 때에는 부통령 당선자가 대통령이 그 자격을 구비할 때까지 대통령의 직무를 代行한다. 연방의회는 대통령 당선자와 부통령 당선자가 모두 자격을 구비하지 못하는 경우에 대비하여 법률로써 대통령의 직무를 代行하여야 할 者 또는 그 代行者의 選定方法을 규정하고 이를 宣言할 수 있다. 이러한 경우에 선임된 者는 대통령 또는 부통령이 자격을 구비할 때까지 대통령의 직무를 代行한다.

제 4 항

연방의회는 하원이 대통령의 選定權을 갖게 되었을 때에 연방하원이 대통령으로 選定될 대상자 중에 사망자가 생긴 경우와, 상원이 부통령의 選定權을 갖게 되었을 때에 상원이 부통령으로 선정될 대상자 중에 사망자가 생긴 경우에 대비하여 이를 법률로 규정할 수 있다.

제 5 항

제 1 항 및 제 2 항은 본 조의 批准 후 최초의 10월 15일부터 효력을 발생한다.

제 6 항

본 조는 회부된 날부터 7 년 이내에 각 州의 4 분의 3 의 주의회에 의하여 헌법개정조항으로 批准되지 아니하면 효력을 발생하지 아니한다.

'레임 덕'(lame duck) 개정조항이라고 불리는 이 규정은 새로 선출된 대통령과 연방의회 의원의 취임일을 선거일에 더 가깝게 정하고 있다. '레임 덕'이란 차기를 위한 선거에 낙선하거나 임기가 연장되지 아니하여 잔여임기를 채우고 있는 관리이다.

제21차 헌법개정조항

제 1 항

제18차 헌법개정조항은 이를 폐지한다.

제 2 항

美合中國의 州, 영토 또는 屬領의 법률에 위반하여 이들 지역 내에서 引導 또는 使用할 목적으로 酒類를 이들 지역에 운송 또는 수입하는 것은 금지된다.

제 3 항

본 조는 연방의회가 이것을 각 州에게 회부한 날부터 7 년 이내에 각 州 헌법규정에 따라 각 州의 헌법의회에 의하여 헌법개정조항으로서 비준되지 아니하면 효력을 발생하지 아니한다.

본 조항은 제18차 헌법개정조항을 폐지하고 있다. 그러나 제 2 항은 '禁酒'를 州法으로 채택하고 있는 州가 그들의 禁酒法을 시행하는 것을 헌법적으로 보장하고 있다.

제22차 헌법개정조항

제 1 항

누구든지 2 회보다 많이 대통령직에 선출될 수 없으며, 누구든지 他人이 대통령으로 당선된 임기중 2 년 이상 대통령직에 있었거나 대통령 직무를 代行한 者는 1 회보다 많이 대통령직에 당선될 수 없다. 다만, 본조는 연방의회가 이를 발의하였을 때에 대통령직에 있는 者에게는 적용되지 아니하며, 또 본 조가 효력을 발생하는 동안 대통령직에 있거나 대통령 직무를 대행하고 있는 者가 잔여임기중 대통령직에 있거나 대통령 직무를 대행하는 것을 방해하지 아니한다.

제 2 항

본조는 연방의회가 각 州에 회부한 날부터 7 년 이내에 각 州의 4 분의 3 의 주의회에 의하여 헌법개정조항으로서 批准되지 아니하면 효력을 발생하지 아니한다.

본 규정은 누구라도 대통령직에 2 회 이상 선출될 수 없도록 구정하고 있다. 한 대통령이 그 직에 최장 10년 이상 재임할 수 없다. 프랭클린 D. 루스벨트 대통령은 4 회에 걸쳐 대통령임기를 수행하였다.

제23차 헌법개정조항

제 1 항

美合中國 정부 소재지를 구성하고 있는 地區는 연방의회가 다음과 같이 정하는 바에 따라 대통령 및 부통령의 選擧人을 임명한다.
그 選擧人의 數는 이 地區가 만일 州였다면 부여받을 수 있는 연방의회 내의 상원 및 하원 의원수와 같은 수이다. 그러나 어떠한 경우에도 최소의 인구를 가진 州보다 더 많을 수 없다. 그들은 각 州가 임명한 선거인들에 첨가된다. 그러나 그들도 대통령 및 부통령의 선거를 위하여 州가 선정한 선거인으로 간주된다. 그들은 이 地區에서 회합하여, 제12차 헌법개정조항이 규정하고 있는 바와 같은 직무를 수행한다.

제 2 항

> 연방의회는 적당한 입법에 의하여 본 조를 시행할 권한을 보유한다.

본 규정은 콜럼비아 特別行政地區(Washington District of Columbia)의 주민들로 하여금 대통령선거에 투표할 수 있게 해주고 있다.

제24차　헌법개정조항

제 1 항

> 대통령·부통령 선거인 또는 연방의회 상원의원이나 하원의원 선출을 위한 예비선거 또는 그 밖의 선거에서 美合中國 市民의 선거권은 人頭稅나 기타 조세를 납부하지 아니하였다는 이유로 美合中國 또는 州에 의하여 부인되거나 제한되지 아니한다.

제 2 항

> 연방의회는 적당한 입법에 의하여 본조를 시행할 권한을 보유한다.

본 규정은 선거권자에게 전국적 선거에서 투표하기에 앞서 人頭稅를 납부하도록 하는 것을 금하고 있다. 과거에 일부 州들은 빈민과 흑인의 투표를 막기 위해 그러한 租稅制度를 이용했었다.

제25차　헌법개정조항

제 1 항

> 대통령이 免職, 死亡 또는 辭任하는 경우에는 부통령이 대통령이 된다.

제 2 항

부통령직이 闕位되었을 때에는 대통령이 부통령을 지명하고, 지명된 부통령은 연방의회 양원의 다수결에 의한 認准에 따라 취임한다.

본 규정은 부통령직의 闕位를 보충하는 방식을 규정하고 있다. 1973년 제럴드 R. 포드는 본 조가 정하는 바에 따라 부통령으로 선임된 최초의 인물이 되었다. 그는 애그뉴 부통령의 사임 후 닉슨 대통령에 의해 부통령으로 지명되었었다. 1974년 닉슨의 辭任에 이어 포드는 대통령이 되었다. 그리고 록펠러가 새로운 절차에 따라 부통령이 되었다. 그리하여 미국은 역사상 처음으로 선거에 의하여 그 직위에 선출되지 아니한 대통령과 부통령을 갖게 되었다.

제 3 항

대통령이 상원의 臨時議長과 하원의장에게 대통령의 권한과 임무를 수행할 수 없다는 것을 기재한 公翰을 送付할 경우 부통령은 대통령이 그들에게 그 반대의 사실을 기재한 公翰을 送付할 때까지 대통령권한대행으로서 그 권한과 임무를 수행한다.

본 규정은 대통령이 직무를 수행할 수 없게 되었을 때에는 부통령이 대통령직을 승계한다고 明示하고 있다.

제 4 항

부통령 및 행정부 각 부처의 장관 또는 기타 연방의회가 법률에 의하여 설치하는 기관의 장관들의 대다수가 상원의 임시의장 및 하원의장에게, 대통령이 그의 직무상 권한과 임무를 수행할 수 없다는 것을 기재한 공한을 송부할 경우 부통령이 즉시 대통령권한대행으로서 대통령직의 권한과 임무를 수행한다. 그 이후 대통령이 상원의 臨時議長과 하원의장에게 직무수행불능이 존재하지 아니하다는 것을 기재한 공한을 송부할 때는, 부통령 및 행정부 각 부처의 장관 또는 기타 연방의회가 법률에 의하여 설치하는 기관의 장관들의 대다수가 4 일 이내에 상원의 臨時議長

과 하원의장에게 대통령이 그의 직무상 권한과 임무를 수행할 수 없다는 것을 기재한 公翰을 送付하지 아니하는 한, 대통령이 그의 직무상 권한과 임무를 다시 회복한다. 이 경우에 연방의회는 非會期중이라 할지라도 이 목적을 위하여 48시간 이내에 개회하여 그 문제를 결정하여야 한다. 연방의회가 後者의 公翰을 受領한 후 21일 이내에 또는 非會期 중일지라도 연방의회가 소집 요구를 받은 후 21일 이내에 兩院의 3분의 2의 표결로써 대통령이 그의 직무상 권한과 임무를 수행할 수 없다는 것을 결의할 경우에는 부통령이 계속 대통령 권한대행으로서 그 권한과 임무를 수행한다. 다만, 그러하지 아니한 경우에는 대통령이 그의 직의 권한과 임무를 다시 회복한다.

제26차 헌법개정조항

제 1 항

연령 18세 이상의 美合中國 市民의 투표권은 연령을 이유로 하여 美合中國 또는 州에 의하여 부인되거나 제한되지 아니한다.

제 2 항

연방의회는 적당한 입법에 의하여 본 조를 시행할 권한을 보유한다.

본 조항은 18세 이상의 시민에게 투표권을 부여하고 있다.

判例索引

外國語索引

[K]

[L]

[M]

우리말索引

著者略歷

서울대학교 법과대학 졸업
미국, University of Pennsylvania(법학석사: LL. M)
미국, University of Wisconsin(법학박사: J.D., S.J.D.)
행정고시 합격, 미국 변호사시험 합격
현　연세대학교 법과대학 교수

著　書

국민연금법해설
국제경제법
노동조합법
노동법
근로기준법

改訂版
英 美 法

1996년　7월　30일　초판발행
2003년　9월　15일　개정판발행
2014년　3월　10일　중판발행

저　자　李　相　潤
발행인　安　鍾　萬
발행처　(주) **박영사**
서울특별시 종로구 평동 13-31번지
전화 (733)6771 FAX (736)4818
등록 1959. 3. 11. 제300-1959-1호(倫)

www.pybook.co.kr　e-mail: pys@pybook.co.kr

정　가　38,000원　　ISBN 978-89-7189-034-9